군자들의 행진

이 저서는 2011년도 정부(교육과학기술부)의 재원으로
한국연구재단의 지원을 받아 연구되었음(NRF-812-2011-1-B00045).

군자들의 행진

유교인의 건국운동과
민주화운동

이황직 지음

아카넷

군자의 길을 일깨워 주신 부모님께

머리말

군자君子는 유교의 이상적 인간상이다. 군자는 의로움義에 밝다. 군자에 대비되는 인간 유형으로 소인小人이 있는데 이들은 대신 이익利에 밝다. 행위 동기를 의로움에 두는가 이익에 두는가에 따라 군자와 소인이 나뉜다. 이러한 구별에 따르면, 한 인간은 군자이면서 동시에 소인일 수 없다. 개인이 사익을 추구하는 것이 금지되지는 않지만 그것은 소인의 행위 동기로만 국한된다. 유교인이라면 반드시 군자가 되고자 노력해야 한다. 그런데 그 길을 걷기는 쉽지 않다. 누구나 군자의 씨앗을 갖고 태어나지만 그것을 틔우려면 일상의 유혹에 맞서고 시련을 견뎌내야 한다. 군자는 제 안의 사사로운 욕망과 안전에의 본능을 이겨내고 비로소 도덕 법칙의 세계로 나아간다.

군자의 덕목은 내면의 수양에 머물지 않는다. 군자의 의로움은 외부 세계로 나아가 공의公義를 실현하고 백성을 편안케 하는 데에서 완성된다. 개인과 개인, 집단과 집단이 쟁투하는 현실 세계에서 과연 무엇이 의로움인지 알기는 쉽지 않다. 공의를 알고 공익을 증진시킨다 하더라도 그것을 실현하는 수단까지 올바르기는 더욱 어렵다. 따라서 군자가 되려는 사람 앞에 놓인 길은 가시밭이기 마련이다. 공자孔子의 삶도 그러했다. 공자가 모국 노나라를 떠나 이상적인 정치를 행하기 위해 몸소 열국을 주유천하周遊天下하며 겪은 14년간의 고난은 상징적이다. 성인 공자조차도 현실에서 유교의 이상을 실현하는 데 실패했다. 그런데 이 예견되는 실패 때문에 군자는 종교의 차원으로 나아가게 된다.

군자의 길은 한계 상황에서 비로소 시험 받는다. 궁핍과 비난을 견뎌내야 할 뿐만 아니라 심지어 생명의 위협에 맞닥뜨리기도 한다. 한계 상황은 인간 세계 너머의 것을 불러낸다. 초월의 길이 열려 있더라도 육신의 존재인 한 인간은 현세에 여전히 매여 있다. 유일신의 아들이라는 예수조차도 십자가에 달려서는 하느님께 왜 저를 버리시느냐고 부르짖지 않았던가. 기독교 전통에서 초월을 외재화하는 데 반해, 유교는 초월을 내재화하고 또 역사화한다. 생명의 위협에 닥쳐 공자는 자신에게 계승된 찬란한 전통斯文在玆을 생각하며 의연할 수 있었다. 공자도 하늘을 향해 원망했던 적이 한 번 있었는데, 그 문화를 이어갈 수제자 안회의 죽음에 맞닥뜨렸을 때였다. 종교로서의 유교는 인간의 역사와 분리되지 않는다.

공자가 꿈꾼 유교 이상理想을 계승하는 군자들의 의연한 행진은 대부분 좌절의 역사로 판명되어 왔다. 군자의 걸음 하나하나에는 고난의 세계를 인정하는 비장감이 서려 있다. 그러나 실패의 기억이 다음 세대 군자들의 행진을 막지는 못한다. 그 걸음에는 유교 문명 전체를 걸머진 연속적인 책임 의식이 담겨 있다. 군자가 내딛는 보폭만큼 세계는 성화聖化한다. 세계를 덮기에 터무니없이 작다는 것을 알지만, 바로 그 때문에 공자 이래 군자의 행진은 멈추지 않았어야 했다.

지난 세기 유교는 쇠퇴를 지나 몰락을 경험했다. 구한말 의병 전쟁을 끝으로 유교는 한국사의 현장에서 퇴장하여 서서히 소멸해 가는 유산으로 인식되었다. 근현대 유교사는 1919년 3·1 운동에서 소외된 것에 자극 받은 영남과 호서 유림이 세계열강 앞에 조선의 독립을 청원한 '파리장서운동' 서술로 막을 내린다. 그리고 그 이후의 유교사는 공백 상태로 방치되어 왔다. 그러한 부정적 인식은 외부 상황에도 기인한 것이지만 누구보다도 유교인 스스로에게 그 책임이 있다. 유교인 스스로 유교사와 유교 정치 운동사 서술을 포기한 결과는 혹독했다. 일반 대중은 말할 것도 없거니와 유교 관련 연구자들조차 해방 정국, 제1공화국의 여러 정치 파동, 그리고 4·19 혁명 같은 중요한 국면에서 유교인이 뒷짐만 진 채 방관하고 있었다고 잘못 알게 되었다. 근현대의 현장을 증언해 줄 유교인들이 6·25 전쟁 기간 동안 납북되거나 또는 월북하고, 전란을 피한 유교인조차 세월이 흘러 세상을 떠나면서, 정치운동사를 포함한 유교사 서술은 해방 이전으로 국한되고 말았다. 동란 이후 유교사를 서술해야 할 시점에 유교계는 공의를 잃고 분규에 휩싸여 책무를 방기했다. 이에 실망한 후속 세대는 유교사를 유학사로 대체하며 상아탑에 안주하기 시작했다. 외부에서 유교를 폄훼하면 뭉쳐 일어나 분노했지만, 막상 내부에서 유교를 어지럽히는 싹이 자라나는 것을 보고도 모른 척했다. 이런 상황을 타개하기 위해 뜻 있는 이들이 이런저런 시도를 해 보았지만 이미 때는 늦었다. 유교계는 1960년대 후반 이후 급격한 사회 변동에 효과적으로 대응할 만한 활력을 상실해 버렸다. 유교에서 분리된 유학 연구가 발전한 데 반비례해서 공공의 삶에서 유교의 역할은 사라져 갔다. 군자들의 행진은 과연 이렇게 멈춘 것인가?

공자 이래 2,500년 유교의 역사에서 위기의 순간은 적지 않았다. 그때마다 유교인들은 사문斯文의 수호자로서 목숨을 걸었다. 나아가 경전을 새롭게 해석해서 변화하는 세계에 유교의 근본정신을 실현시킬 논리를 만들어내기도 했다. 가까이 조선의 선유先儒들은 서양과 일본의 위협에 맞서 위정척사론을 전개하고 의병전쟁을 일으켰다. 의병 지도자들은 몰락하는 중화中華를 끝까지 고수한 조선을 '한 줄기 빛의 기운一脈陽氣'이라고 믿었다. 이들도 거의擧義가 살아서는 돌아오지 않을 행렬이라는 것을 모르는 바 아니었으나, 그렇기에 죽음의 두려움을 떨쳐낸 이 군자들의 행진은 숭엄한 순교殉教가 되었다. 10만에 육박하는 의병의 희생으로도 위력이 지배하던 세계 대세를 돌리기에는 부족했으나, 그들의 순절殉節은 도의의 맥으로 역사를 잇게 하는 데 충분했다. 평온한 시기에는 모두 잊고 있었던 유교의 종교성이 국망國亡의 위기 같은 한계 상황에서 비로소 제 안의 빛을 발현한 것이다. 종교개혁도 종교성이 숨 쉴 때 가능하다. 어느 시대이든 유교의 위기를 극복하는 작업은 종교성의 회복에서 출발했다. 그렇다면 오늘 유교의 위기를 극복하려는 시도 역시 마땅히 여기에서 출발해야 할 것이다.

이 책은 지난 100여 년 동안의 '군자들의 행진', 곧 공의를 향한 근현대 유교인의 정치운동사를 서술하고 있다. 그동안 근대 유교운동사는 의병전쟁과 파리장서운동 그리고 일제하의 독립운동 서술로 마무리되었다. 역사학의 관심은 거기에 멈춰 있고, 유교인 스스로도 그렇게 여긴다. 하지만 이는 사실이 아니다. 유교인은 해방 이후에도 건국 과정과 반독재 · 민주화운동에 어느 세력 못지않게 힘을 보탰다. 유교인의 건국운동과 민주화운동의 역사는 구한말 의병전쟁 이래 군자들의 행진에 이어져 있었다.

정성을 다한 일은 반드시 그 흔적을 남기기 마련이다. 집합적 감격collective effervescence을 낳았던 일이라면 더욱이 그러하다. 의병전쟁 수십만 참여자들의 행적은 그 시대 그 사회에 영향을 미쳤을 뿐만 아니라 개인적 또는 집합적 기억을 통해 그다음 세대의 의식에 영향을 미쳤다. 파리장서운동을 포함한 두 차례의 유림단 운동, 그 밖에 국내 · 국외 독립운동에 유교인의 참여는 그것을 입증하는 사례이다. 그렇다면 1919년의 파리장서운동 참가자들과 유교 독립운동가들의 성심 역시 그 후손들과 후속 세대의 의식에 큰 울림으로 작용하지 않았겠는가! 혁신된 사회의식은 해방 이후에도 계속 이어지지 않았겠는가!

이것이 이 책의 출발점이었다. 파리장서운동의 후속 세대는 1945년 해방 정국에서 장년으로 성장하여 사회의 중추를 형성했고 정부 수립 이후 1960년대까지 정치 · 사회운동계에서 재야 원로로 활동할 연배였다. 이들과 관련된 각종 사료들이 하나씩 쌓여 가면서, 가설에 불과했던 '군자들의 행진'의 실체가 드러나기 시작했다. 해방 이후 유교인들의 정치운동과 부흥운동은 그보다 한 세대 전의 파리장서운동이 뿌린 씨앗이 자라난 결과였다. 유교인들도 좌우로 나뉘어 제각각 정치운동에 참여했지만 유교계의 주류는 신탁통치와 분단에 마지막까지 저항했다. 외세에 의한 분단과 북한의 기습 남침이라는 폭풍우를 견뎌낸 유교인들은 이후 이승만 정권의 독재화에 맞서 강력한 투쟁을 선도했고, 나아가 4·19 혁명을 완결하는 4·25 교수단 데모의 중심에 서 있었다. 그 이후 제3공화국 시기 이른바 '재야'라는 반독재투쟁 네트워크 형성 초창기에 이르기까지 유교인들은 공공의 정치적 삶을 적극적으로 실천했다.

의병전쟁의 끝자락인 1910년부터 4·19 혁명이 완수된 1960년까지 불과 반세기 동안에 많은 것이 변했다. 상투와 유관儒冠이 사라진 자리를 단발과 양복이 차지했다. 왕정이 폐지되고 공화정이 들어섰다. 서당에서 경전을 암송하던 학동의 모습은 풍속화에서만 볼 수 있게 되었다. 1894년에 공식적으로 폐지된 신분제의 여운조차 전쟁과 함께 사라져 갔다. 유교인들의 정치의식도 변했다. 왕조 복벽 대신 민주주의 정치 이념이 공의가 되었다. 예컨대 독립·통일국가 수립과 민주주의 정체 보존이 정명正名이 되었다. 유교인들은 국민이자 시민으로서 책무를 다하지 않을 수 없었다.

그런데 단 하나 변하지 않은 것이 있었다. 바로, 군자로서 살아가야 한다는 종교적 의무가 그것이다. 전통 시대에서나 근대에서나 군자의 삶은 수기修己에서 시작하여 치인治人으로 완성된다. 개인의 본성을 말살하고 민주적 이상을 억제하려는 세력이 있다면, 군자는 두려워하지 않고 대신 그것에 맞서는 것을 하늘의 명령天命으로 삼아야 한다. 군자는 정치적 이익을 따지지 않으므로 당파를 만들지 않는다. 대신 뜻을 같이하는 사람들과 함께 정치 개혁에 앞장선다. 맹자의 폭군방벌暴君放伐론을 근대의 군자는 시민혁명론으로 계승했다. 근현대 유교인의 '군자들의 행진'은 유교의 정수를 근대 정치 이념에 맞추어 재해석한 의미 있는 실천으로서, 학문적으로는 유교가 민주주의에 기여할 수 있다는 것을 보여 주는 역사적 근거를 제공한다.

연구에 착수한 지 6년, 그동안 필자는 이 군자들이 남긴 기록과 이들을 기록한 자료를 찾아 그 자취를 되짚어 갔다. 심산心山 김창숙金昌淑 선생과 위당爲堂 정인보鄭寅普 선생처럼 저명한 근대 선유들의 기록에 접근하기는 쉬웠지만, 그 밖에 자료집에 이름만 남은 인물들의 행적을 조사하기는 쉽지 않았다. 섶은 다해도 불씨는 전한다薪盡火傳는 마음으로 연구에 착수했지만 자료 부족으로 작업은 지지부진했다. 첫 2년간의 자료 조사 끝에 중요 단체와 인물들의 행적을 조금씩 복원해 가면서 차츰 당시 유교인의 움직임에 대한 윤곽이 잡히기 시작했다. 틀이 갖추어지면서 이후 작업은 빈 칸을 하나씩 채우는 식으로 진행되었다. 수 세대를 뛰어넘어 단편만 남은 인물들의 삶을 복원하는 작업은 사회학자인 필자에게 역사가의 노고를 되새기게 하는 힘겨운 작업이었지만, 또한 역사의 무게를 체험하는 보람을 느끼게 한 소중한 시간이었다.

그럼에도 불구하고, 연구 목적상의 제약과 제한된 시간 그리고 필자의 능력 부족으로 이 책의 내용에는 한계가 있을 수밖에 없다. 우선, 정치운동사에 초점을 맞춘 까닭에 정치운동으로 발전하지 못했던 다양한 유교 계열의 움직임을 서술에서 거의 배제할 수밖에 없었다. 파리장서운동에 참여하지 않은 채 묵묵히 유교 전통을 수호해 왔던 여러 유림 집단들, 그리고 이병헌李炳憲의 공교회와 박장현朴章鉉의 녹동서원 등의 기타 개혁적 세력들의 사상을 알기 위해서 독자들은 다른 책을 읽는 수고를 해야 한다. 다음, 그동안 역사에서 잊혔던 수백 명의 유교 인물에 대해 조사를 수행하는 과정에서 자료 부족과 필자의 능력 부족으로 일부 오류가 있을 것이라는 두려움이 있다. 더구나 이 책의 목적상의 제약 때문에 언급되는 인물들의 삶을 충분히 그려낼 수 없다는 한계도 있다. 그럼에도 이 책을 서둘러 내는 까닭은 그런 오류마저도 그 인물들의 후손들이 적극적으로 나서 바로잡아 줄 것이고 또한 그 한계를 이해해 주리라는 믿음에 있다. 독자들에게 양해를 구할 것이 더 있다. 달음註은 맨 뒤에 따로 편성되었는데, 달음에는 출처 외에도 본문 전개상 미처 담지 못한 내용이 있으므로 불편하더라도 함께 읽어 주기를 바란다. 이 책의 핵심 내용이 3부와 4부에 있으므로, 유교계 독립운동사와 근대 유교사상에 익숙한 독자들은 2부를 건너뛰어도 무방하다. 유교인과 독자들의 관심을 통해서 이 책의 궁극적 목적인 유교 부흥에의 기여가 비로소 완성될 것이다.

군자가 성심을 다한 일은 반드시 그 얼이 엉겨 자취를 남긴다. 후세의 범인이라도 성심을 기울이면 선현이 남긴 얼의 자취를 더듬을 수 있다. 그런 믿음의 수행 결과로 감히 이 책을 낸다. 선후배 학자들과 독자들의 질정을 바란다.

2017년 4월

이황직

차례

1

유교와 근대 정치

1

교수단 데모의 유교적 설명

교수단의 '데모' 행진

1960년 4월 25일 오후 6시 5분, 종로 5가에서 "학생의 피에 보답하라"는 현수막을 양 끝에서 펼쳐 든 백발노인 둘이 앞장서 걷고 있다. 그 뒤로 태극기 네 모퉁이를 맞잡은 네 명의 노인이 보이고, 다시 그 뒤로 200여 명의 노인과 청장년들이 사열종대로 행진하고 있다. 데모와는 어울릴 것 같지 않은 이 엄숙하고도 차분한 행진의 주체가 누구인지, 그리고 이 행진이 무엇을 의미하는지 이해하는 데는 오랜 시간이 걸리지 않았다. 길가를 지나던 시민들의 환호성과 박수가 터져 나온다. 현수막에는 "各大學 教授團각 대학 교수단" 글귀가 선명하다. 청년 학생들은 눈물을 흘리며 만세 부른다. "선생님들, 정말 고맙습니다."

교수들의 행진 뒤로 시민과 학생이 눈덩이처럼 불어나며 종로
는 인산인해를 이뤘다. 전차도 버스도, 택시며 승합차며 모두 약
속이나 한 듯이 멈춰 섰다. 4월 18일과 19일 데모 부상자가 입원
해 있던 반도병원 2층에서 붕대를 맨 청년들이 창밖으로 만세를
외쳤다. 불과 엿새 전 총탄에 희생된 학생들의 핏자국이 아직 남
아 있던 종로 4가에서 종로 2가 사이를 지날 때, 차분했던 노인들
도 감정에 북받쳤는지 구호 소리가 커졌다. 보신각 맞은편 화신
백화점 앞에 이르렀을 때 행진을 뒤따르는 시민은 이미 1만 명을
넘겼다. 6시 40분경 미국 대사관 앞을 지날 때, 행렬은 애국가를
제창했다. 6시 50분, 행렬은 최종 목적지인 세종로 국회의사당
앞에 도착했다. 탱크를 앞세운 계엄군이 시위대를 위협했지만,
교수단은 준비한 선언문과 구호를 엄숙히 낭독했다. "이 대통령
은 즉시 물러가라"는 첫 구호에는 준열함이 배어 있었다. "대한
민국 만세"를 세 번 외치고 다시 한 번 애국가를 합창하는 것으
로 교수단의 행진은 막을 내렸다.[1] 한 번 불붙은 학생과 시민의
의기는 꺼질 줄 몰랐다. 밤새도록 서울 곳곳에서 대규모 시위가
벌어졌다.

집권 자유당조차 사태 수습책을 내놓고 국면 전환을 꾀하던
시점에 돌발한 교수단 데모는 4·19를 혁명으로 완성시키는 데
결정적 역할을 했다. 발포 책임자 처벌, 부정선거 무효 등을 외치

던 기존의 소극적 주장에서 한 걸음 더 나아가 교수단은 대통령 책임론, 곧 이승만의 대통령직 하야下野를 처음 제기했기 때문이다. 충격을 받은 이승만은 다음 날4월 26일 오전 10시 경무대에서 시위대 시민대표 5명과 면담하는 자리에서 '국민이 원한다면 물러나겠다'고 약속했다. 그 직후 이 대통령이 사퇴 성명을 발표하면서, 3·15 부정선거로 촉발된 1960년 '봄 혁명'은 완료되었다.

　4·19 혁명의 성격과 주체에 대해서는 여러 관점의 연구가 이루어졌지만, 그 진행 과정만큼은 확실하게 정리되었다. 3·15 부정선거 직후 야당 주도의 마산 데모에 참여했다가 실종됐던 17세의 청년 김주열의 시신이 거의 한 달이 지나 앞바다에서 발견되면서 촉발된 이 혁명은 글자 그대로 '자연 발생'적인 국민 혁명이었다. 지방의 고등학교 학생들이 먼저 시위를 시작했고, 한참 지나서야 대학생과 시민의 시위로 번졌다. 중간에 대학별로 학생 조직이 꾸려져 4월 19일의 시위를 이끌어냈던 것은 분명하지만, 이를 혁명으로 이끌 만한 지도부가 있던 것도 아니었다. 반대 세력을 조직화해야 할 야당조차 대응 방안을 제대로 내놓지 못했다. 따라서 이 혁명은 오직 국민 스스로의 명령에 의해서만 수행될 수 있었다. 마침표를 찍은 것은 교수단이었다. 민의民意는 분명했다. 국민은 피의 대가를 요구했다. 교수단은 이를 선언문으로 공론화했고 행진을 통해 공표했다.[2]

그렇다면 교수단이 수렴한 민의와 공론은 무엇이었을까? 다시 말해, 무엇이 원로 교수들을 거리로 나서게 했을까? 교수단 행진에 대한 첫 평가로 기록될 만한 4월 27일 자 《동아일보》의 '횡설수설'란을 보자.

소의小義로는 사제애를 상징했고, 대의大義로는 국민의 단성丹誠을 표시했다. 먼저는 청출어람인가 했더니, 다음엔 '그 제자에 그 사장師匠'이라는 인상을 깊이 붙박아 주었다. 그날 교수단의 데모가 끝난 뒤엔, 학생 대군이 뒤따라 또 봉기했다. 시민들도 거기에 합류했다. 무려 십수 만이다.

4·25 대시위의 동인을 교수단 데모로 특정한 것은 당연한 평가이지만, 특히 교수단의 행동을 유교의 전통적 개념인 '대의'의 표현으로 해석했다는 점에 더욱 주목할 필요가 있다. 칼럼 필자에 따르면, 제자의 희생을 막고자 하는 정리情理인 사제애는 소의였고, 민주주의 회복이라는 국민의 간절한 염원을 위한 교수단의 걸음은 대의였다. 물론 이 칼럼의 핵심은 대의에 대한 평가에 있었다.

일반적으로 대의는 인간이라면 마땅히 해야 할 바를 두루 이르지만, 주로 공적인 영역에서 규범적 원리로 규정되어 왔다. 전통 시대에 대의는 군주에 대한 신하의 충성과 황제국에 대한 제후국의 충성을 정당화하는 봉건적 개념이었다. 그런데 대의 개념에는 또 다른 해석 방식이 오랫동안 존재해 왔다. '대의명분'이라는 용례에서 보듯이, 대의는 명분名分과 함께 쓰일 때, '이름을 바로잡는다'는 뜻의 정명正名론의 근거가 된다. 여기서 '이름을 바로잡는다'는 것은 곧 현실 세계를 이상적 질서로 온당하게 만든다는 뜻이 된다. 예컨대 패덕하거나 정통성이 없는 군주를 두고 신하가 충성하는 것이 대의가 아니라 그 자를 쫓아내고放伐 천명을 받은 이를 군주로 세우는 것이 정명론의 대의이다.

세월이 흘러, 군주 정체에서 민주 정체로 바뀌었다. 민주주의에서 대의명분은 주권자 국민의 의사를 올바르게 대표하는 이를 통치자로 세우는 것이다. 비록 1960년 정·부통령 선거에서 사실상 단독 후보였던 이승만의 절차적 정당성은 훼손될 수 없었지만, 이기붕을 부통령으로 만들기 위해 행해진 유례없는 부정선거에 따른 민심 이반과 학생 시민의 항의를 총탄으로 진압한 행위만으로도 이승만은 대통령으로서의 명분을 이미 상실했다. 국민은 자격 없는 통치자가 물러나기를 바랐다. 따라서 대통령의 하야를 요구한 교수단 데모는 민주주의의 이름을 바로잡은 대의의 행동이다. 칼럼 집필자뿐만 아니라 학생과 대중들도 그렇게 인식했다. 요컨대 4·25 교수단 데모에 대한 시중의 평가는 하나였다. 이들의 행진은 대의의 행동이었다는 것이다.

시민 혁명의 유교적 설명은 가능한가

이 칼럼의 평가에 당시 독자들이 동의했던 것과 별개로, 그런 해석이 객관적 의미를 갖기는 다음 두 가지 이유로 쉽지 않다. 첫째, 실제 교수단 데모의 주동자와 참가자들이 칼럼의 해석처럼 유교의 대의 관념에 따라 행동한 것인가 하는 '사실' 수준의 이의 제기가 가능하다. 둘째, 전통 사회에 기반한 대의, 명분, 정명 등과 같은 유교의 개념을 근대 서구에서 기원한 민주주의 정치에 적용할 수 있겠는가 하는 '방법'과 '관점'상의 문제 제기가 가능하다.[3]

첫 번째 문제는 사실 판단의 수준이므로 쉽게 입증할 수 있다. 4·25 교수단 데모의 최초 기획자인 이상은李相殷, 고려대, 핵심 참가자인 권오돈權五惇, 연세대, 임창순任昌淳, 성균관대 등의 회고에는 그들이 자신들의 행진을 어떻게 유교적 언어로 정당화하고 있는지 소상하게 드러나기 때문이다. 고려대와 연세대 교수들 외에도 특히 성균관대 네트워크가 교수단의 세를 키우는 데 기여했는데, 이들은 유교계 대표로서 이승만 대통령에 맞서다가 탄압 당했던 심산 김창숙과 관계가 깊었다. 더구나 4·19 혁명 당시 외국 관찰자들의 자료를 분석한 결과에 따르면, 시위 학생들은 정치 시스템을 도덕적·법률적 명칭에 상응하게 바로잡는 것, 곧 정명正名, Tsen Ming이라는 유교 원리에 따라 행동했다.킨더만, 2010: 61 이처럼 교수와 학생들을 이끌어 간 주도적 원리가 의식적이든 무의식적이든 유교의 정치적 정의 관념이었음은 확실하다.(이 책의 제9장은 4·25 교수단 데모의 유교적 성격을 상세히 설명하고 있다.)

조금 더 답변하기 곤란한 두 번째 문제 제기는 오늘 우리 학계에서 유교를 운위할 때마다 등장하는 단골 방식이기도 하다. 넓게는 전통과 근대의 문제이고, 좁혀 보면 유교와 민주주의의 관계에 대한 문제이다. 전통 사회가 근대로 변화한다는 것은 단순히 물질적인 수준의 변동을 뜻하지 않는다. 서구의 민주 정치 제도를 도입하고 자본주의적 시장경제 체제를 갖추는 것이 가시적인 근대화의 요소이기는 하지만, 근대화는 갈등과 투쟁을 수반하는 '가치'상의 변화 과정이다. 의미를 추구하는 존재로서 인간에게 자신의 행위를 도덕적으로 정당화하는 가치 체계는 물질세계보다 더 중요할 수 있다. 따라서 가치의 변화를 둘러싸고 이를 지지하는 혁신 세력과 이에 위기를 느끼는 보수 세력과의 갈등은 물질적 이해관계를 둘러싼 갈등보다 더 격렬하게 진행되기도 한다. 그런 점에서 "근대화는 언제나 도덕적이고 종교적인 문제"이다.벨라, 1982: 72 유교가 근대 민주주의와 충돌을 일으킬 수밖에 없다는 관점에서 볼 때, 민주주의라는 근대 제도 성립에 유교의 전통 언어가 정당화의 자원을 제공했다는 설명은 곧 '우리 민주주의에 결함이 있다'는 주장으로 이어지거나, 아니면 '4 · 19 혁명은 정치 혁명으로서 결격 사유가 있다'는 함의를 낳게 된다. 물론 이 책은 이러한 우려를 인정하지 않는다. 대신 이 책은 4 · 19 혁명 이전에 이미 유교 논리 내부에서 근대적 혁신을 수행했다는 점에서 출발하여, 유교의 정치 이상을 구성하는 요소들 가운데 민본주의, 폭군방벌론, 정명론 등이 4 · 19 혁명 참여자들의 동기 체계에 친화적이었던 까닭에 건국 이후 최초의 시민혁명을 정당화할 수 있었다고 주장하려 한다. 이를 위해 이 책은 왕조의 지배를 뒷받침해 왔던 전통 유교 논리를 유교계 내부에서 스스로 혁신하는 과정을 역사적으로 탐구하고 특히 훗날 유교계 주류가 되는 독립운동 세력에서 그 혁신된 유교의 논리를 수용하여 실천했다는 것을 경험적으로 논증할 것이다.(이 책의 3~4장은 서구의 충격과 국망의 위기 이후 유교인들이 민족과 근대를 지향하기 위해 고투한 역사를 수록하고 있다.)

그런데 여기서 새로운 수준의 문제 제기가 가능하다. 1960년의 시점에서 과연 유교계가 근대의 정치사회 변동 과정에 영향을 미칠 만큼 실제로 종교적 · 정치적 역량이 충분했는가에 대한 의문이 그것이다. 해방 전후까지 유교계는 가장 강력했던 종교 세력이었지만, 이미 1960년의 시점에 한국은 더 이상 유교 사회가 아니었다는 점은 확실하다. 종교계 내부로 국한해서 보더라도 유교는 그 시기에 기독교와 불교와의 경쟁에서 한참 밀려나 있었다. 이런 점을 감안할 때, 유교적 언어와 논리로 4·19 혁명을 설명한다는 것이 무슨 큰 의미가 있겠는가? 쇠퇴와 몰락의 유교사의 흐름에서 우연히 일회적으로 분출한 사건이라면 4·19에 대한 유교적 설명도 별 의미를 갖기는 어렵다.

그럼에도 4·25 교수단 데모 참가자의 이론적·실천적 배경이 식민지 시기 이래 유교계 독립운동의 심원한 전통에 닿아 있다면 해석은 달라질 수 있다. 비록 유교의 교세가 위축되었을지라도, 한국 근대의 가장 강력한 정치종교이자 신념 체계인 민족주의와 결부된 유교 독립운동의 전통은 당시 한국인의 정치적 지향성에 큰 영향을 미칠 수 있다.(이 책의 핵심을 이루는 5~7장은 1919년 유교계의 독립운동인 파리장서운동이 1945년 이후 해방 정국에서 유교계의 건국운동 참여의 정신적·인적 자산이 되었음을 설명한다. 1960년의 교수단 데모 역시 그 정신적 원리를 계승하고 있다는 주장이다.) 이는 단지 교수단 데모에 참여한 유교 지식인에 대한 설명 원리에 그치지 않는다. 4·19 혁명에 참여했던 청년 학생들의 의미 세계 역시 그것과 크게 다르지 않았다. 당시 유교가 왕조 시대와는 다른 방식으로 시민들의 관념을 지배하고 있었다는 점은 한국의 반독재·민주화 투쟁에 유교적 가치와 언어가 실제로 커다란 영향을 미쳤다는 경험적 연구를 통해 확인될 수 있다. 이런 역사사회학적 분석을 통해, 이 책은 '전통과 근대', '유교와 민주주의' 등의 형이상학적 논전의 수렁을 우회하여, 경험 수준에서 유교와 민주화운동의 관계에 대해 접근할 수 있는 길을 열고자 했다.

칼럼은 어떻게 혁명을 유교적으로 정당화했는가

이제, 오늘의 관점과 논란을 잠시 접어 두고, 앞서 언급한 '횡설수설' 칼럼에 집중해 보자. 우선 신문의 칼럼이 지식층과 대중 사이의 사회적 커뮤니케이션이라는 데 주목해 볼 필요가 있다. 발신자인 논설위원은 칼럼이라는 매체를 통해 수신자인 신문 독자들에게 자신의 메시지를 전달했다. 이때 소통상의 혼선redundancy을 줄이기 위해서 발신자는 수신자들의 상식 수준과 독해 능력 그리고 그들의 당시 상황에 대한 인지 정도 등을 감안해서 적절한 방식으로 글을 작성해야 한다. 따라서 해당 칼럼의 인코딩encoding 방식을 분석하면 거꾸로 당시 신문 독자들의 의식 세계를 어느 정도 이해할 수 있다. 이 칼럼은 현대적 사건을 전통적 언어로 코드화하고 있다. 이는 언뜻 격의格意로 보이기도 한다. 격의란 새로운 사상을 익숙한 종래의 개념과 논리를 빌려 풀이하는 방식으로, 불교가 중국에 처음 보급될 때 중국인에게 익숙한 도교와 유교의 언어로 번역되었던 것이른바 '격의불교'이 대표적이다. 그런데 1960년경 민주주의의 정치 원리만큼은 이미 상식으로 자리 잡고 있었다. 따라서 교수단 데모에 굳이 대의와 단성 같은 전통적 개념을 격의하여 독자들에게 호소할 필요가 없다. 전통 유교의 습속이 현대 민주주의 운영에 저해가 되고 있다는 것을 몰랐을 리도 없다. 그런데도 칼럼이 유교의 전통 언어로 혁명을 설명했다는 것은 그 시기의 독자 대중이 그 언어를 잘 알고 있었다는 점, 그리고 시민의 민주화에 대한 인식이 실제로 그런 전통적 개념 틀과 이어져 있었다는 점을 방증한다.

그래서 이 칼럼의 진실은 서술 방식, 곧 '순환론'적 구조에 새겨져 있다. 칼럼은 시민들의 생각을 교수단이 공의로 표현했고, 다시 교수단의 공의가 시민들의 마음을 얻었다고 말하는데, 이런 순환 논증은 시민과 교수단의 생각 사이에 무엇이 선행하는 원인이고 후행하는 결과인지 알 수 없게 만든다. 논리적으로는 오류이다. 그럼에도 칼럼 집필자는 그런 것은 안중에도 없는 듯이 사안들을 재량하고 규정하는 데 일말의 망설임이 없다. 다시 말해, 집필자가 그 글에서 다루는 대상과 거리를 두지 않고 오히려 일체가 되고 있다. 집필자와 교수단은 하나이다. 언론사 칼럼진은 데모 교수단과 직접적인 공모 관계는 아닐지언정 분리되지 않는 하나의 비판적 지식계에 속해 있었다. 당시 동아일보 논설위원으로 필명을 드높였던 신상초申想楚는 그 직전까지 성균관대 교수였다. 언론계와 학계 사이의 장벽이 낮았던 까닭에 당시 논설위원진들은 교수단 데모의 의미에 대해 직간접적으로 접근하는 데 용이했다.[4] 아마도 칼럼 집필자는 자신의 뜻을 교수단이 대신 펼쳐 준 데에 고마워했을 것이다. 이 칼럼의 순환 논증은 바로 그러한 상황의 반영이다. 글의 필자와 독자 그리고 주인공까지 공감할 수 있는 해석이 필요한 때에, '민심이 천심'이라는 오래된 믿음은 매우 적당한 선택지였을 것이다.[5]

1960년 시점에서 민심이라는 말은 주권자로서 국민 또는 시민의 여론을 가리키고 있었지만, 아마도 국민들은 민심이라는 어휘에 켜켜이 쌓여 온 왕도정치王道政治의 상상력에 더 이끌렸을 것이다. 군왕에 대한 절대적 충성이 강조되었던 왕조시대에서 천심의 표현으로서 민심이라는 말에는 군왕을 두렵게 하는 마법적인 힘이 담겨 있었다. 사대부와 선비들은 민심이 하늘의 절대적 명령天命이라는 것을 내세워 왕을 견제할 수 있었다.이영찬, 2001: 414 이에 더해, 조선시대에는 권력 내부에 언론을 담당하는 삼사三司, 홍문관, 사간원, 사헌부를 두어 간쟁과 토론으로 왕의 잘못을 바로잡을 수 있었다. 왕이 그것을 거부해서 패도를 일삼을 경우 혁명은 정당화된다. 여전히 이 국민의 의식 속에는 왕조시대의 유풍이 살아 숨쉬고 있었다. 노년과 중년 세대뿐만 아니라 해방 이후 민주주의 교육을 받은 당시 청년 대학생 세대도 마찬가지였다. 대학생들은 교수들을 단순히 직업 집단 이상으로, 곧 정치적 위기의 시기에 통치자의 불의를 꾸짖는 '선비'로 상상할 수 있었다. 청년학생의 시위는 불의에 떨쳐 일어난 용기 있는 행동이었지만 그것이 올바른 것인지에 대해서는 확신할 수 없었다. 그런데 교수단이 그 정당성을 승인하고 지지하면서 비로소 그것은 공의가 되었다. 최고 통치자는 언론을 통해 교수단의 공의에 접했는데, 시위 중인 일반인 대표와 면담하면서 비로소 공의가 곧 민심임을 재확인하고 사퇴했다. "국민이 원한다면 사퇴한다"는 이승만의 성명 가운데 '원한다면'이란 표현이 오해의 소지를 남겼으나, 그가 이미 시위대와 면담 중 국민의 뜻을 확인하고 사퇴를 밝혔기 때문에 논란의 여지가 없다. 성명 발표 직전 이 대통령에게 하야를 요구했던 시민 대표들조차 대통령이 그 자리에서 반성하고 사퇴 의사를 표명하자 함께 통곡하고 슬퍼했다.[6] 전통 시대의 민심천심론이 근대 사회의 민주 혁명에 적용 가능하다는 것은 이로써 충분히 설명된다.

4·19 혁명의 경과와 결말에서 얻을 수 있는 함의는 분명하다. 유교의 전통적 혁명론은 특정 조건, 곧 사회 구성원의 다수가 유교적 가치와 언어에 익숙해 있다는 조건하에서 반독재·민주화운동에 상당한 긍정적 영향을 미쳤다는 것이다. 주의할 점은

이 주장은 '민주화'라는 정치 변동 과정에 관한 것이지, 이것만으로는 유교가 일상적인 '민주주의' 정치에 기여하는지 판단할 수 있는 것은 아니라는 점이다.

그동안 동서양의 많은 학자들이 유교와 민주주의의 친화력 여부에 대해 치열한 찬반 논쟁을 벌였지만 사실상 이 논쟁은 처음부터 형이상학적 수준 너머로 발전되기 어려웠다. 찬반 당사자들은 처음에는 서로의 저의에 의심을 품었고 다음 단계에서는 경험의 차이가 논의의 진전을 가로막았다. 유교 문화권 국가의 불완전하거나 짧은 민주주의 역사는 경험적 차이를 완화시킬 유교와 민주주의 사이의 일반 이론의 형성을 가로막았다. 그런데 '민주주의' 대신 '민주화'에 주목했다면 훨씬 설득력 있는 경험적 논증이 가능하지 않았을까? 이런 점에서 4 · 19 혁명을 비롯한 한국의 민주화 과정에서 유교가 어떤 영향을 미쳤는지 살펴보는 작업은 더할 나위 없이 중요하다. 나아가, 이 작업의 성과는 같은 유교 문화권에 있는 동아시아 국가가 질서 있는 방식으로 민주화를 향해 나아가는 데 필요한 통찰력을 제공할 수 있다. 여전히 공산당 일당독재하에 있는 중국과 베트남, 법가法家적 방식의 국정 운영에 만족하고 있는 싱가포르 등의 민주화 촉진에 한국의 경험이 도움이 될 것이다.

현대 유교사 연구의 필요성

아쉽게도 한국 유교사 연구자의 시야는 오랫동안 해방 이전까지의 서술에 국한되어 있었다. 선배 학자들의 노고로 해방 이전 유교계의 혁신 시도와 독립운동의 실상이 학계에 보고되기 시작한 지도 50년 가까이 지났다.대표적 보기로, 허선도(1969)를 볼 것 그런데 그 이후, 특히 해방 이후 유교인의 운동사는 역사 서술상의 완전한 공백 상태이다. 유교계가 해방 이후 한국 현대사의 현장에 주도적으로 참여했다는 주장을 담은 연구는 이제까지 단 한 차례도 발표되지 않았다. 현대 유교사 서술의 기본 틀조차 없으니 후학들은 어디에서부터 연구를 시작해야 할지 모르는 상황이다.

이런 상황을 초래한 가장 큰 이유는 자료 부족이라는 물리적 제약 때문이다. 실제로 타 종교와 달리 교단 조직의 경험이 없었던 유교계에서 체계적인 자료 보관이란 애당초 기대하기 어려웠다. 연구자들은 자료를 찾아 해당 인물의 가족이나 문중의 도움을 요청할 수밖에 없었다. 또한 독립운동이나 건국운동 등 자료를 남길 수 없는 경우가 더 많았으므로 당시 상황에 대해서는 참가자의 증언과 회고가 필수적인데, 많은 저명한 유교인들이 1950년 6·25 전쟁 기간 동안 희생 또는 납북되어 진실에 접근하기가 어려워진 경우도 많았다. 정치적으로 우파와 중도파에 속했던 유교인들의 경우가 이에 해당한다. 더불어, 전쟁 이후 독재의 일상화에 따라 옛 기록을 마음 놓고 공간公刊할 분위기도 아니어서 해당 인물의 죽음과 함께 그의 역사도 함께 사라져 버리는 경우도 많았다. 좌파의 통일국가수립운동 참여 경력을 가졌던 유교인들의 경우가 이에 속한다.

근현대 유교사 연구의 어려움을 가중시키는 요인은 유교인의 고질인 가족주의 습속에 의한 '제 식구 감싸기'의 풍조였다. 유교인 가운데 앞서 언급했던 자랑스러운 역사의 주인공들만 있는 것은 아니다. 이런저런 이유로 친일, 간첩 활동, 독재 가담 등의 부끄러운 경력을 가진 유교인 또한 적지 않았다. 이들의 후손이 제 조상이라는 이유로, 이들의 제자가 제 스승이라는 이유로 이들의 행적을 소극적으로 은폐하거나 심지어 당당히 왜곡하는 풍조가 있었다. 유교사에서 부끄러운 과거를 은폐하려다 보니 결국 해당 시기 그와 관련된 다른 인물들의 자랑스러운 행적까지 함께 덮어 버리는 우를 범한 것이다. 쭉정이가 두려워 알곡까지 버린 셈이다. 이런 풍조를 알아차린 동료들은 일찌감치 이 분야에 기록을 남기기를 그만두었고, 후속 세대들은 유교사에서 어떠한 부흥과 혁신의 가능성도 찾을 수 없을 것이라고 지레짐작했다. 근현대 유교사의 공백은 결국 유교인 스스로 초래한 것이다.

사세가 그러하니, 오히려 유교인들이 해방 이후 건국운동과 통일국가수립운동 그리고 민주화운동에 주도적으로 참여했다는 이 책의 주장에 많은 이들이 의구심을 가지는 것이 당연해 보인다. 부자가 망해도 3대는 간다는 말처럼 과거 찬란했던 유산 덕분에 예외적인 특출한 유교인 몇몇이 존재하긴 했겠지만, 그러한 잔존 문화가 현대사에 어떤 수준의 영향을 미쳤겠는가 하고 말이다. 필자도 그런 인식에 절반쯤은 동의한다. 실제 한국의 근현대를 주도한 것은, 소설가 황석영이 솜씨 있게 '손님'이라고 이름 붙인 대로, 기독교와 공산주의라는 외래의 신념 체계였다. 종교와 이데올로기의 기능을 동시에 수행했던 이 두 신념 체계는 당시 민족주의라는 2차 이데올로기와 다양한 방식으로 결합하여 일제하의 민족운동, 해방 이후 이념 갈등과 민주화운동 등에서 토착종을 밀어내고 지배종이 되었다. 1960년대 이후의 산업화에 영향을 미친 근대화론 역시 서구의 경험을 일반화한 논리였고, 그 시기부터 한국 사회는 제도와 이념 모두에서 서구화를 추구했다. 이런 상황에서 유교의 역사를 다룬다는 것은 회고적 의미밖에 없다는 평가도 그럼직하다.

실제로 지난 100여 년 동안 유교에 대한 시중의 언급은 부정적인 것 일색이었다 해도 과언이 아닐 것이다. 일제강점기 초기에 유교는 망국의 원인으로 지탄 받았고, 해방 이후에는 한국 사회의 근대화를 가로막는 문화적 고질로 지목되어 비난 받았다. 예컨대 대기업 집단의 가족주의적 경영 방식을 유교 문화 탓으로 돌리는 것은 충분히 납득할 수 있다. 그런데 이런 비난이 도가 지나치면, 대학생 사회에서 선배가 후배들을 모아 놓고 구타를 해도 유교 탓, 여야 국회의원끼리 낮에는 정쟁을 벌이다가 밤이 되면 동문들끼리 모여 이권을 주고받아도 유교 탓으로 돌린다. 유교를 책임 전가용 허수아비로 취급하는 것이 일상이 되면 사람들은 문제의 본질과 실제 원인 탐구를 소홀히 하게 된다. 많은 기독교인들이 한국 교회의 세습 문제나 정실 운영 문제조차 제 탓을 하기보다는 유교 문화 탓으로 돌리는 것이 그런 보기인데 조금은 구차해 보인다. 중요한 것은, 도덕적 근대에 어울리지 않는 모든 부정적 양상을 유교의 책임으로 돌린다고 해도 대체로 고개를 끄덕일 만큼 유교에 대한 일반의 인식이 부정적이라는 점이다. 현대 유교사 연구는 이런 부정적 인식을 씻어내기 위해서라도 반드시 진행되어야 한다. 부끄럽거나 안타까운 과거를 솔직히 드러내고 반성하는 작업 없이는 유교 부흥의 길은 요원할 뿐이다.

유교 정치운동사 연구의 범위

이 책은 한국의 근현대 유교 정치운동사 서술을 목적으로 한다. 해방 정국부터 1960년대의 유교 정치운동의 흐름이 구한말 의병 전쟁부터 일제하 독립운동에 이르는 유교 민족운동의 본류에 잇

닿아 있었음을 밝히는 것이 이 책의 기본 목표이다. 그런 까닭에 그 시기 정치운동의 배경이 되는 구한말과 일제강점기의 유교계 흐름도 간략하게나마 서술할 것이다.

개별 운동사의 기준으로, 이 책은 다음의 세 가지 유교계 정치운동 서술을 근간으로 한다. 첫째, 1919년 3·1 운동 직후 정통 유림이 주도한 유교계 독립운동으로서 흔히 '파리장서사건'으로 불리는 파리장서운동1차 '유림단 운동과 그 파생 운동의 원인과 전개 과정을 서술할 것이다. 앞서 언급했듯이, 유교계의 독립운동과 유교 인물들의 행적에 대해서는 이미 많은 연구가 진행되었으므로 이 부분의 서술은 간결한 정리 수준이 될 것이다.[7] 둘째, 1945년 해방 직후 유교계의 건국운동과 통일국가수립운동의 전개 과정과 발전 양상을 상세히 서술할 것이다. 이 분야에 대해서 그동안 유교계는 물론 역사학계에서조차 관심을 기울이지 않았지만, 이 책은 미군정과 북한 자료, 한국의 언론 자료와 치안 당국의 기록 그리고 개인사 자료를 종합하여 해방 정국 유교계의 도덕적·진취적 활력을 당시 좌우 정치 진영의 움직임이라는 큰 틀에 담아 그려낼 것이다. 셋째, 이 장의 머리에서 간략하게 묘사한 1960년 4·25 교수단 데모의 기획과 전개 과정을 분석하고 그 주도 세력이었던 유교 지식인의 실천 양상과 의미 세계를 서술할 것이다. 이는 4·19 혁명에 대한 기존 분석 방식을 보완한다는 의미를 넘어서 유교적 가치가 한국의 반독재 · 민주화 투쟁에 대한 효과적인 정당화 논리를 제공했다는 분석적 함의에 이어질 것이다.

이 책은 앞서 세 가지 주요 운동에 대한 단속적 분석과 서술을 지양한다. 이 책은 근현대 유교계의 개별 정치운동이 항상 그것보다 앞선 시대의 운동을 계승 · 발전한 결과였다는 것을 입증하여 현대 유교사가 과거와 역사적 연속성을 갖는다는 것을 보여 줄 것이다. 이 연속성은 사상사적으로는 전통 사상의 근대적 변용의 과정이고 운동사적으로는 앞선 운동 세대 참가자와 후속 운동 참가자의 인적 · 조직적 계승의 과정이다. 예컨대 1919년의 파리장서운동은 그 이전 위정척사파 의병운동과 인적으로 이어지면서 동시에 전통 유교가 어떻게 중화사상에서 벗어나 근대 민족주의를 수용할 만큼 변화했는지를 보여 주는 사례로서 서술될 것이다. 또한 1945년 해방 정국의 유교계 정치운동을 주도한 세력은 1919년 파리장서운동 참여 세력의 생존자와 후손들이었고 동시에 전통 유교의 왕도정치와 대동사상이 근대 신생 국가의 건국 과정에 어떻게 영향을 미쳤는지를 가늠하는 사례로서 분석될 것이다. 1960년 4 · 25 교수단 데모의 경우에도 마찬가지인데, 이는 일제하 유교계 독립운동 세력의 인적 네트워크를 기반으로 전개되었고 동시에 유교적 가치가 민주주의의 언어로 융합될 수 있다는 것과 민주화운동을 정당화하는 언어를 제공했다는 것을 입증하는 사례로서 서술될 것이다.

이러한 서술 과정에서 이 책은 유교 정치운동사와 관련한 다양한 주제를 검토할 것이다. 첫째, 왕조 부흥을 목표로 했던 유교계 일반의 복벽復辟과 기왕의 소중화주의 문명론으로 대표되는 전통주의적 지향성이 어떻게 근대 민족주의 논리를 수용하게 되었는가의 문제를 유교 원리 개념 틀의 해체와 재구성의 측면에서 분석할 것이다. 국망 이전 의병전쟁과 국망 전후 독립운동의 중추였던 의암毅菴 류인석柳麟錫의 사상 변화가 그 주요 분석 대상이다. 이는 유교에서 민족의 발견과 관련된 주제이다. 둘째, 일제강점기와 그 전후 유교계 독립운동과 관련된 유교 혁신의 노력을 통해 그것이 전통 유교의 사회관과 윤리관 그리고 종교관을 어떻게 극복하는지에 대해 분석할 것이다. 심산 김창숙, 위당 정인보 등의 사상과 함께 정통 유림 측의 대응 방식 변화상 등이 주요 분석 대상이다. 셋째, 해방 정국과 6·25 전쟁 그리고 이승만 정권 시기에 유교가 자유민주주의, 아나키즘, 공산주의 등 다양한 근대적 정치 이념과 결합하는 방식과 그 사상적 결과에 대해 분석할 것이다. 이 시기에는 원로 정통 유림과 근대적 학문으로 유학을 배운 청장년 유교인이 각각 종교계와 지식계로 분립해 존재했고, 이념·지역·학통 등의 다양성으로 말미암아 이들은 분파별로 경쟁하며 현실 정치에 개입했다. 해방 정국에서는 정통파의 김창숙과 정인보, 좌파에서는 김성규金成圭와 김태준金台俊을 중심으로 분석할 것이고, 전쟁 이후에는 이시영李始榮, 신익희申翼熙 등의 재조 정치인, 권오돈, 이상은, 임창순 등 학계 및 재야 인사 등이 서술의 중심에 자리할 것이다.

이 책은 지난 100년 동안의 유교사와 유교 정치운동사를 긍정적으로만 서술하지 않는다. 식민지 시기 친일 유림들은 경학원성균관의 후신과 향교를 장악하고 제멋대로 유교계를 대표했다. 지방의 정통 유림들은 그에 동조하지는 않았지만 그렇다고 적극적으로 저항했다고 보기도 어렵다. 이는 해방 이후에도 마찬가지였다. 독립운동 세력을 중심으로 유교계는 의욕적으로 부흥을 시도했지만, 1950년대 중반 이후 '유림 분규'유도회 분규를 겪으며 몰락을 가속화했다. 1960년대 산업화에 유교 전통의 가족주의 습속이 의도하지 않게 기여를 했지만, 같은 시기 권위주의적 정치 세력에 정당성을 부여하는 데 유교계가 이용당하기도 했다. 종교성이 사실상 사라져 버린 상황에서 유교계는 일부 명망가에 의존하여 겨우 조직의 외양만 보존했을 뿐이다. 근현대 유교 관련 인물들의 안타깝고도 부끄러운 역사를 감춘다고 해서 그 사실이 사라지거나 망각되지는 않는다. 유교에 대한 오늘 대중의 냉담한 시선은 하루아침에 이뤄진 것이 아니라 유교인들의 누적된 행적에 대한 인식 형성의 결과이다. 친일과 친독재로 얼룩진 교권 세력을 정통 유교인이라 부를 수는 없다. 따라서 이 책의 주인공들이 행한 '군자들의 행진'은 권력을 탐한 세력들과의 대결과 분투의 행진이기도 했다. 하지만 유교계 내부의 권력 지향적 세력의 죄 또한 유교인이 짊어져야 할 역사이다. 이 책의 유교사 서술은 역사적 사실을 최대한 복원하여 독자와 유교인 스스로 유교인의 공과를 정확히 인식하게 할 것이다. 이러한 반성 작업을 통해서 비로소 유교계가 나아가야 할 길이 확연히 드러날 것이다. 그리고 그 길을 행진하는 군자들이 나타날 때 비로소 유교는 대중의 신망을 되찾고 부흥의 계기를 맞을 수 있을 것이다.

2

유교 정치운동사 연구의
방법, 개념, 함의

1. 유교사 연구의 방법

사회과학 이론에서 구조와 행위의 관계는 변증적이다. 사회 구조가 행위자에게 미치는 제약이 분명하기는 하지만, 그 구조적 조건조차도 집합적 행위의 제도화의 결과이자 구성물로 파악할 수 있다. 정도의 차이는 있을지언정 행위자는 자신의 행위에 대한 의미 세계를 가지고 있는데, 개인의 의미 세계는 자신을 둘러싼 문화적 상징의 체계에 의해 영향을 받는다.기어츠, 1998; 최종렬, 2009 그 문화적 상징체계의 핵심을 구성하는 것은 종교이다. 종교에 대한 연구를 위해서는 이러한 방법론적 성찰에서 출발할 필요가 있다. 한국의 민주화와 유교의 관계를 분석하는 이 책의 연구 설계는 이러한 성찰에서 출발한다.

연구 대상으로서 유교는 다양한 요소의 복합체이다. 교리 체계로서 형이상학적 이론 구성물이기도 하고 동시에 그 수행의 결과가 구조화된 제도이기도 하다. 전자의 경우라면 해석학적 접근이, 후자의 경우라면 기능론적 접근이 필요할 것이다. 하지만 각각의 측면만을 강조하는 환원론적 접근은 근현대 유교의 정치성에 주목하기 어렵다. 이 책은 근현대 한국 유교인의 의미 세계를 분석하되 그것을 둘러싼 구조적 · 담론적 환경과의 상호작용을 중시할 것이다. 곧 당대 유교인의 정치의식을 전래 유교의 문화적 상징체계의 단순한 재생산의 결과가 아니라 그들이 특정 시기의 정치적 조건에 유교적 이념에 따라 대응한 결과이자 경쟁하는 여러 세력과의 관계 속에서 유교적 가치를 수행한 실천의 결과로서 간주한다.

유교 정치 이상의 역설

유교인들은 자신들의 정치적 이상을 유교 경전에 등장하는 성인의 언어를 통해서 표현하는 데 익숙하다. 그런데 경전이 갖는 절대적 권위에도 불구하고, 그것이 언제나 한 방향의 해석만을 이끌어내지는 못한다. 이는 경전 자체의 모호함 때문에 인용자의 자의성이 개입하게 되는 까닭이기도 하고, 경전 형성 시점에서 해석 시점까지의 시간상 차이로 인한 적용상의 어려움 때문이기도 하다. 따라서 현실 유교 정치에서 경전의 권위는 선언적인 수준으로 제한되었고, 실제로 유교국가인 조선의 정치 행위는 법률과 관행을 바탕으로 행해졌다. 근현대 유교 정치운동사를 다루는 이 연구에서는 연구 대상 유교인들의 경전 인용의 실제 의미에 대해서 더욱 주의해야 한다. 더불어, 한 인물의 전반적인 사상적 지향점과 실제 정치운동 행적 사이의 간극이 있다는 것에도 주의해야 한다. 정치운동은 한 인물이 자기 사상을 외화한 것이지만 동시에 현실의 문제 상황에 대한 진단과 분석의 복합적 결과이다. 더구나 다양한 세력들과의 경합 속에서 집합적 의지를 구현하는 과정이기 때문에 한 유교인이 자신의 순수한 유교 관념을 정치운동을 통해 그대로 드러낼 수는 없다. 유학 학설사가 전체 유교사를 대체할 수 없는 것처럼, 유교사상사만으로 유교 정치운동사를 대체할 수 없다.

유교인들의 이상은 언제나 과거 성인 시대의 정치를 향하고 있다. 요순堯舜 시대까지는 바랄 수 없겠지만, 유교인들은 공자가 복원한 성왕들의 통치는 노력에 따라 회복 가능한 것으로 인식했다. 공자 이래 유교는 민본民本과 덕치德治를 근간으로 하는 왕도王道의 구현을 정치의 핵심 이상으로 삼았다. 이를 실현할 주체는 군주와 사대부이다. 군주는 통치 행위 모두에 책임을 져야 했고, 사대부는 군주의 통치를 도와 왕도정치를 완성해야 했다. 그런데 군주와 사대부 모두 인간적 한계를 가질 수밖에 없다. 따라서 유교 정치 이론에서는 정치적 올바름의 근거를 개인보다는 원리 자체에 두는 방식을 택하게 되었는데, 그것이 바로 정명正名론이다. 이름을 바로잡는다는 것은 곧 타락한 현세를 고대의 성스러운 유교 정치가 작동했던 시대로 되돌린다는 뜻이다.[1]

종교적으로 규범화된 정치 관념은 전통 시대에 정치가 종교유교에서 독립하지 못하게 된 원인을 제공하기도 했다. 과도하게 높게 설정된 도덕적 정치 이상은 통치 집단이 현실 진단과 대안 마련에 집중하게 하지 못하게 했고 대신 이들이 도덕 기준을 둘러싼 공허한 논쟁에 매달리게 하는 데 기여했다.[2] 정치가 종교에서 분리되지 않은 까닭에 전통 시대의 정치운동 역시 종교에서 자유로울 수 없었다. 개혁적 정치운동 세력일수록 경전으로 회귀하여 그 지적 자원을 찾고자 했다. 이런 점 때문에, 전통 시대의 유교 정치 또는 유교 정치운동은 불변하는 정치 이상과 변화하는 정치 현실 사이의 괴리를 극복하지 못했다. 조선 유교계의 경우 '서구의 충격'과 급변하는 세계 정세에 노출되기 시작하면서 그 괴리는 더욱 커져만 갔다. 유교적 정치 이상이 현실에서 무기력해질수록 유교계 내부의 불안은 가중되는데, 이른바 우환憂患의식이라는 성리학 전통의 불안은 거꾸로 유교 이상을 규범적으로 강화하는 방향으로 흘러 현실에 대한 객관적 대응 능력을 스스로 상실하게 했다.

이처럼 유교 정치 이상이 강조될수록 유교가 현실 세계에서 멀어진다는 역설은 근현대 유교사에서도 찾아볼 수 있다. 국망 이전 조선 정통 유림의 유교 정치 이상의 적극적 표현인 위정척 사론이 대표적이었다. 국망 이후에는 오랑캐일제의 지배에서 순응하지 않은 채 은거하며 때를 기다리는 방식으로 유교 정치 이상의 소극적 측면을 견지했다. 후술하겠지만, 국망 직전 친일 유림의 발호라는 정반대의 현상조차 원리는 같았다. 이들은 일본의 지배가 유교 정치 이상에 기초한 것이라는 궤변으로 한일합방을 정당화했다.

지금까지 유교 정치 이상과 현실 정치의 괴리를 언급한 이유는 이 책의 핵심인 근현대 유교 정치운동사의 가치가 그것을 극복하려 한 데 있었다는 것을 강조하기 위함이다. 이 책의 주인공들은 당시의 민족의 위기 현실을 정확히 진단하고 이를 극복하기 위한 사상적·조직적 노력 과정에서 유교의 정치 이상을 현실적 대안으로 재구성하고자 했다. 유교 정치운동 세력은, 장기적으로는 유교의 혁신을 통한 근대 유교로의 변화를 도모하면서도, 매 시기마다 당시의 가장 중요한 현실적 과제 해결을 위해 실천적 대안을 제시했다. 식민 지배하에는 독립투쟁의 과제, 해방 정국에서는 국가 건설의 과제, 독재 체제하에서는 민주화의 과제가 각각 당면 과제였다. 근현대 유교 정치운동 세력은 유교 정치 이상을 근대적으로 재해석하고 변용해서 현실에 개입할 근거를 찾아야 했다. 이 책의 연구 대상이 유교인 일반이 아니라 근현대 정치 발전 과정에서 그 괴리를 극복하고자 집합적으로 노력했던 유교인들로 한정되는 이유는 바로 이러한 사정 때문이다.

유교 정치운동사 연구의 방법

근현대 유교사 그리고 유교 정치운동사를 근대 민주주의 제도와 관련하여 분석하고자 할 때 불가피하게 맞닥뜨리는 두 개의 난관이 있다. 하나는 방법상의 문제로서, 유교 전통과 한국 사회 근대화 사이의 표층적 상관관계 수준을 넘어 실제 세밀한 인과관계를 분석하고자 할 때 등장한다. 예컨대 사회과학자들에게 유교 전통은 통계적으로 검증 가능한 특정한 가치 관념과 생활 방식으로 환원된다. 이 방식으로 한국인의 가치가 변화하는 추세를 분석하면, 근대화라는 거대 변동 과정에서 유교 전통이 쇠퇴했다는 결론을 내릴 수 있다. 이때 유교와 근대화는 부정적 상관관계를 갖는다. 근대화가 진전될수록 유교 전통은 쇠퇴하게 되므로 유교 문화의 쇠퇴는 근대화의 지표가 되기도 한다. 그런데 이는 현상에 대한 상관관계만 보여 줄 뿐, 둘 사이의 인과관계를 설명하지는 못한다. 또 유교 습속을 지표화하는 방식에도 약점이 있다. 집단주의, 연고주의, 권위주의, 가족주의 등의 '전통' 사회의 속성을 '유교'의 것으로 간주하는 이 방식 연구의 결론은 사실 '근대화는 전통성의 약화와 같다'는 명제의 동어반복일 뿐, 유교와 근대 사이의 심층적 관계를 제시하지 못한다. 이 문제를 해결하기 위해서는 먼저 한국 사회 근대화의 복합적인 과정, 곧 집합적 실천의 결과와 사회 체계 사이의 영향까지 고려하는 역사사회학적 분석이 선행되어야 한다.

다른 하나는 연구자의 관점이 연구의 결론을 이끌어내는 데 큰 영향을 발휘하는 데 있다. 제도적 근대화의 가장 대표적인 두 양상, 곧 시장경제와 민주주의, 이 두 주제 영역에서 유교의 기여 또는 가능성과 관련해서 벌어진 논쟁들이 대표적이다. 독자들도 익히 알다시피, 우리 학계의 경우 각각 유교자본주의론과 유교민주주의론이라는 이름으로 2000년대 초반까지 상당한 규모의 학술 논쟁을 이끌어냈다. 그런데 두 논쟁 참가자들이 찬성과 반대를 표명하는 데 영향을 미친 것은 현상에 대한 규정 방식이었다. 찬성론자들은 한국의 자본주의와 민주주의를 성공한 사례로 규정하고 시작했던 데 반해, 반대론자들은 두 경우 모두 실패 또는 한계로 규정했다. 따라서 찬성론자들은 한국의 시장경제와 민주주의의 제도적 정착 과정에서 나타나는 서구 경험과의 차이

점을 유교 전통으로 설명하고 그 긍정성에 초점을 맞출 수 있었다. 이와 반대로, 이미 한국의 근대화를 부정적으로 인식했던 반대론자들은 한국의 자본주의와 민주주의의 부정적 양상을 유교 전통의 영향으로 볼 수밖에 없었다. 논쟁 시작부터 찬반 두 관점은 발전적 합의를 이끌어낼 여지가 없었다. 결국 이 문제를 해결하기 위해서는 방법의 전환이 요구된다. 유교와 제도적 근대에 대한 일반론을 포기하고, 대신 실제 한국 사회에서 민주화와 산업화 '과정' 자체에 대한 역사적 분석부터 시작해야 한다.

이 두 가지 난제를 해결하기 위한 출발점은 경험적 연구밖에 없다. 유교사와 유교 정치운동사를 서술하기 위해서 이 책이 시종일관 역사적 접근을 하는 이유이다. 이때 역사적 접근 방법은 연대기 작성이나 자료 발굴만을 의미하지는 않는다. 통시적으로 연구 대상의 변화를 추적하여 종합적인 역사상을 수립할 수 있다는 점과 일반론의 제약 없이 개별 사례 자체에 집중할 수 있다는 점이 역사적 접근의 강점이다. 이 방법을 통해 이 책은 구한말에서 1970년대까지 유교계 인물들이 민족사에 남긴 발자취를 추적할 것이다. 물론 그 핵심어는 '근대'라는 큰 개념이 될 것이고, 이는 다시 '민족'과 '민주'라는 두 개념주제으로 나뉘어 분석될 것이다. 첫째, 유교계 일반에서 민족의 발견 시기가 국망 전후라는 점에서 상당히 뒤늦은 관심이기는 했지만 35년이라는 식민지 피지배 상황에서 전개된 독립운동과 해방 이후 건국운동과 통일국가 수립운동 참여에서 보듯이, 민족은 유교 정치운동사의 핵심 주제였다. 둘째, 1948년 정부 수립 이후 1970년대까지 유교 정치운동의 중요한 주제는 민주주의와 민주화로 이동했다. 6·25 전쟁 기간부터 이미 이승만 정권과 대립각을 세웠던 유교계는 반독재 투쟁 과정에서 유교적으로 민주주의를 정당화하기 위해 노력했다. 따라서 20세기 유교사와 유교 정치운동사는 유교가 민족국가와 민주 정치라는 두 근대적 제도와 이념에 대응하여 유교 논리를 변화·적응시키는 과정으로 설명할 수 있다. 이를 연속적 발전의 과정으로 해석하는 데에 역사적 접근은 필수적이다.

그런데 이러한 역사적 접근 방법만으로 유교계의 정치적 동향을 모두 설명할 수는 없다. 특히, 개별 시기 특정 사건이 발생하는 국면에서 정치·사회 구조와 운동 참여자들의 의미 세계가 '접합'되어 의도하지 않은 결과를 생성하는 것을 설명하기 어렵다. 예컨대 1919년 3·1 운동이 유교계의 변화를 이끌어내어 파리장서운동으로 연결되는 과정을 충분히 설명할 수 없다. 이런 개별적 사안이라면 종교사회학과 사회운동론의 방법을 이용하여 분석하는 것이 일련의 사태를 설명하는 데 유리하다. 두 방법으로 파리장서운동을 분석하는 방식은 다음과 같다. 우선, 일제하에 무기력했던 대다수의 유림이 마침 고종 황제 인산因山이라는 의례에 참여하는 '전통 유교의 의미 세계'를 제시한다. 그리고 이들 유림이 3 · 1 운동의 열광을 목격하면서 순식간에 방관자에서 참여자로 변화하는 사태를 민족과 근대에 대한 태도 변화가 일어나는 과정으로 분석한다. 뒤르케임1992의 언어로 표현하면, 집합의식상의 거대한 해체와 재구성을 가능하게 하는 집합적 감격을 통해 유교인 사회 전반에 걸친 의미 세계상의 혁신을 이끌어낸 것으로 분석하는 식이다.[3] 이런 효용성을 감안하여, 이 책은 기본적으로 역사적 접근을 기본으로 하되 연구 대상의 성격과 세부 탐구 주제의 특성에 맞춰 부분적으로 보완된 방법론을 활용할 것이다.

2. 연구 설계와 주요 개념

민주화의 독립변수로서의 유교

서문에서 언급했듯이, 군자는 전통 시대 유교의 이상적 인간형이다. 수기치인修己治人으로 표상되는 군자의 실천적 덕목은 언뜻 현대 민주주의에 필수적인 시민 덕성의 표상과 상당 부분 일치한다.함재봉, 1998 그런데 동아시아 근현대사를 통틀어 유교적 이상을 표방했던 정치운동을 통해 국가 차원의 근대화나 민주화가 진행된 적은 없었다. 유교 문화가 민주주의 정치체제 형성에 긍정적인 영향을 미쳤다는 것을 검증하기에는 동아시아 민주주의의 역사가 너무 짧기도 했다. 더욱이 타이완중화민국, 중국중화인민공화국, 한국, 베트남 등 유교 문화가 강력했던 지역에서 발생했던 정치운동은 이념의 좌우에 관계없이 독재체제로 귀결되었다. 이런 경험적 사례를 놓고 볼 때, 유교 문화는 민주주의 정치에 기능적이지 않다고 평가하는 것이 더 자연스럽다. 더 솔직하게 말하자면, 오히려 사익을 추구하는 소인의 현실적 동기에 부응한 국가 주도의 산업화가 가져온 부유함이 '의도하지 않게' 1980년대 이후 민주화의 배경이 되었다. 이러한 경제중심적 민주화 이론의 시각, 곧 자본주의의 발전은 민주주의에 기능적이라는 관점에서 볼 때, 이익 추구를 경시하는 유교 전통은 민주화의 저해 요소임이 분명하다.권혁범, 2000

그런데 이러한 해석 또한 문제가 있다. 한국의 민주화는 단순히 산업화의 결과가 아니었다는 점이다. 한국의 민주화운동은 1950년대 초반부터 1980년대 후반까지 약 30여 년간 지속된 장기간의 정치·사회 운동이었다. 1987년 6월 항쟁은 민주화의 시작이 아니라 이행transition의 종결점이었다. 민주화 이론에서 말하는 이행과 반동reaction이 몇 차례 반복된 가운데린쯔·스테판, 1999, 1987년 6월 항쟁을 통해 민주주의로의 이행을 최종적으로 완료한 것이다. 이 30여 년의 장기적 민주화운동 시기는 한국의 산업화 시기와 정확히 일치한다. 산업화와 민주화의 주도 세력은 분명히 나뉠지라도, 적어도 사회 변화의 향방에 열쇠를 쥔 일반 참여자들은 '같은' 사람이라는 것이다. 환언하면, 국민들은 산업화와 민주화를 모순 없이 인식하고 있었다. 생존과 이익을 위해 폭력을 수반하는 산업화에 동의했지만 그것이 민주주의 제도의 근간을 무너뜨리는 수준에 이르면 저항했던 것이다. 따라서 한국의 민주화와 산업화를 설명하기 위해서는 그 주도 세력과 일반 국민들이 어떤 이유로 그것에 참여했는가의 문제, 즉 실천을 이끌어낸 '가치'의 문제를 반드시 해명해야만 한다. 그 다양한 후보군 가운데, 이 책은 '유교'를 선택했다.

산업화와 민주화에 미친 유교의 영향을 독립변수로 분석하기 위해서는 먼저 기존 서구 정치·사회철학의 이론과 개념의 틀을 수정해야 한다. 한국의 경험을 설명하는 데 서구 이론의 기계적 적용은 한계를 보일 수밖에 없는데, 특히 '왜'라는 '의미'의 문제를 설명하는 데서 더욱 그러하다. 서구 자본주의의 정신 형성에는 프로테스탄트 교인들의 구원에 대한 종교적 불안감이 작동했다는 베버[1988]의 이해를 존중한다고 할지라도, 한국의 산업화 과정에 그런 요소가 없었다는 이유만으로 한국의 자본주의를 불완전한 것으로 비판할 수는 없다. 한 걸음 더 나아가, 우리는 베버가 시도했던 문화론적 설명 방식을 더 적극적으로 수용하여, 한국의 근대 자본주의 발전에 미친 고유한 종교문화의 선택적 친화력을 설명할 수도 있다.국민호, 1999 이 방식에 관심 있는 학자라면 누구라도 가장 먼저 유교 전통을 변인으로 선택할 것이다.

'부르주아/시민'에서 '군자/소인'으로

유교와 근대적 사회 변동의 관계를 분석하기 위한 새로운 개념 구성 작업은 서구 정치사의 핵심 개념이자 실체였던 근대적 개인의 관념을 이 주제에 적용하기 곤란하다는 것을 논증하는 데에서 출발한다. 서구 근대사상사는 크게 두 방향의 발전을 이뤘는데, 자본주의 발전을 위한 '경제적 인간'과 민주주의 발전을 위한 '정치적 인간'을 각각 개념화했다. 문제는 전제와 배경이 다른 경제와 정치를 어떻게 통합시킬 수 있는가 하는 데 있다. 실제 한 인간이 두 방향의 요구를 모순 없이 내면화하는 것은 쉽지 않기 때문이다.

　서구 입헌민주정의 형성 과정에 영향을 미친 자유주의 정치철학은 자연적 인간homme과 국가의 간섭으로부터 자율성을 획득한 시민citoyen의 결합 가능성을 논증했다. 로크, 루소, 칸트는 물론 기조Guizot에 이르기까지 그러한 믿음은 유지되었다.하버마스, 2001 그러나 헤겔1989에 의해 산업사회의 변증적 발전의 모순이 파악되었고, 마침내 맑스가 「유대인 문제」에서 행한 유명한 정식화, 곧 '부르주아Bourgeois이면서 동시에 시민citoyen일 수 없다'는 명제에 의해 경제적 인간과 정치적 인간 사이의 분열의 불가피성이 역설되었다.Marx, 1975 이후 보편선거의 확산에 의해 대중민주주의가 제도로 확립된 이후에 나타나게 되는 여러 문제점도 기본적으로 부르주아의 이기심과 시민의 미덕 사이의 모순적 결합에 초래하는 불안정성에 기인한다. 19세기 후반 이후 서구 사상사는 결국 이 불안정한 상태를 어떻게 극복할 것인가를 둘러싼 논쟁의 역사이기도 하다. 자본주의 자체를 철폐시키고자 했던 소비에트 러시아의 시도가 서서히 실패로 판명되었지만, 좌파는 국가 개입에 의해 자본주의의 모순을 해결하는 것을 선호했다. 우파는 여전히 시장의 활력과 개인의 도덕성이 공존 가능하다는 것을 보여 주고자 했다. 현재까지도 서구의 정치는 정치적 시민과 경제적 부르주아 사이의 거리를 좁힐 수 있는 대안 모색에 치중하고 있다.

서구 근대사를 설명하기 위한 개념 틀이 한국 근대사에 적용하기 어려운 이유는 개인이 무한정한 경제적 이익과 정치적 권리를 추구하는 것 자체를 우리 사회에서 경험해 보기 쉽지 않았다는 데 있다. 해방 이전, 식민 지배하에서 자유를 박탈당한 것에 저항했던 이들조차 그 독립투쟁의 국면에서 강조한 것은 '나보다 더 큰 나', 곧 '민족'의 운명이었다. 해방 이후에는 민족과 더불어 '국가'가 바로 '더 큰 나'로서 개인의 자율성을 규제했다. 산업화의 주역인 기업인들은 이익을 추구하면서도 자신들이 국민 전체를 위한 것임을 끊임없이 선전해야 했다. 정부는 산업화 정책의 틀을 수립하고 기업인들의 투자 방향까지 이끌었다. 이런 과정을 정당화한 것은 바로 공익과 국익이었다. 개인의 측면에서 보자면, 그는 어떤 영리 행위와 사회적 활동을 하더라도 그것이 공익과 국익을 위한 것이라는 것을 정당화해야 했다. 자율적 부르주아지도 자유로운 시민도 우리 경험에서는 찾기 어려웠다. 개개인의 존재 근거는 '국가와 민족의 무궁한 영광'에 있다고, 1968년에 공표된 한 헌장은 명령한 바 있다. 21세기의 시각에서 보면, 1970년대까지 국민이 도대체 그런 답답한 상황을 어떻게 견뎌냈을까 의문이 드는 것이 당연하다. 하지만 그 시절 다수 국민은 그런 담론에 불편함을 느끼지 않았다. 오히려 국민은 부패기업과 독재자를 비판할 때도 '국가와 민족'의 이름으로, 곧 그들의 실제 행위가 국가와 민족을 위한다는 명분에서 벗어났다는 이유로 비난하고 저항했던 것이다.(민주화 이후에도 우리 사회의 비판 논리가 여전히 이 수준에 머물러 있다는 점에 대해서는 별도의 연구가 필요하다.)

이 책에서 시도한 유교적 민주화 해석은 이런 상황을 설명하는 데 유리하다. 비록 유교의 존재가 약화되었을지라도 유교적 규범과 가치는 그 시기에 여전히 언어적 형태로 일상의 사유 방식에 영향을 미쳤기 때문이다.[4] 전통 유교 행위이론의 핵심은 행위의 결과보다 동기에 있다. 그 동기가 도덕적이라면 행위는 칭송을 받게 된다. 도덕성의 기준은 사적 욕망의 억제와 공적 대의에의 헌신에 있다. 이를 실천하는 모범적 인물을 일러 군자라고 하고 그렇지 못한 인물을 소인이라 일컬었다. 이를 그 행위 동기 측면에서 말하면 '의리지별義利之別 의리와 이익 추구의 구별'이라 일렀다. 전통 시대의 선비들은 자신이 군자로 불리지 못하는 것을 부끄러워하고 혹시라도 소인으로 불릴지 모르는 데에 불안했다. 마찬가지로, 타인의 행위 동기를 따져 그를 군자 또는 소인이라 평했는데, 이러한 비평은 사대부와 유림만으로 제한된 전통 유교의 공론장을 과도할 정도로 규범주의적 성격을 갖게끔 만들었다. 이러한 전통적 유교 규범은 이 책이 다루는 20세기 초중반에도 여전히 유산으로 남아 대중들의 유력한 도덕적 사유 패턴으로 작동했고 또 복잡한 사태를 단순하게 규범주의적으로 언어화하는 데 영향을 미쳤다. 이러한 정치 문화를 감안할 때, 군자와 소인의 구별을 바탕으로 한국 사회의 근대화를 개념화하는 것은 무리가 아닐 것이다.

그동안 몇몇 학자들이 군자와 소인의 구별을 서구 정치철학의 핵심 개념인 부르주아와 시민의 대립의 논리 구조와 연결시키려고 노력했다._{Hall · Ames, 1987} 행위 동기 측면만을 보면 이는 틀리지 않다. 그런데 부르주아/시민 개념이 근대 사회 변동을 이끈 역사적 개념인 데 반해 군자/소인 개념은 규범적 범주로서 초역사적 성격을 갖는다. 더욱이, 이 두 개념 쌍은 국가와의 관계 측면에서 본질적인 차이를 갖는다. 자유주의적 입헌질서의 형성기에서부터 현재에 이르기까지 부르주아와 시민은 모두 공권력으로서의 국가에 대립하여 각각 시장과 시민사회를 형성시켰다._{Manin, 1997} 이들은 개인으로 독립했지만 공유 이익과 신념을 위해 결사하고 집합적 행위로 이를 관철할 수 있었다. 반면에 군자와 소인 개념은 유교 윤리의 이념형적 구별로서의 의미가 더 강하기 때문에 하나의 집단으로 실체화하기 어려웠다. 공자 이후 군자는 당파를 만들지 않아야 했으므로,[5] 본래 집합적 행위자로서 군자의 가능성은 약했다. 소인은 당파적 집합 행위를 이끌 수 있지만 그것은 어디까지나 권력 획득을 위한 것이었을 뿐이므로 권력 장악의 순간에 이미 국가와의 대립은 소멸된다. 계급상 실체였던 부르주아지와 달리 소인은 그저 지배 계층 내부의 임의적 · 잠정적 규정이었을 뿐이었다. 따라서 한국의 근대화를 설명하려는 목적이라면, 부르주아/시민 개념을 아무런 매개 없이 군자/소인 개념으로 대체하는 방식은 피하는 것이 좋다.

국가/정부 구분과 유교의 정치 이상의 전유

조선왕조 정치를 뒷받침했던 유교의 정치 이상은 근대 민족국가 형성기에도 여전히 사회 전체에 지속적인 영향을 미쳤지만, 이를 위해서는 전통적인 정치 이상을 일부 포기하고 개념상의 변용을 시도해야만 했다. 그 출발점은 '국가'와 '정부'의 구분이었다. 요컨대 옛 왕도정치 이상을 '국가' 개념으로 전환시켜 보존하고, 반면에 주기적으로 교체되는 통치 권력을 근대 민주정의 '정부'로 개념화하는 것이다.[6] 이 경우, 군주정에서 민주정으로의 변화는 국가 측면이 아니라 정부 측면의 변화로서, 일본이라는 외부 세력에 의해 군주정이 종언을 고했다는 불가피한 사세를 감안하면 비록 복벽에 대한 미련을 버리기는 쉽지 않았을지라도 유교인들이 민주정을 수용하는 데 큰 어려움은 없었다.

왕조에 대한 예전의 절대적 충성의 관념을 근대 정치에 전유專有, appropriation하면서 유교인들은 근대 민주국가 체제하에서도 유교 정치 이상을 구현할 수 있다는 소박한 믿음을 가질 수 있었다. 그들은 정치 이상과 현실 정치의 괴리에 대해서 실제 국가 통치의 담당 세력인 정부를 비판하는 방식으로 본연의 비판적 규범성을 작동시킬 수 있었다. 국가의 절대성에 비해 정부는 상대적 지위였으므로, 정부는 현실 정치 운영의 성패에 따라 지지와 비판에 노출될 수밖에 없다. 이때 정부 권력을 장악한 세력곧 '정권'을 대하는 유교인들의 인식에 따라 정권 '참여'와 정권 '비판'이라는 상반된 입장으로 양극화되었다. 특히 상대적으로 시장과 시민사회가 국가로부터 자율성을 저해 당했던 1987년 이전의 시기에, 국가가 아닌 '정권'에 대한 지지 여부를 중심으로 한 대립은 유교의 도덕정치학이 지속되는 데 큰 영향을 미쳤다.Kim, 1997

유교적 국가/정부 개념 틀의 유용성은 특히 민주화운동 세력의 담론에서 일부 확인할 수 있다. 1987년까지 운동 세력은 집회와 시위 중 애국가를 제창하며 시민들의 호응을 이끌어냈다. 민주화운동 세력은 스스로를 애국 세력으로 칭하며 민주주의 국가 이상의 옹호자로 상징화했다. 반면에 집권 정부는 민주주의 이상을 왜곡하고 국민을 탄압하는 세력으로 상징화되었다. '민주화 세력 대 독재 정권'의 구도를 옛 '왕도정치 대 패도정치'의 구도로 전유하는 방식의 효과성이 입증되면서, 유교의 강한 규범주의는 근대적 변혁 논리를 담론 수준에서 정당화하는 가치로 새롭게 인식되기 시작했다. 이 시기 민주화운동 세력 중 일부는 '대동大同'이라는 비주류의 유교 자원을 민중적으로 전유하기도 했다. 이런 점들을 이 책에서 모두 다룰 수는 없지만, 적어도 유교 정치운동사 연구의 적실성을 높이기 위해서 반드시 점검해야 할 요소인 것만은 분명하다.

3. 연구 주제와 함의

이 책은 유교의 종교론적 기초 위에 한국 사회의 근대화 과정에서 유교가 스스로를 어떻게 혁신시켜 민족과 민주주의의 위기에 대응했는지에 대해 계기별로 분석하고 서술하는 것을 주된 내용으로 한다. 유교 정치운동의 흐름에 대한 이러한 통사적 서술을 위해, 이 책은 앞서 검토한 방법론적 전제와 연구 설계에 따라 아래의 다양한 주제들에 대한 경험적 논증을 포함하게 된다. 그리고 그 주제들은 각각 다음과 같은 함의를 갖게 된다.

유교와 민족주의

지난 100여 년간 한국은 전통 사회에서 근대 사회로의 거대한 변화를 겪었다. 주요 정치 · 사회적 격변의 계기마다 그 시기의 질곡에 정면으로 맞선 담론들이 존재했다. 개화와 척사 담론, 무장투쟁과 실력 양성 담론, 한국적 민주주의 담론과 민중적 민주주의 담론 등은 모두 당대 사회의 핵심 과제에 대한 실천적 고민을 담은 반응이었다. 그런데 흥미 있는 것은 그러한 담론의 주창자들 모두가 스스로 민족주의 또는 민족적 정체성에 충실하다고 주장했다는 점이다. 본래 민족주의는 "전체주의와도, 개인주의와도 접합할 수 있는" 신축성 있는 이념이다. 그러므로 민족주의 연구에서는 그것이 현실과 맺는 관계를 잘 따져 보아야 한다.진덕 규, 1983: 141~144 외세에 의해 식민지로 전락했던 역사를 집단적 외상으로 갖고 있기 때문에 우리 사회의 주도 담론에 민족주의적 성격이 내포되어 있는 것은 자연스럽다. 중요한 것은, 대립하는 담론에 다 같이 '민족'이라는 용어가 포함되었다고 할지라도, 실제로는 각 운동 세력들의 정치적 목적에 따라 민족 관련 경험들을 '기억'하는 방식이 다르다는 점이다. 이러한 현상은 유교 계열에서도 예외가 아니다.

유교 주도 근대화 기획이 작동하던 조선 말기1876~1895에 유교 계열은 동도서기파와 급진개화파, 그리고 근대화 자체에 반대하는 보수적 위정척사파로 나뉘어 경쟁하고 있었다. 이 시기까지는 민족의 문제보다 개화의 방식과 지향을 둘러싼 갈등이 핵심이었다. 그런데 국권상실의 위기가 가시화된 1905년부터 1910년대까지 유교 계열은 민족 담론을 수용하면서 두 개의 흐름으로 나뉘기 시작했다. 위정척사파의 사상을 더욱 급진화한 근왕적 민족주의와 근대적 애국계몽운동으로 나아간 개신 유교 계열의 민족주의가 그것이다. 유교 계열 민족주의의 두 흐름은 모두 유교의 인식 틀에 기반해서 세계를 재해석했다. 두 개의 유교 민족주의에서 인용하는 역사적 사실들은 서구의 충격, 개화를 둘러싼 갈등, 외세간의 충돌, 일제의 배신과 침략 등, 조선 말부터 당시까지의 민족적 위기와 관련된 반응으로서 사실 수준에서 차이가 나지는 않는다. 하지만 이들 담론 구성의 핵심 사건인 국망에 대한 '집합적 기억'에서 이들의 차이는 크다. 복벽론에 기반한 정통 유림의 민족주의는 중화문명의 몰락과 고종의 강제 퇴위를 외상으로 재현하고 있는 데 반해, 개신 유교 계열의 민족주의의 재현 과정에서는 민족사의 단절 측면에서 국망과 그에 따른 민중의 고통을 주된 내용으로 그려내고 있다.

이처럼 유교 계열이 '민족'을 중심으로 담론을 전개한 효과는 일제강점기는 물론 해방 이후 민주화운동 단계를 지나 현재까지 작동하고 있다. 민족이라는 정치사회적 주제와 유교의 절대적 규범성이 결합하게 되면서, 그리고 집권 엘리트와 저항 엘리트들이 경쟁하며 민족 담론을 재생산하게 되면서, 민족 관념은 헌법보다도 상위에서 작동하는 우리 사회의 최고 규범으로 자리잡게 되었다. 집권 세력은 주로 '전통'으로 표상되는 '유교와 민족의 결합'을 통해 국가적 통합을 위한 규범을 생산했고, 민주화운동을 주도한 저항 세력은 외세에 맞섰던 의병전쟁과 동학혁명의 사례를 들어 집권 세력의 반민족적 성격을 부각시켜 나갔다. 이 저술의 핵심 주제인 민주화와의 관계에서 보면, 민주화운동 진영의 담론은 19세기 말 이후 민족주의 정치학과 사실상 구별되지 않았다. 따라서 이 연구에서 민족주의와 민주주의는 별도의 분석 대상이지만 실제로는 하나의 결합 담론으로 분석되기도 한다. 비록 19세기 말 유교 주도 근대화 기획은 실패했지만, 그 결과로서의 담론 구성물은 이후 유교가 민족 해방과 통일국가 수립 그리고 민주화의 문제에 개입할 때 긍정적으로든 부정적으로든 큰 영향을 미칠 수 있는 자원이 되었다. 3·1 운동, 4·19 혁명, 그리고 1980년과 1987년의 민주화운동에 이르는 한국사의 중요한 정치적 변혁의 시기에 유교 계열 민족주의운동의 서사와 상징들은 오랫동안 그늘을 드리우고 있었다. 이 책의 연구는 그러한 문제들의 기원을 이해하는 데 도움이 될 것이다.

유교와 민주화운동

1960년대 이후 민주화운동의 담론이 적어도 지식계와 비판적 공론장에서 절대적인 정당성을 누리게 된 데에는 이익보다 의리를 추구하는 우리 사회의 규범주의적 지향성이 작용했다. 그 규범주의에 유교의 전통적 교의가 영향을 미쳤다는 것이 이 책의 중요한 논증 주제이다. 물론, 민주화운동의 규범을 유교 지식인이 주도적으로 생산했는지 아니면 민주화운동 세력이 유교적 규범을 전용한 것인지는 불분명하다. 확실한 것은, 이 책 9장 서술에서 볼 수 있듯이, 4·25 교수단 데모 주도 집단이 유교 지식인이었고 또 언론계에서 유교적 가치와 언어를 활용하여 민주화운동을 설명하고 있다는 점이다. 근대적 정치 제도가 자리 잡은 그 시점에서 유교의 전통적 정치 이상을 현실에 구현시키기 위한 정당이나 정파는 존재하지 않았다. 그런데 그러한 현실적 무능력에도 불구하고 유교적 가치와 언어는 4·19 혁명을 완수하는 데 힘을 발휘했다. 이를 통해서 1960년대까지도 여전히 유교가 우리 사회의 문화적 습속을 지배하고 있었고 동시에 지식인 공론장의 교양으로 존속하면서, 시민들이 사회 현상을 인식하는 가장 기본적인 틀로서 작동하고 있었음을 알 수 있다. 오늘날까지도 지조志操와 훼절毁節이 정치인이나 지식인을 평가하는 기준으로 작용하는 점도 범상치 않다. 지조는 정치인과 지식인의 제일 덕목이었고, 반대로 변절 또는 훼절은 비록 그것이 상황에 따른 불가피한 대응이었다고 할지라도 도덕적 지탄의 대상이 되었다. 해방 이후 근대 제도가 수립된 한국 사회에서 지조니 변절이니 하는 말 자체가 어불성설이다. 마찬가지로 민주 정치하에서 왕도와 패도라는 전통적인 구분은 시대착오적이다. 하지만 언론과 대중에게는 분명히 '정통'에 대한 관념이 강하게 남아 있었고 그 정통을 기준으로 정치 변동을 인식했다. 민족과 관련하여 3·1 운동은 그 출발점이었고 임시정부는 정통의 표상으로서 현재까지도 헌법 전문前文과 일상의 규범으로 남아 있다. 이러한 민족주의적 정통 개념은 한국 민주주의 정치에도 영향을 드리웠는데,

대체로 민주화운동은 민족적 정통으로 코드화_{encoding}되었고, 독재 체제는 반민족적 세력으로 코드화되었다. 민주화운동 세력의 절대적 정당성은 바로 이러한 코드화 과정에서 유교 연원의 정통론을 활용한 사정에서 나왔다.

이는 한국 근현대 정치사의 중요 사건을 연속적으로 이해하는 정통론에 대한 지식 대중들의 일반적 이해 관행에서도 실제로 확인된다. 해방 정국의 단선단정반대운동, 4·19 혁명, 한일회담반대운동, 유신철폐운동 등에서 3·1 운동의 민족주의는 여전히 한국 민주 세력의 '정통'으로 자리 잡고 있다. 반면에 정권을 담지했던 세력은 나름의 업적에도 불구하고 반민족적·반민주적 정부, 곧 비정통의 세력으로 인식되었다. 토지개혁 그리고 남침으로부터 자유국가를 수호한 이승만 정부, 산업화의 업적을 쌓은 박정희 정부 등을 한국사의 비정통으로 이해하는 민주화 세력의 관념을 다수의 대중은 그대로 따르고 있다. 정통론의 그늘 아래에서는 근대 대의제 민주 정치 운영의 핵심인 대화와 타협 그리고 공론장의 토론이 애초부터 불가능하다. 절대선으로서의 정통은 절대악인 비정통과 공존할 수 없다. 사정이 이러하니, 제도정치권내 온건 정치 세력의 타협 시도는 '사쿠라'라는 경멸의 호칭 앞에 무력해졌고 야당 지도 세력은 선명성 경쟁으로 내몰렸다. 이는 재야의 운동 진영에도 부정적 영향을 미쳤다. 특정 정파가 규정한 실천 노선에 반대하면 그것이 아무리 합리적이라고 할지라도 곧바로 변절자_{공식적으로는 '종파주의자'}라며 비난 받았다. 그럼에도 정통론이라는 담론은, 그 폐쇄성이라는 한계에도 불구하고, 독재 체제라는 절대악의 존재에 맞서야 하는 운동 진영에게 흔들림 없이 투쟁할 수 있는 동력을 제공했다는 점에서 긍정적인 측면이 더 컸다. 하지만 1987년 민주화 이후의 정치에서도 과거의 정통론의 서사가 여전히 유지되고 있다는 점은 한국 정치의 부정적 양태이고 동시에 한국의 대중들이 옛 유교적 정치 규범을 대체할 언어를 찾지 못했다는 사실을 반증한다. 정통론의 절대적 규범주의는 현실 정치에서 유교의 도덕정치학을 재작동시켰는데, 이는 단순히 수사학적 측면에서 뿐만 아니라 실질적 측면에서도 그러했다. 정치인과 언론인의 수사학적 전략은 비합리적이지만 기능적이었고, 재야 운동 세력에게는 동원의 기회 구조를 확대시키는 기반이 되었다.

이 책은 유교적 정치 개념의 재활성화를 정치사적으로 분석하되, 정통론에 대한 서사와 코드 분석을 통해 그 유교적 의미 세계를 이해하고자 한다. 우선, 해방 이후 정치사에서 기초 어휘의 용례를 검토하여 그것과 유교 전통과의 관계를 보여 줄 것이다. 예컨대 '재조在朝'에 대비되는 '재야在野'라는 용어를 활용한 민주화 운동 진영은 자신들이 정권 획득을 목표로 한 정파적 집단이 아니라 도덕적 비판 세력으로서 옛 '재야 사림'의 전통을 계승한 것으로 스스로를 코드화했던 경우가 그 보기이다. '재야'는 반국가가 아니라 반정권의 표상으로서,[7] 비정통의 국가를 정통으로 되돌린다는 의미를 가졌다. 그 밖에, 민주화운동 세력에서 활용된 전통 유교의 어휘로는 대의, 명분, 의리 등 전통 성리학의 도덕정치학에서 연원한 것이 많았고, 1970년대 후반 이후 민주화운동이 민중화되면서는 '대동'같이 청淸말 공양학파의 어휘가 운동 세력의 정치적 이상으로 표현되기도 했다. 이러한 상황이 전개된 데는 역설적으로 집권 세력이 독재 정당화의 기제로 유교적 언어를 활용했던 사실이 배경이 되었는데,서중석, 2000 민주화운동 참여자들은 독재 세력의 언어와 자원을 거꾸로 자신의 목적에 맞게 전유하여 더욱 효과적으로 대중의 저항을 이끌어내는 데 성공했던 것이다.

유교적 가치 지향성과 민주화운동 참여

흔히 한국의 민주화운동의 종교적 기반으로 기독교를 들지만 최소한 1960년대 중반까지 이는 사실이 아니었다. 이승만 정권 내내 기독교는 정권 유지를 위한 종교적 정당화에 집착했던 세력이었다. 정부 수립부터 4·19 혁명 시기까지 반독재 운동을 주도한 세력은 대부분 유교적 가치 지향성을 갖고 있는 지사형 인물이었다. 그 시기 민주화운동 참여자들은 의식적이든 무의식적이든 유교인이 다수를 차지했기 때문에 이들은 유교적 언어를 바탕으로 자신의 참여 동기와 사회의식을 설명할 수 있었다.

이러한 이 책의 분석은 1960년대 후반 이후에도 여전히 유효하다. 5·16 군사정변에 대한 민정이양 촉구 과정, 이어지는 박정희 정권 반대 투쟁 과정에서 민주주의는 의로움으로, 독재는 불의로 각각 인식되었다. 그러한 인식의 기반은 유교 전통의 폭군방벌론과 거의소청擧義掃淸의 언어로 표명되었다. 1970년대 민중론의 등장 이후 유교적 가치 지향성은 대동이라는 정치 이상진정염·임기담, 1990으로도 변용되었다. 1980년대 사회주의적 변혁론이 운동권의 대세를 장악하기 이전까지, 민주화운동 담론에서 유교적 소양에 기초한 언어화는 불가피했는데, 이는 자신들의 종교관이나 정치관이 반유교적이었다고 할지라도 지지자 집단에게 민주화의 정당성을 전파하는 데 가장 효과적인 우회로로 인식되었기 때문이다. 1960년대 이후 민주화운동의 대표 사상가로 활동하는 함석헌咸錫憲과 1970년대 재야 민주화운동의 리더들 그리고 1980년대 이후 운동의 주류로 성장하는 민족해방민중민주혁명론NLPDR, 'NL론'으로 줄여 칭함에 이르기까지, 이들이 기독교 또는 주체사상 그리고 사회주의라는 비유교적 이념과 조직을 바탕으로 운동을 전개한 것은 분명한 사실이다. 하지만 이들의 지지자로 포섭되는 일반 학생 · 시민들은 민주화라는 대의에 동의했을 뿐 기독교와 사회주의를 절대적 가치로 수용하지 않았다.[8] 대학생 참여 집단의 경우, 잔존했던 유교적 관습과 기억이 운동권 초기 입문과 의식화 과정에 큰 영향을 미쳤다. 선후배간의 높은 정서적 유대감과 가족주의적 결속은 이들의 최초 집회 · 시위 참가에 가장 큰 요인으로 작용했고, 조직 활동 중 피검자와 시위 과정 중 사망 · 부상자에 대한 정서적 일치는 운동 참여 정도를 순식간에 고양시키는 핵심 요인이 되었다.이황직, 2004; 김귀옥 · 윤충로, 2007 일반 참가자에서 하부 조직가에 이르는 이들의 의식화 정도는 정치 이념보다 정서적 충성도에 의해 좌우되었다. 이처럼 당시의 유교적 관습은 운동권의 조직 방식과 담론 전개 과정에 매우 강한 영향을 미쳤다. 이런 양상을 설명하는 데는 정치학보다는 문화 연구가 유리하고, 특히 집합 기억의 세대간 전승과 정치 의례의 기능을 중심으로 분석할 때 정확한 설명이 가능하다.Connerton, 1989; Halbwachs, 1992[1952]

유교적 관습과 민주화운동 참여자의 위세

전통적으로 양반 신분의 특권을 정당화했던 유교적 관습은 근대화 과정에서 지식인이 사회적 위세를 높게 유지하는 데 영향을 미쳤고, 또한 민주화운동에 참여한 학생과 교수 집단에 대한 일반 대중의 높은 신뢰의 원천으로 작동했다. 여기에는 조선 유교의 숭문 풍조가 직접적으로 영향을 미쳤다. 옛 문사文土 계층의 기능적 대체자로서 지식인 집단은 민주화운동의 정당성 확산에 큰 기여를 했다. 교수, 문인, 종교인, 언론인 집단은 공권력조차 쉽게 맞설 수 없는 사회적 위세를 가졌고, 이들은 훗날 '재야' 형성 과정의 주축이 되었다. 4·19 혁명에서 6·3 운동에 이르는 초기 민주화운동에서는 김창숙, 이정규, 권오돈, 임창순 등 유교계 지식인이 교수 집단을 주도했는데, 1960년대 후반 이후 함석헌, 김재준金在俊, 문익환文益煥 등 기독교 계열 지식인들로 그 핵심이 이동했다. 대학생 집단의 사회적 영향력은 이 시기 내내 무척 컸다. 4·19 혁명 시기까지 대학생은 지성의 표상으로서 위세 자체가 컸던 데 반해, 1970년대 이후 학생 운동은 평범화되던 대학생의 위세를 이념과 조직상의 위력으로서 대체해 갔다.

중요한 것은 이들에 대한 사회적 신뢰의 배경이다. 지식인 집단과 대학생들에 대한 지지와 신뢰에는 그들의 전문적 지식보다 인문적 교양이 영향을 미쳤다. 새로운 지식계층인 기능적 전문 지식인경영 및 이과 계열 교수, 과학 및 산업 분야 연구자들은 높은 산업적 기여와 지식에도 불구하고 대부분 민주화운동과 관련을 맺지 못했는데, 우리 사회가 직업적 전문성을 존중하는 서구 근대와는 차이가 있는 발전 노선에 있었다는 것을 반증하는 보기이기도 하다. 또한 저항 운동을 주도한 학생 운동권에 대한 높은 신뢰는 당시 대학 진학 자체가 일종의 '입신양명'이라는 전통적 인식 틀에 의해 뒷받침되고 있었다. 대학생의 정치적 표현은 옛 성균관 유생의 유소儒疏, 소행疏行, 권당捲堂처럼 명분 있는 행동이자 선비들이 누리는 특권으로 인식되었고, 따라서 다른 청년 집단에 비해 언론에서 과대 대표되었다. 이처럼 한국 민주화운동에서 지식인 집단과 대학생들의 높은 기여 자체가 그들 내부와 일반 대중에게 지속적으로 영향을 드리운 유교적 관습에 의해 정당화되었던 것은 분명하다.

4. 연구 대상으로서의 유교: 정의

유교 정치 이상은 종교적 기반을 갖고 있기 때문에 일반적인 정치사상의 이념과 차이를 가질 수밖에 없다. 종교의 이상은 종교인에게 선택의 대상이 아니라 절대적 규정력을 갖는 가치로서, 한 행위자의 정치 관념을 넘어 사회생활 전체를 규제하는 일관된 사유와 행위의 틀로서 작동한다. 유교 정치 이상이 종교적 연원을 갖는 한, 유교 정치운동사 연구는 유교의 종교적 본질 및 그 존재 방식에 대한 정교한 개념화 작업을 필요로 한다.

'종교'로서의 유교

그렇다면 유교는 도대체 무엇인가? 유교는 무엇보다도 종교이다.[9] 종교에 대해서는 대체로 경험론적 인식이 우세한데, 일상을 넘어서는 성스러움의 '경험' 여부야말로 종교인과 비종교인을 가르는 가장 확실한 구분이기 때문이다. 그런데 그러한 경험이 일회적인 것에 그쳐서는 안 되기 때문에 그 지속을 위해서는 제도적 형식으로서의 종교 '생활'이 필수적이다. 종교 생활은 신앙 공동체교회에서 출발하여 사회 공동체 전체와의 관계 설정에 영향을 미친다. 따라서 종교는 주관적 믿음과 경험의 영역이면서 동시에 객관적 사회 제도의 영역으로 확장된다.

종교로서 유교는 일반화된 종교 기준을 통해 객관적으로 접근할 수 있다. 현대 종교학과 종교사회학에서 통용되는 종교성의 구성 요소는 다음의 다섯 가지이다. ① 믿음, ② 종교적 실천, ③ 종교 체험, ④ 종교 지식, ⑤ 종교의 효력.Stark · Glock, 1968: 256~257[10] 주요 종교들에서 이 요소들은 다양한 방식으로 결합되어 작용하고 있는데, 그 결합 방식의 차이에 의해 특정 종교의 성격이 분명해진다. 유교 종교성의 특성을 이해하기 위해서 우선 이 다섯 가지 기준을 적용해 보자.

첫째 요소, 곧 '믿음belief'의 차원은 종교인이 종교적 가치에 따라 세계를 이해하고 의미를 부여하는 것을 설명하는 분석 차원이다. 이때 세계는 믿음에 의해 구축된 '상상적 실재'로서, 적어도 종교인에게는 실제의 세계보다 종교의 눈으로 인식되는 세계가 더 중요하다. 유교 역시 유교인들이 종교적 관점을 유지하고 확증할 수 있게 하는 체계적인 교의와 신조를 갖고 있다. 유교의 기원은 멀리 기원전 17~16세기 무렵 은殷나라의 제사종교에 있지만,가지, 2002 체계화된 교의와 신조를 갖춘 종교로서 발전한 것은 공자에 의해 육경六經이 편찬되고 자사와 맹자가 다른 유파와의 대결을 통해 정통적인 해석 방식을 확정한 다음부터이다. 하늘의 절대성과 도덕성을 제 몸에 품은稟受 존재로서 인간의 신성함을 보증하고, 세상의 불합리와 고통의 기원을 설명하고 그것을 극복할 수 있는 합리적 신정론神正論, theodicy을 제시하며, 구체적 생활 세계를 살아가는 윤리적 지침으로서 삼강三綱과 오륜五倫 등의 신조를 체계화한 지 이미 이천 년이 넘었다. 유교인은 이 일관된 믿음을 바탕으로 일상의 세계를 성스러운 도덕 세계로 만들고자 해 왔다.

둘째 요소, 곧 '종교적 실천practice'의 차원은 다양한 숭배 행위를 지칭하는 것으로 그 행위의 공식성의 수준에 따라 '의례儀禮'와 '봉헌奉獻, devotion'으로 나뉜다. 의례는 공식성이 높은 종교 행위로서 다수의 종교인들이 함께 참여하는 공적 의식儀式들을 지칭한다. 반면, 자발적인 믿음의 표시로서 봉헌 행위는 비공식적이고 사적인 성격의 숭배를 가리키는 것으로서 기도, 명상, 독경, 찬송 등이 포함된다. 유교인의 종교 의례는 하늘제천의례과 조상제사 등 초인간적 존재에 대한 전승된 숭배 행위 외에도 특히 성인 공자와 그 제자들을 문묘에서 배향하는 석전釋奠이 중시되었다. 공적 의례의 경우에도 그 원리와 절차가 세밀하게 규정되어 종교적 차원을 유지했다. 아울러 유교의 종교적 실천은 일상에서 강조되어 공자를 모범으로 하는 세속 세계의 규범이 확립되었다.

셋째 요소인 종교적 체험experience의 차원은 종교인들이 개인 또는 집단 수준에서 초자연적 실재에 대한 접촉의 경험을 통해 얻는 느낌, 지각, 감각 등을 의미한다. 종교현상학에서는 종교 체험의 차이에 따라 신현神顯, theophany, 성현聖顯, hierophany, 역현力顯, kratophany 등으로 분류하기도 한다. 종교 체험의 핵심은 한 개인이 세속 세계에서 상승하여 신성한 세계로 전이되는 초월적 감각을 경험하는 '존재론적 전환'에 있다. 천인감응天人感應이야말로 유교의 종교 체험이 갖는 감각적 차원을 대표한다고 하겠다. 기제사와 같은 가족의례와 종묘대제 같은 왕실의례처럼 주기성을 갖는 의례에서 유교인들은 초월적 실재와의 접촉에서도 절제된 감정을 지향한다. 후술하겠지만, 범례종교로서 유교는 종교 체험을 반드시 요구하지는 않는다. 평온한 일상 세계에서는 정해진 모범에 따라서 살기만 하면 되므로 종교적 체험이 약한 것처럼 보이기도 한다. 그런데 개인에게나 집단에게나 한계 상황과의 조우는 비일상적 존재와의 접촉을 요구한다. 이러한 경우에 유교인의 종교 체험은 강력해진다.

넷째 요소인 종교 지식knowledge의 차원은 종교인이 자기 종교의 기본 교리와 의식儀式, 문자, 전통 등에 대해 최소한의 정보를 갖고 있는지 여부에 대한 것이다. 언뜻 믿음과 지식의 차원이 밀접히 관련된 것처럼 보이지만, 종교적 신심이 깊은 사람이 반드시 많은 종교 지식을 갖지는 않는다는 점에서 두 범주는 구별될 필요가 있다. 과거 가톨릭 교회와 라틴어의 관계처럼, 유교와 한자의 관계는 불가분의 관계로서 유교인들은 한문으로 된 경전에 정통하지 않을 수 없었다. 유교 의례도 복잡하게 규정되어 있어, 유교인들은 의례에 대한 사전 지식에도 정통해야 했다. 그래서 유교는 이런 지식 체계를 독점한 상층 지식인들의 종교일 수밖에 없었다. 사회 자체가 유교적으로 구조화된 조선시대 유교인에 대한 분석은 타 종교인 분석에 비해 지식적 차원을 더 강조하지 않을 수 없다.

이상의 네 가지 종교성 요소를 유교는 모두 충족한다. 이것이 일상에서 감정과 신체 그리고 정신생활의 충만이라는 효력consequences을 결과한다는 점에서 유교는 종교성의 다섯 번째 요소 역시 충족시킨다. 종교다원주의 시대에 유교의 종교성 여부를 질문하는 것은 의미가 없다. 대신, 종교로서 유교가 다른 종교와 구별되는 특성을 분석하는 것이 합리적인 출발점이다.

베버의 종교론에 따르면,Weber, 1963: 57~58 기독교가 신의 계시로 신도들에게 소명을 내리는 윤리적 예언 종교ethical prophecy religion인데 반해, 유교는 '모범적인 사람'을 제시하고 그것에 따르는 것을 강조하는 '범례적 예언 종교exemplary prophecy religion'의 유형에 속한 종교이다. 종교의 수행자들에게 '계시'와 '범례'는 큰 차이가 있다. 범례는 대체로 권장의 수준이므로 수행자에게 의무감을 강하게 부여하지 않는다. 무엇보다도, 범례종교에서는 일상 세계가 범례들의 조합으로 구성되어 있기 때문에 수행자는 내면의 긴장 없이 범례대로 살아가면 그뿐이다. 따라서 범례종교는 '통합'적 성격이 강하다.[11] 실제로 범례종교로서 유교는 한漢 제국 이후 중국 정치의 핵심 원리로 기능했다. 중국이 여러 차례 이민족에 의해 정복당했을 때조차 거대 제국의 운영을 위해 필요한 관료 조직은 유교 경전의 전문가들이 사실상 독점했다. 남송南宋의 주희에 의해 유교의 성리철학화라는 1차 유교개혁, 명明 왕조에서 왕수인의 실천철학화 등, 유학상의 거대한 혁신이 있기는 했다. 그런데 2,000여 년 넘게 유교의 교리는 가산제적 지배 체제를 뒷받침했을 뿐 그것에 대해 도전하지 못했다. 하지만 이 책은 유교의 범례종교적 성격이 반드시 전통 지향성을 내포하지는 않다는 것을 유교 정치 이상의 논리와 한국 근현대 유교인의 정치운동사를 통해 보여 줄 것이다.

'습속'으로서의 유교

유교가 종교성의 조건을 모두 충족시킨다는 것은 분명하지만, 실제 조선시대 이후 유교는 종교 측면보다는 지배적인 문화 측면에서 그 존재 양상이 더 잘 확인된다. 일반적으로 종교가 사회의 유지와 변동에 영향을 미칠 때는 해당 종교의 고차원적 속성보다는 대중이 수용하는 세속적 측면이 더 중요하다. 더구나 유교의 경우, 이미 공자의 시대부터 비합리적 요소보다 합리적 성격을 강조했던 '조숙한 합리적 종교'였기 때문에, 세속 사회와 종교 사회가 구별이 되지 않았다. 더구나 다양한 종교가 경쟁했던 중국과도 달리, 조선 사회는 오직 유교의 이상이 사회 전체에 용해되었기 때문에, 유교의 사회적 측면에 대한 이해는 더욱 중요하다. 현대의 사회학자들이 유교를 문화의 하위 범주인 '습속 mores'의 차원에서 분석하는 것은 그러한 이유 때문이다.

잘 알려진 것처럼, 습속은 몽테스키외와 토크빌의 사회과학 전통에서 형성된 개념이다. "고대인의 말 'mores'의 의미로, 생활 태도, 다시 말해 '마음의 습관habits of the heart'뿐만 아니라 사람들 사이에 통용되고 있는 여러 가지 개념과 견해, 그리고 심성을 구성하는 사상의 총체"로 정의되는 습속은 대체로 "한 국민의 윤리적 지적 전체 조건을 망라"한 뜻으로 사용되었다.토크빌, 1983: 287 이러한 정의들을 분석적으로 요약하면 습속은 '특정 사회의 구체적인 도덕 관습'으로 정리할 수 있다. 토크빌이 습속을 사회과학의 연구 대상으로 발전시켜 얻은 성과는 두 가지이다. 첫째, 습속을 한 나라의 법률과 제도를 형성시키는 데 핵심 요인이라고 규정하여, 제도보다 습속의 우선성을 강조했다. 둘째, 한 사회의 습속형성에 가장 중요한 원천을 제공하는 것은 바로 종교라는 점을 강조했다. 토크빌의『미국의 민주주의』는 '종교'만을 다룬 별도의 장이 없지만, 식민지 시기 타운 건설부터 독립 이후 합중국 운영에 이르기까지 기독교가 민주적 습속을 형성시키는 데 큰 기여를 했다는 것을 책 전체에서 논증했다.

토크빌이 당시 신생 미국의 민주적 습속에 미친 기독교의 영향을 경험적으로 분석했듯이, 우리는 조선 및 근대 한국 사회의 습속을 유교의 영향으로 분석할 수 있다. 이 책이 관심을 갖는 지난 100여 년간의 시기에 종교로서의 유교가 쇠락한 것은 분명한 사실이다. 그런데 일단 형성된 문화적 습속은 그 원천 종교의 쇠퇴에도 불구하고 쉽게 변하지 않는다. 근현대 유교 연구가 여전히 중요한 이유는 적어도 1990년대 초반까지 유교적 습속이 여전히 사회 구성원들의 행위를 규정짓는 중심 원리이자 제도로서 작동했던 데 있다. 습속으로서의 유교는 유교의 종교적 차원과 이어지지만, 분석적인 수준과 현실적 수준 모두에서 독립적인 차원으로 존재하는 하나의 사회적 사실이다. 습속으로서의 유교는 그 구체적인 내용 측면, 실행상의 강제력 측면, 그리고 제도화의 측면 등으로, 크게 세 가지 차원에서 설명할 수 있다.

첫째, 습속은 특정 사회에서 관찰 가능한 구체적인 것으로서, 사회마다 독특한 '내용'을 갖고 있다. 따라서 한 사회의 습속은 그 사회의 관습화된 행위와 문화적 규범에 대한 분석을 통해 접근할 수 있다. 습속으로서의 유교는 조선시대 문화 자체와 구별되지 않을 만큼 강력했는데, 특히 17세기 후반 이후 조선 유교는 양반이라는 지배 집단을 넘어 평민의 생활 관습으로까지 확산되어 오늘에 이르고 있다. 조선 유교의 대표적인 습속 가운데 하나가 바로 가족주의이다. 습속으로서의 가족주의는 사회가 가족의 확대된 형태라는 가치 체계가 일반화되면서 본래 가족 사이의 행위 규범이었던 것이 사회 전체의 유지를 위한 기능적 원리로 관습화된 것이다.

둘째, 습속은 언제나 도덕적 가치 평가의 차원에 관계하기 때문에 실제 사회 구성원의 행위에 특정한 방향을 지시하고 나아가 그것을 위반하지 못하게 한다는 점에서 강제력을 갖는다. 습속의 강제력은 이성적인 토론이나 정치권력에 기반하는 것이 아닌, 반복적인 언어적 실행을 통해 생성되고 강화된다는 점에서 일반 대중의 '마음의 습관'에 의존한다.[12] 현대 사회학의 용어 '집합 의식'은 이성적 측면과 감정적 측면을 모두 포함하는데, 그 가운데 집합적 감정과 의지 같은 측면이 '마음의 습관'과 일치한다고 볼 수 있다. 우리 사회의 경우, 가족주의 습속은 사회통합의 원리였을 뿐만 아니라 근대화 과정에서 사회 구성원들이 내적 불안을 극복하고 특정한 방향으로 나아가도록 이끈 변동의 원리이기도 했다. 가족주의에 의해 형성된 우리 사회의 1차 언어는 일상의 삶에서 반복적으로 실행되면서 2차 언어를 파생시켰는데, 민족주의와 경제주의가 바로 그것이다.

셋째, 습속은 사회 제도로 구현되면서 종교와 사회를 연결시킨다. 사회과학에서는 제도를 두 영역, 곧 '당연한 것으로 간주되는 관습화된 영역'과 '사회 행위를 규제하고 조장하는 실제 제도'로 세분화하는데, 습속은 이 둘 모두를 포괄한다. 정치제도, 경제제도, 사법제도, 교육제도 등 경험적으로 관찰할 수 있는 제도의 종류는 다양한데, 이러한 제도들이 사회마다 차이가 있는 것은 그 사회에서 중시하는 가치와 생활방식을 반영하기 때문이다. 정치제도에서 대통령중심제의 선호와 행정부 중심의 운영, 복지제도에서 가족적 책임의 강조, 민법에서 전통 가족법의 잔존, 대학입시 위주의 교육제도 등의 사례에서 보듯이, 우리 사회의 근대적 제도는 여전히 전통 사회에서 연원한 습속의 영향을 받고 있다. 그렇게 형성된 제도는 다시 사회 구성원들이 습속을 강화시키게 하는 효과를 갖기도 한다. 이런 피드백의 과정을 통해 제도와 습속은 사실상 하나의 차원으로 합류하여 우리 사회에서 유교의 영향력을 잔존시키게 한다.

'교양'으로서의 유교

산업화와 민주화 시기까지 유교는 우리 사회의 습속으로서 일반 국민들이 근대화에 순조롭게 적응하게 하는 기능을 수행했지만, 1990년대 이후 유교적 습속은 더 이상 대중의 가치와 생활방식을 규제하지 못했다.[13] 가족관계의 급격한 변화, 다양한 가족 유형의 출현, 가족법 개정과 같은 제도적 변화와 맞물려 서구 문화의 수용에 따른 개인주의의 관념이 확산되면서, 유교적 습속은 사회관계는 물론 가족관계에서조차 도덕 관습의 기능을 수행하기 어렵게 되었다.

흥미롭게도 1990년대 이후 공론장에서 유교 담론은 오히려 전보다 더 부각되기 시작했다. 한 쪽에서 유교자본주의와 유교민주주의가 논의되는 동안 다른 쪽에서는 '공자가 죽어야 나라가 산다'는 자극적인 비판이 전개되기도 했다. 이미 유교의 종교성과 주도적 습속의 지위가 쇠락한 시점에서 유교 담론의 부활은 무엇을 의미하는 것일까? 경북 안동은 선비 문화의 본향으로서 한국을 대표하는 문화적 지역으로 자리 잡았고, 각 지역의 명문가를 지키는 종부宗婦의 덕을 칭송하는 텔레비전 프로그램이 자주 방영되는데, 이는 실제 대중들이 유교 문화를 박물관의 전시 유품처럼 인식하고 있다는 점을 반증한다. 이는 유교가 더 이상 우리 사회에서 실제 위협이 될 만한 전통이 아니라는 것을 지시한다.[14]

그런데 이 시기의 대중들은 유교에 대해 새로운 차원의 관심을 보여 주기도 했다. 공영방송이 김용옥의 『논어』 강좌를 송출하는가 하면, 일반인들을 위한 동양 고전 강좌가 각종 기관에서 개설되어 성황을 이뤘다.[15] 인터넷 시대의 도래와 함께, 재야의 한학자부터 청년에 이르기까지 경향 각지의 블로거들이 유교 관습 해설이나 고급 경전 해석들을 연재하기 시작했다. 1990년대 후반 이후 이러한 동양 고전에 대한 대중의 관심을 습속의 측면에서 설명하기는 어렵다. 청장년 세대에게 고전 탐구는 가치관이나 의무를 수반하는 규범에서 자유로운, 곧 다양한 문화 활동의 선택지 가운데서 고른 하나의 대안적 문화 행위이다. 예컨대 예전의 『논어』 독서가 정치 참여와 사회 비판을 위한 지식적 실천 행위였다면, 새로운 세대의 『논어』 읽기는 타자들과의 소통 기반을 마련하기 위해 교양을 쌓는 행위이다.

유교에 대한 대중의 새로운 관심을 설명하기 위해서는 기존 유교의 존재 양식곧 종교와 습속에 대한 분석 방법과는 다른 접근이 필요하다. 비록 지배 문화로서의 지위는 상실했지만 여전히 사회 변동의 풍화작용을 거쳐 살아남은 지식, 언어, 행위양식예절을 통해 사회적 소통의 자원을 제공하고 개체를 높은 차원의 인간성으로 나아가게끔 이끌어 가는 기능을 수행하는 개념으로 필자는 '교양으로서의 유교'를 제안한다. 이때 교양은 독일어 'Bildung'의 번역어로서, 자연적 상태의 존재를 작위를 통해 특정한 방향으로 만들어 가는 과정 또는 그 결과를 의미한다. 쉽게 말하면, 교육을 통해 인간을 고양된 존재로 육성해 가는 것이다. 교양에 대한 가치부여는 기본적으로 인간성에 대한 존중, 곧 인문주의가 사회적으로 인정받고 있을 때 이뤄진다. 서구에서 전통 기독교가 새로운 사회에서 옛 기능을 상실하면서 세속 종교säkulare Religion, secular religion가 그것을 대체했는데, 세속 종교의 자매가 바로 교양종교Bildungsreligion이다. 19세기를 지배한 교양종교는 신학을 철학으로 대체했고 예배를 음악, 시, 연극으로 대체했다.[16] 교양과 인문주의는 불가분의 관계이다. 인문주의는 그 대립자와의 관계에서 의미가 분명해지는데, 기독교의 신중심주의에 대립하면서 계몽적 성격을, 합리화와 전문주의에 대립해서는 예술적 인식을, 부르주아 민주주의의 대립해서는 지성적 책임감을 강조했다. 괴테의 「빌헬름 마이스터의 수업 시대」로 대표되는 18세기 말에서 19세기 초의 독일의 교양소설Bildungsroman 장르는 총체적 세계상을 상실한 사회에 처한 근대 시민이 외부의 규율이 아니라 자기의 진정성에 기초해서 인간다움을 실현하려는 내적 분투를 그리고 있는데, 우리는 작품에 반영된 당대의 문화를 통해 교양 개념의 사회적 실체를 확인할 수 있다.[17]

독일의 특수한 지적 풍토가 반영된 이 교양 개념을 그대로 적용하기가 어려우므로, 필자는 대신 서구 사회에서 고대 그리스와 로마의 유산이 갖는 의미를 통해 교양 개념을 제안하고자 한다. 서구인들은 더 이상 고대 그리스와 로마의 신을 숭배하지 않는다. 그 시기의 철학과 사상에 대해 탐구하기는 하지만 그 지식이 규범적 강제력을 갖지도 않는다. 하지만 그들은 소포클레스의 비극 「오이디푸스 왕」을 읽으며 운명과 자유의지에 대한 높은 수준의 성찰의 계기를 제공 받는다. 근현대의 서구 사상서와 예술 작품을 제대로 향유하고 그래서 그 소통의 공동체에 속할 자격을 얻기 위해서, 그들은 이미 죽어 버린 고대 문명의 자산에 대한 지식을 갖춰야 한다. 이런 지식들은 한 사회 전체를 지도할 공적 가치를 생산하지도 못하고 제도적 체계를 갖출 수도 없다. 하지만 다원화된 현대 사회에서 한 개인이 자신의 정체성을 형성하고 의미를 추구하는 영역, 곧 사적인 영역에서 고대적 지식은 중요한 자원으로 활용된다.[18] 요컨대 이 책에서 유교의 존재 양식의 하나인 '교양' 개념은 한 종교가 사회에 대해 갖는 지배적 기능이 상실되고 다만 사회적 소통의 자원으로 남은 상황에서 그 지식이 개인 수준에서 세계관을 구성하는 데 활용되는 것을 의미한다. 교양은 공동 감각으로서 인식의 한 방식이지만, 동시에 그것은 특정한 문화를 살아가는 교육된 존재의 방식이기도 하다.

사실 유교는 지배 종교와 습속으로 작동하던 시기에도 위와 같은 교양의 기능을 수행해 왔다. 군자가 되기 위한 지식과 예술 그리고 예절의 수양이야말로 유교가 2,500년간 동아시아 사회에 지속적 영향을 미칠 수 있는 근본적인 바탕이었다. 도교와 불교 같은 경쟁 종교가 번창하는 가운데에도 유교는 묵묵하게 군자의 이상을 통해 교양을 전수하여 한국을 비롯한 동아시아인의 공공 언어와 그 소통의 기반을 제공해 왔다. 한국 사회에서 유교가 종교와 습속의 영역에서 쇠퇴하고 있는 것은 분명하지만, 그럼에도 여전히 유교적 언어는 상식의 체계 형성에 기여하고 있다. 재산과 권력에 대한 규제의 방식, 사회 변화에 대한 적응의 방식 등에 대한 '현대'적 논의에서도 여전히 등장하는 '청빈'과 '절개'로 재현되는 선비의 상이 대표적이다. 그래서 어떤 이들은 한국 사회의 유교 교양을 현대 시민사회의 도덕적 기초로 제시하기도 한다. 물론 이러한 유교적 교양은 서구 시민사회의 자유주의적 기초에 해당하는 시민권 논의에 직접적으로 기여할 수 없다. 군자와 시민의 존재 방식은 처음부터 다른 역사적 구조적 상황에서 만들어진 것이기 때문이다.정인재 · 황경식, 1995 그런데 신분사회의 전통 습속에서 자유로운 유교의 정수, 곧 내면의 도덕적 완성과 어짊의 실천, 그리고 사회관계에서 공동체에 대한 헌신과 책임감을 강조하는 삶의 태도를 지향하는 '교양으로서의 유교'는 현대 시민성civility 개념의 일반적 구성 요소이승훈, 2002: 12와 내용상 거의 일치한다. 유교 부흥을 위해 종교성을 회복하는 과제도 물론 중요하지만, 동시에 일상의 영역에서 고래의 군자상을 현대의 시민상으로 변화시켜 인문적 교양의 틀로 발전시키는 것이야말로 유교가 시민사회에 침투할 수 있는 계기를 마련할 수 있다는 점에서 더욱 시급한 과제라고 할 수 있다.

지난 100여 년 동안에도 유교는 종교, 습속, 교양이라는 세 가지 차원에서 제각각 작동했다. 유교의 존재 방식이 이처럼 복합적이기 때문에 유교를 유효한 연구 대상으로 분석하기 위해서는 이 차원들을 모두 아우를 수 있는 새로운 개념화가 필요하다. 일찍이 뚜웨이밍杜維明은 다음과 같은 정의를 내린 바 있다. "유교는 일찍이 여러 세기에 걸쳐 유학 교육의 영향을 받은 사회의 생활 형식과 사상, 습관 또는 사회적 실천"이다.뚜웨이밍, 2006: 329 여기에는 당연히 오늘날 지탄 받아 마땅할 관습이나 사고도 포함되어 있을 것이다. 유교는 현대 사회의 모든 문제점들을 해결할 수 있는 만능 '기계장치 신deus ex machina'이 아니다. 불교와 기독교 그리고 기타 민족종교 등이 공존하는 현대 한국 사회에서 종교 간의 대화를 통해 더 나은 대안을 찾는 데 유교인도 나서야 한다. 중요한 것은, 유교인 스스로 유교의 존재 양식에 대한 성찰을 통해 스스로 종합적 시각을 확보할 필요가 있다는 것이다. 유교를 구성하는 핵심 교리로서 공자 이후 현대에 이르기까지 주요한 사상들, 그리고 특히 현재에 영향을 미치고 있는 지난 몇백 년간의 유교적 정치 행위들과 규범들, 그리고 현대에도 작동되는 유교적 습속과 교양의 요소들을 '유교'의 이름으로 묶어낼 때 비로소 제대로 된 유교사 연구와 담론을 생산할 수 있다.

2

민족의 위기와
유교인의 대응

3

유교 전통과 조선의 위기

1. 조선 유교의 역사와 정치적 성격

정확히 1910년까지 유교는 조선대한제국의 국교國敎였다. 1899년 4월 고종 황제는 "짐과 동궁은 한 나라 유교의 종주로서 기자와 공자의 도를 밝히고 성조의 뜻을 잇고자 한다"는 취지의 '존성윤음尊聖綸音'『고종실록』 36년(1899) 4월 27일을 반포했다. 이는 조선이 전통적 왕조국가에서 근대 국가로 재정립한 이후에도 여전히 유교를 통치 이념으로 공식화하고 있다는 것을 확인해 준다.

의심의 여지없이, 조선왕조 오백년을 이끌어 간 것은 유교였다. 아니, 조선과 유교는 처음부터 마지막까지 하나였다. 조선은 유교 이상의 물질적 토대였고, 유교는 조선의 이념적 토대였다.

사대부에서 평민에 이르기까지 조선인은 모두 유교가 장려하는 군자의 이상을 살아갔다. 유교는 이들의 종교이자 습속이고 또 교양이었다. 조선의 유교는 통치 제도를 종교적으로 합리화했지만 동시에 가혹한 현실에 맞설 초월성을 제공했다. 유교는 신분 질서를 뒷받침하는 이데올로기로 기능했지만 동시에 지배 체제를 비판하는 이념을 제공하기도 했다. 부흥하던 18세기에도, 국운이 기울던 19세기에도, 조선은 유교 바깥에서 사유와 행위의 근거를 찾으려 하지 않았다. 개혁의 시도도 보수의 시도도 모두 유교 내부의 주도권 다툼이었을 뿐이다. 국망 전후 이처럼 강고했던 유교 지배 체제에 균열이 생겨났지만, 대다수의 조선인에게 유교는 살아 있는 전통이었다.

국망 이후 새로운 세계를 꿈꾸던 이들은 유교 유산을 어떻게든 정리할 필요가 있었다. 1910년대 일본 유학파 청년 지식인들은 조선 유교를 전적으로 부정하고자 했다. 이들에게 유교는 망국의 원인이자 새 사회 건설의 장애물일 뿐이었다. 그런데 이러한 전적인 부정은 급진적이기는 했지만 동시에 비현실적이었다. 유교를 부정한다는 것은 곧 조선을 부정하는 것이기 때문이다. 또한 이들이 유교에 대한 전적인 부정 과정에서 새로운 우상, 곧 사회진화론을 맹목적으로 수용했다는 점에서도 문제가 있었다. 당시 사회진화론은 우승열패를 정당화하고 제국주의적 질서를 긍정하는 논리였으므로, 조선에 대한 일본의 식민 지배를 옹호했다. 조선 유교 전체를 부정하는 것이 시류가 된 것은 사회주의가 발흥하던 1920년대 이후였는데, 이때부터 유교를 봉건시대의 이데올로기로 규정하는 좌파들의 관념에 영합하는 비판 방식이 대세가 되었다. 사회진화론과 사회주의라는 당시 우파와 좌파를 대표하는 두 이념은 조선 유교의 부정성을 바로잡으려다가 유교에 보존된 긍정성까지 말살시키는 우를 범했다.

국망 전후의 현실적인 유교 변화의 흐름을 보려면, 조선의 위기와 유교의 존재 양상을 진지하게 관련시켰던 흐름들에 주목해야 한다. 당시 조선 유교는 의병전쟁을 주도하며 일제와의 '대결' 의식을 강화하고 있었다. 의암 류인석을 비롯하여 1910년대 국외 독립운동을 주도하던 다수의 유교인에게서 보이는 강한 종교성은 그 대표적 보기이다. 이들 역시 옛 조선 유교의 부정성을 잘 알고 있었고 비판하는 데 주저하지 않았지만 그것은 전적인 부정이 아니라 특수한 부정이었다. 이들은 어떤 방식으로든 당대 독립운동이 조선 유교의 유산과 맺어야 할 변증적 인식, 곧 부정성을 없애고 긍정성을 취하는 지양止揚, Aufhebung의 자세를 유지하고자 했다. 그렇다면 과연 무엇이 조선 유교의 긍정성이고 부정성인가? 근현대 유교 정치운동사를 이해하기 위해서, 먼저 조선 유교의 역사와 성격을 살펴보는 이유가 여기에 있다.

조선 이전의 유교

중국과 한국에서 유교는 오랫동안 왕조국가를 운영하는 데 필요한 이념을 제공했다. 공자가 중국 고대의 전승과 주周의 예법을 정리해서 유교의 지적 토대를 구축한 이후, 그 가르침은 중국의 위력과 한자漢字를 매개로 한국과 일본 등 동아시아 국가들에까지 확산되었다. 그 나라의 지배 세력이 유교의 원리를 바탕으로 통치하면서 적어도 정치 이념 측면에서 유교는 독보적인 영향력을 발휘했다.

중국에서는 한漢 무제가 동중서董仲舒의 건의를 수용하여 유교를 통치 이념과 제도로 완성시켰는데, 그 이후 2,000여 년의 기간 동안 크고 작은 부침에도 불구하고 적어도 현실 정치 세계에서 유교의 가르침은 통치의 기술에 도덕적 권위를 부여하는 가장 중요한 자원이었다. 전통 중국에서 유교와 경쟁하고 있던 도교와 불교가 거대한 제국을 운영할 수 있는 현실성 있는 통치 논리 제공에 관심이 없었던 것도 유교가 사실상 유일 정치 이념으로 자리 잡는 데 도움이 되었다. 청淸 제국 말기 이후 유교와 경쟁할 수 있는 정치 이념인 서구의 자유주의와 사회주의 이념이 수용되면서 유교는 처음으로 힘에 부치는 싸움에 나서야 했다.

한국에서 유교가 통치 이념의 자리를 차지하기까지는 유교 경전과의 첫 만남 이후 거의 천 년을 기다려야 했다. 이미 고유의 언어 체계는 있었지만 그것을 표기할 문자가 부재했던 오랜 한국의 역사에서 한자의 역할은 매우 중요했는데, 정작 그 수입의 과정은 아직 잘 알려져 있지 않다. 고조선에 귀부한 중국인들에 의해 전해졌을 것으로 추론하는 것이 합리적인데, 위만조선衛滿朝鮮 시기부터 지배층에 국한되어 사용되었을 것으로 추측된다.[1] 고구려 소수림왕 2년372에 태학太學을 세운 것이 유학 교육의 첫 기록이고, 백제의 경우 근초고왕 30년375에 박사博士 고흥에 의해 문자로 역사를 기록했다는 『삼국사기』의 기록을 통해 얼마 후 태학이 수립되었음을 추정할 수 있다.손태욱, 2016 신라 역시 진흥왕 대에 유교 경전의 활용이 활발했음을 임신서기석552년? 금석문을 통해 알 수 있다.권인한, 2015 이를 통해 삼국시대 고대국가 형성기 이후 불교의 영향력이 압도적이었을지라도 유교는 주로 학문으로서 통치제도의 운영 기능을 수행했다고 볼 수 있다. 비종교로서 유교 존재 양식은 고려시대까지 지속되었다. 이때까지 만약 유교가 종교성을 가졌다면, 그것은 최치원이 한국의 원종교였던 샤머니즘 계열의 신앙을 지칭한 풍류도風流道, 최남선이 말하는 '부루'의 이두식 표기 속에 용해된 상태였을 것이다. 고려 성종 5년986경 설립된 국자감國子監을 중심으로 유교는 현실 정치 이념의 성격 외에 제향祭享 기능을 함께 수행하기 시작했다. 국자감에는 교육 시설과 함께 문묘文廟가 설치되어 석전釋奠을 행했는데, 유교 의례를 국가가 공인했다는 점에서 의미가 있다.

고려 시대까지 유교의 성격은 한자라는 매체에 의해 파악할 수 있다. 한자를 익히기 위해서는 오랜 기간의 전문적인 교육이 필요했으므로, 유교 지식은 지배층만으로 한정될 수밖에 없었다. 한자 교육 과정은 유교 경전 수업이 전부였으므로, 지배 원리에 대한 정교한 정당화 장치로서 유교와 한자는 분리될 수 없었다. 유교와 한자의 결합을 더욱 강고하게 한 것은 과거科擧 제도의 시행이다. 고려 광종 9년958에 처음 시행된 과거제는 한자와 유교 소양을 관직 임용의 핵심 원칙으로 했다는 점에서 향후 유교가 지배계층의 종교로 자리 잡는 데 기여했다. 조선 초기 세종에 의해 훈민정음이 반포되었지만 과거 시험은 한문 소양을 평가했으므로 체계적인 한문 교육 이수 계층의 지배력은 조선 후기까지 유지될 수 있었다.[2]

조선 유교의 성격

중국의 유교와 조선 이전의 한국 유교는 실제 통치에 참여한 관료들에 의해 주도되었다는 점에서 유사성을 찾을 수 있다. 유교는 통치에 필요한 이념과 지식을 제공했고, 이를 규정하는 제도에 의해 유교 지배의 연속성이 보장되었다. 바로 그 이유로 유교가 지배 계층을 넘어 사회 전체로 확산되기는 어려웠다. 반면에,

조선시대의 유교, 곧 조선 유교는 단순히 정치 제도와 운영의 원리를 제공하는 차원에서 더 나아가 사회 전체에서 일상의 삶의 관습까지 지배하는 원리, 곧 사회적 원리로 자리 잡았다.

태조 이성계와 함께 개국을 주도한 정도전은 조선을 '유교 유토피아'로 만들고자 했다. 유교는 이상이자 원리였고, 조선은 그것을 구현하기 위해 필요한 토대였다. 정도전은 이색 계열의 보수적 사대부 집단과 대결하면서 유교 이상을 더욱 순수화시켰고, 그의 이상은 주희의 성리학적 이상국가론을 토대로 유교 정치론을 집약한 『조선경국전』 저술로 구체화되었다. 정도전 계열의 사대부들은 기본적으로 사은私恩이라는 혈연관계보다 공의公義에 바탕한 사회 질서 형성을 중시하는 특성을 갖는다. 국왕의 전제 대신 재상 중심의 정치를 강조한 것도 같은 맥락이다. 군주나 권세가의 사적인 판단을 억제하고 사대부 공론정치의 상징적 대표자인 재상을 통해 정치를 수행할 때 유교의 이상을 달성할 수 있다는 것이다.도현철, 1999: 특히 4장 이러한 논리는 필연적으로 군주의 지배권 약화를 전제한다. 여기서 비극의 싹이 튼다. 유교의 이상과 왕조의 현실이 충돌하면서, 유교 이상국가 수립의 꿈은 좌초한다. 이방원에 의한 정도전 참살은 단순히 권력 투쟁의 한 양상이 아니라, 향후 조선과 유교의 관계를 규정하는 상징적 사건이었다. 유교 정치 이상을 순수하게 구현하는 대신, 왕조에 대한 신민의 충성 이데올로기로 유교가 이용되리라는 것을 예고했다.

정도전보다 먼저 이방원에 의해 살해되었던 '고려 충신' 정몽주가 바로 자신의 살인자에 의해 복권된 것도 유교의 통치 이데올로기적 측면을 잘 보여 준다. 창업의 과제를 성공적으로 수행한 조선에 필요한 것은 혁명가가 아니라 충성스런 신하였다. 시스템 설계자인 정도전을 제거한 자리를 대체한 것은 고려왕조와 운명을 같이했던, 단심가와 선죽교로 상징되는 정몽주의 충성심이었다. 정도전의 죽음과 정몽주의 사후 복권, 이 어색한 조합이야말로 조선과 유교의 '복합적' 관계에 대한 상징적 표상이다. 정도전의 죽음이 유교 이상국가론의 좌절이라면, 정몽주의 복권은 왕조에 대한 충성을 강조하는 유교 정치 이데올로기의 승리였다. 정도전이 이념의 화육化肉이었다면 정몽주는 권력이 만들어낸 환영幻影이었다. 이념이 사라진 자리를 환영이 대체했다. 이후 정몽주는 도학의 정통으로 조선 유교의 정신사를 상징하게 되었지만, 그 정신을 계승하고자 했던 이른바 '사육신'의 비극은 '죽어서만 살 수 있는' 유교 정치의 모순을 보여 주었다.

이후 조선은 착실히 왕조의 지배 질서 구축을 위한 제도화에 힘을 쏟았다. 태조 즉위 직후 단행된 한양 천도와 함께 유교 원리에 따라 수도 공간을 설계하고 왕실과 국가의 의례를 모두 유교식으로 정비했는데, 예컨대 『주례周禮』의 좌조우사左祖右社, 이는 '左廟

右社'로 더 널리 쓰임의 원칙에 따라 경복궁에서 남면南面하는 왕의 좌측에 종묘宗廟를, 우측에 사직단社稷壇을 배치한 것이 대표적이다. 건국 초기부터 국가 운영의 법률적 기초를 다지기 위한 전장典章 편찬 사업을 실시하여 성종 대『경국대전』1471 완성으로 마무리했다. 아울러 교육과 제향 기능을 수행하는 성균관을 설치하여 성리학 중심의 유교 통치 이념을 널리 알렸다. 성균관 유생은 과거 시험에서도 특혜를 받았고, 재회齋會를 통해 공론을 생성하고 국왕에 유소儒疏를 올리고 때로는 권당捲堂과 공관空館과 같은 집단행위를 통해 정치에 영향을 미칠 수 있었다. 성균관 유생의 공론 정치는 훗날 대한민국 대학생의 민주화운동 참여로 계승되기도 했다.

조선 중기 이후 유교는 양반 사대부 신분의 종교에서 벗어나 사회 모든 신분의 생활 문화로 성격이 전환되었다. 여기에는 조선 초기 집약적 농업으로의 변화라는 테크놀로지 측면의 발전, 그리고 이에 기인한 생활 수준의 향상이 어느 정도 영향을 미쳤지만, 훈구파와의 대결 속에서 내적 결속력을 높였던 사림士林파 계열의 성리학적 사회의식이 미친 영향이 더 컸다. 경제적으로 중소지주였던 재야 선비를 일컫는 사림은 조선 중기 이후 중앙 정치에 진출하여 영향력을 확대해 나갔는데, 몇 차례의 사화士禍를 겪으면서도 성리학에 기초한 도학적 이념을 사회 전체의 생활방식으로 확산시키는 데 큰 공헌을 했다. 일종의 사학으로서 서원書院은 바로 그 구심을 이루는 제도적 기반이었다. 서원은 교육기관이면서 동시에 종교기관으로서, 조선의 선비들은 서원을 통해 순수화된 종교적 의식을 갖고 결속할 수 있었다.이태진, 1989: 특히 10장 사림 내부의 경쟁과 서원의 확산을 통해 유교는 향촌 사회 구석구석까지 그 이념을 확산시켰고, 특히 조선 후기 신분제의 동요와 맞물려 이른바 '온 나라가 양반되기'로 표현되는 유교 지식과 관습의 전면화를 이끌어냈다.김상준, 2012: 특히 12장 향촌 사림에 의해 온 백성의 생활방식이자 교양으로 자리 잡은 조선 후기의 유교가 바로 오늘 우리가 떠올리는 '유교'의 이미지를 생성했다. 한편 사림에 의해 강렬해진 종교성은 선조 이후 당파 간의 투쟁곧 黨爭의 원인이자 근본주의적 보수성의 단초를 제공하기도 했다. 유교 안과 밖에서 조선 유교를 비난하는 이들은 이를 근거로 삼는다. 훗날 유교 내의 개혁주의자들은 자신의 태반인 사림과 서원의 폐단을 지적하면서 동시에 강렬한 종교 의식을 지켜내야 하는 모순적 과제와 부딪히게 되었다.

조선 유교 내부의 개혁주의

조선 유교의 성격과 관련하여 마지막으로 살펴볼 것은 유교가 통치의 이념이면서 동시에 비판의 이념이기도 했다는 점이다.

이러한 이중성은 유교 정치학에 내재한 이론적 긴장에서 유래했다.최우영, 2003 유교에서 이상적 통치를 나타내는 표상은 '왕도정치'이다. 왕도정치는 요·순을 비롯한 하·은·주 시대의 성왕을 모범으로 삼아 군주가 예와 덕으로 백성을 통치하는 것을 일컫는 용어이다. 그런데 왕도정치를 설명하는 다른 방식이 있다. 왕도정치의 지향은 민본民本이고 목표는 민생 안정인데, 왕과 국가의 존재 근거를 백성이라는 가장 귀한 존재의 향상이라는 근본 목적을 통해 설명하는 목적론목적론, teleology적 방식이 그것이다. 왕도정치는 그 대립 개념으로서 패도霸道정치, 곧 권력과 법률로써 백성을 위협하여 통치하는 정치를 상정한다. 군주는 자신이 패도를 수행하지는 않는지 끊임없이 긴장하고 자기반성을 하게 된다는 점에서 왕도정치의 이상은 유용하다. 하지만 실제 복잡한 정치 현실에 이를 이분법적으로 적용하기는 어렵다. 유교국가 역시 제도와 법률에 따라 운영되었다. 오히려 왕도정치의 이상은 현실 정치의 문제에 이의를 제기하려는 세력의 비판 준거로 작동했다. 특히 역사상의 혁명을 민심에 따른 귀결이라고 설명하는 맹자의 논리는 이후 유교 이념 전체에 긴장을 불러일으켜, 유교 내부에서 개혁주의가 성장할 수 있는 기반을 마련했다.

조선 유교의 발전 과정에서 이러한 내재적 긴장에 대처한 흐름이 있었으니, 훗날 실학實學이라고 개념화된 조선 후기의 특유한 개혁적 학풍이 그것이다. 조선 중기의 사림 역시 본래는 개혁을 지향했지만 그것이 교조화하면서 대내적으로는 권력과 학문의 유착을 낳고 대외적으로는 비현실적 화이華夷 관념을 묵수할 만큼 보수적으로 흘렀다. 이런 상황에서, 경세에 대한 관심을 환기하여 유교 정치 본래의 목적인 민본과 민생을 강조하는 이론적·실천적 노력을 경주한 실학파의 등장이야말로 유교가 단순히 지배 계층을 위한 종교가 아니라 개혁을 위한 신념을 제공하는 종교라는 것을 입증하는 근거라고 할 수 있다.[3] 반계 류형원, 성호 이익, 다산 정약용으로 이어지는 조선 후기 경세학파의 개혁론은 조선 유교가 왕도정치 이상을 통해 지배 체제를 합리화하는 것이 아니라 그것을 비판하며 다른 근대로 나아갈 수 있는 가능성을 보여 준다. 정약용의 경우를 보자. 정약용은 『경세유표』, 『목민심서』, 『흠흠신서』를 비롯하여 지리, 언어, 물산 등에 걸쳐져 있는 다채로운 경세학의 저작 외에도 『논어고금주』, 『맹자요의』 등의 유교 경학경전 주해·연구 저작을 남겼는데, 유의할 점은 그에게서 경세학과 경학이 분리된 것이 아니라 하나였다는 점이다. 예컨대 그의 토지제도 개혁론을 비롯한 각종 개혁정치론의 기반은 맹자의 인간론과 왕도정치론에 대한 재해석 작업에 있었다.[4] 경전에 대한 근원적 반성과 그것에 수반하는 개혁적 세계관을 통해 정약용은 당대 사회를 개혁해 나갈 유교적 근대화의 길을 제시할 수 있었다. 조선 후기의 개혁적 유교 학풍은 훗날 식민지하에서 '조선학'이라는 이름으로 재발견되어, 유교 개혁주의 세력이 일제에 맞서 근대적 민족운동으로 나아가게 하는 논리를 제공했다.

조선의 위기와 유교

내부에서 보수론과 개혁론 사이의 갈등이 격화되기도 했지만, 조선 중기 이후 유교는 사회 전체를 지배하는 이념이 되었다. 종교로서 유교의 절대 권위는 정치, 경제, 사회의 모든 영역에 침투하여 양반 사대부 계층뿐만 아니라 피지배 계층의 믿음과 관행에도 영향을 미쳤다. 종교와 세속 사회가 분리되지 않고 사실상 하나로 결합되었다. 사회 변동 이론의 관점에서 볼 때, 조선 사회처럼 하나의 종교가 사회를 지배하고 있는 경우 사회의 질적인 변화가 어렵다. 설령 테크놀로지의 발전이나 생산력의 발전 같은 중요한 경제적 변화가 있을지라도 그것은 기존 사회의 체제 유지system maintenance 기능을 수행하는 데 그친다. 이는 조선을 둘러싼 외부의 환경 변화로 인해 체제가 위기에 빠지기 시작했던 19세기 후반에도 마찬가지였다. 1876년 개항 전후 조선 사상계는 외세의 정치경제적 침탈 자체보다는 그것에 의한 유교 문명 파괴에 대해 더 걱정하고 있었을 정도였다. 명나라의 멸망 이후 유일하게 유교 정통을 계승한 국가라는 자부심은 외세와의 대결이 조선 한 나라를 구하려는 차원을 넘어서 야만 세계의 침범으로부터 중화라는 유교 전통을 수호하는 보편적 문화적 책무로 발전하게 했다. 구한말에 외세 특히 일제의 침략에 맞서 가장 오랜 기간 조금의 타협도 없이 항쟁한 집단이 정통 유림이었다는 사실은, 그들의 전통 지향성을 잠시 접어 둔다면, 종교적 보편 가치에 대한 조선 지식인들의 믿음이 얼마나 강렬했는가를 보여 주는 증표이기도 하다.

종교가 사회 전반에 용해fusion되어 있었다는 조건은 외부의 위협에 맞서는 데는 유리했지만 조선 사회 내부에서 근대로 나아가는 추진력을 형성하는 데는 불리하게 작용했다. 따라서 조선이 근대 사회로 변화하는 방법은 두 가지밖에 없었다. 이상적인 방법은 유교에 내재한 근대 친화적 원리를 발견·발전시켜 유교 사회 내부에서 근대적 개혁을 진행하는 방법이다. 그런데 이 첫 번째 방식은 유교에 함께 내재한 보수적 전통 지향성과의 대결에서 승리하기 어려웠으므로 실학 또는 북학北學의 경우처럼 대체로 소수의 비판 세력으로 남을 수밖에 없었다. 다른 방법은 유교와 사회의 결합을 해체하는 것이다. 지배 이념인 유교를 부정하고 그 사회적 공백을 다른 종교나 이념으로 대체시키는 것이다. 그런데 이 두 번째 방식은 유교 보수주의 세력의 더 강력한 반발과 탄압을 불러일으켰기 때문에 전면화하지 못했다. 서학西學, 천주교과 동학東學이 두 번째 방식의 보기인데, 조선 말기에나 겨우 현실적 힘을 갖출 수 있었다.

간단히 요약한 조선 후기의 두 가지 근대 지향 방식은 유교에 대한 태도에서 분명히 차이가 나는데, 첫째 방식이 유교에 대한 '부분 부정'인 데 반해, 둘째 방식은 '전면 부정'이다. 근현대 유교사 서술의 관심사는 자연스럽게 '첫째 방식곧 유교 사회 내부에서의 개혁이 과연 근대 사회로의 변화를 이끌어낼 수 있었는가' 하는 질문에 답하는 것으로 귀결된다. 이에 대해 필자는 유보적이다. 왜냐하면, 변화의 가능성을 보여 주는 많은 근거들에도 불구하고 변화를 가로막는 유교 사회의 구조적 압력이 더 강력했기 때문이다.

앞서 검토했듯이, 조선 후기의 실학의 학풍에서 민족 주체의식과 정치 개혁의 논리를 발견할 수 있고 또 조선 후기의 경제상의 변화에서 자본주의를 향한 발전의 싹을 찾을 수도 있다. 아울러 개항 이후 대한제국 선포에 이르는 20여 년의 기간 동안 변화를 주도한 개화파 세력은 북학파의 세계관을 계승한 집단이었다는 점도 추가할 수 있다. 이들은 중국과 일본의 변화에 대해 촉각을 세우고 서양의 위력에 대해 관심을 기울였는데, 그 경우에도 이들의 관심은 서구의 물질적 요소의 수용 방식에 있었을 뿐 여전히 이들이 변화를 추진하는 이념과 논리는 유교의 상징체계에 터하고 있었다는 점도 유교 사회 내부의 개혁 가능성을 높이는 근거이다. 김옥균과 함께 개화파를 대표하는 인물인 박영효朴泳孝가 망명 중 고종에게 보낸 〈건백서〉1888년의 상소문는 당시 개화파의 개혁관이 유교에 근거한 것임을 분명히 드러냈다.

하지만 조선 사회는 내부적 개혁의 움직임을 수용할 준비가 되어 있지 않았다. 갑신정변甲申政變 같은 '위로부터의 혁명' 시도는 한성 바깥에서는 무의미했다. 개화 관료들의 모험은 조선 사회 내부에서의 변화가 불가능하다는 정확한 판단을 기초로 내린 배수의 진이었다. 재야 유림들은 개화 엘리트들이 주도하는 개혁 정책이 유교적 사회 질서의 붕괴를 불러일으킬 것에 대해 분노했고, 화서학파로 대표되는 유교문명수호론은 개화파의 도발을 겪으며 더 강력한 보수적 이념으로 발전했다. 개혁론의 현실주의가 유교 근본주의 세력의 반발에 부딪혀 주기적으로 패배하면서 조선 말기 사회는 장기적인 불안에 휩싸였고, 개혁 정책을 추진할 정치·사회 세력을 완전히 배제시킨 대한제국은 국제 정세 변화의 격랑에 휩쓸려 끝내 국권을 상실했다.

조선이 유교 이념에 의해 운영되었기 때문에 망국의 책임이 유교에 있다는 주장은 반박할 수 없다. 사회 변화에 필수적인, 종교 이상과 현실 구조 사이의 창조적 긴장creative tension을 조선은 허용하지 않았다. 유교 교리와 실천상의 작은 변화 시도조차 사회 전체 구조에 영향을 미칠 수밖에 없었기 때문에 집권 세력은 그러한 시도를 용납할 수 없었다. 유교 이상 자체에 내재한 개혁 가능성과 현실 유교 사회의 개혁 가능성은 애초에 별개 층위의 문제였다. 그런데 유교 자체였던 조선대한제국이 사라지면서 유교 지배체제는 정당성의 이념적 근거와 지배의 토대를 한꺼번에 상실했다. 국망 이후에도 향촌사회에서 유교 습속은 사라지지 않았지만 과거처럼 종교로서의 절대적 지배를 행사할 수는 없었다. 유교의 종교성이 약화되면서 유교와 사회의 관계도 변화하기 시작했다. 유교 가치에 용해되었던 사회는 이제 유교로부터 절연disjunction되기 시작했다. 국망 직후에도 유교계는 그 어떤 사회집단보다 우세한 인적·물적 자원을 갖고 있었지만, 사회와 절연된 까닭에 이 자원들은 자기 보존의 영역에서만 소모되었다. 사회적 책무와 관련해서 볼 때, 그 시기 유교는 존재하지 않았다. 따라서 변화의 추진력은 체계의 바깥, 곧 서구의 정신과 물질에서 얻을 수밖에 없었다.

결론적으로, 조선 유교 정치 이상의 이중적 속성과 조선 사회의 유교적 성격 때문에, 근대 전환기 유교는 개혁과 민족이라는 근대적 과제에 대한 전면적 대응에 나서는 데 실패했다. 그럼에도 이 책이 유교와 근대를 관련짓는 이유는 이론적인 수준이 아니라 경험적인 역사 수준에 있다. 19세기 말 이후 유교사에는 거대한 역설이 있다. 개화파 유교인의 근대화 노선이 실패하거나 국망의 결과를 낳게 된 반면에, 가장 보수적이었던 척사 유림들은 의병운동을 통해 독립운동의 주축이 되었다. 이제 이러한 역설적 상황이 전개된 이유를 알아보자.

2. 유교 주도 근대화의 전개와 결말

총론: 개화 노선과 유교

운요호雲揚號사건의 결과로 체결된 1876년 강화도조약조일수호조약은 조선이 근대적 세계 질서에 눈을 뜬 계기를 마련했다는 점에서 중요하다. 사대교린이라는 전통적인 외교책에 익숙한 채 한동안 극단적 쇄국정책을 고수했던 조선은 근대적 세계질서와 외교 방식에 미숙했다. 조약 체결 시 접견대관 신헌申櫶은 이른바 만국공법에 대해서 알지 못했다. 하지만 개항 자체의 중요성이라는 관점에서 볼 때, 강화도조약 체결은 박규수와 오경석 등 옛 북학파 전통을 계승한 초기 개화파들의 오랜 생각을 반영한 '주체적' 결정의 측면도 있었다. 조약 체결 이후 조선은 본격적으로 개화에 나섰다. 1차 수신사로 일본에 파견되었던 김기수金綺秀는 최초로 만국공법을 소개했고, 이미 만국공법을 잘 알고 있던 2차 수신사 김홍집은 『조선책략朝鮮策略』과 『이언易言』을 들여와 고종에 바치며 개화에 입각한 자강정책을 펼 것을 주청했다. 재야 위정척사 유림의 반발을 무릅쓰고 고종은 만국공법을 공인하는 교서를 반포1882하고 실제로 미국을 비롯한 서구 열강과 외교 관계를 맺기 시작했다.

그런데 여기서 한 가지 의문을 제기할 수 있다. 중화적 질서를 고수하던 유교국가 조선이 어떻게 만국공법의 질서를 수용할 수 있었는가? 당시 개화를 주도한 세력은 왕실과 관료들이었다. 위정척사파나 개화 세력 모두 유교적 배경을 가졌는데, 어찌 한 쪽은 개화에 반대하고 다른 한 쪽은 개화를 추진했는가 하는 점이다. 이 의문에 답하기 위해, 유교의 윤리적 세계관과 만국공법의 자연법적 성격을 비교해 보자. 기본적으로 외교 문제는 늘 이상론과 현실론 사이에서 첨예하게 대립하기 마련이다. 만국공법은 개별 국가를 행위자로 하여 그 이해관계를 조정할 수 있는 최소 규범으로서 이상적 성격을 갖고 있다. 그런데 실제 만국공법 질서를 주도하는 것은 제국주의 세력이고 강대국은 이 질서를 언제든 무력화할 수 있다는 점에서, 만국공법은 강대국의 현실적 패권을 은폐하는 이데올로기로서 기능하기도 했다. 위정척사파는 후자, 곧 만국공법 질서의 현실적 측면에 주목하여 이에 반대했다. 반면에 개화파는 만국공법 질서에 내재한 자연법적 성격에 기대를 했다. 유교 국가 조선이 만국공법 질서를 수용한 것은 그것이 본래 유교의 윤리적 세계관에 변용 가능할 만큼 충분히 이상적 성격을 갖고 있었기 때문이었다.오영섭, 2004 더구나 집권 관료층은 국제정세에 대해 정보를 축적하고 있었기 때문에, 더욱 적극적으로 국제법 체계를 수용하고자 했다. 만국공법의 이상주의적 성격과 조선 관료들의 현실적 인식이 결합한 결과, 조선은 유교적 질서에 대한 큰 반성적 변화 없이도 개항과 개화로 나아갈 수 있었다.

문제는 개화파 내부에서 벌어진 개혁의 속도를 둘러싼 갈등에 있었다. 그것은 임오군란1882 이후 조선이 청의 주도권 아래 들어가면서 다시 촉발되었다. 중전 민씨 척족 중심의 중진 관료들이 청의 양무운동 방식의 점진적인 개화를 추구한 데 반해, 김옥균을 중심으로 한 신진 관료 집단은 일본의 메이지유신을 본보기로 삼아 급진적인 개혁 정책을 추구했다. 이 두 집단을 사상적으로 구분하면 각각 동도서기파와 급진개화파에 대응한다. 이들이 추구한 가치와 목표를 들여다보면 이들간의 차이는 생각만큼 크지 않았다. '동도'를 강조한 데에서 알 수 있듯이 동도서기파가 유교적 가치와 이상을 변함없이 추구했다는 것은 분명하다. 그런데 급진개화파에 대해서는 갑신정변의 급진성에만 주목해서 그들 역시 기본적으로 유교적 가치를 추구한 세력이었음을 간과해 왔다. 1884년 갑신정변 이전까지, 동도서기파와 급진개화파는 모두 유교적 이상에 충실한 집단이었다. 다만 현실 인식의 차이와 근대 국민국가 지향의 유무에 따라 분기했을 뿐이다. 이후 10년간 내부 개혁이 미진한 채 조선은 1894년 동학혁명과 청일전쟁을 겪어야 했고, 승자 일본의 비호하에 옛 정변 세력이 복귀하여 갑오·을미개혁을 전개하기도 했다. 하지만 일본에 의해 강요된 개혁 정책은 오히려 재야 유교 보수 세력이 개화를 전면 거부할 명백한 구실을 만들어 주었다. 이후 집권 유교 세력은 더 이상 변화의 상징적 주체가 되지 못했다. 대신 유교인들은 독립협회 운동 후반부부터 개혁 흐름에 참여했는데, 독립협회에 유교계 인물이 다수 참여했을지라도 그 변화의 상징과 논리를 주도적으로 제공한 것은 서재필과 윤치호 같은 개신교 인물들이었다.박영신, 1996 대한제국 선포 이후 국왕 주도의 광무개혁이 일부 성과를 거두었다고도 하지만,이태진, 2000 독립협회 해산 이후 유교 주도의 개혁론을 전개할 세력은 모두 사라졌다. 을사늑약 이후 애국계몽운동을 통해 비로소 유교계가 교육·사회 분야의 개혁에 다시 나섰지만 국망의 사세를 막을 수는 없었다.

그런데 구한말 정국의 혼란에 국왕과 보수파 관료들의 책임도 있었는데도, 왜 민중의 분노는 한줌밖에 안 되는 개화파에게

로만 향했을까? 이는 보수적 사회에서 유교 주도 근대화 노선이 갖는 근원적 한계에 관련된다. 1894~95년의 집권 정치 엘리트는 과거 조선의 정치 제도를 혁신하고자 했다. 신분제 폐지, 문벌 타파, 노비제 폐지, 과거제 폐지 등은 조선 후기 개혁군주 정조의 이념과 북학파의 주장을 실현한 것일 뿐만 아니라 가까이는 동학혁명의 주장을 제도화한 것이기도 했다는 점에서 민중의 지지를 받을 만한 내용이었다. 그런데 보수 세력뿐만 아니라 시중의 민심도 개혁에 적대적이었다. 역사학계는 갑오 · 을미개혁의 실패 원인을 외세의 힘을 빌렸다는 점과 농민의 토지 소유 문제를 해결하지 못했다는 점 등에서 찾는다. 이러한 정치 · 경제적 관점의 비판은 어떤 개혁의 역사에서든 제기될 수 있는 것이다. 이 책의 관심은 더 근본적인 종교의 수준에서 민중이 왜 개혁 세력에 반감을 갖게 되었는지를 해명하는 데 있다. 갑오 · 을미개혁 이전의 개화파들은 자신들의 개혁론이 유교 이상에 어긋나지 않는다는 것을 강조했다. 그래야만 개혁에 반대하는 보수 유림들에 맞서 개혁의 정당성을 확보할 수 있었기 때문이다. 하지만 갑오 · 을미개혁의 주도자들은 개혁의 성과가 나타나기도 전에, 단발령斷髮令 같은 유교 상징체계의 중핵에 관계되는 개혁을 시도했다. 재야 유림 세력의 극심한 도전은 여기서 비롯되었다. 왕비 시해라는 충격적 사건에도 사실상 잠잠했던 위정척사파의 움직임을 깨운 것은 단발령에 대한 반발이었다. 개혁의 지지자여야 할 민중의 이반은 이러한 익숙했던 상징과 관습에 대한 급격한 해체 분위기에서 비롯되었다. 삼척동자도 읊고 있는 율법을 깨뜨리려는 개혁 시도는 유교 이상을 내면화하고 있던 민중이 보수 유림의 편에 서게 했다.[5] 습속의 강한 보수성을 읽지 못한 채 개혁의 상징적 승리를 위해 시도된 단발령의 실패는 유교 내부의 개혁 세력이 더 이상 민중에게 지지 받지 못하는 단초만 제공했을 뿐이다.

개화파의 몰락은 유교 이상 자체에 대한 혁신 없이 전개된 타협적 절충 노선의 실패를 의미했다. 그와 함께 유교 주도 근대화 노선은 더 이상 역사를 이끌지 못했다. 종교사에서 볼 때, 이는 변화하지 못한 유교를 대신하는 새로운 종교가 개혁의 이상으로 부상하게 되는 계기가 되었다. 의미 있는 근대의 출현을 독립협회 운동에서 창출한 시민사회와 공론장에서 찾을 경우, 독립협회 운동 주도자인 서재필의 종교관을 통해서 '종교와 근대' 사이의 관계를 짐작할 수 있다. 갑신정변의 주역 중에서 막내였던 서재필은 정변 실패 후 미국 망명 기간 중에 개신교를 수용하면서 종교와 근대 사이의 관계에 대한 생각을 정립했다. 근대적 변화의 주체는 정치권력이 아니라 시민이어야 한다는 서재필 정치관념의 배경에는 프로테스탄트의 사회사상이 작동하고 있었다.

시민 형성을 가로막고 있는 요인이 유교라는 부정적 인식은 이 때부터 지금까지 100여 년 넘게 한국인의 상식으로 자리 잡기 시 작했던 것이다.

개화 세력의 분파와 유교적 정당화 논리

유교 주도 근대화의 실패 이유는 개화의 원리와 방책을 둘러싸 고 분파별로 갈등하며 분열한 데 있다. 개화의 분파를 지향에 따 라 구분하면 크게 두 가지이다. 하나는 청의 양무운동을 개화의 모델로 삼은 소극적 개화론자들로서, 이들은 기존 청 중심의 동 아시아 질서를 고수한 채 서양의 앞선 테크놀로지를 따라잡는 것을 목표로 삼았다. 이들의 개화 방식은 동도서기東道西器로 요약 된다. 다른 하나는 일본의 메이지유신을 모델로 삼은 적극적 문 명개화론자들로서, 이들은 일본의 성공이 근대적 제도 개혁과 사회 혁신에 의해 가능했다는 인식하에 조선에서 이를 실천하고 자 했다. 따라서 전자와 후자는 개혁의 방책과 속도 조절에서 차 이를 드러냈다.

동도서기파에서 유교 원리東道는 의문의 여지없이 고수할 대 상이고, 다만 문화의 말단을 구성하는 산업 분야에서 서구의 뛰 어난 제조법良法을 도입하고자 했다. 윤선학尹善學의 상소문1882을 보자.

군신, 부자, 부부, 붕우, 장유의 윤리는 천天에서 얻은 것이고 인간의 본성에서 부여된 것으로서 천지를 통하는 만고불변의 리理입니다. 그리고 위에 존재하는 것으로서 도道가 됩니다. 이에 대해 주舟 · 거車 · 군軍 · 농農 기계器械의 편민리국便民利國하는 것은 외형적인 것으로서 기器가 되는 것입니다. 신臣이 변혁變革을 꾀하고자 하는 것은 기器이지 도道가 아닙니다.[6]

유교 원리를 바탕으로 시세에 따라 변화를 도모하는 것은 새로울 것 없는 경장更張의 방책이다. 윤선학을 비롯한 동도서기론자들은 서구의 정치 원리와 제도 수용 없이 기계 제조 방법만을 수용하고도 조선의 부강을 이룰 수 있다고 주장했다. 이런 점을 감안하면, 동도서기론의 주장은 예전 북학파의 개혁론에도 미치지 못했다. 적어도 박지원과 박제가는 통상과 기술 발전을 촉구하면서도 양반 중심의 신분제와 과거제를 비판하면서 사회 개혁의 필요성을 주장했기 때문이다. 또한 동도서기파의 생각은 당시 중국의 보수적 유교론자들의 생각에 비해서도 뒤떨어진다. 캉유웨이康有爲는 유교를 종교와 예교禮敎로 구분하여 특히 삼강오륜과 같은 예교 영역이 공자의 본의와 다른 것으로 해석하고, 예교 영역 비판을 통해 유교의 원리를 손상시키지 않은 채 보존하는 개혁을 시도하고자 했다.이상화, 2011: 360 반면에 동도서기파의 논리에서는 유교 관습에 대한 비판적 성찰이 거의 없다. 그나마 동도서기론의 진보성을 운위할 수 있는 것은 이들의 문제 제기가 위정척사론의 절정기에 행해졌다는 데에 있다. 예전보다 더욱 강경해진 보수 유림과의 대결 국면에서 승기를 잡기 위해서는 더 정교한 유교 논리를 바탕으로 한 개화 정당화가 필수적이다. 이때 도·기道器라는 전통적 유교 개념을 활용한 동도서기론의 주장은 완고한 위정척사파의 논리를 상대화시키는 데 어느 정도 기여하여, 이후 온건 개화 정책 추진에 지속적으로 영향을 미칠 수 있었다.

이들과 달리, 문명개화론자들은 여기서 한 걸음 더 나아가 유교 국가 조선의 뼈대인 정치·사회 영역의 개혁을 주장했다. 서구의 물질적 발전의 기초가 백성들 모두 응분의 자유를 누리는 데 있다는 점을 인식하고 이를 조선에도 적용시켜야 한다고 지적한 것은 의미 있는 근대를 향한 주체적 노력으로 높게 평가해야 한다.유근호, 1981 이를 위해 문명개화론자들은 정치적으로는 군신공치君臣共治를 제도화하고 사회적으로는 신분제의 폐해를 바로잡아 평등권을 보장하고자 했다. 문제는 양반 중심의 신분제와 유교가 오랫동안 하나로 결합되어 구조화된 조선 사회에서 유교를 건드리지 않고 신분제라는 환부만 도려낸다는 것이 쉽지 않다는 데서 발생했다. 문명개화론자들 또한 유교 지식인으로서 유교 이상을 견지한 채 사회 개혁을 이루기 위한 절충점을 찾아야 했다. 그러기 위해서 이들은 신분제의 폐해가 유교의 이상과 어긋나는 데 반해 서구의 자유·민권 사상과 공화정치 제도를 수용하는 사회 개혁이야말로 유교의 정치 이상 실현에 도움이 된다는 것을 먼저 논증해야 했다. 갑신정변 실패 후 망명지 일본에서 작성된 박영효의 〈건백서〉는 이 점에 관한 한 가장 체계적인 변증이었다.박영효. 1990[1888] 전문前文과 8개조로 구성된 상당한 분량의 이 개혁 청원서에는 전편에 걸쳐 『논어』, 『맹자』, 『대학』, 『중용』, 『서경』 등의 유교 고전과 주자의 해석 인용을 통한 근대적 정치 제도 수용의 당위성이 체계적으로 제시되고 있다. 전문에서는 맹자의 여민동락與民同樂론과 군주 수신론을 인용하여 국가 개혁의 시급함을 호소했고, 제2조에서는 인·의·신을 핵심으로 하는 유교 정치론과 근대적 형벌 제도를 융합시켰으며, 제3조와 4조에서는 유교의 보민保民론과 전통적 경세제민론을 근대적 민권사상과 융합시켰다. 제6조에서는 주자의 격물치지론을 적극적으로 해석하여 실용 중심의 근대 학문 장려 필요성을 전개했는데, 특히 이것이야말로 유교의 본지이고 이러한 뜻에 따라 유교를 부흥시키면 국세도 다시 융성해질 수 있다고 호소했다.[7] 제7조와 8조는 조금 더 근본적인 수준의 개혁론을 담고 있는데, 백성 모두 스스로 생명 보존과 자유·행복 추구 권리를 가진다는 근대 민주주의 사상의 제일 원리를 직접 언급하고 이를 유교 전통의 품수稟受론과 맹자의 민귀군경民貴君輕론을 통해 정당화했다.

박영효의 건의에서 잘 드러나듯이, 문명개화파 개혁론의 내용은 급진적으로 근대지향적이었지만 그 정당화의 논리는 여전히 유교 이상과 이어져 있었다. 후세의 시각에서 이를 보수적이라고 비판하는 것은 쉬운 일이지만 그런 평가는 시대착오이다. 사상사의 영역에서 볼 때, 특히 전통과 근대의 관계 측면에서 볼 때, 외부에서 타자의 근대 사상을 들여와 소개하는 작업에 비해 자신의 전통 논리 속에서 개혁의 싹을 발견하여 근대와 결합시키는 새 언어를 발전시키는 일이 훨씬 어렵다. 전통 언어와 서구 근대 언어를 모두 알아야만 가능한 이 작업에서 필수적인 것은 주체의 자존감이다. 압도적인 서구의 위력 앞에서 위축되는 자아는 근대화를 서구화또는 일본화와 동일시한다. 반면에 전통에 대해 자신감이 있는 자아는 자기의 현실을 바탕으로 주체적인 근대화를 추구한다. 유교적 정당화의 논리는 이 점에서 개화에 필수적이다.

이러한 논리가 조선 유교의 사상적 핵심인 개혁주의를 포착한 것이라면 진보성과 현실 적합성도 높을 것이다.[8] 이런 점에서 문명개화파가 사상과 인물 양 측면에서 옛 북학파의 학맥에 이어져 있다는 것은 중요하다.김영호, 1981: 253~257; 유봉학, 1995 갑신정변의 주역인 김옥균과 박영효 같은 개화파 인물들은 노년의 박규수朴 珪壽에게서 현실주의에 기초한 개국통상론을 흡수했다. 박규수가 연암 박지원의 손자라는 점은 잘 알려져 있다. 북학파 청년 학자들에게 미친 영향에서도 잘 드러나듯이, 박지원은 중국을 모델로 하여 테크놀로지 중심의 경제 재건론을 전개했다. '박규수의 사랑舍廊'에서 이들 양반가의 청년들은 『연암집』을 읽으며 박지원의 신분제 비판 사상을 통해 기초적인 평등 의식을 갖기 시작했다.이광수, 2006[1931]: 220

그런데 이들은 여기에 만족할 수 없었다. 이들은 조선만큼 답답한 청 제국보다 이미 한 걸음 앞서 있는 일본에 마음이 쏠려 있었다.박영효, 2006[1926]: 197[9] 이들의 개화 사상의 원천이 북학파에 이어졌을지라도, 그들이 갑신정변을 일으키게 된 직접적인 요인은 일본의 번영에 대한 충격이었다. 김옥균과 그 주변 개화 엘리트들은 당시 일본 사상계의 리더였던 후쿠자와 유키치福澤諭吉와 교유하면서 개화의 원리와 방법에 대해서 완전히 새로운 시각을 갖게 되었다. 후쿠자와는 조선의 젊은 개화론자들에게 청 대신 일본 중심의 동아시아 질서 구축이 갖는 문명론적 당위성을 주입했다. 특히 이들 중의 리더를 자처한 김옥균이 후쿠자와를 비롯한 일본 정치 세력의 논리를 적극 수용하기 시작하면서, 문명 개화파는 뒤떨어진 조선을 부흥시킬 유일한 방법이 메이지 유신과 같은 급격한 체제 변화밖에 없다고 확신하게 되었다.

개화파의 시세적 유교관의 말로

이때 남은 문제는 유교 전통과 새로운 체제와의 관계를 정립하는 것이다. 다시 〈건백서〉로 되돌아가 보면, 박영효는 유교 본래의 가치 중에서 실용성이 있는 부분을 재발견하여 이를 통해 서구와 대등한 수준의 힘을 기를 수 있다고 보았다. 그런데 유교의 정치 이상이 공리주의적인 절충적 해석과 만나게 되면 정치적으로 잠시 힘을 가질지라도 종교적으로는 그 절대성을 상실하게 된다.[10] 따라서 개혁론의 전개에는 먼저 유교 이상의 혁신이 선행되어야 하는데, 박영효를 포함하여 개화파들은 그것을 진지하게 시도하지 않았다. 경전의 글귀와 정세를 끼워 맞추는 방식으로 스스로를 정당화하는 논자들이 대개 그러하듯이, 이들은 점차 외세의 힘을 현실 논리로 인정하게 되는 방향으로 나아갔다. 후기 개화파의 공리주의적 지향은 현실적으로도 문제가 있었다. 개화파가 받아들인 만국공법 체제는 실제 우승열패가 정당화되는 국제 사회에서 현실적이지 못했다. 그럼에도 집권 개화파들은 일본과 서구 열강의 침략성을 애써 인식하지 않은 채 그들의 도움을 받아서라도 문명개화를 달성하고자 했다. 김홍집, 유길준, 박영효를 비롯한 생존자들은 청일전쟁에서 승리한 일본에 의해 정권을 잡으며 마침내 개혁을 추진할 권력을 획득했다. 이 제 '개화의 유교적 정당화'라는 우회로는 필요하지 않았다. 유교 의 도덕 이상을 더 이상 추구하지 않고 현실적으로도 유효하지 않았던 후기 개화파의 움직임은 결국 시세에 따라 이리저리 휩 쓸리면서 개혁 의지를 잃고 좌절되거나 아니면 스스로 변절하기 에 이르렀다.

문명개화파가 초기의 진정성을 잃으면서 이들에게 힘을 실 어 주었던 온건 개혁주의자주로 옛 동도서기파 관료들은 집권 개화파 에 거리를 두거나 심지어 반발하여 보수파로 되돌아서기도 한 다. 대표적인 보기가 신기선申箕善이다. 신기선은 노론계 임헌회任 憲晦, 鼓山 문하에서 수학한 학자 출신으로 드물게 시무에 눈을 떠 김옥균의 개화당과 밀접한 관계를 가졌고 을미개혁 때는 김홍집 내각에도 참가했던 인물이다. 고종이 을미의병을 해산시키기 위 해 선무사宣撫使로 파견했을 만큼 신기선은 보수 유림에게도 신망 높았던 인물이었다. 그는 고종의 친정 체제를 뒷받침하기 위해 서 보수 유림의 주장을 수용해야 할 필요를 느꼈다. 이에 1896년 학부대신에 취임하면서 개혁 이전의 옛 교육제도를 회복시키려 하다가 독립신문의 비판을 받았고, 1898년에는 법부대신이 되어 '김홍륙 독다 사건'을 계기로 갑오개혁 때 폐지했던 노륙법과 연 좌제를 부활시키고자 시도하여 독립협회에 의해 고발당하기도 했다. 신기선의 보수화는 전통 유교 논리와 언어를 고수한 채 시도되는 절충적 개혁의 한계를 보여 준다.

명목상의 개혁론마저 포기한 권력 지향적 유교인들은 여기서 한 걸음 더 나아갔다. 고종이 친정 체제를 구축한 이른바 '광무개혁' 시기에 앞서 언급했던 유교국교론이 등장하기도 하는데, 이는 유교계를 다독여 체제 안으로 수용하기 위해서였을 뿐이다. 광무개혁 시기 근대적 제도 정착의 내실이 조금이나마 있었다고는 하지만, 유교계뿐만 아니라 모든 비판 세력을 통제한 상태에서 행해진 황제 주도의 개혁 시도가 갖는 한계는 명확했다. 관제 지지 세력으로 동원된 보수파들은 유교계 주류의 흐름과 동떨어진 권력 지향적 인물로 채워졌다. 시세를 따른다는 명목으로 유교 전통의 비타협성마저 저버린 이들은 1904년 이후 정세에 따라 아예 친일 단체 결성을 주도했다. 그들 가운데는 전통 유교의 관념을 왜곡하여 일본에의 복속을 위한 근거를 마련한 이도 있었다. 일진회 회장 이용구는 순종 황제에게 한일병합을 요청하는 상소를 올리며 그 근거로 유교 경전을 두루 인용하는 친절함을 보였다.

『서경』에 이르기를 '선택하는 것은 임금의 마음에 달렸다'고 했으며 (……) 오직 폐하의 결심으로 선택할 것입니다. 『주역』에 이르기를

'돌에 걸려 넘어지며 곤란을 당하다가 납가새 줄기에 의지하여 겨우 집으로 돌아왔는데 아내를 볼 수 없으니 나쁘다'고 했습니다. (······) 공자께서 말씀하시기를, '곤경을 당할 곳이 아닌데도 곤경을 당하는 것이니 몸이 위태롭게 되지 않을 수 없다. 이미 더럽혀지고 이미 위태롭게 되었다면 죽을 날이 멀지 않은 것이다. 어찌 아내를 볼 수 있겠는가'고 했습니다.[11]

이용구 일당의 상소 핵심은 이렇다. 국망의 원인이 어설픈 독립 노선에 있었으니, 그 실패의 책임을 우리가 져야 한다는 것이다. 헤이그 특사 사건은 일본에 신의를 지키지 못한 것이니, 한일합병은 예의와 신의를 잃어서 스스로 도적을 불러들인 것과 같다. 자신도 무척 슬프지만 『주역』에 근거하여 현재의 절망적인 상황을 타개할 유일한 대안이 합방뿐인데, 천만다행으로 일본 천황이 어질고 일본과 조선은 사실상 예전부터 같은 문명을 공유해 왔으니 문화를 보존하는 데에도 합방이 유리하다는 것이다. 이용구는 조선 유교 전통과 정신을 제멋대로 유린하면서도 그것이 황실과 유교를 보존하기 위한 것이라는 논리로 반역을 정당화했다. 엄밀히 말해서, 유교 주도 개화론은 1896년 초 아관파천과 함께 소멸되었기 때문에 그것과 국망은 무관하다. 하지만 민중은 구한말의 혼란을 과거 개화파의 영향으로 인식했고,

그 때문에 유교 주도 개화론은 망국의 책임까지도 뒤집어써야
했다.

독립협회 운동이 청년 유교인에게 미친 영향

집권 문명개화파가 주도한 개혁은 그 결실을 맺지 못한 채 1년여
만에 실패했다. 정치사로 보면 고종의 아관파천이 개화정권 몰
락의 원인이지만, 사회문화사로 보면 개화정책의 반유교적 성격
에 대한 유교계의 반발이 핵심 요인이었다. 보수 유림이 주도했
던 을미의병은 권력을 회복한 고종이 회유를 했음에도 상당 기
간 활동을 지속했다. 을미의병 참여자들이 지역의 대표 유림이
었다는 점에서 이들의 확고한 종교적 신념이 대중의 지지를 받
고 있었다는 점은 분명하다. 비록 유교 혁신과는 거리가 먼 보수
적 이념의 운동이었지만, 이들의 비타협적 저항의 자세는 계승
되어 국망 전후 거대한 의병전쟁과 1919년의 파리장서운동으로
이어졌다는 점에서 을미의병은 유교사와 민족운동사에서 중요
한 사건이었다.

그런데 유교와 근대 사이의 관계를 중심으로 볼 때 더 중요한
사건이 하나 더 있었으니, 바로 독립협회 운동이다. 독립협회가
열어 놓은 공론장과 운동의 장에서 유교인들은 근대적 사회운동
의 이상과 실제를 경험하게 되었다. 을미의병 활동이 종료되는

1896년 하반기 무렵에 새로운 정치 세력으로 등장한 독립협회를 통해 기존의 '개화 대 보수'의 구도는 해체되기 시작한다. 서재필이 주도하는 독립협회는 독립신문과 토론회를 통해 개혁의 필요성을 대중에게 직접 알려 나갔다. 이러한 방식은 개혁을 둘러싼 불필요한 정치적 긴장을 해소하는 데 도움이 되었다. 일반 대중들은 외세에 기대지 않고 권력을 감시하고 비판하는 독립신문의 자율성에 호응했다. 이처럼 독립협회 운동은 '아래로부터의 개혁'을 통해 시민 스스로 개혁의 주체가 되도록 했다. 1897년 하반기부터 독립협회는 적극적으로 사회·정치적 개혁을 주장했고, 특히 1898년 3월의 첫 만민공동회를 통해 러시아와 일본 세력의 확장을 막아내고 나아가 이들 세력을 추방시키는 데 성공했다. 비록 1898년 하반기의 의회설립 운동이 친러-보수 세력에 의해 탄압 받으면서 소멸되었지만, 채 3년이 되지 않는 독립협회 운동이 한국사에 미친 영향은 지대하다.

사회사에서 독립협회 운동은 국가 권력에 맞서 개인의 권리를 옹호하는 근대적 시민사회를 탄생시켰다는 점에서 중요하다. 민족운동사에서는, 독립협회 운동이 이후 민족운동 세력의 중추를 길러내는 계기가 되었다는 것을 특기한다. 후기 독립협회 운동을 이끈 젊은 참가자들인 이승만과 주시경은 각각 해외독립운동과 민족문화운동의 선구자가 되었다. 독립협회 평양지회에서 활동한 안창호는 두말 할 나위가 없다. 그런데 이 책의 관심인 유교사에서 볼 때도 독립협회 운동은 매우 중요하다.[12] 우선, 이 운동에 유교인이 다수 참여하면서 새로운 방식의 정치운동을 경험했다는 점이다. 협성회의 리더로서 배재학당 출신 청년들을 이끌었던 양홍묵, 만민공동회를 계기로 참여했던 정교 등은 전통 학문을 이수한 하급 관료 출신이었다. 2차 만민공동회를 주도했던 이승만 역시 이때까지 유교인으로서 전통과 근대 교육 모두를 이수했다. 만민공동회가 민중의 호응을 받았던 데에는 운동 참여자들이 독립과 개혁이라는 근대적 가치를 전통적 교양에 기초한 언어로 전달했다는 점도 있었을 것이다.

독립협회 운동이 유교에 미친 더 중요한 영향은 적극적 참가자들보다는 초기에 그것을 방관하다가 만민공동회의 열기를 통해 비로소 개혁에 관심을 갖게 된 소극적 참여자와 관찰자들에게서 발견된다. 사회학적으로 설명하자면 이들은 거대한 사회운동의 집합적 감격collective effervescence을 통해 전통적 유교 관념을 돌파하여 유교를 혁신하려는 이상을 확고하게 갖게 되었다. 애국계몽기의 대표 인물인 박은식朴殷植, 신채호申采浩, 장지연張志淵 등이 이에 해당하는데, 이들은 당시 최고 수준의 전통 유학 교육을 받은 인물들이었다.[13] 이들이 독립협회 활동에 참여했다는 기록은 없지만, 당시 만민공동회가 조선 사회에 불러일으킨 거대한 변화의 흐름에 이들 또한 충격을 받았다는 것은 훗날의 저술과 행적을 통해 짐작할 수 있다. 이들은 독립협회 운동에 참여하고 지지했던 시민의 자발성과 능력을 확인하며 자신들의 전통적 유교 관념을 근본적으로 성찰하게 되었다. 기존의 세 가지 유교계의 대응 방식유교 전통을 고수하는 위정척사론, 유교 이상에 대한 근본적 고민이 부족한 동도서기론, 시세에 따라 유교를 이용했던 문명개화론의 공통적 한계가 어디에 있는지를 이들은 이제 꿰뚫어볼 수 있었다. 그것은 바로 민民의 도덕적 정치적 위상에 관한 것이었다. 백성이 근본이라는 민본民本의 원리는 오랫동안 조선 유교가 표나게 선전했던 것이지만 실제로 그것은 선언적 수준에 머물렀을 뿐 유교 실천도덕의 벼리가 되지 못했다. 이들은 전통적 민본 관념의 한계를 돌파하는 원리를 독립협회가 창출한 시민사회에서 발견할 수 있었다. 민民의 도덕적 자율성과 정치적 평등성을 유교 이상 내부에서 찾아내서 근본적으로 혁신하는 것이야말로 유교가 새로운 사회에 적응하고 기여할 수 있는 유일한 길이었다. 이처럼 독립협회 운동은 유교 혁신의 유의미한 방향을 이끌어냈다는 점에서 의도하지 않은 기여를 했다.

유교계의 개혁-보수 대립과 그 결과

동도서기파와 급진개화파의 분열이 유교 이상이 아닌 실현 방법

의 차이에 있었던 것과 달리, 이 둘을 아우르는 개화 집단과 위정
척사파의 대립은 유교의 핵심 가치가 무엇인지를 두고 결코 합
의에 이를 수 없는 분열을 노출했다. 후술하겠지만, 성리학의 근
본주의적 인식 틀에서 한 치도 벗어나지 않으려 했던 보수 유림
은 1894년의 갑오개혁과 이듬해의 을미개혁을 수용할 수 없었다.
그들에게 개화는 곧 유교 문명의 포기였기 때문이다.

19세기 말에서 20세기 초반까지 계속된 유교계의 분열은 표
면상 단발령과 같은 시무時務, 곧 개별적인 정책과 관련된 것이
지만, 본질적으로는 '유교를 유지하면서 근대로 나아갈 수 있는
가?'라는 근원적인 질문과 관련된 것이었다. 이 질문에 대해 개화
파는 당연히 '그렇다'라고 답했다. 상식적으로 보자면 언뜻 개화
파의 이러한 논리 구조가 근대 사상으로의 전환에 큰 기여를 한
것 같다. 개화파의 개혁 노선은 기존 유교 가치를 실용적인 차원
으로 재해석하여 체제 유지 기능을 수행하게끔 하는 데에 목적
이 있었다. 그런데 여기에는 두 개의 문제가 있다. 하나는 종교적
인 것으로서 과연 개화파의 정책이 유교의 핵심 가치를 담고 있
는가의 문제이고, 다른 하나는 현실적인 것으로서 그러한 시도
를 통해 유교 조선을 유지할 수 있는가의 문제이다. 앞서의 검토
를 종합하면, 개화파의 개혁 노선에서 유교와 근대 사이의 관계
는 진지하게 검토되지 않았다. 박영효의 〈건백서〉에 유교에 대한

믿음이 명시되어 있지만 그것은 명분이었을 뿐, 그의 관심은 국가 개조에 있었다. 곧 정치적 목표가 주主이고, 유교는 종從이었다. 실제로 개화파의 편의적 현실 인식은 근대화를 추구하는 과정에서 외세를 끌어들이고 민중을 배제했다. 일제의 주권 침탈 이후에도 이들 가운데 몇몇은 자신의 이권을 보장받으면서 일제의 지배를 옹호하는 관변 단체 활동을 계속한다.

이에 반해 위정척사파는 근대주의에 대한 반동의 성격을 명백히 표명했음에도 불구하고 그 과정에서 의도하지 않게 유교에 대한 성찰을 이끌어내기도 했다. 이들은 1894~95년의 기간 동안 벌어진 민중과 집권 세력의 움직임 모두에 맞서 유교를 수호하고자 했다. 갑오동학농민전쟁 참가자를 비도匪徒로 칭하고 단발령에 맞서 을미의병을 일으켰던 이들은 이 단계까지 유교에 대한 성찰에 착수하지 않았고 또 그럴 필요도 없었다. 그런데 유교와 근대의 만남에 대해 강한 거부감을 가졌던 이들이 그것을 불가피한 것으로 인식하는 순간부터 유교에 대한 새로운 자각에 나서지 않을 수 없었다. 이들은 리理의 불변성에 대한 믿음을 바탕으로 유교의 윤리관을 보편주의로 순화純化시켜 현실과의 대결에서 실천성을 강화했다.윤사순, 1986: 189 특히 1904년 이후 일제의 침략이 노골화되는 가운데 이들의 대결의식은 유림들을 국권수호 투쟁에 나서게 했고, 그 과정에서 유교에서 놓치고 있었던 민족을 재발견하여 독립운동으로 나아가게 했다.

개화파와 위정척사파의 역설적인 결말은 이후 한국의 근대화 과정이 서구의 근대와는 다른 길을 걷게 될 것임을 예고한다. 의에 기초한 보편주의를 표방하여 의무를 강조한 척사파의 철저한 비타협 정신은 국망 이후 정치와 공론장에서 물러나 폐쇄된 영역에 갇히게 되었지만, 오히려 그 덕분에 공리주의적 경향을 거부하고 일제에 맞서는 저항을 분출하게 될 정신적 진지를 구축할 수 있었다. 이러한 의식은 훗날 민주화운동의 강한 규범주의에도 영향을 미쳤다. 반면에 공리주의적 현실주의를 내세운 개화파는 유교 주도성을 상실하자마자 곧바로 물질적 근대화곧 산업화를 지향하는 노선을 추구하게 되었다. 비록 당장의 이익은 포기하더라도 유교의 핵심 가치를 지키면서 근대에 대한 각성을 통한 군자의 길도덕적 근대화을 걸을 것인가, 아니면 민중의 물질적 복리를 강조하는 소인의 길공리적 근대화를 지향할 것인가. 비록 개화파와 척사파의 대립은 1904년을 기점으로 종언을 고하게 되지만, 그 대립이 산출한 결과는 100년 넘게 지속되어 오늘날에까지 이르고 있다.

3. 정통 유림의 종교적 대결 의식과 의병운동

성리학의 유산과 종교적 대결 의식

성리학에 기초한 조선 사회의 윤리관에서는 개인 수신과 사회 윤리 사이에 어떠한 불일치도 있을 수 없다. 『대학』의 3강령 8조목에 대한 주희의 해석은 뚜렷한 보기이다. 『대학』의 원문에 집중하면, 8조목의 마지막인 '평천하平天下'는 곧 3강령의 첫째 "천하에 명덕을 밝힌다明明德"와 동일시되고 있음을 알 수 있다. 유교의 정치 이상인 '평천하'와 개인의 도덕 이상인 '명명덕'의 순환론적 동일성은 곧 유교 윤리에서 개인이야말로 공동체와 세계의 문화 이상을 향한 주체임을 알려 주는 보기이다. 격물치지라는 인식의 훈련과 성의·정심이라는 도덕 수련을 통해 개인은 세계 문화 전체에 보편사적 책임을 갖는 존재가 된다.

그런데 유교 세계관의 내부적 통일성이 현실 세계에서 언제나 보장되는 것은 아니다. 하나의 형이상학 체계로서 성리학은 현실에 존재하는 불의 그리고 심지어 불의의 승리에 대해서 설명할 수 있어야 했다. 성리학의 통일성을 해치지 않는 가운데 이루어지는 불의에 대한 설명은, 모든 종교의 경우와 마찬가지로, 하나의 신정론을 형성하고 있다. 본래 조숙한 합리성의 체계로 출발한 원시 유교의 경우에서 신정론은 세상의 불의를 인간과 사회의 도덕적 방심 때문이라고 설명하는 수준에서 머물렀다. 사마천司馬遷의 경우, 『사기史記』 저술 작업은 현세에서 바로잡지 못한 불의라는 인간적 한계를 역사라는 합리적 기록 행위를 통해 초월하는 방식으로 극복하고자 하기도 했다. 이는 기독교가 야훼 유일신의 뜻을 강조하여 외재적 초월의 길로 나아가는 것과 다르다. 이후 유학자들은 유교 형이상학을 정교화하면서 초월의 문제를 해결하고자 했고, 성리학을 통해 마침내 체계화되었다. 한족 역사상 가장 약체로서 외침에 시달려야 했던 송대의 지식인들이 가지게 되는 '우환 의식'은 신정론 정교화의 사회적 배경이었다.노사광, 1987: 86 송대의 지식인들은 조국의 멸망 위기에 처해서 세상을 구제하는 것을 당연한 것으로 생각했다. 그래서 성리학은 비록 불교의 형이상학을 수용하면서도 그것과는 정반대의 결론, 곧 세상을 긍정하고 그 속에서 문화를 개혁시키려고 노력했다. 세상을 긍정한다는 것은 불의의 존재를 용납한다는 것이 아니라 그에 맞서 의로운 세상의 질서를 구현할 수 있다는 '가능 의식'의 의미이다.

그렇다면 성리학에서는 어떻게 세상의 불의를 설명하는가? 이는 주희의 천리天理·인욕人慾론을 통해 설명할 수 있다. 사람과 사물은 모두 기氣를 품수하여 태어나는데, 특히 사람의 경우는 다른 동물이나 사물과 비교할 때 가장 맑은 기를 받아 태어나므로 천리에 통한다. 그러나 사람 개개를 비교하자면 그들 사이에도 품수한 기에 청탁과 혼명의 차이가 있게 마련이다. 이처럼 사람의 기질의 차이에 따라 차별되는 본성을 '기질의 성氣質之性'이라 부른다. 기질의 성이 흐린 사람은 "마치 흐린 물속에 있는 구슬을 닦아내는 것과 같은" 노력, 곧 "명덕을 밝힘"을 통해 비로소 인욕을 벗어나 천리와 통할 수 있다.노사광, 1987: 349 이러한 존재론은 윤리학과 직접 연결되어 있어서, 수신을 통한 존재의 각성이야말로 사회 참여의 기반이자 목표라는 명제로 이어진다. 현실 문제를 해결하는 데에서도, 수신의 윤리는 모든 정치 문제의 상위에 위치했다. 정치와 경제의 불안은 왕과 신하가 자신의 직분을 방기한 결과이므로, 이들이 진실로 사욕을 버리고 자신의 직분을 다한다면 세계의 질서가 바로 설 것이라는 것이다. 외국의 침략에 맞서는 것도 결국 내부의 도덕의 문제이므로, 도덕기풍을 올바로 세우는 것이야말로 국가 방위의 유일한 원천이다. 외부의 불의의 존재를 자신의 책임으로 돌리고 이런 성찰을 통해 사회 참여를 이끌어내는 태도는 성숙한 윤리적 자세로서 여전히 높이 평가할 만하다. 그런데 이런 사유는 사회관계와 국제 정치의 문제들을 독립시켜 파악하지 못하는 단점이 있다. 더구나 개인 수신을 통해 외부의 문제를 해결하려는 논리 체계에서는 현실에 대한 절대적 부정을 단행하기 어렵다.

이제부터 살펴볼 19세기 후반 조선 위정척사파의 논리가 만약 성리학 체계를 답습했다면 아마도 직접 기병起兵을 통한 지속적인 의병전쟁은 불가능했을 것이다. 그렇다면 우리는 위정척사파의 논리에서 정통 성리학의 세계 인식과는 다른 요소를 찾아내야만 한다.

먼저 서구의 충격과 일제의 침략이라는 초유의 사태에 맞서 위정척사파가 어떻게 성리학의 합리적 신정론을 넘어서는 논리를 발전시킬 수 있었는가를 검토해 보자. 앞서 말한 것처럼, 위정척사파가 추구하는 가치는 근대와 양립 불가능하다. 그러나 마치 칸트 철학이 공리주의와 타협 없는 '도덕적 개인주의'를 통해 윤리적 근대를 향한 길을 개척한 것과 같은 결과를 위정척사파의 발전 과정에서도 엿볼 수 있다는 것은 무척 흥미롭다.[14] 위정척사파의 도덕 지향적 태도는 그들에게 절대적 선택을 강요했다. 다른 점이 있다면, 칸트 철학이 기독교 전통의 선악 대립 구도에서 절대 선을 강조하는 데 반해, 위정척사파는 『주역』의 형이상학 전통을 따라 선악을 포괄하는 더 큰 우주론의 원리인 음과 양의 순환 구도에 따라 논의를 전개했다는 사실이다. 윤리학과 우주론의 차이는 무시할 수 없다. 음양의 순환에 기초한 유가의 우주론에서 개인의 윤리적 선택은 독자적 차원을 갖지 못한다. 그런데 이 우주론이 맹자의 윤리학과 결합하게 된 경우라면 사정은 달라진다. 맹자 윤리학의 강렬한 도덕의식이 우주-역사의 차원에서 정당성과 보편성을 획득하게 되면, 이것은 절대 명령으로 변화하기 때문이다. 내면의 도덕의식과 우주론으로 확대되는 역사의식의 결합이야말로 위정척사파 세계관의 핵심이다. 화서학파를 통해 이 문제를 구체적으로 살펴보자.

화서학파의 도덕적 역사 인식

17세기 송시열의 북벌론을 계승하여 19세기 후반 이후 위정척사운동에 가장 강력한 지적 영향력을 발휘한 논리는 이항로와 그학통을 계승한 화서학파에게서 창출되었다. 이 학파 인물들의 저술에는 공통적으로 하나의 일관된 핵심 주제가 발견된다. 그것은 바로 조선이 명의 멸망 이후 중화의 맥을 이어받은 소중화라는 것이다.[15] 소중화론은 유교의 정통론과 춘추대의春秋大義론이 결합하여 17세기 후반 이후 조선의 문화적 주체성을 높이는 기능을 수행한 해석 체계로서, 송시열에 의해 논리적 구조가 짜여져 19세기 화서학파의 위정척사론에까지 수없이 반복되었다. 금에 패퇴하여 중원에서 물러난 남송 시대의 우환의식을 표현했던 주자의 사례를 바탕으로, 소중화론은 중화와 오랑캐를 확고히 구분하고華夷之別, 중원에서 사라진 중화를 조선이 학문적 문화적으로 계승했다는 의식하에 이적과 대결하여 중화를 지켜내겠다는 도덕적 실천적 명제를 제출했다.

소중화론은 다음과 같은 서사 구조를 갖고 있다. 첫째, 중화에 의해 문화적 질서가 완성되었다. 둘째, 이적의 침략에 의해 중화가 멸망했다. 셋째, 멸망한 중화의 한 줄기 맥이 살아남아 계승자 소중화에게 전달되어 보존되었다. 넷째, 중화의 불씨를 지켜온 계승자는 이적에게 복수하고 다시 중화문명을 복원한다. 이야기의 플롯만 놓고 보자면 일종의 복수담으로서, 이는 동양의 민담에 자주 등장하는 매우 친숙한 이야기구조이다. 가족 이야기를 더 큰 차원의 문명 이야기로 확대시켰을 뿐, 정통嫡子을 복원하여 질서嫡統를 회복한다는 대의 구현의 테마와 원수에 대한 복수라는 모티프는 그대로 유지되고 있다. 다만 이러한 플롯에 등장하는 주동자주인공와 대립자만 시기에 따라서 조금씩 변화된다. 남송의 주자에게는 '중화 대 북방이적여진족'이었고, 송시열에게는 '중화/조선 연합 대 청만주족'이었으며, 이항로의 시기에는 '소중화조선 대 양이洋夷'였다. 훗날 을미의병 및 국외 의병전쟁을 이끈 류인석에게는 그 구도가 '소중화 대 양이화된 일본'에서 '조선/중화 연합 대 일본'이었다.

이러한 대립 구도에서 중요한 것은 주동 인물의 설정과 그 성격이다. 본래 춘추 대일통大一統의 세계는 화이의 구분이 있지만 대립 관계라기보다는 중화 문명의 감화력에 의해 이적의 풍습이 변화되어 하나로 포섭되는 이상을 표현하고 있다.오석원, 1996: 320 그러나 중원의 몰락이라는 사건 이후 그 평화적 포섭의 관념의 자리를 어둠에 맞선 저항과 대결의 원리가 대체하기 시작했다. 조선의 성리학자들은 저항을 담당할 새로운 세력으로 자신들을 설정했다. 가통이 적장자에게 이어지듯이, 중화의 계승자 조선은 서사의 중심으로 부상하여 모든 역사적 문화적 의무를 짊어진 주인공이 되었다.

문제는 중화의 회복을 통해 춘추대의를 실현한다는 이상이 과연 현실에서 가능한지의 여부에 있다. 이에 대한 답으로, 소중화론은 이른바 '석과불식碩果不食'이라는 액자 서사framing narrative를 도입하여 종교적 보증 장치를 마련했다. 이항로는 중국에서 중화와 오랑캐 사이의 세력 변화를 주역의 12벽괘를 통해 설명했고, 금장태, 2001: 110~114 면암勉菴 최익현崔益鉉은 이를 당대 역사에 적용한 것이 그 보기이다. 『주역』에 근거하는 자연순환론적 해석의 틀로서 박剝, ䷖ 괘에 대한 풀이에 착안하여 최익현은 다음과 같은 해석을 내놓았다. 박괘는 음의 세력이 점차 치솟아 올라 맨 꼭대기上九爻만 유일하게 '한 줄기 양의 기운一脈陽氣'을 지키고 있는 형상이다. 이때 마지막 양의 효를 기자箕子 이래 중화의 세계로서 현재 문화적 정통을 계승한 '조선'으로 해석했는데, 이는 조선의 문화적 의무가 중화의 계승에 있다는 것을 함의한다. 마지막 양의 효에 대한 주역의 효사인 석과불식(곧 '으뜸 과일은 먹히지 않는다') 「주역」, 卦爻辭, 山地剝, 上九爻에 따라, 지금의 위기를 극복하면 순음의 세계인 곤위지坤爲地, ☷ 괘를 거쳐 새로운 양의 문명이 다시 자라 난다는 믿음이 확보된다.[16] 의병 세력은 석과불식의 액면 그대로 조선이 절대로 오랑캐에게 멸망당하지 않을 것이라고 믿었다. 소중화론이라는 마스터플롯과 그 액자 서사로서 석과불식론은 화서학파 문명전쟁론의 형이상학적 기반으로서, 화서는 물론 최 익현과 류인석에 이르기까지 지속적으로 반복되어, 일제에 맞서 강력한 저항을 가능하게 한 유교 종교성의 뼈대로 작동되었다.

이러한 화서학파 전통의 역사 인식은 또한 음과 양이 한 번씩 교차하는 가운데 세계의 질서가 구축된다는 순환론의 역사관에 근거한다. 그리고 이러한 역사 인식은 의병전쟁에 참가한 위정 척사파에게 이어졌다. 비교할 수 없을 정도로 강력한 군사력을 갖춘 일본군에 맞서 거의 대부분 처참하게 죽음을 맞이하면서까 지 이들이 싸울 수 있었던 것은 이러한 믿음에 투철했기 때문이 다.[17] 1911년까지 민간인을 제외한 의병의 사상자는 일제의 집계 만으로 보아도 2만 1,485명이나 된다.조동걸, 1989: 212 이들이 사회 경제상의 기득권을 지키고자 했다면 그것은 일제하에서도 얼마 든지 가능하다. 실제로 타협한 지주들의 영향력은 일제하에서도 보전될 수 있었다. 그러나 척사파 유림들은 '소중화'로 대변되는 종교적 가치의 존숭자였기 때문에 외세와의 타협 대신 '종교 전쟁'을 선택했다. 일신의 이익보다는 종교의 의를 실천하고자 한 까닭이다. 의병전쟁에 가담한 유림들은 이후 경제상으로 몰락하거나 일제에 의한 강제 병합 이후 근거지를 국외로 옮겨 기약 없는 항쟁을 계속했다. 조선 유교의 마지막을 장식하는 의병의 기개와 비극을 통해 조선 성리학이 철저하게 '종교화'되어 있었다는 것을 확인했다. 그리고 종교로서의 유교의 정치 이상은 유림뿐만 아니라 당시 국외 망명 운동가 그리고 국내의 비타협 지식인들의 사회의식을 관통하고 있었다. 종래 신분 질서에 바탕한 개념인 의義를 민족 공동체의 수준으로 확장시켜 국권 회복이라는 목표를 대의大義로 삼았다는 점에서 그러하다.

유교 보편주의의 사회의식

자연 세계의 원리와 인간 사회의 원리가 분리되지 않은『주역』류의 순환론에 기초한 역사 인식이 외세에 대한 투쟁을 자동적으로 이끄는 것은 아니다. 같은 논리에서 숙명성과 수동성에 침윤된 행위도 나올 수 있기 때문이다. 조선시대는 물론 일제강점기에 이르기까지『정감록』을 비롯한 갖가지 참서와 비기가 성행했던 것도 이 맥락에서이다.무라야마, 1990 그렇다면 위정척사파의 의병전쟁에 대해서도 좀더 현실에 기초한 해석이 덧붙여져야 하지 않을까? 이제 남겨둔 두 번째 작업, 곧 '위정척사파의 논리 내에서 일관된 사회의식의 구조를 이해하는' 과제를 검토해 보자. 그동안 이들의 사회의식에 대한 평가는 국외자의 시각에서 채색된 여행기에 압도되거나, 아니면 정반대로 그들의 보수성을 비판하는, 상반되는 두 극단 사이를 오갔다.매켄지, 1999; 김영작, 1989 평가 작업이 평가자의 관점에 따라 달라질 수 있기 때문에 아마도 완전한 합의에 이르지는 못하겠지만, 위정척사파의 사회의식이 이후 유교 정치운동사에 무척 큰 영향을 미쳤다는 것은 분명하다. 그렇다면 위정척사파 사회의식의 어떠한 특성이 그것을 가능하게 했는지에 대해서 검토할 필요가 있다.

의병장의 다수가 화서 이항로의 제자이거나 그의 감화를 받았다. 이들은 한 스승의 뜻을 이어 받은 제자 집단의 집합 의식을 가지고 있었다. 신분상으로도 이들은 향촌의 사대부로서의 동질성을 가졌다. 지방의 소지주로서 경제상의 이해관계도 일치하고 있었다. 그런데 의병 세력의 시무에 대한 견해는 당시 성장하던 농민 및 평민 세력의 권익 확대에까지는 이르지 않았다. 이 점에서 연구자들은 위정척사파의 이념과 운동을 전통주의와 보수주의의 틀에서 평가하기도 한다.정재식, 1984: 171~174 위정척사파의 인식 틀에서 볼 때, 국왕이 올바른 정치를 행하면 백성은 자발적으로 따르게 된다. 동학농민전쟁을 비롯한 19세기 후반의 농민전쟁을 바라보는 위정척사파의 태도가 이중적일 수밖에 없는 것도 이 때문이다.황현, 1985[18] 어쨌든, 아래로부터는 민중 세력의 성장과 위로는 지배집단의 폐정 그리고 밖으로는 외세의 침략이라는 조건 속에서, 이들 위정척사파들이 내부 동질성을 강화하기 위해서는 그들의 이념 지향을 더욱 순수화시키지 않을 수 없었다. 이를 위해서 화서학파의 지도자들은 순수 관념론의 세계관을 신봉하게 된다. 그 결과 이들의 정치철학과 존재론은 서로 연관된 두 가지 특성, 곧 보편주의에 바탕한 평화론과 이존기비理尊氣卑론을 띠게 되었다.

첫째, 보편주의에 바탕한 평화론은 멀리 18세기 천주교에 대한 대응 논리였던 벽위론闢衛論의 연장선에 있었다.최창규, 1996: 111 그런데 사악한 종교를 '물리쳐' 유교 문화를 '보위하자'는 벽위론은 단순히 '천주교 배척'이라는 종교 차원의 논의는 아니었다. 앞서 살펴보았듯이, 종교와 세속 사회가 굳게 결합되어 있었던 조선 사회에서 종교 문제는 곧 조선왕조의 안위에 직결된 사안이었다. 그런데 19세기 후반의 이단 배척론은 몇 가지 점에서 과거의 배타적 벽위론과 구분되었다. 18세기의 벽위론이 배타적 종교론을 바탕으로 서구 세력을 오랑캐로 규정했던 데 반해, 19세기 말 위정척사파의 논리는 서구의 중국 침략 과정에서 드러난 그들의 강력함에 맞서고자 국가 내실의 강화를 지향했다.최창규,

1991: 123 위정척사파의 교역 반대론은 잘 알려진 보기이다. 이들은 조선의 농산물과 그들의 공산품의 교역이 부등가 교환의 성격을 띠므로 반드시 백성들을 더욱 곤궁하게 만들 것이라는 점을 반대 근거로 제시했다. 이 점에서 위정척사파의 사상은 서구 문화를 배타적으로 거부하던 과거와는 달리 점차 '만국공법'과 같은 이성에 기초한 세계 평화론에 호소하는 경향으로 발전하게 될 가능성을 열어 두었다. 그리고 이는 국망 전후 위정척사운동의 계승자들에게서 현실화되었다. 러일전쟁 이후 한반도에 독점 지배권을 행사하려는 일본에 맞서 싸우던 유림과 의병들은 자신들의 저항을 한 민족의 명운에 관계된 것일 뿐만 아니라 동시에 전 세계의 평화를 위한 것이라고 믿게 되었다. 그러므로 위정척사파의 의병운동을 단순히 보수주의 운동으로 규정하기보다는 그것이 당시 제국주의에 맞서는 과정에서 변화 발전하는 양상에 주목하여 이들이 제기한 평화론의 보편주의적 성격과 진취성을 함께 볼 필요가 있다.[19] 보편적 문명 이론으로 거듭나게 될 위정척사파의 운동은 이후 독립운동 경험과 파리장서운동 참여의 경험을 통해 '근대'적 세계 질서에 동참하려는 흐름으로 발전한다.

둘째, 위정척사파의 순수 관념론화 경향은 의리 중심의 사회 윤리를 발전시켰다. 리理 위주의 철학은 서로 교류가 없었던 19세기 중후반의 대유인 이항로와 노사蘆沙 기정진奇正鎭 그리고 한주寒洲 이진상李震相에게서 동시에 발견된다.최영성, 1997[4권]: 24 본래 부터 주리파의 철학 경향이 근대의 보편주의와 친연성을 가졌던 것은 아니다. 주리파의 철학은 필연적으로 이존기비理尊氣卑의 경향, 곧 물질을 낮추어보고 대신 순수한 이념의 세계를 높이게 된다. 이처럼 특정한 가치에 의해 세속의 질서에 우열을 부여하는 태도는 근대의 보편주의와 양립하기 어렵다. 그러나 위정척사파의 후기 사상에서는 주리의 경향이 내면화되어 자기를 수양하는 것으로 한계를 설정한다. 자신의 삶을 주재하는 리理의 능동성을 통해 욕망에 흔들리기 쉬운 기氣를 통제해야 한다는 인식은 자기 바깥의 이익을 좇는 움직임에 맞서 싸울 수 있는 의리 중심의 비타협적 태도를 발전시키게 된다.

유교와 도덕적 개인의 가능성

마지막으로 유교와 근대라는 사회 이론상의 난제에 대해 검토해 보자. 위정척사파가 종교적으로 순화시킨 사회의식은 외세와의 대결 의식을 이끌어냈지만, 유교의 근대적 전환이라는 관점에서는 여전히 한계가 많았다. 근대 사회의 핵심 요소로서 '개인의 발견'과 관련해서 볼 때는 더더욱 그러했다는 것이 일반적인 상식이다. 이 책은 조선 유교가 사적 이익을 추구하는 부르주아적 개인의 형성에는 적대적이었다는 것을 인정한다. 그런데 근대적 개인의 출현에는 그것과는 다른 길도 있으니, 바로 '도덕 주체로서의 개인'이라는 관심과 관련된 방향이다. 위정척사파의 사회의식에서 발견되는 엄격한 도덕적 주체성의 요구가 과거 유교 전통을 지배했던 이른바 '관계 중심의 행위 윤리'를 극복하는 계기를 마련했다는 것이 이 책의 전제이다. 이제 이 전제의 의미를 살펴보자.

흔히 유교의 실천 윤리를 서구의 '개인주의 윤리'와 대비하여 '관계 중심의 윤리'로 평가한다. 삼강과 오륜이라는 전통적 행위 규범은 윤리성의 핵심을 개인이 아니라 그가 속한 관계 안에 두었다. 이런 경향은 개인이 사회의 인륜 질서에서 벗어나지 못하게 한다는 점에서 유교가 기성 정치 질서의 옹호 기능을 수행하게 했다. 따라서 유교를 보수적으로 해석하는 흐름에서는 자연스럽게 유교를 '관계 중심 윤리'로 평가하는 것을 당연시해 왔고, 서구 학자들도 이 관점에서 한국의 사회심리를 분석·비판하곤 한다.앨퍼드, 2000 일부 서구의 학자들은 거꾸로 서구 개인주의 문화의 병폐를 치유할 수 있는 윤리철학으로서 유교의 관계 중심 윤리를 높이 평가하기도 한다.Hall·Ames, 1987 이런 해석들이 틀린 것은 아니다. 유교 전통의 윤리학에서는 개체의 도덕과 전체의 질서가 분리되지 않기 때문이다. 유교에서 개인은 언제나 다른 사람과 맺고 있는 관계를 이상적인 규범에 따라 완성할 때 비로소 자신을 드러낼 수 있다. 이때 그는 그와 관계하는 자가 누구인가에 따라서 해야 할 일들이 달라진다는 점에서 '관계 속의 자아'이다. 그런데 이러한 관계 윤리에서는 서로 다른 역할들끼리 충돌할 수도 있다. 특정 상황에서는 아들로서 의무와 신하로서 의무가 충돌하기도 한다. 이런 문제 때문에 관계 윤리의 틀 안에서도 '무엇이 우선인가'를 두고 기준을 만들어야 한다. 유교 내부의 갈등이 특정 규범의 우선성에 대한 논쟁에서 출발했던 것도 그러한 까닭에 연유한다.

위정척사의 윤리학 역시 기본적으로는 유교 전통 윤리에 기초하고 있다. 그런데 외세와의 대결 의식과 저항을 강화하는 과정에서 기존 관계 윤리의 일상적 평범성은 한계가 있었다. 이항로를 비롯한 화서학파는 당시를 서양의 '혹세무민하는 사설邪說'이 난무하는 시대로 보았다. 유가 경전에서 『맹자』만큼 이단·사설과의 대결을 위한 전거를 풍부하게 제공하는 것은 없다. 공자의 시대와 달리, 맹자는 춘추의 대의가 이미 사라진 전국시대에 양주·묵적 같은 이단들과 맞서 공자의 천명사상을 사회·정치 철학으로 구체화시켜야 했다.유명종, 1997: 37~43 맹자가 중국 토지제의 이상인 정전제를 제시하고, 경제적 산출의 중요성과 민본을 강조한 것은 모두 그 시대의 절실한 요구에 대한 반응이었다. 그런데 맹자의 개혁적 정치사상은 사단四端이라는 인간의 본성에서

기원하는 도덕철학과 분리할 수 없다. 인의예지라는 유교의 핵심 덕목들은 인간에게 있는 자연스러운 본성의 표현으로서, 유교인은 이를 마음 바깥의 대상이 아니라 자신의 내면을 성찰해서 계발하여야 한다. 당대의 맹자로 자처했던 이항로는 『맹자』의 핵심에 능통하여, 서양에 맞서 올바른 학문을 지키기 위해서 맹자의 이단 비판 논리를 적극 활용했다.금장태, 2001: 118~119 그 가운데 주목할 만한 것으로서 맹자의 호연지기浩然之氣에 대한 해석이 있는데, 이항로는 의리로서 올바름을 분별하는 것을 우선하고 이어서 올바른 기운을 기르게養氣 되면 자연히 한결 같은 부동심을 얻을 수 있다고 강조했다.장백위, 2004 이러한 이항로의 해석은 윤리학적으로 도덕적 실천과 학문적 이론이 엄격하게 조응하게 된다는 것을 해명한 것으로서, 위정척사파 사회의식의 핵심에 맹자의 보편적 도덕 이론이 밑바탕을 이루고 있다는 것을 알려 준다.

이러한 도덕론만으로 화서학파에서 유교 윤리학의 근대적 전환을 입증할 수는 없지만, 이들이 외부 세계와의 대결을 강화하는 과정에서 선택한 맹자 도덕철학을 통해 기존의 관계 중심 윤리 대신 도덕의 근거를 개체의 도덕 의지와 실행에서 찾아 보편적 도덕 법칙의 세계로 나아가는 길을 열었다는 점만은 분명하다. 이러한 도덕 원칙은 당시 조선의 특수한 위기 상황에 적용되어 급진적인 실천을 정당화했다. 맹자의 윤리학이 실제 투쟁으로 구체화하기 위해서는 당대의 현실을 부정성으로 인식하는 것이 필수 조건이다. 세상이 불의어둠, 악로 가득 차 있거나 인륜이 해체되는 상황이 그런 경우에 해당한다. 위정척사파가 인식한 세계가 바로 그러했다. 을미의병을 거쳐 특히 1907년 이후 국망의 위기라는 절망적 상황에 이르러 이들의 대결 의식은 더욱 강화되었다. 일반적인 유림들이 나라의 현실에 애통해하면서도 타협하는 모습을 보일 때, 위정척사론의 계승자들은 이 도저한 도덕 원칙에 근거하여 불의와의 전면 투쟁의 길로 나아갔다. 이들의 극단적인 대결 의식은 생사의 갈림길에서 서슴없이 "의를 위해 생을 버리는舍生取義" 것으로 결말을 맺었다. 다만 의병의 죽음은 끝이 아니었다. 죽음과 바꾼 절의는 다음 세대 유교인들이 다시 한 번 역사의 전면에 나설 수 있는 계기를 마련했던 것이다.

4. 유교 민족주의의 두 갈래

앞의 절들에서 구한말 개화를 둘러싼 유교계의 두 흐름을 유교 주도 근대화론과 위정척사론으로 구별하고 각각의 세력들이 어떻게 유교의 정치 이상을 변용시켰는지 살펴보았다. 유교 주도 근대화론은 개화라는 현실적 과제를 우선시하여 유교 이상을 그에 종속시킨 결과 약간의 정치적 성과에도 불구하고 국망에 책임을 져야 했다. 위정척사론은 유교 이상을 전면에 내세워 근대적 변화에 반대했지만 그 과정에서 외세와의 대결 의식을 강화시키게 되는 역설적 결과를 가져왔다. 이런 사정 때문에, 국망 전후 유교계의 정통성은 위정척사론을 계승하여 의병전쟁을 주도한 유림들이 가질 수밖에 없었다. 그런데 정통 유림은 유교의 근대적 전환이라는 내부 혁신의 과제 자체에는 큰 관심이 없었다. 따라서 국망 전후 유교계는 근대와 민족이라는 과제 앞에서 방향성을 잃고 있었다.

이런 상황에서 두 과제를 새로운 방식으로 결합시키고자 하는 새로운 흐름들이 유교계 내부에서 등장했다. 하나는 1900년부터 1910년까지 유교계의 애국계몽운동을 주도하게 되는 '개신 유림'들이다. 이들은 1898년 독립협회 주도의 만민공동회를 지켜보며 성장한 청장년 유교인들로서, 당당하게 전통 유교의 폐해를 비판하고 당대의 변화를 이끌 유교 혁신의 논리를 제출했다. 신채호, 박은식 등이 이 흐름을 대표한다. 다른 하나는 옛 을미의병의 연속선상에서 1907년 이후 의병운동을 재개했던 정통 유림 집단이 국망의 충격으로 기존의 유교 문명론을 변화시켰던 흐름으로서, 류인석 의진 및 국외 '망명 유림'들이 이를 대표한다. 이 두흐름은 이론적으로는 합류할 수 없었지만 1910년 이후 전 민족적 독립운동 전개라는 현실적 상황에서 실천적으로 결합하게 된다. 이를 통해 유교의 정치 이상은 근대 민족주의 정치에서 작동 가능한 가치로 전환될 수 있었다. 이제 1904년부터 1912년까지 유교계의 혁신 움직임과 민족운동 참여의 양상을 박은식과 류인석의 경우를 들어 간략히 살펴보자.

박은식: 유교 혁신에서 독립운동으로

을사늑약 체결 이후 유교인들은 민족 위기 극복을 위한 운동 과정에서 경쟁하며 협력했다. 보수 유림 계열은 고종의 신학문 교육 권유에 호응하여 교육 단체를 만들고 전통 서당을 개량하여 신학문을 함께 가르치기 시작했다.김도형, 1999 박은식, 신채호, 장지연 등 젊은 유교 지식인들은 주로 언론 분야에서 활동하면서 역사 서술과 시사 비평을 통해 대중들에게 애국심을 고취했다. 이들 가운데 일부는 대한자강회大韓自强會, 신민회新民會에 참여하여 기독교 계열의 지식인들과 함께 애국운동 및 독립 준비 활동에 활발하게 참여했다. 비밀 조직이었던 신민회의 외곽 단체였던 서북학회西北學會, 기호흥학회畿湖興學會 등에서도 유교계 지식인의 활동은 주목할 만했다. 통감부의 탄압에도 불구하고, 이들의 노력 덕분에 1909년 무렵에는 인가 받은 신식 학교만 2,232개에 달할 정도로 국민적 호응을 얻기도 했다.신용하, 1987: 369; 《대한매일신보》

1909년 11월 11일 《황성신문》과 《대한매일신보》는 이러한 활동을 지원하고 있었는데, 특히 《황성신문》을 이끈 박은식, 장지연, 류근柳瑾 등은 독립협회에 참여하거나 관심을 가졌던 개명 유교인으로서, 민족 위기 타개를 위해 유교인의 각성을 촉구하는 데 진력했다. 신민회 주축 세력과 겹치는 《대한매일신보》에서는 성균관 출신의 신채호가 활약했다.

공론장에서 이들이 민족의식을 촉발시키기 위해 수행한 노력 가운데 가장 효과적이었던 것은 민족사의 영웅을 재발견하여 국권 수호의 의지를 펼치는 작업이었다. 당시 지식계의 애독서였던 량치차오梁啓超의 『음빙실문집』의 영향하에서 『이태리건국삼걸전』1907을 번역했던 신채호는 그 직후 『을지문덕전』, 『수군제일위인 이순신전』, 『동국거걸 최도통전』을 연속 저술하여, 외세에 맞서 애국과 자강을 촉구했다. 앞선 저술을 연재했던 《대한매일신보》에 50회 연재한 미완의 『독사신론讀史新論』에서는 기존의 기자 정통론과 신라 중심 역사 서술을 비판하여 향후 일제하에 전개될 민족주의 사학의 기초를 다졌다. 박은식이 국망 직후 명림답부, 연개소문, 대조영을 서사화한 것도 같은 맥락이다. 국조 단군 이래의 '종족'적 일체성을 일깨우는 작업을 통해 박은식은 고대 국가 시기에서부터 끊이지 않고 이어지는 민족사의 계승자로서 조선을 설정하였고, 이는 '민족' 개념에 주체상의 동일성을 부여하는 성과를 거뒀다.

물론 이런 전개가 유교에게 유리하지만은 않았다. 유교는 중국에서 건너온 외래 종교였고, 무엇보다도 조선 성리학 전통이 중국 중심의 역사관을 견지했기 때문이었다. 따라서 개명 유교인의 역사 서술 작업은 전통 유교의 역사관을 비판하면서 동시에 유교적 관점을 새로운 민족 관념에 결합시켜야 하는 이중의 과제를 수행해야 했다. 근대적 민족주의를 구성하는 작업에서 기존 역사 서술의 평가를 전복시키면서도 실제로 그것을 이끌어 가는 서사 구조에서 옛 유교의 틀을 활용하는 방식을 택한 것은 그 때문이었다. 이들은 충성의 대상을 왕조에서 민족 또는 국가로 대체하고 정통의 기원을 중국에서 조선으로 대체하면서도, 충성스런 인물을 존중하고 하나의 정통을 강조하는 이야기 틀 자체를 고수했다.[20] 유교의 강한 도덕주의적 서사의 틀이 보존된 바탕에 호국 영웅이라는 등장인물을 새로 편입시키는 이러한 방식은 이후 교육과 언론을 통해 계승되어 오늘날까지도 우리의 역사의식의 기초를 형성하고 있다. 유교적 규범이 여전히 현대 정치 체계와 운동 수준에서 효과적으로 작동하는 이유는 이러한 배경하에서 설명 가능하다.

유교 혁신의 과제와 민족사의 요구를 결합시키는 데 가장 큰 기여를 한 인물은 박은식이다. 그는 젊어서 주자학자로 촉망받

앉으나 40세가 되던 1898년 만민공동회를 지켜보면서 구학과 신학을 겸비한 민족운동가로 변화하여 후반부 생을 조국에 바치게 된다.[21] 이 소절에서는 박은식이 국망 직전에 전개한 유교개혁운동과 국망 직후 독립운동의 이념을 분석하여 그 관련성을 중심으로, 어떻게 유교를 근대적 가치로 전환시켜 독립이라는 현실적 과제를 해결하는 논리로 발전시켰는지를 설명할 것이다.

박은식이 유교 개혁의 관심을 최초로 표명한 글은 황성신문 주필이던 시기의 『학규신론學規新論』이다.[22] 여기서 박은식은 유교가 본래부터 문약한 것이 아니라는 것을 경전을 근거로 밝히고 나서, 근대 교육 기관의 설립과 실질의 학문을 탐구하자고 설득했다. 그때까지 박은식의 입장은 일반론적인 수준이었다. 박은식의 유교 개혁의 핵심 관점은 1909년 《서북학회월보》에 발표한 「유교구신론儒敎求新論」에서 구체화되었다. 그가 '유교 개혁의 3대 문제'로 제시한 것은 다음과 같다. 첫째, 공자의 대동사상大同之義과 맹자의 민본사상民爲重之說에 입각하여, 제왕을 위했던 기존 유교 행태를 고쳐 인민과 사회로 나아가야 한다. 둘째, 학도가 찾아오기를 바라는 소극적 태도에서 탈피하여 직접 학도를 찾아 나서 천하에 전교해야 한다. 셋째, 복잡한 주자학을 버리고 대신 쉽게 핵심에 이르는簡易直截 양명학을 수용해야 한다.「박은식 전서」하권: 47~48 첫 번째 주장에서는 박은식이 공자와 맹자의 본지를 공동체와 민중 지향성에 찾고 있다는 것을 알 수 있고, 나머지 두 주장에서 유교의 종교화를 통한 실천의 필요성을 강조하고 있음을 알 수 있다.

"유교구신론"에서 특히 박은식이 양명학을 강조한 것에 주목해야 하는데, 이는 『대학』 첫 장의 '친민親民'을 '신민新民'으로 해석했던 성리학 전통의 교화주의와 달리 왕양명이 이를 원문 그대로 수용하여 유교인 스스로 민중과 거리를 두지 말아야 한다고 주장한 것을 박은식이 수용했다는 것을 의미한다. 박은식은 청년기에 이미 성리학의 대요를 파악했지만 이후 성리학을 통한 개혁 가능성에 회의감을 느끼고 있었다. 그러던 중 독립협회와 만민공동회를 지켜보면서 박은식은 비로소 유교계의 새로운 변화가 오직 '민'을 통해서만 가능하다고 확신하게 되었고, 뒤늦게 이를 양명학 전통에서 찾아 수용한 것이다. 물론 이때 '민'은 시민과 민족을 포괄한 것이다. 자발성의 측면에서는 시민이었고, 주체성의 측면에서는 민족이었다.[23] 박은식의 양명학 수용은 유교 내에서 유교를 개혁하기 위한 과제를 수행하기 위한 것이었다. 대동과 민 중심의 유교 해석을 통해 박은식은 유교의 이상이 근대의 위기를 극복하는 데 가장 훌륭한 가르침이라고 재확인할 수 있었다.「宗敎說」, 『박은식 전서』 중권: 415[24] 양명학이 일본의 물질상의 근대화에 기여했다는 당시 일본측의 생각을 박은식 또한 참고했지만, 박은식의 강조점은 그들과는 딴판이었다. 공리주의에 기초한 물질상의 근대화에 반대하기 위해 양명학의 순수 도덕의식을 받아들이려 했다는 것은 박은식이 일본양명학회 주간에게 보낸 편지에서도 확인된다.「日本陽明學會主幹에게」, 『박은식 전서』 하권: 237~238 박은식은 유교 개혁이 양명학에 의거해야 하는 이유를 당시 세계의 학술이 이익만을 추구하는 것을 경계하고 대신 도덕과 인륜을 밝히고 유지하기 위해서라고 분명히 밝히고 있다.

도덕적 앎과 사회개혁이 밀접한 관련을 맺는다는 전제에서, 박은식이 공자의 정치 이상에서 대동 개념을 핵심으로 파악하고 이를 유교 정치운동으로 발전시킨 것은 당연한 귀결이다. 1909년 일본 통감부는 거세게 저항하던 유림을 회유하기 위해 옛 동도서기파의 영수인 신기선을 내세워 '대동학회大東學會'를 결성시켰다. 이에 맞서 박은식은 이범규, 장지연, 조완구 등과 함께 '대동교大同敎'를 창립했다.유준기, 1994: 93~100 대동교 창립의 의의는 크게 두 가지로 나누어 살펴 볼 수 있다. 첫째, 박은식의 대동교는 이후 이병헌, 이승희 등에 의해 발전하는 유교 종교화 운동과 이를 통한 독립운동 모색의 시발점이 되었다. 둘째, 대동교는 독립운동이라는 민족사의 임무를 수행할 뿐만 아니라 이욕에 물든 세계 문명 전체를 교화하려는 보편사적 운동의 출발점이기도 했다. 맹자 이후 끊어진 유교의 법통을 잇기 위해 대동교는, 맹자의

'차마 하지 않을 수 없는 마음不忍人之心'의 예에서 보듯, 천지만물 일체와 감통하여 사사로움과 물욕에 가려진 마음과 몸의 가지런함을 회복할 때 "천하인이 함께 인에 돌아가 태평의 복락을 누린다"는 것을 으뜸 교시로 삼았다.[25]

하지만 이러한 유교 혁신의 생각은 1910년 국망과 함께 불가능해졌다. 곧이어 신민회 회원들이 체포되면서 국내 활동이 불가능해진 박은식은 1911년 3월 만주로 망명하여 훗날 대종교大倧敎 3세 교주가 되는 윤세복尹世復의 집에 머물며 한민족의 역사 저술에 주력하게 된다.이극로, 1989[1936]: 243~244 약 1년간 박은식은 「몽배금태조」, 「천개소문전」 등 주로 한국 고대의 역사를 정리하면서 민족정신을 더욱 강조했다. 연보에 보이는 그의 탄식에서 그가 이때 최초로 국혼國魂의 중요성을 깨닫는 것을 알 수 있다.[26] 여기에 머물지 않고 박은식은 신해혁명 이후 중국의 근대 민족운동의 발전을 지켜봤고, 1912년에는 신규식申圭植과 함께 상하이에 '동제사同濟社'를 결성하여 유교 계열의 독립운동가들을 이끌어 나갔다.김희곤, 1985 당시 동제사 활동에는 이들 외에도 신채호, 조소앙趙素昻, 문일평文一平, 조성환曺成煥, 장건상張建相, 조동호趙東祜 등의 유교大倧敎 계열 지사들이 참여했다. 특히 홍명희洪命憙, 정인보 등의 젊은 한학 세대들까지 이에 참여하여, 유교 개혁과 독립이 하나의 과제라는 선배 세대의 생각을 계승할 수 있었다. 동제사 활동을 통해 성장한 젊은 세대들은 1918년 신한청년당을 조직하여 대한민국임시정부 수립과 활동에도 크게 기여했다.

이미 노년에 이른 박은식은 이제 근대 이후의 역사와 운동사를 정리하는 작업을 수행하여, 『한국통사』1915와 『한국독립운동지혈사』1920를 지었다. 『한국통사』는 1864년부터 1911년까지의 독립투쟁을 다룬 최초의 근대 역사서로서, 민족의 '지통심知痛心'을 '혈투'로 전환시키려는 의도가 잘 드러나 있다. 『한국독립운동지혈사』는 근대사와 독립운동사를 체계화하려는 목적하에 특히 하편에서 3·1운동을 혁명 지향의 시각에서 정리했다. 이를 통해 그의 근대적 민중관이 확고해졌음을 알 수 있다. 동학의 비합리적 측면을 비판하던 예전의 태도와는 달리 동학과 그 발전으로서의 천도교가 가진 종교성과 민중성을 객관적으로 평가하기도 했다. 특히 주목할 만한 것은 의병 활동에 대한 높은 평가이다. "의병은 민군이니, 국가가 위급하매 의로써 일어나 조정의 징집을 기다리지 않고 종군하는 성난 사람"『박은식 전서』 상권: 465으로 정의하고, 의병전쟁의 마지막 모습까지 장엄하게 묘사하는 데에서, 이제 박은식이 위정척사파의 전통 지향적 저항 의식까지 수용할 정도로 성숙해졌음을 알 수 있다.

독립운동의 리더로서 또 민족주의 사가로서 박은식은 불가피하게 유교 혁신에 대한 논의를 더 이상 발전시키지 않았다. 박은식은 국권 회복이라는 구체적 목표를 향해 개인이건 집단이건 이념과 파벌의 차이를 넘어서 '대동단결'할 것을 촉구했다.「박은식 전서」하권: 189~193; 「정부와 우리 민족의 관계」,《독립신문》 1925년 3월 23일 임종을 맞아 안공근安恭根, 안중근의 동생에게 받아 적게 한 유촉에서 박은식은 독립운동이 우리 민족 전체의 "공공사업"이므로 이를 위해 전민족이 애증과 친소의 구별을 넘어 먼저 통일되어야 한다고 강조했다.「박은식 전서」하권: 202~203; 「백암선생의 유촉」,《독립신문》, 1925년 11월 11일 당시 임시정부의 분열상을 경계하고 통합을 촉구하기 위한 유언이었다. "사적 개인의 교분이나 감정관계를 일체 돌아보지 않는", 곧 대공무사大公無私의 정신만이 국권 회복의 길이라는 박은식의 유촉을 통해 저항 민족주의가 여전히 전통 유교의 언어를 필요로 하고 있다는 것을 알 수 있다.

류인석: 중화에서 민족으로

구한말의 의병전쟁은 1895년부터 1910년대 초반까지 지속성과 강도 그리고 참여자의 규모에서 가장 대표적인 구국운동이다. 의병전쟁의 지도자들은 대체로 옛 위정척사 계열의 유림이었고, 이들의 지도 이념은 중화주의에 기초한 유교 보편주의였다. 정치학에서 구한말의 의병전쟁의 이념을 근대 민족주의와 구별하여 '전통 민족주의'로 해석하고,이정식, 1982: 120 사회학에서 최익현,

류인석 의병과 곽종석의 파리장서운동으로 이어지는 리理 중심의 유학사를 '전통주의'로 해석하는 것정재식, 1991: 256~268; 2004: 39~40 이 설득력을 갖는 이유이다. 따라서 의병전쟁의 민족주의적 성격은 사후적일 뿐 당시에는 중화주의에 기초한 종교 전쟁이었다고 볼 수 있다. 그런데 이러한 해석은 의병전쟁의 막바지 시기에서 의병 지도 진영이 근대적 민족 개념을 수용한 것을 설명하지 못한다. 이 소절에서는 구한말 의병운동의 대표자인 류인석이 국외 망명 독립운동 세력을 지도하면서 정세의 변화에 따라 근대적 민족주의의 논리를 수용하게 되는 과정을 분석하고자 한다.

류인석은 1842년 춘천에서 태어나 13세부터 화서학파에 입문하여 수학했다. 1868년에 이항로가 별세한 이후, 화서학파의 두 거목인 김평묵金平黙과 류중교柳重教에게 수학하여 화서학파의 마지막 적통을 잇는 인물로 성장하기 시작했다. 1876년 강화도조약 체결에 반대하는 상소를 시작으로 척화운동을 본격화했다. 1895년 을미사변과 단발령 이후 문인들과 거병을 논의하고 마침내 1896년 2월 창의하여 충북 북부와 강원 지역의 의병을 지휘했다. 1907년 재차 거병하여 이후 러시아 지역으로 활동 무대를 옮겨 항쟁을 계속하다가 1915년 중국에서 별세했다. 독립운동을 지휘하면서도 유학 연구와 교육을 병행하여 『소의신편』, 『우주문답』 등 많은 저술을 남겼고, 문인들이 유고를 모아 54권 29책으로 『의암집』을 간행했다.

류인석은 위정척사 노선을 고수하면서도 현실화된 민족의 위기 앞에서 옛 노선과 사상을 창조적으로 변화시켜야 하는 어려운 과제를 수행해야 했다. 그동안 류인석에 대한 평가는 일제에 맞선 그의 노선의 선명성과 투쟁의 강력함을 언급하면서도 여전히 중국 중심의 유교적 세계관을 고수하여 근대적 민족의식이 부재했다고 지적하는 것이 일반적이다. 실제로 그의 문집을 일관하는 '사상'은 독립운동의 흐름에서는 거의 외톨이에 가까운 보수적 전통주의였다. 그럼에도 불구하고 국망 전후 가장 강력했던 러시아 연해주 지역의 독립운동을 '지도'할 수 있었던 이유는 무엇인가? 이를 이범윤 등 전통 양반 출신의 충군애국 세력이 그 지역에 많았다는 이유만으로 설명할 수는 없다. 근왕적 복벽론자만큼이나 다른 성격의 세력도 다수 존재했기 때문이다. 결국 류인석의 지도가 가능했던 이유는 그의 사상과 노선이 완고한 척사론을 극복하고 이를 통해 연해주 독립운동가들에게 설득력이 높은 설명 체계를 제시했기 때문이었다고 해석하는 것이 타당할 것이다.

류인석의 변화가 감지되는 것은 1905년 국망의 전 단계인 을사늑약 체결 시기였다. 제2차 망명인 연해주로의 이동1908 과정에서 류인석은 과거 의병운동의 논리만으로는 더 이상 해외 항일운동을 지도할 수 없다는 것을 깨달았다. 항일 투쟁은 변화된 정세에 대한 투철한 인식을 바탕으로 모든 백성을 아우르는 새로운 논리를 필요로 했다. 1907년 옛 독립협회 운동 세력과 개명 유교인들의 결합으로 형성된 신민회가 국외 독립운동 기지 건설을 추진했던 바로 그 시기에 류인석 역시 연해주에 의병 근거지를 마련할 계획을 세우고 실행에 옮겼다. 최재형과 이범윤의 두 세력을 중심으로 1908년 국내 진공 작전을 펼칠 만큼 연해주 독립운동 세력의 군세는 강했다. 안중근의 참전이 이뤄졌던 것도 그때였다. 하지만 류인석이 도착할 무렵에는 진공작전의 패배에 따른 노선 갈등으로 진영은 이미 사분오열되어 있었다. 류인석은 연해주와 북간도 일대를 모두 포괄하는 항일 의병을 규합하여 13도 의군을 조직하고 도총재로서 지휘했다. 비록 1910년 국망과 함께 실질적인 군대 기능을 수행하지 못했지만, 13도 의군의 조직은 직후 성명회聲明會로 이어지고, 1914년 대한광복군 정부 성립의 기반이 되었다.

국망 전후 국외 독립운동을 대표하게 된 류인석에게 필요한 것은 유교를 근대적 민족 관념과 결합시키는 작업이었을 것이다.윤대식, 2002 척사 유림의 저항성을 보존하면서 동시에 유교 이상의 근대적 혁신과 독립운동을 연결시키는 과제를 수행하기 위한 류인석의 유교 관념 혁신을 이 책은 그가 1913년 저술한 『우주문답宇宙問答』에서 찾아 제시하고자 한다. 질문과 답변의 형식으로 간결하게 구성된 이 책의 전반적인 논리는 여전히 화서학파의 위정척사 사상에 기초해 있는 것처럼 보인다. 하지만 시대가 달라지면 '질문' 자체도 달라질 수밖에 없다. 『우주문답』작성 직전의 새로운 사건은 크게 두 가지이다. 하나는 중국에서 신해혁명이 일어나 만주족 지배가 끝나고 한족에 의한 새 국가 건설 과정이 시작되었다는 사건이고, 다른 하나는 소중화인 조선이 양이화한 일본에 의해 멸망한 사건이다. 이러한 질문이 추가되면 반드시 그에 대한 답변도 달라져야 한다. 류인석은 논리 자체의 변화가 아니라 논리를 담아내는 그릇인 서사의 틀을 바꾸는 방식으로 전통과 근대를 결합시켰다. 화서학파의 유교 이상은 바꿀 수 없는 논리이다. 그런데 그 논리는 반드시 특정한 이야기 구조를 통해서만 표현될 수 있다. 류인석은 유교 이상을 전달하는 이야기 틀을 다듬고 확대하여 그 안에서 유교 이상이 근대적 이상들과 자연스럽게 결합하게끔 시도했다. '문답'이라는 저술 형식도 그것을 가능하게 하는 데 도움이 되었다. 이제 그 세부를 들여다보자.

첫째, 류인석은 조선의 국망과 중국의 신해혁명을 설명하기 위해 기존의 화서학파 서사를 재구성했다. 우선, 신해혁명 이후 새 중국 건설이라는 역사 전개를 설명하기 위해 조선과 중국의 지위를 재설정했다. 본래 중화론에 따르면, 신해혁명을 통해 만주족 지배를 물리친 한족은 이제 다시 중화의 중심이 되어야 했다. 그런데 오랫동안 오랑캐의 지배에 시달려 중국은 중화의 빛을 잃었다. 다음, 중국과 조선을 중화문명으로 규정하고 일본을 오랑캐로 규정하던 이원론이 폐기되고, 이제 동아시아라는 하나의 문화적 범주 안에 삼국을 하나로 묶어 논의하는 파격이 가능해졌다. 중화의 요소가 변화하자 중화를 뒷받침하던 신성불가침의 화려한 수식어는 이제 빛을 잃기 시작했다. 중국의 중화는 과거에 끝났고 중화를 회복하는 것은 미래의 일이다. 따라서 현실의 중국은 그들 대신 소중화로서 중화의 전통을 지켜온 조선을 존중해야만 한다. 규범적으로는 중국이 조선의 대종이지만 현실적으로는 조선이 대등하게 중국에게 지도와 권고를 할 수 있게 된 것이다. 이러한 태도는 과거 위정척사파에서는 찾아볼 수 없었던, 대등한 관계의 인식에서 비롯된다.[27] 이 과정에서 류인석은 기존 중화론의 논리를 지키면서 조선의 자주성을 주장할 수 있게 되었다.

둘째, 류인석은 기존의 '의' 중심의 역사 관념을 유지하면서도 현실 분석에 필요한 '이익'의 관념을 수용했다. 본래 유교 역사관의 핵심은 춘추대의로 표상되는 '의義의 실현'에 있다. 공자가 『춘추』를 편찬하면서 노나라의 역사를 기록한 연대기의 틀 안에 은

밀하게 자신의 역사적 정의의 관념을 담았다微言大義는 맹자의 해석을 기초로, 유교에서는 명분名分에 기초해 정통과 이단을 나누고 구체적인 정치에 필요한 훼예포폄의 원리를 도출했다. 춘추대의의 관념은 실제 역사 서술에서도 다양하게 활용되었다. 화서학파의 경우는 송시열의 해석을 따라 '존주尊周'를 대의로 해석하여 조선중화론의 적용 논리를 완성했다. 춘추대의론이 대전제였다면, 조선중화론은 구체적 원칙이었다. 조선 후기 북벌론의 서사를 예로 들자면, 춘추대의를 이상으로 삼아 조선중화론을 원칙으로 도출하여 청에 대한 '복수설치復讐雪恥'복수하여 수치를 씻어냄를 행동 지침으로 확립했다. 조선 말기 을미의병의 서사에서 대전제와 원칙은 그대로였고, 다만 복수설치의 대상이 국모시해범인 일본과 단발령 시행 주축인 개화파로 변화했을 뿐이다. 그런데 실제 국망을 겪은 1910년의 시점에서 세계 정세는 더 이상 춘추대의론으로 설명하기 어려울 만큼 변화했다. 류인석은 변화된 세계에서 유교 전통의 의 중심의 인식 틀 안에서 국가의 힘과 백성의 복리라는 이익의 관점을 수용할 수 있는 새로운 인식을 발전시켰다.[28] 새롭게 등장하는 이익의 관점은 또한 동양삼국의 미래 관계를 설정하는 연대의 테마를 강화하는 데로도 나아갔다. 여전히 류인석은 화이론적 질서관을 바탕으로, 중국은 문명의 중심답게 올바름과 강함을 얻고得正得强, 조선은 한 집안처럼 정을 두텁게 쌓고, 일본에 대한 오랜 혐의를 풀고 화목하게 지내야 한 다고 권고한다. 그런데 이를 뒷받침하는 근거는 복수와 설치의 언어가 아니라 서로의 이익에 대한 현실적 존중과 그 이익 추구 가 삼국 모두의 이익으로 나아가야 한다는 방향 제시에 있다.[29]

셋째, 류인석은 기존 유교 서사에서 간과되었던 '단군'을 수용 하고 '기자'를 적극적으로 배치하여 화서학파의 오랜 문화적 정 통의식을 대표하는 소중화론을 내부에서 변형시켰다. 기존의 류 인석에 대한 연구는 그의 단군 수용을 중요시하지 않았다. 왜냐 하면 『우주문답』에서 드러나는 류인석의 단군 평가가 표면상으 로는 매우 소극적이었고, 오히려 당시 대종교의 성립과 함께 갑 작스레 이슈화되었던 단군 숭배 열풍을 비판하고 있기 때문이 다. 그런데 이러한 읽기 방식으로는 류인석의 단군 수용의 의미 와 그것이 서사담화의 변화에 미친 영향을 전혀 읽어낼 수 없다. 류인석의 행적에서 단군이 중요한 인물로 최초로 등장한 것은 1901년 무렵이었다. 1차 망명 후 귀국하여 평안도와 황해도 일대 에서 강학하며 동지를 규합하던 중 단군 사적에 대해 견문한 것 이 계기였다. 당시 류인석은 묘향산에서 단군 제사를 지내며 고 유문을 썼다. 단군을 우리나라의 시조로 높이고 유교의 이상적 인물인 요 임금과 동격으로 평가했다.[30] 물론 이때까지만 해도 단군의 존재는 화서학파를 계승한 류인석에게서 그리 중요한 것은 아니었다. 그런데 마침내 국망 이후 『우주문답』에서 류인석은 기자와 함께 단군을 병치시켰다. 단군은 조선을 건국한 사건의 중심인물이고, 기자는 조선에 홍범구주를 전수한 사건의 중심인물이다. 두 사람이 각각 민족과 종교의 중심인물이 되면서 사건 역시 별개의 것이 되고, 이것이 소중화의 연원이라는 하나의 스토리로 엮어진 것이다. 그 결과 이제 조선과 중국은 대등한 관계라는 점이 보증되는 것이다. 류인석은 단군-기자 병치 서술을 통해서 민족과 종교를 적절히 분리하여 당시 정세에 대응하는 논리를 전개할 수 있었다. 이를 통해 현세와의 긴장감을 갖게 되면서, 비로소 유교는 새로운 위상으로 민족의 위기에 '개입'할 수 있게 된 것이다.

조선 유교의 마지막 모습: 신전통주의와 전통주의의 만남

유교 민족주의의 구도에서 박은식과 류인석은 각각 신전통주의와 전통주의의 두 흐름을 대표한다. 이 두 흐름은 1907년의 시점까지 만나지 못한 채, 제 길만을 걷고 있었다. 박은식과 개신 유교 계열이 조금 먼저 근대 민족주의를 수용했고, 류인석과 정통 유림 계열은 국망 전후 비로소 근대 민족주의를 수용했다. 순서의 차이만 있을 뿐, 국망 시점에서 유교계는 제국주의 일본이라는 현실적 위협과 대결하면서 기존의 완고했던 위정척사론의 인식 틀에서 벗어나기 시작했다. 그 결과 이들을 포함하여 유교계의 다양한 분파는 각자의 방식으로 민족운동에 활발하게 참여하게 되었다.

과거 독립협회 활동을 지켜보던 젊은 관료들과 개혁적 유교인들은 자연스럽게 각종 사회·교육 단체에서 활동하며 구한말 민족운동의 주체로 성장했다. 정통 유림의 경우에도 대표적인 가문들이 고종의 칙유에 따라 애국계몽운동에 참여하면서 발전시킨 사회의식을 통해 독립운동에 참여하거나 전통 폐습을 극복하는 진보적 사회운동 세력으로 성장했다. 그리고 이들은 마침내 국외 독립운동기지 건설이라는 목표에서 만났다. 신민회에 참여한 이회영과 국망 후 그 일가의 망명, 영남의 이상룡, 김동삼, 류인식의 독립운동과 혁신 유림 건설은 그 대표적인 보기이다. 그 밖에도 국망 전후에 수많은 유림 출신 인사들이 국경을 넘어 만주에서 독립운동에 참여했다.

그런데 역설적으로, 이러한 유교의 민족주의적 변화를 가능하게 한 요인 가운데에는 옛 위정척사파의 논리가 있었다. 이들의 보편주의적 문화론이 갖는 '종교적 책임 의식'이 갖는 강한 저항성은 국망 전후의 위기를 겪으며 내용상 혁신을 통해 민족주의 논리를 수용하게 되었다. 유교의 보편주의적 정치 이상에서 볼 때, 민족국가의 존재는 인간다움을 실현할 수 있는 최소한의 정치적 조건에 해당한다. 천도天道의 무無역사성 대신에 일제 지배라는 현실을 부정성으로 인식하게 하기 때문이다. 이들의 지향성은 서구 근대의 공리주의와 그 정치적 귀결인 제국주의 질서와는 절대로 타협할 수 없었지만, 대신 서구 근대 문명의 또 다른 측면인 도덕적 개인과 사회 관념 그리고 그 귀결인 평화주의적 세계관과는 논리적 친화력이 있었다. '만국공법'의 존재가 조선 유교계에 제국주의 비판 논리로 수용된 것이 그 보기이다. 20세기 이후 능동적으로 서구 사회사상에 대한 이해를 높이면서 유교인들은 서구인이 금수처럼 이익만을 추구하는 것이 아니라 민권사상에 기초한 나름의 윤리 질서를 발전시켰다는 것을 진실로 자각하게 되었다. 배타성과 반민중성을 극복한 보수 유림은 자연스럽게 근대 민족운동으로 나아가게 되었다. 1919년의 3·1 운동 참여와 뒤 이은 파리장서운동은 그러한 자각이 주리파의 정통 도학자들에게까지 광범위하게 확산되었음을 보여 주는 사례이다.남부희, 1994: 232~239 국망 직후까지 대세를 이루던 복벽론을 넘어서는 데는 조금 더 시간이 걸렸지만, 그것마저도 1910년대 말에 이르면 거의 해소되고 유교계도 광복 후 수립될 민족국가의 정체로 공화제를 수용할 만큼 변화했다.

4

일제하 유교계의 독립운동

　1910년 국망과 더불어 국가종교로서의 유교는 명맥을 다했다. 하지만 전국에 산재된 유림은 일제의 지배에 비협조적이었고, 일부는 여전히 복벽을 꿈꾸면서 저항을 계속했다. 유교가 식민지 조선 사회에 미치는 영향력을 잘 알고 있었기에, 일제는 유림을 자극하지 않으면서 통제하기 위해 다양한 시도를 벌였다. 성균관을 경학원으로 개칭하고 친일 유림을 포진시켜 일제가 유교를 존중한다는 모습을 보여 준 것이 대표적인 지배 방법이었다. 일본 스스로는 이미 서구식의 근대 민법 체계를 적용했지만, 식민지 조선의 민법특히 가족 관련법에는 조선의 특성을 감안한다면서 옛 조선 관습법을 적용하는 방식으로 유림의 반발을 사전에 막았다. 그러면서도 지방의 향교와 서원의 교육을 인정하지 않는 방법을 통해, 유림 후속 세대가 형성되는 것을 막아 유교 저항 세력이 자연스럽게 소멸되도록 유도했다. 유교에 대한 적극적 비판은 오히려 식민지 조선의 젊은 지식인들이 담당했다.

1900~10년대 조선 지식계는 조선을 약화시킨 원인을 유교에서 찾았고, 이를 앞장서서 타파해야 할 구관습의 핵심으로 지목했다. 구한말의 자강운동을 계승한 1910년대의 '실력 양성론'과 '구사상·구관습 개혁론' 역시 마찬가지였다. 근대적 공론장에서 유교가 비판받고 있는 동안, 유교계는 그런 흐름을 외면한 채 가족과 문중의 사적 영역으로 퇴거했다. 그러나 정통 유림은 각각의 방식으로 국외 독립운동 세력과 연결하면서 때를 기다리고 있었다. 애국계몽기 신교육 경험을 통해 정통 유림들도 세계의 변화에 익숙해지면서 세계 질서를 객관적으로 인식하기 시작했다. 그런 숨은 노력들은 1919년 이후 유교계가 독립운동과 사회운동에 적극적으로 참여하는 계기를 마련했다. 이 장에서는, 먼저 국망 이후 유교계의 동향을 검토하고, 이어 유교계의 독립운동을 파리장서운동 중심으로 서술하며, 마지막으로 정인보의 사상을 분석하여 일제하에 완결된 유교개혁론의 논리를 평가할 것이다.

1. 일제의 지배 논리와 유교계의 상황

청년 지식인의 유교 망국론

1910년 조선을 강제로 병합한 일본은 총독부를 앞세워 무단통치를 자행했다. 식민화 이후 10년간 어떠한 정치적 권리도 보장받지 못한 조선인들은 사회 모든 분야에서 차별을 감내해야 했다. 1911년 '105인 사건'으로 신민회 조직이 붕괴되고 1913년을 끝으로 의병전쟁마저 소멸하면서 조선에서는 더 이상 공개적인 독립운동이 전개될 수 없었다. 조선 청년들은 제국 일본에 유학하여 근대적 학문을 배웠고 이중 다수가 식민 상황을 끝내기 위한 민족의 실력 양성 방법에 대해 고민했다. 그 와중에 이들은 조선이 식민지로 전락한 원인을 조선 유교에서 찾기 시작했다.

청년 세대의 이러한 인식은 조선의 쇠락과 관련할 때 전적으로 옳지만 조선의 망국과 관련해서까지 이들의 주장을 수용하기는 어렵다. 유교망국론의 기본 얼개는 우승열패론에 있는데, 이는 제국의 식민지 점령을 정당화하는 논리였기 때문이다. 국망 전후 의병전쟁에 크게 시달리면서 유교의 저항성을 확인했던 일본에게 청년 세대의 유교망국론은 식민지배 체제에 위협이 되지 않으면서도 보수 유림의 잠재적 저항 의식을 허물 수 있는 담론상의 기회를 제공했다. 무력만으로는 식민 지배가 어려우므로 총독부는 지배를 문화적으로 정당화해야 했는데, 가장 손쉬운 논리는 앞선 일본이 뒤처진 조선을 돕기 위해 잠시 지배한다는 것이다. 이를 위해 동원한 것이 '문명 대 야만'의 담론이다.

이미 청일전쟁 시기부터 발전한 일제의 식민 지배 이데올로기는 당시 제국주의의 '일반' 논리와 일본/한국과의 역사적 관계에 기초한 '특수' 논리의 이중 구조로 이루어져 있다. 큰 틀의 일반 논리에서는 사회진화론에 기초한 문명론의 시각에서 일본이 청일전쟁을 '문명 대 야만'의 전쟁으로 표상했던 방식으로, 또 오키나와, 타이완, 아이누에서 그러했듯이, 조선을 야만으로 표상한다. 이는 우월한 문명에 의한 식민 지배를 정당화한다.

그런데 조선과 일본의 역사적 관계는 오키나와와 타이완의 경우와는 다르다. 조선은 오랫동안 우월하거나 동등한 입장에서 일본에 발전된 문화를 전수해 주는 위치에 있었기 때문에, 역으로 현재 앞선 일본의 문명을 통해 야만으로 전락한 조선을 보호할 의무로 식민 지배를 정당화해야 했다.정병호, 2008 강제 병합 전후의 일본 측의 조선 지배 이데올로기는 바로 이러한 이중적 논리를 식민지인에게 정당화하는 구조를 갖추고 있었다. 강점 직전의 일본인 잡지 《조선朝鮮》에 나타난 서술을 직접 보자.

우리들은 한산韓山을 장식하는 데 문명으로 하며, 한국인을 이끄는 데 인도人道로 함과 동시에 한팔도韓八道에 야마토 민족의 증식과 팽창과 발전을 도모하며 개나 돼지처럼 된 한반도를 아름다운 신일본화함을 이상으로 하며 주의主義로 한다.《朝鮮》, 1908년 9월 1일; 정병호,

2008: 414~415 재인용.

이 글 전체에서 일본은 문명, 개화, 위생, 선, 아름다움, 진실, 근면 등의 언어로 묘사되고, 반면에 조선은 야만, 미개, 불결, 불선破廉恥, 추함, 거짓, 게으름 등으로 그려졌다. 사회진화론에 기초한 이러한 이항대립 코드는 그 밖의 일본 측 담론에서도 자주 등장한다. 적어도 1880년대 이후 사회진화론을 수용하여 근대화를 추진했던 조선 지식계의 상황을 고려해 볼 때, 이러한 일본의 문명 담론은 무력에 의한 강압적인 지배보다 훨씬 효과적으로 식민 지배를 정당화하는 기능을 수행했다. 문명-야만 코드는 총독부 기관지 성격의 《매일신보》사설을 통해 계속해서 되풀이되었다. 물론 내지內地, 곧 일본와의 동화야말로 조선 민족이 살 길이라는 총독부의 논리가 진심은 아니다. 모든 제국은 식민지인이 제국인과 완전히 동화되는 것에 대해 두려움을 갖고 있다. 일제의 동화주의 역시 이데올로기로만 존재할 뿐, 실제 정책은 억압과 차별에 중점을 두었다. 억압을 몸으로 감수해야 하는 식민지 대중에게 의외로 동화주의가 효과적으로 작동한 까닭은 과거 조

선시대를 관통했던 유교라는 중심 가치가 사라져 정신적 공백 상태에 있었기 때문이다. 그런 상황에서 총독부는 말할 것도 없거니와 조선 지식계까지 나서서 망국의 책임을 유교에 돌리게 되자 대중들은 유교망국론을 근거 있게 수용하기 시작했다.

그런데 일본의 문명-야만 코드에서 유교의 문제는 사실 복잡하다. 조선시대까지만 해도 일본은 조선 성리학의 영향을 받았다. 따라서 현재의 상태를 정당화하는 문명-야만 코드에서 조선 유교 문화의 우월함은 매우 거추장스러운 요소였다. 식민 지배자들은 이 역사적 관계에 대해 일반론 수준의 해명밖에 할 수 없었다. 이 부족한 부분을 충족시켜 준 것은 뜻밖에도 조선 내부의 자성론이었다. 애국계몽기의 자강론을 계승한 1910년대 조선 지식계는 조선을 약화시킨 원인을 유교에서 찾고, 이를 앞장서서 타파해야 할 구관습의 핵심으로 지목했다. 조선-일본 관계에서 유일한 우월적 요소였던 유교 문명의 소종주라는 조선의 자부심이 지식계에서 부정당하게 된 것이다.

1910년대의 '실력양성론'과 '구사상·구관습 개혁론'의 상황 인식은 모두 유교 전통에 대한 부정적 평가에 있었다. 현상윤玄相允, 송진우宋鎭禹 같은 신세대 일본 유학파 지식인이 실력 양성을 통한 독립이라는 목표를 설정했다고 하더라도, 대중의 인식에서는 이들의 운동 노선을 표현하는 서사와 일본의 지배 담론 사이의 차별성을 찾기가 쉽지 않았다. 다시 말해, 일본을 따라잡으려는 조선인의 자성과 노력조차도 엄연히 '문명과 야만'이라는 코드 안에서 해소될 수밖에 없다. 조선인의 실력 양성 과제가 일본을 닮아갈 때 비로소 가능하다면, 실력 양성은 독립을 목표로 하면서 동시에 유예하는 자가당착에 빠지게 된다. 따라서 유교망국론은 의도하지 않게 일본 식민지 정책을 정당화하는 논리가 되었다고 평가할 수 있다.

일본의 유교 정책과 국내 유교계의 동향

일본 지배 정책의 성패는 얼마 전까지 조선 그 자체였던 유림 사회 장악에 달려 있었다. 일제의 유교 정책은 크게 두 가지 방향으로 진행되었다. 하나는 가혹한 탄압 정책으로, 일제는 병탄 이후에도 지속된 의병전쟁을 참혹하게 진압하고 참여자들을 살해하는 야만성을 보였다. 이를 지켜본 향촌 사회의 유림들은 공포에 사로잡혀 한동안 저항할 엄두를 내지 못했다. 다른 하나는 포섭 정책으로, 일제는 대한제국의 관료와 유림 명망가들에게 작위를 내리고 친일화된 유교 기관과 단체에 묶어 두었다. 이제 일제의 유교 친일화 정책을 중심으로 1910년대 유교계의 상황을 검토해 보자.

일제는 병탄 이듬해인 1911년 성균관을 경학원으로 격하시키고 친일파 인사를 배치하여 관리하기 시작했다. 1911년 경학원의 대제학은 박제순朴齊純, 부제학은 이용직李容稙 등이 임명되었는데, 박제순은 이완용과 함께 이른바 한일합방조약의 가장 큰 '공로자'였고, 이용직은 구한말 유림 친일화를 이끈 대동학회大東學會의 후신인 공자교회孔子敎會, 1909의 회장이었던 인물이다. 경학원이 발간한 《경학원잡지》에 그들의 친일 행위가 모두 전한다. 경학원은 옛 성균관의 문묘 제사 기능을 물려받고 교육 기능은 사실상 폐기했다.「성균관대학교육백년사—천」; 256~258 대신 경학원은 총독부 관리와 일인 학자 그리고 이완용 등을 강사로 내세운 강연회를 열어 일제 지배에 충성하는 것이 유교인의 책무라고 선전했다. 또한 '향교재산관리규정'을 통해 향교 재산의 수입을 각 지방 군청의 학무계 관리하에 두는 방식으로 지방 유림을 통제하기도 했다.268 그 밖에 형식상 총독의 자문 기관인 중추원을 두어 친일 유림 인사들을 참의로 임명하여 관리했는데, 이들 다수가 경학원 임원들과 겹친다. 일제의 유림 친일화는 유림 개인에 대한 매수 공작을 통해서도 진행되었다. 양반 유력자 76명에게 작위와 합방은사금을 주었고, 1만 2,115명의 유림 유생에게는 상치은금尚齒恩金의 명목으로 30만 원의 거금을 교부했다.이명화, 1993: 89

이들 가운데 일부는 민족적 양심이 아예 사라지지는 않아 일제에 소극적이나마 저항하기도 했다. 1916년 이후 경학원 대제학

에 임명된 김윤식金允植과 부제학에 유임된 이용직은 1919년 3·1
운동 전개 20여 일 후인 3월 26일, 27일에 일본 내각총리와 조선
총독에게 조선의 독립을 요청한 편지, 곧 '독립청원서'를 발송했
다가 체포되었다. 이 청원서에는 김윤식의 진일보한 민중관이
드러난다는 평가도 있다.최우석, 2011 한편 김윤식의 독립청원서를
통한 저항은 비슷한 배경의 개신 유림 원로 김가진金嘉鎭의 의친
왕 망명 시도와 김가진 자신의 상해 망명에 영향을 미쳤다. 이를
통해 소극적인 방식의 친일 유림화 정책이 실패로 돌아간 것을
확인한 일제는 1920년대부터 적극적인 친일화 정책을 펼치기 시
작했다. 대동사문회 등 친일 유교 단체들을 결성하고 이들에게
재정을 지원하여 앞장서서 내선융화 정책에 호응하도록 유도한
것이 대표적 보기이다.유준기, 2001

1910년대 유교계의 독립운동과 독립의군부

대한제국의 강제 합병 전후로 일제는 가장 강력한 저항 집단인
유교계의 의병 세력을 물리치기 위해 이른바 '남한폭도대토벌작
전'을 수행했다. 의병들의 목숨을 건 저항도 일제의 무력 앞에서
는 성과를 거두지 못했고, 작은 저항이 지속된 '말기 의병'을 제
외하면 의병전쟁은 1911~13년 사이에 사실상 종식되었다. 하지
만 의병전쟁은 그 참여자와 그 후속 세대들이 그 투쟁의 열혈성

과 비극을 기억하여 새로운 방식의 투쟁을 준비하도록 이끌었다. 1910년대 중반 이후 유교계의 독립운동은 비밀결사 형식의 의혈투쟁으로 전개되었다.박걸순, 2013 호서 지역에서는 복벽을 지향하는 정통 유림 계열의 독립의군부獨立義軍府가 비밀리에 활동했고, 영남 지역에서는 의병 후속 세대와 개신 유교 계열이 함께 참여한 광복단과 조선국권회복단의 의혈투쟁이 진행되었다.

독립의군부는 1912년 9월 고종 황제의 밀명을 받은 임병찬林炳瓚이 잔존 의병 세력을 규합하여 조직한 복벽적 독립운동 단체이다. 임병찬은 최익현 휘하의 의병장으로서 대마도 유배에 처해졌던 인물이다. 임병찬은 옛 의병 참여자와 후손들 그리고 그 밖의 유림 세력의 참여를 이끌어내어 그해 12월 전라도 조직을 완료하고, 1913~1914년에는 각 도별 대표자를 세워 전국 조직으로 확대시켰다. 1914년 5월 단원 김창식金昌植 등이 체포된 후 임병찬과 지휘부가 체포되면서 실행 준비중이었던 국권반환운동은 실패로 돌아가고 말았다. 독립의군부 참여 세력의 거의 절반은 의병전쟁 참여자였거나 그 후손들이었고 그 밖의 참가자들 역시 대부분 지역의 명망 있는 유림 세력들이거나 구한말 관료 또는 황실 관련 인사들이었다.[1] 고종 황제의 밀명에 따른 조직이라는 점에서 명분상 유교인의 참여를 이끌어내기에 유리했다는 점을 고려하더라도, 헌병을 통한 무단통치가 자행되던 1910년대 초반에 진행된 이 비밀결사에 유림들이 적극 참여한 것은 이들이 구한말의 의병전쟁을 한국사와 유교사의 정통으로 인식하고 있었다는 것을 입증한다. 실제로도 1916년 순국한 임병찬 외에 중요 참여자들은 이후 유교 계열 독립운동사에서 큰 역할을 수행했다.

독립의군부의 13인 총대표 중 한 명이었던 고석진高石鎭은 최익현 의병에 종사했던 유학자로서 특히 1919년 파리장서운동에서 전라도의 최익현 의병 계열을 이끌고 참여하여 이 운동의 전국화에 큰 기여를 했다. 파리장서운동은 영남의 곽종석郭鍾錫과 호서의 김복한金福漢 계열 유림의 합동으로 이뤄진 것이기는 하지만, 이들 외에도 세 번째로 큰 계열이었던 전라도 의병 출신들의 대표로서 참여했던 이가 바로 고석진이었다. 고석진 계열에 속하는 대한독립의군부 참여자로서 파리장서에 서명한 인물이 네명 더 있는데, 역시 총대표로 추대된 조재학曺在學, 경남 의령과 고제만高濟萬, 전북 부안, 고예진高禮鎭, 전북 고창, 류준근柳濬根, 충남 보령 등이다. 이들은 모두 최익현 의진에 직접 참여했던 유학자들이다. 특히 류준근은 파리장서운동의 초기 기획자 중 한 명으로서, 의병전쟁과 파리장서운동의 연결점에서 가장 중요한 인물이다.[2]

광복단(광복회)과 조선국권회복단

대한광복단大韓光復團은 1913년 경북 풍기에서 채기중蔡基仲, 류장렬

柳璋烈, 김상옥金相玉, 한훈韓焄 등 의병 출신을 중심으로 결성된 혁명적 비밀결사이다. 이들 대한광복단 기존 단원 외에 대구의 박상진朴尙鎭, 양제안梁濟安, 우재룡禹在龍, 김경태金敬泰, 김한종金漢鍾 등이 합류하면서 1915년 광복회光復會로 확대 개편되었다. 다시 1916년 노백린盧伯麟, 김좌진金佐鎭, 신현대申鉉大 등이 재차 합류하면서 광복단光復團으로 재차 개칭했다. 광복단의 총사령은 박상진, 부사령은 이석대李奭大가 맡았고, 간도에서 이석대가 죽은 후 김좌진이 부사령을 맡아 독립군 조직에 힘썼다. 광복단은 국내는 물론 만주, 북경, 상해 등 국외 망명 독립운동 세력과 연계하면서 국내에만 137명의 단원을 확보했을 만큼 상당한 규모의 조직이었다.이성우, 2007

광복단은 독립군 양성과 군자금 확보에 초점을 맞춰 직접 일본인 시설을 습격할 계획을 세웠지만 실패하고, 대신 친일 부호와 관료를 처단하는 의혈투쟁을 벌였다. 1918년 박상진을 비롯한 단원 60여 명이 체포되어, 박상진, 김한종, 김경태, 임봉주, 채기중, 강순필 등이 보안법 위반, 살인, 총포화약취체령 위반 등의 혐의로 사형을 언도 받았고, 대부분 옥고 중 순국했다. 이들의 투쟁은 숨죽이고 있던 식민지 조선 사회에 커다란 자극을 불러일으켜 이후 의혈투쟁의 기폭제가 되었다. 실제로, 한훈은 3·1 운동 후 임시정부 지도자들과 협의하여 암살행동반을 조직하고 국내에 잠입하여 총독 암살을 기도했다가 실패하고 체포되었다. 우재룡 역시 임시정부의 밀명에 따라 주비단籌備團을 결성하여 의혈투쟁을 전개했다. 이들의 시도는 의열단의 의혈투쟁에까지 이어졌다고 볼 수 있다.

광복단光復會 참여자들은 대부분 구한말 의병전쟁의 참여자들이었다. 한훈은 민종식의 홍주 의병 초모장 출신으로 만주로 망명했다가 귀국하여 대한독립의군부에서도 활동했던 인물이다. 광복단 총사령 박상진은 의병장 허위許蔿 문하에서 유학을 배웠고 허위의 순국1908 후 시신을 수습하고 장사를 지낸 후 묘막에서 복상했던 인물이다. 광복단 부사령 이석대는 황해도 평산 의병장 출신이었다. 경북 달성 출신의 우재룡은 정용기鄭鏞基 의병의 연병장 출신이었다. 이들 모두가 정통 유림 출신이었던 것은 아니지만, 유림의 의병전쟁에 깊게 관여했던 인물들이었다는 점에서, 1910년대 국내의 의혈 독립운동을 유교계가 주도했다는 것을 입증하는 데 충분하다.

광복단이 정통 유림 계열과 의병전쟁 참여자들 중심의 의혈 독립운동 단체였던 데 반해, 같은 시기에 활동했던 조선국권회복단은 대구·경북 지역의 혁신 또는 개신 유림 세력이 참여했던 계몽적 독립운동 단체였다.(앞서 언급했던 박상진 등 광복단 참여자들 역시 처음에는 조선국권회복단의 단원으로 활동하다가 좀 더 적극적인 투쟁을 전개하기 위해 광복단으로 나아갔다.) 박상진의 상덕태상회, 서상일徐相日의 태궁상회, 안희제安熙濟의 백산상회 등 영남의 곡물상회를 거점으로 합법 공간에서 쌓은 네트워크와 부를 바탕으로 독립운동 군자금의 기지 역할을 수행했다.

조선국권회복단의 활동 가운데 이 책은 특히 이 단체가 정통 유림이 주도했던 파리장서운동에도 관련을 맺고 있다는 점에 주목한다. 3·1 운동 직후 조선국권회복단은 서상일과 윤상태를 중심으로 파리 강화회의와 조선 총독에게 유림의 독립청원서를 발송할 계획을 세웠다.(조선국권회복단은 김창숙이 이미 정통 유림의 파리장서를 계획하고 있었다는 것을 전혀 모르고 있었다.) 이들은 단원 우하교禹夏敎를 통해 심재深齋 조긍섭曹兢燮에게 독립청원서를 부탁해서 받기까지 했다.「한민족독립운동사자료집」 8권, 「증인 禹夏敎 신문조서」 하지만 그 과정에서 유림의 의사를 묻기 위해 접촉했던 장석영張錫英에게서 이미 김창숙 주도의 파리장서운동이 전개되고 있다는 것을 들은 우하교는 파리장서의 서명자로 이름을 올렸다. 비록 공식적인 독립청원서를 대표 발송하는 데는 실패했지만, 조선국권회복단은 서상일의 자금을 바탕으로 특수 관계였던 변호사 김응섭을 통해 파리장서 영역본을 마련하고 상해로 보내기까지 했다.

신교육을 통해 개신한 유림과 혁신 유림이 공존했던 조선국권회복단은 일제하에서 직접적인 의혈투쟁을 전개하는 대신 독립

기반 조성을 위해 교육 및 산업 분야에서 장기적 활동을 전개했다. 해방 후 김응섭은 경북 유림과 조선국권회복단 참여자를 포함한 전국유교연맹을 결성하여 좌파의 통일국가수립운동을 전개했다. 전국유교연맹 초창기 참여자 가운데 조선국권회복단 단원으로, 최준김응섭의 조카사위과 이수목이 확인된다. 한편 서상일은 해방 후 정치 일선에 뛰어들었다가 1950년대 중반 이후 혁신 정치운동에 투신하여 김창숙과 함께 재야 원로로 활동했다. 이처럼 조선국권회복단은 일제에 의해 탄압·해산된 이후에도 그 참여자들의 네트워크를 통해 유교 계열의 계몽운동과 산업계 활동 활성화에 기여하였고, 해방 후 유교계의 부흥운동과 건국운동에도 영향을 미쳤다는 점에서 유교 정치운동사에서 큰 의의가 있다.

2. 파리장서운동의 전개 과정과 성격

　침체되었던 국내 민족운동은 1919년 3·1 운동을 통해 다시 활기를 되찾았다. 이를 주도한 세력은 기본적으로 종교계였다. 3·1 운동은 기독교와 천도교 지도자들을 중심으로 불교가 결합한, 종교 간 연합에 기초한 독립운동으로 출발했다. 일본의 지배 이데올로기에 맞서, '기미독립선언서'는 조선과 일본의 '다름'을 강조하고 이어서 일본의 지배가 세계의 보편적 도의에도 어긋난다는 점을 강조했다. '기미독립선언서'의 서사의 얼개는 일본의 병탄과 조선의 독립을 대비하는 것으로 짜여 있다. 일본의 식민 지배는 제국주의라는 구시대의 논리에 따라 행해진 불합리하고 부자연스러운 과오이다. 이에 맞선 조선의 항거는 제국주의의 위기에 따라 새롭게 부각된 새로운 세계 질서인 인도주의 정신에 부합하는 자연스러운 운동이다. 당시 지배 담론을 고려할 때, 곧 동화주의 서사가 대중에게 지배적 담론이었다는 상황을 고려한다면, '기미독립선언서'의 서사적 설명 방식은 매우 정확한 정세 판단에 따른 것이었다.

그런데 3·1 운동에서 선언서 낭독은 시작에 불과했다. 민족 대표 33인의 퇴장 이후 3·1 운동은 초기 경성의 조직적인 학생 만세 시위를 시발로 이후 한 달 넘게 전국으로 확산되었다. 우리는 3·1 운동 기획자들이 고종 황제의 인산因山이라는 전통적 상징 공간을 활용했다는 점을 잘 알고 있다. 일제에 의해 강제 퇴위되었던 황제의 장례는 민족의 처지와 겹치면서 격한 감정적 반응을 불러일으키기 쉬웠다. 고종은 그 위상만으로도 절대적이었고, 국망 이후에도 국내외 독립운동 세력과 비밀리에 연락했으며, 끝내는 국외 망명까지 모색했다. 고종의 존재를 가장 부담스러워 한 것이 일본이었으므로, 장례 기간에 유포된 고종독살설은 군중들에게 기정사실로 수용되었다. 당시 경성에는 군신의 예로서 고종의 인산에 참석하기 위해 상경한 보수 유림들이 상당했다. 이들은 고종독살설을 접하고 곧이어 3·1 운동의 열기와 일제의 탄압 과정까지 지켜보았다. 복벽의 실체인 고종의 죽음으로 복벽론이 형해화된 허망함이 있기는 했지만, 가장 보수적이었던 유림들조차 민중의 열기에 대응하여 독립을 위한 새로운 실천을 모색하기 시작했다.

3·1 운동과 유교인

유교인과 3·1 운동의 관계는 크게 두 가지이다. 하나는 3·1 운동의 전국화 과정에서 유교인들이 직접 만세 시위에 참여한 것이고, 다른 하나는 이를 통해 국내 유교계의 조직적인 독립운동의 계기를 마련했다는 것이다. 이 소절에서는 먼저 유교인의 3·1 운동 직접 참여의 과정과 의의에 대해 살펴볼 것이다.

기획과 조직 단계에서의 배제에도 불구하고, 유교인은 실제 3·1 운동이 전국적으로 확대·발전하는 데 큰 기여를 했다.[3] 그런데 일본의 정책에 의해 특별히 종교로 취급되지 못했던 당시 관리 체제에 의해, 3·1 운동에 참여했던 피검 유교인의 재판기록 서류의 종교란은 무종교로 표시되었다. 이를 그대로 인용하는 독립운동사 서술은 유교계의 3·1 운동 참여를 간과하기 마련이다. 『3·1운동재판기록』을 세밀히 분석하여 공소장에서 유교적 성격을 드러낸 인물들을 전수조사한 남부희의 연구에 따르면, 재판기록이 남아 있는 전체 3·1 운동 관련 기소자 6,000여 명 가운데 유교인은 207명으로서 전체의 3.5퍼센트에 달했다.[4] 이들의 참여 동기는 복합적이었을 것인데, 정세적으로는 민족자결주의와 민족 대표의 독립선언 등의 영향이 핵심인 가운데 고종의 승하에 따른 민족 정서의 앙양 분위기도 작용했다.

기독교와 천도교 신도들이 교계 조직에 의해 참여했고 종교 표시를 분명히 했던 것과 달리, 유교인들은 스스로 결의하여 지역의 대중들을 결집해 나가는 방식으로 운동에 참여했으면서도 종교 표시를 하지 않은 경우가 많았다. 지방으로 갈수록 전통 유교의 영향과 가문의 결속력이 컸으므로 유림 주도의 만세 시위 참여자들의 절대 다수가 유교적 배경에 따라 참여했다고 추론할 수 있다. 실제로 지역사 연구 결과, 경북의 안동, 의성, 영덕, 성주 지역의 만세 시위에서 평민화된 유교인의 주도성은 명백하고, 직접 3·1 운동에 참여하지 않은 정통 유림은 다른 방식_{다음 소절 서술}으로 독립운동에 참여했다.[5] 이러한 최근의 독립운동사 연구를 종합하고 그 밖에 취합되지 않은 각 문중의 기록들을 보완하게 되면 유교인의 참여를 통해 3·1 운동이 확대 발전될 수 있었다는 명제를 입증하는 데 어려움은 없을 것이다.

지역의 만세 시위 참여와 별도로, 정통 유림은 3·1 운동을 계기로 크고 작은 독립운동을 전개하기 시작했다. 첫 시도는 순종 황제 복위 청원 시도로 나타났다. 민종식 휘하 홍주의병에 참여하여 대마도 유배에 처했다가 최익현의 시신을 운구·귀국했던 류준근은 고종 인산 배례를 위해 상경했다가 3·1 운동을 목도하고, 동향 출신 유림 백관형白觀亨, 최익현 학맥 계승과 고흥 출신 송주헌宋柱憲, 홍주의병 출신 등과 상의하여 3월 5일 반우제返虞祭 때 청량리에서 순종에게 대한 황제로 복위할 것을 상소하는 문서를 전달하고 유생들과 만세를 불렀다.국사편찬위원회, 1969: 548~549[6] 얼마 뒤 체포되어 신문을 받던 류준근의 답변을 통해 3·1 운동 초기 유생들의 생각을 엿볼 수 있다.

　수십 년간 한국의 황제였던 李太王 전하께서 훙거하신데 대하여 크게 슬퍼했다. 그래서 그 국장에 참석하기 위하여 서울에 왔다. 와서 보니 남녀노유를 불문하고 조선독립에 대하여 진력하고, 또 조선인이면 어떤 사람이든 독립에 대해서 말하고 있었다. 나도 독립운동을 해 보려고 생각했는데, 우리들 유생이 만세를 부르고 학생이나 아이들이 하는 것처럼 독립운동을 하는 것도 좋은 것이 못되지만, 방관하고만 있을 수 없으므로, 李王 전하께 다시 한국의 천황폐하가 되어달라고 하기 위하여 청량리에서 상주했던 것이다.「한민족독립운동

유교인의 3·1 운동과 그 밖의 자생적 독립운동 참여는 망국민의 원한과 청년학생들에 대한 부끄러움이 뒤섞인 것으로서 순수한 북받침의 발로였다. 그래서 이들의 독립 노선은 아직 옛 의병전쟁의 복벽론 수준에 머물러 있었다. 이들은 청년들과 달리 만세 시위만으로 독립을 회복할 것으로 믿지 않을 만큼 합리적이었지만, 그런 시위조차 유교인이 주도하지 못했다는 데에 안타까움을 갖고 있었다.

그런데 일단 만세 시위에 참여하면서 이른바 '집합적 감격'을 체험한 유교인의 사회의식은 순식간에 고양되었다. 경성에 모인 각 지역 유교인들은 울분을 토해내는 데 그치지 않고 유교인 스스로 독립운동의 새로운 흐름을 만들기로 결의한다. 이는 '파리장서운동'으로 구체화된다. 의병장 출신의 류준근이 성주 출신 김창숙과 함께 파리평화회의에 유림 연명의 독립청원서를 보내는 데 가담한 것은 여러 모로 상징적이다. 3·1 운동의 거대한 열기는 이제 옛 의병 세대들조차 화이론적 세계관을 과감히 벗어던지고 근대적 민족주의와 세계평화론을 수용하게 만들었다. 가슴에 새겼던 복벽의 꿈을 지우고, 유림은 이제 민족자결이라는 근대적 원리에 따른 독립운동을 지향하기 시작했다.

파리장서운동의 시말

고종 인산일3월 3일 며칠 전부터 경성은 지방에서 상경한 수많은 유림들로 붐볐다. 유숙하는 동안 지방 유림들은 자연스럽게 서로 어울리면서 정세에 관한 이야기를 나누었다. 재경 유림과 접촉하며 시세를 살피기도 했다. 지역과 학통으로 나뉘어 분열하던 과거는 잠시 접어 두고, 지방과 경성의 유림 인사들은 '파리평화회의'에서 약소국의 독립을 결정할 것이라는 소식에 귀를 기울이면서 시세에 뒤처진다는 자책도 했다. 이들은 며칠간이나마 교유하며 서로의 생각을 확인해 두었다. 그리고 3월 1일에 뜻밖의 사태를 접했다. 민족대표 33인이 독립선언서를 낭독했다는 전언과 함께, 청년 학생들이 경성 전역에서 태극기를 흔들며 독립만세를 제창하는 장면을 목도했던 것이다. 이날 밤, 한낮의 독립만세 시위를 주도한 세력이 기독교와 천도교 인사들이라는 것을 알게 된 유림들은 충격에 빠졌다. 지난 100년간 유림들은 기독교를 무부무군無父無君의 야만 종교로 비난했고 동학혁명을 '난'이라 일컬으며 '토벌'에 앞장섰다. 그런데 유림이 의병전쟁의 패배로 위축되어 있는 동안 이들이 무시하고 비판했던 두 종교가 독립운동을 주도했다는 것을 알고서, 유림들은 자괴감에 빠졌다. 그날 밤부터 유림들은 상경자들 사이의 인적 네트워크를 최대한 이용하여 향후 유교계의 활동 방향에 대한 집합적 견해를 만들어내기 시작했다. 그 결과가 바로 '파리장서운동'이다.

유교계의 파리장서운동 전개 과정은 매우 복잡하다. 교단 조직이 없는 유교의 종교적 특성에 더해, 그 조직화가 아래로부터 기획되어 유림 원로의 참여를 이끌어내는 방식으로 진행되었기 때문이다. 유교사에서 이 운동의 핵심을 김창숙으로 설정하고 있으므로, 우선 그의 활동을 중심으로 파리장서운동의 전개 과정을 살펴보자. 3·1운동 전날 상경하여 나름대로 유교계의 독립운동 조직화를 도모하고자 했던 김창숙은 다음 날 민족대표 33인의 독립선언서를 읽고 나서 유교계의 움직임이 한발 늦었다는 것을 깨닫고 통곡했다.[7] 그날 김창숙은 유교계 전체의 독립 결의를 이끌어내기 위한 조직화에 착수하기로 결심했다. 넓지 않은 경성에서 김창숙의 생각은 순식간에 알려졌을 것이다. 옛 최익현 학맥의 유림으로서 의병전쟁에 참여했던 전북과 충남의 원로들이 참여하는 3·5 순종 복위 상소 계획이 김창숙의 지인에게 감지된 것도 그때였다. 그리하여 3월 2일 밤 김창숙을 비롯한 핵심 동지들은 성태영의 집에서 회합하면서 파리 평화회의에 유림 대표를 파견하여 열국 대표들에게 민족 독립을 호소하기로 대략의 계획을 마련했다. 이 거사 기획 단계의 핵심 인물로는 김창숙의 지인인 성태영成泰英, 김정호金丁鎬, 이중업李中業, 그리고 곽종석의 조카이자 제자인 곽윤郭奫, 곽종석 문하의 일인자 김황金

槻, 더불어 체류 기간 중 알게 된 류준근, 유진태俞鎭泰 등이었다. 곽종석에게 문서 작성을 부탁하러 곽윤과 김황은 거창으로 떠나고, 나머지는 각자 지역을 분담하여 유림 조직화에 나서기로 했다. 이중업은 강원·충북, 김정호는 충남·북, 성태영은 경기·황해, 류준근은 전남·북, 김창숙은 경남·북을 담당했다.

　김창숙은 경북으로 내려가 유림을 규합하고 거창으로 내려가 곽종석의 동의를 얻고 청원서 작성을 청했다. 곽윤과 김황을 통해 이미 장서운동을 알고 있던 곽종석은 회당 장석영에게 청원서 작성을 의뢰한 상태였으므로, 김창숙은 다시 성주로 올라가 장석영이 작성해 둔 초고를 받아 다시 거창으로 내려가서 곽종석이 그 사이에 수정한 정본영남본을 얻을 수 있었다. 영남 지역의 서명자 확보는 비교적 수월하게 이뤄졌는데, 곽종석의 문인들과 김흥락 학파의 문인들이 전통 네트워크인 학맥을 통해 집단적으로 참여했기 때문이다. 그런데 다른 지역에서의 서명자 확보는 쉽지 않다. 충청을 담당했던 김정호는 강도에게 피살되었다. 게다가 당시 기호 유림을 대표하는 간재학파의 참여도 이끌어내지 못했다. 계화도를 찾아 독립청원 계획을 밝힌 류준근에게 간재 전우는 "유자儒者가 도道를 위해 죽는 의리는 실로 머리 깎은 자들이 벌이는 복국復國 운동과는 아무 상관이 없다"고 말하며 불참 의사를 밝혔다.[8] 계획이 틀어졌지만 시일이 촉박한 관계로 김창숙은 3월 중순경 영남본을 봉천으로 발송했다.

얼마 후 유진태를 통해 김창숙은 호서 지역을 대표하는 지산 김복한의 문인인 임경호가 17인의 연서로 파리평화회의에 편지를 보내기 위해 상경했다는 소식을 전해 들었다. 그날 밤 김창숙은 이득년李得季의 집에서 임경호와 회동하여 합동하기로 뜻을 모았다. 임경호의 양해로, 영남본을 단일본으로 하고 서명 순서도 곽종석을 앞으로 김복한을 바로 뒤로 하기로 결정했다. 국내 유림을 대표하는 137명이 서명한 '파리장서'는 이렇게 완성되었다.

이제 장서를 온전히 파리까지 전달하는 일만 남았다. 3월 23일 밤 김창숙은 장서를 휴대하고 용산역을 출발, 만주 봉천을 경유하여 상해에 이르렀다. 이동녕, 이시영, 신규식, 조성환, 신채호, 조완구 등과 접촉한 김창숙은 이미 김규식이 민족 대표로 파리로 떠났다는 소식을 듣고 애석해 했다. 이동녕의 충고로 파리행을 포기한 김창숙은 파리장서를 일부 수정하여 발송본을 완성하고 이를 번역시켜 영역본을 만들었다. 이 영역본을 파리강화회의에 우편으로 송부하는 것으로 장서 전달 계획을 모두 마쳤다.[9] 파리장서는 중국의 요인과 중국 주재 각국 대사관과 영사관에도 배포되었고, 국내 유교계 기관에도 역발송되어 일반 유림의 결의를 이끌어내고자 했다. 상해에 체류하기로 한 김창숙은 대한민국임시정부 결성에 참여하면서 유교계를 대표하는 독립운동가로 발돋움한다.

뒤늦게 파리장서운동을 알아차린 일제의 탄압은 가혹했다.서
동일, 2011 일제는 경북 성주의 만세 시위를 조사하다가 파리장서
운동을 인지하게 되었다. 4월 5일 서명자 송준필의 체포를 시작
으로, 4월 9일 장석영 등 성주 지역 주동자들이 대거 체포되었다.
4월 18일 곽종석을 체포한 일제는 7월까지 서명자 대부분과 기
획 단계의 핵심 인물을 대부분 체포했다. 1심 재판 결과, 곽종석
과 장석영은 징역 2년, 김복한은 징역 1년 형을 선고 받았다. 2심
결과 실형이 확정된 이는 총 4명이었고, 14명이 집행유예를 선고
받았다. 형량만 놓고 가혹한 탄압이 아니라고 볼 수는 없다. 일제
의 취조 및 이송 과정의 가혹함을 노년의 유림 대표들이 견뎌내
기는 어려웠다. 곽종석, 하용제河龍濟, 정재기鄭在夔, 송호완宋鎬完 등
네 명이 옥고로 사망했다. 하지만 이들 유림의 의기는 결코 꺾이
지 않았다. 파리장서운동이 유교계에 불러일으킨 파장은 상당했
다. 짧게는 1925~26년의 2차 유림단 운동독립군 기지 건설을 위한 유림의
군자금 모집으로 이어졌고, 길게는 해방 이후 건국운동과 민주화운
동으로 이어진다. 이 책의 핵심 인물들 대다수는 직·간접적으
로 파리장서운동과 관련된다. 파리장서운동의 핵심 인물과 후손
들이 이후 유교계 민족운동의 중추로 성장했다는 점에서, 근현
대 유교 정치사에서 이 운동이 미친 영향은 절대적이다.

파리장서의 내용과 의의

파리장서는 초고 작성 및 발송 과정에서 몇 차례 내용상의 변화가 있었다.[10] 곽종석이 작성한 영남본은 1,414자의 순한문인데 반해, 박은식의 『한국독립운동지혈사』에 실려 있는 '발송본'은 1,422자이고 내용상에도 변화가 있다. 발송본은 김창숙이 상해에 모인 민족운동가들의 영향하에 개작한 것으로 추정된다. 곽종석의 영남본과 실제 발송본은, 왕조를 바라보는 시각에서 약간의 차이가 있기는 하지만, 전통적 화이론에서 벗어나 근대적 세계질서를 수용하고 구미제국을 도의를 실행하는 문화 세력으로 인식했다는 점에서 공통된다.[11] 이제 발송본을 중심으로 파리장서의 성격과 내용을 검토해 보자.

파리장서는 형식상 독립청원서이다. 작성 주체는 물론 유림대표들이다. "한국 유림 대표 곽종석·김복한 등 137명"으로 시작하는 본문에 명시되어 있다. 장서 표제에 "儒敎徒呈巴黎平和會書"로 되어 있어, '유림'과 '유교도'를 같은 뜻으로 사용하고 있음을 알 수 있다. 보수성과 신분귀속성이 은연중 내포되어 있는 유림이라는 전통적 용어를 사실적으로 적시하되, 기독교와 천도교와 용어상 병렬 가능한 '유교'라는 개념을 사용하여 민족 대표성을 높이고 또한 유교의 종교성을 강조했음을 읽어낼 수도 있다. 장서가 청원서의 형식으로 되어 있지만 그 표현의 정도는 매우 강렬하다. 곽종석을 비롯한 유림은 장서 말미에 "(조선 독립이 결의되지 않을 때에는) 죽음으로 나아갈지언정 맹세코 일본의 노예는 되지 아니하리라"고 선언하고 있다는 점에서 단순한 청원서가 아니라 유림의 독립선언을 겸하고 있다.

장서는 내용상 크게 다섯 부분으로 나뉜다. 첫 단락은 청원서의 서두로서, 파리평화회의를 주도한 서구 열강에 대한 유림의 변화된 인식을 담고 있다. 무력으로서 타국을 침략하던 시대가 저물고 이제 명덕이 비추는 평화의 시대가 도래한다는 서설을 통해, 당시 유림이 1차 세계대전의 승전국들을 더 이상 오랑캐가 아니라 문화 국가로 인식하고 있음을 밝히고 있다. 두 번째 단락은 일제가 조선을 강제로 식민지로 삼기까지의 과정과 그 불법성에 대해 자세히 서술하고 있다. 특히 '보호'와 '합병'을 한국인이 원했다는 일제의 대외 선전이 거짓이라는 점을 강조하여, 평화회의에서 조선의 독립 안건이 처리되어야 할 당위성을 자연스럽게 드러냈다. 세 번째 단락은 평화회의에 대한 한민족의 기대를 표명하고 있다. 특히, 3·1 운동의 배경에 파리평화회의 개최가 있었음을 소개하고 평화회의 참가자들이 일제의 거짓에 속지 말 것을 당부하고 있다. 네 번째 단락은 유교의 언어와 논리로 한국 독립의 정당성을 논하고 있다. 미물조차 자유로이 활동할 능력이 있는데 4천 년 넘는 역사를 자랑하는 한국이 독립하지 못할 이유가 없다는 대전제 아래, 일제가 자신들의 풍속을 한국인에게 강제하는 것이 부당하다고 논증하고 있다. 마지막 다섯 번째 단락은 부연 설명과 간절한 호소를 담고 있다. 특히, 파리평화회의에서 한국의 독립을 결정하는 것이 곧 도덕적 세계 질서 성립에 기여하리라는 점을 강조하고 있다는 점에서 유림의 세계관 변화를 확증하고 있다.

파리장서는 유림이 전통적 중화 관념을 극복했다는 점 외에도 당시 유교인들의 유교와 민족에 대한 인식을 담아내고 있다는 점에서 근현대 유교사에서 가장 중요한 문서이다. 우선, 장서가 당시의 최신 논리인 '민족자결론'을 유교의 전통 언어로 정당화하고 있다는 점에서 중요하다. 네 번째 단락을 읽어 보자.

하늘이 만물을 낼 때 반드시 그 물物에게 능력을 주었나니, 작은 고기나 조개며 곤충도 모두 자유로 활동할 수 있거늘, 사람 스스로가 사람이 되며 나라 스스로가 나라가 되니 실로 각자가 제 나라를 다스릴 능력이 있을지라. 우리 한국이 비록 국력은 약소하나 삼천리에 퍼져 살고 2천만 명이 4,000여 년 역사를 지내 왔으며 우리 국사國事를 감당할 힘이 없지 아니할 것이어늘 어찌 이웃 나라의 다스림을 받으리오. 천리의 풍조가 다르고 백리의 풍속이 같지 않거늘 저들이 이르되 우리 한국이 능히 독립하지 못함이라 하여 제 나라 다스리는 방법을 우리나라 풍속에 맞추려 하나, 풍속은 졸연히 바꿀 수 없는 것이다. 그 소위 다스린다는 것이 도리어 난을 이루는 초점이 될 뿐인즉 행치 못할 것이 명백하도다. 통치가 졸연히 행하여질 수 없으며 한국인 됨을 그 강토와 풍속이 이미 결정지었을뿐더러 역시 천성으로 얻은 것이다.[12]

인용부의 초두는 전형적인 유교의 품부稟賦론을 통해 근대적 개념인 '자유'의 근거를 제시하고 있다. 자유가 하늘이 부여한 만물의 능력이라면 당연히 더 고귀한 존재인 인간에게도 자유의 능력과 권리가 부여되어 있다는 것이다. 본래 유교에는 자유라는 용어도 없었을뿐더러 자연권을 전제하는 근대의 정치적 자유의 관념도 존재하지 않았다. 다만 유교에서 인간의 귀함은 그 본성이 하늘에 의해 부여되었다는 전제로 설명될 뿐이다. 장서는 이러한 유교의 전통적 품부론을 서구의 천부인권론에 자연스럽게 병렬시켜 인간의 자유로운 본성을 옹호하고 있다. 일찍이 서구에 개방적 태도를 갖고 있던 곽종석은 유교의 언어와 서구적 세계 질서를 이런 방식으로 접합할 때 그 현실적 효과성이 크다는 것을 잘 알고 있었던 것으로 보인다.

인용부의 후반부는 개인 자유의 논리를 국가 간의 관계로 확대하여 한국 독립의 정당성으로 주장하고 있다. 우선, 한 개인은 익숙한 풍속에 기초해서 생활할 때 자유를 누릴 수 있고, 한국은 역사를 통해 자치 능력을 입증했다. 다음, 그런데 일본은 자기들의 풍속으로 식민지를 통치하고 있다. 따라서 한국인이 자유를 누리려면 한국이 독립하여 스스로의 풍속으로 자치할 수 있어야 한다. 이러한 논증은 문화론에 바탕해서 근대 국가 체제의 핵심인 민족자결주의를 수용하고 있다는 것을 잘 보여 준다.

그 밖에도 파리장서의 서사를 분석해 보면, 당시 유림이 유교 논리를 재해석하여 근대적 세계 인식으로 나아가고 있음을 알 수 있다. 장서에는 옛 화이론과 달리 일본을 야만으로 규정하는 시대착오가 더 이상 발견되지 않는다. 장서는 일본을 비판하는 이유를 그들이 조선과 맺은 국가 간 조약을 일방적으로 깨뜨린 데서 찾고, 그 부당한 결과인 식민 지배를 바로잡아야 한다는 논리로 한국의 독립을 주장한다. 국가 간의 관계를 힘의 논리 대신 만국의 공의公議에서 찾아야 한다는 대전제를 수용한다는 것은 이제 유교계가 중화적 질서관에 얽매이지 않고 있다는 것을 보여 준다. 장서는 '조선과 일본'이라는 대립 구도와 별도로 '만국'을 중심으로 서사적 설명을 이끌어 간다. 만국은 공의에 바탕한 평화의 수호자로, 일본은 사술에 의해 세계를 불화로 이끄는 행위자로 코드화되었다.

만국		일본
仁武 · 公議	행위 방식	脅欺협박과 기만
平和	행위 결과	不和
천운天運의 귀환	행위 양태	일시의 권위
민족자결	행위 목적	식민지배

장서는 '만국=공의'를 기본 코드로 삼고, 만국이 조선의 상황에 "동정심"을 갖고 뜻을 모아 일본의 조선 침략을 무효로 해달라고 호소한다. 조선의 상황은 "슬픔"과 "불행"으로 지속적으로 그려지고, "약소국"이라는 점을 자인하며, 만국이 힘을 쓰는 것이 늦어져 독립 이전에 고종이 승하한 것에 대한 아쉬움을 토로하고 있다. 이러한 서사는 과거 중화적 세계 질서에서 중심이었던 '중국'의 자리를 파리평화회의에 참가한 '만국'으로 대체한 것이다. 파리장서의 서사가 옛 중화론의 서사 구조를 차용한 것은 이 문서를 읽게 될 국내 유림을 감안한 것이기도 하지만, 무엇보다도 인의仁義를 통해 이해되는 세계 질서와 일본의 무력 지배를 대비할 때 비로소 유교인들이 서구 주도의 평화회의에 청원해야 할 명분이 뚜렷하게 드러나기 때문이었다. 파리평화회의가 추구하는 가치가 유교의 핵심 가치와 다르지 않다면, 정통 유림들은

옛 화이론을 근거로 서구 문화를 반대할 근거가 사라지게 된다.

이상의 논의를 통해 파리장서의 성격과 의의를 종합하면 다음과 같다. 첫째, 파리장서는 정통 유림의 독립선언을 담은 문건으로서 일제와의 대결 의식이 매우 강렬하게 드러나고 있다. 둘째, 파리장서는 당시 유림의 변화한 세계 인식을 담고 있는 문서로서 화이론적 질서에서 벗어나 근대 세계 질서를 인정하고 있다. 셋째, 파리장서의 이와 같은 내용을 뒷받침하고 있는 것은 전통 유교의 논리와 언어로서, 유교가 근대의 가치를 충분히 수용할 수 있음을 보여 주었다는 점에서 유교 혁신의 한 방식을 제공하는 의미 있는 자료이다. 비록 파리장서에 대해 반발한 유림 세력이 여전히 많이 남아 있었다고 할지라도, 유림의 종장들이 서명하고 한국 유림 대표 이름으로 서술된 이 문서를 통해 유교계는 변화를 향한 새로운 추진력을 얻었다. 유교의 가능 의식을 극대화하여 변화의 방향을 분명히 하고 서명자와 동조 세력을 중심으로 하는 유교 혁신의 진지를 마련했다는 점에서 근대 유교사는 파리장서 전후로 구분된다고 해도 무방할 것이다.

3. 정인보: 유교 개혁주의의 완성과 조선학

국내 유교계는 파리장서운동을 통해 근대적 혁신과 독립운동 참여라는 이중의 과제를 향해 나아가는 발걸음을 내디뎠다. 그런데 유교인을 조직화하여 실천에 나서는 길은 결코 쉽지 않았다. 경학원_{성균관}을 장악한 일본인과 친일 유림의 존재는 사실 별 문제가 되지 않았는데, 이들의 목소리는 지역의 정통 유림들에게 전혀 영향을 미칠 수 없었기 때문이다. 본래 유교가 다른 종교와 달리 교단의 존재를 필요로 하지 않았기 때문에, 경학원 장악을 통해 유교계를 지배하려던 일제의 시도는 헛수고일 수밖에 없었다. 하지만 교단 또는 중앙 조직의 부재는 유교계가 독립운동을 향해 나아가고자 할 때도 장애 요인이 되었다. 여전히 학맥과 지역·문중으로 분열되어 있던 유교계가 조직화를 통한 장기적 독립운동을 전개할 수는 없었다. 김창숙이 비밀리에 귀국하여 독립운동 자금을 마련하고자 했던 시도1925년의 제2차 유림단운동 역시 영남 지역의 학맥에 의존했기 때문에 큰 성과를 거두지 못했다.

이러한 조직화의 문제점보다 유교계를 어렵게 만든 것은 일제 하의 사회 변동이었다. 1920년 이후 민간 신문의 발행으로 한글 위주의 근대적 공론장이 발전했는데, 이른바 '한학漢學'으로 대표되는 유교의 학문 관행김진균, 2011; 2015은 이에 대응하지 못한 채 고립되기 시작했다. 일본 유학파에 의해 근대적 학문 체계가 정립되고 대학 제도가 자리 잡기 시작하면서, 전통 지식계를 대표하는 유림의 영향력은 체계적으로 배제되었다. 김소월의 시, 이광수·김동인의 소설로 대표되는 근대 한국 문학의 성립기에 한문학 중심의 유교계가 기여할 바는 거의 없었다. 이런 상황에서 유교계의 혁신 과제 수행이 의미가 있기 위해서는 우선 근대적 지식계와 공론장에서 최소한의 진지를 확보해야 했다. 유교인이 직접 언론과 대학 같은 근대 제도에 참여하여 대중에게 근대 사회와 민족 독립의 과제를 해결하는 데 유교 가치와 자산이 여전히 필요하다는 것을 설득해야 했다. 1920~30년대 국내에서 이 작업을 가장 성공적으로 수행한 인물이 바로 위당 정인보[1893~1950]이다.

정인보는 근대적 유교 혁신의 논리를 정교하게 체계화했을 뿐만 아니라 조선학 운동을 전개하여 국내 민족운동의 활성화에도 크게 기여했다. 소론 명문가 출신인 정인보는 조선 양명학인 강화학을 계승한 정통 한학자이면서도 연희전문학교 교수와 동아일보 논설위원으로 활동하며 근대 교육 및 언론 분야에서 활동했다. 전통과 근대 제도 모두를 아우르는 경력과 민족운동의 정신적 기초를 다져 온 해박한 학문 덕분에, 개혁적인 청년 유교인은 물론 정통 유림에까지 정인보는 폭넓은 존경과 존중의 대상이 되었다. 정인보를 통해 유교는 전통주의_{정통 유림}와 신전통주의_{개신 유림} 사이의 대립에서 벗어나 비로소 근대적 개혁주의의 종교로 나아갈 수 있었다. 유교 정치운동사를 다루는 이 책에서 정인보의 유교 혁신의 사상과 논리를 조망하는 것은 바로 그 이유 때문이다.

정인보의 삶과 학문의 궤적

정인보는 민족 독립과 민주주의 새 국가 건설이라는 현실적 과제에 치중했던 한국 근현대 사상을 그 내면에서부터 심화해 완결된 논리로 발전시켰다는 점에서 기왕의 사상가들과 구별된다. 흔히 민족주의 사학의 계승자, 마지막 강화학자 등으로만 알려진 상식 너머에, 비타협 민족주의에 유교사와 한국사상사의 정통성을 부여한 이론가이자 '조선학'을 제창한 문화운동가로서 정인보의 진면목이 있다. 그의 주위에 모였던 인사들은 한학자나 정치가 등에 국한되지 않았다. 정지용鄭芝溶, 박용철朴龍喆, 이육사李陸史, 본명은 李源祿 · 이원조李源朝 형제, 신석초申石艸 등 젊고 유능한 신문화의 인재들이 정인보를 중심으로 모여서 유교 전통과 근대성을 접목시키고자 했다.이황직, 2001: 203~207 해방 후 정인보는 김창숙과 함께 유교 복원에 나섰을 뿐만 아니라 현실 정치에도 참여하여 임시정부 세력 기반 확대에 기여했고, 민족주의 우파 정치인들은 물론이거니와 무정부주의 계열의 독립운동가들과 함께할 정도로 그 품도 넓었다.

정인보의 호는 위당 또는 담원薝園으로, 1893년 5월 6일 부친 정은조鄭誾朝와 모친 달성 서씨 사이에서 태어났다.[13] 구한말 5대 세도가의 하나인 동래東萊 정씨 일족 가운데 서울 회동會洞에 모여 산 권문세가를 흔히 '회동 정가'라고 하는데, 정인보는 그 후손이다. 청년 정인보는 1910년 10월 강화학파의 끝을 장식하는 난곡蘭谷 이건방李建芳에게 집지執贄의 예를 올리고 양명학과 한국 사상을 수학한다. 1911년과 1913년 두 차례의 상해 유학 과정에서는 동제사同濟社에 가입하여 민족운동가로서의 삶을 준비했다. 그가 일제하의 합법적 공공 영역에 두각을 나타낸 것은 연희전문학교 전임에 임명된 1924년부터이다. 그때부터 1936년까지 그는 주로 《동아일보》에 조선 학술사와 한국사에 관련된 연재물을 실었는데, 훗날 『국학산고』『조선고적해제』, 『양명학연론』, 『조선사연구』『오천년간 조선의 얼』 등으로 간행된 저작들은 모두 《동아일보》 연재의 결과물이었다.

일제하 문화운동에서 정인보의 위치가 강하게 부각되는 곳은 1931년 5월 14일 《동아일보》에 「민족적 수치—채무에 시달린 충무공 묘소」라는 사설 이후 한 달 이상 지속된 같은 주제의 논설들이다. 송진우와 긴밀한 협의 아래 작성된 이 논설들은 당시 비타협 민족주의를 주도하던 조선일보의 비판을 자연스럽게 초래하였고, 비판과 재비판이 맞물리면서 민족 문제에 대한 전국적인 관심을 환기시키는 데 성공했다. 이순신을 비롯한 역사 인물에 대한 관심의 고조는 결과적으로 1930년대 초반 민족주의자들의 '고적보존운동'의 확산을 낳았다.이지원, 2004 나아가 1933년부터 시작된 신조선사의 『여유당전서』 간행 계획을 안재홍과 함께 주도하여 책임 교열을 맡고, 1934년 9월 다산 정약용 서세 99년을 맞이하여 이루어진 다산기념사업을 주도하면서, 이른바 '조선학'에 대한 관심을 고조시키는 데 큰 역할을 했다. 이러한 분위기에서 정인보는 1910년대부터 뜻을 품었던 한국통사 저술을 시작한다. 이는 일제의 식민사학에 대한 정면 대결이었다. 1935년 1월 1일부터 "오천년간 조선의 얼"이라는 제목 아래 시작된 연재는 1936년 8월 28일 동아일보가 일장기 말소 사건으로 무기정간을 당할 때까지 계속되었다. 이 시기부터 표면화된 일제의 파시즘적 통치로의 변화에 의해 수양동우회와 흥업구락부가 잇따라 탄압을 당하면서 많은 연희전문 교수들이 투옥되는 등 일제의 압력이 가시화되자, 정인보는 건강상의 문제를 들어 1937년 가을부터 교수직을 휴직한 채 종로구 수창동내수동과 양주군 노해면 창동현재 서울 도봉구, 1940년 그리고 전북 익산군 황화면 중기리1945년 3월 등으로 옮겨 다니며 해방 때까지 은둔했다.

해방 이후 정인보는 심산 김창숙과 함께 통합 유도회총본부 발족에 기여하고 부위원장으로서 성균관을 복원하는 데 앞장섰다. 남조선민주의원으로 지명되었지만, 민주의원이 미군정의 자문기관으로 격하된 데 항의한 김창숙의 뜻을 받들어 비판적인 태도로 임했다. 좌파의 조선문학가동맹에 대응하여 1946년 3월 13일에 결성된 우파 문인들의 조직인 전조선문필가협회 회장에 추대되기도 했다. 그러나 당시 정치 세력들의 행태에 실망한 나머지 1946년 11월에 민주의원과 독립촉성국민회를 비롯한 모든 정치 단체에서 탈퇴했다. 이 시기 아나키스트 계열 독립운동가 그룹과 유교계가 주축이 된 임시정부봉대운동에도 깊게 개입하고 있었다. 1947년부터 국학대학장을 맡아 민족문화의 선양을 위해 노력하던 중, 세교가 있던 성재 이시영의 권고로 초대 이승만 정부의 감찰위원장을 맡아서 엄정하게 직무를 수행했다. 하지만 당시 이승만이 친딸처럼 아끼던 상공부 장관 임영신의 독직 사건과 농림부 장관 조봉암의 공금유용 사건을 고발했다가 그것이 제대로 처리되지 않자 1949년 8월 단호하게 공직에서 물러났다. 1950년 병원에 입원 중 전쟁이 터지고 북한군에 의해 체포되어 북한 찬양방송을 요구 받았으나 거절했다.최서면, 1975: 280~290 이후 퇴각하는 북한군에 의해 납북되던 중에 숨을 거두었다는 사실이 납북요인을 관리했던 북한 측 관계자의 증언에 의해 밝혀졌다.이

태호, 1991

정인보의 유교 혁신의 이념과 민족적 자의식이 어떻게 형성되었는가를 크게 두 가지로 나누어 살펴보자. 첫째, 그가 이건방에게서 배운 바가 일차적인 계기로 작용했다. 강화학은 흔히 조선의 양명학파로 알려져 있지만 그렇다고 해서 왕양명의 교의를 그대로 따르지는 않았다. 그들은 소외되었던 실학 계열 학자들과 교유하면서 실심 위주의 독특한 윤리 사상을 발전시켰고, 그 과정에서 자연스럽게 중화사상의 해독에서 벗어나 조선 학문의 독자성을 강조했다.「담원 전집」2권, 「조선고서해제」; 심경호, 2000 학문은 현실을 합리화하는 도구가 되어서는 안 되지만, 현실에서 물러나 움츠려서도 안 된다는 스승 이건방의 가르침은 정인보가 민족운동에 나아가는 데 큰 영향을 미쳤다.「담원문록」, 「祭蘭谷李先生文」; 鄭仁在, 2001: 97~99 둘째, 정인보가 정통 유림과 달리 전통 지식을 근대 학문에 접합하기 위해 노력했던 과정에서 유교 혁신의 논리가 발전되었다. 한문학 담당 교수이자 민간지 논설위원으로 활동하면서 그는 자연스럽게 민족운동의 논리를 계발하는 과제를 떠맡게 되었다. 이때 근대 학문을 배운 지식인들과 교유하면서 정인보는 스스로 전통 학문의 한계를 자각하면서 이를 자주적으로 극복하려는 노력을 기울였다. 그는 일찍이 박은식 등의 유교 개혁주의자들의 영향을 받아 개혁된 유교가 일제 지배에 대항하는 사상 자원으로 활용될 수 있음을 배웠다. 하지만 그의 교유는 홍명희, 안재홍 등 비슷한 배경을 지닌 지식인에게 머물러 있지 않았다. 기독교 민족주의자 백낙준白樂濬, 사회주의 경제학자 백남운白南雲 등과 영향을 주고받으면서 유교 전통 지식을 근대 학문 세계로 편입시키는 데 필요한 정밀한 시각을 얻었다.조동걸, 1992 조선사의 특수성에 바탕하여 근대라는 세계사의 보편성과 결합하기 위해 탄생시킨 개념이 바로 '조선학'이고 '실학'이었다. 다산 정약용을 비롯한 실학자들의 저작에 대한 그의 관심은 조선 학문의 근대성을 실증하려는 의도와 이어진 것인데, 유교사에서 볼 때 이 작업은 유교 전통 내에서 근대성의 계기를 확인했다는 의미를 갖는다.

정인보와 유교 근대성

유교사에서 정인보의 위상은 유교의 근대적 전환과 관련해서 파악되어야 한다. 이는 유교 지식인의 자기 인식에서 출발하여 유교 혁신의 논리를 체계화하는 방식을 분석할 때 비로소 그 가치가 드러난다. 먼저 유교 지식인으로서 정인보의 정체성과 관련된 문제, 곧 한국 종교와 근대성의 문제를 점검해 보자. 전체 사회의 하위 체계로서의 문화는 행위자들에게 무엇이 가치 있는 삶인지를 지시하는 기준을 내면화시키는 기능을 수행하는

데, 그것은 대부분 종교적 상징체계에 의해 선험적으로 규정된다.Parsons, 1971: 11 그런데 개별 행위자들은 전승된 가치를 맹목적으로 수용하지만은 않는다. 그들은 '집합적 기억'으로서 공동체의 역사를 전승하지만, 외부 환경의 변화에 대응하는 과정에서 옛 기억을 적극적으로 '재해석'하게 된다.Halbwachs, 1992[1952]: 51 다시 말해, 공동체의 기억은 고정된 것이 아니라 역사 참여자들의 해석 과정에 개방되어 있다. '서구의 충격' 또는 일제의 침략에 의해 '강요된 근대'를 맞게 된 한국인들은 처음에는 기존의 해석 체계를 통해 그것의 의미를 이해하고자 했다. 앞서 검토했듯이, 위정척사파와 그 의병들은 당시의 위기 의식 속에서 이를 실행했다.오영섭, 1999: 153~159 그런데 근대라는 것이 이전과는 전혀 다른 성격을 띤 도전이라는 것을 인식하면서, 기존 해석 체계로 설명할 수 없는 현상들에 대해 새로운 해석의 틀을 준비하지 않을 수 없게 되었다. 박은식으로 대표되는 유교 개혁주의가 그 흐름을 대표한다. 그러나 박은식은 량치차오梁啓超의 예를 따라 우승열패라는 사회진화론의 원리를 받아들였기 때문에,「박은식 전서」하권: 37 선험적 전제 수준곧 맹자의 성선설과 모델 수준곧 갈등하는 세계 사이의 모순을 논리적으로 일관되게 설명할 수 없었다.[14]

그렇다면 유교 체계 '내'에서의 변화를 통한 근대로의 전환은 불가능한 것인가? 그렇지는 않다. 정인보는 유교에서 개인의 도덕적 자율성이 가능함을 논증하고, 그러한 개인들의 집합적 노력을 통해 공동체의 과제를 수행할 수 있다고 설득했다. 이처럼 개인의 도덕적 자율성을 중심으로 전체 사회를 향한 실천적 계기를 확보하려는 정인보의 시도는 양명학과 한국사상사에서 그 실체적 원천을 입증해냈다는 점에서 추상적인 자기 관념에 머문 선배 학자들을 뛰어넘는다. 자기의 눈으로 세계를 보는 것, 곧 규범성을 자기 자신에게서 찾는 것을 사상의 근대라고 정의할 때,Habermas, 1987: 7 정인보가 다산 정약용을 비롯한 실학자의 공헌을 '발견'하려는 작업은 이미 학문적 주체성을 통해 근대로 진입하려는 의지를 드러낸 것이다. 따라서 정인보의 사상은 당대의 정치적 요구에 의해 급조될 수밖에 없었던 이전 단계의 유교 개혁주의를 실학이라는 조선 유교사의 큰 흐름에 합류시켜 접합·발전시킨 것으로서 그 유교사적 의의를 높게 평가할 수 있다. 이제 정인보의 유교 개혁주의 사상을 윤리학과 종교라는 두 측면에서 살펴보자.

유교 윤리학의 혁신: 개인 동기와 공동체 윤리의 결합

먼저, 정인보가 유교 윤리 사상을 어떻게 재해석하여 근대적인 도덕 공동체 형성 논리로 전환시켰는지 살펴보자. 1920년대 식민지 조선의 사상계는 서구의 세 가지 윤리 사조를 통해 근대적 윤리학과 조우했다. 하나는 종교적 교리나 전통과 같은 외부의 규정적 원리에서 해방된 개인들을 도덕 판단의 주체로서 내세운 도덕적 개인주의의 원리였다. 그런데 이는 세속화한 형태의 자유주의와 구별이 되지 않았고 이미 식민지로 전락한 상황에서 의지를 상실한 대중에게는 윤리적 허무주의로 수용되었다. 다른 하나는 도덕적 개인주의 윤리를 실체가 아닌 이데올로기로 간주하여 비판했던 맑스주의자들의 논리였다. 이들은 기존의 유교적 윤리 질서를 비판하는 데에서는 얼치기 자유주의자들과 차이가 없었다. 무엇보다도 맑스주의자들은 물질적 토대를 바꾸게 되면 자연스럽게 상부구조로서 윤리도 따라서 변하는 것으로 간주했기 때문에, 체계적인 도덕 이론을 세우려는 모든 시도에 대해 적대적이었다. 마지막 남은 하나는 민족주의 진영의 윤리학이었는데, 민족의 개조를 논할 때는 도덕주의적이었다가 실력 양성을 논할 때는 공리주의적으로 변신한다는 점에서 무원칙적이었다. 이런 점에서 당시 식민지하의 근대적 윤리 체계는 모두 윤리적 허무주의를 공유했다.

정인보의 유교 윤리학은 바로 이러한 상황에 대한 반응으로서 출발했다. 먼저 모든 형태의 '윤리적 허무주의'와 대결해야만 했고, 동시에 식민지 지배체제에 순응하는 탈정치화된 보수주의, 경제상의 이익을 좇는 공리주의적 운동가가 기대게 되는 경제주의, 이 모두를 비판하는 것이 정인보의 과제였다. 그리고 유교사에서 정인보의 진면모는, 단순한 학술적 비판을 넘어서, 당시 유교 혁신의 과제였던 근대와 민족 문제에 대한 유교의 실천적 개입을 이끌어낼 수 있는 새로운 윤리 사상을 개척했다는 데 있다. 이제 『양명학연론』과 『오천년간 조선의 얼』, 그리고 그 밖의 논설을 종합하여 정인보의 유교 윤리 혁신의 핵심을 정리해 보자.

첫째, 정인보는 유교 전통을 '도덕적 개인주의'로 재해석하여 근대적 개인의 도덕 자율성을 강조했다. 『양명학연론』에서 도덕의 앎의 근거로 제시된 것은 왕양명이 말했던 '양지良知'이다. 왕양명이 이른바 '사구교四句教'에서 "선악을 아는 것을 양지라 하고, 선을 행하고 악을 없애는 것을 격물格物이라 한다"고 말한 것은 이를 이른다. 이때 '격물'의 물物은 실제로는 사事로서 인간의 의념이 발한 것이므로, 양명의 '격물'이란 올바르지 않은 현상을 '바로잡는다'는 도덕적 함의를 띤다. 그러므로 양명의 격물론은 인식론이라기보다는 도덕 실천 그 자체이다.유명종, 1994: 57; 노사광, 1987: 480 양명의 사상에서 인식론은 윤리학과 분리될 수 없으니, 이것이 '지행합일'의 근거이다. 정인보의 양명학 소개도 이를 따르고 있다.『담원 전집』 2권: 160~161 정인보는 양지를 "천생으로 가진 앎"으로 번역하였는데, 이것은 정인보의 윤리 사상의 핵심에 위치한 '본밑 마음實心'을 가능하게 하는 근거로서 작용하고 있다. 실심을 가능하게 하는 양지는 모든 인간에게 선천적으로 내재한 것으로서, 이것은 의념의 발한 바의 선악을 아는 까닭에 특히 악을 바로잡을 것을 명령한다.

그런데 도덕 판단의 근거를 자신의 마음속으로 돌린다는 것은 상대주의 윤리관으로 흐를 수 있다. 양명학을 비판하는 사람들은 그것이 불교의 주관 유심론의 폐해를 좇아 망령되이 광행狂行하는 것을 문제 삼는다. 정인보는 이 문제에 대해『오천년간 조선의 얼』에서, 극기멸사의 주체가 '저'이므로 제가 저를 극복했다면 극복당한 저는 이미 제가 아니라는 논리를 제시하며 답변한다.

'저로서'의 판별함은 이 이른바 良知라 본디 가진 자연한 앎이로되 저로서 是타 함을 구차히 남 따라서 非타하고 저로서 不當타 함을 구차히 남 따라서 當타 하므로 마침내 제 '얼'을 自守하지 못하는 것이니 알라, 猖狂妄行이 저로서가 아님에 있다.「담원 전집」3권: 9

정인보가 보기에 '창광망행'은 오히려 마음이 주체성을 잃은 결과 타의에 의해 휘둘리는 경우에 해당한다. 주체성을 잃게 하는 확실한 보기로 이른바 상황 논리를 들 수 있다. 남들이 시세를 들어 '어쩔 수 없다'라고 하지만, 정인보의 판단 기준은 오로지 내면의 도덕성에 있으므로, 현실의 세력 관계나 이해관계를 뛰어넘을 수 있다.

　그러므로 '저로서'라고 말한다면 이는 '저로서'가 아닌 부분을 克하고 窒하고 滅함인 줄 알 것이니 저로서 '제' 이외의 하등의 견제를 받지 않는다. 그래야 비로소 '얼'의 堅貞함을 徵할 것이다.「담원 전집」3권: 9

　정인보는 "저 이외의 하등의 견제를 받지 않는다"는 말로서 국가 권력이나 공리성에 의해 휘둘리지 않으며 도덕의 자율성을 지키고자 하는 것이다. 이는 근대적 개인의 내면적 도덕성의 필요성을 논증한 것으로서, 당시 좌우파 모두 자유로울 수 없었던 윤리적 허무주의를 극복할 수 있는 논리를 제공했다.[15]

　둘째, 정인보 윤리 사상은 도덕 실천이 실제 일상에서 실행될 때 의미가 있다는 점을 강조하고 있다. 이는 물론 양명학파 윤리관의 핵심이기도 하다. 왕양명은 일상사에 자신의 도덕성을 단련한다는 뜻의 사상마련事上磨鍊을 강조했다. 이것이 잘 나타난 것이 양명의 「대학문大學問」이다. 주희가 『대학』「수장」 "在親民"의 "親자는 마땅히 新자로 고치어 볼 것이다"고 한 것에 대해, 양명은 고본 『대학』의 親자가 옳다고 했다. 정인보는 주희와 왕양명의 차이를 다음과 같이 평가하고 있다.

두 학설이 이렇게 달랐다. 新은 교훈에 대한 말이니 벌써 心外로 外事에 속하는 것이나 親은 곧 마음의 感通이라 그대로 明德本體이니 하나는 外求이요 하나는 內索이라.「담원 전집」 2권: 121

민중과의 간격을 없앤다는 것은 일상의 작은 일부터 속임이 없고 정성을 기울이는 실천에서부터 비로소 시작되는 것이다.

셋째, 정인보는 도덕적 개인과 윤리적 공동체의 관계를 정밀하게 탐색하여 유교 윤리학을 민족 운동의 기초로 발전시켰다. 진실한 도덕의 앎이라면 그것이 개체 범위를 넘어 전체 사회로 확대되지 않을 수 없다. 개인의 도덕 인식이 사회와 국가를 바탕으로 하지 않는다면 그것은 거짓이다. 이러한 생각이 가장 잘 나타난 곳은 당시 체념적 유림들의 자기정당화 논리였던 이른바 '우도불우국憂道不憂國'론을 통렬히 비판하는 대목이다. 이 비판 논증을 단계별로 분석하면 다음과 같다.「담원 전집」 2권: 175~178

①단계: 국가란 인위의 제도이므로 그것과 감통하여 걱정할 필요는 없다. 곧 "國이야 憂하지 아니하여도 좋다." 곧 정인보 역시 원론적으로는 그들의 주장이 틀리지 않음을 인정하는 것처럼 보인다.

②단계: 그런데 천지만물이 나와 일체인 이상, 민족과 나 사이에 간격이 있을 수는 없다. 내가 지금 고통스러워하는 원인이 민

족 공동체가 처한 시련에 있다면, 민족 고통의 원인을 없애야 한다.

③단계: 내가 궁극으로 추구하는 도학 이념과 현실의 국가 문제는 분리될 수 없고, 그러므로 진실한 도학자라면 반드시 국가와 민중의 현실에 관심을 가지지 않을 수 없게 되는 것이다.

그 확장의 방식이 지극히 주관적인 "감통"에 기초한다는 점에서 한계가 있지만, 그 적용점이 언제나 구체적인 민중의 삶에서 우러나오는 것이라는 데에서 정인보의 논리를 객관화시킬 여지는 충분하다. 이 과정에서 전통 신분 윤리였던 '의'는 민족해방의 '대의'로 확장되었고, 동시에 그 '대의'는 유교 사상의 핵심인 '인'을 겸하는 최고 윤리로 격상되게 된다.[16] 실제로 『오천년간 조선의 얼』에서 그 감통의 양지는 구체성을 띤 '민족의 얼'로 드러나는 것이다.

유교 신정론의 근대적 혁신

다음으로, 종교 측면에서, 정인보가 현실 적응 지향성의 한국 유교를 변화 지향성의 가치로 혁신한 것에 대해 살펴보자. 모든 종교는 인간과 우주에 대한 일관된 해석 체계를 발전시켜 왔다. 세속의 인식 틀로는 이해할 수 없는 현상들을 초월적 원리로 설명한다는 점에서 종교는 도덕 또는 관습 같은 세속의 규범들과 구분된다. 이런 초월 원리 가운데 모순으로 가득한 현실 사회의 행복과 불행을 설명하는 것을 신정론이라고 한다.[17] 이 용어의 어원은 유일신 사상을 발전시켜온 기독교 신학에 있다. 따라서 인격성을 가진 절대 신의 존재가 불분명한 유교의 경우 과연 신정론을 찾을 수 있을까라는 의문이 성립할 수 있다. 그런데 종교사회학에서는 신정론의 적용을 위해 반드시 인격신의 존재를 요구하지 않는다. 동아시아의 경우 민중 종교와 고급 종교 모두에서 개인을 그가 속한 사회와 자연의 차원과 연결시켜 설명하고 있는데,버거, 1981: 75~78 이것이 내세에 초점이 맞추어질 경우에는 보수적 논리가 된다. 하지만 유교는 내세가 아닌 세속의 역사 자체에서 개인과 사회를 관련짓는 까닭에 경우에 따라서는 현실 개혁 움직임의 동기로도 작용할 수 있다. 유교 신정론의 보수·개혁 양면성은 그것이 사회 계급과 맺는 정치적 관계 속에서 비로소 판명될 수 있다. 지배 계급은 신정론을 통해 자신의 특권적 지위를 정당화하며, 피지배 계급은 현세의 불운을 내세에의 기투 또는 심령의 위안으로 돌리게 된다. 두 경우 모두 신정론은 현실을 정당화하는 순응의 기제로 작용한다. 맑스의 종교 비판이 특히 뒤의 것, 곧 피지배 계급이 취하는 신정론의 이데올로기적 측면에 초점을 맞추는 것도 그런 까닭에서이다.Marx·Engels, 1976: 61~63[18] 그런데 계급에 따른 신정론의 차별적 적용 방식이 항상 그러한 것만은 아니다. 지배 계급 내부에서도 늘 분화가 일어나므로, 그 가운데 불만 세력은 피지배 계급과 연대하여 변혁에 나서면서 기존의 신정론을 재해석할 수 있다. 따라서 신정론의 정치적 함의는 당대의 역사 조건에 대한 면밀한 탐색을 통해서만 이해할 수 있다.

정인보 유교 개혁주의의 신정론을 분석하기 위해, 먼저 일반적인 유교 신정론의 성격과 유형을 분석해 보자. 유교사에서 나타나는 신정론의 유형은 다음의 세 가지로 정리할 수 있다. ① 조상신을 제사하는 가족 신정론의 요소, ② 자연 순환론에 뿌리를 둔 역易 사상의 형이상학적 신정론의 요소, ③ 초월적인 천명에 근거하는 신정론의 요소.

이 가운데 공식적인 의례로 규정되어 가장 강력한 영향을 발휘한 것은 첫 번째의 것, 곧 조상을 제사하고 때로는 그 음덕에 기대는 신정론이다. 논리상 국가 또한 가족의 확장된 영역이기 때문에 왕조의 조상신에 대한 제례 역시 가족 신정론의 논리에 포함된다. 조선 사회를 가족주의적인 유교가 사회 모든 영역에 침투하여 규정 원리로 작동되었다고 보는 것은 바로 이 첫 번째 요소에 초점을 맞춘 해석으로서, 이 경우 조선 사회에서 종교적 합리화를 통한 근대로의 전환은 어렵다.

『주역』 해석에서 연원하는 유교 신정론의 두 번째 요소는 유교 형이상학의 핵심으로서, 자연적 질서와 인간적 질서를 연결지어 사유할 수 있게 했다. 특히 순환론적 이해를 바탕으로 유교인에게 현재의 고난을 이겨낼 힘을 제공해 왔다는 점에서 '신 없는 신정론'의 성격을 잘 보여 주었다. 앞서 살펴보았듯이, 위정척사파의 논리에는 언제나 '석과불식碩果不食'론이 등장하였고 이는 구한말 의병전쟁의 핵심 논리가 되었다. 따라서 역에 근거하는 신정론을 단순히 보수주의적 동원 체계로 볼 수는 없다. 역 또한 역사적 합리성을 가지고 있으며, 그것은 또한 조선을 비롯한 동아시아의 혁명적 민중운동의 기저에서 대안적 신정론의 기능을 수행했다. 그러나 자연 세계의 원리와 사회의 원리가 분리되지 않은 『주역』류의 순환론에 기초한 역사 인식이 외세에 대한 투쟁을 자동적으로 이끄는 것은 아니다. 같은 논리에서 숙명성과 수동성에 침윤된 행위도 나올 수 있기 때문이다. 또한 위정척사파의 신정론은 기본적으로 조선 전통 사회의 내부 단속을 위한 이데올로기였기 때문에 사회 개혁에는 반대하는 성격을 견지했다. 다만 외세의 침입과 같은 특수한 상황에서 대결의 논리를 제공했을 뿐이다. 그나마 순환적 역의 사상에 근거하는 신정론은 1920년대 이후 근대의 지식인들에게는 더 이상 유효하지 않았다. 유교계 복벽 운동의 쇠퇴는 이와 관련이 있다. 제정 러시아의 몰락과 고종 황제의 죽음, 그리고 결정적으로 3 · 1 운동을 통해 민중의식이 공화주의로 혁신되었기 때문이다. 파리장서운동을 통해서 유교계가 혁신 가능성을 모색하게 되면서, 이제 새로운 측면의 신정론을 강화시킬 필요가 생겨났다.

그렇다면 유교 신정론의 세 번째 요소, 곧 초월적인 천명의 신정론은 근대 지향적인 유교 개혁주의를 낳을 수 있는가? 하늘天과 인간人이라는 범주는 기원전 10세기 이전 서주西周 시대 초기부터 형성된 중국사상사에서 가장 오래된 범주로서 20세기 초반 장타이옌章太炎에 이르기까지 지식인은 물론 민중의 세계관의 기초를 제공해 왔다.풍우, 1993 천인감응설 자체는 세계적인 현상이므로, 중국철학에서 천명론의 특질을 분명히 할 필요가 있다. 사실 천명을 명확히 아는 것知命은 성인의 영역일 뿐, 세속의 행위자는 초월적인 원리로서의 천명을 사후적인 해석을 통해서만 접할 수 있다. 그것은 인위적인 노력에 의해 바뀌지 않는다. 따라서 천명론이 숙명론으로 해석될 경우 정치적으로 현실을 정당화하는 체계로 작동한다. 그러나 '천명은 있지만 그것을 알지는 못함'이라는 상황은 행위자들에게 성인의 경지에 이르기까지 분발하도록 하는 종교적 엄숙성의 계기로 작동되기도 한다. 하늘은 노력하는 자를 돌보지 않는다. 가장 촉망받던 제자인 안연의 죽음에 대해 슬퍼하며 인간 공자는 하늘을 원망한다. 그런데 성인 공자는 하늘을 원망하지 말라고 가르치기도 한다. 당장 도가 실행되지 않는다고 할지라도 언젠가는 도가 실행될 때가 오리라는 엄숙한 믿음에서 우러나오는 다짐이다. 이러한 역설을 통해 행위자는 결과에 연연하지 않고 오직 현재의 불의에 맞서는 용기를 얻는다.

천명의 엄숙함을 통해 인간 개개인의 도덕적 가능성을 논증한 것은 사맹학파子思와 孟子의 공헌이었다. 맹자는 인간에게 선천적으로 내재하는 보편적인 도덕성이 있다고 보았다. 그 내재하는 도덕성의 선함은 최종적으로 초월적인 하늘에 의해 보장되었다. 따라서 맹자의 이른바 성선설은 곧 천명의 선함을 입증하는 논리이기도 하다. 『중용』은 더욱 분명히 "하늘이 명한 바를 일러 성이라 한다天命之謂性"고 말했다. 여기서 신정론의 문제가 발생한다. 왜 천명에 근거하는 인간과 사회가 나쁠 수 있는가? 송대 성리학의 전개 과정에서 인간 본성의 선함은 이치로 돌리고 대신 실재하는 불선에 대해 그것을 기질의 차이에 따른 것으로 설명하면서 그 차이를 통해 지배 질서를 긍정하게끔 만드는 신정론으로 기능한 것은 대표적인 예이다.아와마, 1993: 35 이러한 논리는 향후 보수적인 신정론으로 작동되기도 했다. 그러나 천명의 종교성을 강화시킬 경우에는 정반대의 결론이 나오기도 한다. 유교의 발전 과정에서 천명의 절대성에 대한 강조는 세속 사회의 불선을 합리화하는 길을 밟지 않았다. 대신 공자의 뜻을 이은 사상가들에게 천명의 강조는 곧 인간이 세속의 기준을 초월하는 정서적 긴장의 원천을 제공했을 뿐만 아니라 보편적인 입법의 원리를 통해 현실을 개혁하려는 실천적인 자세를 촉구하는 방식으로 작동했다.

정인보는 그 선배 실학자들이나 강화학파 학자들이 그랬듯이 원시 유교로 돌아가 거기서 초월적인 천명의 존재와 그것을 실행하는 계기로서의 인간의 내면적 도덕성을 탐구했다. 그래서 유교의 세 신정론 요소 가운데 가족 신정론과 자연순환론적인 신정론에서 비교적 자유로웠고, 대신 현실의 불의를 인식해서 생기는 긴장을 해소하기 위한 행위자의 의지를 그 자체로 강조할 수 있었다. 청년 시절의 정인보는 동제사에 가입하여 쑨원孫文의 공화국을 지지하고 중국의 공화주의자들과 교류했는데, 이는 그러한 개혁주의 의식이 작용한 결과이다.[19]

그렇다면 유교 지식인인 정인보는 어떻게 옛 위정척사파의 '석과불식론'을 넘어서서 근대적 정치 이념의 구현에 참여할 수 있었는가? 정인보의 스승들인 이른바 '최후의 강화학자'들은 명말청초의 사상가 황종희의 『명이대방록明夷待訪錄』을 읽으며 더 일찍 공화주의적 정치 개혁을 해내지 못한 것을 아쉬워하기도 했다.민영규, 1994 정인보는 그 책에서 유교 공화주의의 가능성을 보았을 뿐, 제목에서 보이는 『주역』류의 순환론적 신정론에 의지하지는 않았다. 대신 그는 원시 유교와 왕양명의 전통에서 일관된 인간 이해, 곧 사회관계를 이끌어 가는 주체로서의 인간의 마음에 관심을 가졌다. 이것이 곧 천명을 받은 인간의 본성이고 곧 양지良知이다. 인간의 마음에는 천군天君이 주재主宰하여, 이를 통해 인간의 윤리성은 초월자와 관계한다.

그런데 정인보의 신정론 혁신은 개인 윤리 차원에 국한되지 않는다. 개인이 숙명론이나 순환론의 굴레에서 벗어나 일상에서 도덕적 실천을 한다는 것은 결국 일상의 모순을 규정하는 사회적 실체에 능동적으로 도전한다는 것과 같은 의미이다. 일제강점기라는 상황을 감안하면, 개인의 윤리적 완성은 국권 회복을 통해서만 가능하다. 정인보가 개인 차원의 신정론을 민족 수준으로 확장시키기 위해서 사용한 개념이 바로 '얼'이다. 『오천년간 조선의 얼』의 '서론'은 그의 '얼' 역사관의 신정론적 성격을 잘 보여 준다.

'얼'은 민족사의 대 척주脊柱를 이루고 있는 실체로서, 다름 아닌 민족정신이다.『담원 전집』3권: 19 한 개인의 경우 정신인 얼과 육체인 구각軀殼이 합일하여 그 사람다움을 형성하듯이, 한 민족의 경우에도 민족정신인 얼과 그 전개로서의 민족사가 어우러져 하나가 된다. 이러한 사유의 강점은 그것을 적극적으로 해석하는 경우, 곧 외면 요소인 구각보다 내면 요소인 얼에 우선성을 두는 경우에서 발견된다. 당시처럼 국권을 상실한 민족의 경우에 민족

정신인 '얼'을 잃지 않는다면 외부 요소인 국권은 언제든 되찾을 수 있다는 생각이다. 그래서 정인보를 비롯한 당대 유림의 저술에서는 경술국치를 국망國亡으로 쓰지 않고, 국변國變이라고 쓴다. 정인보가 즐겨 사용하는 "신진화전薪盡火傳"『담원 전집』 2권: 86이라는 구절은 이러한 적극적인 의식을 뜻한다. 불씨는 바로 민족의 얼을 비유하는 것이다.

정인보의 '얼' 논의는 선배 세대들의 역사 인식을 훨씬 정교한 체계로 승화시켰다. 정인보의 '얼'은 양명학의 양지론을 비롯한 유교 철학의 정수를 민족사와 민족 사상의 실체를 해석하는 틀로 발전시키는 과정에서 얻은 개념이다. 민족사와 민족 사상의 실체는 단순한 자민족 중심주의를 돌파하여 보편적인 사유 체계로 승화될 때 비로소 높은 가치를 지닌다. 보기를 들어, 단군이 위대한 것은 그가 건국 설화의 주인공이기 때문이 아니라, 그가 보편성을 지향하는 하늘天 또는 天命과 실존자인 인간을 합일시키는 사유 체계를 만들었기 때문이다.『담원 전집』 4권: 183~184 그러므로 '민족의 얼'은 더 이상 국수주의적인 정신에 머물지 않고 보편적 의미 체계로서 작동하게 된다.

민족의 얼의 구체는 단군 이래 한민족의 윤리적 교시인 '홍익인간'에 잘 나타나 있다. 정인보는 홍익인간의 가르침이 이미 아사달 초기부터 전민족의 교의가 되어 후대에 계승되었음을 입증했다. 자세히 드러난 것은, 광개토대왕비의 "以道興治"에서의 "道", 그리고 최치원의 「난랑비서鸞郞碑序」에 드러난 "國有玄妙之道, 曰風流"이다. 이때 풍류도가 최치원에 의해 도교와 불교의 언어를 통해 표현되었다고 할지라도 그 내용 자체는 변함없이 홍익인간의 교의임을 정인보는 분명히 밝히고 있다. 불교와 도교가 인간 세계 바깥에 이상세계를 두는 것과 달리 한민족의 교의는 처음부터 인간의 현실을 바탕으로 세속 세계 자체를 이롭게 한다는 데에 특징이 있다는 그의 해석은,[20] 사실상 원시 유교의 현세 개혁사상을 중심으로 한국사를 보았기 때문에 가능한 것이었다. 세속 세계를 중시한다고 해서 그것이 단순히 공리주의 정치관으로 이어지지는 않는다. 곧 세속의 원리가 초월자의 그것과 '분리'된 채 존재하는 것이 아니라, 이미 "천인합일"을 통해 강조한 것처럼, 초월자 '하늘'의 원리가 '인간'을 통해 작용하고 있다는 것을 강조하고 있는 것이다.[21] 이는 명백하게 "천명지위성"이라는 유교의 인간 이해를 적극 채용하고 있는 것이며, 특히 양명학의 "만물일체의 인仁"으로서 인간과 우주가 통하고 있다는 해석을 받아들이는 것이다.

이처럼 정인보는 실제 민족의 삶을 다루는 데에도 그것을 초월자인 하늘의 원리와 분리시키고 있지 않다. 인간은 세속에서 초월의 원리를 담고 이를 실천하며, 이것을 자각한 개인의 얼은 순식간에 민족의 얼을 깨닫게 된다. 민족의 얼은 단순히 개인의 의식 상태의 합이 아니다. 단 한 개인이라도 자기를 자각하면 그 속에 민족의 얼이 이미 거기 있는 것이다. 이를 자각하지 못하게 될 때 민족의 역사는 침체기를 맞게 된다. 정인보는 특히 조선시대의 소중화주의를 그 실례로 삼아 비판했다.「담원 전집」3권: 21 국권 상실은 민족 주체의 '얼'을 상실한 결과일 뿐이다. 물론 유심론에 기초한 역사 해석은 본래 의도와는 다른 결과를 낳을 수도 있다. 하지만 정인보가 조선시대 유교에 대해 가혹한 비판을 가한 것은 있는 그대로의 사실을 보여 준 것이다. 조선 유교의 보수성을 비판하지 않는다면 식민지 상황의 유교도 비판할 수 없다. 고름을 짜내는 아픔 없이 상처를 치유할 수 없다는 것이 정인보의 정신 자세였다.[22] 고대사의 긍정성을 강조하는 것은 그것을 통해 한국사의 자존심을 높이기 위함이 아니라 그에 비추어 조선시대와 근세의 부정성을 확실하게 드러내고자 함이다. 드러난 부정성에 대해 냉철한 반성이 뒤따른다면 '얼'을 되찾는 것은 불가능한 일이 아니다. "'얼'을 잃었다면 결국 제가 자실自失한 것이지 누가 약취掠取한 것이 아니다."「담원 전집」3권: 6 이는 맹자가 "국가는 반드시 스스로 무너진 다음 비로소 남이 침략하는 것이다國必自伐而後人伐之"라고 말한 정치관을 이은 것으로서, 나라를 잃은 이유를 뼈저리게 자각하여 스스로 나라를 되찾을 책임감을 가져야 한다는 적극적 자세를 촉구한 것이다.

결론을 내리자면, 정인보의 '얼'은 유교 본래의 '천명의 신정론'을 재활성화시킨 것으로서, '우주만물일체의 인'인 양지로서 개개인의 마음속에 내재하며, 이것은 또한 홍익인간이라는 교의를 통해 한민족의 역사 전개의 중심 사상이 되었다. 정인보는 역사를 통해 드러나는 '얼'의 움직임을 추적하여 그 실체를 드러내고자 한다. 이때 본래는 세속의 현상에 불과하던 '민족의 얼'이 정인보의 사유 체계에서는 하나의 초월성을 띤 실체로서 승격되어, 민족 구성원에게 도를 실행하기 위해서는 현실의 정법에 참여해야만 한다는 절대적인 명령 체계로 작동한다. 이러한 '역사와 결합한 신정론'으로서 유교는 민족적 책무를 도덕적 근대의 지평으로 확장할 수 있는 기반을 마련하고 다가올 해방을 준비했다.

3

해방 후 유교인의
건국운동과
통일운동

(……)

海寇乘虛闖入하야	바다 왜구가 빈틈을 타 침입하여
乙巳脅約 敢行한다	을사 위협 조약 체결을 감행한다
丁未六月 海牙會談	정미년 6월 헤이그 평화회의에서
義士噴血鳴寃하고	(이준) 의사는 피를 뿜어 원통함을 울고
哈爾濱驛 霹靂聲은	하얼빈역 벽력같은 총성은
元兇伊藤 除去했다	원흉 이토 히로부미를 제거했다
그러나 敵臣賣國	그러나 적신들이 나라를 팔아
庚戌國恥 痛憤하다	경술국치에 통분하다
三十六年 敵治中에	36년 적의 치하에서
우리民族 哀憐하다	우리 민족 슬프고 가련하다
姓名이 제姓名가	이름이 제 이름인가
言語가 내말인가	말이 내 말인가
自手로 勤農해도	손수 부지런히 농사를 지어도
粒穀朶綿 못얻는다	쌀알 면화 못 얻는다
鳥獸皮 草木根도	새 짐승 가죽과 초목 뿌리도
男負女戴 供出하고	지고 이어 공출 당하고
村村이 漏屋中에	마을마다 비 새는 집에
날로 무는 無名雜稅	날마다 무는 무명잡세
哀此孤兒寡婦에게	슬프도다, 이 고아 과부에게
國債券이 奚當한가	전시보국채권 강매가 어찌 마땅한 일인가

大學中學卒業生을	대학 중학 졸업생을 몰아가서
몰아가서 南洋冤魂	남양군도의 원혼으로 만들다니
報國隊가 무엇인지	보국대가 무엇인지
獨子라도 가서 죽고	독자도 징용되어 가서 죽고
無知한 幼稚들을	무지한 어린 아이들을
學校마다 모와다가	학교에 모아
語學인지 體育인지	일본어와 체육을 가르쳐
孤魅豚犬다되었다	애도깨비 개돼지 다 되었다
穢惡이 貫盈하니	더러운 악이 차고 넘치니
皇天이 無心할가	하느님이 무심히 보고만 계실까
列强國에 宿虎衝鼻	잠든 호랑이 열강 국가의 코를 찌르니
아니亡코 어이할고	망하지 않을 수 있겠는가
原字彈 一二介에	원자탄 한두 방에
百萬强兵 束手로다	백만의 강병도 손이 묶였도다
大韓獨立 公議있어	대한 독립의 공의 있어
萬國 함께 承認이라	만국이 함께 승인이라
積年苦心 海外諸公	수십 년 고난의 해외 독립운동가들
唾手一笑 돌아오니	새 기운으로 웃으며 돌아오니
自治政權 在我하나	자치하는 정권은 우리에게 있으나
庶事草創 어이할꼬	건국의 수많은 일 새로 만들기 어이할거나

血氣있는 우리同胞	혈기 있는 우리 동포
이제 더욱 奮發하자	이제 더욱 분발하자
有人이면 有國이니	사람이 있으면 나라가 있으니
世道挽回 누가 할고	세상을 다스리는 도리를 되찾는 일 누가 할까
沈痼한 前日弊習	오랜 고질 옛 폐습
어서 바삐 除去하고	어서 바삐 제거하고
自主의 祖國精神	자주의 조국 정신
어서 바삐 喚覺하소	어서 바삐 불러 깨우시오
倫綱부터 樹立하고	윤리 질서부터 수립하고
風俗漸次改革하야	풍속 점차 개혁하여
檀箕古國 좋은 疆土	단군·기자 이래 좋은 강토
永久維持하여보세	영구히 유지하여 보세
우리도 四千餘年	우리도 4,000여 년
歷史있는 나라이니	역사 있는 나라이니
亂極思治 此時機에	나라가 어지러워 잘 다스려짐을 바라는 시기에
老夫一言 省念하소	늙은이의 한마디 살펴 생각하소

홍치유洪致裕, 「영언永言」 제2장의 후반부를 원문과 현대어 역문으로 대조하여 실었다. 「영언」은 1장 24구, 2장 81구, 3장 45구로 구성된 국한문병용 가사로서, 홍치유의 유고 문집 『겸산집兼山集』의 514~547쪽에 실려 있다. 1~2장은 우리 역사를 조감하고 있고, 3장에서는 해방 이후 유교인이 속유에 머물지 말고 실행에 힘써 사학斯學을 부흥시켜 나갈 것을 당부하고 있다. 『겸산집』에 실린 홍치유의 글 가운데 순한문이 아닌 유일한 글이다.

5

해방 직후의
유교 단체와 통합 과정

1. 해방 전후 유교계의 상황

1945년 8월 15일 일본의 항복 선언과 함께 한반도는 해방되었다. 국권을 되찾기 위해 투쟁하다가 순국한 독립투사들의 유업이 드디어 성취된 것이다. 국권 상실 35년간의 치욕과 억압에서 벗어나게 된 민족의 감격이 "만세" 소리가 되어 경향 각지에서 울려 퍼졌다. 구한말 의병전쟁과 국내외 독립운동에 적극적으로 참여했던 유교인들이 해방을 맞이하는 느낌은 더욱 남달랐을 것이다.

유교계 지사들은 1945년 해방과 함께 새로운 과제, 곧 전통적 유교 정치학을 변용하여 민족국가 수립과 근대 민주주의 정치에 참여하는 과제를 수행해야 했다. 과거 1919년 파리장서운동을 통해 유교인들은 이미 근대 민족주의 정치학을 수용하기 시작했고 또 혁신계 사회운동에 적극적으로 참여했던 경험도 갖고 있었다. 그런데 이러한 명망가 중심의 저항과 운동이 유교계 전체를 대표할 수는 없다. 엄밀히 말해서, 정통 유림과 혁신 유림을 모두 포함한다고 해도 유교계는 해방 직후 근대 정치에 개입할 수 있을 만큼 정치 이상을 변화시키지 못했고, 무엇보다도 실질적인 조직 역량이 충분하지 못했다. 준비가 부족한 상황에서 맞이한 해방은 축복이 아니라 새로운 시련의 시작이었다. 남북으로 나뉘어 진주한 미국과 소련 군대에 의해 군정이 시작되면서 한반도에는 무수한 정치 세력이 저마다 정당을 만들고 자신의 이익을 관철시키고자 했다. 이러한 상황을 한 원로 유학자는 "난극사치亂極思治", 곧 '나라의 어지러움이 극에 달하면서 제대로 된 정치를 그리워한다'고 표현했다.『겸산집』: 537~538[1]

원로 유림의 우려처럼, 해방 정국은 혼란으로 점철되었다. 일제 말기 전시 파시즘 체제하에서 숨죽이고 있던 정치 세력들은 자주독립국가 건설이라는 명분하에 합종연횡을 거듭했다. 소련 군정하에서 김일성 중심의 공산 세력이 전제적 통치를 시작한 북한과 달리, 남한은 신탁통치반대운동을 기점으로 좌파와 우파의 분화가 뚜렷해지면서 이들 사이의 갈등이 첨예화하기 시작했다. 앞으로 수립될 국가가 어떤 가치와 이념을 지향하는 정치체제를 선택할 것인지를 결정하게 될 이른바 '해방 정국'에 드리운 가시밭길에서 유교인들만 예외일 수는 없었다.

해방 전후 유교계의 상황

일제강점기 말 여타 종교계가 그러했듯이 유교계는 조선유도연합회를 중심으로 적극적인 친일 협력에 나섰다. 총독부가 성균관을 대신해 세운 경학원에는 정통 유림이 거의 참여하지 않았기 때문에, 경학원은 일제의 간섭하에 구한말의 친일 명망가와 원로 유림 그리고 일본 유학 경력의 신진 유학자 중심으로 운영되었다. 지속적인 유교계의 불만을 달래는 과정에서 총독부는 1930년 경학원 부속 명륜학원을 설립했고, 최소한의 유교 지식과 의례를 전승하는 수준의 의식하에서 유교 전통을 보존하고 있었다. 그런데 1939년 조선유도연합회가 창립되면서 기존의 일제 협력 유림들에게는 천황에게 충성하는 '황도유학'을 적극적으로 선전하며 제국주의 침략 전쟁 수행의 후원자가 되는 선택밖에 남지 않았다. 김태준金台俊과 같은 소수의 비적극적 협력자들조차 명륜학원에서 물러나는 1941년 이후《경학원잡지》 46호: 33 남은 경학원 관계자는 모두 적극적 친일파로 간주되어야 하는 이유가 그것이다. 일제는 각종 유림대회를 개최하고 조선유도연합회를 결성한 후, 지역 향교를 중심으로 도별 지부 결성대회와 순회 강연회를 실시하며 지역 유지들에게 일제 협력을 촉구하였다. 친일 유림의 적극적 활동에도 불구하고, 향교 관계자를 제외한 정통 유림 대부분은 이러하고 저러한 이유를 대며 그들에게 협조하지 않았다.[2]

이처럼 유교계의 일제 협력은 기독교계와는 차이가 있다. 근대 조직의 성격을 띤 기독교계는 실제 교계에 영향력 높은 인물들이 전면에 나서서 목적 달성을 향해 작동하는 구조였다. 따라서 선교와 조직 발전 그리고 민족운동에 적극 나섰던 중요 인물들이 일제의 회유와 압력에 그대로 노출되어 안타깝게도 중진 명망가 대부분이 부일附日의 길로 나설 수밖에 없었다. 종파별 교리관과 조직 특성에 따라 그 대응 양상이 달랐던 신사참배 문제 김성건, 1991: 294~290는 해방 이후 기독교계의 발목을 잡았다. 반면에 유교계는 명망도 정통성도 없는 인물들이 조직을 꾸려 일제에 협력했을 뿐, 존경 받는 핵심 유림들은 적극적 저항노선을 유지했거나 최소한 수구·은거하며 일제에 협력하지 않았다.

일제 말 유교계 정통 세력이 친일 혐의에서 벗어날 수 있었던 이유는 크게 두 가지이다. 하나는 유교가 근대적인 조직 원리가 아니라 전통적인 네트워크 방식에 의해 결속되는 독특한 종교적 성격분산종교을 가졌다는 점이다. 교권의 실체가 존재하지 않았기 때문에, 중앙을 장악한 친일 유림의 주장은 선전 매체 바깥으로 확산될 수 없었다. 급조한 중앙의 유교 조직들의 영향력은 경성 바깥으로 나아갈 수 없었고, 일제의 지역 향교 장악도 제한적인 수준에서만 가능했다. 다른 하나는, 유교의 종교적 측면, 곧 현실 권력에 연연하지 않고 경전 해석에 기초하여 강한 이상주의를 내뿜던 조선 유교 전통의 존재이다. 위정척사론과 항일의병 전쟁을 수행했던 이 고집스러운 유림의 학통 네트워크는 일제하에서도 그 경험과 기억을 보존하고 재생산했는데, 1919년의 파리장서운동과 1926년의 신건동맹단 관련 독립운동은 그 대표적인 보기였다. 이처럼 정통 유림이 학통이라는 네트워크로 결속되었기 때문에 이들은 드러난 조직 없이도 오랫동안 일제에 맞설 수 있었다. 정통 유림의 지적·도덕적 영향력은 일종의 사설 교육기관인 서원을 통해 보존되었고, 여기에 소지주라는 경제적 기반이 더해지면서, 독립운동 계열의 유림은 일제 협력의 압력에서 가장 자유로울 수 있는 집단으로 남을 수 있었다. 따라서 해방 후 유교 세력은 대종교 계열과 함께 가장 선명한 독립운동 집단으로 존경 받았다.

정통 유림의 도덕적 권위와 더불어 짚고 넘어가야 할 사실이 있다. 바로 해방 정국에서 유교계의 실질적 영향력에 관한 것이다. 1947년 1월 기준으로 미군정에서 종합한 자료를 보면, 독립촉성종교단체연합회에서 활동한 5개 종교 집단 가운데 유교 인구수는 60만여 명으로 전체 종교 가운데 2위의 교세에 해당한다. 당시 기독교 신도가 33만여 명인 것과 비교해 볼 때 유교인의 규모는 그 두 배에 달한다.[3] 이 자료에서는 불교 신도 수가 421만 명으로 압도적인 규모였는데, 미군정은 불교가 한국에서 가장 큰 종교 집단이라는 데에는 동의하면서도 신도의 숫자는 크게 신뢰하지 않았다. 반면에 유교 신도 수는 유도회에 가입한 회원을 기준으로 작성된 것으로, 미군정은 기독교의 신도 수만큼이나 유교의 자료를 신뢰했다. 해방 정국의 유교 인구수가 많았던 것은 유교계가 각 지방의 향촌사회를 장악하고 있었기 때문으로서, 실제로 중앙의 유도회총본부 결성 이후 각 지역 지회에서 전통적인 서원과 향교 조직 그리고 지역 유림의 결합을 통해 상당한 회원을 확보할 수 있었다. 이상의 논거를 종합할 때, 유교계를 해방 정국에서 도덕성과 영향력을 갖춘 종교 세력으로 평가하는 데는 무리가 없다. 이러한 유교계가 과연 해방 정국을 무의미하게 보냈을까? 이 책은 해방 정국에서 유교 계열의 움직임에 대한 서술을 통해 그동안의 현대사 서술이 편견과 오류에 기초했다는 것을 확인하고자 한다.

김창숙과 건국동맹

1944년 여운형과 조동호의 주도로 조직된 조선건국동맹이하 '건국 동맹'은 해방 이후의 건국 준비를 위해 전국적으로 광범위한 비밀 조직 활동을 수행했었다. 조직의 규모와 실상에 대해서는 연구 자들 사이에 이견이 있다. 김창숙의 경우를 보면 건국동맹의 실 제 위상을 어느 정도 엿볼 수 있다.

많은 유교인들이 해방을 일제하의 감옥에서 맞이했는데, 김창 숙의 경우도 예외는 아니었다. 일제에 의해 김창숙이 마지막으 로 체포되었던 사건이 바로 '건국동맹 성주 지부' 건이었다. 그런 데 유림의 최고 지도자라는 김창숙의 명망으로 볼 때 그가 일개 군 지역의 책임자라는 것에 상당한 의문이 든다. 비밀결사의 성 격이 강했던 건국동맹의 성격상, 그 실체와 관련해서는 참가자 들의 회고에 의존할 수밖에 없다. 김창숙의 회고에 따르면, 건국 동맹의 남부 지역 책임자는 김창숙 자신이었다.[4] 이종률의 회고 는 더욱 구체적인데, 중앙 책임자는 여운형, 북부 책임자는 조만 식, 남부 책임자는 김창숙이었다고 한다. 이러한 회고가 부분적 으로 설득력이 있는 이유는 다음과 같다. 우선, 그들이 일제하 민 족주의운동에서 소극적 수준의 일제 협력조차도 없었던 가장 양 심적인 지도자였다는 점이다. 다음, 기독교 세력이 강성했던 북 부에서 가장 존경 받는 지도자였던 조만식, 유교 세력이 여전히 강성했던 남부에서 김창숙이 각각 책임자였다는 점이다. 이러한 적절한 균형을 통해 민족주의운동 계열의 적극적 참여를 이끌어 낼 수 있기에, 여운형 계열에서 충분히 시도했을 만한 구상이라고 볼 수 있다. 건국동맹의 유동적 성격을 차치하고 확인된 사실만 보더라도, 김창숙이 해방 직후 건국운동에서 양심적인 유교 세력을 바탕으로 중요한 역할을 맡고자 했던 것은 분명한 사실이다.

그런데 해방 정국의 혼란기에는 명망이나 도덕성의 권위보다 대중 동원과 선전에 기초한 정파적 조직의 힘이 우세했다. 어떤 정파에도 치우침 없이 오직 독립국가 건설만을 염원한 김창숙의 원칙론이 영향을 발휘하기도 전에, 이미 서울은 여운형을 앞세운 공산주의 세력이 인민공화국을 선포하면서 기세를 올렸다. 사태를 관망하던 우파와 중도파 정치 세력들은 좌파의 발 빠른 움직임에 자극을 받아, 저마다 정당과 휘하 사회단체를 만들고 언론사를 운영하면서 주도권 경쟁에 뛰어들었다. 김구로 대표되는 중경 임시정부 요인들과 최고 영향력을 가졌던 이승만이 귀국하기 직전까지 군소 좌우 정치 세력들은 첨예하게 맞섰다. 해방 직후의 이러한 혼란은 해방 후 유교 계열 단체들 간의 대결 구도에도 그대로 반영되었다.

2. 해방 직후 등장한 유교 계열 단체: 개요

해방을 맞이한 유교인들의 첫 번째 과제는 일제에 빼앗긴 성지 성균관을 되찾는 일이었다. 옛 성균관 터에는 친일 유림의 본거지인 경학원과 조선명륜연성소_{청년연성소}가 자리하고 있었다. 조선명륜연성소는 일제 말 전시동원체제하에서 명륜전문학교를 대체해서 설립된 기관이었는데, 당시 명륜전문학교 수료생들이 중심이 되어 해방 다음 날 곧바로 연성소를 접수했다. 당시는 미군이 진주하기 전으로, 아직 총독부와 산하 중요기관은 일본군이 여전히 장악하고 있었다는 점을 감안하면, 학생들이 해방 다음 날 성균관 터를 무력으로 접수했다는 기록에 의문을 가질 수도 있다. 하지만 당시의 강사진과 수료생들 사이의 관계를 보면 사실일 개연성이 무척 높다. 당시 명륜전문학교의 수료생들은 강사진들과 밀접한 관련을 맺고 있었고,[5] 그 가운데 일부는 명륜연성소 직원으로서 학교 사무를 담당하고 있었다. 이러한 인적 구성으로 미루어본다면, 해방 때까지 명륜연성소 소장을 맡았던 일본인 유학자인 다카하시 도루高橋亨를 뒤로 밀쳐내고 조선인 경학원 강사들의 묵인하에 졸업생과 재학생들이 성균관 터를 접수하는 것이 어렵지는 않았을 것이다. 이들 가운데에 실로 분연히 떨쳐 일어난 경우는 주로 젊은이들에게 해당하겠지만, 그들 가운데에서도 중요 인물의 내면에는 일제 말 친일행적을 사죄 받으려는 순수한 마음과 그 죄를 희석시키려는 불순한 마음이 뒤섞여 있었을 것이라고 짐작할 수 있다. 이들 명륜연성소 접수 세력은 성균관에 '대동회大同會'라는 간판을 걸었다. 대동회는 이후 유교계 통합 운동을 주도했고, 유도회의 창립 이후에도 해산하지 않고 사회단체로 성격을 바꾸어 해방 정국에서 정치운동을 계속해 나갔다.[6]

대동회는 명륜전문 출신의 젊은이들과 그들과 관련 있는 친일 인사 중심으로 활동했을 뿐 지역의 정통 유림들의 지지를 받지 못했기 때문에 유교계에 지도력을 발휘할 수는 없었지만, 이들이 명륜전문학교 부활을 내세우면서 의외로 향후 사태 전개에 영향을 미치게 된다. 1945년 하반기부터 경향 각지의 유림들이 속속 유교부활을 외치며 단체를 결성하기 시작하여 최대 16개의 단체가 유교계의 주도권을 잡기 위해 경쟁했다. 성균관 터를 장악하고 있던 대동회 세력은 취약한 유교계 지분에도 불구하고 동문끼리의 결속력과 청년의 활동력, 그리고 성균관 터를 장악하고 있다는 현실적 유리함 덕분에 가장 강력한 세력을 구축할 수 있었다. 반면에 서울과 각 지방에서 창립되기 시작한 여타의 유교 단체들은 명망가 중심으로 구성되었기 때문에 조직적 실행력을 갖추지 못했다. 더구나 난립한 유교 단체 참여자들은 조직 기반이나 경력상으로도 상당한 이질성을 갖고 있었다. 지역적으로는 경기, 호남, 영남, 충청, 양서황해·평안 등으로 분립되었고, 학통상으로도 퇴계학파와 율곡학파 그리고 개신 유교 계열까지 가세해 경쟁했으며, 이념적으로도 우파에서 중도좌파 사이에 넓게 포진되었다. 무엇보다도 일제강점기에 독립운동 참여 집단과 친일 경력을 가진 집단 사이에 갈등의 골이 깊었다. 이러한 이질성은 이후 유교계가 해방 이후 당면했던 대내외적 목표 수립과 역할 수행 과정에서 나타난 심각한 분열상의 직접적인 원인으로 작용했다.

그동안 해방 정국의 유교 단체들에 대한 연구는 전무했다. 유교사에 대한 일반적 서술에서도 해방 정국의 유교계에 대해서는 성균관대학교의 부활 중심으로 간략하게 서술되어 왔기에 그 상세한 움직임에 대해서는 알려져 있지 않았다. 해방 직후 유교사 연구가 부진했던 기본적인 이유는 물론 해당 시기에 대한 자료 부족에 기인하겠지만, 그 밖에 다른 이유도 있었을 것이다. 먼저, 해방 이후 유교계에 큰 영향을 미친 인물들이 직간접적으로 일제강점기의 유교 인물들과 관련을 맺고 있었기 때문이다. 본래 이 연구를 담당했어야 할 현대 유교 연구자들이 일제에 협력했던 명륜학원 시기의 교수들과 사승관계 또는 혈연관계로 묶여져 있었기 때문에 관련 작업을 기피했을 공산이 크다. 다음, 유교

계열의 핵심이었지만 근대 교육을 이수하지 않았던 보수 유림 계열이 근대적인 제도에서 체계적으로 배제되면서 영향력이 약화되었고 그에 따라 연구자들의 관심에서 멀어졌을 것이다. 끝으로, 해방 이후 남북한의 정치권력을 각각 기독교 계열과 공산주의 계열이 주도하게 되면서 유교 계열의 인사들이 그러한 움직임에 일관성 있게 대응하지 못한 채 순응과 저항 사이에서 갈팡질팡했던 모습에 실망한 후속 세대가 연구와 서술을 기피했을 수 있다. 더구나 해방 정국에서 활동했던 젊은 유교계 인사들이 생존해서 여러 분야에서 활발한 활동을 전개했기 때문에 객관적인 유교사 서술 작업이 착수되기는 어려웠을 것이다. 하지만 이런저런 요인들을 감안하더라도 정치적 민주화가 진행된 지 한 세대가 흘렀고 학문의 자유가 정착된 현재까지 해방 정국의 유교 단체들의 활동에 대한 연구가 진행되지 못한 것은 전적으로 현대 유교인들의 소극적이고 무책임한 자세 때문이다.

해방 정국의 유교 단체에 대해 단편적이나마 언급하고 있는 기존의 자료로, 『성균관대학교육백년사』는 해방 정국의 유교 단체로 대동회, 성정회, 명륜회, 대성회, 유림회를 들고 있고,성균관대학교, 1998: 311 최영성의 『한국유학통사』에서는 대동회, 대동유림회, 유림회, 공맹학회, 대성회, 유교회, 유도회, 연정회 등을 들고 있다.최영성, 1997(5권): 266[7] 그런데 이러한 짧은 서술의 근거조차 김창숙의 『심산유고』의 기록, 그리고 대동회 회원으로 활동했던 윤혁동 尹爀東, 1917~1990의 회고에만 의존해 왔을 뿐이다.윤혁동, 1983 그 밖에 지속적으로 복제되는 유림측의 통사류 서술들은 시간이 갈수록 그 서술 내용의 정확도가 떨어져, 오히려 혼란만 부추기고 있을 따름이다.

현대 유교사 서술의 난점이었던 자료 부족의 문제를 극복하기 위해 이 책은 미군정청 관련문서, 경찰 사찰자료, 6 · 25 전쟁 기간 북한 측 작성 문서, 당시 언론 기사, 참여 인물들이 남긴 기록, 한국사데이터베이스 등을 교차 조사했다.[8] 미군정청 자료에서는 그동안 알려졌던 단체들 외에 여러 단체가 더 존재했다는 것을 발견했고, 아울러 그동안 미궁에 갇혀 있던 대동회 회장 김성규의 존재를 특정할 자료를 확보하여 대동회의 성격 규명 작업에 도움을 받을 수 있었다. 이들 자료와 여러 흩어진 기록들을 통해서, 필자는 해방 정국에서 실로 다양한 성향을 가진 유교 단체들이 협력하고 경쟁하면서 당대의 과제들에 개입하고 있었음을 확인할 수 있었다. 통일독립국가 수립, 사회개혁, 유교 부흥 등과 같은 목적을 달성하기 위해 활동했던 당시 유교 단체들의 목록과 성격을 파악한 결과는 다음과 같다.

1946년 3월에 유교계 통합으로 출범하는 '유도회총본부'를 제외하면, 해방 정국에서 활동했던 유교 단체들은 다음과 같다. ①

대동회, ② '경학원 계열' 유도회, ③ 대동유림회, ④ 유교회유림회,
⑤ 조선유림성정회, ⑥ 전국유림통일회, ⑦ 전국유교연맹, ⑧ 전
남 대성회, ⑨ 전북 명륜회, ⑩ 대구 대성회. ⑪ 공맹학회, ⑫ 대
동향약. ⑬ 조선국민연정회. ⑭ 무명회.

이 가운데 ①~⑦까지는 서울에 조직 중심을 두었고, ⑧~⑩은
지역의 유교 단체였다. ⑪~⑫는 상세한 자료수집이 불가능한 단
체였다. ⑬~⑭는 유교 계열 지식인이 주축을 이룬 '정치 단체'였
다. 이 단체들 가운데 해방 정국에서 적극적으로 좌파 활동을 전
개했던 두 단체① 대동회, ⑦ 전국유교연맹에 대해서는 7장에서 자세히
서술할 것이므로, 여기서는 나머지 단체들의 성격과 중요 참여
세력에 대해서 간단히 개괄하겠다. 비록 군소단체이기는 하지만
이들 단체의 주요 참가자들에 대한 조사를 통해 해방 정국에서
유교인들의 적극적인 움직임을 파악하는 데 도움이 될 것이다.

경학원 계열 유도회

경학원 계열 유도회는 그동안 그 이름조차 전혀 알려지지 않았
던 단체인데, 서울경찰국의 사찰자료「사찰요람」, 1955를 통해 그 존재
를 확인할 수 있었다. 사찰자료에 따르면, 유도회총본부와 구별
되는 '유도회儒道會'가 따로 존재했는데, 이 단체는 공성학孔聖學과
안인식安寅植[9] 등이 주도했을 것으로 짐작된다.이하 이 유도회를 '경학원

계열 유도회'로 표기하여, 유도회총본부와 구별함 경학원 계열 유도회는 1945년 8월 29일 창립되었는데, 민병승閔丙承, 1865~1947이 위원장, 안인식과 공성학이 부위원장을 맡았다. 중요 참여 인물로는 김영진金瑛鎭, 총무부장, 신익균申益均, 지방부장, 이명세李明世, 교화부장, 장혁張赫, 도서부장, 신응교辛膺敎, 선전부장, 이석보李石輔, 연구부장 등이 있고, 이범승李範昪 외 29명이 참여하고 있는 것으로 기록되어 있다. 그런데 이 기록만으로는 경학원 계열 유도회의 성격을 파악하기 어렵기 때문에, 중요 참가자들의 경력을 중심으로 이 단체의 성격을 추론할 수밖에 없다.

위원장 민병승은 경기도 여주 출신으로 이항로와 김평묵·류중교·류인석의 문인인 이근원李根元에게서 한학을 배운 구한말의 유신이었고, 일제강점기에는 간재학파와도 교유하며 수구 은거하여 유림의 중망을 얻고 있던 원로였다. 1946년 1월 전국유림통일대회의 반탁결의에 '3인의 영수'로 추대된 것을 보면, 그가 해방 이후에도 높은 명망을 유지했다는 것을 알 수 있다.

반면에 부위원장을 맡은 인물들은 전혀 다른 경력을 가졌다. 부위원장을 맡은 공성학과 안인식은 모두 일제하의 박제화된 유교 제도권에서 활동했던 인물들이다. 공성학은 경기도 개성 출생으로 김택영에게서 한학을 배웠고 일제강점기에 인삼업을 바탕으로 민족자본가로 명성을 날렸으며 축적된 부를 바탕으로 개성 지역의 교육·사회사업에도 열정적이었다.[10] 일제 말에 대개의 민족자본가가 그랬듯이 친일협력의 길로 들어섰고, 1943년에 경학원 부사성으로 임명되면서 지난 시기의 명망을 잃었다. 하지만 이면에서 독립운동을 계속 지원했다는 이구영李九榮의 증언이 있다.[11] 공성학이 일제하 한학계의 존속에 나름 기여를 했던 데 반해, 충남 당진 출신의 안인식은 일제하 경학원과 명륜학원에서 요직을 맡았던 대표적인 친일 유학자였다.[12] 공성학이 정통 유림들과 폭넓게 교유했던 것과 달리, 안인식은 친일 유림들과 교유하며 황도유학 체계화에 기여했고, 명륜학원 창설에 노력하여 강사전임와 경학원 사성을 역임했으며, 일제 말기 이명세와 함께 조선유도연합회를 바탕으로 적극적인 전쟁협력 활동을 수행했다. 해방 이후 반민특위에 체포되었을 정도로 안인식의 친일 행적은 확신에 찬 것으로서, 공성학과는 비교가 되지 않을 정도로 크다고 하겠다. 교화부장을 맡은 이명세의 친일 행적은 안인식에 버금가는 것으로 이미 잘 알려져 있으므로 길게 서술할 필요는 없다.정욱재, 2009 지방부장을 맡은 신익균 역시 안인식과 함께 경학원 사성을 맡았던 인물이었다.

이러한 인물 구성을 종합해 볼 때, 경학원 계열 유도회는 일제 말 협력 경력이 있는 경학원의 구성원들이 해방 이후 자신들의 생존을 위해 정치적 영향력을 과시하고 이후 유교계 통합 과정에서 지분을 확보하기 위해 세력화된 단체임이 거의 확실하다. 민병승을 위원장으로 앞세운 것은 주동자들의 일제 협력 경력을 감추기 위한 눈속임에 불과했을 것이다.

그런데 경찰 측의 기록에 하나 특기할 만한 내용이 있는데, 경찰이 이 단체를 '남로당 계열'로 분류하고 있다는 점이다. 해당 자료의 전반적 신뢰도로 볼 때 경찰의 오판일 가능성이 크지 않다면, 경찰이 왜 그렇게 평가했는지를 추리해 볼 수밖에 없다. 우선 중견 조직책들의 또 다른 활동에 주목해 볼 필요가 있다. 앞서 안인식을 일제 말 일제 협력 유림의 핵심으로 기술했는데, 안인식에게 영향을 받은 옛 명륜전문학교 제자들은 조금 다른 행적을 보였음에 주목할 필요가 있다. 제자 가운데 다수가 해방 직후 대동회를 결성하는 데 앞장섰고 그중 남로당에 포섭된 몇몇은 월북하여 간첩교육을 받고 다시 월남하여 남로당 지하활동에 적극 가담하기도 했다. 또한 도서부장을 맡은 장혁張赫은 일찍이 안순환의 녹동서원 설립에 참여하여 서원 부설 명교학원의 강사로 활동했던 인물로서, 해방 정국에서는 홍명희 계열의 민주통일당 발기인으로 참여했다.《자유신문》, 1946년 12월 11일 한편 부위원장 공성학의 경우, 비록 일제 말 협력을 하기는 했지만 민족운동의 자금 제공 과정에서 여러 세력들의 인물들과 교유하게 되었으므로 이를 조사하던 경찰 측의 감시 대상이 되었을 것이다. 다만 이 정도 자료만으로 경학원 계열 유도회를 좌파 단체로 규정하는 경찰 측의 판단을 완전히 신뢰하기는 어렵다. 중요한 것은 이 단체가 경학원 계열 친일 유림의 구심점 역할을 했고, 이들 가운데 일부가 이승만 정권의 편에 서서 1950년대 후반 유도회 분규를 일으켜 김창숙을 추방하고자 했다는 점이다. 경학원 계열 유도회의 사례는 일제하 친일 유림과 해방 후 권력추구형 유림 사이의 역사적 연속성을 보여 주는 사례로 특기할 만하다.

대동유림회

그동안 상경한 영남 유림의 단체로 알려진 대동유림회大同儒林會에 대해 살펴보자. 대동유림회의 위원장 이기원李基元, 1885~1982과 회원 이기인李基仁은 경북 성주 출신으로, 조선 말 거유인 한주 이진상의 손자이자 한계 이승희의 아들이다. 이진상과 이승희에 대해서는 이미 상당한 연구가 축적되어 있으므로 상세한 설명은 생략한다. 위원장 이기원은 이러한 가계의 영향으로 일찍이 김창숙을 도와 파리장서운동에 적극 가담했던 독립운동가로서 스스로도 명망이 높았던 인물이었다.[13] 안동 출신의 권중철본명은 權重鳳 역시 1912년 통화현으로 망명한 후 신흥강습소와 부민단 활동을 한 독립운동가였다. 김천 출신의 이우세는 일제강점기에 안동의 사회주의자 이준태와 함께 활동했던 인물이다.[14]

이처럼 대동유림회를 중심으로 뭉친 이들 영남 유림은 정통 유림 출신으로서 일제강점기 독립운동에 참여했던 경력을 바탕으로, 해방 정국은 물론 이후에도 유교계에서 가장 강력한 세력을 유지했던 집단이었다. 특히 이들은 옛 정통 유림과 달리 독립운동 참여 과정에서 세계의 변화를 관찰하며 개화 학문과 사회운동 이론에도 뒤떨어지지 않았다. 전국적인 명망을 가졌던 김창숙과 밀접한 관계를 가진 점에서 이들의 실질적 영향력도 무척 높았다. 이들의 높은 명망과 정통 유림에 대한 영향력 때문에 해방 정국의 정치 세력들은 대동유림회 인사들을 포섭하기 위해 노력했다. 일반적인 유림의 태도를 따라 이기원 · 이기인 형제는 김창숙과 함께 임시정부 지지를 표명했고, 이우세는 사회주의 경력을 따라 이극로 계열의 민주주의민족전선에 참여했다. 회원들 개개인은 비록 정치적 성향에서는 차이를 드러냈지만, 대동유림회는 정통적인 유교 교육을 받은 세대로서 유교인의 사회적 책임으로서 시무時務에 충실하고자 했던 드문 유교 단체였다고 볼 수 있다.

다만 당시 이기원은 정치에 관심을 두고 있었고, 그런 그에게 《대동신문》을 창간하고 반공 · 우익 활동을 벌인 이종영李鍾榮이 접근하고 있었다.[15] 이종영은 이기원을 비롯한 유림 세력을 앞에 내세워 민중당民衆黨을 조직하고 김창숙까지 포섭하고자 했으나 김창숙은 이기원의 제안을 거부했다. 이종영에게 이용당한 것을 뒤늦게 깨달은 이기원은 김창숙에게 사과하기도 했다. 이종영은 유교계와 관계가 없었지만 대동신문大東新聞 사장이라는 직함에 더해서 독립운동 세력에 줄을 대기 위해 이기원을 이용한 것으로서, 이러한 신분 세탁을 통해 자신의 친일密偵 활동을 숨기고자 했다. 유도회총본부로의 통합 이후 대동유림회는 자연스럽게 해소된 것으로 보이지만, 이기원 등 핵심세력은 1950년대 중반 유도회 분규 때 반反김창숙 노선을 걷게 된다.

유교회(일설 '유림회')

유교회에 대해서는 위원장이 이재억李載億이라는 점과 재경 유림 단체라는 점만 알려져 있는데, 그 서술조차도 부정확한 것처럼 보인다. 위원장 이재억은 해방 이후 임시정부 계열이 주도한 각종 회의에 이름을 올린 인물로서, 특히 유도회 통합 이전에 비공식적이기는 하지만 '유교 대표'로 이름을 올렸다는 점에서 그 위상이 결코 가볍지 않았음을 짐작할 수 있다. 1945년 겨울 임시정부가 환국하자 이를 지지하는 6대종교의 연합체인 조선독립촉성종교연합회에 유교 대표로 참석했고《서울신문》, 1945년 12월 21일, 직후 비상국민회의와 비상정치회의에도 유교 대표로 참석했다.《자유신문》, 1946년 2월 4일; 《국민보》, 1946년 3월 13일[16] 기존 서술에는 윤혁동의 회고를 따라 이재억의 단체를 유림회로 표시했지만, 비상국민회의 참석시에 이재억은 '유교회儒教會' 대표 자격이었다는 점에서,《동아일보》, 1946년 1월 21일 단체명에 대해서는 확인 작업이 더 필요하다.[17]

처음 이재억은 임시정부의 반탁노선을 충실히 따랐고, 또한 좌파의 민주주의민족전선 참여도 거부했다.《자유신문》, 1946년 2월 16일 이후 김창숙의 완강한 반탁노선과는 어느 정도 거리를 두고 주로 안재홍 계열에서 활동한 것으로 보인다. 1947년 제2차 미소공위 참여 여부를 두고 반탁노선이 분열될 때 그는 미소공위 참여가 통일국가 수립에 도움이 될 것으로 판단하고 참여 지지 의사를 표명했는데,《동아일보》, 1947년 6월 6일 이는 '개인 자격'의 행동이었다. 유도회총본부로의 통합 이후 유교회는 해산한 것으로 보이고, 이재억은 유도회 부위원장 자격으로 현실 정치에 참여한 것으로 보인다. 정치에 관심이 많았지만 제헌의회 선거에 입후보하지 않은 것을 볼 때 김구의 단선 거부를 따른 것으로 보이고, 중간파가 적극적인 선거 참여로 방향을 전환한 2대 선거에 출마한 것으로 볼 때 중간파의 노선을 따른 것으로 보인다. 선거 참여시 소속 단체로 '유도회'를 기재한 것으로 보아, 유교인으로서의 자부심을 유지했던 인물임을 알 수 있다. 이재억은 1950년 제2대 국회의원 선거에서 유도회 소속으로 고양군에서 출마했지만 낙선했고, 이후 행적은 전하지 않는다. 이상의 자료를 종합해 보면,

유교회는 해방 이후 민족주의 성향의 서울·경기 지역 유교인들로 구성된 군소 단체였을 것으로 판단된다.[18]

조선유림성정회

그동안 '성정회'라는 단체명으로만 알려졌던 '조선유림성정회'의 실체는 미군정청 문서를 통해 확인할 수 있다. 미소공위에 참석하기 위해 스스로 신청서를 작성해 미군정청에 제출했던 여러 정당·정치사회 단체 가운데 'Korean Holy Political Society'라는 이름이 보이는데, 그 옆에 '朝鮮儒林聖政會'라는 수기 표시가 남아 있다.

해당 참가신청서에 따르면, 조선유림성정회는 1945년 9월 28일에 창립되었고, 사무실 주소지는 상왕십리 6-720번지이며, 지회는 모두 7개로서 남대문2,895명, 양주1,357명, 용인1,541명, 파주956명, 홍성2,849명, 연기2,653명, 부산1,562명 등으로, 각 지회에 가입한 회원의 총수는 1만 6,000명에 이르렀다. 물론 미소공위에 참여하기 위해 다른 모든 단체들이 조직 규모를 과장했듯이, 조선유림성정회 역시 회원 숫자를 과장한 것이 분명하다. 면담 과정에서 미군정청 당국자는 실제 회원 수를 3,000명으로 보고 있음을 알 수 있다. 다만 지회 분포를 통해, 조선유림성정회의 주력이 서울·경기·부산 외에 충청남도에 포진되어 있음을 알 수 있다. 조선

유림성정회의 임원진을 살펴보면, 대표의장는 강현姜賢, 1903년 함북 청진 출생으로 그의 개인 집 주소와 성정회 사무실 주소가 같다. 강현은 1946년 1월 전국유림통일대회에서 부영수로 추대되었다.《자유신문》, 1946년 1월 25일 조선유림성정회의 부의장은 사회운동과 약종상을 겸업하고 있던 박종오朴鍾梧가 맡았다.[19] 이들과의 면담 이후 미군정청 담당 관리는 이 단체가 '우파적 성격을 가진 군소 단체'로서, '유도회로 통합되는 것을 거부한 일부 유교인 집단이 정치화된 것으로서 그 영향력은 미미하다'고 평가했다.

다행히 조선유림성정회의 주요 정강이 미군정 관리의 수기 메모로 남아 있는데, 그 내용은 다음과 같다. ① 민주적인 정부를 구성할 것, ② 정부 관리는 유교 교육에 정통한 학자로서 충원할 것, ③ 유교적 이상에 기초한 세계 평화를 향해 조력할 것. 3개조의 정강을 보면, 조선유림성정회는 유교에 기반한 국가 건설을 염원했던 복고주의적 유림 집단임을 알 수 있다. 특히, 유교 경전에 능통한 이를 정부 관리로 충원하자는 주장은 과거제와 천거제를 계승한 것으로서, 이를 통해 예교와 덕치의 방법으로 민주주의 정치를 실행할 수 있다고 믿었다는 것을 알 수 있다. 단체 이름에 포함된 '성정聖政'이란 표현은 유교적 민주 정체를 나름대로 고심하여 제출한 것으로 해석할 수 있다. 회장단이 함경도 출신의 비교적 나이가 젊은 40대 중반의 인사들로 구성되었다는 점에서 이들이 독특한 유교적 정치관을 가진 집단이었을 가능성을 높이는데, 바로 그런 점에서 학통과 가문을 따지는 정통 유림들의 단체인 유도회총본부로 통합되기를 꺼렸을 것이다. 또한 삼팔선 이북의 함경도 출신의 월남 인사들이었기 때문에 이들은 미소공위에 기대를 걸고 이에 참여하고자 했을 것으로 추정된다.

전국유림통일회

전국유림통일회는 그동안 이름조차 알려지지 않았던 유교 단체로서, 당시 언론 자료와 미군정청 자료에서 그 존재를 확인할 수 있다. 그런데 두 자료에는 1년여의 시차가 있어서 해석에 신중을 기해야 한다. 전국유림통일회의 첫 결성 시점이 1946년 1월 19일이라는 것은 신문 자료와 미군정청 문서 모두에서 공통된다.

먼저 《자유신문》 1946년 1월 25일 자에 보도된 내용을 보자. 이에 따르면, 1946년 1월 19일 전국 유림들이 정명여학교에서 전국유림대회를 열고 유림통일회 임원을 결정하고 연합국 4개국에 탁치 대신 즉각적인 자주독립을 요구하는 결의문을 작성했다. 여기에는 당시 임원진이 소개되어 있는데, 영수領袖로는 이상린李相隣, 민병승, 김영한金甯漢을, 부영수로는 강현, 황종화黃鍾和, 김긍수金兢洙를, 중앙간사장으로는 이상천李相天을 선임했다. 이 임원진들을 검토하면, 이 단체의 초창기 성격을 짐작할 수 있다.[20]

영수 3인의 맨 앞자리에 소개된 이상린李相麟, 1856~1946. 이명 李相珪은 충남 공주 출신으로 1895년 김복한의 을미의병에 출진했던 '홍주의병 6의사' 중의 한 명에 포함되는 인물이다. 이상린은 애국계몽기에 대한협회 회원으로서 민족보존을 취지로 성명학교誠明學校, 홍성, 신명의숙信明義塾, 부여 등을 설립하는 데 앞장섰고, 일제강점기에는 만주에서 공교처孔教處를 세워 교육을 통한 광복운동을 전개했다.[21] 이후 귀국하여 김복한의 '내수內修의 장책長策'의 뜻을 따라 그 제자들이 설립한 인도공의소人道公議所, 1920의 대표로 추대되었고, 유교부식회儒教扶植會가 설립될 때 역시 대표로 추대되었다.[22] 두 번째 영수인 민병승은 앞서 '경학원 계열 유도회' 위원장을 맡았던 원로임을 밝힌 바 있다. 세 번째 영수인 김영한金甯漢, 1878~1950은 공주에 세거한 안동 김씨 문중의 후손으로서 대한제국기에 비서원승을 지냈고 을사늑약 이후 은거했던 인물이다. 그의 부친 김석진은 한일병탄 소식을 듣고 자결했고, 김영한 역시 일제의 회유를 뿌리쳤기 때문에 충신으로 명망이 높아 해방 후 대한독립촉성국민회 고문으로 추대되기도 했다.[23] 부영수를 맡은 황종화黃鍾和, 1878~1950는 경남 진주의 대표적 독립운동가로서 각종 만세 시위를 주도했고, 임시정부와 연락하며 격문살포와 군자금 모집에 앞장섰다가 옥고를 치른 독립운동가였다. 또 다른 부영수 강현은 앞서 조선유림성정회 대표를 맡았던 함경도 출신 중년 인사였음을 밝힌 바 있다. 중앙간사장을 맡은 이상천은 1865년생으로 경기도 양평에서 태어난 인물로서, 1920년에 정안립鄭安立[24]이 주도했던 조선고사연구회朝鮮古史研究會 회원으로 활동했다. 일제는 이상천을 해외에서 활동하던 정안립의 연락책으로 보고 감시했다.

임원진의 행적을 종합해 보면, 이들은 모두 67~89세에 이르는 고령의 인물로서 구한말부터 활동했던 인물들이라는 점을 알 수 있다. 특히, 영수 이상린과 김영한은 모두 충남의 대표적인 유림으로서, 김복한 의진과 학연·혈연으로 연결된다. 이상린과 중앙간사장 이상천은 모두 만주에서 복벽적 독립운동을 전개했고 정안립의 조선고사연구회에서 회장과 회원으로 활동했던 경력으로 연결된다. 김영한은 간재 문하로 나아간 경석敬石 임헌찬林憲瓚과도 각별한 교분을 유지했는데, 이를 통해 충남의 기호 낙론 계열과의 연계를 추론할 수 있다. 부영수 강현이 함경도, 또 다른 부영수 황종화가 경남 출신이므로, 《동아일보》1946년 1월 20일에 스케치된 모습대로, 실제 "회령에서 경남까지" 다양한 성격의 유림들이 협력해서 참여했던 단체였음이 확인된다. 이들은 1945년 11월의 대동회와 대동유림회 중심의 유도회 1차 통합에 참여하지 못했던 세력들의 임시 연합체였다. 임원진을 기준으로 보면, 충남의 김복한 계열 유림, 경남과 함경의 일부 유림, 그리고 경학원 계열 유도회의 4개 파벌의 '소통일'을 이룬 것으로 보인다. 물론, 이들의 주력은 파리장서운동의 주역인 김복한 계열의 충남 유림인데, 이들이 영수로 이상린을 내세운 데는 그만 한 이유가 있었다. 김창숙이 파리장서운동의 영남권 주역인 곽종석의 제자로서 1차 통합 유도회의 대표를 맡은 점을 감안해서, 곽종석에 대응할 만한 '김복한의 대체자'로서 이상린을 내세웠을 것이다.

한편 미군정청에 등록한 자료에 따르면,「자료집」 5권: 562~563 이 단체는 1946년 1월 19일에 창립되었고, 대표의장는 이상천李相天이 맡았다. 이상천의 개인 주소지인 서울 서사헌정 161-10번지를 사무실로 등록했다. 지회는 서울 외에 충남 유성과 경남 진주에 두었고, 신고된 회원 수는 3,300명이었다. 주목할 것은 지회의 분포이다. 유성은 초창기 영수인 이상린·김영한의 연고지였던 공주 바로 옆 도시이고, 진주는 부영수 황종화의 활동 무대였다. 따라서 창립 시기의 주요 참가자들 중심으로 지속적인 활동을 했음을 알 수 있다.

그런데 문제는 이 단체의 임원진이 한결같이 고령의 인물이었다는 데에 있다. 실제로 영수 이상린은 직후 김창숙의 유도회총본부와의 대통합 시1946년 3월에 이승만, 김구와 나란히 고문으로 위촉되었지만, 사실 그 무렵인 3월 23일에 사망했다. 그 밖의 인물들도 고령으로서 조직을 활동적으로 이끌기에는 무리가 있었다. 그리고 유도회총본부로의 2차 통합 과정에 이의가 없었던 집단은 더 이상 유림통일회 활동을 하지 않았을 것이다. 따라서 창립 1년이 흐른 후, 조선유림통일회는 유교 활동보다 정치사회 단체 활동에 관심을 둔 소수의 집단이 단체명을 유지한 채 활동했을 것으로 보는 것이 적절하다. 후반기의 대표는 이상천이 맡게 되었는데, 그 역시 이미 80세가 넘은 고령이었으므로 명목상의 대표였을 가능성이 높다. 이상천과 정안립의 밀접한 관계로 추론해 볼 때, 대한제국 말기 기호흥학회 총무로서 교육운동을 주도했고 만주 망명 이후 대성유교회공교회를 이끌었던 정안립이 해방 이후 자신의 정치적 기반을 확보하기 위해 전국유림통일회에 결합했을 가능성이 높다. 해방 정국에서 정안립은 대한민국임시정부환국준비회 중앙위원으로 활동하다가 이를 바탕으로 전국의용단총본부를 결성했고, 1947년 11월에 남북통일기성회를 결성해서 회장을 맡아 통일국가수립운동에 적극적으로 활동했다. 조소앙과 장건상이 고문을 맡은 이 단체에서 이상천은 부회장으로서 함께 활동했다.《자유신문》, 1947년 11월 12일 미군정에서는 주도자들의 이런 이력을 감안했는지 전국유림통일회를 좌파 단체로 규정했는데, 앞서 경찰 측이 경학원 계열 유도회를 좌파 단체로 규정했을 때처럼 적절치 못한 판단으로 보인다.

전남 대성회 · 전북 명륜회

서울의 유교인들이 해방 직후 조직화에 한 걸음 앞서갔기는 했지만 활동가 위주였을 뿐 실제 유림과의 관계는 별로 없었다. 반면에 지역의 유림들은 전국적인 명망은 없었지만 일상적인 교유를 통해 내실을 다질 수 있었다. 이런 기반을 바탕으로 유도회총본부가 결성될 때 상당한 영향력을 발휘할 수 있었던 것이다.

지역의 유림 가운데 가장 발 빠르게 조직화에 착수한 곳은 호남이었다. 전남의 유림들이 대성회大成會를, 전북의 유림들이 명륜회明倫會를 결성한 것은 해방 직후였다. 호남 지역은 일찌감치 근대적 변화를 수용해 왔던 지역이었고 특히 국내 우파 민족주의의 최대 기반이었던 까닭에 해방 정국에서 호남의 유지들은 기본적으로 한민당의 노선에 동조한 듯하다. 전남 대성회는 1945년 9월 30일에 전라남도의 32개 향교들을 중심으로 결성되었고, 이 단체의 간부들이 상경하여 10월에 성균관에서 전국 유림대회를 결성하기도 했다. 이들의 정치적 지향은 1945년 연말의 신탁통치반대운동의 전개 과정에서 잘 드러난다. 신문 자료에 따르면, 호남의 유림들은 대성회와 명륜회를 조직하자마자 직전에 귀환한 임시정부를 봉대하기로 맹서하면서 임정 사무실을 방문했고, 곧바로 신탁통치 반대를 외치며 궐기했다.《동아일보》, 1946년 1월 13~14일 이들의 활발한 움직임에 고무된 임시정부 계열은

다음달의 비상국민회의의 초청단체로 전남 대성회를 선정하기도 했다.《자유신문》, 1946년 2월 1일[25]

호남 지역 유림의 움직임에 절대적인 영향력을 미친 이는 전남 대성회 초대 회장을 맡았던 조국현曺國鉉, 1896~1969이었다. 조국현은 전남 화순 출생으로 한학을 수학한 후 중동학교 중등부를 수료했으며 고향에서 3·1운동을 주도하기도 했다. 동아일보와 《개벽》지 기자를 맡기도 했고, 1935년에는 안교환 주도의 조선유교회의 화순지교부에 참여하기도 했던 개신 유교인이었다.《일월시보(日月時報)》, 5호: 186 해방 직후 화순 건준 위원장을 맡아 본 후 호남유림을 이끌고 일관되게 반탁과 임시정부 지지 활동을 수행했다. 유도회총본부 결성 이후에는 교화부 위원으로 활동하며, 고향에서 대성회 소속으로 제헌국회의원으로 당선되어 반민특위 조사위원을 맡는 등 활발히 활동했다. 부산 피난 시기에는 김창숙을 따라 국제구락부사건에 가담했다. 조국현은 유도회 분규 과정에서도 김창숙을 지지했지만 그 해소 과정에서 김창숙과 마찰을 빚었던 청년 김석원을 옹호했고 특히 김창숙과 간재학파의 대립 등을 이유로 갈등 관계로 돌아섰다.「국역 심산유고」, 204~205; 317~326 조국현의 활동을 유도회 전남본부 위원장 이광수李光秀, 전남 창평 출생가 뒷받침했는데, 그는 구한말 오적 처단 활동을 했던 원로 의열투쟁가로서 위정척사파 가문 출신이다. 대성회는 훗날

국립 전남대학교로 통합되는 대성대학관을 설립하기도 했다.[26]

　전북 유림의 경우는 더 직접적으로 이 지역 출신인 김성수 계열의 움직임과 밀접한 관련을 갖는다. 전북 명륜회의 참여 인물에 대한 자료는 없으나, 당시 사료를 종합해 볼 때 전주의 대표적인 유지이자 재력가였던 류직양柳直養이 전주 유림을 이끌고 창립했을 가능성이 매우 높다. 류직양은 일제강점기의 경제계 인사로 부득이 일제에 협력하기도 했지만, 해방 직후 막대한 재력을 바탕으로 독립촉성국민회에 참여했고,1946년 직후 한민당 전라북도 위원장을 맡아《동아일보》, 1946년 10월 15일 향후 전북의 정치적 향배에 큰 영향을 미쳤다. 특히 훗날 국립 전북대학교의 모태가 되는 명륜대학1948년 기성, 1950년 4월 초급대학으로 정식 개교을 설립하였는데, 명륜대학의 창립에 전주 유림이 기여했다는 기록을 통해서 류직양이 명륜회의 대표였거나 실질적인 주도자였음을 확인할 수 있다.[27] 유도회총본부 설립 이후 류직양은 전남의 조국현과 함께 중앙위원과 지역본부 간부로서 활동했다. 그 밖의 인물로는 유도회 전북본부 위원장을 맡았던 곽한영郭漢永이 있는데, 제헌의회 선거에서 독립촉성국민회 소속으로 입후보임실군했던 인물이다.

　이처럼 호남의 유림 단체들은 지역 사회에서 경제·사회적 영향력이 상당했던 유지들로 구성되었기 때문에 정치 활동에도 적극 참여했고 대학 설립을 통한 교육운동에서도 큰 성과를 낼 수 있었다. 또한 지역 향교와 밀접한 관련을 가졌기 때문에 유도회 통합 이후에도 유교계에 지속적인 영향력을 발휘할 수 있었다.

대구 대성회

호남 지역의 유림들이 지역 내 활동에 주력한 데 반해, 영남 유림 명망가들은 상경하여 앞서 언급했던 전국 단위 단체에서 주로 활동했다. 특히 영남의 원로 김창숙이 유교계를 대표해서 이끌어나갔기 때문에 그러한 경향이 더욱 두드러졌다. 영남에 남은 지역 유림들이 통합 유도회총본부의 지회 단위 활동에 적극 나섰기 때문에, 그것과 거리를 둔 별도의 단체를 결성할 필요는 없었다. 영남권에서 비非 유도회 계열의 정치 조직화는 1947년 2월 이후 '전국유교연맹'의 결성 이후로 늦춰졌다.(7장에서 후술하겠지만, 좌파단체인 전국유교연맹은 그 대표가 안동 유림 출신의 독립운동가였던 김응섭이었는데, 이미 유도회가 각 지역 단위로 조직화를 완료한 상태였기 때문에 생각만큼 정통 유림의 호응이 크지는 않았다.)

영남의 정통 유림이 지역에서 활동할 때 대구에서 대성회이하 '대구 대성회'로 표시. 대구 대성회의 별칭은 '(대구) 유교회'이다가 활동을 시작했다. 미군정청 등록자료에만 그 이름이 보이는 대구 대성회는 1945년 10월 1일에 결성되었고, 주소지는 대구 남산동 678번지였다. 별도의 지회는 두지 않았고 신고 회원 수도 3,000명에 불과했지만,

순수 지역 단체로는 상당한 규모라고 볼 수 있다. 의장 김우식金禹植은 1888년에 경북 달성에서 태어난 인물로서, 고종 황제 인산시 특별배종관을 역임했던 유림 인사였다. 대구 대성회 의장으로 활동했던 1947년 당시에는 서울 내수동에서 거주했다.[28] 1948년 제헌국회의원 선거에 경북 달성에서 전도회傳道會 소속으로 출마하여 당선되었는데, 이 점에서 전도회는 대구 대성회와 밀접한 관련을 갖는 정치 단체였음을 짐작할 수 있다. 김우식은 당선 이후 한민당으로 당적을 옮겨 당 감찰위원장을 맡기도 했다. 통합 유도회총본부 출범 시에는 경북 대표를 맡기도 했고, 1950년도에는 중앙위원으로 선임되어 활발한 활동을 펼쳤다. 1950년 2대 국회의원선거에서 낙선하고 서울 국회아파트 체류중 납북되었다. 김우식의 이와 같은 활동을 토대로 추론해 볼 때, 대구 대성회는 우파적 성격을 가진 유교 계열의 사회단체로서 미소공위에 참여하기 위해 지역 기반을 바탕으로 생성된 단체였을 것으로 짐작된다.

공맹학회 · 대동향약

공맹학회는 윤혁동의 회고1983에 황해도와 평안도의 유림 일부를 중심으로 결성되었다고 전할 뿐, 그 이상의 관련 자료는 전무한 상태이다. 당시의 정세를 감안해서 추론해 볼 때, 해방 직후 분할 점령된 상황에서 황해도와 평안도의 유림이 서울에서 활동한다는 것은 불가능했다. 따라서 공맹학회는 북한의 공산독재화에 저항하여 월남한 황해·평안 유림 인사들이 주축이 되어 결성되었을 가능성이 높다. 이들 가운데 경학원 관련 일제 협력 유림 인물들도 포함되었을 가능성을 배제할 수는 없지만, 평양 유림으로서 유도회총본부 확립기의 부위원장 황갑영黃甲永의 경우에서 보듯이 민족운동과 관련된 인물도 적지 않았을 것이다.

대동향약大東鄕約은 유림 측 자료에도 등장하지 않는 미지의 단체였다. 1946년 임정 계열에서 비상국민회의를 소집했을 때 초청단체로 이름을 올렸는데,《자유신문》,《동아일보》, 1946년 2월 1일 이를 통해 이 단체가 우파적인 독립운동 계열의 인사들로 구성되었음을 짐작할 수 있다. 5월 12일 독립전취국민대회에 참석한 단체들 가운데에도 대동향약북지회가 있는데, 둘은 같은 단체로 보인다.[29] 참고로, 1946년 2월 임시정부가 비상국민회의 소집을 발표했을 때 유교 계열의 초청 단체로는 유교회, 대동향약, 전남대성회 등이 있었고, 그 밖에 각 도 대의원 이름 가운데 유교 계열 인물이 상당히 많았다는 점을 통해, 유교 계열이 임시정부와 맺고 있던 관계를 추론할 수 있다.

조선국민연정회

공맹학회와 대동향약에 대해서는 그 존재가 베일에 싸여 있는 데 반해, 그동안 '연정회'라는 약칭으로 그 이름만 전해졌던 조선국민연정회朝鮮國民硏政會에 대해서는 많은 자료를 찾아볼 수 있다. 참여자를 보면 이 단체가 유교 단체의 성격이 강했는지에 대해서는 확실히 말할 수 없지만, 김창숙의 회고에 분명히 '유교 단체'로 등장하고 있으므로 분석할 필요가 있다.

미군정 자료1945년 9월 하지 중장의 각 정당·사회단체 면담을 위한 목록는 조선국민연정회가 해방 정국 초기의 중요 단체였음을 알려준다. 기록에 따르면, 1945년 9월 1일 결성된 조선국민연정회는 영보빌딩종로2가에 사무실을 두었고 589명의 회원을 확보하고 있었는데, 1945년 시점에서 회장은 심의성沈宜性이었고, 부회장은 류해동柳海東이 맡은 것으로 보인다.[30] 초창기에는 유교 명사가 주로 참여했고, 이후 세력 확대를 위해 민족주의적 전통을 따르는 다양한 인물들을 포섭한 것으로 추측된다. 언론 보도 내용으로 보면, 이후 조선국민연정회는 연구단체에서 정치 단체로 점차 그 성격이 변화해 갔음을 알 수 있다. 1945년 11월에 기관지 《연정硏政》을 창간했는데, 주간은 일본에서 중국철학을 전공한 당시 젊은 교육자이자 시인이었던 홍영의洪永義가 맡았고, 편집 동인은 박형남朴亨南, 김달진金達鎭, 이대균李大均, 이명의李明義, 김준섭金俊燮이었다.《자유신문〉, 1945년 11월 7일[31] 편집진은 동양학과 현대 서구 학문에 모두 출중한 능력을 갖춘 학자·문인으로서 정치색은 크지 않았다. 하지만 1946년 이후 조선국민연정회는 이후 정당으로 바뀌어 1차로 1월 25일에 자주당自主黨으로 재조직되었고, 2차로 8월 15일에 대한민주당과 합당하여 대중당大衆黨으로 바뀌었다. 자주당에서 활동한 인물은 연정회 대표였던 심의성 외에 오지영吳知泳, 김필수金弼秀, 윤용주尹龍周, 류우석柳愚錫, 류관순의 오빠[32] 등이 있고, 이 가운데 심의성, 김필수, 윤용주는 대중당에서도 간부로 활동했다. 심의성, 오지영, 윤용주 등은 모두 구한말부터 활동했던 원로급 인물들로 여든을 넘긴 나이였지만 노익장을 발휘하며 각종 정치 모임에 참여했다.

문제는 조선국민연정회 관련 일부 인사들의 종교적 지향이 불분명하다는 점이다. 오지영은 『동학사』의 저자로서 1894년 동학혁명에도 참여했던 명백한 천도교인으로서 1946년 천도교청우당 창립 시에도 노구를 이끌고 찬조연설을 했던 인물이다. 또한 《연정》 편집진 가운데는 불교계 중견 문인들도 보인다. 유교 계열로 확실하게 분류될 만한 인물은 구한말 애국계몽운동의 주축 인물이었던 심의성, 의병장 류인석의 차남 류해동柳濟春, 고종의 밀명으로 대한독립의군부를 결성하여 양반유생 중심의 복벽운동을 주도했던 윤용주,[33] 그리고 윤용주와 함께 조선민족대동단 활동으로 옥고를 치른 박형남 등이 있다. 천도교, 불교와 유교계를 아우르는 이들 사이의 연결고리가 전혀 없는 것은 아니다. 이들은 대부분 한학에 배경을 둔 인물이었다. 또한 참여 인사들은 대부분 구한말 민족운동의 최고 연장자 세대 원로로서 공개 영역에서 알고 지낸 지 오래되었고, 그 연륜과 지식을 통해 해방 이후 정국에 기여하고 싶었을 것이다. 이들이 참가한 대중당의 정강에서 '배달정신'과 '고유문화'를 특별히 강조하고 있는 점은 이러한 추리를 뒷받침한다.[34]

이 단체의 주도 인물 가운데 다수가 유교계였지만 타 종교 인물들이 3분의 1 정도를 점하고 있으므로, 조선국민연정회를 유교 단체로 확정할 수는 없다. 다만 회장 심의성과 부회장 류해동이 확실한 유교 단체인 대동회에서 각각 고문과 참여로 이름을 올린 바 있고, 김창숙의 회고에 유교 단체로 적시되었던 점 등을 감안할 때 출범 당시에는 유교 단체로 인식되고 있었다는 점이 분명하다. 무엇보다도 심의성과 류해동은 각각 구한말 유교계의 가장 중요한 두 흐름인 개신 유교와 의병전쟁과 관계 깊은 인물이라는 점에서 유교 정치운동사의 연속성을 실증한다는 점을 특기한다. 류해동은 이후 유도회총본부에서 지속적으로 활동했다.

무명회

조선국민연정회의 경우처럼, 유교인의 단체는 아니지만 유교계 인사들이 적극 참여하여 해방 정국에서의 영향력이 두드러졌던 단체로 단연 무명회無名會를 들 수 있다. 다른 유교 단체와 달리 무명회에 대해서는 기록과 회고가 여럿 있는데, 무명회에는 유교계 인사 외에도 아나키스트 인사들이 함께 참여한 까닭에 잘 정리된 아나키스트 운동사 기록을 통해 거꾸로 유교인의 행적을 엿볼 수 있다.

무명회는 해방 직후인 1945년 8월 17일, 김명동金明東, 신현상申鉉商, 유정렬劉正烈 등의 충남의 청장년 독립운동가들이 상경하여 김창숙과 이종린李鍾麟, 당시 천도교 교령을 방문하여 건국 방향을 자문하며 체류하던 중 다수의 충청권 인사들과 민족운동에 관심 있는 청년 33명훗날 36명을 중심으로 결속하여 10월 3일 정식 출범했다. 무명회의 「취지와 선언」에 따르면, 이 단체의 결성 목적은 건국 사업에의 충성 하나에 있었다.[35] 다만, 무명회 결성을 알린 당시 신문 기사에는 이 단체가 대중의 정치의식 앙양과 국론 통일을 통해 건국의 이론과 방법을 연구하는 것을 목적으로 한다고 보충 설명하고 있다. 결성 시점의 임원진은 다음과 같다.

회장: 김명동金明東

부회장: 성낙서成樂緖

총무부: 구을회具乙會 외 2인

재무부: 구연걸具然杰 외 1인

편집부: 이석규李錫圭

사업부: 신열균申說均 외 2인

연락부: 신현상申鉉商 외 7인

임원진은 대부분 충남 출신의 청장년 명망가로서 대체로 충청 지역 파리장서운동의 주동자였던 지산 김복한 학통에 속하는 개명한 유교인으로 구성되었다. 김명동은 김복한의 삼남으로서 신간회 창립 발기인이자 중앙집행위원으로서 적극적인 활동을 했던 인물이다. 성낙서는 충남 공주 출신으로 경성제대를 졸업한 후 이화여전에서 동양철학을 가르쳤고, 구을회는 충남 당진 출신으로 보성전문 법과 출신으로 스무 살까지 한학을 배웠다. 구연걸도 김복한 문하에서 배운 인물이다.[36] 김명동이 상경 직후 가장 먼저 김창숙을 예방한 것은 선친의 파리장서운동 참여에서 볼 때 지극히 자연스러운 것이었다.

이에 더해, 신현상과 이석규의 경우에서 보듯이 무명회의 또 다른 축은 아나키스트들이 맡았다. 예산 출신의 신현상은 일제 하 독립운동 경력자로서 환국한 김구의 비서 역할을 맡았던 인물로서 정부 수립 이후에는 반민특위에서 활동했다. 동래고보 출신의 이석규는 학생 시절 중국 남경에서 열린 동방무정부주의 자연맹 회의1928에 조선 국내 대표로 참여했다가 이정규와 함께 체포된 경력을 갖고 있던 골수 아나키스트였다. 무명회 적극 활동 시기에는 유정렬, 이을규, 이정규, 김형윤, 유창준兪昌濬, 유진태의 자, 이규창李圭昌, 이회영의 자, 김지강金芝江, 이문창李文昌 등의 아나키스트가 주축을 이룬 것으로 보이는데, 해방 직후 아나키즘 운동의 방향 설정에 무명회가 영향을 미친 것은 분명하다.

유교계 개명 독립운동가와 아나키스트 행동파의 결합에는 '우연'도 작용했다. 충남권 유교 독립운동가들과 느슨하게 연결되어 있었던 기독교 사회운동가 유정렬이 해방 직후 상경 과정에서 결합한 것, 이후 속속 상경한 충남권 인사들과 아나키스트 인사들이 숙소를 같이 쓰면서 동지적 감정을 갖게 된 것 등이 무명회 결성에 영향을 미친 것은 분명하다. 그런데 그러한 우연적 계기를 필연적으로 만든 것은 이들의 네트워크가 이미 순국한 유교계 독립운동 원로인 유진태와 이회영의 영향하에서 형성되었다는 사실이다. 유진태는 고종의 국외 탈출을 통해 망명정부를 수립할 계획으로 국내에 잠입한 이회영을 도와 구한말의 충신 민영달 등과 함께 거사를 거의 성공 직전까지 가게끔 수완을 발휘했고, 1919년 고종의 붕어로 계획이 실패한 이후에는 재경 유림을 동원해서 김창숙의 파리장서운동을 성공리에 이끌었다. 유진태와 함께했던 류준근은 홍주의병 출신으로 김복한 계열의 호서유림 참여에 기여했다. 따라서 김명동을 비롯한 김복한 문하의 인물들은 유진태의 아들인 유창준과 자연스럽게 연결될 수 있었던 것이다. 마찬가지로, 이을규·이정규 형제와 이규창 등의 아나키스트 계열의 인물들은 그들이 따랐던 우당 이회영의 활동을 도운 옛 유교계 독립운동 세력과 친화력을 가질 수밖에 없었다. 이런 점에서 볼 때, 무명회의 결성과 활동은 우연이 아니라 유교계 독립운동사에서 잉태된 자연스러운 결과라고 볼 수 있다. 실제로 무명회는 김창숙을 대표로 출범할 계획도 있었지만, 모든 파당적 정치 활동을 거부했던 김창숙의 사의 때문에 오히려 더 자연스럽게 정치 단체로 나아갔다. 출범 이후 무명회는 건준을 장악한 공산계에 맞서 임시정부 중심의 정치 활동에 선발대로 나섰다. 특히 반탁정국 이후 무명회원들은 유교계와 아나키스트 중심의 임정봉대운동인 한국혁명위원회 활동의 주력이 되었다.[37]

유교 정치사와 해방 후 유교 단체의 연속성

지금까지 해방 정국의 유교 단체를 조사한 결과를 종합하면, 당시 유교계는 다양한 배경을 가진 단체들이 분립·경쟁 또는 협력하면서 반탁운동과 건국운동 그리고 통일국가건설운동에 적극적으로 참여했다는 사실이 뚜렷해진다. 해방 정국을 주도했던 유교인들은 대부분이 독립운동가 출신으로 대중의 높은 신뢰를 받았고 이들이 주도했던 유교 단체들도 각각 좌우파의 정치계에 큰 영향을 미쳤다는 것 역시 확실히 입증되었다. 무엇보다도, 해방 후의 유교 단체들은 파리장서운동을 비롯한 유교계 독립운동 사이의 연속성을 잘 보여 준다는 점에 주목할 수 있다. 유교계의 최고 지도자인 김창숙은 일제하 최고 유학자 정인보와 무정부주의 계열 인사_{이회영} 휘하였던 이정규, 이을규의 지지를 통해 유도회총본부를 구성하여 김구의 반탁노선에 큰 힘을 실었다.³⁸ 의병운동과 파리장서운동에 참여했던 유림과 그 후손들도 위 단체들의 대표급으로 활동했다. 전국유교연맹을 이끈 김응섭은 파리장서운동에서 결정적인 역할을 했던 비임정계 독립운동의 최고급 인물이었다. 대동유림회를 이끈 이기원, 전국유림통일회를 이끈 이상린은 각각 파리장서운동의 두 축인 곽종석_{영남}과 김복한_{기호}의 학통을 대표했던 인물이었다. 조선국민연정회에 참여했던 류해동은 최고 의병 지도자 류인석의 차남이었다. 구한말부터 일제강점기까지 유교계 독립운동에 관여한 최고 유학자 3인에 해당하는 류인석, 곽종석, 김복한의 후손·문인들이 모두 해방 정국에서 적극적으로 참여하고 활동했다는 점에서, 유교 단체와 유교계의 건국운동의 '정통성'과 '연속성'이 입증된다.

〈표 5-1〉해방 직후 유교 단체들과 그 성격

성격	단체명	핵심 인물	비고
친일 유림	'경학원 계열' 유도회	안인식, 이명세, 공성학	일제하 경학원·명륜학원 교강사, 간부 출신
좌파	대동회	김성규, 장기식, 류용상, 박근실, 양대연, 서홍옥, 윤재구	일제하 명륜학원전문 수료생 주축. 미군정 평가: 온건좌파 경찰은 '중간파', 미군정은 '온건좌파'로 평가했으나, 핵심 세력 다수가 좌파·간첩 활동
좌파	전국유교연맹	김응섭, 정준섭, 이영규, 이구영, 이원일, 이원헌, 최준, 이석구	사서연역회, 남로당계 학자 주축 민전 산하 좌파 단체
우파·중도파	대동유림회	이기원, 이기인, 권중철, 이우세	독립운동 계열 파리장서운동 시 곽종석 문하 이진상-이승희 가문
우파·중도파	유교회유림회	이재억	재경 유림 단체
우파·중도파	조선유림성정회	강현, 박종오	복벽적 경향, 함경 출신이 주도
우파·중도파	전국유림통일회	이상린, 김영한, 황종화, 이상천	독립운동 계열호서 의병 김복한 관련 충청 유림 주도 영호남 제외 전국적 유림 조직
지역 단체	(전남) 대성회	조국현, 이광수	전남 독립운동 계열
지역 단체	(전북) 명륜회	류직양, 곽한영	전주향교 중심 유지·명망가 단체
지역 단체	(대구) 대성회	김우식	대구 유림
미상	공맹학회		양서황해·평안 유림
미상	대동향약		민족주의 계열 단체
정치 단체	조선국민연정회	심의성, 류해동, 홍영의, 윤용주, 박형남	애국계몽운동, 의병운동 등 독립운동의 각 세력 망라 학술적 성격에서 정치 단체로 변화
정치 단체	무명회	김명동, 성낙서, 이석규, 신현상, 유정렬	김복한 관련 충남 유교 독립운동가 중심 아나키스트 운동가 동참

물론 이 조사만으로 해방 정국의 유교 단체가 당시 정치에 미친 영향력의 크기를 가늠하기는 어렵다. 경쟁하는 다른 종교계의 움직임과 그것을 포괄하는 정치계 전체를 분석해야만 비로소 해방 정국에서 유교계의 위상을 규정할 수 있기 때문이다. 따라서 김창숙과 정인보의 우익 노선김구 지지, 김성규의 중간파 노선김규식 지지, 김응섭의 좌파 노선남로당 지지 등, 유교계 인사들의 후속 정치참여 과정을 당시 정국의 계기적 사건과 정치 세력과의 관계 속에서 분석하는 후속 작업이 필수적이다.

〈표 5-1〉은 위에서 서술한 해방 직후 유교 단체와 유교계 정치 사회 단체들의 핵심 참여자와 성격을 정리한 것이다.

3. 유교 단체 통합과 신탁통치반대운동

해방 직후 유교 단체들이 이념, 지역, 학통, 일제 협력 여부 등의 요인에 따라 경쟁 또는 협력하면서 난립해 있었기 때문에 유교인들은 공동의 목적을 추구하는 데 어려움을 겪었을 것이다. 이에 따라 유교인들 사이에서는 유교 단체 통합을 당면 과제로 인식하는 분위기가 형성되었다. 그런데 여타 종교와 달리 일찌감치 세속화를 수용했던 유교에서는 사제/평신도 구분이 무의미하고 교단 조직 역시 필요하지 않았다. 유교에서 의례와 신도 공동체는 독자적으로 존재하지 않고 대신 사회 전체 영역에서 일반화된 가치와 습속의 형식으로 확산되어 있었다.[39] 이와 같은 유교 본연의 분산종교적 성격과 유교가 국가종교였던 조선왕조에서의 특수한 조건이 맞물려, 유교인들은 별도의 교단 형성 필요성을 느끼지 못했다. 이러한 상황은 대한제국 말기, 곧 일제의 정치경제적 침탈이 노골화되면서 이에 맞서는 애국계몽운동이 활발해지면서 바뀌게 된다. 이 시기에 유교인들은 국가의 지원에 의지하던 기존 관례에서 벗어나 경향 각지에서 학회와 교육기관을 설립하면서 탈국가화된 종교로 변신을 모색했고, 이러한 경험을 바탕으로 일제강점기에 국내외 독립운동과 공교회 운동 등을 전개하면서 부분적이지만 근대적 조직 활동을 전개하기도 했다. 하지만 학통과 지역으로 나뉘어 있던 유교인들이 전국 단위의 교단 조직을 만든다는 것은 이론적으로나 현실적으로나 어려운 일이었다. 그런데 해방 정국의 정치적 열광은 불가능할 것으로 여겨졌던 유교인들의 전국 조직 건설을 가능하게 했다.

1차 통합의 주체와 한계

유교 조직화의 출발점은 1945년 11월 20일부터 진행된 전국유림대회였다. 전국에서 1,000여 명의 유림이 성균관에 운집한 것만으로도 이 행사의 규모를 짐작할 수 있다. 6일간 성균관 명륜당에서 열린 이 대회는 대동회 김성규가 사회를 맡았고 유교 혁신과 성균관대학 설립 등을 논의했다. 이 행사에 대한 언론 보도를 종합해 보면, 해방 직후 유교계의 중요 인물과 당시 유림들의 중요 관심사가 무엇이었는지를 어느 정도 파악할 수 있다.[40] 이 대회에서 결정된 중앙집행위원회에서 임시로 선임한 '유도회중앙총본부'의 임원들의 명단과 결의 내용은 다음과 같다.〈중앙신문〉, 1945년 12월 11일

고문: 이승만, 김구

중앙집행위원장: 김창숙

부위원장: 김성규, 이기원

총무위원: 권중철權重哲, 이우세, 서성달徐成達[41]

기획부 위원: 이현우李鉉佑 외 2인

경리부 위원: 최인재崔仁才 외 2인

교화부 위원: 이용채李容彩 외 2인

도서관 위원: 류해동 외 2인

심사부 위원: 강인택姜仁澤 외 2인

선전부 위원: 윤석훈尹奭勳 외 2인

지방부 위원: 송우용宋友用 외 3인

책임상무서기: 윤력井櫟[42]

결의안

1. 민족고유문화의 근간인 유교도의의 혁신 향상을 도모하고저
다음과 같이 결의함.

　㈎ 계급파벌의 차별을 타파함

　㈏ 총력을 건국대업에 집결하고 정당한 여론을 흥기함

　㈐ 건국의 추진력이 될 논문 우㕛는 구체안을 현상모집함

　㈑ 일본제국주의교육의 폐질을 발근하고 신교육책을 수립함

　㈒ 성균대학설립재단 완벽을 기함

2. 국제 교섭의 결의를 좌左와 여如히 함

　㈎ 연합군에 감사표명과 군정에 협력함

　㈏ 38도 문제 단기해결을 요구함

　㈐ 법화의 태환을 보증할 정금 우㕛는 현물을 일본에 요구함

　언론 보도에 따르면 전국유림대회에는 38도선 이북의 유림까
지 참여했는데, 그 규모로 볼 때 언뜻 유교계 전체를 대표하는 정
당성이 부여된 것처럼 보인다. 하지만 관련 인물들이 남긴 자료
들을 검토하면 그 실상은 생각보다 복잡하다.

　우선, 앞서 각주에 전재한 윤혁동의 회고와 비교해 보자. 윤혁

동에 따르면, 통합을 주도한 것은 대동회의 청년 유림들이었고, 이들이 먼저 대동유림회 측과 접촉해서 제휴했음이 드러난다. 통합을 위한 유림대회 임시의장과 사회를 김성규가 맡았다는 것과 부위원장으로 대동회와 대동유림회 대표인 김성규와 이기원이 맡았다는 것을 볼 때, 해당 부분에 대한 윤혁동의 회고는 사실임을 알 수 있다. 이기원은 그 자신이 독립운동가였고 무엇보다도 영남 유림을 대표하는 최고 가문 출신이었기 때문에 최소한 서울과 영남 지역 유림을 대표하기에 충분했다. 이에 비교하자면 김성규는 일제강점기 짧은 사회주의운동 경력과 무산자 아동을 위한 교육사업을 했을 뿐 유림의 대표가 될 만한 업적이 없었다.[43] 그럼에도 김성규가 부위원장으로 추대된 것은 대동회의 활동력이 그만큼 컸다는 것을 보여 준다.

하지만 윤혁동의 회고에는 부정확한 부분이 더 많다. 우선, 윤혁동은 유교회일설 유림회의 이재억이 감찰위원장을 맡았다고 했지만, 이는 당시 언론들의 보도와 다르다. 이재억은 그 시기까지 유교회라는 단체의 대표로서 외부 정치 활동만 수행했을 뿐, 1차 통합에는 참여하지 않았다. 더구나 통합 주체에 대한 회고도 사실과 다르다. 《중앙신문》에는 1차 유림대회에서 통합에 참여한 단체로 대동회, 대동유림회와 '유도회'를 들었다. 당시 유도회 명칭을 사용한 집단은 친일 유림의 '경학원 계열 유도회'뿐이었다.

1차 유림대회에서 유달리 '유림의 단합'을 내세운 배경을 짐작할 수 있다. 따라서 1차 유림대회의 통합 결의는, 이기원의 대동유림회를 포함시키기는 했지만, 사실상 옛 명륜전문의 제자와 스승들이 이끌던 대동회와 경학원 계열 유도회가 주도하여 유교계 기득권을 장악하려는 시도의 결과였을 뿐이었다.[44] 김성규와 대동회는 유림대회를 조직하기 위해 재경 영남 유림들과 먼저 '제휴'하여 자연스럽게 자신들의 요구를 유교계에 발휘하고자 했다. 이들의 일차적 관심은 오로지 조직의 이익, 곧 일제 시기 명륜전문학교를 유교와 성균관의 역사적 연속성 안으로 포함시키는 방식으로 유교계 내에서 교두보를 확보하려는 것이었다. 나아가 유교계 대학을 설립해야 한다는 주장에는 자신들이 해방 이후 사사로이 교장을 선임하고 학생들을 모집했던 '월권'을 보장받은 채, 유교계는 단지 그 운영 경비를 조달하는 역할만 수행하라는 뜻을 포함하는 것이었다.[45]

　대동회의 의도가 강하게 반영된, 세몰이 방식의 제한된 통합에 대해 여기에 참여하지 못한 다른 유림들의 반발이 있으리라는 것은 충분히 예상 가능하다. 위원장으로 추대된 김창숙조차 그러한 분위기를 감지하고 취임을 미룬 채 유교계 전체를 대표할 만한 수준의 유림 합동을 요구했다.

신탁통치반대와 여타 유림들의 동향

1차 유림대회가 끝난 지 얼마 안 되어 정국은 신탁통치 반대운동으로 요동치기 시작했다. 1945년 12월 27일 모스크바삼상회의에서 한반도에 대해 신탁통치 결정이 났다는 소식이 전해지면서, 김구를 비롯한 민족 진영은 신탁통치반대운동에 나서게 되었다. 당시 함께 반탁운동에 가담했던 공산당 계열은 얼마 후 소련의 지시에 따라 급작스럽게 신탁통치 찬성 입장으로 돌아섰다. 그때까지 남로당 계열에 대해 태도를 정하지 못했던 김창숙은 이를 계기로 공산 계열에 대해 비판적인 입장을 갖게 되었다.

김창숙의 회고에 따르면, 12월 30일 반탁집회에서는 공산당을 비롯한 좌익의 거두들도 신탁통치에 반대하며 통곡했다고 한다. 하지만 이듬해 1월 13일에 김창숙은 평양에서 돌아온 박헌영이 공산당 간부회를 열어 탁치 지지를 결정했다는 소식을 접하게 되었다. 이에 분노한 김창숙은 공산당 지도부를 숙소로 불러 따지고자 했는데, 처음에는 이승엽과 이우적 두 사람이 함께 왔고, 이어 김창숙이 아끼던 이관술李觀述이 방문했고, 마지막으로 최익한崔益翰이 찾아왔다. 이들은 당시 공산 진영의 핵심 인물들로서 독립운동의 대선배 김창숙을 설득하고자 했다. 하지만 김창숙은 다음과 같은 논리로 이들을 비판했다. 첫째, 남로당은 모스크바삼상회의의 결정이 러시아어와 일본어로 번역하면 '신탁'이 아니라 '후견'이라 주장했는데, 김창숙은 후견이란 일본·민법 용어로서 그들이 우리 민족을 어린이이거나 정신병자로 취급하여 독립할 능력이 없다고 본 것이어서 '신탁'보다 더욱 나쁜 것이므로 수용할 수 없다고 반박했다. 둘째, 이관술은 소련군 주둔의 이유가 미군의 침략을 억제하는 데 있으므로 소련군이 오래 주둔하는 것이 조선에 행복을 가져다준다고 주장했는데, 김창숙은 소련군의 주둔은 미군 주둔의 근거가 되므로 탁치는 결국 한반도를 미·소의 각축장으로 만들 것이라며 비판했다.「국역 심산유고」, 794~797

김창숙이 남로당의 회유를 뿌리치며 반탁운동의 최전선에 서고 있을 때, 유교계 1차 통합에서 배제되었던 여타 지역 유림들이 반탁운동을 내세워 독자적인 세력화에 나서기 시작했다. 호남 유림이 먼저 움직였고, 충남과 경남 유림들도 이 대열에 참여했다. 그 가운데는 일제하의 경학원과 향교에서 친일 행적을 벌였던 유림들도 조금씩 섞여 있었다.

전북 명륜회와 전남 대성회 중심의 호남 유림들은 집단 상경하여 독자적으로 반탁운동을 전개했다. 1월 12일에는 이진범李鎭範과 홍용직洪容直이 호남 백만 유림의 대표 자격으로 임시정부를 방문하여 지지 의사와 탁치 반대를 전달하였고, 14일에는 조국현曺國鉉, 오채열吳采烈, 천석봉千石峰 등이 하지 중장을 방문하여 역시 탁치반대 의사를 전달하고 즉시 독립을 요구했다.《동아일보》, 1946

대체로 호남 유림은 간재 학파의 후예로서 병탄 이후 정치 활동에 소극적이었다. 대체로 호남 유림은 대한독립의 군부와 파리장서운동 참여로 타격을 입은 이후 직접적인 정치운동 참여에는 소극적이었다. 그 때문에 해방 직후 호남 유림의 활동은 제한적이었다. 하지만 이들에게 상당한 영향력을 행사했던 송진우와 김성수가 임시정부 지지로 돌아서면서, 중앙 정치 움직임을 관망하던 호남 유림들도 본격적으로 건국운동에 참여하기 시작했다. 그 촉발 계기가 바로 신탁통치반대운동이었다. 특히 이들은 호남 출신 인사들이 주도했던 한민당 세력이 김구의 임시정부세력과 함께 반탁운동에 적극 참여했던 데 자극을 받았다. 전북 명륜회와 전남 대성회는 그 참여 인사들이 지역의 명망가였고 경제적으로도 지주 또는 상층 기업인들이었으며 대체로 일찍이 개신한 인물이 많았기 때문에 정치적으로는 자유주의적 성향을 띠었다.

이런 상황에서 1월 19일에 전국유림통일회가 결성되고 이들이 주도한 유림대회가 열려서 유교계의 반탁운동 추진을 결의했다. 전국유림통일회는 앞서 해방 정국의 유교 단체를 소개할 때 등장했던 그 단체이다. 이 모임은 이전 1945년 11월의 유도회 1차 통합에 참여하지 못했던 충남 유림, 함북 유림, 경남 유림, 그리고 서울·경기권 유림의 '소통일'을 위한 것이었다.(그동안 유교사 서술에서는 이 유림대회를 김창숙 계열의 것으로 잘못 파악하는 오류를 범해 왔다.) 이들은 성균관을 점유하고 있던 대동회 및 경학원 계열 유도회 세력에 맞서 '성균관 터 환수'를 주장하면서 1차 통합의 비정통성을 문제 삼았다.

이 모임의 핵심 세력인 충남 유림은 옛 파리장서운동에서 영남의 곽종석과 같은 위치에 있었던 지산 김복한의 문인들이 주축이었다. 따라서 이들은 유교계 독립운동의 정통성을 계승한 유림으로서 자부심과 영향력을 갖고 있었다. 충남 유림 중심의 이러한 움직임에는 조선유림성정회와 공맹학회 등의 북한 출신 유림들과 기타 지역의 유림 세력들이 동참한 것으로 보인다.[46]

각 지역 유림들이 개별적으로 또는 연합하여 반탁운동을 전개하면서, 유교계는 더욱 체계적인 운동 전개를 위한 중앙 조직 결성의 필요성에 직면하게 되었다. 이처럼 해방 정국의 돌출변수였던 반탁운동은 이후 유교계의 향방에도 큰 영향을 미친 것이다. 반탁운동을 주도한 이가 김창숙이었으므로, 이를 바탕으로 유교계 통합을 마무리할 사람도 김창숙이어야 했다. 김창숙의 지도력은 이 과정에서 처음으로 시험대에 올랐다.

대통합 유도회총본부의 출범

반탁 정국의 수세를 만회하기 위해 공산 세력은 통일전선전술의 일환으로 민주주의민족전선을 결성하고 유교계에도 참여할 것을 요청했다. 이관술이 직접 김창숙을 방문한 것도 그 때문이었을 것으로 추측된다. 하지만 김창숙은 이를 거부하고 대신 임시정부 주도의 비상국민회의에 참석했다. 김창숙이 반탁 입장을 분명히 하면서, 유교계 내부의 통합은 우익 진영 중심으로 진행되었다.

그동안 현대 유교사에서 유도회총본부 출범과 관련된 서술의 기본 틀은 김창숙의 회고에 맞춰져 있었다. 하지만 김창숙의 회고에도 일부 사실이 누락되었거나 틀린 것이 있다. 김창숙의 회고를 보자.

이때[47] 전국 유림 중에 서울에 모인 자들이 유도회를 조직하고, 규약과 부서를 정하여 옹김창숙 자신을 추대하여 회장으로 삼고, 본부를 성균관에 두었다. 또한 유교회, 대동회, 연정회 등 3개 단체가 있어서 모두 사무소를 성균관에 두고 각기 영도권을 다투어 서로 양보하지 아니했다. 유도회로부터 옹의 취임을 누차 재촉 받았으나, 옹은 불응했다. 오래되어 4파의 여러 사람은 번갈아 찾아와 대립하여 서로 싸우는 상황을 낱낱이 말하며 옹에게 단합할 계책을 강구해 달라고 요구했다. 옹은 말하기를, "공 등은 동일한 유교 사상을 가지고 유도 발전을 도모하면서 지금 각각 하나씩 회를 세우고 각히 부서를 설치하여 서로 영도권을 다투고 있으니, 이는 전국 유림이 한 가지로 부끄러워하는 바다. 공들이 만약에 단합하기를 도모하지 아니하고 싸우기만 한다면 유교가 반드시 망할 것을 서서 기다리는 것이니, 공들이 진실로 단합을 실행하고자 한다면 4파의 제공이 모름지기 날짜를 정하여 성균관에 모두 모여서 이미 세운 회의 이름과 이미 설치한 부서를 취소할 것을 선언하고, 곧 전국대회를 조직하고, 대회의 일치된 공의로써 다시 회명을 정하고 다시 부서를 설치하여 총본부를 성균관에 둘 것이며, 별도로 지부를 각도 각군에 설치하여 총본부에서 이것을 통할하고, 이로써 전국 유림을 연합하고 이로써 유도 발전을 강구한다면, 이것이 어찌 오늘날의 유림 제공들의 같이 힘쓸 바가 아니겠는가"라고 했다. 여러 사람은 함께 기꺼워하면서 "삼가 명을 받들겠다"고 했다. 이에 각파가 성균관에 모두 모여서 함께 전일의 회명과 부서를 취소할 것을 선언하고, 곧 합동대회를 조직하고 회명을 유도회총본부라고 다시 정하고, 부서도 다시 정하여서 옹을 추대하여 유도회총본부 위원장을 삼고, 이기원, 이재억, 김성규, 정인보로 부위원장을 삼았다.

여기서 눈여겨볼 것은 유도회 통합의 주체, 통합 과정, 통합 결과로서의 임원진 구성 등 셋이다. 첫째, 김창숙에 따르면 유도회 통합의 주체는 모두 4개 단체로서, 1차 통합 유도회와 기타 3개 단체유교회, 대동회, 연정회였다. 그런데 앞서 검토했듯이, 대동회는 이미 1차 통합 때의 중심 단체였다.[48] 따라서 2차 통합의 핵심 대상이 유교회와 연정회,조선국민연정회,였다는 것을 알 수 있다.

그런데 이와 같은 김창숙의 회고와 유교계의 기존 서술에는 중대한 누락이 있음을 알 수 있다. 본래 1945년 11월의 1차 통합은 명륜전문 세력과 대동유림회 사이의 작은 통합에 불과했다. 이후 반탁운동을 계기로 각 지역의 유림들이 개별적으로 조직화에 착수하면서 1차 통합 유도회의 정통성이 흔들리게 되었다. 이러한 갈등 상황을 타개하기 위해 유교 단체들은 1946년 2월 10일 성균관에서 간부회를 열어 협의한 결과 3월 13일에 전국유림대표자대회를 개최하기로 결정한다.《동아일보》, 1946년 2월 12일 이는 김창숙이 유교 단체들에게 요구했던 '기존 모임 해체'와 '유림 대회를 통한 통합 단체 출범' 조건 등을 기존 단체들이 기꺼이 수용했다는 것을 일러 준다. 그리고 이런 화해 분위기를 반영해서 3월 4일 하지 군정장관 등 외빈을 초청하여 임시정부 독립운동가 원로인 조완구의 초헌, 개성 유림 공성학의 아헌으로 석전을 진행했다. 그런데 공성학은 '경학원 계열 유도회'의 핵심 인물이다. 다시 말해, 실제 유도회 대통합 과정에는 김창숙의 회고 외에 다른 단체들도 많이 포함되어 있다는 것이다. 그리고 이는 '조선유도회총본부'가 발족하고 임원 구성을 완료했다는 사실을 유일하게 보도한《조선일보》1946년 3월 30일 기사 전문을 검토할 때 더욱 분명해진다. 기사 전문은 다음과 같다.

양파兩派의 합동을 본 조선유도회총본부에서는 다음과 같이 임원을 결정했다 한다.

고문: 이승만, 김구, 이상린李相麟.

위원장: 김창숙.

부위원장: 안만수안인식, 이기원, 김성규, 이재억, 정인보.

이 밖에 총무, 의례, 교화, 경리, 외교, 기획, 선전, 후생, 심사, 도서, 지방의 각 부를 두었는데 중앙위원은 180명이다.

이 기사에서 주목할 점은 크게 둘이다. 하나는 임원진 구성에 관한 것이고, 다른 하나는 합동의 주체인 "양파"가 과연 무엇을 지칭하는 것인지에 관한 것이다. 선정된 임원진을 잘 분석하면 그동안 알려지지 않았던 유교계 2차 통합의 주체도 분명히 알 수 있다.

먼저, 임원진을 분석해 보자. 고문으로 위촉된 이는 모두 3명으로서, 1차 통합 때 이미 추대되었던 이승만과 김구에 더해 새로 이상린이 추가되었다. 이승만과 김구는 독립운동의 최고 지도자로서 해방 정국에서 가장 중요한 인물이었으므로 당시 관례상 당연한 위촉이다. 그런데 새로 추가된 이상린은 앞서 전국유림통일대회의 반탁 결의에서 민병승, 김영한과 함께 영수로 추대되었던 인물이다. 이상린의 고문 추대에는 두 가지 의미가 있다. 하나는 유교계 1차 통합 과정에서 소외되었던 세력을 존중한다는 뜻이고, 다른 하나는 파리장서운동의 김복한 세력에 대한 배려이자 동시에 구한말 홍주의 을미의병 주도자로 생존해 있던 인물을 추대함으로써 유교계가 옛 의병운동의 역사를 계승한다는 뜻을 천명한 상징적인 위촉이었다.[49] 고문으로 추대된 이승만, 김구, 이상린 모두 당시 반탁운동에 앞장섰는데, 이를 통해 통합 유도회는 위원장 김창숙 주도의 반탁운동에 정치적으로 동의하고 있었다는 것을 짐작할 수 있다.

부위원장단 인선을 살펴보면, 어떤 세력들이 유교계 2차 통합에 함께했는지를 더 자세히 알 수 있다. 우선, 1차 통합 당시 2명의 부회장이었던 김성규와 이기원이 그대로 총본부 부회장으로 남아 있다. 이기원은 재경 영남 유림을 대표했던 대동유림회 몫의 부회장이고, 김성규는 명륜전문학교 출신 청년 유림이 가담했던 대동회 몫의 부회장이다. 눈길을 끄는 것은 새로 임명된 3명의 부회장의 면면이다. 우선, 이재억은 서울·경기권 유림으로 구성된 유교회_{일설 유림회} 몫의 부회장이었다. 안만수는 곧 안인식으로, 일제 협력 유림이 많이 참여했던 경학원 계열 유도회 몫의 부회장이었다. 가장 대표적인 일제 협력 유학자인 안인식의 부위원장 인선은 곧 유교계가 조직화라는 현실의 벽에 부딪혀 옛 경학원의 인사들을 수용할 수밖에 없었음을 짐작케 한다. 마지막으로, 정인보는 당대 최고의 한학자이자 일제하 조선학 운동의 대표자로서 대중적인 명망이 높았고 특히 청년 한학자들에게 영향력이 컸기에 김창숙이 직접 지명했을 듯하다. 실제로 정인보는 김창숙을 진심으로 받들어 유교계가 임시정부 지지 노선으로 나아가도록 이끌었고, 후술하겠지만 독립운동 기간 중 무정부주의 노선 혁명가들과의 친분으로 유교계 혁신을 위해 이정규 등의 무정부주의 독립운동 세력을 적극 중용하는 데 힘을 쏟았다.

이러한 분석을 통해서 볼 때, 《조선일보》에 보이는 "양파"는 1차 통합 유도회1945년 11월와 전국유림통일회1946년 1월를 지시하는 것이었음을 알 수 있다.[50] 이로써 통합 시점의 유도회총본부는 파리장서운동을 주도했던 옛 영남과 호서의 유림, 간재학파 계열의 호남 유림, 수도권의 명망가와 청년 유림, 기타 지역 유림들이 망라되어 참여한 대표성 있는 실질적인 유교 통합체였다는 점이 확인된다. 다만 이들이 유교의 향후 과제 설정 및 정치 이념 지향에 대해 의견을 공유한 것은 아니었다. 단지 세력간의 균형에 의한 임의적 연합체였을 뿐이었다.

김창숙의 유교계 통합 관련 회고에 누락된 것은 크게 두 가지이다. 첫째, 유교계 통합의 주체 가운데 경학원 계열 유도회를 누락했다. 둘째, 부위원장의 맨 앞자리에 이름을 올린 안만수_{안인식}를 누락했다. 이러한 누락은 친일 유림을 수용하지 않으려 했던 김창숙의 의도를 반영한 것이라고 보는 것이 타당하다. 이러한 유교계 통합의 결과는 유교계의 일제 잔재를 청산하고자 했던 김창숙에게는 분노할 만한 사태였음이 분명하다. 통합이라는 명분을 수용할 수밖에 없었던 김창숙은 자신의 회고에서 일제 협력 집단과 개인의 이름을 지우는 방법으로, 사후적으로 이들의 대통합 유도회총본부 진입이 부당하다는 것을 알리고 싶어 했던 것이다.

이러한 유교계 통합 과정의 일부 한계에도 불구하고, 유도회는 위원장 김창숙의 카리스마를 앞세워 유교 부흥 작업에 착수했다. 김창숙의 유도회총본부 위원장 '취임사'는 그의 유교사에 대한 반성적 인식과 향후 유교의 근대적 전환을 위한 구상이 잘 드러나 있기에 분석을 요한다.

오도_{吾道}가 시중_{時中}의 도_道임은 췌언_{贅言}할 여지도 없는 것이다. 시간과 공간을 따라 핵심의 소재가 이동되고 있는 것이다. 요_堯시의 결독_{決瀆}은 은_殷·주_周의 사업이 되지 못하고 송인_{宋人}의 장보_{章甫}는 월_越人의 예복이 되지 못함은 전배_{前輩}들이 비언_{備言}한 바이다. 만약 은·주의 시대에 결독을 말하면 은·주인의 대소_{大笑}를 면치 못할 것이요, 월인에게 장보를 강착强着케 하면 월인은 대노大怒할 것이다. 비선왕지법복非先王之法服이면 불감복不敢服이라 하나 관망冠網과 도포道袍는 삼대三代의 법복이 아니며 비선왕지법언非先王之法言이면 불감언不敢言이라 하나,[51] 우리의 '한글'은 오제五帝의 법언法言이 아니다.

한인漢人은 공자를 '쿵즈'라 하나 우리는 '공자'라 한다. 귀한 것은 공자의 성명보다 공자의 심법心法이다. 이것이 즉 인류를 지배할 시중時中의 대도大道다. 잡으면 있고 놓으면 없어지며 행하면 흥하고 반反하면 망하는 것이다.

아국我國의 유학사를 고찰하면 기원은 거금距今 약 1,600년 전이다. 제도 의식儀式은 송학宋學이 발흥된 여말麗末 이후다. 그 시대의 아국 정세는 소승불교小乘佛敎의 폐습을 교정코자 하는 관계상 형식주의도 불가피하였으며, 자체가 유치하였으므로 사대주의도 부득이하였던 것이다.

그 후 500년간의 경과를 회고하면 전반기는 건설적이었으나, 후반기는 휴수休睡상태를 면치 못했다. 임란壬亂과 병란丙亂과 같은 국욕國辱을 당하여도 하등의 각성이 없었고, 시대에 낙후된 허각虛殼만을 고수하다가 경술지변庚戌之變과 같은 대통한사大痛恨事를 유치誘致하였음은 물론 우리 유자儒者가 그 죄과를 도면逃免치 못할 것이다.

그러나 그것은 도道의 죄가 아니고 인人의 죄다. 고만瞽曼이 백주 대도大途에서 행로를 미실迷失하여 전지도지顚之倒之하는 것은 태양이

밝지 못한 까닭이 아님과 같다.

그러면 우리로 하여금 이상과 같은 죄과에 함입陷入케 한 것은 무엇이었던가.

① 대도大道의 실질을 파악치 못하고 허문虛文의 형식에만 포니抱泥였던 것이다.

② 사대사상은 의뢰심을 증장增長하여 자립의 정신이 소침消沈하였으며,

③ 문약文弱에 젖은 타성이 실행의 용기를 결핍케 하였으며,

④ 습속에 고체固滯하여 대국大局을 규찰치 못하고 맹목적 자존심이 강하여 원만히 단결치 못하였다.

이상의 네 항은 실로 오도吾道의 대잠장大蠹贓이었던 것을 명기銘記하여 둔다.

목하目下 세계의 사조는 인류흥망의 기로에서 분탕하고 있으며, 우리는 그 첨단에 서 있다. 일보를 차착差錯하면 불칙한 심연과 거학巨壑에 타락되어 재기치 못할 것이다.

그러므로 우리는 명목장담明目張膽 백퍼센트의 정력을 기동하여 무용한 형식을 정리하고 사대사상을 청산하고 용기를 분발하고 단합을 견고케 하여 시중時中의 소재를 정확히 파악하여 재기를 도모치 않으면 안 된다.「성균관대학교육백년사―천」: 332~333, 일부 수정.

김창숙의 취임사에서는 특히 전통 유교에 대한 민족주의적 반성이 눈에 띈다. 이런 인식은 중국의 유교 전통과 한국의 유교 전통이 다름을 강조하는 데서 시작한다. 요·순과 은·주 시대의 유교 형식은 묵수의 대상이 결코 아니다. '시중의 도', 곧 "시간과 공간을 따라 핵심의 소재가 이동"해야 하는 것이 유교의 근본 원칙임을 천명하면서, 김창숙은 '근대 한국'이라는 시공간에서 유교의 근대적 전환을 정당화하고 당대의 과제에 적극 개입하는 실천 윤리를 제공해야 한다고 설득한다.

이러한 논리를 기초로 김창숙은 조선 유교사를 점검하여 조선의 멸망이 조선 유교 전통의 네 가지 문제점에서 비롯되었다고 주장한다. 첫째는 형식주의, 둘째는 사대주의, 셋째는 문약의 타성과 습속에의 안주, 넷째는 단결의 실패 등이다. 이 반성 항목들은 사실 애국계몽기와 일제강점기에 행해진 유교 비판 논설들과 그 궤를 같이한 것으로 새로울 것이 없지만, 유교계의 '공식 대표'의 발언으로서는 처음이라는 점에서 그 의미는 사뭇 다르다. 곧 유교계 구습에 대한 위 비판의 항목들은 김창숙이 향후 유교계를 '개혁'하고자 할 때의 최소 기준을 제공하는 것이다. 이 항목들을 개혁해 나갈 핵심은 '변하는 것'과 '변하지 않는 것' 사이의 변증적 이해에 있다.

김창숙에게 '변하지 않는 것'은 유교의 정수로서 '심법'이었다. 이는 그의 스승이었던 한주 이진상의 심즉리心卽理 설의 핵심인 '심의 주재성'을 계승한 것으로서, 더 넓게는 조선 후기 이래 성리학계 내에서 폭넓게 진행된 리 중심의 학풍에 이어진 것이다.최일범, 2010[52] 대내외적인 위기에 맞선 유학자들이 외부적 기준 대신 내면의 기준을 중시하면서 강조되었던 '심'의 논리는 물론 약점이 있다. 마음의 주재성은 그것이 주관성이라는 약한 고리에 과도하게 기대고 있기 때문에 사람마다 제각각인 그것의 정당성을 확보하기 곤란하고 따라서 객관화가 불가능하다. 하지만 국가와 사회의 토대가 붕괴되어서 의지할 대상이 사라졌을 때 순수화한 마음의 논리는 외부의 강한 적 또는 그 유혹에 맞서 주체의 책임성을 보존하여 악의 세력과 대결하는 데 필요한 힘을 제공할 수 있는 사실상 유일한 근거였다. 성리학파가 이러한 심 중심의 논리를 전개하면서 예부터 심을 강조했던 조선 양명학파 간의 거리는 거의 사라졌다. 그리고 이러한 논리는 애국계몽기와 일제강점기의 '국혼'박은식, '얼'정인보 등의 투쟁적 관념론으로 이어지면서 근현대 한국사의 주류 이론 체계를 이루게 된 것이다. 김창숙이 선언한 '심법'은 바로 유교사의 정통이 바로 민족운동의 저항적 전통에 있다는 것을 확인한 것으로서, 향후 유교 개혁은 그 전통을 계승하는 데에서 시작한다는 것을 공표한 것이다.

또 하나 변화하지 않는 것을 김창숙은 '시중의 대도'로 표현했다. 앞서 '심법'의 한계가 주관적 상대주의임을 언급했는데, 외적의 침략기에는 확고부동한 악으로서 외적이 상정되었으므로 그 한계가 쉽게 노정되지는 않는다. 그러나 투쟁의 시기에서 건설의 시기로 바뀌는 시점에서 심법은 단결보다는 분열의 계기가 되기 쉽다. 따라서 심법의 논리 또한 '변화하는 시대'에 발맞추어 그 적용 방식이 달라져야 하고 국가와 사회에 재건이라는 구체적 목적과 대상을 갖춰야만 하는 것이다. 김창숙은 해방 정국에서 '시중의 소재'를 가름하기 위해 조선시대 유교 전통의 죄과에 해당하는 항목들을 열거한 것이다. 이제 '심법이라는 불변의 이치'를 '통일독립국가 건설'이라는 객관적 시중의 과제에 연결하여, 김창숙은 유교가 새 세상에서 그 가치를 드높일 수 있을 것이라고 설파할 수 있었다. 다만 김창숙의 염원이 이뤄지기에는 이해관계에 휘둘리는 사람들의 힘이 너무 강했다.

유교계 통합의 한계와 그 정치적 성격

때로는 논리적 서술보다 상상적 묘사가 더 많은 진실을 보여 줄 수 있다. 서울역을 통해 상경한 2,000여 명의 갓 쓴 선비들의 행렬은 순종 황제 국장 이래 20년 만의 장관이었을 것이다. 지방에서 처음 올라갈 때는 몇 사람에 불과했지만 서울에 모이고 보니 스스로 거대한 무리에 속하게 되었을 때의 감격은 형언할 수 없을 만큼 컸다. 그 감격은 작은 차이를 넘어서 대통합을 가능하게 만들었다.

통합의 명시적 목적은 유교계의 단결이었지만, 실제 통합을 이끈 힘은 해방 정국의 정치적 요구에 있었다. 김창숙이 유림을 이끌고 반탁운동에 나선 것은 개인으로서나 유교계 전체로서나 정치적으로 매우 고결한 선택이었다. 하지만 현실 정치는 필경 우군과 적군을 가르는 경계를 만든다. 반탁 여부를 중심으로 건국운동의 전선이 형성되면서 유교계는 자기 의지와는 관계없이 우익 · 반공 진영으로 편성될 수밖에 없었다. 유교계를 하나로 묶은 것은 신탁통치반대운동의 열기였다. 명시적으로 반탁을 결의하기만 하면 과거를 불문하고 애국자가 될 수 있는 상황에서 개별 세력들의 차이는 무시될 수 있었다.

대통합을 결의한 전국유림대회에 운집한 유림들의 정치 이념의 차이는 사실 엄청나게 컸을 것이다. 거기에는 김창숙과 같은 독립운동가 출신 유림이 있는가 하면 안인식과 같은 일제 협력 유림도 있었다. 동시에 정치의식과 이념으로 볼 때 복벽주의에서 혁명적 민주주의에 이르기까지 다양한 노선을 주창한 인물 · 단체가 망라되어 있었다. 이들은 모두 유교에 대한 제각각의 해석 틀을 가지고 있었을 것이다. 도덕적 자유를 강조할 수도 있고, 국가적 의무를 더 강조할 수도 있으며, 경제적 균등에 초점을 맞출 수도 있다. 여전히 유림의 대다수는 새롭게 수립될 국가가 어떤 정치 이념에 기초해 세워져야 할지에 대해서 뚜렷한 견해를 갖지 못했다고 보는 것이 적절할 것이다.

아직까지 유림들은 유교와 민주주의가 어떻게 결합될 수 있는지, 유교가 민주주의에 기여하기 위해서 유교 원리의 어떤 내용을 지양해야 하는지에 대한 체계적인 이론을 세우지 못했다. 또한 주변 국가인 일본과 중국의 경험에서도 유교에 기반한 민주 정체 가능 여부에 대해 배울 수 없었다. 일본에서는 유교와 근대화의 관계에 대해서는 참조할 수 있는 경험과 논리를 제공 받을 수 있었지만 민주주의에 대해서는 배워올 부분이 없었다. 중국에서는 민족혁명의 경험에 대해서는 참조할 경험이 있었지만 역시 민주주의와 유교의 관계에 대해서는 참조할 것이 별로 없었다. 오히려 신해혁명 이후 실권을 장악하고 황제가 되고자 했던 위안스카이袁世凱에게 중국 유교계는 유교국교화를 조건으로 그 시도를 승인하고자 했다. 이런 배경 때문에 1919년 5·4운동 기간 중에 중국 학술계 인사들과 청년들은 타도공가점打倒孔家店을 외치며 봉건사상의 핵심인 유교를 분쇄하고자 했다. 그나마 구한말부터 유림들이 관심을 기울였던 유교-민주주의 이론이 있다면, 명말청초 황종희黃宗羲의 『명이대방록明夷待訪錄』 「원군原君」편에서 얻은 군왕의 민주적 기원론이었다. 병탄 직후 강화학파의 독립운동가들은 망명 직전 이 책을 읽고 새 시대를 계획하기도 했다.민영규, 1994 그런데 황종희의 논리는 기존 맹자의 폭군방벌론과 민본정치론보다 조금 더 나아갔을 뿐 유교인들이 현대적 의미의 민주주의 정치에 대해 어떻게 적극적으로 개입할 수 있는지를 가르쳐 줄 수는 없었다.

사실 국망 전후 유교인들에게 광범위한 영향력을 발휘했던 인물은 캉유웨이와 량치차오梁啓超였는데, 정통 유림은 두 인물의 근대주의를 비판하면서도 참조했고 개신 유림들은 신민설을 수용하여 계몽운동 참여의 논리로 수용하기도 했다. 여기서 특히 변법자강운동의 개혁성을 상실한 채 보황파가 되어 중화민국 수립을 반대하여 중국에서 비판 받던 캉유웨이를 바라보는 조선 유림의 태도가 남다르다는 데 주목할 필요가 있다. 조선 유림은 노년의 캉유웨이에게서 공교회운동을 배웠는가 하면, 그것과 어울리지 않고 심지어 모순적이었던 『대동서大同書』에서는 유교적 평등주의를 읽어낸 것이다.

그런데 유교와 민주주의에 관련된 문제들에 대한 논의는 본래 소수 학자들의 고담준론에서 가능한 것이다. 유교계에서 유교와 민주주의에 대한 논리가 확정되지도 못한 채 시간이 흐르는 사이에 진행된 대통합 유림대회를 위해 필요한 것은 '나보다 더 큰 나'로 거듭나기 위한 집합적 감격일 뿐이었다. 유림대회는 최대한의 '큰 나'를 만들기 위해 합의를 최소화하는 방식을 택했다. 유교계 내부적 사안을 제외한다면, 그것은 바로 '반탁 진영 참여'라는 정치적 우회로를 이용한 잠정적 통합이었던 것이다. 그 자리에서 유교계는 김창숙의 '반탁을 통한 즉시 독립' 노선에 동의했다. 아니, 원래부터 김창숙을 위원장으로 옹립하기 위한 길은 그것 하나밖에 없었다. 그런데 김창숙 주도의 유도회가 반탁을 선택하면서, 유교 본래의 다양한 정치적 해석 틀 가운데 하나였던 사회주의적 요소는 철저히 배제되고 말았다. 이것이 대통합의 '의도하지 않은 효과'였다.

이러한 유교계 통합을 바라보는 외부의 시선은 어땠을까? 유교계 대통합이 실제 내부의 차이를 모두 반영할 수 없다는 것은 유교계 내부의 고민이었을 뿐이었다. 유교계 바깥에서 이들을 바라볼 때 유교계 내부의 차이는 거의 인식되지 않았다. 곧 일반 대중의 '유교'에 대한 인식은 '지조를 지켰지만 시대에 뒤떨어진 세력' 정도에 불과했다. 이러한 외부적 인식을 보여 주는 대표적인 자료로, 막 사회주의자로 변신해 가던 이태준의 단편소설 「해방전후」가 있다.

「해방전후」는 이태준이 일제 말 피신했던 강원도 철원에서의 삶을 기록한 자전적 소설로서 해방전후, 특히 반탁정국의 정세와 문인들의 좌경화 과정을 잘 드러낸 작품이다. 여기 등장하는

'김 직원直員'은 향교를 지키며 유교 문화를 수호하는 인물로서 작가 이태준의 분신인 등장인물 '현玄'의 유일한 말벗이 되었다. 일제 말 암흑기에 김 직원은 현에게 '해방이 되면 영친왕을 한국 여인과 재혼시켜 다시 왕조국가를 수립했으면' 하는 속내를 비추기도 했다. 김 직원은 해방 직전 일제의 유림 친일화 공작에 대항해 투옥되어 해방을 맞이하게 된다. 현은 그런 김 직원의 고결함을 내면적으로 존경했다. 그런데 현이 해방 소식을 듣고 상경하여 좌익 문화단체에 가담하여 탁치 찬성으로 입장을 정리하게 되었을 때1946년 초에, 유림통일대회로 추정되는 집회 참석차 김 직원이 삼팔선을 넘어 상경하여 현을 방문한다. 김 직원은 찬탁으로 돌아선 현과 말다툼을 벌었다. 김 직원은 해외독립운동을 이끈 임시정부 중심의 건국이 도리에 맞다고 주장했고, 현은 박헌영처럼 국내에서 투쟁한 이들의 고생도 그에 못지않았고 무엇보다도 좌우통합을 통해 새 정부를 구성해야 하는 것이 중요하다고 주장했다. 반탁정국에서 사회주의자와 유교인의 대립의 내면을 탁월하게 그려낸 이 작품의 일부를 직접 읽어 보자.

"그런데 어쩌자구 우리 현 공은 공산당으로 가셨소?"

"제가 공산당으로 갔다고들 그럽니까?"

(……)

"해방 후라고 사람의 도리야 어디 가겠소? 군자는 불처혐의간不處嫌疑間입넨다."

"전 그렇지 않습니다. 지금 이 시대에선 이하李下에서라고 비뚤어진 갓冠을 바로잡지 못하는 것은 현명이기보단 어리석음입니다. 처세주의는 저 하나만 생각하는 태돕니다. 혐의는커녕 위험이라도 무릅쓰고 일해야 될 민족의 가장 긴박한 시기라고 생각합니다."

"아모튼 사람이든 명분名分을 지켜야 헙니다. 우리가 무슨 공뢰 있소. 해외에서 일생을 우리 민족 위해 혈투해 온 그분들게 그냥 순종해 틀릴 게 조곰도 없습넨다."

(……)

"어째 우리 같은 늙은 거기로 꿈이 없었겠소? 공산파만 가만있어 주면 곧 독립이 될 거구, 임시정부 요인들이 다 고생허신 보람 있게 제자리에 턱턱 앉어 좀 잘 다스려 주겠소? 공연히 서로 싸우는 바람에 신탁통치 문제가 생긴 것이고. 안 그렇고 무어요?"

하고 적이 노기를 띤다. 김 직원은, 밖에서는 소련이, 안에서는 공산당이 조선 독립을 방해하는 것이라 했다. 이렇게 역사적 또는 국제적인 견해가 없이 단순하게, 독립전쟁을 해 얻은 해방으로 착각하는 사람에겐 여간 기술로는 계몽이 불가능하고, 현 자신에겐 그런 기술이 없음을 깨닫자 그저 웃는 낯으로 음식을 권했을 뿐이다.

김 직원은 그 이튿날도 현을 찾아왔고 현도 그다음 날은 그의 숙

소로 찾아갔다. 현이 찾아간 날은,

"어찌 당신넨 탁치 받기를 즐기시오?"

했다.

"즐기는 게 아닙니다."

"그러면 즐겁지 않은 것도 임정에서 반탁을 허니 임정에서 허는 건 덮어놓고 반대하기 위해서 나중엔 탁치꺼지를 지지헌단 말이지요?"

"직원님께서도 상당히 과격허십니다그려."

"아니, 다 산 목숨이 그러면 삼국 외상한테 매수돼서 탁치 지지에 잠자코 끌려가야 옳소?"

"건 좀 과하신 말씀이구! 저는 그럼, 장래가 많아서 무엇에 팔려서 삼상회담을 지지허는 걸로 보십니까?"

그 말에는 대답이 없으나 김 직원은 현의 태도에 그저 못마땅한 눈치만은 노골화하면서 있었다. 현은 되도록 흥분을 피하며, 우리 민족의 해방은 우리 힘으로서가 아니라 국제 사정의 영향으로 되는 것이니까 조선 독립은 국제성國際性의 지배를 벗어날 수 없는 것, 삼상회담의 지지는 탁치 자청이나 만족이 아니라 하나는 자본주의 국가요 하나는 사회주의 국가인 미국과 소련이 그 세력의 선봉들을 맞댄 데가 조선이라 국제간에 공개적으로 조선의 독립과 중립성이 보장되어야지, 급히 이름만 좋은 독립을 주어 놓고 소련은 소련대로 미국은 미국대로 중국은 중국대로 정치·경제 모두가 미약한 조선에 지하 외교를 시작하는 날은, 다시 이조말의 아관파천 식의 골육상쟁과 멸망의 길밖에 없다는 것, 그러니까 모처럼 얻은 자유를 완전 독립에까지 국제적으로 보장되는 길을 택할 수밖에 없다는 것, 이왕조李王朝의 대한大韓이 독립전쟁을 해서 이긴 것이 아닌 이상, '대한' '대한' 하고 전제제국專制帝國 시대의 회고감으로 민중을 현혹시키는 것은 조선민족을 현실적으로 행복되게 지도하는 태도가 아니라는 것, 지금 조선을 남북으로 갈라 진주해 있는 미국과 소련은 무엇으로 보나 세계에서 가장 실제적인 국가들인만치 조선민족은 비실제적인 환상이나 감상으로서가 아니라 가장 과학적이요 세계사적인 확실한 견해와 준비가 없이는 그들에게 적정한 응수를 할 수 없다는 것, 현은 재주껏 역설해 보았으나 해방 이전에는, 현 자신이 기인여옥其人如玉이라 예찬한 김 직원은, 지금에 와서는 돌과 같은 완강한 머리로 조금도 현의 말을 이해하려 하지 않고, 다만 같은 조선 사람인데 '대한'을 비판하는 것만 탐탁치 않았고, 그것은 반드시 공산주의의 농간이라 자가류自家類의 해석을 고집할 뿐이었다.

그 후 한동안 김직원은 현에게 나타나지 않았다. (……) 현의 회관으로 김 직원이 나타났다. 오늘 시골로 떠난다는 것이었다. (……)

"언제 서울 또 오시렵니까?"

3 해방 후 유교인의 건국운동과 통일운동

"이런 서울 오고 싶지 않소이다. 시굴 가서도 그 두문동 구석으로 나 들어가겠소."

하고 뒤도 돌아다보지 않고 분연히 충계를 내려가고 마는 것이었다. 현은 잠깐 멍청히 섰다가 바람도 쏘일 겸 옥상으로 올라왔다. 미국군의 찝이 물매미떼처럼 서물거리는 사이에 김 직원의 흰 두루마기와 검은 갓은 그 영자 너무나 표표함이 있었다. 현은 문득 청조淸朝 말의 학자 왕국유王國維의 생각이 났다. 그가 일본에 와서 명공에 대한 강연이 있을 때, 현도 들으러 간 일이 있는데, 그는 청나라식으로 도야지꼬리 같은 편발을 그냥 드리우고 있었다. 일본 학생들은 킬킬 웃었으나, 그의 전조前朝에 대한 충의를 생각하고 나라 없는 현은 눈물이 날 지경으로 왕국유의 인격을 우러러보았다. 그 뒤에 들으니, 왕국유는 상해로 갔다가 북경으로 갔다가, 아무리 헤매어도 자기가 그리는 청조淸朝의 그림자는 스러만 갈 뿐이므로, "綠水靑山不曾改, 雨洗蒼苔石獸間"[53]을 읊조리고는 편발 그대로 곤명호昆明湖에 빠져 죽었다는 것이었다. 이제 생각하면, 청나라를 깨뜨린 것은 외적이 아니라 저희 민족 저희 인민의 행복과 진리를 위한 혁명으로였다. 한 사람 군주에게 연연히 바치는 뜻갈도 갸륵한바 없지 않으나 왕국유가 그 정성, 그 목숨을 혁명을 위해 돌리었던들, 그것은 더 큰 인생의 뜻이요, 더 큰 진리의 존엄함 목숨일 수 있었을 것 아닌가? 일제 시대에 그처럼 구박과 멸시를 받으면서도 끝내 부지해 온 상투 그대로, '대한'을 찾아 삼팔선을 모험해 한양성에 올라왔다가 오늘, 이 세계사의 대사조 속에 한 조각 티끌처럼 아득히 가라앉아 가는 김 직원의 표표한 뒷모습을 바라볼 때, 현은 왕국유의 애틋한 최후를 연상하지 않을 수 없었다.『이태준문학전집』 3권: 45~50쪽 발췌

본래 유교계를 시대에 뒤떨어진 보수·반동 세력으로 몰아 공격하는 것은 좌파의 오랜 전통이었다. 일제강점기 카프 계열의 소설 작품의 기본 공격 대상은, 발전이 더딘 부르주아지가 아니라, 여전히 세력을 누리던 농촌의 지주들이었다. 그들에게 유교는 지주들의 이데올로기였을 뿐이다. 그런데 공산주의자들 가운데 일부는 지주라는 계급 개념만으로 유교와 농촌사회를 이해하는 데는 한계가 있다는 것도 알고 있었다. 향촌 사회를 지배하는 힘은 경제적 계급 관계보다 전통적 사회의식에 있었기 때문에, 카프 해산 후 사회주의 계열 작가들의 농민소설은 여전히 강하게 잔존하고 있던 유교적 도덕관념을 전면적으로 비판하는 데 초점을 맞추게 된다. 이기영의 「서화鼠火」1933에 등장하는 일본 유학생 정광조가 '강제결혼과 조혼'이야말로 '신성한 가정'을 해치는 구습임을 들어 비판하는 것이 바로 그런 경향에 해당한다.이기영, 2012[54] 하지만 1937년 이후 반파시즘 연합 전선 등 좌우합작의 시기에 사회주의 계열은 양심적인 우파 세력과 연대할 필요성을

느꼈는데, 이때 가장 중요한 예비 세력이 바로 향촌의 유교적 지사·명망가들이었다. 지역적 차이는 있지만, 을사늑약 이후 지역 사회의 유림 집단은 고종 황제의 권유에 따라 애국계몽운동에 참여하여 신교육을 수용하기 시작했다. 자발적 개신을 단행한 유림에 대한 전통 유림의 반발이 없지는 않았지만, 곧이어 닥친 국망의 참화 이후 유림 집단은 시대의 변화를 어느 정도 수용하지 않을 수 없었다. 보수 유림의 기본 입장은 일제에 대한 철저한 비타협에 머물러 있었지만, 3·1 운동과 파리장서운동을 통해 서서히 독립운동의 대열에 참여하기 시작했다. 특히 1927년 신간회 활동을 기점으로 지역의 청년 유교인들은 좌파와 협력하여 서서히 근대적 이념을 수용하며 사회운동에 참여하기 시작했다. 경북 안동, 충남 홍성 등 파리장서운동의 중심 지역은 그 대표적 보기로서, 지방의 유림 원로와 그 후속 세대들이 청년운동과 교육·계몽운동을 이끌면서 좌익 세력과 자주 협력했다.

이런 역사적 배경이 있었기 때문에 해방 직후 공산주의자들은 반외세의 핵심으로 '반미' 기치를 내걸게 되면 유교계를 자기 세력권 안에 둘 수 있다고 판단했을 것이다. 실제로 이승만과 김구가 귀국하기 전까지(또는 김창숙이 유교계에 영향력을 발휘하기 전까지) 잠시나마 좌파는 유교계를 주도했던 청년 세력_{대동회}들에게 영향력을 발휘하여 자신들의 뜻대로 이끌 수 있었다. 적어도 1945

년 11월까지 유교계는 반외세 자주통일국가를 지향하는 좌파의 논리 바깥으로 나아갈 생각을 하지 못했다. 하지만 김구가 활동을 시작하고 김창숙이 이를 적극 지지하면서 유교계는 임정봉대론으로 통일된 노선을 취했고, 뒤이어 반탁정국이 진행되면서 일제강점기 중반부터 계속되었던 공산주의자들과 주류 유교계와의 오랜 느슨한 연대는 종언을 고했다. 좌파와 유교가 결별하던 시점에서, 「해방전후」를 통해 이태준은 더 이상 정치적 파트너가 되지 못하는 유교계를 다시 '구식의 보수·반동'으로 낙인하는 정치적 선동을 개시한 것이다.

이제 유도회총본부로의 통합에 불참한 세력을 분석하여, 당시 통합의 정치적 성격과 한계를 종합해 보자. 앞서 잠깐 언급했듯이, 유교계 '통합'은 찬탁 세력左派을 '배제'한다는 의미를 담고 있다. 곧 '반탁'이라는 담론의 효과는 필연적으로 찬탁 세력의 '배제'를 수반할 수밖에 없다는 인식을 정당화했다. 실제로 유교계 2차 통합은 반탁을 지지하는 단체·인물 간의 통합이었을 뿐, 찬탁 입장의 사회주의 계열의 유교인들이 유교계로 돌아올 기회를 차단하는 계기가 되었다. 인물로 보자면, 김태준, 최익한, 이원조李源朝, 권태휘權泰彙 등의 유력한 유교 계열 사회주의자들이 유교계 통합에 참여하지 않았다. 유교계와 사회주의 계열에 동시에 영향력을 발휘할 수 있었던 벽초 홍명희洪命熹와 그의 두 아들 홍기문洪起文, 홍기무洪起武는 유교계 통합과 조직화가 완료되던 시기에 민주통일당을 발기하고 본격적인 정치 활동에 참여했다.[55] 이 인물들은 모두 근대 교육을 이수했고 일제강점기부터 공론장에서 활동하여 대중적 영향력이 높았기 때문에, 이들의 불참은 당시 유교적 가치를 내면화하고 있는 청년 세력들을 유교계로 이끌지 못하는 가장 큰 원인으로 작용했다.

유도회총본부가 결국 유림 중심으로 움직이는 것을 확인한 대동회의 청년 세력들은 김창숙의 노선에 불만을 품게 되었고, 그중 일부는 일찌감치 공산당 계열의 비밀 조직으로 편입되게 되었다. 뒤에 살펴보겠지만, 대동회를 실질적으로 좌지우지한 것은 간첩 박근실과 그에 포섭되어 이 시점에 북행했다가 지령을 받고 돌아온 류용상 등의 청년들이었는데, 이들은 김태준의 간접 영향권에 놓여 있었다. 더 직접적인 영향을 받은 청년들은 일제하 명륜학원에서 김태준에게서 직접 배웠던 정준섭과 이영규였다. 이들은 대동회의 활동만으로 유교계 장악이 어렵게 되는 1947년 봄에 '전국유교연맹'을 결성하여, 우경화된 유도회총본부에 맞서 남로당의 노선을 충실히 수행하게 되었다. 대동회 위원장 김성규 역시 김창숙의 노선에 불만을 품고 일찌감치 제1차 미소공위에 유도회 부위원장 자격으로 참석했다. 이처럼 유도회총본부로의 통합은 지역 유림들을 조직화하는 데는 성공했지만,

오히려 유교계가 정치 이념에 따라 좌우로 분열되는 것을 촉진했다.

　김창숙의 통합 유도회총본부는 그 직전 이승만의 독립촉성중앙협의회와 김구의 신탁통치반대국민총동원위원회가 통합되어 결성|1946년 2월 8일|된 대한독립촉성국민회의 활동에 적극 참여했다.[56] 비상국민회의 최고정무위원 28명으로 구성된 남조선대한국민대표민주의원에 김창숙과 정인보가 유교계 대표로 참여하면서 유교계의 높은 위상을 보여 주었다. 물론 김창숙은 민주의원이 미군정의 자문기관으로 전락하게 되면서 김구와 함께 그 정당성을 비판했고, 이후 정인보와 함께 불참할 정도로 비타협적 노선을 유지했다. 반면 유교계 통합에 불참했던 좌파는 우익측의 독촉국민회의 출범에 자극 받아서 반탁 정국을 뒤집기 위해 민주주의민족전선을 결성했다. 조선공산당 중심의 여러 좌익계 정당과 각종 청년·문화단체들이 총집결한 이 연합에 김태준, 최익한 등 유교 계열 사회주의자들이 핵심 인물로 참여한 것은 예상한 결과였다. 명륜전문 졸업생들을 장악하고 있던 김태준은 그들 영향하에 있는 학생들을 좌익으로 이끌었는데, 이 시점부터 본격적으로 이들 청년 세력에게 유림의 혁명세력화 전위가 될 것을 요구했다. 정치 세력이 유교가 가진 도덕적 권위와 영향력을 포기하리라고는 결코 기대할 수 없다.

6

유도회의 유교 부흥과
임시정부봉대 활동

1. 유도회의 유교 부흥 활동과 갈등

1946년 3월 유도회총본부의 출범으로, 해방 직후 유교 단체 난립으로 인한 분열 양상은 일단 봉합되었다. 섣부른 통합으로 인해 유교계는 일제 잔재를 청산할 기회를 잃게 되었고, 정치적으로도 우파적 성향을 드러내게 되어 유교계의 다양한 세력이 참여할 여지를 축소시켰다. 유교계를 통합으로 이끈 것은 유교계 내부의 적극적인 통합 의지 때문이 아니라 그 내부의 파벌적 이익 추구와 유교계 바깥의 정치적 상황 때문이었다. 유교계는 학통과 문벌, 지역, 정치 성향, 일제와의 관계 등으로 본래 그 통합이 거의 불가능했고 또한 통합의 필요성이 있는 것도 아니었다.

조선시대에는 분리 속의 경쟁을 통해 학문적 발전을 도모했던 사실이 이를 뒷받침한다. 그런데 해방 정국에서는 첫 통합의 기치를 든 이후 불과 4개월여 만에 단일 조직을 만들게 되었다. 흔한 오해와 달리, 유교계는 오히려 '대동단결'이라는 명분 때문에 훗날의 발전이 가로막히게 된 것이다.

그럼에도 불구하고 유도회의 출범으로 유교계는 해방 정국의 혼란 가운데서도 유교 복원과 부흥을 향한 유교 근대화 작업에 착수할 수 있었다. 당시의 유교 복원과 부흥 과제는 유교 재생산 기반 구축을 위한 세 가지 목표, 곧 성균관의 복설, 유교 대학 설립, 향교 재산 관리의 합리화 등으로 구체화된다. 이 과정에서 김창숙과 유도회의 유교 근대화 노력은 유교계의 다양한 세력들과 갈등 관계에 놓이기도 했다. 이를 세밀하게 살펴보자.

유교 민족화를 둘러싼 갈등

유교 복원의 핵심인 성균관의 복설 및 문묘 배향 성현의 조정 문제에서 김창숙의 민족주의적 개혁 시도가 일부 정통 유림과 갈등을 일으켰다. 본래 유교의 민족화는 유도회가 출범할 때 김창숙이 위원장직을 수락하면서 내건 조건으로서, 실제 유도회 창립 시 중앙위원회의 결의 사항에는 유교 대학의 설립과 전국 향교 재산의 접수 외에도 성균관 대성전에 동국우리나라 18명의 유현

儒賢의 위패를 봉안하는 것도 포함되어 있었다.윤혁동, 1983 김창숙은 1949년 5월 8일 전국향교대표자대회에서 성균관 대성전에 동국 18현의 위패를 새로 배향하는 것에서 한 걸음 더 나아가 중국 유현 대부분을 문묘 배향에서 배제하고 그 위패를 매안埋安하는 안을 관철했다. 이에 따라 성균관은 15일에 중국 유현의 위패를 매안했고, 지방 향교는 6월 1일까지 매안하도록 지시했다.박민희, 2013

이러한 급진적인 민족주의적 개혁은 과거의 전통을 수호하려는 일부 유림 계열의 반발을 불러일으킬 수밖에 없었다. 당시 기호 지역의 다수 유림들은 간재艮齋 전우田愚의 문인이거나 그 학통에 연결되어 있었는데, 특히 그 세력이 강했던 전주향교를 중심으로 중국 유현의 매안 조치에 불복하고 김창숙을 거세게 성토했다. 이들은 6·25 전쟁이 일어날 때까지도 매안 조치에 반대했다. 간재학파 문인들과 김창숙 사이의 악연은 1919년 파리장서운동 시기로 거슬러 올라가는데, 영남의 곽종석과 충남의 김복한이 이 운동에 적극 참여한 데 반해, 전우 계열은 참여하지 않았다.『국역 심산유고』: 623 중국 유현 위패의 매안 문제와 맞물려, 김창숙과 호남 유림 사이의 갈등은 해결 불가능한 수준에 도달했다. 이러한 갈등은 1956년 이후 유도회 내부의 갈등이 증폭되는 데 배경으로 작용했다.

유교의 근대화 과제는 이처럼 사소한 문제부터 전통의 높은 벽에 부딪히게 되었다. 간재 전우가 일제하 계화도에서 은거하면서까지 지키고자 했던 것은 유교의 전통, 곧 선왕의 예禮였다. 국가의 멸망이 예의 쇠락에 있었으니 국가의 회복도 예를 통해 행해야 한다는 것이 간재의 유교 정신이었다. 하지만 김창숙은 그러한 간재의 주장에 담긴 전통주의가 독립운동 시기는 물론 해방 후 근대 정치에 유교가 나아가는 데 방해가 된다고 생각했다. 이처럼 가장 당연한 일로 여겨졌던 유교의 민족화는 유교 전통주의자의 반발, 그리고 그 배경으로서 오랜 연원을 갖는 학파간의 대립 등의 요인과 맞물려 진통을 겪어야 했다. 시일이 지나 대부분의 향교가 김창숙의 조치에 승복하며 이 사안에 대한 논란은 일단락되었다.[1] 이런 시련 속에서도 유도회는 1949년 3월 유도교도원儒道敎導員 양성 과정을 개설하여 민족과 근대라는 새로운 유교의 과제를 이끌어 갈 신진 유림 육성을 시도했다.[2] 이 과정은 20여 회 이상 계속되었지만 초창기의 지향과 활력은 지속될 수 없었다.

성균관대학 설립 과정의 진통

유교 통합의 최초 목적은 유교계 대학의 설립이었고 이는 1차 통합으로 그 목적을 충분히 달성했던 것처럼 보였다. 하지만 이 시기에 대동회 중심으로 1945년 10월 신입생을 모집해서 임의 개교한 명륜전문학교의 재정 상태는 무척 곤란했다. 대동회의 실세였던 류용상의 회고[1990]에서 분명히 나타나지만, 이들은 해방 직후 무주공산이 된 성균관을 장악하여 제멋대로 김성규를 대동회 회장으로 삼아 유교계를 좌지우지하는 데 머물지 않고, 명륜전문학교 재건을 위한 기성회를 조직하여 류용상 자신이 회장을 맡아 아예 학교 자체를 장악하고자 했다.[3] 실권을 장악한 대동회 세력은 초대 교장으로 김현준金賢俊을 초빙했다. 전남 영암 출신의 김현준은 도쿄 유학 중 2·8 독립선언에 참여했고 이후 독일 라이프치히 대학에 유학하여 한국인 최초로 신문학박사 학위를 받은 인물이다.[4] 그의 재임 기간은 3개월에 그쳤는데, 그 이유로 성균관대에서는 '사상 논쟁'과 '한학 부실' 등의 이유를 들고 있다. 하지만 그것보다는 김현준 교장이 재정난과 교직원·학생들의 과도한 학사행정 개입 등에 의해 학교 운영의 회의를 느껴 자발적으로 사퇴했을 가능성이 높다. 초대 김현준 교장 체제가 실패로 돌아가자 류용상은 대동회 회장 김성규와 각별한 관계인 변영만을 2대 교장으로 초빙했다. 변영만은 구한말 법관양성소 출신의 법조인이자 한학자로 유교계에도 명망이 높았던 인물이다. 그런데 변영만에게는 학교를 이끌어 갈 만한 재력이나 이 학교를 이용해서 처세할 야심도 없었다. 그 시기는 1946년 초로 추정되는데,[5] 이 시기에 막 유교계 통합을 마치고 본격적으로 유교계 대학 설립을 준비하던 김창숙에게 대동회 청년 세력의 독자적 행보는 유교계 권위에 대한 중대한 도전으로 인식되었다. 김창숙은 이를 두고 '몇몇 학생들의 사사로운 일' 정도로 격하하며 불편한 심정을 그대로 내비쳤다. 성균관대학 설립과 관련한 김창숙의 회고를 보자.

대개 성균관은 본래 국학國學이라 이르며, 또한 태학太學이라고도 했다. 고려로부터 조선시대까지 생원, 진사를 뽑아서 거처케 하며, 양현고養賢庫를 설치하여 그 육영의 재원을 부담하였으니, 이는 국가에서 유학을 장려하는 최고학부였다. 한말에 이르러서 유교가 크게 쇠퇴하였고 국가에서도 역시 국학을 치지도외했다. 왜정 때에 명륜전문학교를 설치하여 황도유림의 양성기관으로 만들어, 각군 향교의 재산 일부를 쪼개어 재단법인을 설립하고 그 유지비로 충당했다. 왜정 말기에는 전문학교를 해산하고 학생을 병적兵籍에 편입하고, 재단법인을 개편하여 명륜연성소로 하고 이름없는 잡비로서 끌어내어 썼다. 해방 이후로 학생들 중에 이은홍李殷弘, 김익환金翊煥 등 여러 사람이 있어서 사사로이 스스로 모아서 명륜전문학원을 설립하고 변영만卞榮晩을 맞아다가 교장을 삼고 경영해 갔으나 유지 재정이 나올 데가 없어서, 몇 번이고 유도회총본부에 와서 그 실정을 호소하였으나, 유림 중에서 풍도와 재력이 있어서 나와서 책임을 질 자가 없었다. 옹은 이 자리에서 "성균관은 곧 우리나라의 유학을 높이 장려하던 곳이다. 유교가 쇠퇴하면 나라도 따라서 망하고, 나라가 망하면 국학도 역시 폐한다. 지금 학생 몇몇이 강개하여 유학을 부흥할 뜻이 있어 명륜전문학원을 사사로이 세웠으나, 재정이 궁핍하여 유지할 방법이 없어서 길가에서 호소하다가 장차 해산하게 되었으니, 어찌 우리 유교인의 수치가 아니겠는가? 진실로 건국의 대업에 헌신하고자 한다면 마땅히 우리 유교 문화의 확장에서 시작할 것이오, 진실로 우리 유학 문화를 확장하고자 하면 마땅히 성균관대학의 확립으로써 급무로 삼을 것이다. 진실로 성균관대학을 창립코자 한다면 마땅히 우리 전국 유교인의 힘을 합함으로써 이루어질 것이다. 장차 전국 유교인이 합치느냐 못하느냐는 성균관대학이 성립되느냐 못하느냐를 점칠 것이오, 장차 성균관대학이 설립되느냐 못되느냐는 건국대업의 늦느냐 빠르냐를 점칠 것이다."

김창숙이 보고 받은 바에 따르면, 해방 직후 명륜전문을 '사사로이' 주도한 것은 이은홍, 김익환 등이었다.[6] 과연 이들 몇몇이 교장 임명을 주도할 수 있었을까 의문이 들기도 하지만, 당시 학생 70여 명1945년 10월 신입생과 일제 말 청년연성소의 마지막 입소생을 합친 수[7]들은 일제하 명륜전문학교 출신의 선배들대동회이 장악한 명륜전문에서 급격히 세를 확산하고 있었다. 성균관대학교의 공식 교사에 따르면, 1946년에 반탁 학생과 찬탁 학생의 대결로 학교가 혼란에 빠졌다고 간략히 기록하고 있는데, 사실은 좀더 복잡하다. 당시 신입생들은 해방 정국의 열광에 고무되어 학업보다 정치에 더 많은 관심을 기울였다. 명륜전문 교수 출신의 공산주의자 김태준의 귀국과 함께 한걸음 더 좌경화한 대동회 주류 세력에게 신입생들의 의식화는 무척 손쉬운 일이었다. 1946년 1월 9일 결성된 '서울학생통일촉성회'^{재경학생행동통일촉성회, '학통'으로 약칭됨} 대표를 맡았던 주석일朱錫一이 그 대표적인 경우이다.[8] '학통'은 우익 학생들의 반탁운동에 맞서 찬탁운동을 이끌기 위해 경성제대, 연희전문, 보성전문, 혜화전문 그리고 명륜전문의 좌익 학생들이 조직했는데, 직후 민주주의민족전선의 핵심 인력동원 조직으로 발전하였고 특히 1946년 7월 이후 국대안반대 투쟁을 통해 전국적인 조직으로 확대되었다.[9] 이에 맞서 김익환이 주도하는 우익 계열 학생들은 1946년 1월부터 '반탁학련'에 참가하여 반공 투쟁에 나섰다. 학생들이 좌우로 갈려 학내에서 충돌하게 되는 것은 예정된 결과였다. 김창숙의 회고에는 이런 소동을 이은홍과 김익환이 주동한 것으로 나왔지만, 실제로는 대동회 계열 류용상의 '변영만' 추대 계획에 반발한 이은홍과 김익환 등 우파 학생들이 '반탁노선'을 확실히 주창했던 유도회총본부 김창숙에게 직접 보고하는 과정의 소동에 대한 표현이었던 것이다.[10] 결국 김창숙과 김구가 나서 우익 계열 학생들의 손을 들어 줌으로써, 류용상이 주도했던 명륜전문재건기성회는 권위를 잃고 새로 유도회총본부 주도의 성균관대학기성회가 출범하게 되었다.

유도회총본부는 1946년 6월 성균관대학기성회를 발족시키고 김창숙을 회장으로 선출하고 조동식趙東植, 김성규, 서광설徐光卨,[11] 양근영梁根永, 이영규李泳珪를 집행위원으로 선임하여 본격적으로 재단 설립에 착수했다.「성균관대학교육백년사—천」: 314 여기서 눈여겨볼 것은 성균관대학기성회 집행위원 가운데 여전히 대동회 계열이 절반이나 차지하고 있다는 점이다. 김성규는 대동회 회장이고, 양근영은 일제하 명륜전문학원 6회 졸업생이며,[12] 이영규는 명륜학원 보습과 1회 수료생이다.[13] 따라서 성균관대학기성회 출범 초기까지만 해도 대동회의 주도권은 여전히 강했다는 것을 알 수 있다. 하지만 앞서 김창숙의 회고에서 보았듯이, 더 이상 유도회총본부는 대동회의 의도에 따라 움직이지 않게 되었다. 유도회는 기존의 명륜전문학교 재단에 이석구李錫九의 학린사 재단의 토지를 기부 받고, 이에 더해 이시영의 친서를 받은 이민응李敏應의 선린회善隣會 재단의 기부를 비롯한 각계의 지원과 전국 향교 재산의 갹출을 더해 마침내 '재단법인 성균관대학'을 출범시켰다.[14] 그 직후 문교부의 설립인가9월 25일를 받아 성균관대학은 신입생을 모집하여 1946년 9월 개교식을 거행했다. 이로써 유도회는 좌파의 성균관 장악 기도를 무산시키고 비로소 유교 대학 설립을 무사히 마쳤다.

하지만 학교가 정상화되기에는 시간이 필요했다. 류용상과 대동회는 세력 과시를 위해 민전 계열의 혜명지구_{혜화·명륜}청년회 창립대회를 명륜전문 운동장에서 거행했지만, 이는 김창숙과 유림들이 유교계 좌파 세력과 결별하는 계기를 제공했을 뿐이다. 유교계 장악에 실패한 류용상은 1946년 하반기에 1차 월북을 감행했는데, 이는 공산 계열이 정판사위조지폐사건으로 미군정의 탄압을 받기 시작하던 시점으로 추정된다.[15] 류용상의 월북 이후 성균관대는 학생 소요에 휩싸이게 된다. 성균관대학 개교 시기인 1946년 하반기는 이른바 '국대안파동'의 와중이었다. 따라서 학교는 점차 학생들의 정치적 쟁투의 장으로 변질되기 시작했다. 개교하자마자 좌파 학생들은 안으로는 학원민주화, 밖으로는 국대안반대투쟁을 벌이며 학내 혼란을 부추겼다. 특히 2학기 개강 시점인 1947년 2월경에는 '학통' 측의 좌파 학생들의 동맹휴학으로 정상적인 학교 운영이 불가능했다. 이에 우익 계열 '반탁학련'_{학련} 학생들이 맞서는 과정에서, 교내에서 이른바 '교수테러사건'이 발생하게 되었는데, 이 와중에 교수의 3분의 2가 항의 사임하기도 했다.[16] 이처럼 당시 유교의 본산인 성균관과 성균관대학은 학생, 직원, 교수 등을 가릴 것 없이 좌우로 분열되어 있었다. 국대안 파동이 가라앉고 이 과정에서 좌익 계열이 대거 월북하면서 비로소 학원은 본래의 모습을 되찾게 된다. 1947년 4월, 곧 개교한 지 한 학기가 지나서야 성균관대학은 정상적인 학사 운영에 들어갈 수 있었다.

향교 재산 관리를 둘러싼 갈등

유교 재생산의 물질적 기반 확립과 관련된 과제로서 향교 재산의 관리 문제도 중앙의 유도회와 각 지역의 향교 세력 사이의 갈등을 불러일으켰다. 유도회총본부는 성균관대학의 설립에 필요한 재원 확보 과정에서 전국에 산재한 향교의 재산 문제에 관심을 가졌다. 일제는 '향교재산관리규정'을 제정하여 향교 재산을 총독부에 귀속시키고, 명륜학원의 운영 경비 가운데 일부를 각 향교 재산에서 갹출해서 조달했다. 해방 이후에도 이 규정이 지속되어 학교 설립에 어려움을 겪자, 김창숙은 1946년 6월경 당시 미군정 문교부장을 맡고 있던 유억겸, 차장 오천석, 과장 윤세구 등을 불러 이 문제를 상의했다.[17] 이 자리에는 김구도 배석했다. 김창숙은 "왜정 때의 모든 악법이 폐지되었는데 오직 향교 재산만이 아직도 군정청에서 각 향교에 환부되지 않으니 무슨 일이냐. 마땅히 문교 당국에서는 빨리 왜정 때의 관리규정을 철폐하고 곧 각 향교에 돌려주어서 유림들의 쌓인 원한을 풀어달라"고 요구했다. 김창숙 요구의 핵심은 향교재산관리규정 철폐를 통해 유교계에서 자발적으로 재산을 관리하고 이를 통해 유교계 부흥을 도모하려는 것이었다. 김구도 이에 동의했다. 이에 유억겸은 그 요구가 정당하지만 일제하의 향교재산관리규정 제정 이유 가운데 하나가 유교인의 패덕에 있었음을 논하고, 이어 일제하 향교의 직원直員이나 장의掌議들이 지방관리에 예속되어 일제에 맹종하던 자들이므로 아무 대책 없이 향교규정을 철폐하면 결국 그들이 재산을 차지하여 농간을 부릴 것이므로, 동의할 수 없다고 말했다. 김창숙도 유억겸의 이러한 지적에 동의했는데, 김창숙 역시 일제 협력 유림들의 행태를 잘 알고 있었고 더구나 그들이 유도회총본부에 자리를 잡은 것을 못마땅하게 여겼기 때문이었다. 유억겸이 이 자리에서 대안으로 제시한 내용은 다음과 같다.

저 일정 악법은 단연코 빨리 폐지를 서두르겠다. 그러나 각 향교에 돌려주는 일은 결단코 명을 받들지 못하겠다. 지금 선생은 유도회총본부 위원장으로서 전체 유림을 영도할 지위에 계시니, 대개 전국 향교 재산을 통합하여서 하나로 합치고 하나의 큰 재단법인을 설립하여서 유교 문화를 크게 일으키는 기본 방침을 생각하라. 성균관은 유교의 최고기관이니 최고기관에서 그 재단법인을 감독하면서 교육문화 등 각 방면의 사업을 확장하기에는 그 절호의 기회가 아니 겠는가. (……) 지금 38선 이북은 어느 때 서로 통할지 모르니 잠시 이 남 9도에다 각각 재단법인을 설치하고 성균관에서 통할하여 감독하 면서 이것으로써 유교 문화의 각종 사업을 진흥시켜 나간다면 어떠 하겠는가.

유억겸 안의 핵심은 각 도별로 향교 재산을 관리할 법인을 만 들고 다시 이를 성균관에서 통합 관리하여 개별 향교의 독단적 재산 운영을 막는 데 있었다. 김창숙은 부득이 유억겸의 안을 수 용할 수밖에 없었고, 이후 성균관 감독하의 도별 향교재단 운영 이 유교계 재산 관리의 기본 방침이 되었다.

하지만 이러한 사정이 알려지면서, 각 지방의 유림들은 거세 게 반발했다. 본래 향교는 조선시대부터 국립 교육기관과 문묘 향사의 기능을 수행했는데, 1910년 4월 조선통감부의 관리규정 에 의해 일종의 공익법인재단 형태로 운영되면서 그 재산은 관 내 공립학교 운영 자금으로 활용되었다. 비록 일부 지역 유림의 운영상 비리도 없지 않았지만, 대다수의 지역에서는 이 자금으 로 각종 학교와 강습소를 설립하여 사회운동의 거점이 되기도 했다. 물론 지역 향교는 중앙의 명륜학원 운영에도 상당한 기금 을 제공했다. 따라서 향교 소유 재산 운영을 엄격하게 규정하고 만약 비리가 적발되면 처벌하는 방식으로, 향교를 지방 유림이 자율적으로 관리하게 두어도 큰 무리가 없었을 것이다. 지역의 명예를 걸고 유림들끼리 경쟁하게 될 때, 유교계가 더 발전하리라는 것은 자명한 이치이다. 하지만 유억겸과 관리들의 생각은 이와 달랐다. 유교계를 존중하고 유교 문화 발전을 위한다는 것을 명분으로 삼기는 했지만, 이들의 기본적인 관심은 막대한 향교 재산을 국가의 관리 · 감독하에 두는 데 있었다. 곧 내무부 소관에서 문교부 소관으로 감독관청이 바뀌는 것일 뿐, 결국 향교 재산을 유교계가 자율적으로 사용하지 못하게 된다는 데에는 별반 차이가 없었다. 당시 유도회총본부는 성균관대학 운영에 필요한 경비 마련이 시급했기 때문에 유억겸의 생각에 급히 동의할 수밖에 없었던 듯하다.

당시 언론 보도 내용을 보면, 이 문제가 공론화된 것은 문교부와 내무부 사이의 갈등에서 비롯되었다. 《자유신문》1947년 8월 12일은 문교부가 1947년 5월 8일부로 향교 자산 관리권을 군청에서 성균관으로 이관하기로 단독 결정한 데 대해 과연 그 관리가 제대로 될지에 대해 내무공무원들이 의구심을 표현했다. 이 문제 처리가 지지부진한 데 자극 받은 유도회총본부에서 동년 11월 20일부터 사흘간 성균관에서 각 향교 대표자 및 유도회 도본부 대표자대회를 열어 향교재산회수실행위원회를 조직하고 문교부안의 즉시 처리를 군정청에 요구했는데, 이번에도 역시 각 도 사회교육 담당 관리들이 향교 재산을 특정 재단곧 유교계 재단이 관리하게 하는 것이 부당하다며 강경하게 반대했다. 이들 관리들은 향교 재산을 언제든지 관청의 필요에 따라 빼내 쓸 수 있는 특별 자산처럼 인식해 왔기 때문이었다. 이처럼 향교 재산의 성균관 이관에 대해 관리들의 반발이 심해지자, 문교부는 이 문제 처리를 위해 안재홍 민정장관에 협조를 요청했고, 민정장관을 위원장으로 하는 향교재산대책위원회를 설치하여 협의를 계속하기로 했다.《자유신문》, 1947년 12월 1일 그 결과 1948년 5월 17일 군정장관 딘 소장의 처결로 향교재산관리법령이 공표되어 본래 유억겸 안대로 각 도의 향교재단이 지역 향교 재산을 관리하는 길을 열게 되었다.[18]

그런데 군정청과의 협의와는 별개로, 유교계 내부에서도 이 문제에 대한 갈등이 불거졌다는 점에 주목해야 한다. 중앙유도회총본부과 지방향교이 충돌한 것이다. 지방 유림들에게 유도회총본부와 문교부의 합의안은 자신들 관리하의 향교 운영 권한을 제약하는 것이었다. 지역에 따라 차이는 있지만, 각 지방 유림들 가운데 다수는 일제하에서도 각 향교 재산을 확충하고 유지하는 데 큰 기여를 했다. 하지만 문교부와 유도회총본부의 합의안이 시행되면, 지역 유림들은 자치운영 권한을 잃고 중앙과 각 도 재단에 종속될 수밖에 없다. 이에 반발한 지역 유림들은 이 방안이 외부로 흘러나오던 1947년 봄부터 강하게 저항하기 시작했다. 1947년 4월에 울산 향유들이 먼저 일제하 향교재산관리령 철폐와 향교 재산 환원을 주장했고, 8월에는 유도회 춘천지부 유림들이 향교 재산의 관리 방안에 반대하여 중앙의 성균관과 일체의 관계를 끊기로 결의했다. 가장 강력한 저항을 전개한 곳은 개성이었다. 개성은 고려 성균관이 위치했던 곳으로 자부심이 높았을 뿐 아니라, 인삼 산지로서 최고의 재력가들이 유교계에 참여하여 재산을 확충했고 일제하의 교육 · 문화 운동에도 큰 기여를 하고 있었다. 일제하 경학원과 해방 후 유도회에서도 중추 세력을 형성했던 공성학 중심의 개성 유림들은 1949년 2월 문교부의 최후통첩도 거부한 채 1950년 전쟁 직전까지 반대 투쟁을 벌였다. 유교계 최대 세력 중 하나였던 개성 유림이 전쟁 중에 붕괴되고 1953년 휴전협정에 의해 개성시가 북한에 점령되면서 비로소 향교 재산을 둘러싼 중앙과 지방 사이의 갈등은 표면적으로 사라졌다.

그동안 향교재산관리법령에 대해서는 주로 성균관대 측의 시각에서 그것의 정당성을 강조하는 방식의 서술이 기본이 되었다. 그 핵심 근거는 유억겸의 논거로서, 지방 유림은 일제하에서 친일을 했거나 패덕한 집단이고 그것도 아니면 시류에 뒤떨어진

부류였기 때문에 그들에게 재산 관리를 맡길 수 없다는 것이다. 그런데 이는 절반의 사실만 가리킨다. 따지고 보면, 오히려 일제 하에 친일을 일삼은 무리들은 대부분 중앙의 경학원 인사들이었다. 향교재산관리규정을 만든 것도 식민 당국이었다. 일제하 명륜학원 유지 경비를 총독부 예산이 아니라 향교 재산 수익금으로 대게 한 것도 식민 당국과 경학원이었다. 지방 유림들 가운데 경학원에 맹종하고 부패한 인사들도 있었지만, 정반대로 독립운동과 근대적 사회운동에 나선 이들도 많았다. 해방 이후에는 일제하에서 냉담했던 정통 유림들까지 다시 지역 유림사회를 복원하고 본격적으로 지역 사회교화사업에 나섰다. 향교는 지역 사회에 실질적 영향력을 발휘하고 있었던 유림 인사들의 구심체였으므로, 그 재산은 어차피 유림들의 집단적 감시와 도덕적 규제에서 벗어날 수 없다. 만약 당시에 일제하의 향교재산관리규정이 철폐되어 향교 재산에 대한 관리 권한이 지역 유림들에게 환원되었다면 그 지역 사정이나 장기적 계획에 따라 효과적으로 활용되어 유교 부흥에 크게 이바지했을 수도 있었다. 하지만 중앙의 유도회는 당장의 성균관대학 운영을 위해서 예전 일제하의 명륜학원 운영 방식을 그대로 본떠서 지역 향교 재산을 이용하고자 했고, 이를 위해 일제의 유교 정책의 연장선에 있던 문교부의 유교규제책을 그대로 수용해 버렸다. 여기서 중요한 것은, 지방 향교 재산이 성균관대학에 투입되게 한 것의 문제점 자체가 아니라, 그 과정에서 유도회총본부와 성균관에 강력한 권한이 생겨났다는 점이다. 카리스마를 갖춘 훌륭한 인물이 중앙을 장악할 때는 문제가 없지만, 정반대의 경우에는 조직 전체가 쇠멸할 위기에 놓일 수도 있기 때문이다. 김창숙의 장악력이 약화되고 이 틈을 타고 정치권이 개입하게 되던 1950년대 중반 이후, 이러한 우려는 현실이 된다.

이처럼 김창숙 주도의 유교 근대화 구상은 그 당위성에도 불구하고 그 구체적 정책 추진 과정에서 유교계의 갈등과 분열을 낳게 되었다. 유교의 민족화를 위해 추진했던 성균관 대성전의 중국 유현 위패 매안은 보수 유림의 이반을 낳았고, 근대적 유교 대학 설립을 위해 추진했던 성균관대학 설립은 좌파 유교계의 갈등과 이탈이라는 진통 속에서 진행되었으며, 성균관대학 설립·운영 자금 마련을 위해 졸속 진행된 향교 재산 관리 합리화 시도는 결국 문교당국의 관리 편의를 위해 일제하의 유교 정책이 존속되는 결과를 낳아 지역 유림들의 자율적인 유교 부흥 시도를 봉쇄하고 말았다. 유도회의 대표성과 장악력이 약화되면서 정치 세력들은 유교인들을 개별적으로 자기 정파에 끌어들이기 시작했고 이에 호응한 일부 유교인들이 우파와 좌파 정치에서 활발히 활동하기도 했다. 하지만 이러한 개별 활동은 유교계의 집합적인 근대 정치 적응에 큰 기여를 하지 못했다. 결국 유교 근대화를 위한 가장 중요한 시기에 유도회는 보수 유림, 혁신 유교인, 지방 유교인의 호응을 얻는 데 실패한 채 6·25 전쟁의 격랑에 휘말리게 되었다.

2. 유도회 참여 세력 분석

보수 정통 유림과 혁신계 유교인들의 이탈로 말미암아 유도회의 유교계 대표성과 장악력이 약화되면서, 유도회는 그 공백을 새로운 세력으로 메워 나갈 수밖에 없었다. 김창숙과 정인보는 그들의 민족운동 과정에서 친숙했던 우파 계열의 독립운동가들을 유교계와 연결시키고자 노력했는데, 특히 성균관대학과 국학대학 등 유교계 교육기관들이 그 고리였다. 특히 일제하와 해방 정국에서 공산주의 계열과 갈등 관계였던 이정규 계열의 아나키스트 세력들이 대거 유도회에 참여했다. 1947년 이후 유도회는 유교계 독립운동 계열과 아나키스트 세력의 연합 거점이 되어 김구와 임시정부 중심의 자주적 독립을 위한 투쟁을 주도하기도 했다._{이문창, 2008} 그런데 1947년부터 전쟁 발발 시점까지 유도회의 조직 변화에 대해서는 그동안 전혀 연구되지 않았다. 후술하겠지만, 창립기 유도회에 참여했던 다양한 분파들이 이탈하고 그 빈자리를 아나키스트 계열이 메웠다는 것은 분명하다. 그렇다면 유도회의 조직과 참여자에도 변화가 있었을 것이다. 1950년 전쟁 발발 후 서울을 점령한 북한군이 남겨 놓은 문서철에 그 시점의 유도회총본부 참여자 명단이 남아 있다.[19] 이를 통해 1947년부터 1950년까지 유도회 참여 세력을 분석해 보자.

뒤의 〈표〉들에서 확인할 수 있듯이, 1946년 3월의 대통합 유도회총본부 구성에 참여했던 다양한 세력들이 유도회에서 탈퇴했다. 유도회 출범 시 각 계파를 대표하여 유도회의 부위원장을 맡았던 5명안인식, 이기원, 김성규, 이재억, 정인보이 이런저런 사정으로 1947년 연말경에는 모두 유도회를 떠난 것으로 보인다. 친일 경학원 계열의 대표였던 안인식은 독립정신을 강조했던 김창숙에 의해 배제된 것으로 보인다. 이기원과 이재억은 정치적 관심 때문에 유도회에 소홀히 한 듯하다. 김성규는 대동회를 정치 단체인 민족대동회로 개편하고 민족자주연맹에 참여하면서 유도회에서 멀어졌고, 1948년 남북협상 시 북에 잔류하면서 유도회와 인연이 끊겼다. 정인보는 이시영의 권고로 1948년 정부 수립 시 감찰위원장으로 입각하면서 유도회 부위원장직을 사임한 것으로 보인다. 창립 시 고문으로서 사실상 유교계 정치 참여의 구심점이었던 김구는 1949년 암살당하면서 더 이상 유교계를 도울 수 없었

다. 이처럼 이 시기의 정치 변동과 각 계파 리더들의 부재로 약화
된 유도회를 채워 나간 것은 독립운동 참여 세력과 아나키스트
그리고 지방의 유지들이었다.

아래 〈표〉들은 유도회총본부가 초기 통합 단계를 지나 정착
단계인 1950년 시점의 임원 명단을 토대로, 필자가 인물별로 약
력을 조사하여 정리한 것이다. 이를 통해 위 분석의 타당성을 확
인할 수 있을 것이다.

우선, 위원장단 및 고문단의 구성을 살펴보자. 부위원장을 맡
은 이득년과 황갑영은 각각 남한과 북한의 유림을 대표하여 임
명된 것으로 보인다. 이득년은 구한말 애국계몽운동부터 일제하
민족주의운동의 연속성을 상징하는 개신 유림이다. 특히 이회영
의 고종망명계획과 김창숙의 파리장서운동에 모두 참여했다는
점에서 주목할 만하다. 황갑영은 평안도를 대표하는 유림으로
서 평양의 계몽ㆍ민족운동에 참여했고 해방 이후 북한이 공산화
되면서 이에 맞서다 월남했다.[20] 이득년과 황갑영은 위원장 김창
숙을 보좌하여 해방 정국에서 유교계의 반탁운동과 독립촉성 활
동에 적극 참여했다. 이득년은 조성환ㆍ정인보 체제의 독촉에서
문교부장을 맡아 대외적 활동에, 황갑영은 임정 봉대를 위한 한
국혁명위원회의 비밀 활동에서 각각 유교계를 대표했다.

고문단은 이승만, 이용채, 이민응으로 구성되었다. 1946년 설

〈표 6-1〉 유도회총본부 위원장단 및 고문단

직위	이름	출생지, 직업 및 주요 활동	비고 및 겸직
위원장	김창숙 金昌淑	경북 성주. 파리장서운동 주도 및 유림 계열 독립운동의 대표자.	성균관 관장, 성균관대학장총장, 재단법인 성균관, 재단법인 성균관대학 이사
부위원장	이득년 李得秊	구한말 계몽운동과 일제하 조선교육회1920에 참여하고 서울청년회 이사장을 맡은 대표적 개신 유림. 이회영의 고종 망명 계획 참여. 파리장서운동 기획 참여. 조선물산장려회 참여. 해방 후 독촉 문교부장.	유진태, 류인식과 조선교육회에서, 설태희 등과 조선물산장려회에서 함께 활동
부위원장	황갑영 黃甲永	평양 유림. 1946년경 월남. 유도회 참여. 독촉 활동. 아나키스트 독립운동 세력과 함께 한국혁명위원회 조직.	성균관 부관장
고문	이승만 李承晚	당시 대통령.	
고문	이용채 李容彩	민영환의 문인으로 추정.	
고문	이민응 李敏應	강원 춘천. 호는 수춘壽春. 성재省齋 류중교柳重敎의 문인門人. 을미의병 시 춘천 의병장 이소응李昭應의 6촌 동생. 대한제국 관리. 주시경과 함께 국문연구소 참여. 일제하 여주의 대표적인 양심적 대지주. 선린회 재단 설립하여 빈민구제·계몽운동. 1930년경 만주 남만공사 설립하여 재만동포 생활 개선. 해방 후 이시영의 친서를 받고 재단법인 성균관 설립 시 선린회善隣會 재단의 재산 기부.	1901년 『연암집』김택영, 김교헌 교편 간행 시 참정參訂, 교정 재단법인 성균관 부이사장

립 시에는 독립운동의 영수이자 반탁운동의 핵심인 이승만과 김구가 함께 고문을 맡았지만, 김구의 서세 이후 이승만만 남았다. 새 고문 가운데 행적이 확인되는 인물은 이민응이다. 이민응

1876~1955은 구한말 애국 관료이자 개신 유림으로서 일제하 유교계의 문화 활동에 큰 기여를 했고 경기도 여주의 대지주로서 계몽운동 및 사회사업에 막대한 재산을 희사했다. 특히 해방 후 성재 이시영의 부탁을 받아 성균관대학 설립 즈음에 자신이 운영하던 재단법인 선린회의 재산을 기부하여 유교계에 기여했다.[21] 이민응의 고문진 참여는 단순히 재산 희사에 따른 것이 아니라, 앞서 이득년의 경우처럼, 조선시대부터 해방 이후까지 유교계의 연속성을 강조하기 위한 유도회총본부의 구상에 부합하는 것이다.

다음으로, 감찰위원회의 구성을 살펴보자. 여타 단체와 달리, 유도회 조직에서 감찰위원회는 총 8명으로 구성되어 그 숫자가 많은 점이 눈에 띈다. 위원장 이을규는 유명한 아나키스트 독립운동가이고 또한 대한민국정부 초대 감찰위원회위원장 정인보의 감찰위원을 맡기도 했다. 부위원장 신현상은 독립운동 경력자로서 해방 후 김구 비서로서 임시정부와 유교계 그리고 아나키스트 계열을 연결시킨 인물이다. 이을규와 신현상은 한국혁명위원회의 핵심이었다. 감찰위원 가운데 행적이 확인되는 인물은 김창국, 이화익, 송창섭 3인이다. 김창숙의 일가로서 재중국 독립운동의 동지였던 김창국은 성균관대 강사로서 자리를 잡고 있었다. 이화익은 의열단 활동으로 장기간 옥고를 겪었던 인물이고, 송창섭 역시 망명 독립운동가로서 정부 수립 후에는 반민특위

〈표 6-2〉 유도회총본부 감찰위원회 임원

직위	이름	출생지, 직업 및 주요 활동	비고
위원장	이을규 李乙奎	충남 논산. 일제하 대동단의친왕 망명 계획 및 의열단 활동. 재중국조선무정부주의자연맹 결성 등 아나키스트 독립운동 주도. 해방 후 한국혁명위원회 활동. 대한민국 정부 수립 후 초대 감찰위원회 감찰위원 역임.	이정규의 형
부위원장	신현상 申鉉商	충남 예산. 일제하 독립운동자금마련호서은행사건. 해방 후 김구 비서. 반민특위 검찰관. 6·25 전쟁 중 납치되어 북한군에 살해됨.	
감찰위원	김종묵 金宗黙	미상	
	김준곤 金峻坤	미상	『유림운동오십년사』에는 '金竣坤'
	이채하 李采夏	미상	충남본부 부위원장
	김창국 金昌國	중국 중산대학 법과 졸업. 재북경한교韓僑동지회 참여1924. 한국혁명당총동맹북경 맹원으로 일제 밀정 처단 활동. 1930년 상해로 이동하여, 상해 한교민단 산하 의경대義警隊 2대 대장 역임. 광복군. 해방 후 성균관대 학생과장 겸 교수중국어. 9·28 수복 때 월북. 1957년 간첩 남파 후 체포. 대구형무소에서 옥사.[22]	재북경학교동지회에서 김창숙, 이회영 등과 인연. 김창숙의 먼 친척
	이화익 李化翼	황해 장연. 국내 독립운동 중 중국 망명한 후 나석주와 의열단 항일 투쟁. 1926년 체포·압송되어 14년간 옥고.	
	송창섭 宋昌燮	안도현에서 독립운동1919. 상해 주비단 사건 관련. 반민특위 조사위원황해, 제주 책임.	

조사위원으로 활동했던 인물이다. 결국 유도회의 감찰위원회 조직은 위원장단 및 평위원들이 열혈 독립운동가들로 구성되어 있

〈표 6-3〉 유도회총본부 각 실무부서 위원

직위	이름	출생지, 직업 및 주요 활동	비고
총무부	이원영 李源永	1934년 박문서관에서 정만조 서문으로 간행된 박하원의 『대천록待闡錄』1792의 발문·편집자로 추정됨. 미상.	
	권중철 權重哲	경북 안동. 본명은 權重鳳. 일제하 망명 독립운동신흥강습소, 부민단. 해방 직후 대동유림회. 1차 유림대회 총무위원.	성균관 典儀
	이정규 李丁奎	경기 부천. 게이오대학 유학 중 3·1운동 참여. 재중국조선무정부주의자연맹 참여. 해방 후 임정봉대운동 위한 한국혁명위원회 활동 및 성균관대 부학장. 1960년대 성균관대 총장 역임. 자유사회운동해방 후 아나키즘 운동의 대표.	이을규의 동생. 재단법인 성균관 이사
	박선일 朴善一	평안도 유림. 일제하 대한독립단 평남 지부 결성 시도로 옥고.	
조직부	김익환 金翊煥	충남 예산. 해방 직후 대동회. 성균관대 재학생 대표. 반탁학련 활동. 훗날 성균관대 동양철학과 교수.	성균관 典學 및 司議
	최석영 崔錫英	일제하 무정부주의 독립운동신현상과 함께 자금 마련. 김구 서거 후 장례준비위원. 유도회 분규 때 김창숙 반대파.	성균관 상무이사, 재단법인 성균관 이사
	오성환 吳晟煥	경기 안성. 대지주. 해방 후 김구에게 건국자금 제공	
	김창엽 金昌曄	경북 봉화. 일제하 독립운동. 해방 후 독촉 청년총연맹 결성. 민주독립당 소속으로 남북협상 참여.	
교화부	조국현 曺國鉉	전남 화순. 3·1운동 참여. 동아일보·개벽 기자. 유교개신론자였던 안교환의 조선유교회 화순지교부 선교원 활동. 해방 후 화순건준위원장. 대성회전남 유림 조직 결성 후 통합 유도회 참여. 반민특위 조사위원. 제헌국회의원. 훗날 유도회 부위원장.	전남본부 부위원장
	金翊煥	조직부 김익환 볼 것	
	신익균 申益均	경기 용인. 일제하 총독부 관료, 군수 역임. 경학원 사성.공성학 계열	재단법인 성균관 감사
	류주희 柳周熙	경북 안동. 협동학교 졸업 및 한문교사. 조선노동공제회 안동지회 총간사. 1937년 김동삼 옥사 후 시신 수습. 1949년 경북 유림 단체의 유교재단 설립 준비 활동. 1962년 김창숙 사회장 때 유림 대표로 추모.	성균관 典學

정치부	黃甲永	부위원장 황갑영 볼 것	
	曺國鉉	교화부 조국현 볼 것	
	金昌曄	조직부 김창엽 볼 것	
	김기남 金基南	김좌진의 신민부 참여.	재단법인 성균 관 이사
조사부	오봉근 吳鳳根	유도회 분규 때 김창숙 반대파.	성균관 경기도 典學. 재단법인 성균관 이사
	柳周熙	교화부 류주희 볼 것	경북 향교재단 이사장
	이명세 李明世	충남 홍성. 일제하 법원 서기, 금융계 종사. 조선유도연합 회, 임전보국단 등 적극적 친일 활동. 경학원사성. 해방 후 유도회 참여. 훗날 성균관대학교 재단이사장 취임 후 유도회 분규 일으킴.	재단법인 성균 관 이사장. 재 단법인 성균관 대학 이사
	유정렬 劉正烈	충북 청주미원. 기독교인장로파. 공주에서 성장, 메이지학 원 전문부 문과 졸업. 일제하 신조선건설사 공주 책임자 로 검거. 해방 후 김명동과 무명회 결성. 반탁운동 및 한 국혁명위원회 주도.	
재정부	崔錫英	조직부 최석영 볼 것	
	朴善一	총무부 박선일 볼 것	
	류재우 柳宰佑	미상	
	金基南	정치부 김기남 볼 것	

다는 점이 확인된다.

그다음으로, 실무 행정 부서의 구성원 분포를 살펴보자. 총무, 조직, 교화, 정치, 조사, 재정 등 6개 부서 위원에는 각 4명씩 총 16명겸직 8개이 배치되었다. 이들의 대부분은 대체로 독립운동 경력자였다. 유림 계열의 독립운동가 출신이 다수였는데, 망명 유

〈표 6-4〉 유도회총본부 중앙위원회 위원

이름	출생지, 직업 및 주요 활동	비고
구자혁具滋爀	일제하 창문사出版 운영. 화가 구본웅의 부친.	경기도 향교재단 이사장
이창선李彰善	경북 경주. 유도회 소속으로 2대 국회의원 선거 입후보.	
류만형柳萬馨	충북 음성1896~1957. 서예가, 한약방 경영.	충북본부 위원장, 충북 향교재단 이사장
조중욱曺重彧	충북 영동黃澗. 일제하 전매국 근무 및 광산업. 해방 후 황간중학교 설립. 조영호전 유도회 황간지부장의 부친.	
이중봉李重奉	미상	충남 향교재단 이사장
정일덕鄭一悳	충남 공주. 일제하 대지주, 대전 갑부.	충남본부 위원장
민정호閔定鎬	일제하 강원도의회 입후보.	강원본부 부위원장
정학모鄭學模	미상	
곽탁郭鐸	이정직 문하 문인·서예가로 추정됨. 전북 김제.	
류직양柳直養	전북 전주. 해방 후 전주향교 관여 및 명륜대학전북대학교 모체 창설. 명륜회전북 유림 조직 결성. 한민당 전북위원장.	전북본부 위원장, 전북 향교재단 이사장
최종섭崔種涉	일제하 광주청년회 회장. 해방 후 과도입법위원. 반민특위 조사위원전남 책임자.	전남본부 부위원장
고광봉高光鳳	전남1950년 총선 시 유도회 전남선대위 위원	
이진홍李震弘	경남 고성. 총선 출마.	경남본부 부위원장
이곤녕李坤寧	경남 창녕. 일제하 기업가.	
박노익朴魯益	일제하 기업가. 한민당 경북도당 위원장. 1948년 선거에서는 유도회 소속으로 출마.	경북본부 위원장 13~15대 국회의장 박준규의 부친
김우식金禹植	제헌국회의원경북 달성, 유도회. 같이 유도회 소속으로 출마한 박노익과의 대결에서 승리.	
오용국吳龍國	제주. 해방 후 제헌국회의원, 헌법기초위원. 6·25 전쟁 중 납북.	

340

金昌曄	조직부 김창엽 볼 것	
權重哲	총무부 권중철 볼 것	
曺國鉉	교화부 조국현 볼 것	
崔錫英	조직부 최석영 볼 것	
李源永	총무부 이원영 볼 것	
柳周熙	교화부 류주희 볼 것	
吳鳳根	조사부 오봉근 볼 것	
吳晟煥	조직부 오성환 볼 것	
金翊煥	조직부 김익환 볼 것	
李丁奎	총무부 이정규 볼 것	
劉正烈	조사부 유정렬 볼 것	
朴善一	총무부 박선일 볼 것	
金基南	정치부 김기남 볼 것	

림 계열로 권중철, 김기남, 국내 독립운동 참여 유림으로 박선일, 류주희, 김창엽, 조국현이 포함되어 있다. 아나키스트 독립운동가의 참여도 활발했는데, 이정규, 유정렬, 최석영 그리고 부위원장으로 겸임한 황갑영이 포함되어 있다. 일제하 경학원의 친일 유림인 신익균과 이명세의 참여도 확인된다. 그 밖에 성균관대학생 대표 자격으로 참여한 김익환이 참여했다. 이들은 해방 정국에서 임시정부 지지 또는 독촉에 참여했기 때문에 일반적으로 우파 세력으로 분류된다.

끝으로, 유도회 중앙위원회의 구성원들을 살펴보자. 중앙위원은 모두 28명인데, 부서 책임자로서 겸직한 인물을 제외한 순수 위원은 17명으로서, 유도회 지역본부 임원진과 대체로 겹친다.[23] 중앙위원은 각 지역의 유지로 충원되었고 정치 활동에 적극적이었다. 경상과 전라 지역의 참여자들은 해방 이후 독자적으로 지역 유림의 조직화에 참여했던 인물이기도 하다. 앞서 서술했듯이, 전북의 류직양과 전남의 조국현은 각각 전북명륜회와 전남대성회를 조직해서 지역의 향교 및 유교 문화 복원 그리고 유교 대학 설립에 기여했던 인물이고, 경북의 김우식 역시 대구대성회 조직에 참여했던 인물이다. 이들은 유림 활동에서 더 나아가 정계 진출을 시도하여, 류직양과 박노익은 한민당 도당 위원장을 맡았고, 김우식과 조국현은 '유도회' 소속으로 총선거에 출마하여 당선되기도 했다. 각 지역의 유지들 역시 지역 대표 몫의 중앙위원으로 참여했다. 부서 몫의 중앙위원까지 포함해서 보면, 유도회총본부 중앙위원회는 일제하 경력으로는 독립운동 세력이, 해방 정국에서의 정치 활동으로는 우파 세력이 대세를 형성하고 있었다.

그 밖에, 당시 유도회총본부의 영향하에 있던 유교 관련 조직으로는 성균관과 각 지역 향교 그리고 성균관대학 등이 있었다. 이들 조직은 형식상으로는 독립적인 조직이었지만, 유도회 분규로 김창숙의 지도력이 약화되는 1950년대 후반 이전까지는 김창

〈표 6-5〉 기타 유교 조직 핵심 참여자(유도회 중복 인사 제외)[24]

단체	이름	출생지, 직업 및 주요 활동	비고
각 도 향교재단	이건녕 李乾寧	경남 향교재단 이사장	유도회 경남 본부 이곤녕 의 형으로 추 정
	고광표 高光表	전남 향교재단 이사장. 전남 광주. 일제하 기업가. 해방 후 입법의원 전남 대표, 동광신문사 사장, 한민당 전남도 당 총무, 민국당 후보로 2대 총선 출마. 전남 대성대학의 종합대학 승격 준비 전임위원. 전남석유회사 등 기업계 활동.	
	성운경 成雲慶	강원 향교재단 이사장. 강원 춘천. 일제하 경제계 활동 및 춘천읍회 의원.	
	김태휴 金太休	제주 향교재단 이사장. 일제하 동아일보 제주지국 기자. 제주향교.	
재단법인 성균관대 학 초대 임원	조동식 趙東植	이사장.	
	최승만 崔承萬	이사. 경기 시흥안산. 기독교인. 일제하 2·8 독립선언 및 기독교계 민족운동 참여, 동아일보 잡지부장 재임중 일 장기말소사건으로 퇴직. 해방 후 군정청 교화국장. 제주 지사. 재단법인 이화학당 이사장. 이화여대 부총장.	
	서광설 徐光卨	이사. 일제하 변호사. 해방 직후 미군정하 대법원 판사. 국립서울대학 발족 시 법대 이사. 6·25 전쟁 중 납북.	
	이능우 李能雨	이사. 충남 보령. 해방 후 서울대 국문과 졸업 및 박사(고전 문학. 숙명여대 교수, 총장서리.	이석구의 아 들
	최익 崔益	이사. 충남 홍성. 지산 김복한의 문인. 구한말 대한매일신 보 필진, 신민회 충청 대표. 일제하 군산에서 경제계 활 동. 해방 후 민주의원 기획국장. 성균관장 역임.	
	오천석 吳天錫	이사. 평남 강서. 기독교인목사 오기선의 자. 일제하 보성 전문 교수. 해방 직후 미군정청 문교차장. 문교부장관 역 임.	
	윤세구 尹世九	감사. 일제하 고등문관시험 합격, 만주국 총무청 근무. 해방 직후 미군정청 문교부 예술종교과장, 문화시설과 장.	

성균관 총재[25]	이시영 李始榮	서울. 구한말 관료. 국망 후 유하현 삼원포 독립운동 기지 마련 및 신흥무관학교 설립. 대한민국임시정부 요인. 대한민국 초대 부통령. 대종교 원로.	
재단법인 성균관 이사	이풍구 李豐求	미상	
	이기원 李基元	경북 성주. 일제하 경성·성주의 3·1운동 참여. 파리장서운동 및 2차 유림단 운동 참여. 해방 후 대동유림회.	한주 이진상의 손자. 한계 이승희의 자.
	김성수 金性洙	전북 부안. 일제하 동아일보, 경성방직 경영. 중앙고보, 보성전문 교장. 해방 후 한민당 위원장, 민국당 최고위원.	
	류해동 柳海東	강원 춘천. 구한말 류인석 의병 참여 및 연해주 독립운동 성명회, 만주 독립운동대한독립단. 해방 후 연정회.	류인석의 자

숙의 유도회 지도하에 있었다. 유도회와 중복되는 인물을 제외한 각 조직의 참여 인물은 〈표 6-5〉와 같다.

각 도 향교재단은 '재단법인 성균관'과 밀접한 관련을 갖는 법인체로서, 각 도의 이사장을 보면 모두 유도회의 각 도 지부 인사위원장, 부위원장와 겹친다. 중복되지 않는 네 명의 인물들 역시 지역의 향교 발전 및 유교계 재정 확보에 기여한 인물임이 확인된다.

재단법인 성균관은 해방 후 복설된 성균관을 중심으로 유교 교육과 의례 기능을 회복하기 위해 1947년 봄에 설립되었다. 〈표 6-5〉는 1950년의 임원진으로서, 이사장 김창숙, 부이사장 이민응, 상무이사 최석영 체제로 운영된 듯하다. 그 밖의 이사진에는 이풍구, 이기원, 김성수, 류해동 4인이 참여했는데, 특히 이승희의 아들 이기원과 류인석의 아들 류해동의 이사 선임의 경우에서 보듯이, 전통 성균관의 유교 종교성과 근대적 민족주의와의 상징적 연결성을 가장 중시했다는 것을 알 수 있다.

재단법인 성균관과 향교재단은 실제 성균관의 총재와 관장을 선임할 권리를 통해 성균관 운영에 영향을 미칠 수 있었다. 명예직인 성균관 총재는 한동안 이시영, 조성환, 신익희 등 임시정부 출신의 유교계 명사들이 맡았다. 성균관 관장은 김창숙, 부관장은 황갑영이 각각 맡았는데, 역대 총재부터 부관장까지 모두 이승만 정권에 대해 비판적인 인물 일색이었다. 이는 유교계의 가장 권위 있는 전통 조직인 성균관에 대한 이승만 정부 인사들의 탄압 및 접수 공작의 배경이 되었다.

'재단법인 성균관대학'은 유도회의 결정에 따라 유교계 대학 설립을 위해 1946년 9월경에 결성된 법인체이다. 처음 '성균대학 기성회'로 출발할 시점인 1946년 6월까지만 해도 해방 직후 옛 명륜학원 운영 세력인 졸업생 그룹이 주동이 된 대동회 인사들이 다수 참여했지만, 이들은 실제 재단이 설립될 때는 모두 배제되었다. 초대 이사장은 조동식이 맡았고, 이사진에는 김창숙, 최승만, 서광설, 이능우, 최익, 이명세, 오천석, 윤세구 7인이 참여했다. 학장으로서 김창숙은 당연직 이사였고, 학린사 재산을 기부한 이석구의 아들인 이능우, 김복한의 문인으로서 민주의원 기획국장이었던 최익 등이 자연스럽게 참여했다. 법인 설립에 능력을 보인 이명세도 이사진에 합류했다. 법인 설립 권한을 쥔 미군정청 문교부 관련 인사들_{최승만, 오천석, 윤세구}이 포함되었는데, 이들 자체는 문제가 없었지만, 이러한 이사진 구성은 향후 정부 및 교육당국이 성균관대학 운영에 개입하는 계기가 되었다.

이상 유도회총본부 및 각 지역본부 그리고 성균관을 비롯한 유교계 주류 조직들에 참여한 인물들을 분석한 결과를 바탕으로 해방 후 유도회의 조직 구성과 유교계의 상황에 대해 평가한 결과는 다음과 같다.

첫째, 당시 유도회는 김창숙을 중심으로 유교계 독립운동 관련자 및 후손이 중심 세력을 형성하고 있었다. 통합운동 초창기 주도 세력이었던 대동회 계열과 일제하 명륜학원 세력이 대부분 탈락하고, 해외 망명 독립운동가들과 무정부주의 독립운동 계열 인사 그리고 각 지역의 명망가와 유지들이 각각 중앙과 지방 조직의 핵심부를 구성했다. 이는 유교계 대표 단체로서 유도회가 그 정통성을 일제하의 독립운동 계승에 두었다는 것을 입증한다. 유교의 근대적 전환을 위해 유교의 민족화를 주창했던 김창숙의 구상은 총본부의 실무 조직 인선에서 잘 드러났다. 특히 감찰위원회를 대규모로 꾸리고 위원진을 독립운동 유림으로 채운데에서 김창숙과 유도회가 당시 시급한 과제인 유교계의 친일 세력 청산에 진력했음을 알 수 있다. 일부 친일 세력이 성균관 및 성균관대학 재단 설립에 관계하며 여전히 유도회에 살아남았지만 세력은 미미했다. 가정이기는 하지만, 만약 6·25 전쟁이 발발하지 않았더라면 유도회는 그 어떤 종교계보다 친일 잔재 청산에 성공한 종교 조직이 되었을 가능성이 높다.

둘째, 유교의 근대적 전환에 필수적이었던 보수적 유교 전통과의 결별 과정에서 유도회는 유교계의 '조용한 다수'인 정통 유림의 참여를 이끌어내지 못했다는 것이 확인된다. 정통 유림 세력은 김창숙의 대표성에는 의문을 품지 않았지만, 그렇다고 해서 유도회 중심으로 추진된 근대적 조직화에 적극적이지도 않았다. 따라서 정통 유림은 지방의 군 단위 유도회 지부에서 주로 활동했을 뿐, 도 단위 또는 중앙 조직에는 거의 참여하지 않았다. 정부가 관철시킨 향교 재산의 도별 관리 조치에 따라 유도회 각 도 본부의 영향력이 강화되었지만, 정통 유림은 조선시대처럼 자기 지방의 자치적 운영에만 매달려 근대 조직의 합리적·법적 운영에 관심을 기울이지 않았다. 따라서 정통 유림은 유도회의 잠재적 후원 세력으로 존재했지만 유도회의 발전에는 거의 기여하지 않았다는 것을 알 수 있다. 수기修己와 강학講學이라는 전통적인 선비상을 지키고 여전히 서원 중심의 학통을 이어가는 것이 이들에게는 더욱 중시되었다. 정통 유림의 비참여는 유도회가 유교계의 상징적 구심 역할을 하는 데 머물게 했고, 나아가 '유교'와 '유학'의 분리를 낳았다.

이러한 전개는 유교의 독특한 종교적 성격의 영향을 받은 것으로 분석할 수 있다. 우선, 중앙집중화된 교단 조직을 필요로 하지 않고 단지 국가 관료가 된 문사—학자들이 사제 역할을 수행하는 유교의 일반적 속성이 정통 유림의 중앙 조직 비참여에 영향을 미쳤을 것이다. 또한 조선 중기 이후 재야의 사림으로 존재하며 향촌 사회를 이끌었던 조선 유림의 존재적 특수성도 이에 작용했을 것이다. 그 결과, 파리장서운동의 주축이었던 영남과 충청의 정통 유림 세력의 후손들이 유도회에 참여하여 유교계 대표성을 높이기는 했지만, 절대 다수의 정통 유림들이 유도회 운영에 적극 참여하지 않게 되는 결과를 낳았다. 그 빈자리를 독립운동 참여 유림들이 대신하며 해방 정국에서 활발한 정치 활동을 전개했지만, 정통 유림의 집단적 참여 없는 유교의 근대적 전환은 그 성공 가능성을 낮추게 했다.

셋째, 김창숙의 개인적 소신이었던 '유교의 비당파화'에도 불구하고 유도회는 반탁운동 참여를 계기로 분화된 해방 정국의 좌우 대결에서 결국 우파 민족주의 세력 지지 노선으로 나아갈 수밖에 없었다. 이 과정에서 아나키스트 계열의 참여가 두드러져, 실제로 이정규, 이을규, 유정렬 등이 유도회 신주류 세력이 되어 임시정부봉대운동 등을 주도했다. 아나키즘과 유교 사이에 정치 이상 부분의 친연성이 있는 것은 분명하고 또 실제 이들이 일제하 독립운동 과정에서 힘을 합친 경험도 있기는 하지만, 유도회를 아나키스트들이 주도한다는 것은 유교계 대표성을 떨어뜨리는 요인이 될 수밖에 없다. 유교의 근대적 전환에서 가장 중요한 유교의 사상적 혁신은 유교 내부의 치열한 사상 논쟁을 통해서 이뤄져야 하지만, 시급한 정치적 과제에만 집중한 결과 그러한 논의를 전개할 시기를 놓쳤다고 볼 수 있다.

정통 유림과 아나키스트 모두 국가 기구 및 정권 참여에 부정적 입장을 갖고 있다 보니, 유도회 세력은 정부 수립 과정과 이승만 정권 참여에 소극적일 수밖에 없었다. 따라서 유교계 인사들의 정치 참여는 유도회의 후원 없이 개인 차원에서 이루어졌다. 당시 유교인들의 개인적 정치 참여를 크게 두 양상으로 분류할 수 있다. 우선, 본래 각 지역의 유지로 충원되었던 유도회의 각 도 본부 임원들이 '유도회'를 간판 삼거나 정당 또는 무소속으로 국회의원 총선거에 출마하는 방식이다. 초대·2대 총선에서 유교인 여럿이 출마했는데, 경북 달성군에서는 유도회 경북본부의 김우식과 박노익이 모두 유교계를 기반으로 출마하여 김우식이 당선되기도 했다. 다음, 김창숙의 공식적인 정당 참여 불가 원칙에 따라 처음부터 유도회에 참여하지 않고 대신 개인적 역량과 명망을 통해 정계에 진출한 경우가 있는데, 무명회 계열의 제헌의원으로 반민특위를 주도했던 김명동이 이에 해당한다. 해방 정국과 제1공화국의 복잡한 정치 상황 때문에 이들의 정치 이력은 굴곡이 있지만, 대체로 전자가 이승만에 가까운 보수파였다면 후자는 김구에 가까운 개혁파였다.

3. 유교와 아나키즘의 연합: 유도회의 임시정부봉대운동

해방 정국에서 유교계의 일관된 정치적 목표는 '완전 독립', 곧 분단 해소를 통한 자주독립국가 건설이었다. 다양한 배경과 지향을 가진 유교 세력이 통합할 수 있었던 것도 바로 그러한 정치적 목표를 달성하기 위해서였다. 유도회총본부 위원장으로 추대된 김창숙은 옛 독립운동의 동료들인 임시정부 요인들이 귀국할 때까지 스스로 정치 활동을 자제했을 뿐만 아니라 유교계 후배들의 정치 활동도 억제시켰다. 해방 직후의 정치 · 사회적 분열상을 목도한 김창숙은 이를 조선 붕당정치의 재판으로 인식하고, 유교계만이라도 통합하여 완전 독립이라는 민족적 과제 달성에 흔들림없이 나아가고자 했다. 유도회가 1차 통합 당시1945년 12월 초 이승만과 김구를 함께 고문으로 추대한 데에서 그런 의지를 엿볼 수 있다. 그리고 불과 한 달 후 돌발한 반탁정국에서 김창숙은 유교계를 이끌고 신탁통치반대운동에 적극적으로 참여했다.「국역 심산 유고」: 794~797 그런데 이는 의도하지 않게 유교계의 분열을 낳았다. 앞서 서술했듯이, 유교계 내부의 좌파 세력은 찬탁으로 돌아서서 유도회총본부 내부에서 분열을 일으키기 시작했다.

이런 위기 상황에서 김창숙에게 뜻밖의 우호 세력이 등장했으니, 바로 이정규를 비롯한 아나키스트 세력이다. 파리장서를 상해에 전달하고 나서 김창숙은 이회영, 신채호 등 망명 유교 독립운동가들과 함께 활동하면서 아나키스트 계열의 독립운동가들과 우호적 관계를 맺었다. 한편 해방 전 중국에서 체포되어 국내에서 해방을 맞은 아나키스트들과 국내 활동 아나키스트들은 왕성한 활동력으로 해방 정국에서 그 세력을 키워가고 있었다. 이들은 임시정부 요인 자격으로 귀국한 이시영, 유교계를 대표하는 김창숙, 정인보 등과 접촉하면서 유교계 독립운동 세력과의 연합을 모색했다. 그리고 반탁운동 과정에서 공산주의 세력이라는 공동의 적을 확인하면서, 유교계와 아나키스트 사이의 이채로운 연합이 시작되었다.[26] 그리고 이 연합은 반탁운동 기간을 지나서도 유지되어 1960년대 초반까지 지속되었다는 것을 이 책은 특별히 강조해 두고자 한다.

한국혁명위원회: 유교인과 아나키스트의 임정 봉대 시도

1946년 3월에 김창숙 위원장 체제로 통합 유도회총본부가 발족했을 때 부위원장으로 선임된 다섯 명의 인물은 당시 유교계의 세력 분포를 반영하고 있었다. 유림대회 때부터 부위원장이었던 김성규대동회 계열와 이기원영남 유림의 대동유림회 계열, 한주 이진상의 손자이자 한계 이승희의 자 외에 새로 부위원장이 된 인물은 이재억서울·경기 유림의 유교회 계열, 안만수安寅植의 이명. '경학원 계열 유도회' 몫, 그리고 정인보였다. 그런데 다른 네 명의 부위원장과 달리 조직적 기반이 없는 정인보가 부위원장으로 선임된 이유는 무엇일까?

'통합'의 명목으로 중도좌파부터 친일 유림까지 유도회총본부에서 자기 몫을 요구하는 상황이 되면서, 김창숙은 믿을 사람이 필요했을 것이다. 정인보는 일제강점기 내내 저명한 민족주의 학자였을 뿐만 아니라 인성적으로도 가장 신뢰할 만한 인물이었다. 그리고 무엇보다도, 당파로부터의 중립을 강조했던 김창숙을 대신하여 해방 후 활동을 재개한 아나키스트 세력과 유교계를 연결할 수 있는 인물로서 정인보가 필요했다.

김창숙과 정인보를 연결해 준 것은 학통과 혈연 같은 전통적인 네트워크가 아니라 유교 계열의 독립운동 참여를 통해 영글어진 믿음이었다. 정인보는 난곡 이건방에게서 조선 양명학과 실학의 전통을 공부했고, 국권을 상실하자 1911년부터 압록강을 건너 이건승, 정원하, 홍승헌 등의 양명학파 독립운동가들의 연락책을 맡았다. 다시 1912년에는 이회영, 이상룡 등의 독립운동신흥무관학교을 뒷바라지하려는 생모 서씨를 모시고 서간도를 다녀왔고, 1913년 상해로 직접 망명하여 동제사에 참여했다가 서간도를 들러 생모를 모시고 귀국했다.(동제사에서 박은식, 신채호 등 불굴의 투사이자 민족사학의 개척자와 함께 지냈던 경험은 정인보의 민족주의 학문 지향에 직접적 영향을 미쳤다.) 면우 곽종석 문하에서 배운 김창숙은 1919년 파리장서운동을 주도했는데, 이때 영남 유림뿐만 아니라 호서와 재경 유림을 모두 아우르는 유교계의 중심인물로 부상했다. 이후 상해와 북경에 머물며 지속적으로 국내유림의 독립운동을 조직·독려하는 와중에, 김창숙은 특히 이회영, 신채호와 협력하면서 이들과 관계된 아나키스트들의 신임을 얻었고 의열단 나석주의 동척 폭파 의거에도 직접 관여했다. 제2차 유림단 운동의 실패 후 1927년 상해 조계에서 체포되어 국내로 압송된 후 고문과 수감 생활로 앉은뱅이가 되었지만 그 이후에도 명망은 절대적이었다. 이처럼 출발점은 달랐지만, 김창숙과 정인보는 유교 계열의 망명 독립운동을 통해 연결되어 있었다. 그 직접적 연결 고리는 이회영이었다.

정인보는 1932년 이회영이 체포되어 순국한 후 시신을 수습하는 과정에서 이정규와 처음 만나 우의를 맺었다.이정규, 1974: 287~290

이정규는 일제하 초기 아나키스트 계열 독립운동의 대표적인 인물이다. 일본 유학 중 독립운동에 참여한 후 중국으로 망명하여 이회영의 지도를 받은 이정규는 재중국 무정부주의자연맹1924을 조직하여 정화암鄭華巖, 백정기白貞基, 류자명柳子明 등과 함께 활발한 투쟁을 전개하던 중 1928년 체포되어 국내에 압송·수감되었다가 1932년 풀려났다.[27] 정인보를 만난 것은 이때로서, 이정규는 일찍이 이회영을 통해 유림 망명 세력의 조력자로서 정인보에 대해 잘 알고 있었다. 정인보와 이정규는 해방 후 성재 이시영 환국 축하 모임에서 재회했다. 아나키스트 원로가 대부분 순국한 상태에서 이들을 후원했던 김창숙과 정인보의 존재는 이정규에게 커다란 의지처였다. 마찬가지로 원로 유림과 친일 유림들까지 가세하며 본연의 투쟁성을 잃어가고 있던 통합 유도회총본부의 김창숙과 정인보에게 이정규와 동료 아나키스트 독립운동가들은 천군만마였다.[28]

정인보와 이정규, 곧 유교계와 아나키스트가 해방 정국에서 협력했던 활동 가운데 가장 뚜렷한 것은 한국혁명위원회 결성과 '임시정부의 정식정부 선포' 혁명 시도였다. 본래 해방 정국에서 아나키스트와 유교계 정통파는 임정 봉대, 완전 독립, 공산주의 반대라는 정치적 목표를 공유하고 있었다. 이정규·이을규 형제, 유정렬, 이규창, 신현상 등의 아나키스트 세력이 해방 직후 조직했던 자유사회건설자연맹은 처음부터 임시정부를 절대적으로 지지하며 1946년 초두의 반탁 투쟁을 선도했고, 김창숙과 유교계도 이에 적극적으로 참여하며 화답했다. 한편 1946년 9월 3대 회장 조성환과 부회장 정인보 체제로 개편된 대한독립촉성국민회이하 '독촉'는 신탁통치 반대 활동을 지속해 나갔다. 이승만 편에 가까웠다는 일반적인 독촉에 대한 평가와 달리, 조성환과 정인보가 이끈 제3기 독촉은 이승만과 김구 사이에서 중립 노선을 걸으며 반탁운동을 지속적으로 지원하고 있었다.[29] 임정과 비상국민회의에서 활동 중이었던 이을규를 비롯한 아나키스트들도 독촉에 참여하고 있었다. 그리고 1946년 말 이승만이 대미 독립외교를 펼치기 위해 출국한 후, 마침내 유교계와 아나키스트가 핵심이 된 한국혁명위원회가 비밀리에 조직되었다.

한국혁명위원회 결성은 정인보의 오랜 후원자인 안호형安鎬瀅, 고종 황제의 내관의 집에 모였던 조성환과 정인보, 독촉 청년부장 황갑영, 유창준, 그리고 아나키스트 이을규, 이정규, 유정렬 등에 의해 발의되었다. 반탁운동 1주년을 맞아 미국 방문중인 이승만과 국내의 김구가 협력하여 적극적인 독립 쟁취 투쟁이 전개되던 이 시기에 한국혁명위원회는 1947년 3월 1일을 기해 민족주권 선포와 대한민국임시정부 봉대 행동을 공식화하기로 결의했다. 계획대로였다면, 그날 창덕궁을 정부 청사로 삼아 정식 정부가 수립되는 것이다. 김구도 이에 동의했다. 실제로 한국혁명위원회는 구체적 행동 계획을 수립하고 실행만 남겨 두고 있었다. 아쉽게도 김구와 이승만의 암호 연락을 해독한 미군정이 이승만을 압박하면서 이 기획은 실패로 돌아갔고, 조성환과 이을규는 실패의 책임을 지고 임정 국무위원 직에서 물러났다. 이러한 한국혁명위원회의 활동은 미군정에 상당한 압박을 가해서 한동안 미군정이 중간파의 좌우합작을 지원하는 결과를 낳기도 했다.

아나키스트 운동사에서는 한국혁명위원회 관련 서술에서 이를 아나키스트와 혁명적 독립운동 세력_{김구, 조성환, 정인보, 유창준, 안호형 등}의 연합 활동으로 공식화하고 있다. 하지만 한국혁명위원회의 협동체로 기록된 인물과 단체를 보면,[30] 그 실행의 핵심부와 외부 실행 조직에 유교계가 깊게 참여했다는 것을 알 수 있다.

한국혁명위원회 임원 및 참여자

위원장: 조성환

부위원장: 정인보

위원: 유창준, 이을규, 이정규, 안호형, 황갑영

총간사: 유정렬.

협력세력: ① 무명회 계열의 김명동, 구연걸, 성낙서

② 아나키스트 계열의 김형윤, 김지강_{의열단}, 엄재경_중

_{국 남의사.} 특히, 자유사회건설자연맹의 양희석, 양일
동, 이규창, 조한응

③ 유교 계열의 이시영, 김창숙 및 각 지방 향교의 전교

④ 학계의 변영만, 김범부, 손우성, 한태수[31]

⑤ 기타: 신일준, 조상항_{이상 독촉}, 고평, 김만와_{이상 북로}
_{군정서 출신,} 홍성준_{대동강동지회,} 김승학, 안병찬, 신현
상_{이상 독립신문,} 흑백회_{아나키스트 조직,} 김석황_{경교장,} 김
두한_{이을규에게 설득됨,} 김성광_{화원시장}이 유사시 행동
약속.

먼저, 핵심 인물을 분석해 보자. 정통 유림 출신으로, 부위원
장 정인보와 위원 유창준, 황갑영이 정통 유림 출신 인물임이 드
러난다. 위원장 조성환과 안호형 역시 각각 망명 독립운동과 국
내 복벽 독립운동의 원로로서 유교 계열의 인물이다. 아울러 아
나키스트인 이을규와 이정규 역시 김창숙의 유도회총본부에
서 핵심 임원으로 활동했다. 결국 한국혁명위원회의 간부 전원
이 유교계 인물이었던 셈이다. 협력 세력에서도 유교계의 참여
는 현저하다. 우선, 유교계 원로인 이시영, 김창숙, 변영만이 모
두 참여하고 있었고, 충남 중심의 청년 유교 세력을 대표하는 무
명회의 김명동, 구연걸, 성낙서 등이 참여했다. 실행 조직에는 아

예 성균관 산하 향교의 전교들이 모두 참여하고 있다. 이 정도의 참여를 볼 때, 한국혁명위원회 조직은 김창숙의 암묵적 지원 없이는 불가능했음을 알 수 있다. 더 나아가, 해방 정국에서 유교계 독립운동 세력과 자유사회건설자연맹 계열의 아나키스트가 사실상 한 몸으로 활동했다는 해석도 조심스럽게 할 수 있다.

유교-아나키즘 연대의 역사적 배경과 논리

해방 정국에서 유교와 아나키즘의 연대를 두고 이를 단순히 명사들의 만남을 통한 우연적 사건이거나 아니면 공산주의 세력에 대한 반대를 위한 정세적 판단 정도로 해석할 수도 있다. 하지만 그런 이해 방식은 한국 독립운동사에서 유교와 아나키즘의 연대가 이미 1920년대부터 시작되었다는 역사적 사실과 유교와 아나키즘의 사회관과 정치관에 내재한 공통의 논리를 감안할 때 그 한계가 드러난다. 여기서는 해방 정국에서 유교와 아나키즘 연대의 직접적 계기를 마련한 인물인 정인보를 중심으로 그의 유교 혁신의 논리가 아나키즘과 갖는 친연성을 사상적으로 분석할 것이다.

이미 일제하 최고의 한학자이자 민족주의 사학의 계승자였기 때문에 후대의 많은 이들은 정인보를 해방 정국의 대표적 문화 인물 정도로 인식한다. 하지만 정인보에게는 청년 시절부터 독립운동에 뛰어들었던 지사적 성향도 함께 있었다. 그런 까닭에 해방 정국에서 정인보는 정당 활동에 거리를 두면서도 오직 완전 독립을 위한 민족운동으로서 독촉 활동과 순국열사 추모 활동에 지속적으로 관여했다. 그러한 모든 활동의 배경에는 유교인으로서의 도덕적 자각이 있었다. 정인보는 근대와 민족의 과제에 대한 응답으로서의 정치 이상을 제시했던 유교 개혁주의자였다.

정인보의 유교 혁신 논리를 통해 도달한 유교의 도덕적 정치 이상으로서의 혁명적 공화주의는 근대의 정치 이념으로서 아나키즘과 접합의 가능성이 열려 있었다. 국제 아나키즘의 일반적 경향과 달리, 일제하 한국의 아나키즘은 혁명적 민족주의와 연대하여 일제에 맞서 싸웠고, 해방 후에는 국가 자체를 압제 기관으로 부정하지 않고 대신 자유로운 시민들의 연대로서 국가 건설에 적극적으로 참여했다. 이런 관점을 견지했던 자유사회건설자연맹 분파에 대한 정통 아나키즘 측의 비판도 수긍할 점이 있지만,이호룡, 2015: 359~363 최소한 민족운동과 건국운동의 관점에서 볼 때 결과적으로 이들의 노력은 우파 세력 내 자유와 혁명의 진지를 마련했다고 볼 수 있다. 이 책의 관심에서 볼 때, 정인보의 유교 혁신 사상과 이정규의 아나키즘은 단순히 정세적 필요에 따른 연대가 아니라 사상적으로도 결합 가능한 것이었다. 이는 외래 이론으로서 아나키즘을 맹종한 것이 아니라 민족운동의 한 논리로서 주체적으로 수용했던 신채호와 이회영의 역사적 사례를 통해서도 해명된다. 무엇보다도, 정인보의 학문 형성에 큰 영향을 미친 중국의 국학자 장타이엔章炳麟이 아나키즘에 심취했다는 것과 정인보가 장타이엔과 교류했다는 점에서,민영규, 1994 정인보 스스로 아나키즘에 대한 이해가 깊었다는 것을 강조할 필요가 있다.

특히 정인보의 유교 혁신 논리 자체가 아나키즘의 지향과 결합 가능했다는 점이 중요한데, 그 근거들은 다음과 같다. 첫째, 정인보 윤리론의 핵심인 주체적 자유는 국가 권력의 강제성을 거부하는 아나키즘의 자유 지향 논리의 내적 기초를 제공할 수 있다. 둘째, 양명학의 전통 가운데 특히 일상의 실천을 강조한 정인보의 논리는 해방 후 아나키스트들의 생활 혁신을 통한 자유 사회 건설론의 기초를 제공할 수 있었을 것이다. 셋째, 유교의 자연순환론적 신정론 대신 발전시킨 정인보의 도덕 종교적 유교 이해는 아나키스트 일부의 유교계 조직 참여를 가능하게 했다. 넷째, 무엇보다도, 청년 시기부터 정인보가 유교 정치 이상으로서 수용하고 또 몸소 실천했던 혁명적 공화주의의 이상이 아나키스트의 정치 이상의 내용과 다르지 않았다. 물론 유교와 아나키즘 사이의 친화성 논제는 별도의 탐구가 필요한 과제이다. 다만 해방 정국에서 정인보와 아나키스트 사이의 협력이라는 역사적 사실은 향후 유교의 혁신적 정치 이상 제시에 중요한 선례가 될 것이다.

유도회의 유교 근대화 및 정치운동 평가

지금까지 1947년부터 1950년까지 유도회총본부의 유교 근대화 작업의 경과와 참여 세력들에 대해 분석한 결과를 요약하면 다음과 같다. 1946년 3월 유교계의 통합 조직으로 출범한 유도회 총본부는 김창숙의 지도하에 유교 복원과 부흥을 목표로 한 유교 근대화 작업에 착수했지만, 추진 과정에서 유교계의 여러 분파들과의 갈등을 낳았다. 유교 민족화의 상징적 작업이었던 성균관의 중국 유현 위패 매안 조치는 보수 유림의 이반을, 유교 대학 설립 과정에서는 좌파 유교인의 이탈을, 향교 재산 관리 합리화 방안에서는 지역 유림의 반발을 각각 야기했다. 그 결과 유교계 단체들을 통합하여 출범했던 유도회는 창립 후 얼마 되지 않아 다수의 세력들이 이탈하여 유교계 대표성과 조직 장악력이 약화되었다. 약화된 유도회 조직을 새로 채운 것은 당시 유교계와 연대하여 임시정부봉대운동을 추진했던 해외 망명 독립운동가들과 아나키스트들이었는데, 이들은 김창숙과 함께 유교계 친일 세력 청산과 유교 민족화에 적극 나섰다.

이는 1950년경의 유도회 임원 명단을 통해서 확인 가능했는데 분석 결과는 다음과 같다. 첫째, 초창기의 각파 연합체의 성격에서 벗어나 1947년 이후 유도회는 유교계 독립운동가와 후손을 중심으로 운영되었고, 특히 실무 부서와 감찰위원회에 이들이 적극 참여했다. 둘째, 유도회의 가장 강력한 후원 세력이던 정통 유림은 근대적 유교 조직화에 소극적이어서 군 단위 지부에만 참여했고 중앙 및 각 도 본부에는 참여하지 않았고, 이 때문에 유교 근대화의 대상인 정통 유림은 유도회와 무관하게 존재하게 되었다. 셋째, 유도회는 본래 비정파성을 강조했지만 해방 정국의 좌우 대립이 격화되면서 임시정부 계열의 우파 민족주의 정치에 깊이 개입했는데, 내부의 사상 논쟁 없이 서둘러 정치에 개입하여 유교와 근대 정치 이념 사이의 논리적·학문적 연결 문제를 등한시할 수밖에 없었다. 이러한 사정 때문에, 결국 유도회의 유교 근대화 노력은 성과를 거두지 못한 채 잠정적인 중단 상태로 들어갔다.

7

유교계 좌파의
통일국가건설운동과 좌절

유도회총본부가 임시정부 계열 주도의 반탁운동을 공식적으로 지지하면서, 이에 동조하지 않는 세력들은 독자적인 조직 강화에 주력하게 되었다. 대동회는 본래의 유교계 장악 목표가 실패로 돌아가면서 유교 단체에서 정치사회 단체로 성격을 전환했다. 1946년 하반기 이후 대동회는 '민족대동회'로 이름을 바꾸고 위원장 김성규와 좌경화한 하부 청년 조직의 활동에 힘입어 중도파의 통일국가건설 운동조직인 민족자주연맹의 핵심 단체로 자리매김한다. 한편 남로당 계열의 지도를 받는 청년 유교인들은 독립운동가 김응섭을 대표로 내세우고 1947년 3월 전국유교연맹을 결성하고 유도회총본부에 맞설 유교계 좌파 세력 규합에 돌입한다. 그동안 아무도 관심을 기울이지 않았던 건국 시기 유

교계 좌파 단체의 활동에 대해서 연구하는 작업은 한국 근현대
정치운동사를 사회주의와 기독교 중심으로 서술해 왔던 기존 역
사학계의 편향을 바로잡고, 이후 1950년대 후반 이후 민주화운동
역사를 새롭게 조명하는 데 필요한 기초 자료를 제공하는 의의
가 있다.

1. 대동회: 유교계 중도좌파의 통일운동

대동회 연구의 필요성

해방 직후 가장 먼저 유교 세력의 조직화에 착수했고 또한 세력
이 성대했던 단체가 대동회大同會라는 것이 그동안 유교계의 일관
된 평가이다.[1] 대동회 핵심 회원으로서 초창기 성균관대 창립 과
정을 지켜보았던 윤혁동의 회고에 기반한 이러한 평가는 여러
저술에 복제되면서 마치 유림 측의 공식 입장처럼 굳어졌다. 과
연 이러한 평가를 우리는 언제까지 일방적으로 따라야 할까? 해
방 직후 혼란기에 단지 성균관 터를 선점했다는 것만으로 이를
'유교 조직화'로 본다는 것은 오랜 전통의 한국유교사를 얕잡아
보는 일이다. 대동회에 대한 평가는 그것이 최초의 단체였거나
명륜전문을 접수했다는 것과는 다른 방향에서 이루어져야 한다.

대동회에 대한 재평가를 위해서는 먼저 대동회의 정체에 대해 정확히 파악하는 작업이 필요하다.

　기존 관련 기록들은 공통적으로 대동회의 결성을 주도한 세력이 일제하 명륜전문학교 출신의 청년 유교인들이라고 말한다. 해방과 동시에 이들은 일제와 친일 인사들이 장악하고 있던 명륜연성소를 물리적으로 접수하고, 곧바로 명륜전문학교를 새로 열고 신입생을 모집하여 이를 바탕으로 유교계의 건국운동을 주도하고자 했다. 하지만 유교사에서 대동회의 활동은 그것이 후발 유교 단체들과 통합하여 유도회총본부를 결성했다는 서술로 종결된다. 사료의 부족으로 이후 연구자들은 이러한 통설 바깥으로 연구를 진행하지 않았다. 하지만 이렇게 '짤막한' 통설만으로 해방 직후 대동회의 활발한 움직임을 설명할 수 없다는 것은 분명하다. 대동회는 유도회로의 유교계 통합 이후에도 해산하지 않은 채 조직을 유지했고, 오히려 1946년 하반기에 '민족대동회'또는 '조선민족대동회'로 확대 개편되면서 해방 정국에서 비중 있는 정치 사회 단체로 계속 활동했다. 당시 신문 기사를 종합하면, 민족대동회 대표 김성규는 1947년 이후 김규식 주도의 민족자주연맹을 대표하는 인물로 참여하여 단선과 단정 수립에 반대했고, 1948년 김구·김규식의 남북협상에 호응해서 북행했다가 끝내 월북했다. 핵심 인물들이 월북하고 잔존 인물들이 각종 공안사건으로 구속되면서 유명무실하게 잔존했던 민족대동회는 1949년 10월 공보처의 정당·사회단체 정리 조치에 따라 해산당하면서 4년여 간의 활동에 종언을 고하게 되었다. 당시 언론 보도 내용만을 종합해 보더라도, 그동안 대동회를 일반적인 유교 단체로만 간주해 온 통설이 잘못되었다는 것은 분명하다.[2] 대동회는 '유교 조직'이면서 '정치 단체'라는 이중적인 역할을 수행할 수밖에 없었는데, 대동회의 이러한 성격은 해방 정국에서 우익에 속하지 않았던 비주류 유교인들이 처한 모순적인 상황을 집약적으로 드러내고 있다.

대동회 관련 자료의 문제점과 추가 자료 검토

대동회에 대한 연구 과정은 기존 자료 검토와 새 자료 발굴을 모두 포함한다. 기존 자료에 부정확한 내용이 많고, 핵심 참여 인물들에 대해 알려진 내용이 없었기 때문에, 연구자들은 통설을 되풀이하는 수준에 머물러 있었다. 우선, 대동회의 활동과 관련된 기존 자료들을 검토해 보자. 〈표 7-1〉은 송남헌의 『해방 3년사』 가운데 기록된 대동회에 대한 서술 내용을 정리하고, 필자가 확인한 오류 사항을 병기한 것이다. 〈표 7-2〉는 1990년대에 발굴된 서울경찰국 사찰과의 『사찰요람』1955의 기재 내용과 오류 사항을 간단히 정리한 것이다. 두 자료 모두 1차 자료가 아니라 서술 내

〈표 7-1〉 송남헌, 『해방3년사』의 민족대동회 서술 내용

구분	내용	오류사항
성격	(해방 정국의) 기타 단체. 성균관 중심의 유교 계통 인사들로 조직.	
결성 시기	1945년 8월 16일	결성일 오류
강령	1. 우리는 동포애로써 대동 단결하자. 2. 우리 정신으로 신문화를 건설하자. 3. 우리는 국가 대사업에 매진하자.	
주요 임원	위원장: 김성규金成圭 부위원장: 장현식張顯植[3] 총무부장: 류용대柳龍大 외무부장: 이병찬李秉瓚 내무부장: 한익교韓益敎 재무부장: 최인재崔仁才 문화부장: 신석호申奭浩 교육부장: 양대윤梁大潤[4] 후생부장: 박근실朴根實 기획부장: 서홍옥徐弘玉[5] 정보부장: 윤재구尹在九	부위원장 착오 총무부장 오기 교육부장 오기 기획부장 오기
주요 참가자	위원: 김경율金景律, 김용택金容澤, 김우진金禹鎭, 김희태金禧泰, 김석원金錫源, 김남천金南天, 김형진金亨鎭, 김성애金成愛, 고희중高喜重, 고정한高正漢, 황재윤黃在潤, 고광석高光碩, 이병휘李秉輝, 이도우李道用, 이홍림李洪林, 이영규李永珪, 이동찬李東贊, 유룡상柳龍相, 문태섭文泰燮, 문성식文成植, 박흥민朴興珉, 박원식朴元植, 박근실朴根實, 이제규李濟奎, 박종환朴鍾煥, 송세영宋世榮, 송문화宋文華, 송헌중宋憲重, 신석호申奭浩, 서재필金載筆, 서홍옥徐弘玉, 서세갑徐世甲, 안동숙安東淑, 양지윤梁志潤, 윤재구尹在九, 윤동혁尹東赫[6], 윤선용尹璿容, 엄경섭嚴經燮, 조태식趙泰植, 최봉칙崔鳳則, 최경하崔鏡河, 최인재崔仁才, 한익교韓益敎, 한영교韓瑛敎, 현정玄靜, 홍재하洪在夏, 허병준許炳俊, 허일철許一鐵, 곽행서郭行瑞	서홍옥徐弘鈺의 오기 류용상柳鏞相의 이명 윤혁동尹㷬東의 오기 이영규李泳珪의 오기 조춘식趙春植의 오기
고문	공성학孔聖學, 고원식高源植, 김성진金誠鎭, 김황진金潢鎭, 김석황金錫璜, 김영의金永毅, 남상철南相喆, 이용채李容彩, 변영만卞榮晩, 백실수白實洙[7], 신익균申益均, 심의성沈宜性, 윤병호尹炳浩, 안만수安晩洙=安寅植, 오지영吳知泳, 엄주완嚴柱完, 정인동鄭仁東, 김태준金台俊	

〈표 7-2〉 서울경찰국 사찰과, 『사찰요람』의 '민족대동회' 기재 내용 전재

구분	내용	오류사항
성격	(정치적으로) 중간파	
결성 시기	1945년 8월 16일	결성일 오류
연혁	해방 직후 경학원에서 유림을 기반으로 정사政社로 결성되었다.	
중앙부서	위원장: 김성규金成圭 월북 사망설 부위원장: 장기식張驥植 1차 협상 시 월북 총무부장: 류용환柳龍桓[B] 내무부장: 한익교韓益敎 외무부장: 이병찬李秉瓚 재무부장: 최인재崔仁才 문교부장: 신석호申奭浩 교육부장: 양대윤梁大潤 후생부장: 박근실朴根實 1차 협상 시 월북 기획부장: 서홍옥徐弘鈺 정보부장: 윤재구尹在九 고문: 공성학孔聖學 외 17명 참여: 김용원 외 23명 위원: 김경율 외 48명	총무부장 오류 교육부장 오기
활동 개요	1, 민련民聯 결성과 동시 김규식의 정치 노선을 지지. 동 연맹 산하 단체로서 가맹했다. 2. 김성규는 5·10 총선을 반대하고 제1차 남북협상에 참가 ○래, 귀남歸南치 아니했다. 3. 동 회 후생부장 박근실朴根實은 남로당 '푸락취'로서 강동정치학원을 나온 대남첩자로서 동 회 하부 조직에 있어 남로 일색에 의한 지하조직망을 가지고 암약하고 있다.	

용이 충분하지 않다는 한계가 있고 또한 기록 내용에 오기誤記가 많아서 확실성도 떨어진다. 다만 자료가 부족한 상황에서 두 자료는 참여자들의 윤곽을 확인할 수 있게 한다는 점에서 큰 의미가 있다. 따라서 〈표 7-1〉과 〈표 7-2〉 그리고 앞서 5장에서 활용

했던 미군정청 문서, 일제하의 《경학원잡지》와 『성균관대학교육백년사』에 실린 명륜학원 졸업생 명단 등을 교차 대조하여 참여자를 확정하는 작업을 수행하고, 이어서 각종 회고 및 단편적 기록들을 활용하여 해당 인물의 생애를 재구성하는 방식으로, 대동회의 성격을 추론할 수 있을 것이다.

그런데 기존의 자료를 교차 검토해 보아도 미해결의 문제가 너무 많다. 조직의 실제 성격이나 중요 인물들의 참여 동기와 활동에 대해 여전히 알 수가 없다. 더욱이 이들 자료만으로는 대동회 위원장인 김성규에 대해서조차도 그 인물됨에 대한 정보를 전혀 알 수 없고, 나아가 실제 대동회가 어떻게 운영되었는지조차 알 수 없다. 이런 이유 때문에 그동안 해방 정국 유교계의 활동에 대한 연구가 제대로 착수조차 되지 못했던 것이다. 이런 난관을 돌파하기 위해서는 대동회의 활동과 관련된 원자료를 직접 확보하는 방법밖에 없다. 대동회가 해방 정국에서 주로 통일국가수립운동에 참여했다면, 미소공위 활동에 관한 미군정청 생산자료 속에서 그 내용을 얻을 수 있을 것이다. 또한 대동회가 민족자주연맹의 틀에서 활동했다면 남북협상과 관련된 문서와 회고담에서 중요한 자료를 추가로 확보할 수 있을 것이다. 이런 추리를 바탕으로 조사 과정 중에 활용하게 된 자료들은 다음과 같다.

〈추가 자료〉 1·2에는 그동안 알 수 없었던 대동회의 성격과

〈추가 자료 1〉 미군정, 「1945년 9월 정당 등록부」[9]

15. Korean Union Party (Tai Tong Whie Union Association)
주소: 서울 명륜정 53번지
위원장: 김성규
부위원장: 고원식
회원: 3,700명 (서울 800명)
창립일: 1945년 7월 20일

〈추가 자료 2〉 미군정, 「미소공위 협의 신청단체 명부 및 정치고문단 평가서」[10]

Serial No.: 00167, Date Returned: June 22, 1947.

● **정당 또는 사회단체 정보**
1. 정당 또는 단체 명: Taedong Society(Large Mutual Society)
2. 등록 주소: 서울 신설동 153-373
3. 창립일자: 1945년 9월 13일
4. 지부 숫자: 27개
5. 각 지부의 지역 및 회원 수
    경상남도: 4,269명
    경상북도: 3,282명
    전라남도: 4,780명
    전라북도: 4,998명
    충청남도: 1,208명
    충청북도: 1,961명
    강원도: 2,662명
    경기도: 5,203명
6. 전체 회원 수: 28,363명

● **지정된 대표자 관련 정보**
1. 이름: Kim, Song Kyu
2. 출생지: 서울
3. 생년월일: 1888년 2월 15일
4. 직위: 의장
5. 현주소: 서울 종로구 동숭동 5-8

수기 메모(ACC No. 80 JC No. 167)[11]
Great Mutual Society / Leader—Kim Sŏng Kyu
정부 형태: 인민공화국
토지 정책: 무상분배
노동 정책: 1. 8시간 노동
*   2. 최저임금 보장*
*   3. 사회보장제도*
평가: 온건 좌파
정강: 1. 애국심으로 단결하자.
*   2. 새로운 문화를 건설하자.*
*   3. 민족적 책무를 향해 나아가자.*

활동 조사에 필요한 매우 유용한 정보가 담겨 있다. 결성 시점과 각종 정강 정책에 대한 정보를 담았고, 무엇보다도 그동안 역사 학계에서 무관심했던 회장 김성규의 인적사항이 실려 있다. 이 자료를 바탕으로 산재한 다른 자료들과 대조하면 대동회의 성격 과 실체에 대해 분석이 가능하다.

대동회의 결성 시점에 대한 정확한 이해는 이 단체의 성격 파 악에 매우 중요한 단서를 제공한다. 기존 송남헌의 기록「해방 3년사」 과 경찰 측의 기록「사찰요람」은 모두 대동회가 해방 바로 다음 날인 8월 16일에 결성되었다고 기록하고 있다. 하지만 〈추가 자료 2〉 에는 결성일이 9월 13일로 되어 있다. 〈추가 자료 2〉는 대동회가 미군정청에 직접 작성하여 제출한 자료이므로, 이 문서에 제시 된 결성 일자의 추정력은 기존 자료보다 더 높다.[12] 그렇다면 대 동회 관련 기존 자료는 왜 대동회의 결성 시점을 한 달 가량 앞선 것으로 기록하고 있을까? 8월 16일과 9월 13일 사이에는 물론 정 치적 함의의 차이가 있다. 전자라면 조선건국준비위원회이하 '건준' 와의 관련성이 강조된다. 실제로 대동회 회원들은 해방 직후 건 준의 학도보안대로 활동하거나수송양대연선생팔질기념논총간행위원회, 1990: 약력 각종 정치집회에 적극적으로 참여했다. 하지만 그런 정치적 해석보다 적실성 높은 해석은 대동회 구성원 자신들의 인식 차 이 때문에 기인한 것으로 분석하는 것이다. 대동회의 실질적 주역이 일제하 명륜학원 출신들이라는 점에서, 이들은 경학원을 일본인에게서 해방시켜 '접수'한 날짜를 기억하고 싶었을 것이다. 반면에 그 이후 참여한 위원회원과 임원, 특히 위원장으로 추대된 김성규는 나름 절차를 갖춰 치러졌을 공식 결성식 날짜9월 13일를 창립일로 기억했을 것이다.[13] 따라서 두 날짜의 차이는 대동회의 성격이 비공식 소규모 서클에서 공식적인 유교 단체로의 성격 변화 과정을 보여 주는 것으로 이해할 수 있다.

다음, 대동회의 주축 세력의 정체와 성격에 대해 살펴보자. 조직 결성의 주체가 '청년 유림'이라고 한 점에서 기존 자료들과 원자료들은 대체로 합치한다. 그런데 어떤 기록도 그들이 어떻게 조직화되었는지를 확인해 주지는 않는다. 필자가 핵심 참여자를 한 명씩 개별적으로 검토한 결과, 적어도 일제하 경학원에 참여한 친일 유림과 명륜전문학교 출신의 청년들이 절반 이상을 차지하고 있다는 점을 확인할 수 있다. 그런데 경찰과 검찰의 자료를 검토해 보면, 그들 가운데 위원장과 부위원장이 월북했고 젊은 간사진의 절반 이상이 월북 후 간첩으로 재차 남하했거나 또는 포섭되어 북한 협력 활동 중 체포되었다. 대동회의 구성원들은 일제하 경력으로 볼 때 친일과 저항이 혼재된 경력을 갖고 있었고, 해방 이후 정치성향으로 볼 때도 좌파와 우파를 모두 아우르고 있었다. 곧 당시 대중적인 정치·사회단체의 일반성을 공유한 대동회의 겉모습은 개방적인 중간파 단체였다. 하지만 해방 정국의 단체가 대개 그러했듯이 해당 조직을 이끌어 가는 것은 '암약'하는 소수의 공산계 세포 조직과 그들에게 포섭된 협력자들이었다. 대동회에서는 이를 유교 계열로서 좌경화된 실무 간사진이 맡았다.[14] 적어도 월북 후 강동정치학원 등에서 교육 받은 후 이들이 남하한 이후에는 대동회가 통일국가수립을 내세웠을지언정 실제로는 좌익 단체로 활동했음이 분명했다.[15]

그렇다면 대동회가 명륜전문 재건을 위한 유교 단체에서 좌익 정치사회 단체로 나아가게 되는 이유는 무엇 때문인가? 류용상의 회고1990와 전북 고창의 향토사학자 이기화의 기록2006은 그동안 밝혀지지 않았던 대동회의 기원에 대해 잘 알려 주고 있다. 류용상의 회고 이후에도 유교계는 류용상을 대동회의 인물 가운데 하나로만 간주했을 뿐 그 실제 활동을 서술하지 않았다. 이는 류용상의 좌익 활동에 대한 유교계의 불안을 반영했던 것으로 추측된다. 류용상은 일제하 명륜학원 시절의 개신유학 경향을 수용하여 근대적 유교 해석에 대해 알게 되었다. 곧 캉유웨이의 『대동서』와 량치차오의 『청대학술개론』을 읽고 느낀 바가 있어, 친구인 박영신朴英信, 양대연梁大淵, 서홍옥徐弘鈺, 윤재구尹在九 등과 비밀독서회 '대동사大同社'를 결성했던 것이다. 졸업후 안인식의 후원하에 일본 황도유학의 본산지인 대동문화학원에서 연구하고 역시 안인식의 후의로 일제 말 명륜연성소 직원으로 실무를 담당하며 일제에 적극 협력했던 류용상은 해방과 함께 친일파들이 갑자기 자취를 감춰버려 무주공산이 된 경학원과 명륜학원 접수에 제격이었다. 류용상과 '대동사'의 친구들은 8월 16일 명륜학원을 접수했다. 류용상의 증언만으로 대동회의 기원을 독서모임 '대동사'로 소급하기에는 부족한 점이 없지 않지만, 적어도 대동회 출범 시기 주도 인물들이 대동사 관련 젊은이들이었다는 점은 확인된 셈이다.

옛 성균관 터의 유교 기관을 물리적으로 접수한 이들 청년들의 당면 과제는 두 가지였다. 하나는 일제하에서 변질된 성균관을 재건하여 새로운 고등교육기관을 건설하는 것이었고, 다른 하나는 해방 정국에서 개혁적인 유교인들의 단체를 결성하여 그 뜻을 해방 정국의 정치에 반영하는 것이었다. 그런데 명륜전문학교를 개교하고 신입생을 뽑는 데까지는 성공했지만, 그것을 운영하는 데 필요한 재원 마련이 쉽지 않았다. 일제하에서 좌파 사회사업을 운영할 만큼 약간의 재력이 있던 김성규를 대동회 회장으로 추대해 보고, 또 김현준과 변영만을 차례대로 교장으로 추대해 보기도 했지만, 재원 문제까지 해결할 수는 없었다. 결국 대동회는 유림의 도움에 기대지 않을 수 없었고, 이 과정에서 유도회총본부에 성균관대학 설립 주도권을 잃게 되었다. 대동회의 명륜학원 장악 시도가 실패로 돌아가면서 그들은 유교계 바깥에서 자신들의 뜻을 펼칠 수밖에 없었던 것이다. 그 변화의 과정은 아래에서 상술한다.

대동회 회장 김성규는 누구인가

대동회가 유교 단체에서 좌익 정치사회단체로 나아가게 된 이유를 찾기 위해, 먼저 대동회의 공식 결성 시점인 1945년 9월 13일부터 위원장을 맡았던 김성규金成圭, 1888~?에 대해서 살펴보자. 그동안 김성규에 대해서 알려진 것은 두 종류의 기록뿐이었다. 하나는 해방 후 언론에 보도된 행적으로서, 그가 통합 유도회 발족에 기여했고 특히 민족대동회 위원장 자격으로 김규식 계열의 민족자주연맹 정치위원으로 활동하면서 남북협상에 참여하여 잠시 귀국 후 영구 월북했다는 사실이다. 다른 하나는 기록이 뒷받침되지 않는 풍설들을 기록한 것인데, 성균관대학교 교사에 따르면 김성규는 독립운동가로서 변영만과 남매 관계이고 해방 후 한독당 정치위원장을 맡았다는 것이다.[16] 그런데 김성규의 해방 이전 활동에 대해서 유교계가 침묵하고 있는데, 이는 자료 부족 때문이기도 하거니와 각종 문서에 등장하는 '김성규'라는 여러 동명이인 가운데 '대동회 위원장 김성규'와의 동일성을 특정할 수 있는 기록을 구할 수 없었기 때문이었다. 따라서 김성규에 대해서는 어떤 연구도 진행되지 못했던 것이다.

필자는 미군정청 문서인 『자료집』 4권에서 민족대동회 위원장 김성규를 '특정'할 수 있는 생년월일1888년 2월 15일을 확인할 수 있었다. 생년이 확인되면 이를 기초로 여러 자료들 가운데 대동회 김성규의 행적을 확인할 수 있다. 일제강점기 자료를 검토한 결과, 대동회 김성규는 일제강점기의 사회주의 계열 독립운동가였음이 확인된다.[17] 김성규에 대한 첫 언론 보도 자료는 1922년 노동대회勞動大會 간부로서 '신생활사' 필화 사건신문지법 위반으로 기소유예 처분을 받았다는 기록인데, 이는 종로경찰서가 작성한 「사상요시찰인연명부 추가의 건」1926년 4월 19일을 통해 확인 가능하다. 요시찰인명부에 수록된 생년을 통해 그가 바로 대동회 김성규임을 확인할 수 있다.[18] 김성규는 협우청년회 회원으로서 1923년 "인간의 요로要路"라는 제목의 강연을 한 바 있고, 1926년 제2차 조선공산당사건과 관련하여 체포되었다가 석방되었으며,《동아일보》, 1926년 7월 20일[19] 1929년에는 신간회 경동지회에 참여했다.《중외일보》, 1929년 11월 20일 일제의 사회주의운동 탄압이 극심해진 상황에서도 김성규는 화요회계 단체인 공존회를 이끌면서, 노동대회 시절부터의 동지인 이병의李丙儀와 함께 무산아동 교육기관인 동산학원東山學院을 맡아 의욕적인 사회교육운동을 펼쳤다.[20] 이상과 같은 일제강점기 활동을 종합해 볼 때, 김성규는 젊은 시절부터 사회주의 계열의 외곽 단체에서 활동한 좌파 인사로서, 1930년대 이후에는 교육운동에 열성을 가졌던 인물이었다는 것을 확인할 수 있다.

해방과 더불어 김성규는 명륜학원 출신의 졸업생들에 의해 대동회 위원장으로 추대되면서 다시 활발한 활동을 재개한다. 그가 대동회 위원장으로 추대된 배경에는 오랫동안 사회주의 계열 교육기관을 운영했던 경험과 사회주의적 신념에 대한 대동회 회원들의 신뢰가 있었을 것으로 추론된다.[21] 이후 김성규는 유교계 통합 추진의 중심인물이 되어 유도회 부위원장으로 선출되었고, 이를 지렛대삼아 해방 정국의 중요 정치인으로 위상을 상승시킬 수 있었다. 대동회의 좌파 청년들과 김성규는 공통의 정치적 이념을 갖고 있었기 때문에, 대동회는 통합 유도회총본부의 우경화에 거리를 두었다. 김성규는 일관되게 중간파 내의 좌파 정치 성향을 유지하면서 김규식 주도의 좌우합작위원회[1946]에 참여했고, 민족자주연맹[1947] 결성에도 적극 참여해서 홍명희, 원세훈, 이극로 등과 함께 7인 정치위원으로 선정될 정도로 그 위상이 높았다.

대동회의 류용상이 1차 월북 후 귀남하여 민족자주연맹 활동에 깊게 관여하면서, 김성규 역시 그 영향으로 단정수립반대운동과 남북협상에 적극 참여했다. 1948년 남북요인회담에 민족대동회 대표로 참여했던 김성규는 협상 결과를 알리기 위해 잠깐 남행했다가 다시 월북하여 홍명희 등의 잔류파와 행동을 같이 한 것으로 보인다.[22] 일제강점기의 좌파 활동과 월북 사실을 볼 때, 김성규를 사회주의적 신념에 일관했던 충실한 좌파로 분석하는 것이 옳다.

한편 대동회 부위원장에 대해서는 송남헌의 기록과 경찰 측의 기록이 엇갈린다. 송남헌은 장현식으로,[23] 경찰 측은 장기식張驥植으로 각각 달리 기록하고 있는데, 정황을 볼 때 장기식이 맞다. 부위원장 장기식은 구한말 유학자인 장세정張世瀞의 아들로서 경성법학전문학교를 졸업한 후 일제하 법원에서 근무하고 중국 안동현에서 근대적 금융기관에 근무했으며 무역업에 뛰어들어 얻은 성취를 바탕으로 1930년 평안북도 용천에서 민선 도의원으로 당선되기도 했다.《동아일보》, 1930년 4월 5일 이후 활발한 정치사회 활동을 전개했지만 당시 유지들이 그러했듯이 일제강점 말기에 친일 협력의 길로 나아가기도 했다. 본래 유학자의 아들로서 서북 지역의 유교인들과 깊은 관련을 가졌을 것이고, 특히 1936년 선친 장세정의 글을 모아 『탁립재선생문집卓立齋先生文集』을 간행하면서 유교계 인물들과 더욱 친분을 쌓았을 것으로 추정된다. 민족대동회 부위원장으로서 활동하다가 월북했지만, 그의 입장에서는 월북이 아니라 고향 평안도로의 귀향이라고 볼 수 있다.

그런데 민족대동회로 확대 개편 전의 원 대동회 부회장을 맡았던 이가 있다. 송남헌 자료에서 고문으로 알려졌던 고원식高源植의 경우, 1945년 미군정 자료『자료집』5권에는 부회장으로 기록되어 있다. 고원식은 구한말 계몽운동에 참여한 개화관료 출신의 인물인데, 일제강점기에 군수를 지냈고 중추원에 관여하는 방식으로 일제에 협력했다. 고원식은 대동회 출범 초기에 잠깐 부위원장을 맡았지만, 이미 고령이었기 때문에 곧 사임했을 것으로 추측된다.

부위원장을 맡았던 고원식과 장기식을 통해 대동회 구성의 성격을 엿볼 수 있다. 위원장 김성규가 사회주의 계열 운동가였던데 반해, 부위원장은 일제 협력 유림 출신이었다. 이러한 위원장단 구성에서 대동회의 핵심인 명륜학원 출신 졸업생들이 좌파 민족주의에 치우쳐 있었으면서도 아직 현실 정치에서 영향력이 없었기 때문에 명륜학원과 경학원 출신의 친일 유림들을 이용하여 명륜전문학교를 접수하려 했다고 추론할 수 있다. 이는 아래 주요 참가자들에 대한 조사를 통해 설득력이 높아진다.

대동회 주요 참가자

〈표 7-3〉은 새로 발굴한 자료를 중심으로 대동회의 핵심 참여자들에 대해 조사한 자료를 정리한 것이다. 회원들 가운데 실제 대

〈표 7-3〉 대동회 참여 간부 및 고문 명단 및 주요 행적

직위	이름	출생지, 직업 및 주요 활동	비고
위원장	김성규 金成圭	일제하 사회주의운동 및 무산자교육운동. 해방 후 민족자주연맹 정치위원, 민족대동회 대표로 남북협상 참여 후 월북 후 곧 사망.	사회주의 계열
부위원장	장기식 張驥植	평북 신의주. 평안도 명망 유림 가문 출신. 금융 및 무역업. 평북 민선 도의원. 일제 말 국민총력조선연맹, 조선임전보국단 이사.	경제계
(초기) 부위원장	고원식 高源植	서울. 구한말 관료, 계몽운동 참여. 총독부 중추원 부찬의 및 군수 역임.	관료
총무부장	류용상 柳鎔相	전북 고창. 명륜전문학교 수료, 일본 대동문화학원 수학. 일제 말 명륜연성소 서무과 직원. 해방 후 명륜전문학교 재건 기성회장. 두 차례 월북, 북한 대의원 및 함남 함주군당 간부. 전쟁 기간 정치공작대로 남하, 경남 진양 인민위원회 부위원장 활동 중 체포.	'대동사' 전쟁 기간에는 '柳龍相'으로 활동
문교부장	신석호 申奭浩	충북 청주. 명륜학원 본과 10기 입학.[24]	명륜학원
교육부장	양대연 梁大淵	평북 영변. 명륜전문학원 연구과 졸업. 해방 후 건준 학도보안대장. 재건 명륜전문학교 교무과장. 유도회총본부 교화부장. 홍문대학관임의 개설 설립. 종전 후 김창숙 반대 통문을 유림에게 배포. 성균관대 동양철학과 교수.	'대동사'
후생부장	박근실 朴根實	해방 정국에서 서울시인민위원회, 비상국민회의, 신한민족당, 신진당 등 활동. 민족공화당의 조통 대표. 경찰 자료로는 남로당계 프락치로서 중간파의 월북에 기여. 1차 협상 시 월북.	남로당계
기획부장	서홍옥 徐弘鈺	명륜학원 이수. 정부 수립 후, 남로당의 지령으로 민족공화당, 민독당, 농민당 재건 활동으로 체포됨. 국회프락치사건 연루	'대동사'
정보부장	윤재구 尹在九	전남 영암. 명륜학원 4회 졸업. 일제하 매일신보 기자.	'대동사'
외무부장	이병찬 李秉瓚	미상	

내무부장	한익교 韓益敎	미상	
재무부장	최인재 崔仁才	미상	
고문	안인식 安寅植	충남 당진. 명륜학원 전임. 황도유학 체계화로 유교 친일화 주도. 경학원 사성. 일제 말 조선유도연합회, 임전보국단 등 적극 참여.	학계해방기에는 安晩洙로 활동
고문	공성학 孔聖學	경기 개성. 인삼업. 김택영에게서 한학 수학. 구한말 하위직 경력. 경학원 부제학 및 조선유도연합회 이사 활동. 독립운동 후원.	경제
고문	윤병호 尹炳晧	일제하 경학원 사성.	학계
고문	신익균 申益均	경기 용인. 일제하 총독부 관료, 군수 역임. 경학원 사성.	관료
고문	심의성 沈宜性	구한말 애국계몽운동 주요 인물. 대한자강회, 대한협회. 일제하 조선경제회 등 물산장려 활동 참여, 신간회 참여. 해방 후 조선국민연정회 회장.	경제계
고문	김영의 金永毅	경북 영일. 충남 대전진잠. 시흥 녹동서원에서 문학사文學師로 추대 받은 유학자. 단군교에도 관여. 1930년대 후반 명륜학원 강사	학계
고문	김황진 金黃鎭	경학원 사성, 《경학원잡지》 편집. 조선유도연합회 참여.	학계
고문	김성진 金誠鎭	정약용의 외현손으로서, 『여유당전서』 간행 공헌. 《경학원잡지》에 유교 관련 논문 발표.	학계
고문	엄주완 嚴柱完	서울. 상해임시정부 독립투사 엄항섭의 부친. 구한말 관료.	구한말 관료
고문	김태준 金台俊	평북 운산. 명륜학원·경성제대 강사. 경성콤그룹. 1944년 연안군 활동. 조선공산당재건준비위, 남로당 활동 중 체포되어 1949년 말 처형.	학계
고문	이용채 李容彩	충북 충주. 진사. 민영환의 문인. 독립협회 활동. 해방 후 서재필과 교유.이상 추정	구한말 관료
고문	변영만 卞榮晚	경기 부천. 수당 이남규에게 수학한 대표적인 한학자. 법관양성소 및 보성전문학교 법률과 이수, 중국 망명 후 학업 및 민족운동 참여. 해방 직후 재건 명륜전문학교 교장 추대. 1950년 반민특위 재판장.	학계, 법조계

고문	김석황 金錫璜	황해 봉산. 일본 와세다대학 유학. 상해임시정부 의용단 활동. 해방 후 한독당 활동, 장덕수 살해 관련 구속.	임정계
고문	남상철 南相喆	경기 안성. 일제 말 천주교 대표로 소극적 협력. 해방 후 한독당 참여, 영친왕환국추진위원회 회장. 종전 후 조봉암의 진보당 관여.	종교계천주교
고문	오지영 吳知泳	전북 익산. 동학혁명 시 핵심 인물. 천도교 최고 간부, 혁신파 핵심. 소설 『동학사』 저술. 해방 후 천도교청우당 결성에 원로로 참여.	종교계천도교
고문	백관수 白寬洙	전북 고창. 2·8 독립선언 주도, 동아일보 사장. 해방 후 한민당 합류, 미군정 민주의원·입법의원. 제헌국회 의원. 전쟁 중 납북.청년 시절 YMCA 참여	민족주의 우파 계열
고문	정인동 鄭仁東	미상	

동회 활동 시기의 이름과 나중의 이름이 다른 경우가 많다. 주로 좌익 계열의 경우에서 그러한 경우가 많이 확인되었는데, 활동 시 자·호·별칭 등을 사용해서 그런 경우가 있거나 아니면 전쟁 휴전 이후 개명한 경우에 해당한다. 이 경우 가장 잘 알려진 이름을 중심으로 명단을 작성하고, 그 밖의 이름은 비고란에 적어두었다.

〈표 7-4〉는 대동회에 '위원'과 '참여' 인물들 가운데 일제하 명륜학원, 경학원, 중추원 등 유교 관련 기관 출신 인물들을 정리한 것이다.

이들 외에, 경학원 등 유교 단체 관련 인사가 아닌, 일반 '위원'이나 '참여' 기록이 있는 인물들을 경력별로 분류하면 다음과 같다. ① 구한말 관료 출신: 윤채하尹采夏, ② 일제하 친일 관료 출

〈표 7-4〉 대동회 위원 · 참여 인물 중 '명륜학원', '경학원 · 향교', '중추원' 관련자 명단[25]

직위	이름	출생지, 직업 및 주요 활동	비고
위원	이영규 李泳珪	충남 예산. 일제하 명륜학원 보습과 1기 수료, 총독부 하급관리. 해방 후 성균관대학기성회 집행위원. 조선최고인민회의 1기 대의원. 전쟁 직전 위장평화공세 북측 대표. 남하 중 체포 후 귀순.	월북 후 이인규李寅奎로 개명
위원	이홍림 李洪林	전남 강진. 명륜학원 3회 졸업.[26] 해방 후 강진 성전북초등학교 교장 역임.	
위원	서재필 徐載筆	평북 박천. 명륜학원 4회 졸업.	
위원	조춘식 趙春植	황해 연백. 명륜학원 2회 졸업.[27] 총독부 하급관리.	
참여	이명세 李明世	충남 홍성. 일제하 법원 서기, 금융계 종사. 조선유도연합회, 임전보국단 등 적극적 친일 활동. 경학원 사성. 해방 후 유도회 참여, 성균관대학교 재단이사장 취임 후 유도회 분규 일으킴.	
참여	주병건 朱柄乾	일제하 경학원 · 명륜학원 강사, 명륜전문학원 교수. 조선유도연합회 참사. 근로보국 논설.[28]	
참여	김필희 金弼熙	구한말 관료. 일제강점기 중추원 참의.	
참여	류희진 柳熙晉	인천 부평. 구한말 관료, 일제하 명륜학원 강사. 해방 후 『건국과 유교』 간행.[29]	
참여	박제봉 朴濟鳳	일제하 총독부 학무국 촉탁. 경학원 사성, 조선유도연합회 참사로 친일 활동.	
참여	민홍식 閔弘植	일제하 공주향교 장의.	
참여	명의철 明義喆	명륜학원 연구생.	

신: 조성구趙聲九, ③ 일제하 교육계 출신: 정인보, 양주동, 박현식朴顯植,[30] 서상천徐相天,[31] ④ 독립운동가 출신: 류제춘柳濟春,[32] 민치환閔致煥,[33] ⑤ 기타: 장면張勉, 정기섭鄭驥燮.[34]

대동회 참여 세력 분석

이상의 조사를 통해 대동회에 참여한 세력은 크게 세 집단으로 구성되었다는 것이 확인된다. 실질적으로 대동회를 장악한 제1 세력은 명륜학원 졸업생 출신이었다. 40세 이하의 젊은 평위원들 거의 전체가 명륜학원과 명륜전문학교 출신들이었다. 특히 그 가운데에서도 류용상 중심의 '대동사' 그룹이 핵심 실무 부서를 장악하고 있었다. 이들 졸업생들은 대체로 경학원, 청년연성소, 총독부 등의 하급 관리로 해방을 맞이하여 실무 장악에 유리했는데, 특히 해방 직후 자신들이 직접 명륜전문학교를 개교하여 교장·교수 선임을 주도했다. 앞서 언급했듯이, 이들에게 장악된 명륜전문 신입생들은 1946년 이후 민주주의민족전선 산하 청년·학생 조직인 '서울학생통일촉성회'에 적극 참여하여 이른바 '국대안 반대 투쟁'을 이끌었다.

　류용상을 비롯한 '대동사' 그룹은 당시 제도교육을 이수한 젊은이들로서는 가장 뛰어난 한학 실력을 갖췄고 석전에도 적극 참석했던 고급 유교인이었다. 이들은 일제하의 상황에서 초보적인 민족주의 이념을 가지고 있었을 것이다. 대동사 그룹은 명륜학원 재학시절 일제하 친일 유학인 '황도유학'의 추종자였던 안인식에게서 근대 유교개혁주의의 고전인 캉유웨이의 『대동서』를 배웠다. 모든 일에서 그 맥락이 중요하듯이, 이때 『대동서』 독서 행위를 해석할 때도 정치적 맥락을 읽어야 한다. 구한말·일제 초기에 박은식 등이 캉유웨이를 수용하여 전개한 '유교구신론'은 그 목적이 고루한 조선 유교를 개혁하여 민족을 보존하기 위한 목적에 있었다.박은식, 1980: 146~153 그러나 일본에서 황도유학을 배운 안인식 등 친일 유림의 캉유웨이 수용은 민족주의적인 정통 유림을 시대에 뒤떨어진 것으로 폄훼하고 이를 통해 식민지 지배를 정당화하기 위한 것이었다.정욱재, 2009: 248~249[35] 류용상의 회고 내용이 사실이면, 대동사 그룹은 그들의 스승인 친일 유림의 가르침 가운데 핵심인 황도유학 부분은 제외하고 '대동大同'의 이상만 수용하고자 했던 것으로 해석할 수 있다.

유교 전통의 원시 사회주의 이념인 대동론은 당연히 근대 사회주의 이념과 친화성이 높다. 대동이라는 원초적 관념을 갖고 있던 이들의 좌경화에 결정적인 영향을 미친 것은 1930년대에 명륜학원 강사로 있었던 김태준이었다. 사실 김태준과 대동사 그룹과의 직접적인 관계는 크지 않았다. 김태준은 대동회 핵심인 류용상이 입학하기 직전인 1941년 4월에 사임했기 때문이다.《경

학원잡지》 46호(1941): 33[36] 김태준의 영향은 그가 망명지 옌안에서 귀
국하여 상경한 시점부터, 곧 1945년 12월 이후부터 본격화되었
다. 평안도 출신인 김태준의 유교계 영향력은 정통 유림에게 미
칠 수는 없었지만, 최소한 근대 교육을 이수한 청년 유림들에게
는 막대했다. 대동회 그룹은 당시 공산당 조직원들을 통해 간접
적으로 김태준의 영향을 받은 것으로 보이지만, 그것만으로도
해방 정국의 열광하에서는 사회주의 이념을 수용하는 데 큰 영
향을 미칠 수 있었던 것이다. 게다가 이들이 원로급 노동운동가
였던 김성규를 회장으로 영입했다는 조직적 조건과 해방 정국
초기에 자연스럽게 건준에 가담하면서 경험한 활동들이 더해지
면서 대동회 핵심들은 민주주의민족전선이 결성되는 1946년 2월
시점에서는 좌파 노선을 분명히 할 수 있었다. 대동회 청년 세력
의 다수를 형성했던 이들 좌파 계열은 1948년 봄까지는 거의 월
북해서 북한 정부 수립에 참여했고, 일부 잔류파들이 1949년 국
회프락치사건 등 공안사건으로 구속되면서 완전 소멸했다. 다만
대동회 출신의 신진들 가운데 비좌익계 인물들은 성균관대학 기
성회, 교수 등으로 활동을 계속해서 1950년대 이후 유교계의 움
직임에 지속적인 영향을 미쳤다.

흥미 있는 것은 대동회의 외곽을 형성했던 제2 세력이 일제하
경학원과 명륜학원을 장악했던 친일 유림들이었다는 점이다. 안

인식, 공성학, 신익균 등의 고문단과 이명세, 주병건, 류희진 등의 참여진 등이 본래 명륜학원 출신의 제자였던 젊은 대동회 실무진과 위원을 후원했다. 앞서 살펴보았듯이, 이들은 해방 직후 자취를 감췄다가 9월 이후 권토중래를 꾀하며 '경학원 계열 유도회'를 결성하고 있었다. 이들이 대동회에 참여한 것은 자신들의 세력 확대와 제자 집단_{대동사}의 필요성이 맞물려 있었기 때문으로 보인다. 처음에 대동회의 핵심 세력인 제자 집단은 자신들이 임의로 명륜전문학교를 재건하고자 했는데, 그 과정에서 스승들의 물리적 도움을 필요로 했을 것이다.

대동회의 제3 참여 세력은 다양한 성향의 일제하 민족주의 진영의 인물들로 구성되었다. 구한말 관료 출신의 원로 집단으로서 애국계몽운동에 참여했던 원로 그룹, 임시정부 참여 인사들, 국내민족주의 문화운동에 참여했던 학자·명사 그룹 등이 그들이다. 이들은 대동회의 핵심인 명륜학원 졸업생이나 경학원 친일 세력과 아무런 연관이 없다. 따라서 이들은 대동회가 외연 확대 차원에서 진행했던 유교계 통합 작업이라는 명분하에서 명의만 빌려준 것으로 보인다. 이들은 각자 자신들의 단체를 만들어 활동하고 있었기 때문에 대동회라는 간판이 필요하지 않았다.

이상의 주도 세력 분석을 통해, 대동회가 명륜학원 출신의 중도좌파 청년들과 경학원의 친일 유림들의 연합체였음을 확인할 수 있었다. 그런데 이러한 분석만으로 쉽게 납득할 수 없는 한 가지 사실이 남아 있다. 어떻게 좌파의 청년 집단과 친일 유림 세력이 합작할 수 있었는가? 대동회의 주축인 청년 유림들이 적극적인 친일 활동으로 배척을 받던 경학원 계열을 끌어들인 가장 큰 이유는 사제관계라는 연고 때문이다. 하지만 이것만으로 이 문제를 설명하기는 부족하다. 이를 풀기 위해서는 제1 세력의 '드러난' 의도가 아니라 제2 세력의 '드러나지 않은' 의도를 중심으로 보는 것이 유리하다. 대동회의 젊은 세력들은 의욕이 앞섰을 뿐 정치적 경험이 부족했다. 반면에 해방 직후 두문불출하고 있던 제2 세력경학원의 친일 유림은 청년들의 목적을 자기 편의대로 이용할 수 있을 정도로 노회했다. 대동회의 젊은 세력들의 당면 목표가 명륜전문 장악에 있다는 것을 확인한 경학원의 친일 세력은 이를 돕는다는 명분으로 대동회에 개입하기 시작했고, 이후 유교계 통합이라는 명분으로 유도회총본부 구성에 참여하기 위한 교두보를 확보하는 데 성공할 수 있었다. 유교계의 1차 통합 과정에서 상당한 지분을 확보할 수 있었던 대동회의 청년들은 유교계가 점차 삼남의 정통 유림 중심으로 운영되는 것을 하릴없이 지켜볼 수밖에 없었다. 대동회 청년 세력의 좁은 시야에 들어온 집단은 강의실과 석전 행사에서 동고동락했던 경학원·명륜학원의 스승들밖에 없었다. 경학원 인사들이 친일 경력 때문에 유교계 통합에서 배제되는 사태를 대동회 청년 세력이 방치할 수 없었던 이유가 바로 이것이다. 김창숙의 친일 유림 배척 입장 때문에 불안해했던 경학원 세력은 청년들의 후원하에 유교계 대통합에 참여할 우회로를 손쉽게 확보할 수 있었던 것이다.

숙청의 고비를 넘긴 이들 경학원 세력은 잠시 숨을 고른 후 유교계 재장악에 나서게 된다. 정부 수립 과정의 혼란과 6·25 전쟁의 참상은 정통 유림과 명사들에게 큰 타격을 입혔지만 친일 세력에게는 오히려 힘을 비축할 시간적 여유를 제공했다. 1954년 이후 경학원 세력은 대동회 출신 일부 제자의 도움을 받아 거꾸로 김창숙을 제거할 음모를 꾸미기 시작했다. 이것이 바로 20여 년간 진행된 '유도회 분규'의 핵심 원인이다.조한성, 2002 그 과정에서 유교계의 위상은 돌이킬 수 없을 만큼 전락했다.

그동안 유교계에서는 현대 유교사의 문제점을 모두 일제 협력 유림에게 돌려 왔다. 경학원 계열의 유림들이 한국 유교가 쇠락하게 되는 데 가장 큰 책임을 져야 한다는 것은 확실하다. 하지만 일제의 패망으로 야반도주하다시피 했던 그들을 다시 유교계로 불러들인 책임을 누가 져야 하는지에 대해서 생각해 볼 필요가 있다. 모든 역사가 그렇듯이, 유교계의 역사도 일제하 명륜학원이라는 비정통적 제도의 영향에서 벗어날 수 없었다. 명륜학원의 제자들은 눈앞의 작은 이익을 위해 스승의 친일 협력을 덮어 주려 했고, 스승들은 그 보답으로 제자들의 명륜전문 장악을 후원했다. 과연 무엇이 의리義理의 길이고 무엇이 시중時中의 도인가?

조선시대의 성균관과 일제하의 경학원·명륜학원은 지도상의 표시점만 일치할 뿐이다. 한국 유교의 정통을 따질 때, 성균관을 누가 물리적으로 장악했는지는 하나도 중요하지 않다. 건물과 토지는 빼앗겼어도 정신을 빼앗을 수는 없다. 성균관 토지와 건물을 일제에 빼앗겼어도 정통 유교인들은 정신을 지켜 독립투쟁에 나섰거나 최소한 수구·은거했다. 그 투쟁의 중심에 심산 김창숙이 있었다. 그렇다면 해방 후 청년 유림들은 명륜학원의 사제간의 정리에서 벗어나서 '유교와 건국'이라는 대의에 복무해야 했다. 하지만 해방 정국의 열광과 이념적 혼란에서 청년들이 올바른 길을 찾기는 쉽지 않았다.

대동회 실세 류용상의 좌경화

앞서 대동회 핵심 간사진을 장악한 세력이 일제하 명륜학원 졸업생들의 비밀 독서클럽이었던 '대동사'였다고 서술했다. 대동사 그룹 가운데에서도 핵심 인물은 바로 류용상이었다. 해방 정국에서 류용상의 활동은 유교계 내에 머물지 않고 좌익 계열 전반에 걸쳐 있었음에도 그에 대한 전문 학계의 연구는 전무한 형편이다.

류용상과 관련된 기록은 총 세 가지이다. ① 대검찰청 수사국, 『좌익사건실록』 10권서울: 대검찰청 공안부, 1973, 580~583쪽. ② 《신동아》에 기고한 류용상의 회고1990, ③ 이기화, 「우국지사 류제필 류용상 부자」, 《고창문화》 19집2006, 43~56쪽.

①은 검찰 수사기록이고, ②는 개인의 자전적 회고이다. ①과 ②는 성격과 관점이 다른 자료이다. ①은 월북하여 북한의 중간급 간부로 활동하던 류용상이 6 · 25 전쟁 기간 정치공작대로 남하했다가 체포된 이후의 수사 · 재판 기록이다. 따라서 수사 기록 성격상 사실 위주의 정보를 제공하려고 하면서도, 기본적으로 반공 시각과 서술 방식을 유지하고 있다. 반면에 ②는 1987년 민주화 이후 발언권을 회복한 원로 좌익 활동가들의 회고로서 당시 유교계 전반의 상황을 파악할 수 있다는 점에서 중요한 자료이다. 하지만 민주화 초기라는 상황에서 일부 사실을 숨겼고 사실史實에 어긋나는 것이 많으므로 사료 비판이 필요하다. ③은 고창 향토문화연구소 역사가의 탐사기록으로 중립적이고 객관적인 시각을 유지하고 있다. 아마도 류용상과의 면담을 통해 얻은 내용을 문서화한 것으로 보이지만, 서술 내용의 출처를 정확히 밝히지 않았기 때문에 그 가치를 높이려면 더 조사가 필요하다. 류용상의 해방 정국 활동을 복원하기 위해서는 ①과 ②를 비교하고 ③의 자료와 종합한 다음, 유교사 관련 기타 자료와 비교

하는 방법이 필요하다.

류용상의 본관은 고흥으로서, 1918년 전북 고창의 유림인 성곡星谷 류제필柳濟弼, 1880~1969의 10남 9녀 중 장남으로 태어났다. 부친 류제필은 20세부터 고창향교에 관계한 지역의 명망 있는 유림 지도자로서 일제강점기와 정부 수립 이후까지 향교 수호에 열심이었던 인물이다. 류용상은 고향의 명유였던 정홍채鄭泓采에게서 경전을 익혔다.[37] 스무 살 무렵에 비로소 근대 교육의 꿈을 꾸고 1941년 4월에 명륜전문학원에 입학하여 수료 후 부설 유학연구소에서 연구생으로 계속 공부했다. 이때 안인식安寅植과 김태준 金台俊에게서 배웠는데, 특히 김태준의 영향을 크게 받았고,[38] 친구들과 대동사를 결성했다. 1943년 안인식의 추천으로 도쿄 동양문화연구소 유학 중 징병을 피해 귀국했고, 이때부터 명륜전문학교 서무과 직원으로 근무하다가 해방을 맞았다. 이때 류용상은 대동사를 '대동회'로 개칭하고 1945년 9월 13일 전국유림대회를 소집하여 유도회를 창립하고 초대 위원장에 김성규를 옹립했다.[39] 김성규를 회장으로 추대한 이유는 대검찰청 자료에서 알수 있는데, 이때 이미 류용상은 공산주의에 공명하였고 그와 김성규가 사상적으로 결합성이 있었기 때문이었다. 자신은 대동회 총무부장으로 명륜전문 재건을 위한 기성회 회장을 맡아 김현준, 변영만을 차례로 학장에 추대하는 실무를 맡아 명륜전문을 장악하고자 시도했다. 하지만 임의 개설한 명륜전문학교는 경영난에 처하게 되어 결국 갓 출범한 유도회총본부의 김창숙이 주도하는 성균관대학기성회에 학교 설립 권한을 넘겨줬다.

그 직전인 1946년 2월에 공산 계열인 민주주의민족전선에서 혜화동과 명륜동 지부혜명지구를 결성하려 할 때 류용상은 명륜전문의 운동장을 임의로 빌려줬다가 물의를 일으켰다. 당시 이미 반탁운동으로 방향을 정했던 유도회총본부에 이는 용납할 수 없는 월권이었다. 이 사건으로 구류 10일 처분을 받은 류용상은 유교계에서 완전히 축출당한 것으로 보인다.[40] 그 직후인 1946년 8월에 류용상은 1차 월북을 감행한다. 이 시기는 박헌영 계열의 공산당 핵심들이 대거 월북했던 시기와 일치한다. 류용상은 평안남도 당黨학교 1기생으로 입교해서 교육을 받고, 1947년 남로당 결성 후 다시 남하하여 남로당 농민부에 배속되어 전국농민회 선전부에서 인정식, 김을한, 현약천 등과 함께 《농민신문》 간행 활동을 수행했다. 1948년 2월 민족자주연맹 중앙상임위원으로 활동하면서 김규식, 김성규 등의 남북협상 참여를 배후조종한 것으로 보인다. 남북협상 기간 중 2차 월북하여 간부교육을 받았고 그 기간 동안 북한최고인민회의 대의원으로 북한정부 수립에 기여한다. 그리고 함경남도 함주군 인민위원회 부위원장으로 활동하던 중 6·25 전쟁 발발과 함께 1950년 7월 중앙정치공작대의 임무로 남하해서, 경남 인민위원장 배명운의 명령을 따라 진양군 인민위원회에 파견되어 활동하다가 인민군 퇴각시 후방 교란 임무 수행중 체포되어 1951년 1월 부산지방법원에서 징역 10년형을 선고받았다.당시 33세, 가명 林東華[41]

이를 종합해 볼 때 류용상은 부친의 영향으로 유교 자체에 대한 열정이 컸던 인물이었고 정치적으로는 평범한 민족주의자에서 해방 정국의 뒤틀린 조건하에서 뜻하지 않게 공산주의자가 되었던 인물임을 알 수 있다. 김태준이나 이원조 형제 등의 사례에서 보듯이, 당시 사회적 풍토에서 유교도로서 사회주의자가 되는 것은 드물지 않은 일이었다.[42] 류용상은 김태준의 영향하에서 사회주의에 대해 '공감'하기는 했지만 이론·실천 양면에서 공산주의와는 거리를 두고 있었다. 그러나 해방 직후 명륜전문의 권력 공백 상태는 그를 젊은 대동회 세력의 리더로 만들어 자의반타의반 건국 사업에 뛰어들지 않을 수 없게 만들었다. 당시 대부분의 젊은이들이 그랬듯이, 류용상은 선택에 직면하게 되었다. 김구와 김창숙의 우익 노선에 거부감을 느낀 그를 이끌어 간 것은 사회주의와 민족주의가 느슨하게 혼합되어 있던 혁명적 민족주의 노선이었다. 김성규, 김태준, 왕극강, 백남운, 김규식 등을 차례로 접촉하면서 류용상은 '다른 세계'를 꿈꿨고, 그것은 그를 두 차례에 걸쳐 월북하게 이끌었다. 북한에서 확실한 공산주의자로 변신한 류용상의 1947년 이후의 삶은 전형적인 당원의 그 것이었다. 그는 더 이상 유교운동가가 아니었다.[43] 그런 그가 민족자주연맹 결성식장에서 아래와 같이 경전을 읊었다는데, 이는 류용상이 생각하는 유교가 무엇인지를 잘 알려준다.

> 민족자주연맹 결성식장에서 나는 발언을 한 기억이 난다. 『중용』 서문의 한 구절을 인용, 민족의 단합과 통일을 호소했다. 始言一理, 中散爲萬事, 末復合爲一理[처음에는 한 이치를 말하고 중간에는 만 갈래로 흩어졌다가 마지막에는 다시 한 이치로 합하더라] 우리 민족 이 겪은 분단의 고통과 통일의 염원을 생각하면 이 문구를 나는 잊을 수 없다.류용상, 1990: 266

"始言一理, 中散爲萬事, 末復合爲一理"는 『중용장구』의 서문, 곧 『중용』에 대한 주자의 해설 부분에 해당한다. 중용의 도는 변화하는 외부 환경에 대한 감정적 치우침 없이 변치 않는 원리를 적용하는 데 있다는 뜻이다. 그런데 말은 쉽지만 적용하기는 어렵다. 류용상은 형이상적 윤리학을 정치학으로 즉각 변형한다. 류용상에게 '변치 않는 원리理'는 '민족주의'이다. 그 구절을 정치적으로 해석하면, 본래 하나一理였던 민족이 해방 정국이라는 외부 상황에 처해서 좌우의 수백 당파萬事로 그 모습을 바꿔 분열되었지만 종국에는 다시 하나—理인 통일조국으로 귀결된다는 뜻이 될 것이다.

이러한 해석은 상당히 매력적이다. 조국이 분단될 위기에서는 오직 민족주의만이 협동의 근거가 될 수 있으므로, 민족이라는 공통 코드로 좌우의 양심 세력이 통합되어야 한다는 당위를 간명하게 잘 보여 주기 때문이다. 하지만 유교 형이상학을 아무런 매개 없이 곧바로 현실 정치학으로 변형시킬 경우 주관주의적 왜곡이 발생하게 된다. 민족자주연맹에 참여한 세력들은 모두 저마다의 정치적 욕심이 앞섰다. 좌파는 북의 노선을 추종하는 것을 숨긴 채 중도세력을 이승만·김구에게서 떼어놓으려 했고, 김규식 세력은 미군정의 후원하에 이승만·김구를 밀어내기 위해 움직였다. 이러한 움직임을 어찌 미발지중未發之中의 본심이라 할 수 있겠는가. 이른바 '중간파中間派'라는 것 역시 이익이나 이념에 눈이 멀고 감정에 구속당해 또 다른 편당偏黨을 만든 것에 불과한 것이지, 진실한 중행中行은 아니었다. 공산당원이면서 공산당원임을 숨기기 위해 류용상은 유교 경전에 가탁했을 뿐이다. 이러한 유교 교리 왜곡 양상은 2차 월북 후 공산당의 고급 교양을 이수했을 때의 심경을 회고한 데에서도 확인된다.

사동고급간부학교에서는 대중정치지도, 유물변증법적 철학 경제

학 등을 6개월 동안 배웠다. 내가 가장 흥미를 느꼈던 것은 유물변증
법적 철학이었는데 공자의 『예기』에 나오는 내용이나 맹자의 민본주
의와 통하는 점이 많았다.[268]

여기서 류용상이 "『예기』에 나오는 내용"이라 한 것은 『예기』
「예운」편의 '대동'론을 말한 것이다. 대동론을 공산주의의 '역사
적 유물론'에 대입시키는 해석 방식은 전형적인 '격의格義'론으로
서, 중국과 한국의 근대 전환기에 자주 등장했다. 류용상은 익숙
하지 않았던 공산주의를 익숙했던 유교를 통해 이해하고자 했던
전통인들의 방식 그대로 공산주의를 수용했다. 하지만 이런 해
석 방식은 일종의 유비추론이므로 논증의 수준으로 보면 가장
낮은 단계에 해당한다. 공자가 역사 전개를 대동에서 소강小康으
로의 쇠퇴로 본 것은 현재 세계의 삶에 경각심을 주어 인의의 도
리를 확충시키기 위함이었을 뿐이었다. 하지만 대개 근대주의자
들이 그랬듯이 류용상 역시 유교의 핵심에서 벗어나 대동론을
축자적으로 해석해서 공산주의를 합리화했다. 이 과정에서 유교
는 사라지고 공산주의만 남게 되었다.

대동회 좌파 그룹의 운명

통합 유도회총본부가 자리를 잡게 된 1946년 하반기부터 더 이상

유교 단체로의 활동이 불가능하게 된 대동회는 '민족대동회'라는 정치사회 단체로 확대 개편되었다. 이는 류용상이 1946년 하반기 이후 유교계에서 축출 당했기 때문이기도 하지만, 무엇보다도 위원장 김성규를 비롯한 대동회 핵심들의 정치 활동 참여를 손쉽게 하기 위해서였다고 해석할 수 있다. 류용상의 월북으로 빈자리는 여전히 그의 '대동사' 출신 동지들과 기타 선후배들에 의해 이어졌다. 대표적인 인물은 박근실과 서홍옥이다.

대동회 후생부장을 맡았던 박근실의 해방전 행적에 대해서는 확증할 자료가 없다. 다만 박근실이 해방 이후 중도파의 각종 단체에서 매우 활동적인 인물이었다는 점은 당시 각종 자료를 통해 확인 가능하다. 해방 정국에서 박근실이 처음 확인되는 것은 1945년 11월 서울시 인민위원회에서 활동했을 때이다.《서울신문》, 1945년 11월 30일 조선공산당 계열에서 활동하던 박근실은 직후 신한민족당 결성에 참여하여 총무를 맡아서 활동한다.《동아일보》, 1946년 5월 30일 이후의 활동은 『사찰요람』에서 확인할 수 있다. 이에 따르면, 박근실은 "남로당 '푸락취'로서 강동정치학원을 나온 대남첩자로서 동 회곧 대동회 하부 조직에 있어 남로 일색에 의한 지하조직망을 가지고 암약"했다.『사찰요람』: 73[44] 강동정치학원은 미군정의 남로당 불법화에 따라 1946년 대거 월북한 남로당계가 1947년 가을부터 운영한 지도공작원 양성 기관이다. 따라서 박근실은 대남 공작을 수행한 전문 첩자였을 가능성이 높다. 박근실의 공작은 민족대동회 수준을 훨씬 넘어서는데, 『사찰요람』에서 확인할 수 있는 것만 4건이다. 1946년 신진당 결성에 참여해서 외교부장을 맡았고,[53][45] 민족자주연맹에서 조직국 단체부장을 맡아[25] 류용상과 함께 암약했다. 정부 수립 전후해서는 김약수 계열의 민족공화당 창당에 참여하여 총무를 맡아,[135][46] 국회에 침투해서 국회프락치사건에 관여했다. 당시 국회프락치사건이 북한이 직접 주도했던 성시백 선에서 이루어진 것으로 보면,[47] 박근실 또한 이 선에 이어져 있었을 것으로 추론할 수 있다.

『사찰요람』의 또 다른 기록에는 남북협상 참가를 위해 월북했다가 다시 귀남했다는 내용도 있다. 귀남한 박근실이 신진당, 근로대중당, 민주독립당 등의 재남 인사들을 규합하여 합법 정치투쟁을 이끌기 위해 1948년 10월에 홍우구락부鴻友俱樂部. 첫글자 '홍'은 확실치 않음를 결성했다는 것이다. 이에 따르면, 박근실은 홍우구락부 대표를 맡아 김약수가 조선공화당을 기반으로 민족공화당을 조직할 때 홍우구락부가 핵심 역할을 맡게 했고, 이후 초대 국회의 소장파 의원들을 추동하여 미군철수 등을 주장하도록 했다.[138][48] 그런데 다른 자료남로당 중간정당 프락치 사건 수사결과 발표 관련 언론자료에는 박근실이 민족공화당의 조통 대표로 월북했다고 나와 있다.[49] 1948년 남북한제정당사회단체연석회의 참석자들이 UN

한국위원단에 요구한 문서 서명자에는 박근실Park Keun Sil이 '민족해방청년동맹' 소속으로 되어 있다.[50] 이를 통해 보면, 박근실은 남북협상 이후 귀남하여 중간파 정치인으로 계속 위장한 채 활동하다가 1949년 전후로 영구 월북한 것으로 해석할 수 있다.

박근실의 해방 전 행적이 확인되지 않아서, 현재까지는 그가 어떤 계기로 대동회에서 활동하게 되었는지를 전혀 알 수 없다. 해방 후 서울시 인민위원회에서 활동한 것을 볼 때, 당시 사회주의자였거나 최소한 혁명적 민족주의자였음은 확실해 보인다. 다만 초창기 대동회에 가입하기 위해 필수적이었던 '유교' 관련 행적이 확인되지 않는다.('대동사' 출신은 아닌 것으로 보인다.) 나이는 류용상 등 대동회 핵심보다 조금 위인 것으로 보이는데, 이는 '중견청년' 등의 당시 언론 형용어를 통해 추론한 것이다. 확실한 것은 박근실의 행적이 김성규, 류용상의 길과 정확히 일치하고 있다는 점이다. 경찰 측이 대동회의 좌경화를 모두 박근실이 주도한 것으로 파악하고 있지만, 필자는 김성규, 류용상, 박근실 세 사람이 거의 비슷한 수준에서 대동회를 이끌어 간 것으로 본다.

박근실과 류용상이 공산 계열로 돌아서면서, 대동회의 다른 실무진도 그 영향을 받았다. 이는 기획부장 서홍옥의 해방 후 행적에서 확인 가능하다.[51] 서홍옥은 명륜전문학교가 폐교하기 직전 생긴 유학연구소 출신으로 일제 말 '대동사'의 핵심 성원이었다. 류용상1990은 그가 "임시정부 계통의 독립운동을 하던 집안에서 태어났다"고 회고했는데, 자세한 내용은 확인이 어렵다. 대동회 활동이 약화되면서 서홍옥은 동아문화사 편집국장으로 일하던 중 남로당에 가입하여 민족공화당, 민주독립당, 농민당의 남로당 프락치 재건을 꾀하다가 1949년 5월 체포되어 국가보안법 위반으로 기소되었다. 이 사건은 곧바로 국회프락치사건으로 비화되었는데, 기소 내용에는 서홍옥이 3월에 "남로당부 프락치 책임자"로부터 각 정당에 대한 프락치 재건의 지령을 받아서 전우진과 정해근에 재차 지령을 내렸다고 되어 있다.[52] 서홍옥이 누구의 지시를 받은지는 불분명하지만 전후 사정상 대동회에서 함께 일했던 박근실과 관련이 있었을 것이라고 짐작할 수 있다.

대동회 우파 양대연

대동회를 이끌어 간 핵심 세력이 1946년 이후 좌파 노선에 결합되어 대동회 성격을 좌파 단체로 변화시키기는 했지만, 그 밖의 인물들은 각자 자기의 정치 노선을 유지하면서 유교 재건이라는 본연의 목적대로 활동해 나갔다.

대동회 좌파 그룹을 제외하고 가장 뚜렷한 활동을 했던 이는 교육부장을 맡았던 양대연이다. 1910년 평북 영변에서 구한말 성균관 직강 양종희梁宗熙의 장남으로 출생한 양대연은 어려서 이미 사서삼경을 수학하고 열두 살에 화산재華山齋에서 장탁립張卓立,[53] 김상초金上草에게 수학했다. 스물네 살이던 1934년에 이미 사립 용흥국민학교 교장을 맡았을 만큼 교육에 열의가 높았다. 1938년에 상경하여 명륜학원 연구과에 입학해서 1년을 수료한 후, 서울의 여러 학교에서 교사로 재직했다. 해방 후 건준 학도보안대장을 잠시 맡았고, 대동회 교화부장교육부장과 임의 개설한 명륜전문학교 교무과장을 맡아 학교 재건에 힘썼고, 1946년 통합 유도회 총본부 교화부장을 맡기도 했다. 홍익대의 전신인 홍문대학관弘文大學館을 설립한 것도 이 시기이다. 전쟁 기간 동안 강원도 장학사를 맡아 교육행정에 종사하기도 했다. 1954년 김창숙의 선현철위 조치가 부당하다는 통문을 전국의 향교 재단 이사와 유림에게 발송했고, 1955년 성균관대학교 분규 과정에 개입하여 모교 교수로 돌아왔다. 이후 성균관대 동양철학과 교수로 재임하며 후학을 양성하였고 민족문화추진회와 유교연구회를 창립하여 유학 연구에 기여하다가 1992년 별세했다.수송양대연선생팔질기념논총간행위원회, 1990: 약력

이상의 공식 약력에는 드러나 있지 않지만, 양대연은 해방 정국에서 다양한 분야에서 활동했고 또 유도회를 비롯한 유교계의 진로에 상당한 영향을 미쳤다. 우선, 양대연의 홍문대학관 설립 관련 사안부터 검토해 보자. 양대연은 1946년 4월 재단법인 홍문

대학관을 설립하여 용산 흥국사에서 개교, 9월에 신입생을 모집해서 학교를 출범시켰다. 그 설립 이유는 자신의 14대 조부인 성종 대의 양성지梁誠之에 의해 집현전의 후신으로 홍문관이 세워진 뜻을 기려 인재를 양성하기 위해서였다고 한다.[54] 비록 비인가 대학이었지만 홍문관대학 학장에 취임한 양대연은 유교 전통을 계승한 근대인을 양성하고자 노력했다. 이 노력은 1년 만에 실패로 돌아갔다. 학생들은 정식 대학으로의 발전을 요구했지만 그만 한 재력이 없었던 양대연은 이듬해 대종교총본사 계열의 민족자본가 이홍수에게 재단 운영권을 넘기고 깨끗이 물러나왔다.[55] 주목할 점은 양대연이 홍문관대학을 설립한 시기가 대동회와 명륜전문기성회가 좌경화하기 시작하던 시점과 일치한다는 점이다. 조심스럽게 추론해 보자면, 당시 명륜전문학교 교무과장을 맡았던 양대연이 처했던 이중의 압력대동회 좌파의 학교 접수 시도와 명륜전문 신입생들의 과도한 학사 행정 간섭에서 벗어나 자신의 독자적인 정치 이념과 교육철학을 실천할 수 있었던 새 길을 모색하기 위해 홍문대학관을 설립했을 것으로 보인다. 이 추론은 양대연이 대동회 좌파와는 달리 중도우파의 노선에 참여했을 것으로 추론되는 경력과 언론 자료를 통해서 보강된다. 양대연의 공식 연보에는 '경제신문 편집국장'1945 경력이 보이는데, 이 신문은 잠시 휴간 상태에 있다가 1946년 11월에 속간된 것으로 보인다. 이를 보도한 동아일보1946년 11월 19일의 보도 내용에 따르면, 이 신문을 인수한 주체는 독청대한독립촉성전국청년총연맹이고 사장에는 서상천徐相天, 주필에는 김상만金相萬이 임명되었다. 독청은 설립 시 임시정부를 봉대하는 우익청년단체였고 1946년 말의 시점에는 이승만과 한민당의 노선을 지지하고 있었다. 양대연의 이념을 알 수 있는 것은 그가 경제신문 주필 김상만, 한민당의 한석완韓錫完, 대한독립촉성국민동맹 위원장 출신의 김광신金廣信과 함께 조선국민건의회라는 군소단체에서 활동하며 시국강연회 강사로 참여했다는 기록이다.《동아일보》, 1948년 3월 25일 강연 내용은 알려져 있지 않지만, 이북 출신의 우익 인물들이 남북협상 시점에서 할 수 있는 시국강연이라면, 남북협상의 기만성과 북한 실상 비판 정도의 내용이었으리라는 것은 쉽게 짐작할 수 있다.[56] 더 확실한 근거는 양대연이 주간《민족시보》에 관여하여 1951년에는 사장을 맡았다는 데 있다.《민족시보》는 1949년 함북 경성 출신 실향민으로 독촉 중앙위원을 맡았던 최규설崔圭卨 이 사장을 맡았고 최고고문에는 신익희를 추대했던 우익계의 신문이었다.[57]

전쟁 후 양대연은 반反김창숙 계열에 서게 된다. 1954년 7월에 김창숙의 선현철위先賢撤位의 부당성을 알리는 통문을 전국의 향교 재단 이사와 유림에게 발송하여 명예훼손 혐의로 구속당하기도 했다. 사실 선현철위는 그 시행 시점인 1949년에도 지역 유림의 반발을 불러일으켰지만 1953년 일부 복원으로 이미 종결된 문제였는데, 양대연이 이 문제를 재차 제기한 목적은 이 문제로 구원이 있는 김창숙 반대파를 규합하기 위한 것으로 해석할 수밖에 없다. 당시 교육관료였던 양대연은 1955년 성균관대학교의 내분 사태를 계기로 모교 교수로 돌아와 김창숙총장퇴진운동을 벌였지만 이는 유도회의 반대에 부딪히게 1차 실패하게 되었다. 1956년에는 재단파이명세 파의 유도회 서울시 본부 결성에 참여하여 부위원장을 맡아 유도회총본부에 맞서 반김창숙 운동을 지원했다. 당시 재단파의 핵심은 이명세, 이범승 등의 경학원 계열의 일제 협력 유림과 윤우경 등 친일 경력자였고, 이들은 최찬익을 유도회 위원장으로 선출했다.[58] 최찬익의 아들 최헌길과 윤우경은 당시 이승만 대통령의 최측근이었다는 점에서 양대연의 당시 정치적 지향점을 짐작할 수 있다.

양대연이 대동사 결사의 핵심이었으면서도 류용상, 서홍옥 등 주류의 좌파 노선과 달리 우파의 정치 노선을 선택한 데에는 고향 북한에 살고 있던 가족이 숙청 당한 것과 관련이 있었을 것이다. 해방 직후 건준 산하 학도보안대장을 맡았는데 이는 대동사 회원 가운데에서도 양대연이 연장자 축에 속하고 사회 경험도 풍부했기 때문이었다. 하지만 양대연에게는 이후 아픈 가족사가 전개된다. 양대연이 고향을 그리워하며 쓴 수필1975에는 두 차례에 걸쳐 숙청 당해 가족이 풍비박산된 데 대한 분노가 드러나 있는데, 이는 고향 영변에서도 명망가였던 양대연의 조부와 부친이 해방 직후 자치적 성격의 인민위원회 임원을 맡았다가 공산당의 권력 장악 과정에서 숙청되었다는 것을 암시한다. 이러한 가족사적 배경 때문에 양대연은 철저한 반공노선을 걷게 되었고 전쟁 이후에는 이승만의 반공통일노선에 동의했다. 이러한 정치적 신념 때문에 양대연은 반이승만 노선을 걷던 김창숙과 대립하게 된 것으로 보인다.

대동회의 해방 정국 활동 평가

대동회 결성 이후 청년 회원들은 먼저 조선건국준비위원회이하 '건준'에 발을 내딛었다. 류용상은 여운형과 안재홍을 만나 적극 참여를 약속했고, 양대연은 건준 산하 학도보안대장을 맡았다. 이후 이들은 귀국한 이승만을 만나기도 했고, 임시정부가 귀환한 다음에는 김구, 김규식, 조소앙을 만나 의견을 청취하고는 한독당에 입당하여 이들을 지지하려 했다. 이때까지 대동회는 특별한 정치적 이념을 따르기보다는 당시 정세를 관망하고 있었고, 유교계의 일반적인 성향에 따라 김구와 임시정부를 지지하고 있었다. 하지만 이들은 김구의 반탁운동이 본격화되면서 우익 계열과 거리를 두었고, 이후 중도파 노선을 지지하게 되었다. 류용상의 회고에는 자신을 김규식과 연결시킨 것을 위원장 김성규의 뜻으로 서술하고 있는데, 류용상이 명륜전문 기성회장으로서 김현준과 변영만을 잇달아 교장으로 초빙할 정도의 영향력을 발휘하고 있었고 또 그가 1946년 8월에 1차 월북했던 것을 보면, 류용상은 이미 건준 활동 시기에서부터 중도좌파의 노선으로 기울어 있었다고 해석하는 것이 더 적절할 것이다. 이를 종합해 볼 때, 유교 단체로 활동하던 1946년 전반기까지 대동회는 겉으로는 회원들의 자유로운 정치적 이념에 따라 느슨하게 움직이는 듯 보이지만, 이미 핵심부는 중도좌파의 노선을 따랐다. 그리고 1946년 2월 민주주의민족전선이 발족하는 데 필요한 인적 자원을 제공하면서 좌파 단체의 성격을 지향하게 된 것으로 보인다. 이에 실망한 양대연 등의 우파 그룹은 1946년 하반기 무렵에는 대동회 활동을 그만두고 각자의 이념에 따르게 된 것으로 보인다. 이후 대동회가 민족대동회로 이름을 바꾸고, 위원장 김성규가 주도적으로 김규식 계열의 중간파 활동을 벌인 것은 각종 언론 보도 내용으로 확인된다.

이제 유교 단체로서 초기 대동회의 성격을 분석해 보자. 이를 위해서 먼저 단체의 명칭과 공식 강령에 주목할 필요가 있다. 대동회의 전신이 일제 말 명륜학원생들의 독서모임 대동사에서 기원한 것은 이미 서술한 바 있다. 여기서 착안할 점은 두 단체의 연속성을 보여 주는 단어인 '대동'이다. 잘 알려진 것처럼, '대동' 개념은 『예기』 「예운」편에서 그 전고를 찾을 수 있는 것으로서, 유교 정치가 이를 수 있는 궁극의 이상으로 인용되어 왔다. 특히 우리나라의 경우, 애국계몽기와 일제강점기 동안 민족주의적이고 개혁주의적인 유교인들의 단체에서 그 명칭이 자주 사용되어 왔다. 대표적으로 1909년 친일 유림에 맞서 박은식, 조완구 등이 유교개혁주의를 통한 국권 회복을 목표로 설립했던 단체 이름이 대동교大同教였다는 점을 들 수 있고, 이후 최후의 복벽운동이면서 동시에 사회주의적 성향을 띠었던 김가진의 대동단大同團 등의 사례도 있다. 이런 사례를 보건대, '대동'은 당시 이미 유교계의 개혁주의 흐름을 나타내는 용어로서 수용되어 왔다는 것을 알 수 있다. 캉유웨이와 박은식 이래 지속된 유교 개혁주의의 이념을 수용한다는 측면에서, 대동회 측이 대동 개념을 선점했다는 것은 이후 다른 단체들에 비해 유리한 위치에 서는 데 도움이 되었다. '대동'이라는 표현을 통해 대동회는 자신들이 사회적으로는 개혁 지향성을, 경제적으로는 평등주의적 지향성을 가졌다는 것을 쉽게 표명할 수 있었다.[59]

그런데 1946년 하반기에 '민족대동회'로 개칭한 이후에는 좀더 선명하게 진보적 성향을 드러냈다. 앞서 미군정 자료에서 살폈듯이, 1947년 시점의 민족대동회의 강령 3개조는 1945년 출범 시기 대동회의 강령과 차이가 없다.[60] 그런데 민족대동회 시기가 되면, 기존의 추상적 정강 외에 구체적인 정책을 선명하게 제시하고 있다.「자료집」 4권: 193

> 정부 형태: 인민공화국
> 토지 정책: 무상분배
> 노동 정책: 1. 8시간 노동
> 　　　　　 2. 최저임금 보장
> 　　　　　 3. 사회보장제도

　위 내용은 미군정 관리와 대동회 대표의 면담 결과로서, 제출 자료만으로는 민족대동회의 실체를 알 수 없었던 미군정 관리가 특별히 상세하게 질문하여 답변 받은 내용을 수기로 작성한 것이기 때문에 매우 중요한 자료이다. 민족대동회의 정책을 보면, 우선 토지 정책과 노동 정책에서 쉽게 그 진보성을 엿볼 수 있다. 그리고 그들이 지향하는 정부 형태가 '인민공화국'으로서 미군정이 추구하는 대의제 자유민주주의 헌정 체제와 다름을 분명하게 보여 준다. 이로 볼 때, 1947년 시점에서 민족대동회는 이미 확실히 북한과 남로당의 정책을 지지하는 좌파 단체로 변화되었다는 것을 확인할 수 있다. 그래서 미군정은 민족대동회를 중간파가 아닌 온건 좌파moderate leftist로 분류했을 것이다.

　이처럼 민족대동회 단계에는 소수의 열성적 좌파 인사들이 단체를 장악했고, 우파들이 분리해 나간 자리에 새로운 추종 세력을 입회시켜 정치 단체로서의 성격을 더욱 강화했다. 위원장 김성규는 중도좌파의 지도자급으로 부상하여, 좌우합작위원회와 민족자주연맹 등에서도 그 위상이 무척 높았다. 물론 대동회 출신의 월북자들도 간첩으로 남파되어 1947년 이후 단정수립 반대 운동 조직화에 기여했다. 1948년 위원장 김성규를 비롯한 대동회 대표진들이 남북정당사회단체연석회의에 참여하고 그 전후 북한에 잔류하는 길을 선택하면서 대동회의 정치적 위상도 따라서 높아졌다. 하지만 그 절정기는 오래가지 못했다. 남한에 잔류한 대동회 잔류 세력은 북한의 지령에 따라 프락치 활동을 벌이다 체포되었고, 1949년 이른바 '유령사회단체해산령'에 의해 해산되었다. 이것으로 일제하의 비밀독서단체로서 3년간, 해방 정국에서 4년간, 총 7년간 활동하던 유교계 청년사회단체의 활동은 종언을 고했다.

대동회 실패의 의미

대동회의 실패는 곧 유교계의 근대적 자기 변화의 실패이자 유교가 근대 민주주의 체제에 유교적 이상을 접목시키려는 시도의 좌절을 뜻했다. 일제에 맞서 의리를 앞세워 저항하는 독립운동과 달리, 근대 국가 수립에는 선명한 이상과 함께 세밀한 전략이 필요하다. 대동회의 청년들이 견지했던 대동세계라는 고대적 이념은 유교인이 달성해야 할 미래에 대해 비전을 제시해 주기는 했지만, 수천 년 동안 진행된 세계의 변화를 반영하지 못해 실천적인 논리를 제공할 수 없었다. 유교의 정통 논리는 대동의 이상이 제도적 변화를 통해 달성되는 것이 아니라 유교인 개개인의 도덕적 각성과 수양을 통해 궁극적으로 도달 가능한 지적 구성물일 뿐이었다. 따라서 대동 세계를 구현하기 위해서는, 나아가 대동의 이상을 근대 민주주의 국가에서 달성하기 위해서는, 단순히 옛 투의 대동론을 선전할 것이 아니라 근대적 유교 논리에 대해 이론적 수준에서 진지하게 재구성하는 과정을 거쳐야 한다. 보수 논리로 결정화된 유교의 핵심 논리를 근대적 개혁의 논리로 변화시키는 데에는 오랜 탐구와 지적인 용기가 필요하다.

처음에 류용상, 박영신, 양대연, 윤재구, 서홍옥 등 명륜학원에서도 가장 뛰어난 한문 실력을 발휘했던 이들이 '대동사'를 결성했을 때, 그들이 꿈꾼 것은 독립운동 세력들이 대동단결하여 정의롭고 평등한 통일독립국가를 수립하는 것이었다. 많은 개혁적 유림들이 그랬듯이 그들도 대동론을 통해 유교와 근대 민주주의를 결합시키고자 했다. 하지만 유교와 민주주의는 경전 몇 구절의 유사성 수준에서 저절로 결합되는 것이 아니다. 유교가 그러하듯이, 민주주의 역시 순수 이념의 추상물이 아니다. 민주주의는 토크빌1983이 논한 것처럼 자유와 평등의 이상을 오랫동안 관습화한 사람들만이 실행할 수 있는 객관적 정치 체제이기 때문이다. 대동회 회원들에게 이런 복잡한 논리를 탐구할 한가한 시간은 주어지지 않았다. 그들을 엄습한 것은 분단이라는 음습한 그늘이었다. 이 상황에서 대동회 참여자들은 자신의 순수한 충정만으로 맞서고자 했다. 관념적으로 수용했던 대동론은 민주주의의 혼란스런 경쟁보다 공산주의의 획일적인 통제에 더 친화적이었다. 민족주의적 열정은 해방 후의 미군정 세력에 대한 반발로 이어져 소련의 선전을 수용하게 만들었다. 해방 직후 아무런 노력 없이 얻었던 명륜전문 장악의 행운은 오히려 그들을 공산 계열과 북한의 주요 공작 대상이 되게 하는 불운으로 이어졌다. 결국 대동회의 대동세계 달성 시도는 실험도 하지 못한 채 좌절되고 말았다. 하지만 이들의 실패를 유교의 근대 모색과 유교민주주의 논리의 실패로 일반화할 수는 없다. 대동회의 좌절 이후에도 유교인들의 민주주의 실험은 계속되었기 때문이다.

2. 전국유교연맹: 좌파 유교 단체

대동회가 명륜전문의 선배·학생으로 구성되어 드러내 놓고 좌파 활동을 하기 어려웠던 데 반해, 1947년 3월에 결성된 전국 유교연맹은 민전 산하의 공개 단체로서 뚜렷한 좌파 정치 활동 을 수행했다. 전국유교연맹은 태동 시점부터 이미 우익계의 유 도회총본부가 장악했던 지역 사회에 커다란 긴장을 불러일으켰 다. 해방 직후 한국 사회에서 가장 영향력 있는 가치체계가 유교 였고 또한 실제 향촌사회를 움직이는 이들이 유교인들이었다는 점을 고려해 볼 때, 지역 유림이 참여했고 또 지방에까지 영향력 을 발휘했던 전국유교연맹에 대한 연구는 필수적이다. 그 시기 단정수립 움직임에 맞서 전국유교연맹 위원장 김응섭은 활발한 반대 활동을 전개하여 주목을 받았고, 1948년 남북협상에 대표를 파견할 만큼 그 위상도 높았다.박광, 1948 전쟁 직전 해산되었지만 전쟁 기간과 그 이후에도 일부 연맹 관계자들은 월북자들의 지 령을 수행하며 친북 활동을 수행했지만, 참여자들 대부분은 북 한과의 관계를 끊고 전통 학문의 계승 발전에 진력했다. 이런 점 을 고려해 볼 때, 전국유교연맹에 대한 조사·연구는 유교사의 범위를 넘어 한국 현대 정치사 전반에 걸친 새로운 해석을 제시 하는 데 큰 기여를 할 수 있다.

이처럼 해방 정국의 대표적 좌파 유교 단체였음에도 불구하고, 그동안 전국유교연맹에 대한 연구는 전무했다. 우선, 현대사 연구자들이 이 단체의 의의를 과소평가했던 데 그 연유를 찾을 수 있다. 역사학계의 일반적 현대사 인식 틀에서 전국유교연맹은 단지 민전 강화를 위해 급조된 산하 단체에 불과했다. 표면상 전국유교연맹에 일급 공산주의자들이 참여하지 않았다는 것도 관심을 낮추는 이유가 되었을 것이다. 무엇보다도 관련 자료가 거의 남아 있지 않아서 연구에 착수하기 어려웠다. 대동회와 달리 전국유교연맹의 경우에는 참여자의 명단조차 제대로 확보되지 않았고, 그나마 알려진 핵심 인물들은 전쟁 전후 월북하여 기록을 남기지 않았다. 더구나 반공이 국시였던 상황에서 연맹 참여자 처지에서는 좌파 단체에 소속되었다는 사실이 밝혀지기를 꺼려했을 것이므로 스스로도 공개하지 않은 채 역사 속에서 망각되기를 기다렸을 것이다. 하지만 유교사 연구자들이 해방 정국에서 유교계의 동향을 파악하는 데 전국유교연맹 연구는 필수적이다. 연맹 결성에 남로당의 영향력이 있었던 것은 사실이지만, 연맹의 성립과 활동에서 유교에 대한 전망과 실천이 수반되지 않을 수 없었을 것이기 때문이다. 다행히 언론 자료와 앞서 언급했던 일제하 및 미군정 자료 등 외에도 전국유교연맹과 관련된 자료 몇 가지가 남아 있는데, 『퇴수재일기退修齋日記』와 참여자

증언·회고 등을 종합해서 연맹 참여자의 면모를 재구성할 수 있었다.

결성 당시 언론 자료 분석

우선, 결성 당시 언론 자료를 검토해 보자. 1947년 3월 24일 천도교강당에서 열린 전국유교연맹 결성대회 소식을 많은 신문이 보도했다.[61] 이후 한 달가량의 조직 확대 과정 후에 유교연맹이 밝힌 임원 명단은 다음과 같다.《자유신문》, 1947년 4월 25일

> 위원장: 김응섭金應燮
> 부위원장: 류승우柳承佑, 이승규李昇圭,
>   정대무丁大武, 안훈安壎[62]
> 사무국장: 이규호李奎鎬, 총무부장: 조경승曹璟承
> 조직부장: 류만식柳萬植[63], 선전부장: 이수목李壽穆
> 기획부장: 최준崔浚, 문화부장: 홍승국洪承國
> 조사부장: 조순원趙洵元, 연락부장: 류관식柳寬植
> 재무부장: 강달환姜達煥, 출판부장: 강윤원姜胤元[64][65]

이후 언론 보도 내용은 위원장 김응섭의 활동을 주로 하여, 1947년에는 2차 미소공위 지지 활동, 1948년에는 남북협상 참여

등을 기록하고 있다. 1949년과 1950년 기사는 월북했던 핵심 성원들의 조직 재건 노력과 체포, 해산 등의 소식과 함께 참여자들이 대규모로 전향했다는 내용을 주로 소개하고 있다. 휴전 이후에도 북한의 주요 간첩 파견 루트로 유교연맹 출신 인사들이 활용되었다는 소식이 간간이 보도된 것을 볼 때, 유교연맹 활동 시 지방 조직이 충실했었음을 짐작할 수 있다.

그런데 필자가 앞서 언급한 추가 자료들에는 신문 기사만으로는 알 수 없던 전국유교연맹의 활동상과 당대의 평가 그리고 참여자의 명단을 확인할 수 있다. 〈추가 자료〉들을 하나씩 검토해보자.

이 자료는 결성식장에 모인 유림들이 전국유교연맹의 창립 목적에 대해 잘 알지 못한 채 참석했다고 기록하고 있다. 좌익계인 유교연맹을 평가절하하려는 미군정 측의 의도가 개입된 서술이라고 할지라도, 유교연맹이 민전 산하의 좌파 단체라는 것을 뒤

〈추가 자료 3〉 미군정의 '전국유교연맹' 평가 자료」[66]

> **All Korea Confucians' Alliance 全國儒教聯盟**
> 민주주의민족전선은 조직의 대표성을 강화하는 조치로서 1947년 3월 2일 전국유교연맹의 결성을 후원했다. 결성식장에 모인 많은 사람들은 이 단체가 민주주의민족전선의 조종을 받는다는 것을 깨닫게 되면서 행사장을 빠져나왔다. 거의 대부분 우익 성향인 유교계의 지도자들은 현재 이 단체가 유명무실한 것이라고 비난하고 있다.

늦게 인식한 일부 유림이 반발했던 것은 사실인 듯하다. 이는 앞의 언론 자료에서 선전부장으로 선임된 것으로 보도되었던 이수목이 '자신은 유교연맹과 관계없다'는 성명을 발표한 경우,《동아일보》, 1947년 4월 29일 부위원장으로 선출된 이승규가 유교연맹이 민전

〈추가 자료 4〉 미군정, 「미소공위 협의 신청단체 명부 및 정치고문단 평가서」[67]

전국유교연맹 All Korea Confucians' Alliance
등록번호 228
주소: 서울 회현동 1가 36-100
설립일: 1947년 3월 24일
등록일: 1947년 4월 10일
회원 수(자체 주장): 300명

연결 지회
등록일 1947년 6월 13일
회원 분포: 서울: 12,830명
　　　　　 경기도: 3,475명
　　　　　 충청북도: 2,330명
총 회원(자체 주장): 18,635명

조직
위원장: 金應燮
부위원장 柳承佑
비서: 李奎鎬
총무: 曺璟承
부서장들: 崔浚, 鄭殷弼, 柳寬植, 姜達煥, 姜胤元, 金東鎭

정강: 1. 유교를 개혁하자.
　　　 2. 민주적 책무를 달성하기 위해 도덕성과 인간성을 확립하자.

산하로 소속되는 데 분개하여 탈퇴했었다는 공고 내용《동아일보》,

1950년 2월 26일. 광고란에 실린 「전국유교연맹급유교인들에게 고함」 등을 통해 충분

히 짐작할 수 있다. 이들은 유도회총본부 구성에서 소외되었거

나 그 활동에 대해 비판적이었던 유림들로서, 주도자 집단과의

인적 네트워크를 통해 동원되었을 것으로 보인다. 그러나 핵심

참여자 집단만으로 좁혀 보면, 유교연맹 맹원들은 확실히 해방

정국의 주도권이 우익으로 넘어간 데 대해 반발한 중도좌파 성

향의 유림이었다. 이에 대해서는 뒤에서 상세히 서술한다.

〈추가 자료 4〉에서 주목할 부분은 유교연맹 지회의 분포 상

황이다. 후술하겠지만, 본래 유교연맹 참여의 핵심 집단은 위원

장 김응섭의 연고가 있는 경북 안동의 유림들이었다. 그런데 유

교연맹의 조직 확대가 한참 진행됐던 미소공위 참여 신청 시점

에서 경북 지회는 설립조차 되지 못했다. 서울·경기를 제외하

고 지회가 결성된 곳은 충청북도가 유일했는데, 이는 조직의 역

량이 커서가 아니라 순전히 충북지회장 이구영 개인의 명망과

역량에 의존한 것이었다.[68] 유교연맹 주장으로 가장 많은 회원이

있던 곳은 서울인데, 서울 지역의 성격상 정통 유림이 참여하지

는 않았을 것이므로, 대부분의 회원은 상경하여 재학 중이거나

졸업한 청년 유교인들이었을 것이다. 후술하겠지만, 이러한 추

론은 당시 참여자 회고를 통해 분명해진다.

〈추가 자료 5〉 서울시임시인민위원회, 『정당사회단체 등록철』(1950년 기준)

1. 명칭: 전국유교연맹
2. 주소지: 서울시 명륜동 3가 53번지[69]
3. 대표자명: 김응섭(74세)
   대표 주소: 서울시 명륜동 3가 53번지
4. 위원명단-별지 첨부(1950년 7월 5일, 접수)

〈별지〉

위원명단: 김응섭, 홍승국洪承國, 류진영柳鎭永, 이영호李泳浩, 이원일李源一, 이석구李奭求, 이식호李湜鎬, 홍학식洪鶴植, 오세영吳世榮, 이덕구李悳求, 남병채南炳埰, 홍기식洪麒植, 최남규崔南圭, 이원복李元馥, 오재봉吳在鳳, 박보양朴普陽, 강윤원姜胤元, 이원헌李源憲, 강달환姜達煥, 성윤경成允慶, 정준섭丁駿燮, 서병팔徐炳八, 김기섭金基燮, 최준崔埈, 안훈安壎, 이현필李鉉必, 배기영裵基英[70]

〈綱領〉

1. 우리는 腐敗한 儒敎精神을 革新하고 眞正한 民主主義思想을 昻揚할 것을 期함.
1. 우리는 모든 愛國的인 政堂社會團體와 同心合力하여 一切 反民族的인 賣國叛逆分子를 打倒할 民主主義 祖國統一을 爲하여 活躍할 것을 期함.
1. 우리는 모든 反動的 要素를 肅淸하고 世界文化發展에 貢獻할 것을 期함.

〈規約〉

1. 本 聯盟은 全國儒敎聯盟이라 稱함.
2. 本 聯盟은 本部를 서울市에 置하고 各道에 道支部, 郡에 郡 分會를 設置함.
3. 本 聯盟은 全國 儒林을 總網羅하여 祖國民主革命 課業에 積極 ○○함을 目的으로 함.
4. 郡 委員은 各 面 委員 會議의 決議에 依하여 選定함.
5. 道 委員은 郡 委員 會議 決議에 依하여 選定함.
6. 中央委員은 道委員會議 決議에 依하여 選定.
7. 中央委員 中에서 委員長 1人, 副委員長 1人을 委員會 互選으로 選任함.
8. 委員長은 本 聯盟을 代表하여 全國委員會의 議長을 兼함.
9. 委員長 有故時에는 副委員長이 此를 代理함.
10. 中央委員會에 總務部, 組織部, 財務部, 宣傳部, 調査部, 出版部, 文化部, 連絡部를 置함.

11. 各部에 部長 1人, 委員 若干名을 置함.
12. 中央執行委員會는 本聯盟 最高決議機關임.
13. 中央執行委員會 決議에 依하여 議長은 年 1次 全國委員大會를 召集함.
14. 本聯盟 財政은 盟員의 加盟費 및 其他 盟費와 一般積助者의 贊助金으로 充當함.
15. 支部와 分會規約은 本部規約에 遵함.

〈추가 자료 5〉는 전쟁 발발 직후 서울을 점령한 후 결성된 서울시임시인민위원회에 전국유교연맹이 직접 작성·제출한 것으로 신뢰도가 가장 높은 자료이다. 참여 인물도 27명으로 가장 많고, 특히 실제로 이 단체를 주도했던 청년 집단의 명단을 확인할 수 있어, 유교연맹의 정체를 밝히는 데 가장 중요한 근거를 제공한다. 뒤에서, 이 명단에 등장한 인물들에 대한 분석 자료를 제공할 것이다.

〈추가 자료 6〉은 가장 소략한 내용을 담고 있지만, 당시 당국

〈추가 자료 6〉 서울경찰국 사찰과, 『사찰요람』

남로계⁷¹

전국유교연맹(결성 1947년 2월 24일)

위원장: 김응섭
부위원장: 홍승국
중앙위원: 김응섭, 홍승국, 류진영 외 97명

에서 전국유교연맹을 '남로계'로 분명하게 인식하고 있었다는 점을 알려준다.

이상의 자료를 통해 확보한 명단에는 김응섭, 최준, 이원일 같은 영남권 최고명문가 출신의 독립·민족운동가들, 이구영 회고록에 등장한 정준섭, 이영규 등 명륜학원 출신의 청년 유교인들, 이구영, 이원헌李源憲, 이석구李奭求, 곧 이민수(李民樹) 등 '사서연역회' 출신의 뛰어난 젊은 한학자들이 대거 포함되어 있다. 다시 말해, 당시 전국유교연맹은 비록 조직력에서는 우익 측의 통합 유도회 총본부에 뒤처져 있었지만, 핵심 참여자 집단만을 놓고 보면 유도회총본부 김창숙의 카리스마에 충분히 도전할 수 있을 만큼의 명사들로 구성되었다는 것을 알 수 있다. 게다가 전국유교연맹에는 근대적 교육을 이수해 이미 학술계와 공론장에서 상당한 지위에 이르렀던 청년층의 1급 인재들도 대거 참여했기 때문에, 〈추가 자료 1〉에서 보듯이 유도회총본부 측에서 전국유교연맹의 위상을 폄훼하고자 한 것은 그 위기의식을 반증하는 것으로 해석할 수 있다.

결성 배경과 주도 세력 분석

신문 기사와 추가 자료만으로는 전국유교연맹 결성을 누가 주도했는지 정확히 알 수 없다. 공개 조직의 속성상 명망가를 대표로 내세우지만, 실제 운영은 남로당 또는 북한의 비선 지령을 따르는 세포들이 주도하는 경우가 많기 때문이다. 다만 앞서 검토한 〈추가 자료〉의 명단과 당시 유교계 청년들의 각종 회고와 증언들을 교차·대조해 보면 이 단체의 주도 세력의 윤곽을 그려낼 수 있다.

참여자들의 회고와 관찰자의 증언을 종합해 볼 때, 남로당에서 전국유교연맹 결성을 지시한 인물은 김태준으로 추측된다. 1939년 명륜학원 연구과에 '이태등'이라는 이름으로 입학하여 수학했던 이가원李家源의 회고1999를 보자.[72] 해방 후 중국 연안을 떠나 북한에 머물던 전 명륜학원 강사 김태준이 1945년 12월에 서울에 돌아왔는데, 곧바로 일제하 명륜전문학교 졸업생들을 포섭하고 곧이어 자신에게 "오백만 유림을 이끌고 투쟁에 나서라"고 권유했다는 것이다. 이가원은 자신의 뜻이 학문 탐구에 있음을 들어 스승인 김태준의 부탁을 거절했다. 이후 남로계 유교 조직 구성의 책임은 '다른 사람'이 맡았고 그 '다른 사람'은 얼마 안 가 죽었다고 회고했다.[73]

하지만 김태준 개인의 의지만으로 유교연맹이 창설되었다고 보는 것은 너무 성급한 판단일 것이다. 민전을 공산 계열이 주도했다고는 하지만, 전국유교연맹이 공개적으로 내세운 명분과 강령은 유교 혁신과 통일국가 수립이었다. 유도회총본부가 김구의 임시정부를 지지하는 데 반발한 유교계의 중간파 세력이나 유도회 주류에서 밀려난 세력이 따로 조직을 만들고자 했을 것이라는 추측이 가능한 이유이다. 철도파업으로 장거리 교통이 마비된 상황임에도 결성식장에 많은 유림이 참여했다는 것을 통해, 유교연맹이 내세운 이상에 자발적으로 호응한 세력이 상당했다는 것을 미루어 짐작할 수 있다. 그 가운데 유교 계열의 대표적 독립운동가 김응섭이 있었다.[74]

김응섭은 일제하 유교계 최대의 독립운동이었던 파리장서운동 관련 인물 가운데 나름 김창숙에 필적할 만한 인물이었다. 김응섭은 안동 풍산 출신으로 구한말 법관양성소를 졸업하고 일제 강점 초기 법관을 지내다가 이후 변호사로 활동하면서 조선국권회복단을 비밀리에 지원했다.김희곤, 2001 1919년 파리장서운동 시기, 김응섭은 조선국권회복단 측이 장석영을 통해 구한 파리장서를 휴대·번역하여 상해 민족대표들에게 전달하는 임무를 수행했고,강영심, 1990 이후 중국에서 본격적인 독립운동의 길에 들어섰다. 임정의 분열과 소극성에 실망한 김응섭은 만주로 활동지를 옮겨 망명 세력들의 독립군 기지 건설 및 자치 활동에 참여했다. 1921년 이르쿠츠크파 공산당에 가입한 이후 김응섭은 만주 지역의 공산주의 계열 독립운동의 핵심부에서 활약하면서 동시에 민족운동의 통합을 위해 노력했다. 1924년 정의부正義府 심판원장을 맡으면서 동시에 한족노동당을 결성하는 것은 그러한 통합 노력의 일환이었다. 1928년 한족노동당을 재만농민동맹으로 발전시켜 중앙집행위원장을 맡은 김응섭은 경북 출신의 망명 독립운동가들인 김동삼, 김상덕 등과 민족의 유일당촉성회 결성을 위해 노력했다.김용달, 2001 그러한 노력이 운동세력의 분열과 코민테른의 지시에 의해 결실을 맺지 못하던 중 1931년 장춘에서 일경에 체포되어 그해 5월에 병을 얻은 채 귀국했다.「한국향토문화전자대전」, '김응섭' 항목 수년간의 투병 후 건강을 회복한 김응섭은 강원도 철원에서 농장을 운영하며 은거하다가 해방을 맞은 것으로 보인다.[75]

해방 이후 김응섭은 1946년 2월 조선공산당이 주도한 민주주의민족전선의 헌법기초위원으로 처음 모습을 드러낸다.《자유신문》, 1946년 3월 6일 이 시기는 통합 유도회총본부의 조직이 거의 완료된 시점이었다. 파리장서운동과 북만주 지역 독립운동에서의 위상으로 볼 때 김응섭은 응당 유교계 조직화에 참여해야 했다. 하지만 공산계열 운동가들은 유도회총본부에 자리 잡은 아나키스트들과 오랜 기간 반목하고 있었다. 김응섭의 불참은 그러한 갈등이 요인으로 작용했을 것으로 짐작된다. 더구나 이미 유도회는 1946년 1월부터 반탁운동에 적극 참여하고 있었다. 이런 상황에서 민전에 주도적으로 참여하게 된 김응섭은 자신의 민족혁명론을 적극적으로 실천할 수 있는 대중 조직의 필요성을 절감했을 것이다. 공산 계열 입장에서는 1946년 말 남조선노동당_{남로당} 출범과 좌우합작이 시도되는 정세에서 장차 재개될 미소공동위원회 참여 시 세 과시를 위해 유교계 좌파 조직화가 요구되었다. 이런 상황들을 고려해 볼 때, 전국유교연맹은 월북하지 않고 남로당을 이끈 김태준의 유교계 기반과 김응섭의 영남 유림에 대한 영향력이 결합하여 좌파 대중 조직화를 통한 통일국가건설이라는 목적하에 창립되었다고 분석하는 것이 타당할 것이다. 아래 〈표〉들은 전국유교연맹이 창립기의 작은 분란을 지나 본격적으로 활동하던 시점의 임원과 주요 참여자들을 정리한 것이다.

〈표 7-5〉~〈표 7-7〉을 종합하면, 전국유교연맹에 주도적으로 참여한 세력은 아래 두 집단임을 확인할 수 있다.

첫째, 김응섭의 연고권인 영남 명문가 출신의 독립운동가들과 조선국권회복단 관련 청장년층 인사들이 유교연맹의 핵심으로 참여하고 있음을 알 수 있다. 여기에 속하는 인물은 적극 활동 시기의 위원장 김응섭, 비서 이규호, 부서 책임자급의 최준, 류관식 등이다. 김응섭, 이규호는 영남 독립운동의 대표적 가문 출신으로 명망이 높았다. 특히 초창기에 활동했던 류만식_{류인식의 동생}의 경우까지 포함한다면, 이들은 모두 안동의 혁신 유림 계열을 대표하는 인물로서 이념적 지향이 뚜렷한 경우에 해당한다.

특히 흥미로운 참여자는 최준이다. 최준은 이미 일제강점기

〈표 7-5〉 전국유교연맹 활동기의 임원진 명단

직위	이름	출생지, 직업 및 주요 활동	비고
위원장	김응섭 金應燮	경북 안동. 구한말 법관양성소 졸업. 일제강점 초기 사직 후 변호사 활동. 파리장서운동에서 조선국권회복단 밀사 활동, 임시정부 법무차장, 고려공산당 입당, 한족노동당 상무집행위원장, 조선공산당 만주총국 간부, 재만농민동맹 주역. 해방 후 민전 헌법기초위원. 북한에서 조선최고인민회의 대의원 선출.	관련 인물: 김지섭일가 동생, 최준질서; 김동삼, 김시현, 김상덕
부위원장	류승우 柳承佑	경북 안동. 일제하 조선유도연합회 참여.	본관: 풍산
비서	이규호 李奎鎬	경북 안동원촌. 일제하 예안청년회, 조선노동공제회 안동지회 참여. 『우송문고友松文稿』 남김.	본관: 진성. 이육사와 당내간
총무	조경승 曺璟承	미상	
책임자급	최준 崔浚	경북 경주. '경주 최 부잣집' 장손. 처삼촌 김응섭 영향으로 애국계몽운동 참여. 일제하 대동청년단·조선국권회복단·광복회 등 독립운동 및 백산상회 민족자본가로 활동. 해방 후 삼일동지회, 탁치반대운동 및 임정 지지. 대구대학 설립 주도. 대구대학 이사장 역임.	김응섭의 질서 조카사위
책임자급	정은필 鄭殷弼	일제하 조선유도연합회 참여. 해방 후 우국노인회우익단체 경리부장.	
책임자급	류관식 柳寬植	경북 상주. 일제하 상주 관내 중등교육기관설립 기성회 참여, 민립대학설립운동 발기인 겸 상주지방부 집행위원장, 상주 도남서원 대표. 병산서원 분규 해결 노력.	
책임자급	강달환 姜達煥	미상	
책임자급	강윤원 姜胤元	경북 안동. 해방 후 유교연맹 출판부장. 월북 후 조선최고인민회의 대의원 선출. 북한의 움직임에 반발하여 월남·전향.	
책임자급	김동진 金東鎭	경북 영주생으로 독립의군부에 가담한 소수서원 원장을 지낸 '김동진'일 가능성이 있지만, 확실치 않음.	

〈표 7-6〉 전국유교연맹 주요 참가자 명단

직위	이름	출생지, 직업 및 주요 활동	비고
위원	홍승국 洪承國	월북 후 조선최고인민회의 대의원 선출.	
위원	류진영 柳鎭永	대성학교 교사 후 봉천 이주. 봉천만주에서 민립대학기성회 활동. 해방 후 월북, 조선최고인민회의 대의원 선출.	
위원	이영호 李泳浩	이영규李泳珪의 이명[76]	명륜학원
위원	이원일 李源一	이원록이육사의 동생이자 이원조의 형. 해방 후 사서연역회 회원, 유교연맹 임원. 월북 후 조선최고인민회의 대의원 선출.	사서연역회
위원	이석구 李奭求	충남 예산. 예동사숙 한문 수학. 해방 정국에서 사서연역회 편집위원, 좌익계 협동문고 《협동》 출판인으로 『징비록』 번역. 1970년대 이후 민족문화추진회에서 활동한 한학자 이민수李民樹임.	사서연역회. 이원조와 교분으로, 순국 직전의 이육사와 한시를 주고받음.
위원	홍학식 洪鶴植	월북 후 전국유교연맹 중앙위원회 서기장. 조선최고인민회의 대의원 선출. 1950년 남하 후 체포·전향.	
위원	박보양 朴普陽	일제하 조선유도연합회 평의원, 국민정신총동원조선연맹 평의원. 유교연맹 서울지부 조사부장.	
위원	이원헌 李源憲	경북 안동. 해방 후 사서연역회 활동. 이원록·이원조 형제와 친척.	사서연역회
위원	정준섭 丁駿燮	강원 횡성. 일제하 명륜학원 졸업, 연희전문 별과 입학. 김태준과 백남운의 영향으로 사회주의자가 되었음. 일제 말 포천협동단 활동. 해방 후 남로당 활동.	명륜학원

전국유교연맹 위원 중 인적 사항을 확인하지 못한 기타 인물: 이식호李湜鎬, 오세영吳世榮, 남병채南炳埰, 홍기식洪麒植, 최남규崔南圭, 이원복李元馥, 오재봉吳在鳳, 성윤경成允慶, 서병팔徐炳八, 김기섭金基燮, 이현필李鉉必, 이덕구李悳求, 배기영裵基英

〈표 7-7〉 그 밖의 자료에서 확인되는 참여자들

직위	이름	출생지, 직업 및 주요 활동	비고
충북 책임자	이구영 李九榮	충북 제천. 일제하 영창학교, 연희전문, 황한의학원 재학, 합천독서회 사건으로 옥고. 해방 후 남로당 프락치 활동. 전쟁 중 월북, 남파간첩 활동 중 체포. 출감 후 이문학회 활동.	사서연역회
연석회의 대표	이영규 李泳珪	충남 예산. 일제하 명륜학원 보습과 1기 수료, 총독부 하급관리. 해방 후 성균관대학기성회 집행위원. 조선최고인민회의 1기 대의원. 전쟁 직전 위장평화공세 북측 대표. 1950년 남하 중 체포. 직후 귀순.	월북 기간 중에는 이인규李寅奎로 개명
선전부장	윤익병 尹益炳	북한 대의원 선출, 1950년 남하 후 체포.	

때부터 세간에서 유명했던 '경주 최 부잣집'의 장손으로서 민족자본가이자 독립운동가로 유명했던 인물이다. 최준은 해방 직후인 1945년 10월 경북종합대학기성회를 결성하고 회장으로 참여하여 1947년 3월 유교계 대학으로 대구대학을 개교하게 하는 데큰 기여를 했다.[77] 최준이 김응섭의 조카사위였던 점이 그의 유교연맹 참여에 직접적인 계기가 되기는 했겠지만, 지역의 유교계 대학을 만들기 위해 노력했던 최준이 유교의 미래를 위해 좀 더 진취적인 유교 조직으로 유교연맹을 인식했기 때문에 참여했을 것이다. 당시 대구·경북 지역에서 명망이 높았던 최준의 유교연맹 참여는 더 많은 유교인들의 참여를 이끌어내는 데 기여했다. 류승우는 서애 유성룡 가문의 인물로서 일제하 안동 유림

단 일을 맡아 일제에 의해 협조를 강요당하기도 했지만,《경학원잡지》45호(1940): 23 해방 후 명문가로서의 책임 의식으로 유교연맹에 참여했다. 그 밖에 이원일이육사의 동생, 이원헌 등 퇴계 가문 후손들의 참여도 명문가의 참여 경우에 해당한다. 안동의 원로 유림인 강윤원, 달성의 원로 유림 이수목李壽穆, 일제하 경학원에 참여했던 이승규도 그 경우에 해당된다.[78] 다만 원로 유림 다수는 결성 시점에서만 참여하고 이후 연맹 활동과 거리를 둔 것으로 보인다. 전체적으로 볼 때, 중견과 원로급 인물들은 민족주의적 배경하에 자주독립이라는 대의명분에 따라 참여했던 것으로 보인다. 이를 통해 전국유교연맹이 '혼미한 노인'들의 집합이라는 유도회 측의 비난은 잘못된 것임을 알 수 있다.

둘째, 당시 저명한 청년 유교인들로서 명륜학원 출신이거나 또는 '사서연역회'에 참여했던 뛰어난 청년 한학자 그룹이 결성 이후 실제 핵심 세력이 되었음을 알 수 있다. 대표적으로 노촌 이구영의 회고에 등장하는 정준섭, 이영규 등 명륜학원 출신의 청년 유교인들, 그리고 이구영 자신도 참여했던 '사서연역회'[79] 회원이었던 이원헌, 이석구이민수 등이 전국유교연맹을 사실상 이끌고 있었던 것으로 보인다. 이들 가운데 리더는 정준섭과 이영규였다. 강원 횡성 출신의 정준섭은 일제하 명륜학원에서 김태준의 영향을 받았고 백남운에게 배우기 위해 연희전문 별과에 입학해서 김상훈 등과 문학서클을 하면서 이른바 '포천 협동단'의 무장투쟁을 이끌어낸 조직가였다. 해방 후 이구영과 함께 공산 계열의 각종 단체 활동을 비선에서 주도했다. 이영규는 명륜전 문 출신 후배들에게 지지를 받던 리더로서 해방 후 성균관대학 기성회 임원과 교수까지 맡았다. 김태준의 지시에 따라 유교연 맹을 결성하는 데 책임 역할을 맡았을 것으로 추측된다. 요컨대 유교연맹의 청년 세력들은 한학에 뛰어난 인물들로서, 김응섭보 다는 김태준과 이원조의 영향하에서 활동했던 것으로 보인다.

아래 두 개의 자료는 전국유교연맹의 두 세력 가운데에서도 원로 그룹보다 좌익 청년 그룹이 주도했다는 것을 잘 보여 주는 자료들이다. 우선 결성식 모습을 묘사한 《경향신문》1947년 3월 26일 기사를 보자.

전국유교연맹 결성식은 24일 오전 11시부터 시내 천도교당에서 열렸는데, 김응섭 씨의 개회사, 정준섭 씨의 일반 정세보고, 이영규 씨의 선언강령 낭독 등이 있은 후, 오후 4시경 폐회하였는데, 이날 방청 왔던 학생들의 회장 교란으로 일시 장내는 소연했다.

기사에 따르면, 김응섭이 개회사를 했지만, 핵심인 정세보고 와 선언강령 낭독은 정준섭과 이영규가 맡았다. 이들은 모두 김

태준의 명륜학원 제자들이자 남로당과 연결된 젊은이들이었다.[80]

다음 자료는 《동아일보》1950년 2월 26일 광고면에 실린, 전국유교연맹 잔존 그룹의 공고문이다. 이 공고문의 배경은 1950년 1월, 북한 측에 파견됐던 전국유교연맹 대표 일부홍학식, 윤익병가 남하하여 1949년 문교부의 유령정당사회단체 해산조치에 따라 궤멸됐던 남한의 유림 조직을 재건하고자 옛 맹원을 규합하던 중 발각된 사건이다. 당시 사건으로 조사를 받던 맹원들은 일종의 전향 선언으로, 잔존한 다른 맹원들에게도 전향을 권하고 있다.

전국유교연맹급유교인들에게 고함

단기 4280년 3월 27일 유교연맹 발족 이래 초대 부위원장 이승규 선생은 민전 산하됨을 불만히 여겨 단연 탈퇴함을 필두로 북한괴뢰집단 최고위원으로 당선된 강윤원은 정치 이념 불만으로 단연 반기를 들고 월남함에 따라 최초 좌익계열의 술책이었던 노쇠혼미한 양반층과 봉건유습으로 계속해오던 완미한 유교인들의 영예욕을 충동시켜 이루어진 연맹인 만큼 선각한 ○인의 뒤를 이어 계속 탈퇴함으로 거의 맹원 없는 유련이였으며 나머지 일부 연하배까지도 좌익노선의 기만정책에 奮○한 나머지 작년 말 자수기간을 통하여 전원 연맹으로부터 탈퇴하였으므로 연맹은 명실공히 완전 해○되었으며 더욱 당국의 유령단체해산령에 의하여 법적으로 해산된 구 유련은 단기 4281년 8월 25일 당시 북한괴뢰집단 최고위원으로 파견된 김응섭, 홍승국, 류진영, 이영규, 이원일 등을 소환함은 물론 금후 공산계열을 구축하기 위하여 적극 투쟁하기를 자에 성명하오니 경향각지에 산재한 유림으로 유련에 가맹한 자는 일시를 지체치 말고 거주지 경찰당국에 자수하여 ○愚를 고백하고 장래 대한민국에 충성을 다할 것은 懇願하나이다.

전 유교연맹중앙위원 출판부장 겸 이북 대의원 강윤원
전 유교연맹중앙위원 겸 총책 이석구
동 국장 홍학식
동 조직책 이덕구
간부 박보양 이원복 남병채
외 자수자 일동.

전국유교연맹 결성 단계에 참여했던 인물들이 스스로 평가한 내용으로서, 좌파가 "노쇠혼미한 양반층과 봉건유습으로 계속해 오던 완미한 유교인들의 영예욕을 충동"하여 만들어진 것으로 스스로 격하하고 있다는 점이 흥미롭다. 하지만 이승규, 강윤원 등이 당시 이미 칠순에 가까운 노인이었다고 할지라도 일제하에서 한 명은 친일, 한 명은 저항으로 나뉘어 오랜 조직 생활을 했던 인물들이 단체의 성격을 모르고 참여했으리라고 보기는 어렵다. 다만 적어도 이들이 김응섭의 영향하에서 소극적으로 움직였던 것만큼은 엿볼 수 있다.

위 자료에서 더 중요한 사안은 이석구이민수가 당시 유교연맹에서 '총책'을 맡았다고 자인했다는 점이다. 이석구는 충남 예산 출신의 젊은 한학자로서 사서연역회의 핵심으로 활동하여 1947년 연암 박지원의 「양반전」을 최초로 국역·간행하는 성과를 내기도 했다. 『양반전』의 서두에 실린 '역자의 말'은 그의 사회의식을 잘 보여 주는데, 이 책을 번역한 이유가 당시의 "봉건 요소와 일제 잔재의 완전 숙청"이라는 시대적 과제에 기여하기 위함이라고 밝혔다.[81] 이석구, 이구영, 이원현, 이원일 등에서 볼 수 있듯이, 그 밖에 행적이 확인되지 않은 사서연역회의 젊은 한학자들이 홍기문과 이원조의 영향을 받아 유교연맹에 가입해서 활동했을 것이다. 물론, 이러한 좌익 계열 활동의 여파로 다수가 월북, 피체 등으로 활동이 정지되면서, 유교계 진보 세력의 침체가 가속화되었다는 것만은 분명한 사실이다.

유도회와 유교연맹의 충돌: 어떤 유교인가

1947년 3월 24일 결성식 이후 전국유교연맹은 전국적으로 조직 확대 작업에 들어갔다. 앞서 검토한 미군정 자료에 따르면, 결성

3개월이 채 되지 않은 시점에서 유교연맹은 서울 외에 경기, 충북 지부 결성을 마쳤다. 서울·경기 지부는 재경 유림과 청년 유교인들이 주축을 이뤘을 것으로 짐작된다. 이는 정준섭과 이영규의 주도하에 '학통' 계열의 성균관대 학생들이 적극 참여함으로써 가능했을 것이다. 충북 지부는 제천 명문가 출신인 이구영이 주도했기 때문에 결성 작업이 순조로웠을 것이다.

하지만 다른 지방에서의 결성 작업은 쉽지 않았다. 호남 지방에서는 거의 호응이 없었는데, 이는 호남의 유림 세력이 탄탄하게 자리 잡아 통합 유도회를 지지하고 있었기 때문으로 보인다. 대체로 간재 문하의 유림이 주도한 전주향교 및 기타 향교의 유림과 조국현이 주도한 청장년 유림들은 이미 유도회총본부에 깊게 관여하고 있었다. 유교계의 중도좌파 조직이었던 대동회 핵심 세력이 호남 계열이었기 때문에 이 지역의 중도좌파 계열의 청년들이 그 영향하에 있었다는 것도 전국유교연맹의 약세를 설명할 요인이 되겠지만, 전반적으로 보수적 학풍이 강했던 지역 유교의 전통이 가장 큰 요인이 될 것이다. 반면에 정통 유림 세력이 가장 강력했던 영남의 몇몇 지역에서는 유도회와 유교연맹 사이의 좌우충돌이 상당했던 것으로 보인다. 경남 진주에서는 유도회 임원 일부가 탈퇴하여 유교연맹에 가입하는 일이 발생하기도 했다.[82] 이러한 충돌 양상을 들여다보면 당시 지부 결성 작업이 지지부진했던 까닭을 이해할 수 있다. 대표적인 충돌 지역이었던 안동과 밀양의 사례를 보자.

유교연맹 위원장 김응섭이 가장 공을 들여 작업에 들어갔을 것으로 짐작되는 곳은 그의 고향 안동이다. 퇴계 이황, 서애 류성룡 등의 본향으로 이름 높은 안동에서도 김응섭의 가문은 학문과 독립운동 양면에서 상당한 위치에 있었다. 여기에 더해 일제하 안동은 동산 류인식의 혁신 유림의 영향하에 성장한 청년들이 사회주의 계열의 독립운동에 적극 참여하기도 했다. 안동이 정통 유림의 본거지일 뿐만 아니라 동시에 일제하 혁신 유림의 태동지이기도 했다는 병립하는 사실이 이 지역에서 유교계 좌우 충돌의 배경으로 작동했다는 것은 분명하다.

이를 보여 주는 자료가 있다. 명문가 출신으로 안동 지역 최고 사회주의자가 되었던 김남수金南洙, 1899~1945의 아들인 김용직의 자전적 회고에 등장하는 이른바 '유교동맹' 관련 충돌이다.

이때 좌파의 세 불리기 공작 가운데 하나로 이루어진 것에 조선 유교동맹이 있었다. 일제시대부터 계급주의자들은 보수유림을 봉건 잔재를 탈피하지 못한 구세력으로 보고 배제의 대상으로 삼았다. 그러나 실제에 있어서는 그 무렵의 계급 운동자 가운데 상당수의 보수 유림 집안 출신이 포함되어 있었다. 미소공위의 협의대상 문제가 제기되었을 때 공산당은 이에 착안하게 되었다. 어떻든 1946년 봄이 되자 보수유림의 본고장인 우리 고장에까지 유교동맹의 세 불리기를 위한 사업이 벌어졌다. 그 무렵 어느 날 나에게는 고종이 되는 이원헌李源憲 형이 우리집 큰사랑에 나타났다. 그의 고향은 안동 도산의 원촌이었는데 이미 그쪽에서도 상당수의 유교동맹 가입 신청을 받은 듯했다. 나에게 고모가 되는 그의 어머니는 산후조리가 제대로 되지 않아 그가 돌이 되기 전에 세상을 등졌다. 그는 어릴 적 우리 집에서 자랐고 당연한 사태의 귀결로 고향인 원촌보다 우리 마을에 친구와 지기가 더 많았다. 당시는 아직 좌파의 활동이 전면 금제가 되지 않았을 때다. 원촌 출신의 고종이 우리 큰사랑에서 유교동맹의 취지를 설명하고 그 가맹加盟 신청을 받는다고 하자 웃마을로 알려진 외내의 우리파 어른들 대부분이 찬동을 하고 나섰다. 그런데 이 자리에서 숙부님은 단호하게 유교동맹 가입을 할 수 없다고 했다. 그때도 나는 잔심부름을 하느라고 안채와 큰사랑을 들락거렸다. 일가 어른 한 분이 그런 숙부님을 향해 힐난하는 투로 말을 건네는 것을 보았다. "아니 명수命洙 보게. 자네 이것이 말이 된다고 생각하는가. 자네 형님이 남수南洙 아닌가. 남수의 동생인 명수가 유교동맹에 가입을 안 하겠다니. 이것은 사상이나 이념의 문제가 아니라 천륜天倫을 저버리는 일이 아닌가." 이런 의견과 함께 그때 나는 또 다른 말도 들은 것 같다. "명수, 이것은 원헌源憲, 고종의 이름이가 말한 것과 같이 새 양반이 되어 보자는 것이 아닌가. 나는 이것이 새 세상이 오면 자네가 말하는 보가保家의 길도 된다고 생각하는데 어떤가." 그러자 조용한 가운데 단단한 질감을 느끼게 하는 숙부님의 목소리가 일어났다. "일제시대부터 내 생각은 작은 형님과 같지 않았네. 나는 오늘도 우리 집을 어떤 경우에도 지켜가고 싶은 사람이야. 그러기 위해서 나는 사상운동이나 정치와 담을 쌓아야겠네. 새 양반이고 헌 양반이고는 그와 관계가 없는 일이고."김용직, 2011: 258~259

이 자료는 김용직이 자신의 청소년기 기억을 바탕으로 작성된 회고이므로 몇 가지 검토를 필요로 한다. 김용직은 좌파 계열의 세력 확대 공작으로 출범한 조직을 '조선유교동맹'이라고 칭했는데, 이는 실제로 전국유교연맹이 결성을 발의하던 시점에서 임시로 사용했던 명칭이다.《경향신문》, 1947년 2월 9일 중요한 것은 해당 사안의 일시인데, 김용직은 이 시기를 "1946년 봄"으로 보았다.[83] 그런데 관련 자료를 종합해 보면 유교연맹의 결성 논의 시점은 아무리 빨라도 1947년 이후로 잡을 수밖에 없다. 1946년 봄은 민전이 막 출범한 시기로서 공산주의 계열의 외곽 단체조차도 아직 지역 조직화가 제대로 이루어지지 않았다. 민전이 조직 확대를 도모하기 시작한 것은 1946년 여름 이후로서, 1차 미소공위 참가 신청 단체 숫자에서 좌익 계열이 우익에 크게 뒤지게 되었다는 것을 확인한 것이 계기로 작용했다. 시점의 불완전성에도 불구하고, 김용직의 회고는 유교연맹의 결성 과정을 파악하는 데 중요한 단서를 제공한다.

첫째, 전국유교연맹 결성 시 안동 지역의 맹원 충원을 담당한 이원헌의 행적을 통해 조직 구성 시 전통적인 네트워크가 작동되었다는 것을 알 수 있다. 안동의 독립운동 원로들은 김응섭의 권유로 참여했겠지만, 세 확대에 필수적인 맹원 확보를 위해 직접 지역별로 유력자와 접촉한 것은 이원헌이었다. 회고에는 이원헌이 이미 퇴계 종가가 있는 도산에서 많은 회원을 확보한 상태에서 예안의 김남수 일가를 찾은 것으로 되어 있다. 일제하 김남수의 행적 가운데 유교와 관련된 것으로 특기할 일이 있는데, 김남수는 안동 청년운동과 소작인운동을 이끌며 도산서원철폐운동을 벌여서 유림의 비난을 받았었다.《동아일보》, 1925년 11월 27일 그 직전인 8월에는 인근 예천의 형평운동백정의 차별철폐운동을 지원하여 양반층의 반발을 불러일으키기도 했다.김중섭, 2015 이원헌은 자신의 고향에서는 쉽사리 맹원을 확보했지만, 사회주의자였던 김남수의 동생이자 자신과도 관계가 있던 김명수의 협조를 얻는 데는 실패했던 것이다.[84] 가문과 학통으로 연견된 전통 네트워크는 일상에서 정치 이념상의 차이를 누그러뜨리는 데는 기여하지만 정치 이념이 현실화되는 순간에는 차이를 넘어서까지 작동하지는 않는다.

둘째, 위 회고에서 가장 중요한 것은 전국유교연맹 참여 문제를 당시 지역민들은 '새 양반'과 '헌 양반' 사이의 대립 구도로 인식했다는 점이다. 이 논리에서 볼 때, 새 양반이란 유교의 본지에 기초하여 혁신적인 사회사상을 갖는 사람들이다. 반대로 헌 양반이란 봉건구습에 젖은 사람들로서 반탁운동에 참여한 유도회측 유림을 뜻한다. 이런 선명한 대립 구도 설정은 좌파의 기본 전술로서 특히 청년층의 참여를 끌어내는 데 효과적인 명분을 제공한다. 문제는 김명수에게 유교연맹 참여를 권유하는 지인의 논리가 매우 박약했다는 것이다. 일제에 의해 핍박 받아 죽은 형을 생각해서 동생도 그 길을 따르는 것이 천륜이라는 점, 좌파의 세상이 도래할 때를 미리 대비해서 좌파 단체에 참여하면 집안을 지킬 수 있다는 점 등이 유교연맹에 참여해야 할 근거로 제시되는데, 이는 가장 전통적인 언어로서 실제 유교 혁신의 방향과는 정반대의 지향점이다. 그것이야말로 김응섭과 이원헌의 노력에도 불구하고 끝내 전국유교연맹의 영남 지부가 결성되지 못한 이유를 설명한다. 안동은 보수 유림의 근거지이지만 가장 강력한 혁신 유림의 태동지이기도 했다. 그러므로 실패의 이유는 유교 혁신의 이념을 충분히 제시하지 못한 채 느슨한 인적 네트워크에 의존했던 데서 찾아야 한다.

유교연맹 출범과 관련하여 지역 유교계의 갈등상을 기록한 두 번째 자료는 경남 밀양에서 벌어진 유도회와 유교연맹 사이의 충돌을 기록한 『퇴수재일기』의 기록이다. 일제하 밀양에서 교육운동을 전개했던 유학자 이병곤李炳鯤, 1882~1948이 한문으로 남긴 이 일기의 1947년 6월의 기록을 통해 당시 영남 지역에서 벌어진 유도회와 유교연맹의 각축 양상을 엿볼 수 있다.

1947년 6월 22일.

아침이 지나서 성안으로 들어가 유도회사무소에 이르렀는데 성등聖登, 문욱文郁, 신자삼申子三이 있었다. 잠시 후 이희순약방에서 이달삼李達三과 만나 잠시 이야기를 나눴는데, 문욱이 자삼과 마주하여 전한 것은 유도회 교화부장 사임서라고 하였다. 잠시 뒤에 성등, 자삼과 함께 성보成甫의 집에 들렀다. 성등이 말하기를, 어제 안창서安昌瑞가 '유교연맹'을 발기하고(원주: 유교연맹 본부는 경성에 있고, 이미 좌익정당에 귀부했다. 안창서 역시 이 좌익당 사람인 까닭에 이 지회를 세우려는 것이다.), 박시재林時哉를 찾아가 유교연맹의 장을 맡아달라고 청했으나, 박시재는 준엄히 사양하고 물리치고, 그 협박을 받고도 끝내 굴복하지 않는데, 오늘 모름지기 박시재 처소에서 유도회를 열고 대책을 상의해야 한다는 것이었다. 종숙질을 앞세워 함께 박시재의 집으로 갔다. 자삼이 이어서 도착했다. 박시재가 말하기를, "소위 유교연맹은 본래 유교의 가르침을 천명하기 위해 설립된 것이 아니고, 단지 유도회에 대적하려고 만들어졌다는 것입니다. 그 무리들은 장차 문호를 개방해서 읍내의 시정배들을 몰아서 연맹에 가입시킬 것이고, 일마다 유도회에 대립할 것이니, 마땅히 충돌하지 않을 수 없어 더러운 꼴을 볼 것입니다. 회장 이하 우리 유도회원에 속하는 이가 만약 한 명이라도 험한 꼴을 보면 반드시 두 번 다시 나와서 유도회 사무를 처리하지 않으려 할 것입니다. 대체로 이와 같이 한다면 오직 나 하나만 올연히 고립될 것이니, 끝내 무슨 성취가 있겠습니까?" 성등은 그 말이 옳다고 하였다. 또 말하기를, "우리 유도회의 당초 주지는 정치에 간여하지 않는 것이니, 지금 유교연맹과 대립 충돌하게 되면 장차 우익으로 귀착되는 것을 면하지 못할 것이니, 모름지기 먼저 이것 하나를 각오해야 할 것입니다." 내가 말하기를, "이미 연맹과 대적하고 있으니 불가불 전술적 행동을 해야 합니다. 옛 병법에 지피지기면 백전백승이라 했으니, 우리 회원 하나가 한 번이라도 욕을 당하면 다시 나가지 않으리라는 것을 적들은 이미 속속들이 알고 있습니다. 그러하니 승산이 어찌 적들에게 있지 않겠습니까? 우리 회는 바야흐로 억센 적과 대적하게 되었으니, 반드시 우리 진영을 먼저 정돈하는 것이 먼저입니다. 내가 이미 늙고 병들었으니, 그 일을 감내하기는 어렵습니다. 반드시 먼저 회중에 나보다 젊어서 이 일을 감당할 만한 사람을 새로 회장으로 추천하는 것이 급선무입니다."[85]

이 일기에 따르면, 1947년 6월에 안창서라는 인물이 밀양 읍내에서 전국유교연맹 밀양 지회를 결성하고자 했고 이를 위해 유도회총본부 밀양유도회 부회장을 맡고 있던 박시재에게 접근하여 그것을 강권했다. 박시재가 이를 거절한 일이 당시 밀양유도회장을 맡았던 이병곤에게 알려지면서, 이에 대해 긴급히 대책회의를 마련한 것이다. 안창서와 접촉했던 박시재는 유교연맹의 목적이 유교 부흥에 있는 것이 아니라 유도회에 맞서기 위한 것이었고 곧 읍내 시정배를 모아 연맹을 결성할 것이라며 위기의식을 드러내고 있다.[86] 이에 다른 유림들이 모두 소극적 태도를 취하고 있을 때, 회장 이병곤이 나서 적극 대응을 주문했고, 이를 위해 노구의 자신을 대신할 젊은 신임 회장을 선출할 것을 요청했다.

일기를 통해 볼 때, 이병곤을 비롯한 밀양유도회 임원들은 정통 유림 출신이면서도 서울의 전국유교연맹 본부의 성격과 활동 방침을 정확히 파악하고 있었다. 유도회 본부 차원에서 각 지회에 유교연맹에 대한 대책 준비를 지시한 기록이 아직 확인되지 않은 상황에서, 혹시 그런 자료가 있었다고 할지라도, 밀양 유림의 정세 인식은 매우 정밀했다. 자신들이 속한 유도회가 특정 정파에 소속되지 않는 중립적 종교 조직으로 인식하고 있다는 점에서, 이들은 유도회총본부 김창숙의 정치적 중립론을 잘 따르고 있다는 것도 알 수 있다. 또한 이들은 좌파의 전술이 우파 유력자에 대한 겁박과 모욕을 통해 우파 동조자들을 움츠리게 하는 것이라는 것도 정확히 파악하고 있었다. 다만 이 일기에서 연맹 동조자가 실제 '읍내 시정배'인지는 확인할 수 없는데, 당시 정치적 혼돈의 와중에서 좌파의 세력 강화에 대한 원로 정통 유림들의 위기의식을 반영하는 것으로 이해할 수 있다.

안동과 밀양의 사례는 영남 지역에서 전국유교연맹 지부 결성이 큰 성과를 거두지 못한 이유를 추론할 수 있는 정황을 제공한다. 전국적으로 볼 때, 안동과 밀양 그리고 진주는 사회주의 세력이 가장 강력했던 지역에 속한다. 따라서 유교연맹 측에서는 지부 결성이 어렵지 않았을 것으로 생각했을 것이다. 그러나 1947년 여름까지도 경북과 경남에는 유교연맹 지부가 결성되지 못했다. 안동과 밀양을 포함하는 영남 지역에서 그만큼 정통 유림의 도덕적 지도력이 여전히 강력하게 자리 잡고 있었기 때문이었다. 해방 정국에서 좌파의 비일관적인 행태와 이후 남로당의 대구폭동과 같은 비합법적 폭력 투쟁에 실망한 유림들은 유교연맹이 자기 지역에 발을 붙이는 것을 더 이상 방관하지 않고 적극적으로 좌파에 대응하기 시작했다. 중앙의 유도회총본부의 지원

없이 지역의 유림단의 힘만으로도 유교연맹을 대중으로부터 고립시키기에는 충분했던 것으로 보인다.

지부 결성이 난항에 빠진 가운데에도 전국유교연맹은 김응섭의 지휘 아래 통일국가수립운동에 착수했다. 그리고 1948년 4월 남북정당사회단체연석회의 참여 단체로 확정된 유교연맹은 김응섭을 포함한 3인을 공식 협상 대표로 참석시켰다. 4월 23일 연석회의 폐막 다음 날, 서울에 남은 유교연맹 관계자는 순한문 1,497자 분량으로 작성된 호소문 「泣告儒林與同胞유림과 동포에게 눈물로 고함」를 발표했다.《조선중앙일보》, 1948년 4월 28일 유교의 원리와 조선시대 의병의 역사를 간략히 설명하고, 해방 후 정세를 좌파 입장에서 해석한 다음, 연석회의에서 채택한 기본 입장을 유림과 국민에게 전달한다. 그 일부 내용을 옮기면 다음과 같다.

선철곧 맹자의 가르침이 있으니, "사람은 반드시 그 자신을 스스로 업신여긴 뒤에 남들이 업신여기며, 나라는 반드시 스스로 친 뒤에 남들이 친다." (……) '외군이 물러나지 않으면 독립이 없고, 통일이 이뤄지지 않으면 국가가 없다'를 구호로 삼아 의연하게 거의하여 항○하고, 이치에 비추어 개도하여, 단선단정 음모를 분쇄하고 남북회담을 추진하여 외국인들이 계략을 펼치지 못하게 하라.[87]

호소문을 순한문으로 작성한 것은 이 글이 일반 대중을 대상으로 한 것이 아니라 지방의 유림에게 직접 호소하려 했음을 알려 준다. 이미 지역 사회의 유림은 김창숙의 유도회가 장악하고 있었음에도, 전국유교연맹이 정통 유림 집단에 단선단정 반대를 호소한 까닭은 무엇일까. 이는 유도회와 김창숙 역시 완전 자주 독립, 곧 남북 분단 없는 국가 수립을 주장해 왔다는 것을 감안할 때 비로소 이해될 수 있다. 우파의 유도회와 좌파의 유교연맹 모두가 남북협상을 지지하고 있었다. 그런 까닭에 유교연맹은 이 순한문 호소문을 통해 정통 유림들에게 두 가지 메시지를 던질 수 있었다. 하나는 자신들이 단순히 정치 단체가 아니라 실제 조선 유교의 전통에 서 있는 유교 단체임을 알려 그 정통성을 인식시키는 효과이고, 다른 하나는 자신들의 남북협상 참여의 현대사적 의의를 선전하는 효과이다.

아쉽게도, 전국유교연맹은 북행했던 여타 사회단체와 차별성을 보이지 못했다. 전국유교연맹의 협상 참여자들은 결국 북한의 의도에 이용당했다는 것을 확인했을 뿐이다. 앞서 언급했던 5인_{김응섭, 홍승국, 류진영, 이영규, 이원일}은 유교연맹 자격으로 북한의 대의원에 선출되었다. 이들 외에도 홍학식, 윤익병, 이구영, 이원헌 등 유교 관련 인물들이 북한에서 활동하며 서울에 잔류한 조직책 이석구 등에게 유교계 포섭 활동을 독려했다. 하지만 유교연맹이 북한 측의 뜻에 따라 움직이는 모습을 보인 순간부터 그들의 영향력은 더 이상 유효하지 않게 되었다. 유교적 대의·명분으로 참여했던 이 단체의 일반 참가자들은 간부들의 북행이 지닌 의미를 깨닫는 순간 조직에서 이탈하기 시작했다. 이러한 균열은 일반 참가자들뿐만 아니라 간부급 핵심 인사들에게도 해당되었다. 6·25 전쟁 직전 남파되었던 유교연맹의 핵심 이영규가 월남과 함께 전향한 것이 그 사례이다. 김응섭을 비롯한 남북협상 유교연맹 참여자 가운데 귀환자들은 이후 대한민국 정부 수립과 함께 공적 활동에 나서지 않았다는 점도 그것을 방증한다. 유명무실하게 남아 있던 조직은 1949년에 정부의 유령단체 해산령에 의해 해소되었다. 1950년 1월에는 북한에서 유교연맹 재건을 위해 파견된 간부들이 모두 검거되었는데, 이 사건의 조사 과정에서 남측 잔존 세력들이 '전향'을 선언하면서 전국유교연맹은 역사의 뒤안길로 사라지게 되었다. 다만 대개 모든 운동이 그렇듯이, 참여 시기의 열광이라는 경험은 훗날에도 오래 그 영향을 보존한다. 참가자들 가운데 6·25 전쟁의 고비를 넘긴 이들은 1960년대 중반 이후 재야 한학계로 복귀하여 고전번역과 한학 후속 세대 양성에 큰 기여를 하게 된다.

전국유교연맹 활동의 의의

지금까지 해방 정국의 전국유교연맹의 활동상과 그 성격을 조사한 결과를 요약하면 다음과 같다. 첫째, 전국유교연맹은 해방 정국에서 민주주의민족전선의 통일국가수립운동을 위한 세력 확대라는 좌파의 조직적 목적과 유교계 내부에서 김창숙 중심의 유도회총본부가 우익화되는 것에 불만을 가진 좌파 성향의 유교 민족운동 세력의 의도가 결합하여 결성되었다. 둘째, 전국유교연맹 결성 과정에는 크게 세 개의 주도 세력이 있었는데, 하나는 위원장 김응섭을 중심으로 하는 영남 지역의 유림 원로 세력이었고 나머지 둘은 좌파 청년 세력으로서 김태준 영향하의 명륜학교 졸업생 그룹과 홍기문·이원조 영향하의 사서연역회 출신들이었다. 셋째, 전국유교연맹은 유교 혁신과 평등사회 구현을 위해 세 확산에 나서면서 우파인 유도회와 경쟁하였는데, 특히 영남 지역의 지회 설립 과정에서 충돌하면서 향촌 사회에 긴장을 야기했다. 넷째, 전국유교연맹의 참가자들은 통일국가수립운동에 적극적으로 참여했지만 일부 핵심 세력이 과도하게 북한 측에 동조하면서 이탈이 시작되었고 남북협상 이후 북한에 실망한 인사들이 활동을 포기했다가 대한민국 정부 수립 이후 자진 해산하면서 활동을 마감했다.

전국유교연맹의 실패에는 남북 분단이라는 역사적 요인도 작용했지만 무엇보다도 유교연맹이 유교 정치의 진보적 이상에 대한 독자적 비전과 활동 방침을 제시하지 못한 채 당면한 정치 문제에 과도하게 개입했던 내부적 요인이 더 크게 작용했다. 비록 민전 산하단체로 활동하더라도 명망과 능력에서 출중했던 청년 유교인들이 대거 참여했다는 점을 감안할 때, 유교연맹은 정치 투쟁과 동시에 유교계 최대의 과제인 유교 혁신의 이념과 논리 설정에 집중했어야 한다. 전국유교연맹의 실패는 유교계에서 진보적 대안 제시 집단의 성장 가능성을 차단하는 결과를 가져왔다. 이어진 전쟁을 통해 성립된 반공 정치체제는 유교연맹 참여 경력 인사들의 공적 활동을 차단했다. 이승만 정권에 대립했던 김창숙이 정권의 공작에 의해 유교 세력의 주도권을 상실하게 되면서 유교계 전반의 근대적 혁신 시도는 종언을 고하게 되었다.

다만 전국유교연맹의 정치 실험은 그 실패라는 결과에도 불구하고 유교사에서 커다란 의미를 갖는다. 유교와 유교인에 드리워진 '보수 일색'이라는 평판에 대한 반대 근거로서, 전국유교연맹은 유교와 혁신 정치의 접합이 얼마든지 가능하다는 실제로 보여 주었다는 점에서 향후 유교의 정치성 복원에 역사적 근거를 제공한다. 또한 전국유교연맹 핵심 참여자들이 유교 전통에 대해 가졌던 비판적 인식은 오늘 우리가 유교의 근대적 혁신의 방향에 대해 성찰할 수 있게 이끌어 간다. 이러한 이유로, 한국 현대사와 유교사 서술에서 체계적으로 배제되었던 전국유교연맹에 대한 후속 연구가 수행될 필요가 있다.

4

유교인의
반독재·민주화운동

8

유교 정치의 모색과
독재정권의 탄압

1946년 3월 결성된 통합 유도회총본부는 그해 6월 임원진 선임을 마치고, 성균관대학기성회 구성을 통한 유교 대학 설립 준비에 착수했다. 앞서 검토했듯이, 대동회와 전국유교연맹 등 유교계 좌파들이 이탈했고 일부 일제 협력 유림들이 가담하는 등 우여곡절도 있었지만, 1946년 하반기 이후 김창숙 위원장은 명망만큼이나 매운 기운을 뿜어내며 유교부흥운동에 착수했다. 김창숙은 김구의 노선을 적극 지지하면서 우익 계열의 반탁운동에 참여하면서 유교 계열의 정치적 위상을 드높였다. 유도회 내부에서는 일제강점기 조선학운동의 주도자였던 정인보와 무정부주의 계열 독립운동의 핵심이었던 이정규가 김창숙을 도와 유교계로 하여금 시국에 영향력을 미칠 수 있도록 보좌했다. 성균관대학 설립을 마친 유도회총본부가 유교 부흥을 위해 가장 역점을 두었던 사업은 유도교도원 과정의 운영이었다. 정통 유림이 이미 연로했고 또한 시대변화에 대응할 능력이 떨어졌기 때문에, 유도회에서는 향후 유교를 이끌어 갈 젊은 세대를 조직하여 교육할 필요가 있었다. 이 과정에는 전국 향교에서 청년들을 파견한 것으로 보인다.

한편 일제강점기를 거치면서 유교계에는 이미 정통 유림에서 이탈한 별개의 세력, 곧 유교적 가치를 내면화하고 있으면서 '근대 교육'을 이수한 인물들이 성장하고 있었다. 해방 이후 정치권과 공론장에서 두각을 나타내던 이들은 향촌의 정통 유림이 아니라 서울에 자리 잡은 지식인으로서 신흥 유교 세력을 대표했다. 1950년대 유교계는 정통 유림과 신흥 유교 지식인들이 느슨한 연결을 가진 채 개별적으로 공존하고 있었다.

1. 해방 이후 유교 계열 지식인의 상황

일제 식민지 시절을 겪으며 유교 계열 지식인들은 교육 배경과 지향에 따라 합일이 어려울 정도로 분화되었다. 앞서 검토했듯이, 위정척사를 계승한 정통 유림 계열은 병탄 전후 의병전쟁을 수행하면서 큰 인적 손실을 겪었다. 국망의 치욕을 겪은 정통 유림에게 타협은 불가능했다. 류인석처럼 연해주로 옮겨가서 투쟁하지 않는 한, 정통 유림에게는 후학을 양성하며 훗날을 기약하는 방법밖에 없었다. 사승 관계가 뚜렷한 전통적인 한학 교육을 이수한 인물 가운데 신문·잡지 같은 근대적 공론장에서 적극적으로 유교 담론을 펼친 이는 정인보를 제외하고는 거의 없었다.

교육 방식의 차이에 따른 분화

하지만 시대 변화 앞에서 이들의 민족운동 참여 방식에도 작은 변화가 있었다. 1919년 정통 유림이 주도한 파리장서운동은 유교의 정신이 아직 빛나고 있음을 보여 주었고, 이를 기획·실행했던 청장년층의 유림들은 이후 해외와 국내의 독립운동과 사회운동에 적극 참여했기 때문에 해방 이후에도 지속적인 영향력을 발휘할 수 있었다. 해방 이후 유도회총본부 참여 인물들은 대부분 파리장서운동 주도자이거나 그 후손들이었다. 영남의 곽종석 문하, 기호의 김복한 문하, 류인석 의진의 후예들이 모두 해방 후 김창숙 휘하에 모여 유교 부흥과 독립국가 건설에 힘을 모았다. 또한 안동의 류인식 등 혁신 유림의 후예들은 대체로 사회주의 계열 독립운동에 참여했는데,_{박원재, 2006} 이들은 해방 정국에서 대체로 김응섭 휘하의 전국유교연맹에서 활동했다.[1] 하지만 시대의 과제를 외면했던 대개의 유림 집단은 스스로 도태의 길을 걸었고, 일부는 일제하 경학원에 관계하면서 일제 정책에 순응하는 길을 걸었다.

한편 대한제국 말기의 애국계몽 활동을 지켜보며 성장했던 근대 제도 경험 지식인들은 이와 달랐다. 이 그룹은 소년 시절에 가학을 통해 높은 유교적 소양을 갖췄기 때문에, 일본 또는 국내에서 근대 교육을 이수한 배경을 바탕으로 국내 민족운동과 공론장에서 활발하게 활동했다. 비록 정치적 지향에서는 조금씩 차이가 있었지만, 정인보와 같은 세대인 송진우, 안재홍, 홍명희는 언론과 국내 사회운동을 주도했다. 일제하 변호사로서 민족운동을 적극 변호했던 김병로, 이인 등의 법조계 지식인들도 역시 비슷한 영향력을 발휘하고 있었다. 이들 세대는, 민족운동의 원로 그룹에 속했던 이승만, 이시영, 김구, 김창숙 등보다 대체로 10여 세 어렸는데, 그 까닭에 해방 정국에서 다양한 정파로 나뉘어 각자의 길을 갔을지라도 지속적으로 교유하면서 민족의 진로 설정을 위한 활동에 정력적으로 참여할 수 있었다.

교육 방식의 차이는 해방 이후 이들 집단이 활동하는 데에도 영향을 미쳤다. 지방에서 주로 활동했던 전통적인 한학 교육을 이수한 집단은 정국을 파악할 지식을 쌓지 못한 채 옛 위정척사의 언어로 사태를 인식하는 경우가 많았고,_{이영훈, 2009} 중앙의 제도화된 근대 기관에 참여할 자격을 거의 갖추지 못했다. 이런 요인들과 더불어 유교의 도덕주의적 반反자본주의 성향은 그들이 해방 후 국가 건설의 방향에서 사회주의에 친화적인 경향을 갖게 했다. 전통 유교가 농업을 중시했고 또 이들이 농업에 종사했기 때문에 농민 중심의 평등 사회라는 유교의 전통적 정치 이상을 중시했다. 신간회 참여를 계기로 한 차례 정치화된 이들은 해방 정국에서 사회주의 세력에 쉽게 노출되었다. 앞서 검토했듯이, 좌파인 전국유교연맹의 핵심 세력은 월북해서 그곳의 삶을 살았지만, 대의명분에만 동의했던 일반 참여자들은 1949년 자의로 또는 타의로 강제 사상전향을 위해 보도연맹에 가입되었다. 북한의 6·25 전쟁 도발과 함께 예비검속되었던 이들 유교인들은 후퇴하던 군경에 의해 학살되기도 했다. 일제강점기 중반 이후 향촌 사회로 스스로를 유폐시킨 정통 유림은 학파적 교육 공동체로 존속했지만 근대 정치에서의 영향력을 상실했다.

반면에 근대 교육을 이수한 유교 지식인들은 해방 정국에서 주도 세력으로 활동했다. 그들 가운데 김구·김규식 일행의 방북 때 동행했다가 북한에 남은 홍명희와 홍기문·홍기무 형제를 제외하고는 대체로 중도적 민족주의 세력으로 활동했다. 국내 세력과 임시정부 계열을 통합시켜 민족 중심 세력을 형성하려던 우파 계열의 송진우가 해방 정국 최초의 정치 테러로 희생당했고, 후원 세력인 김구조차 1949년 희생되었기 때문에, 유교 계열 지식인들은 좌우 어느 한 진영으로 쏠리기보다는 광범위한 민족 진영의 일원으로서 상황에 따라 적절하게 행동하기를 택했다. 미군정기 민정장관을 맡아 자치 능력 향상을 위해 애쓴 안재홍은 단정 수립에 반대하여 정치를 떠났다가 전쟁 직전 선거에 당선되어 현실 정치에 복귀했다. 전통적인 학자였지만 일제강점기 최고 지식인으로 자리 잡고 있었던 정인보는 이시영의 권고로 초대 감찰위원장현 감사원장직을 맡아 추상같은 태도로 공직 윤리를 바로잡고자 했지만, 조봉암과 임영신 독직 사건의 처리가 지지부진하자 사퇴했다. 그런데 전쟁 기간 중 안재홍과 정인보, 그리고 현상윤 등이 납북되면서 유교 담론을 주도할 수 있는 인물이 사라져 버렸다. 이때 함께 납북된 인물 가운데 임시정부 계열의 운동가들 대부분은 애국계몽기부터 활동했던 대종교-유교 계열의 지식인들이었다. 조소앙, 조완구, 윤기섭, 류동열 등은 독립운동의 원로급 인사들로서 언제든 민족진영으로 결집하여 현실 정치에 영향력을 미칠 수 있었던 인물들이었다.

6·25 전쟁 이후 유교 계열 지식인들은 대체로 재조에서 재야로 변화하면서 독재화하는 이승만 정권에 맞서기 시작했다. 초대 부통령 이시영은 1951년 국민방위군 사건에 충격을 받고 사

퇴한 이후 반反이승만 계열의 원로로 활동하다가 휴전 직전에 서세했다. 우익 진영 조직의 대부로 건국 과정에 깊이 관여했던 김성수는 이승만의 견제를 뚫고 신익희의 대한국민회와 통합하여 민주국민당을 창당하여 최초의 강력한 통합 야당 세력을 이끌었다. 그는 전쟁 기간 중 2대 부통령에 당선되었지만 부산정치파동을 비판하며 사퇴하고 이후 이승만 정권에 맞서 투쟁하다가 1955년 서세했다. 초대 국회부의장이자 실질적인 첫 국회의장직을 수행한 신익희 역시 이승만 정부의 독재화에 충격을 받아 1954년 호헌동지회를 결성한 다음부터 반이승만 세력의 최고 지도자로 활동했다. 1956년 민주당 대통령후보로 지명되어 당선을 기대했지만 유세 중 급서해서 아쉬움을 남겼는데, 유교 계열에서는 더더욱 큰 손실이었다.

유도회총본부를 이끌던 김창숙은 야당의 보수화를 견제하기 위해 혁신정치 진영에 직접 뛰어들었다. 조봉암과 서상일의 혁신정당 움직임에 발맞추어 김창숙은 옛 독립운동의 동지인 정화암, 장건상 그리고 건준 출신의 최근우, 이동화 등과 연합하여 진보 세력의 대동 단결과 진보정당 창당에 관여했다. 특히 김창숙은 민주당의 신익희와 진보당의 조봉암 사이에서 후보단일화를 촉구하고 실제 실행에 옮겼다. 사실상 단일화 협상이 완료되기 직전 신익희의 죽음으로 김창숙의 노력은 수포로 돌아갔지만,

유교계 대표가 직접 나선 반이승만 연합 전선은 이승만 정권에게 커다란 상처를 입혔다. 이후 김창숙은 혁신 계열 전체를 아우르는 상징적 존재가 되었다.

이시영, 신익희, 김성수 등 반이승만 전선을 이끌던 유력 정치인들의 죽음, 그리고 이어진 이승만 정권의 유도회 장악 시도에 따른 김창숙 지도력의 약화 등의 사태는 유교 계열이 현실 정치에 참여할 기회를 앗아갔다. 이후 유교 계열 지식인들은 재야에서 반독재 투쟁에 참여하는 것으로 자신의 역할을 재정립했다. 재조에서 재야로 활동 무대를 바꾼 사법부의 지식인들이 그 경우인데, 특히 김병로와 이인이 대표적이다. 대한민국 정부가 수립될 때 김병로와 이인은 각각 대법원장과 법무부장관으로 활동하여 민주적 사법부 운영의 틀을 세우는 데 노력했다. 하지만 이들도 이승만과의 갈등을 피해갈 수는 없었다. 이인은 일찌감치 국회에 진출해서 무소속으로 활동하다가 1959년부터 범야 세력 통합에 힘썼다. 김병로는 1957년 정년퇴임 때까지 대법원장직을 수행하면서 지속적으로 이승만 정권의 독재화에 맞서 충돌했다. 이후 김병로는 본격적으로 재야 세력의 원로로서 반이승만 세력에 도덕적 힘을 싣는 활동을 했다.

유교 계열 결속의 원동력

이처럼 재조에서건 재야에서건 또는 재조와 재야를 넘나들며 건국과 반독재 투쟁을 동시에 수행했던 이들을 결속시킬 수 있었던 힘은 무엇인가? 현대사학계는 이에 대해서 관심을 기울이지 않았거나 기껏해야 독립운동가로 헌신했던 그들의 개인적 배경에서 우러난 양심에 따른 행위로 보았다. 물론 그 해석이 틀린 것은 아니다. 하지만 그런 해석은 1970년대 이후 기독교계의 민주화운동에 미친 종교적 가치와 의미를 적극적으로 해석하는 것과 비교할 때 너무 소극적이다. 앞서 검토했듯이, 정부 수립 이후 1950년대 내내 이승만 정권을 지지하고 그 안에서 혜택을 입은 세력은 기독교 계열이었다.[2] 기독교 계열의 진보적 세력 또한 분단과 전쟁으로 인해 큰 타격을 입었던 까닭에 정치권에서 활동한 기독교 계열 인사들은 반공에 기반한 극우·친미적 성향과 근대주의적 정치 이념을 갖고 있었다. 유교 계열 지식인들이 대체로 중도 성향의 민족주의자였기 때문에 이들은 이념 성향상 지배 세력과 충돌할 수밖에 없었고, 동시에 권력에 편승한 기독교와 잠재적인 갈등 관계에 있을 수밖에 없었다. 이는 개인의 문제이기보다는 집단적인 차원의 문제였다. 유교의 공식 기관인 성균관과 유도회를 이끈 김창숙은 김구 암살 이후부터 이승만 정권에 비판적 태도를 띠기 시작했고 1950년대 내내 갈등 또는 적대 관계에 있었다.

여기에서 더 검토해야 할 것은 학계의 근대적 조직 분석 방식에 포착되지 않는, 유교의 전통적 조직 방식이 유교 계열의 결속에 미친 영향과 그 양상이다. 성균관과 유도회라는 지역 향교 연합 조직의 형식과 무관하게, 그들을 결속한 것은 의병전쟁 말기에 형성된 저항적 유교 정치학과 전통적 윤리학이었다. 이들은 국민국가와 민주공화정이라는 정치적 가치를 수용하면서도 동시에 사회적으로는 여전히 전통적인 윤리를 내면화하고 있었다. 김병로의 경우가 대표적인데, 그는 정치적으로는 근대 민주주의의 옹호자였지만 사회적으로는 전통 유교 규범의 수호자였다. 대법원장 재직시에 새 민법을 제정할 때 고유한 가족제도 수호의 의미를 역설했고, 여성 의원들의 가족법 개정안에 맞서 강력하게 반대했던 것이 그 사례이다.김학준, 1988: 367~372 이러한 공통된 집합 의식에 더해, 이들은 오랜 기간 동안 믿음을 나눈 교유 관계의 네트워크를 유지하고 있었다. 기독교와 달리, 유교는 성직자와 신도로 이루어진 치밀한 조직 관계를 발전시키지 않았다. 일찌감치 세속화한 유교는 개인적으로는 수양의 도덕이었고 사회적으로는 교화의 윤리였으며, 이를 토대로 현실 사회를 바로잡으려하는 것을 최고의 가치로 삼았다. 조선시대를 거치며 유교는 세속 세계에 용해fusion되어 있었기에 유교인들은 출사出仕하여 치인治人하는 것으로 자신의 종교적 의무를 다할 수 있었다. 출사하지 않은 경우에는 교육과 향촌자치 그리고 중앙정치에 대한 비판과 감시를 통해 공적 의무를 수행할 수 있었다. 해방 이후 유교적 지식인들이 공직 수행과 정치 비판에 거리낄 이유가 전혀 없었던 것은 그러한 행위 방식이 유교의 전통적인 관념 내에서 수용 가능했기 때문이었다. 유교인들은 문중, 지역, 학파 등의 종횡으로 촘촘하게 연결된 믿음의 교유 관계를 통해 출사에 관계없이 정치적 영향력을 발휘하는 데 익숙했다.[3]

그 밖에 참고해야 할 사항이 있다. 일제강점기를 거치면서 유교인들은 독립운동이라는 정치적 필요성 때문에 유교 인접 종교大倧教, 천도교로 분화되기도 했고, 사회분화에 따라 유학자의 길 대신 근대적 전문직업인으로 분화되기도 했다. 따라서 해방 이후 유교인의 범주에는 정통 유림이나 유도회와 성균관 같은 유교 단체 소속 인물 외에 다양한 분야에서 활동하는 '유교 계열 지식인'들을 포함시켜야 한다. 이 책은 1950년대 이후 유교계의 정치운동사를 서술하면서 다음과 같은 다양한 유형의 유교 지식인 집단의 활동을 함께 기록해 두고자 한다. 제1 유형에는 유교에 대한 종교적 자기 확인이 뚜렷한 이들로서, 해방 이후 유교 단체에서 활동한 인물 그리고 지역의 정통 유림 등이 포함된다. 제2 유형은 전통적인 유교적 교육 방식을 통해 얻은 유교적 가치를 내면화한 인물들이다. 일제강점기에 청년 시절을 보내면서 이들은 대체로 민족주의 성향을 갖게 되었다는 공통점이 있지만 그 존재 방식은 매우 다양했다. 직업으로 보자면, 한학·국학 분야를 가르치는 학자 집단, 유교적 가치를 내면화한 문인 집단, 그리고 정치·행정·법조계에서 재야와 재조를 넘나들며 현실 정치에 영향을 미친 집단 등이 있다. 독립운동 경험에서 보면, 임시정부 계열과 국내 문화운동 계열 그리고 해방 이후 혁신계 인사 등으로 나뉘는데, 정치 이념상으로는 중도우파에서 중도좌파 사이에 고르게 분포되어 있다. 제2 유형에는 대종교 관련 인사도 대부분 포함되는 것이 역사적 사실이지만, 대종교의 고유성을 존중하여, 유교 정치사를 서술하는 이 책에서는 극히 제한적으로만 언급할 것이다.[4]

2. 유교계의 시련

김창숙과 이승만의 불화

유교계의 첫 번째 위기는 김창숙과 이승만의 불화에서 비롯되었다. 김창숙이 김구와 각별한 관계를 유지하기는 했지만, 이승만이 1946년까지는 반탁에 기초한 통일독립국가 설립 노선을 유지했기 때문에 유교계는 광의의 임시정부 지지 노선을 통해 우익 계열의 통합에 기여하고 있었다. 하지만 이승만의 단정수립 노선이 본격화되고, 이에 거리를 두었던 미군정이 1947년 2차 미소공위 결렬 이후 현실적인 선택을 하게 되면서, 유교계는 이승만의 단정노선과 김구의 통일노선 사이에서 선택을 해야 하는 상황에 처하게 되었다.

일찍이 파당성을 배격했던 김창숙에게 당시의 대의는 오직 완전한 자주독립뿐이었다. 김창숙은 단선·단정에 반대하는 김구와 뜻을 합쳐 이른바 '7거두 성명'을 발표하고 남북협상을 지지했다. 하지만 김창숙은 김구·김규식의 북행에 동행하지 않았다. 몸이 불편한 것도 한 이유였겠지만 무엇보다도 김창숙은 김구일행의 북행이 김구의 의도와 달리 북한의 공작에 이용당하리라는 것을 꿰뚫고 있었기 때문이었다. 당시 단선·단정에는 반대하면서 동시에 남북협상에도 회의적이었던 김창숙의 생각에 동의했던 대표적인 인물은 단주旦洲 류림柳林, 1898~1961으로서, 무정부주의 계열의 독립운동 세력들은 수십 년간의 경험을 통해 일찍이 공산당의 기만 술책과 반민족적 작태를 잘 알고 있었기 때문에 남북협상에 참여하기를 거부했던 것이다.[5] 북행했던 김구가 성과 없이 귀환하면서 예정대로 총선거가 실시되었고, 제헌의회에서 헌법을 제정하고 이승만을 대통령으로 선출하여 마침내

1948년 8월 15일에 대한민국 정부 수립이 선포되었다.[6] 유교계에서는 성재 이시영이 부통령으로, 해공 신익희가 국회의장으로, 위당 정인보가 감찰위원장으로 초대 정부에 참여했다. 김창숙이 이들의 참여에 대해 어떤 감정이었는지는 정확한 자료가 없지만, 약간의 아쉬움과 기대가 교차했을 것으로 보인다. 그러나 이러한 관망도 잠시, 김창숙은 1949년부터 이승만의 분단노선에 반대하여 통일운동에 참여하기 시작한다.

유교 명사들의 납북과 후속 세대의 고난

다음으로, 6·25 전쟁이라는 돌발변수의 영향을 살펴보자. 분단과 6·25 전쟁은 유교 부흥을 이끌어 갈 인적 자원의 큰 손실을 가져왔다. 성균관 총재로 추대되었고 실제로 유교계를 지원했던 김구가 암살당하고[1949], 전쟁 당시 부통령이었던 1868년생인 이시영의 별세[1953] 이후 임시정부 계열과 관련된 유교부흥운동은 추진력을 상실할 수밖에 없었다. 더 큰 손실은 일제강점기 내내 개혁주의 유교를 이끌었거나 해방 이후에도 관계와 학계를 대표했던 정인보, 안재홍[대종교], 현상윤 등 근대 유교 명사들이 납북된 데에서 기인했다. 이들은 대체로 해방 이전에 조선학운동을 주도했거나 유교 관련 연구를 주도한 인물이었기 때문에 유교 부흥에 기여할 수 있는 인물이었다. 무엇보다도 이들은 유교 배경

인물로서는 드물게 근대적 공론장과 사회운동 그리고 정치와 교육 제도의 틀에서 시민들과 접촉을 가지고 있었던 영향력 있는 인물로서, 유교가 고래의 국가종교에서 벗어나 민주적 정치 질서를 이끌어나갈 새로운 사회성을 재획득하는 데 기여했던 인물들이었다. 이러한 일급 지식인들이 납북되어 생긴 급작스런 공백에 따라 유교의 근대화 작업은 중단되고 말았고 한국 유교에 대한 전문적인 연구도 침체되었다. 덧붙이자면, 전쟁은 또한 일제강점기 기간에도 존속했던 신분 의식을 일소시켜, 이미 전쟁 직전 토지개혁으로 경제적 기반을 상실했던 향촌 유림에게 마지막으로 남아 있던 사회적 위세까지 완전히 무너뜨리는 데 일조했다.

이미 일제강점기를 거치면서 근대화된 한국의 대학 시스템에서 유교적 지식인은 쉽게 정착하지 못했다. 중국 유학의 경험이 있는 김경탁金敬琢, 이상은, 권오돈, 문인이자 한글운동과 관련했던 조지훈趙芝薰, 이희승李熙昇 등이 겨우 학계에 자리를 잡았고, 전통적인 한학 시스템에서 성장한 이들 가운데는 임창순이 예외적으로 학계에서 활동했다. 유진오兪鎭午와 조윤제처럼 일제하에서 전문적인 교육을 받았던 이들 가운데서도 다수의 유교적 성향을 갖춘 인물이 있기는 했다. 하지만 이미 대세를 장악한 기독교 지식인 계열과는 비교가 되지 않을 정도로 그 힘이 미약했다.

독립운동 출신 인물 가운데 정치를 접고 학계에 머문 이들의 소
규모 네트워크가 혁신계의 정치운동과 느슨한 인적 연계를 유지
했을 뿐이다. 유교계가 사회 변화를 이끌어 가기는커녕 사회 변
화에 적응하지도 못하는 상황에 처한 까닭에 집권 세력은 유교
계를 탄압하거나 유교계 소인배를 내세워 정치에 이용하고자 했
다. 그 결과였던 1950년대의 유도회 분규는 오랫동안 유교계를
침체의 늪에 빠지게 한 원인이 되었다. 하지만 역설적으로 그 사
건은 4·19 혁명 이전부터 김창숙을 비롯한 유교계의 도의적인
인물들이 일찌감치 반독재 투쟁에 헌신하게 되는 배경이 되기도
했다.

유도회 분규의 배경과 전개

1950년대 유도회 분규는 유교부흥운동에 가장 큰 타격을 입힌 사
건이었다. 그 배경에는 이승만과 김창숙의 갈등이 있었는데, 이
승만 지지자들은 이를 기화로 김창숙을 축출하고 유교계를 장악
하고자 했다. 이를 자세히 살펴보자.

먼저, 간재학파를 비롯한 유교계의 여러 유파와 김창숙 사이
의 갈등이 표면화되었다. 간재학파는 전통 유교의 화이華夷 관념
을 고수했기 때문에 김창숙이 주도했던 파리장서운동에 불참했
고, 해방 후 성균관이 주도하고 유림대표자회의에서 결의한 '중

국 유현 위패 매안'에 반대하며 김창숙을 성토했었다.임옥균, 2010: 379~382 김창숙 개인의 비타협적 성향은 이런 문제를 더욱 심화시키는 데 기여했다. 김창숙은 남명학파였던 정인홍의 후손인 정기원에게서 정인홍의 신도비문을 부탁 받았는데, 정인홍의 당시 행적이 유교계 분열을 초래했다는 전거를 들어 거부하고 꾸짖었다.「국역 심산유고」: 190 그 까닭에 남명학파와의 사이도 틀어지게 되었다. 당시 유교 계열의 뛰어난 학자였던 변영만의 형제들변영로, 변영태에게도 김창숙의 비판은 피해가지 않았는데, 변영로가 공맹을 비난하고 이승만을 숭배한 데 대해 풍자의 형식으로 조소하기도 했다.「국역 심산유고」: 182~183 그래도 이런 종류의 갈등은 정치권력과 직접적인 관계없는 학문적 수준의 것으로서 대의를 분명히 하면서 서서히 해결될 수 있었다. 하지만 현실 정치와 관련하여 유교계를 장악하려는 명확한 의도를 가지고 있던 세력들과의 대결을 이겨내기에 김창숙은 충분히 노회하지 못했다. 이른바 '유도회 분규'에서 김창숙의 시련은 절정에 달했다.

1951년 김창숙이 이승만 대통령에게 하야경고문을 보낸 다음부터 시작되었던 둘 사이의 갈등은 전쟁 중인 1952년 부산정치파동 시기에 김창숙이 최초의 반독재투쟁인 '반독재호헌구국선언대회'에 참석하면서 본격화되었다. 더욱 노골화한 이승만 정권의 독재화에 저항한 유교 계열이 정권의 미움을 받는 것은 당연한 귀결이었다.김석원, 1987; 권기훈, 2000; 서중석, 2003 그때부터 이승만과 김창숙은 유교 조직 장악을 두고 장기전에 들어간다. 당시 유교 계열은 표면적으로 성균관장 김창숙이 장악한 듯 보였지만 실상은 그렇지 않았다. 비록 사회주의 계열 활동을 폈던 유교 조직이 소멸되기는 했지만, 지방의 유림은 여전히 전통 시대의 학맥에 따라 분열되어 있었다. 여기에 일제하에서 활동했던 유교 인사들이 친일 유림이라는 오명을 씻기 위해 재기를 노리고 있었고, 해방 이후 현실 정치의 동향에 민감했던 이들이 정파적으로 움직이면서 유교계의 상황을 복잡하게 만들었다. 유도회 결성 이후 지방 유림 중 일부는 향교 재산의 관할 문제로 불만이 많았다는 점, 유교 조직이 성격상 성직자 중심이 아니어서 비종교적 인물이 조직에 쉽게 발을 붙일 수 있었다는 점 등은 유교 분열의 먼 배경이었다. 무엇보다도, 과거 유교가 국가종교였다는 환상적 의식은 유교인 스스로 정권을 장악한 세력이 유교계에 개입할 빌미를 제공했다.

이승만 대통령은 1954년 석전 봉행을 시작으로 유교계에 서서히 영향력을 발휘하기 시작했다. 1954년 10월 1일 발표된 이승만의 첫 "유교 담화"에는 유교와 기독교는 서로 모순이 없고 특히 삼강오륜을 지켜 예의지국이 되어야 한다는 대통령의 생각이 실렸다.유도회총본부, 1958: 2~7 갑오개혁으로 과거제가 폐지되기 전까지

사서삼경을 익혔던 이승만이 생각한 유교는 순응과 질서의 종교였던 셈이다.

성균관대학이 1955년 1월 김창숙의 측근인 이정규의 부총장직을 해임하면서 시작된 정권과의 갈등은 1956년 김창숙의 사표로 이어졌다. 유도회 분규에 대해서는 이미 충분한 연구가 진행되었는데,권기훈, 2010; 조한성, 2002; 서중석, 2003 특히 이승만의 유림 장악과 관련된 갈등이 주목된다. 당시 이승만의 관심이 어디에 있었는지는 1956년 선거를 앞두고 분명해졌다. 김창숙을 제거하기 위해 이승만은 이른바 재단파와 농은파를 앞장세워 유도회 분규를 배후 조종하고 스스로 성균관 총재로 추대되었다. 이때부터 유교계는 자유당 정권 유지 세력으로 전락하고 말았다.[7] 당시 김창숙은 친일 유림 계열이었던 성균관재단 이사장 이명세 일파와 유도회를 자유당의 조직화하려 했던 농은파의 협공을 받고 있었다. 특히 농은파가 공권력의 비호하에 구자혁, 이범승, 윤우경 등으로 유도회를 장악하면서, 유도회 총재와 최고고문에 기독교인인 이승만과 이기붕이 각각 추대되는 어이없는 사태가 벌어졌다.『국역 심산유고』: 186 이런 추이를 관망하던 이명세가 다시 이사장에 취임하고 성균관대 총장에 친정권파 이선근李瑄根이 취임하면서, 유교 조직은 이승만 휘하의 수없이 많은 관변사회단체 중의 하나로 전락하게 되었다. 실제로 유교계는 1960년 정부통령 선거

에서 자유당의 선거운동에 앞장섰다. 이처럼 해방과 함께 힘차
게 시작되었던 유교계 부흥의 움직임은 분단과 전쟁 그리고 독
재정권의 탄압에 의해 시련을 겪었다.

하지만 이승만과 자유당이 장악한 것은 '소인배들의 조직'이
었을 뿐 '군자의 네트워크'가 아니었다. 대의에 기초한 유교 네트
워크는 근대적 조직과 다르기에 권력에 영향을 받지 않았다. 유
교 계열의 지식인들은 지조와 양심을 지킨 채 4 · 19 혁명 전야를
맞았다.

9

마지막 불꽃
유교와 4·19 혁명

　일반적으로 근대의 사회운동 이론으로는 유교 지식인들의 활동 방식과 그 영향력에 대해 파악하기가 어렵다. 지금까지 유교계의 정치·사회운동에 관한 연구는 일제강점기 독립운동에 관련된 영역으로 한정되어 있었는데, 학계에서 해방 이후 유교의 역사를 굴절과 쇠퇴의 시기로 보기 때문으로 생각된다. 그런데 1950년대 반독재투쟁사를 곰곰이 들여다보면 연구자들의 그런 인식에는 문제가 있다는 것을 알 수 있다. 이승만 집권 12년 기간 동안 가장 길고도 가장 강력한 저항을 시도한 세력 가운데 바로 유교 계열의 지식인들이 있기 때문이다. 그들은 언제나 도의에 기초해 움직였기 때문에 근대적인 '조직' 구성에 연연하지 않았고, 유교를 내세운 투쟁 단위를 결성한 적도 없다. 대신 유교

계열의 지식인들은 반독재 투쟁을 위한 공동전선에 참여하는 데 적극적이었다. 활동 시에는 분파주의를 경계하고 통합을 위한 조정에 힘을 쏟았다. 외부적으로는 반독재투쟁이라는 목표에 철저하고 내부적으로는 협력에 중시했던 이들의 실천 방식은 지극히 유교적인 원리에 기초해 있다. 대의大義에 철저히 기초하되 형세를 살펴 시의에 따른 올바름時中을 추구하고 화이부동和而不同의 원칙으로 협동전선체를 운영하는 것은 군자가 정치에서 갖춰야 할 행위 방식이다.

이러한 방식의 유교 계열 반독재 투쟁은 해방 직후부터 1960년대까지 크게 세 가지 축을 중심으로 전개되었다. 첫 번째 축은 비교적 조직적인 움직임으로서 진보적 민족주의의 흐름과 연결되었고, 두 번째 축은 현실 정치에 직접 참여한 흐름이며, 세 번째 축은 명망가들의 연고네트워크를 활용한 흐름이었다. 실제 운동의 전개 과정에서 각 흐름은 긴밀하게 영향을 주고받으며 운동을 추동해냈고, 특히 1960년 4·19 혁명 전후에 가장 활성화되었다. 다만 이 가운데 현실 정치 참여의 흐름은 6·25 전쟁 기간 중 핵심 인물들의 납북과 서세 때문에 강제로 종료된 상태에서 두 흐름에 상징적 영향을 미쳤다. 이 세 가지 흐름에 대해 상세히 살펴보자.

1. 유교 계열 반독재 투쟁의 노선들

진보적 민족주의와 유교

먼저 진보적 민족주의와 연결된 조직적 움직임부터 살펴보자. 이 흐름은 해방 정국에서 임시정부 계열을 지지하는 여러 조직적 활동을 포괄하는 것으로 정치 이념으로는 중도파에서 좌파_{혁신계}까지 폭넓게 걸쳐 있었다. 앞서 해방 정국의 유교 단체 가운데 대동회와 전국유교연맹이 이에 해당되는 대표적인 흐름이었음을 상술한 바 있다. 여기서는 이들 유교 단체와 무관한 일반 유교 계열 지식인으로서 현실 정치에 적극적 참여를 시도했던 집단인 민족건양회 세력을 간단히 소개하겠다. 1946년 1월에 출범한 민족건양회는 자주독립노선 혁신운동 세력의 한 그룹으로서 민족혁명론을 주장했던 이종률, 박진, 조윤제 등의 젊은 학자들이 주도한 작은 조직이었고 실제 활동도 미미했다. 하지만 그 주도자인 이종률 개인의 정치적 행보의 파격성과 그가 4·19 혁명 이후 통일운동의 한 축이었다는 점 때문에 주목할 만하다. 창립까지는 이르지 못했지만, 이들은 수석의장으로 김창숙, 의장으로 이시영을 추대했고, 실제로 1950년대 내내 이종률의 정치 활동은 이시영_{서거 때까지}, 김창숙, 신익희 등 원로의 전폭적 후원하에 실행되었다._{김선미. 2008: 92}[1] 이종률의 저작을 토대로 한 장동표의 연구2006에 따르면, 민족건양회 인사들은 1950년대 역사의 현장에서 매우 중요한 역할을 수행했다. 1952년 6월 국회의 대통령 선거를 앞두고 건양회 세력은 이시영을 대통령 후보로 당선시키고자 했고, 이를 위해 김창숙과 함께 내각제 개헌을 추진하기 위해 노력했다. 잘 알려진 것처럼, 이 시도는 국제구락부 사건으로 알려진 정권의 폭력에 의해 저지당했다. 1956년 대통령 선거에서도 민족건양회는 신익희를 단일후보로 내세우는 데 큰 기여를 했다. 김창숙의 저택에서 '민족자주 화평통일 단일 대통령 입후보를 위한 모임'을 주도한 이들은 신익희와 조봉암 가운데 신익희를 단일후보로 확정했다. 물론 이종률의 회고만으로 민족건양회가 이 움직임을 주도한 것으로 평가하는 데에는 무리가 따른다. 다만 이종률이 김창숙·이시영과 깊은 관련이 있다는 것은 이념적으로 또 활동상으로 충분히 입증 가능하다.[2] 민족건양회의 이종률과 조윤제 등은 4·19 혁명 기간에 다시 정치 모임을 개시하여 유교계 인사들과 천도교 민족혁명파 세력 등이 결합한 민족자주통일중앙협의회이하 '민자통' 결성에도 참여했다.

여기서 주목해야 할 것은 유교 계열 민주화운동이 왜 진보적 민족주의와 결합될 수 있었는가 하는 점이다. 이를 위해서는 크게 두 가지 분석이 필요하다. 첫째는 유교가 민족주의를 수용하게 되는 이론적 역사적 배경에 관한 것이고, 둘째는 해방 정국에서 1960년대에 이르는 시기의 특수한 정치·사회적 배경에 관한 것이다. 먼저, 선행 연구가 많이 축적된 유교와 근대적 민족주의와의 관계를 살펴보자. 일반적으로 조선 후기는 훗날 '실학'으로 이름 붙여지는 주체적 의식의 고양기이면서 동시에 성리학의 '소중화' 의식이 가장 고양된 시기이기도 했다. 북학파는 개화파로 이어져 일찌감치 근대적 민족 관념을 수용했고, 조선 양명학파_{강화학파}는 국권 침탈 직전에 사상적으로 민족주의를 수용했다. 계몽운동과 신민회 활동에 개신 유림이 적극 참여한 1907년 무렵에는 이미 민족주의를 개별적으로 수용한 이들이 많았다. 마지막까지 위정척사를 외쳤던 정통 유림도 주도 세력은 국권 피탈 전후로 대부분 민족주의를 수용했다. 소중화라는 문화적 자부심이 역설적으로 민족적 자존심과 융합되면서 성격 변화를 이끈 것이다. 위정척사파 의병전쟁의 최후 지도자 류인석의 후기 저작이 그 대표적 사례이다.이황직, 2011 따라서 유교 계열 주류가 민족주의를 수용한 것은 1910년 전후로 볼 수 있고, 식민치하에서도 유교 계열은 정통 유림의 파리장서운동과 근대적 지식인의 개별적 조직 운동 등을 통해 민족주의운동에 참여했다. 이러한 배경하에 맞이한 해방 정국에서 유교인들이 완전한 자주독립국가를 꿈꾼 것은 지극히 당연한 귀결이다. 다음으로, 해방 정국에서 1960년까지의 특수 상황이 유교인의 정치의식에 미친 영향을 살펴보

자. 이 책의 3부에서 살펴보았듯이, 해방 직후 강대국의 신탁통치와 남북 분단의 가능성에 유교 계열 지식인들은 민감하게 반응하면서 민족통합을 제일의 목표로 설정했다. 성향상 중도적이었던 유교 계열은 분단 이후 통일을 추구하는 진보적 민족주의 세력과도 협력하게 되었다. 그러한 운동상의 경험과 김창숙의 저항적 성향이 맞물리면서 유교계는 이승만 정권과 지속적인 갈등 상태에 놓이게 되었다.

유교 계열의 현실 정치 참여 흐름

이제 유교 계열 민주화운동의 두 번째 축인 제도권의 현실 정치 참여 흐름에 대해 살펴보자. 여기서 주의할 점은, 현실 정치 참여가 반드시 정당 결성 여부로 파악될 수는 없다는 점이다. 본래 유교 지식인들은 정당 조직을 만드는 데는 큰 관심이 없었다. 해방 직후 여러 민족주의 정당의 대표 추대 교섭을 뿌리친 김창숙의 경우가 대표적인데,「국역 심산유고」: 184~177 이는 유림 조직의 대표라는 점을 감안한 것 때문이기도 했지만 무엇보다도 분열보다 통합을 중시하는 유교인들의 기본적인 성향과 관련된 것이다. 과거에 종교가 국가에 통합되었던 시기의 문화를 전승한 유교 계열 지식인들에게 국가는 대공大公이었고 정당은 사사私邪의 영역으로 인식되었다. 해방 정국처럼 정당이 난립했던 상황, 그리고 이후에도 인물과 이익 중심으로 정당이 운영되었던 이후 한국 정치 현실에서 비판적 유교 지식인들은 정당에 대한 부정적 인식을 더욱 내면화했다.

기독교와 천도교가 일제강점기에도 조직적 활동을 펼친 것과 달리, 국내에서 활동한 유교인들이 별다른 조직 경험 없이 각종 사회문화단체에 명망가로서만 활동했던 것도 유교가 정당과 같은 정치 활동을 주도하지 못한 요인으로 작용했을 것이다. 정당 활동에 적극 참여했던 조소앙과 안재홍 등 일부 유교대종교 계열 지식인들이 주로 임시정부 계열의 독립운동가이거나 강점기 국내 민족주의 노선을 이끈 이들이라는 점은 조직 경험 유무가 정당 활동에 직접적으로 영향을 미친 요인이라는 것을 잘 일러 준다. 예외적으로 정당 조직 활동에 참여한 유교인들조차도 사적인 권력욕은 없었다. 오직 분단되지 않은 온전한 민족국가 수립에 대한 대의만이 이들을 이끌어 간 힘의 원천이었다. 단독선거에 반대하는 '7거두 성명'에 참여한 7명 중 김규식을 제외한 나머지 6인김구, 김창숙, 홍명희, 조완구, 조소앙, 조성환 등은 모두 유교 계열 또는 유교 친화적인 독립운동가였다. 또 통일국가 수립 노력이 실패한 후 치러진 1948년 5월 제헌의원 선거에서 이들이 모두 불출마했던 점에서 그들의 무욕을 잘 알 수 있다. 홍명희를 제외한 인사들은 분단의 주된 책임이 남쪽보다는 북한에 있다는 것을 꿰

뚫고 있었기 때문에 대한민국 정부 수립 과정을 아쉬워하면서도 조용히 관망했다. 대의가 좌절된 현실에서 무작정 정부 출범에 반대하는 것보다 시의時宜상 유엔의 승인을 받은 합법 정부가 평화적 통일을 지향하게끔 영향을 주는 길을 택했다. 하지만 이승만 정부가 평화통일에 소극적이고 또 그 주위의 기독교 인사들의 권력 확장 시도를 지켜보면서 이들은 다시 정치 활동을 개시했다. 1949년 결성된 민족진영강화위원회에의 적극적 참여가 그 출발점이다.

김구 암살의 충격으로 김규식의 민족자주연맹과 조소앙의 사회당 등 옛 임정 출신이 주축을 이룬 민족진영강화위원회이하 '민강'는 과거 남북협상으로 북한에 이용당했던 경험 때문에 좌파를 배제하고 대한민국에 대한 충성을 바탕으로 민족진영의 재결집을 목적으로 출범했는데, 묵시적으로 평화통일 논의를 촉진하고자 했다. 결성 준비 과정에서 안재홍이 정견의 소이小異 대신 구국의 대의로 협동하자고 촉구한 영향으로안재홍, 1983[1949]: 584 한독당과 사회·종교단체를 아우르는 참여를 통해 이승만 정권을 견제하는 세력의 상징적 구심 역할을 맡게 되었다.[3] 그리고 이들은 이승만의 견제를 무릅쓰고 1950년 5월 30일에 실시된 제2대 국회의원 선거에 적극 참여하여, 조소앙, 안재홍, 윤기섭, 장건상, 원세훈 등 주요 인물이 대거 당선되었다. 중도파가 국회를 주도할 수 있는 여건이 만들어진 것이었다. 하지만 채 1개월도 지나지 않아 침략한 북한 공산주의자들에 의해 이들의 노력은 수포로 돌아갔고, 핵심 인물 거의 대부분이 납북되면서 이후 유교 계열의 제도권 정치 운동은 사실상 종언을 고하게 되었다. 다만 이들이 남긴 도덕적 유산은 훗날 민족통합 운동에 큰 상징적 기여를 하게 된다.

유교 재야의 네트워크와 김창숙

이제 유교 계열 민주화운동의 마지막 축인 재야의 개인적 네트워크를 살펴보자.[4] 본래 조선 유교의 도덕주의 전통은 재조에서보다 재야에서의 활동을 더욱 중시했다. 조선 후기 이른바 재야의 산림山林이 주도한 비판적 정치 참여의 전통이 여전히 삶의 원리로 남은 유교인들에게 현실의 권력 투쟁보다는 재야에서의 도덕적 비판과 견제 활동이 더욱 익숙했다. 김창숙의 '민강' 참여 동기도 그 강령 자체에 대한 동의 때문이었다. 중도파 인사들의 납북 이후 김창숙이 10여 년간 일관되게 이승만 정권의 독재화에 맞선 최고 재야 지도자로 활동한 것은 마치 조선조 산림 영수의 행위 양식과 닮아 있었다. 김창숙의 재야 활동에 필요한 것은 정당이나 비밀결사 같은 근대적 조직이 아니었다. 옛 산림이 학통으로 유림을 장악했듯이, 김창숙은 도덕성과 명망으로 경향각

지의 유교적 지식인들의 느슨한 인적 네트워크를 포괄할 수 있었다. 앞서 검토한 것처럼, 김창숙 네트워크에는 유교 계열 독립운동의 학맥이 겹쳐져 있었기 때문에 그 위엄은 더욱 컸다.

그런 배경 때문에, 당시 반독재 투쟁 세력들은 김창숙 네트워크의 후광을 얻고자 했다. 1952년 부산정치파동이 대표적이었고, 곧이어 치러진 제2대 정·부통령 선거에서 기독교 우익 계열인 조병옥이 부통령 당선을 위해 이시영을 대통령 후보로 추대하고 실질적인 러닝메이트로 활동했던 것도 좋은 사례였다. 하지만 이시영의 명망과 그를 후원했던 김창숙의 도덕성이 실제 득표로는 연결되지 않았다. 조직 중심의 현실이익 정치와 유교의 도덕의리 정치는 애초에 들어맞지 않는 결합이었음이 확인된 것이다.[5] 이후 한국 정치가 대정당 중심으로 작동되면서 조직 없이 도덕성과 명분에 의존했던 유교 계열의 정치적 영향력은 거의 사라지게 되었다.

현실적 영향력이 사라지기는 했지만 오히려 그 때문에 유교 네트워크의 중요성은 더욱 부각될 여지도 있었다. 곧 유교 네트워크의 재야적 성격은 정치적 힘이 없고 동시에 욕심이 없다는 것을 인정받게 될 때 더욱 그 빛을 발한다. 도덕성과 명망이라는 규범 영역의 자원은 현실 정치를 비판하는 원천으로 활용될 수 있었다. 그리고 이것은 독립운동 최고 원로라는 국민적 명망이 서서히 사라져 가고 있던 이승만에게 참을 수 없는 모욕이기도 했다. 이승만이 성균관을 장악하고자 한 것은 물론 선거운동 이용을 위한 것이었지만 더 깊은 동인은 상징적인 수준, 곧 유교 네트워크가 독점하고 있었던 도덕성과 명망까지 독차지해서 명실상부한 '국부'가 되려 했던 데에 있었던 것이다. 이는 역설적으로 유교 네트워크의 위대성을 잘 보여 준다.

2. 4·19 혁명과 유교 계열 지식인의 참여

문인을 지사로 세운 유교 정치 이상

이전 선거에서도 공권력의 개입은 있었지만 1960년 정·부통령 선거처럼 노골적으로 부정이 행해진 경우는 없었다. 야권 대통령 후보인 조병옥의 급서로 사실상 이승만의 당선이 확정되었음에도 불구하고, 자유당은 부통령 후보 이기붕까지 당선시키기 위해 사상 최악의 부정선거를 획책했다. 이미 정당성을 상실한 정권에 맞서 언론까지 직접 나서서 재야 세력의 결집과 지식인의 참여를 독려했다.《동아일보》, 1960년 2월 4일; 8일 이에 민주당과 제3세력의 정치인 외에 특히 지식인들이 대거 참여한 공명선거투쟁위원회가 2월 28일 결성되었다. 1959년에 결성되어 국가보안법 반대 투쟁에 앞장섰던 민권수호국민총연맹의 연속선상에서 이 조직에는 각계각층의 원로와 중진 300여 명이 참여했다. 이 가운데 상당수의 유교 계열 인물들이 참여했는데, 김창숙, 김병로 등의 원로 그룹이 고문으로 이름을 올린 것 외에 특히 조지훈, 류치진柳致眞 같은 학자·문인 집단이 대거 참여했다는 것에 주목할 필요가 있다. 이는 과거 선거 때와 크게 달라진 양상이었다.

전쟁 이후 4·19 혁명 직전까지 문화예술계와 학술계 지식인들이 정치적 활동을 한 경우는 거의 없었다. 오죽했으면 언론에서 '인텔리'의 참여를 촉구했겠는가. 그런데 문인들과 학자들의 동향에는 약간의 차이가 있었다는 점에 주목할 필요가 있다. 즉, 문인과 학자의 존재 방식과 조직화 형태의 차이는 4·19 혁명 이전 이들의 활동 방식과 정도의 차이에 영향을 미쳤다. 중견 시인들은 부산 등지의 지역 시단을 제외하면 중앙 시단이라는 작은 울타리에서 활발히 교유하고 있었다. 이들은 일제강점기 후반에 등단해서 민족 언어를 수호하고 그 순수화에 기여하면서 문화민족주의 성향을 갖게 되었고, 해방 직후에는 문예계를 장악한 좌익문단에 맞서면서 우익적 정치 성향을 갖게 되었다.

그런데 이들은 6·25 전쟁 기간 동안 종군문인으로 활동하면서 전쟁의 참화를 직접 목도하고 성숙해졌는데, 이념 갈등에 회의를 품게 되면서 자유로운 시선으로 사회 현실을 바라보려고 시도했다. 문단 정치에서 주도권을 쥐고 있던 문인협회에 맞서 새로운 세력을 형성하려는 이들의 조직적 움직임은 1957년 한국 시인협회 창립에서 시작되어 1959년 경향신문 강제 폐간 전후에 본격화되었다.[6] 강제폐간 조치에 항의하는 성명서에 서명한 33 명의 문인들의 면면을 보면, 원로 소설가·평론가가 먼저 눈에 띄지만 시인으로 류치환柳致環과 서정주徐廷柱 등의 중견원로급, 조지훈, 박두진朴斗鎭, 박목월朴木月, 이한직李漢稷 등의 중견급이 참여하고 있다는 점에 주목할 만하다.[7]

시인들의 조직적 움직임을 이끈 이들은 한국시인협회의 류치환회장과 조지훈부회장이었다.(이들은 4·19 혁명 직후 문총 등 어용단체 해체 투쟁에 앞장서게 된다.) 대부분 시인이면서 직업상 대학교수급 지위를 함께 갖고 있었던 까닭에 이들 중견 시인의 상징적 영향력은 이승만 정권의 권위에 손상을 입히기 충분했다. 문인들의 정치 참여 요인을 해석할 때 특히 강조해야 할 점은 그것이 옛 유교 지식인의 행위 양식에 이어져 있다는 것이다. 전통적인 유교 지식인은 경학과 시문詩文을 두루 연마했는데, 시문 창작은 고난을 이겨내는 내면적 수양이면서 동시에 외부 세계에 자신의 뜻을 표현하는 장치였다. 근대의 기능적 분화 추세에도 불구하고, 구한말부터 일제강점기를 거치면서 정립된 문학적 공론장은 언제나 정치적 공론장보다 앞서서 이슈를 선도했다. 해방 이후 문인들의 사회적 위세는 예전만큼 대단하지는 않았지만, 여전히 그들에게는 문학 울타리 '너머' 사회에 비전을 제시하는 지사志士로서의 사명감이 있었다.

고려대에 재직 중이던 조지훈은 제4시집 『역사 앞에서』1959를 상재하면서, 청록파 시인의 기존 이미지를 벗어던지고 사회에 대한 책임감을 시인의 사명으로 선언했다. 높은 품격을 갖춘 종군시 다음에 이어진 사회시편에서 조지훈은 1950년대 후반 "독재의 주구" 앞에 위태로워진 한국에 "민주주의의 조종弔鐘"을 울린다.조지훈, 1996 경주고 교장이었던 류치환은 1959년 대구매일신문에 정기 칼럼 '계륵'을 연재하며 정권과 각을 세우다가 결국 교장직을 사임하고 재야의 처지에 있었는데,김광회, 1984: 143 1960년 2·28 시위 이후 들불처럼 번져 간 중고교생 시위를 촉발시킨 정권의 거짓에 맞서 진실을 수호하겠다는 다짐을 드러낸 시 〈뜨거운 노래는 땅에 묻는다〉《동아일보》, 1960년 3월 13일를 선거 이틀 전에 발표했다. 각각 '지조'와 '선비' 정신으로 자기 삶의 좌우명을 삼았던 이들이 1960년 벽두에 시인협회에서 힘을 모았다는 사실은 당시 양심적 시인들의 지향점을 잘 드러낸 것으로 평가할 수 있다.

학계와 언론계의 유교 지식인의 상황

문인들의 조직화 수준에 비해 학술계의 조직화는 거의 눈에 띠지 않을 만큼 미약했다. 일제강점기 시절 민족주의적 학풍을 가진 지식인들의 납북과 죽음으로 생긴 공백, 근대 학술계를 장악하게 된 이들의 기독교적 배경에서 기인하는 이승만 비판에 대한 주저와 미국의 교육원조 수혜 등의 요인들이 복합적으로 작용하면서 학술계는 정권의 독재화 경향을 사실상 방관하고 있었다. 그나마 지성계의 대표 잡지였던 《사상계》를 통해 학과 단위를 넘어서는 공론의 장을 만들어낼 수 있었지만, 그조차도 1958년 함석헌 필화 사건 이전까지는 저항적 성격 대신 한국 사회의 근대화 방안 논의에 초점을 맞추고 있었을 뿐이었다.김주현, 2012 국가적 과제가 근대화에 초점이 맞춰진 상황에서 전통에 대한 논의는 위축되었고, 논의되더라도 그 부정적인 면에 치중되었다. 이런 상황에서 애초에 근대적 제도화에 뒤처졌던 유교 계열의 학자들이 무언가를 주도한다는 것은 애초에 불가능했다.

대학교수의 지위를 가진 이들은 묵묵히 가르치면서 때를 기다리고 있었다. 비록 김창숙이 총장직에서 물러났지만 유교의 본산인 성균관대에는 그가 재직 시절 임용했던 후배 학자들이 자리를 지키고 있었다. 김구 북행에 동행하기까지 했던 국문학자 조윤제는 전쟁 기간 곤욕을 겪은 후 문리대학장까지 맡았던 서울대에서 쫓겨나다시피 했지만 바로 성균관대에 자리를 잡았다. 퇴계 종가의 후손으로 김창숙의 사랑을 독차지했던 이가원은 김창숙의 이승만하야권고문 사건에 휘말려 고초를 겪기도 했다. 김창숙이 성균관대 총장직에서 사임하면서 함께 사직한 이가원은 이후 여러 대학의 임용 제의를 물리쳤는데, 정인보의 납북 이후 한문학 대가를 필요로 했던 연희대의 간청을 받아들였다.[8] 이가원은 이우성李佑成, 신석초 등과 국학연구회를 결성해《동아일보》, 1955년 11월 13일 전통 학문을 근대화하는 데 관심을 기울였는데, 이러한 학문적 노력들은 훗날 한문학 연구가 대학에 자리를 잡는 초석이 되었다. 관선정에서 전통 교육만 배웠던 임창순은 고난 끝에 해방 후 동양의약대학에서 한문을 가르치다가 스승 홍치유의 초기 제자였던 신석호의 소개로 성균관대 역사학과에 자리를 잡고 있었는데, 김창숙 퇴임 후 이선근 총장 체제에서 근대식 교육 이수 경력이 없다는 이유로 신분상 불안에 처해 있었다. 고려대에는 중국 유학파인 이상은과 김경탁이 동양철학을 가르치면서 제자를 양성하고 있었는데, 같은 배경을 가진 연세대의 독립운동가 출신 한학자 권오돈과 함께 때를 기다리고 있었다.[9]

한편 언론계에는 다양한 배경의 유교 계열 지식인들이 활동하고 있었다. 학부 졸업논문 하나로 일찌감치 '실학 연구의 대가'로 인식되었던 천관우千寬宇는 호구지책이었던 언론계에서 군왕 대신 민을 위한 언관·사관의 자세를 가다듬고 있었다. 해방 이전 정인보의 가르침을 받았던 시인 신석초는 한국일보에서 근무하면서 문단과 언론계를 이어 주고 있었다. 현실 정치와 밀접하게 관련될 수밖에 없었던 언론계 지식인들은 문인·학자 집단과 달리 실질적인 영향력이 컸기는 했지만 직업 성격상 직접적으로 정파성과 종교성을 내세울 수는 없었다.

지금까지 검토한 바에 추가할 사항이 한 가지 있다. 문인 집단과 학자 집단 사이의 정치적 차이가 경향적으로 드러난다는 점이다. 해방 이후 사회주의 계열과 전면적 대결을 했었던 문인 집단이 자유주의적 성향을 분명히 드러낸 데 반해, 상대적으로 학문에 전념했던 학자 집단은 민족주의 지향성이 강했기 때문에 이론상으로 중도좌파 성향에 이끌리기 쉬웠다. 이런 성향 차이는 현실 정치에서도 나타나, 일제 말 소극적 친일 경력에서 자유롭지 못했던 한민당 계열의 반독재 활동에 대해 그 내막을 잘 알고 있고 그것을 내면적으로 이해하고 있었던 문인들이 우호적이었던 데에 반해 학자 집단은 논리상 예외를 인정하지 않아서 비판적이었다. 하지만 이런 성향상의 차이에도 불구하고, 독재와 부정이 극치에 이르게 되면서 이들은 한 길을 걷게 되었다.

교수단 데모를 이끈 유교 계열 지식인

3·15 부정선거를 비판하는 마산 시민들의 봉기로 촉발된 국민적 저항이 차츰 수그러들 무렵 김주열 학생의 처참한 시신이 발

견되면서 시위의 불길은 다시 타오르기 시작했다. 정치계의 자중에도 불구하고 전국의 고등학생들은 집단적 시위 투쟁을 선도했고, 잠잠했던 대학생들도 개강을 맞이하여 조직적 시위를 계획했다. 4·18 고대생 시위와 이어진 4·19 대학생 연합 시위 앞에서 독재정권은 강온 양면 정책으로 그 수명을 연장하고자 했다. 이 국면을 마무리하여 이승만 대통령의 하야를 이끌어낸 것이 '재경 교수단 데모'라는 점에 대해서는 대부분의 연구자들이 동의하고 있다. 이 소절에서는 그 시위의 기획과 실행에 유교 계열 지식인들이 주도적으로 참여했다는 것을 논증할 것이다.

교수단 시위에 관련해서는 참가자들이 기록물을 남겨 두었는데, 기록들을 대조하면 그 주도 세력과 참여 인물의 구성 그리고 참여 동기를 파악할 수 있다. 우선, 시위 기획 단계부터 살펴보자. 이상은의 회고에 따르면, 4월 21일 고려대의 이상은과 이종우李鍾雨, 정재각鄭在覺 등의 사적 대화에서 교수들의 행동을 비밀리에 조직화할 뜻을 나눴다고 한다. 이어 다음 날 연세대의 정석해鄭錫海, 기독교, 서울대의 최재희崔載喜 등의 의견을 들었고, 고려대에서는 손명현孫明鉉과 김경탁 등이 합류했다. 24일에는 김성식金成植, 고려대/개신교, 이정규정주대, 옛 성균관대, 조윤제성균관대가 합류하여 교수들의 집회와 성명서 발표를 기획했고, 25일을 거사일로 삼아 최재희가 서울대 교수회관을 집회 장소로 빌리기로 하고, 다른 교수들은 각자 자기 대학의 교수들을 규합하기로 결정했다. 그날 밤, 새로 합류한 이항녕李恒寧을 포함한 8명의 교수들이 다음 날 대회의 수준과 실천 방안을 두고 논의했다.[10] 행사 당일인 25일 아침, 백낙준 총장 측에서 준비한 의도가 불투명한 교수회의를 역으로 이용하여 정석해와 권오돈이 연세대 교수 수십 명의 서명을 받아낼 수 있었다. 오후 3시를 넘겨 마침내 서울대 교수 회관에서 역사적인 대회가 열렸고, 이상은이 준비한 시국선언문 초고를 수정하여 확정할 9인의 기초위원을 선정했는데 이종우, 이항녕고려대, 김증한, 이희승서울대, 조윤제성균관대, 이종극중앙대, 김영달동국대, 류진외대, 한태수건국대 등이다.[11] 선언문의 내용 가운데 일부를 보자.

이번 4 · 19 참사는 우리 학생운동사상 최대의 비극이요, 이 나라 정치적 위기를 초래한 중대 사태이다. 이에 대한 철저한 반성과 규정糾正 없이는 이 민족의 불행한 운명은 도저히 만회할 길이 없다. 우리는 이제 전국 대학교 교수들은 이 비상시국에 대처하여 양심의 호소로써 다음과 같이 우리의 소신을 선언한다.

1. 마산, 서울 기타 각지의 데모는 주권을 빼앗긴 국민의 울분을 대신하여 궐기한 학생들의 순수한 정의감의 발로이며 부정과 불의에는 언제나 항거하는 민족정기의 표현이다.

(이하 2~15번 항목은 줄임)

구호

—. 李 대통령은 즉시 물러가라

—. 부정선거 다시 하라

—. 살인귀 처단하라.김삼웅 엮음, 1984: 20~21

　수정된 문구로 시국선언이 통과되었을 무렵, 계획에 없이 김영달이 데모 행진을 제의했는데, 특히 의장을 맡았던 정석해의 열렬한 후원 연설하에 통과되어 국회의사당까지 행진했다. 여기에 수만 명의 학생 시민이 호응하고 뒤따른 것은 주지의 사실이다. 그 밖에 사소한 기록들을 덧붙이자면, "학생의 피에 보답하라"는 플래카드의 글씨는 임창순이 썼고, 플래카드를 들고 선두에 선 이는 백발이 돋보이는 변희용성대과 권오돈이었다. 그 바로 뒤에서 태극기를 펼쳐들고 뒤따른 4인은 임창순, 정석해, 이항녕, 이종우였다.[12]

　교수단 데모 주도 세력의 성격과 그 의미 세계를 이해하기 위해 먼저 참여자들의 경력을 살펴볼 필요가 있다. 우선 고려대와 연세대의 교수들의 참여를 이끌어낸 이상은과 정석해의 관계에서부터 출발해 보자. 혁명적 시기라고는 하더라도 교수들이 비밀리에 정권 반대 투쟁을 조직화하는 것은 쉽지 않은 일이다. 더구나 이들은 동양철학과 서양철학 전공자로서 학문 분야도 달랐다. 그런데 이 둘은 중국에서 유학하며 독립운동을 겸했던 지사들이 해방 후 조직한 '을유회'의 멤버였다.서산정석해간행위원회, 1989: 180[13] 3·1 운동 세대였던 이들에게 불의에 대한 저항은 도덕적 책무였다.

이 그룹에 속해 있지 않았던 권오돈이 정석해를 통해 연세대 시위의 핵심 인물로 등장하게 된 데는 권오돈의 개인사적 배경, 곧 중국 유학과 독립운동이라는 동류의 경험이 작용했을 것으로 추론된다.[14] 사실 권오돈은 이상은과 정석해보다 훨씬 뚜렷한 독립운동 경력을 가졌던 인물이다. 1901년 경기도 여주의 간재 문하의 노론 가문인 권녕우權寧瑀의 아들로 태어난 권오돈은 소년기에 가학으로 경전을 익힌 후 뒤늦은 나이에 중동학교를 졸업한 후 1924년 아나키스트 계열의 혁청당革淸黨에 가입하면서 사상운동가가 되었다. 이듬해 상해로 망명하여 한인청년동맹에 가입했고 신익희의 소개로 무창군사정치학교중국 국민당계의 황포군관학교가 무창으로 옮겨 개칭한 군사학교에 입교했는데, 국공합작 이후 교내 공산주의 세력이 강해지면서 반년 만에 퇴교했다. 1927년 조성환이 주도한 다물단에 가입한 후 국내 공작을 위해 1928년 봄에 귀국하여 1929년 문예단체로 위장한 비밀결사 문예운동사文藝運動社를 결성하여 투쟁을 준비하던 중 체포되어 5년간 옥고를 치렀다.이호룡,

2015: 114¹⁵ 6 · 25 전쟁 이후 연희대학교에서 정인보의 빈자리를 채울 인물로 투쟁성과 학문을 모두 갖춘 권오돈은 적격이었다. 이후 정석해와 권오돈은 학문적 동료를 넘어 비판적 지성으로서 결속했다.

여기서 중국 유학 경력자의 범위를 확대해 보면, 당시 1955년 성균관대 부총장직에서 물러나 혁명 시점에는 청주대 총장으로 있으면서 실질적으로 성균관대 교수들의 리더 역할을 했던 이정규를 함께 묶어 볼 수 있다. 앞서 3부에서 살폈듯이, 이정규는 형 이을규와 함께 아나키스트 운동에 참여했던 독립투사로서 해방 후 건국운동의 최일선에 섰던 인물이다. 정인보와 함께 국학대, 김창숙과 함께 성균관대의 기틀을 다졌을 뿐만 아니라, 김창숙의 유도회총본부에서 실무를 맡아 유교계와 아나키스트 연합의 임시정부봉대운동을 주도했다. 이정규의 뒤에는 불굴의 투쟁력을 지녔던 김창숙뿐만 아니라 단주 류림이 있었기에 그는 혁신계의 움직임과도 언제든 연결될 수 있었다. 이처럼 주요 대학의 주도적 기획자들은 대체로 독립운동가 출신으로 서로를 깊게 신뢰했던 인물이라는 것을 알 수 있다.

이정규는 무엇보다도 김창숙이 떠난 성균관대 네트워크의 중심이었다. 이항녕과 한태수는 이정규가 성균관대 부총장 시절 임용했던 인물인데, 이항녕은 식민지 관료 출신으로서 해방 후

반성을 통해 비판 지성으로 전향했고, 한태수는 해방 후 이정규와 함께 아나키스트 운동에 참여하여 임정봉대운동에 매진했던 정치학자였다. 성균관대 시절의 이정규와 조윤제는 갈등 관계로 추정되는데, 적어도 다양한 사상 세력의 협력을 요구했던 시점이었던 4·19 혁명 시기에는 협력할 수 있었다.

중국 유학 경력이 없는 성균관대 네트워크의 인물들 가운데 가장 대표적인 인물은 임창순이다. 임창순은 일제하에서 근대 교육을 이수하지 않고 충북 보은의 관선정에서 6년간 홍치유의 전통적 유학 교육을 받았다는 점에서 가장 전형적인 유림 지사로 구분된다. 관선정 수학 후 모진 고생 끝에 해방 후 독학으로 교사가 되었다가 동양의약대학 교수를 거쳐 혁명 시기에는 성균관대 사학과 교수로 재직 중이었다. 해방 정국에서 모종의 역할을 했으리라는 단서가 있지만 생전의 임창순의 공식 이력에서는 부정되고 있다. 혁명 이후에도 임창순은 혁신 정치 세력의 구애를 받았지만 교수직 해임 이후 기본적으로는 재야에서 한학 후속 세대 양성에 주력했다.

주도자 급에는 포함되지 않지만, 이가원 역시 성균관대 네트워크에 연결되어 있었다. 이가원 자신이 일제하 명륜전문학교 연구생 출신이었고, 해방 후 김창숙의 뜻을 따라 성균관대에 다시 다니기도 했다.1949~1952 1954년에는 유도회와 성균관에 관계하며 이미 이승만 정권의 탄압 대상이었던 김창숙을 보좌하며 지켰다. 그리고 1955년 성균관대에 신설된 중어중문학과 교수로 부임하여 1년간 학과장으로 활동했지만, 1956년 김창숙 총장이 사퇴하면서 함께 자진 사임했다. 혁명기에는 연세대학교 국문과 교수로 재임하고 있었는데, 특히 최현배 부총장에게 교수 데모 참여를 건의하여 친-이승만 계열의 재단 인사들이 장악하고 있던 연세대에서도 많은 교수들이 참여할 수 있는 계기를 마련했다.

조선어학회 지사의 네트워크

이러한 유교 계열 지식인의 네트워크와 평행하게 존재했던 또 다른 혁신계 지식인의 움직임도 있었다. 앞서 3장 2절에서 검토했던 민족건양회 그룹이 그것이다. 이종률의 회고에 따르면 그들은 4월 21일에 이미 교수단 데모를 조직했다는 것이다. 하지만 조윤제와 임창순의 회고 모두에 해당 내용이 전혀 비치지 않는 점을 보아 부산에 있던 이종률의 주도설은 과장되었음이 분명하고,[16] 혹시 이야기가 있다손 치더라도 성균관대 쪽의 움직임을 주도할 만큼 그들의 영향력이 이정규에 비해 크지 않았다는 점은 더욱 분명하다. 다만 교수단 데모 전날의 기획에 참여한 조윤제에게 친우 이종률의 생각이 반영되었을 것이므로, 이들의 생각을 통해 주도 그룹 외 주요 참여 인물의 동기를 짐작해 볼 수 있을 것이다.

또 다른 참여 세력은 정치적으로 온건하고 주로 개인적 수준에서 참여했던 인물들의 느슨한 네트워크이다. 이들은 기획 단계에서는 배제되었지만 행사일 전후 중요한 활동을 전개했고, 또 이들이 중도적이고 양심적인 세력이라는 점에서 일반 교수들의 마음을 움직이는 데 큰 역할을 했다. 이 네트워크의 중심에는 조선어학회가 있었다. 이희승과 조지훈객원으로 참가했음은 조선어학회에 관계해서 큰 고난을 겪었지만 당시에는 각각 국어학자와 시인·국학자로 서울대와 고려대에서 큰 명망을 갖고 있었다. 이희승은 교수단의 성명서 문구를 마지막에 다듬었고, 조지훈은 4·19 혁명 과정 전반에 적극적으로 참여했다. 조선어학회 관련자 가운데 기독교인들 역시 같은 네트워크를 통해 지지 또는 참여를 분명히 했다. 연세대에서 정년퇴임한 열운 장지영, 재직 중이던 한결 김윤경金允經의 경우가 그러한데, 이들은 일제강점 전후 신민회 운동의 거점이었던 상동교회 관련 인물로서 민족주의 의식이 투철했다. 한편 일반 참가자들 가운데에는 그날 비로소 상황을 알게 된 젊은 전임강사들도 많았다. 이들 세대는 이미 종교로서의 유교 경험이 약했으므로 분석에서 배제되는데, 이들은 원로급인 주동자들의 움직임을 거의 알지 못한 채 대회에 참석했지만 대신 전적인 지지를 표했다.(이들의 일부 회고 가운데 노교수들의 활동을 폄훼·격하하는 경우도 더러 있지만, 이는 회고자들의 정보 부족과 해석의 사후성 때문이므로 큰 의미는 없다.)

지금까지 교수단 데모를 이끈 주도 세력의 네트워크를 검토한 결과, 그들이 참여 경로는 다를지라도 주도 집단 가운데 정석해를 제외한 대부분이 독립운동 경험이 뚜렷한 유교 계열의 지식인이었다는 점이 밝혀졌다. 주도자들 가운데 이상은이 독립운동 경험이 없지만 그의 중국 유학의 동기와 유학생회 활동으로 미루어 볼 때 사실상 같은 경험을 공유했다고 볼 수 있다. 이들은 데모 기획 전까지 성향상 중도좌파에서 중도우파에 폭넓게 걸쳐 있었지만 합의된 정치노선은 따로 없었다. 그런데 이들은 교육자로서 상황의 심각성을 인식한 다음에는 그들을 하나로 묶을 수 있는 '민족'과 '민주'라는 상위의 가치에 따라 지혜롭고 용기 있게 행동했다. 수차례의 검거 또는 도피, 투옥 등으로 점철된 경력을 갖고 있던 이들의 투쟁 경험은 겁 많은 집단이었던 일반 교수 사회에 저항의 기운을 불어넣기에 충분했다.[17]

3. 군자들의 행진: 교수단 데모의 유교적 의미 세계

재경대학교수단의 시국선언문은 참극으로 귀결된 "학생운동사상 최대의 비극"인 4월 19일 대학생들의 데모를 "순수한 정의감의 발로"이자 "불의에는 언제나 항거하는 민족정기의 표현"으로 규정하고, 그 책임자인 이승만 대통령의 즉각 하야를 요구했다. 무엇보다도 교수단 개개인의 '양심'이 이 날의 행진과 선언을 이끌었다. 교수단 데모를 주도했던 참가 교수들의 회고에는 이런 솔직한 심정이 잘 드러나 있다. 이제 교수단 데모 주요 참가자들의 참여 동기에 대해 살펴보자. 일정 수준 분량의 회고를 남긴 이들을 중심으로 동기를 정리해 보면 다음과 같다.

군자의 이상과 도덕적 책무

교수단 선언문을 기초한 이상은은 부정선거 직후 대학생들의 나약함을 개탄했다가 4월 18~19일 "백 퍼센트 의義"에 기초한 시위에 감명했고, 유교의 의리지변義利之辨을 강조했지만 아무것도 하지 않은 자신의 부끄러움을 씻기 위해 교수단 시위를 준비하게 됐다고 겸손하게 밝혔다. 이상은에게 데모 참여는 자신의 학문적 가르침과의 일관성에서 우러나온 도덕적 책임이었다. 그 출발점은 유교 전통의 '의리의 이익의 구별'이었다.

나는 평소에 나의 동양철학 강의 시간에 학생들에게 동양정신을 인식시켜 준다는 의미에서 유가의 인의사상, 특히 정치 윤리 도덕면에 있어서의 유가의 전통적 정신이었던 의리지변을 강조하여 이利를 위하여 사는 것은 소인의 인생이요 의義를 위하여 사는 것은 군자의 인생, 보람 있는 인생이라고 항상 말해 왔으며, 마산사건이 생긴 다음 10여 일이 지나도 서울지방의 대학생들이 아무런 동정도 없는 것을 보고 속으로 (……) 개탄하였고, (……) 그런데 이제 4월 18, 19 양일에 그들이 표현한 강렬한 행동은 백 퍼센트 의義의 행동이요, 백 퍼센트 이利를 위해서 사는 부패 인생들을 거부한 것이 아닌가! 이 점이 특히 나에게 깊은 감명을 주었을 뿐 아니라, 나로 하여금 자괴와 반성을 금할 수 없게 했다.이상은. 1960: 23~24

유교 전통의 행위 규범에서 의리義利의 구별은 가장 근본적인 범주이다. 군자와 소인의 구별이 바로 여기서 나온다. 누구나 의를 위해 이익과 생명을 희생捨生取義해야 한다는 당위를 알고 있지만 그것을 가로막는 두 가지 장애물이 있다. 무엇이 의인지에 대한 판단이 쉽지 않고, 의를 안다고 하더라도 용기를 내기가 쉽지 않다. 이상은은 4 · 19 혁명 시기에 의가 무엇인지를 분명히 판단했으므로, 이제 용기 있는 결단만 내리면 되었다. 이때 용기를 이끌어낸 힘은 바로 학생들의 희생에 대한 스승으로서의 안타까움이었다. 공자 가르침의 핵심인 인仁은 인간성의 발현인 어짊인데, 맹자는 이 인의 발단이 측은히 여기는 마음惻隱之心이라고 명쾌히 설명했다. 의로운 행위일수록 그 출발은 인에 기초해야 한다. 이상은에게 보이는 자연인으로서 또 스승으로서의 측은지심은 의로운 행위로서 교수단 데모 기획과 참여를 정당화했다.

불인인지심과 폭군방벌론

임창순 역시 참여 동기를 간결하게 남겼는데, 그 마음과 언어는 조금 더 유교적이다. 임창순은 4·19 혁명 당일 피를 흘리고 쓰러진 학생들을 보면서 참담한 마음이 들었다.

> 나도 강의실에서 나와 명륜동 로터리에 있는 기원에 들어갔어요. 거기서 보니까 수도여자의과대학이 내려다보이는데, 가운을 입고 나가고 피를 흘리는 환자를 싣고 들어오고 그러는데 차마 못 보겠더군요. (……) 사람들은 맞아서 피를 흘리고 있었어요. 화신 앞에 오니까 더 처참해요. 청명임창순선생추모사업추진위원회, 2000: 44

잔인한 진압은 차마 인간이 해서는 안 될 일이었다는 그의 회고는 맹자의 불인인지심不忍人之心을 그대로 옮기고 있는 셈이다. 폭정에 대한 분노뿐만 아니라 대학사회에 부당하게 개입한 정권에 대한 분노 또한 갖고 있던 임창순은 4월 19일의 처참한 희생에 대해 이제 정권이 책임을 져야 한다는 판단에 이르게 되었다.

이정규 선생에 대한 의리도 교수 모임 참석의 동기였다. 그리고 교수단 데모 전날의 회의에서 시국선언문의 수준을 놓고 고민하던 교수들에게 임창순은 이승만 대통령 하야를 명시할 것을 주장했고, 그러한 상황은 궐기일에도 이어졌다.

아침에 학교에 나왔더니 손명현 씨가 기초한 성명서를 보여 주는데 대통령 물러가란 얘기가 빠졌어요. 그래서 내가 전에도 얘기를 했지만 이렇게 해서는 안 된다. 대통령을 빠뜨린다는 것은 골자가 없는 거라고 했지요. 그래서 한 학교에 한 명씩만 대표로 가서 예비회담을 다시 한다고 하길래 손명현 씨한테 가거든 어쨌든지 독립 항목으로 '대통령은 책임지고 물러가라'는 말을 넣어야 한다고 했어요. 청명임창순선생추모사업추진위원회, 2000: 45

불인인지심이 개인 윤리라면 불인인지정不忍人之政은 국가 윤리이다. 불인인지심에 기초해 참여를 결심했고, 불인인지정에 기초해서 폭압 책임자대통령의 하야를 요구하는 강령을 내세운 것이다.

유교적 의식이 유달리 강했던 이상은과 임창순을 제외하더라도, 주요 참가자들의 의식 역시 유교적 사유 패턴에 이어져 있었다. 조윤제는 학자이지만 정치적 성향이 강해서, 감정의 표현 대신 자기 확신에 찬 회고를 남겼는데, 역시 4·19를 "아무리 우매하고 양 같은 국민이라 할지라도 이에는 이상 더 참을 수 없어"조윤제, 1964: 330 독재에 맞서게 된 자연 발생적 항거로 규정했다.

4·19의 의거를 자연 발생적이라 하는 것은 거기에 참다운 민의가 발동하여 있다는 것을 의미하는 것도 된다. 이때의 민의라는 것은 (……) 옛글에 민심이 즉 천심이라는 그 민심을 말하는 것이 되겠다. 그리고 그 민의는 천심의 발현이고 보니 누구의 힘으로도 그를 꺾을 수는 없는 것이다.

이러한 조윤제의 해석 또한 맹자의 '불인인지심'의 논리에 이어져 있다는 것은 명백하다.[18] 주목할 것은 혁명의 진로와 성패에 대한 견해가 아니라, 궐기 당일 데모 행진으로 나아가는 용기에 대한 해석이다. "학생이 희생이 되어 거리에 피를 뿌렸으니 우리도 이 길로 그 뒤를 따라 데모에 나가자"는 한 교수김영달 교수의 말을 전한 듯함의 결의를 강조하고, "계엄령하의 데모라는 것은 여기에 필시 대희생이 날 것을 각오"했다는 그의 회고를 보면, 당시 임창순이 쓴 플래카드의 문구 '학생의 피에 보답하라'를 조윤제가 제안했을 때의 결연한 마음가짐을 알 수 있다. 이는 스승으로서의 책임감의 표현이면서, 동시에 군왕의 책임을 준엄하게 묻는 옛 선비들의 '폭군방벌론'의 의식이 전승된 것이다.

이처럼 교수단 데모의 기획과 주동에는 특히 김창숙 후원하의 유교 네트워크와 독립운동가들의 네트워크가 가장 중요한 역할을 수행했다. 이 네트워크의 대의 추구는 참여자들의 결속을 높였을 뿐만 아니라 무엇보다도 운동의 도덕성을 고양시키고 사회적 영향을 확산시키는 기반이 되었다. 이들의 참여 동기와 실천 과정의 적극성을 이끌어낸 것은 유교적 가치였다.

잘 알려진 것처럼, 잠깐 소강상태를 보였던 학생과 시민들의 시위는 4·25 교수단 데모 행렬 직후 다시 활성화되었다. 그동안의 평화 시위는 그날 밤을 기점으로 과격·폭력 시위 양상을 보이기 시작했다. 시위대는 교수단 선언을 따라서 마침내 이승만의 하야를 외쳤다. 흔히 간과되어 왔지만, 교수단의 데모는 의거를 혁명으로 전환시키는 데 결정적인 역할을 했다. 주도 세력들은 학계를 대표하는 원로급이었을 뿐만 아니라 대부분 독립운동을 경험한 명망 있는 인물들이었다. 또한 이들은 해방 이후 정치에 거리를 두었기에 특정 파당을 지지한 것으로 오해받지 않을 수 있었고 시민의 지지도 얻을 수 있었으며, 무엇보다도 당시 4월 18일 이후의 시위를 주도했던 학생 집단을 도덕적으로 '승인'한 것으로 해석되면서 학생들에게 '집합적 감격'을 이끌어냈다. 그윽한 분노와 도덕적 대의로 시위에 나선 '군자들의 행진' 앞에서 군대와 경찰은 무력했다. 조선시대 이래 유교 정치의 이상이 현대사에 아로새겨진 순간이었다.

10

유교에서 한학으로
유교 정치의 종장

1. 4·19의 여운: 1960년대 유교계의 비판적 정치 참여

유교 정치 이상이 민주주의 정치 이론과 실천에 영향을 주었다는 점에서, 4·25 교수단 데모는 전통 사상으로서의 유교가 근대 사회에 능동적으로 변용 가능한 자원이라는 것을 확인시켜주는 중요한 역사적 사건이었다. 유교가 반독재·민주화운동의 언어와 가치를 제공할 수 있다는 것을 확인한 유교 지식인들은 1950년대 중반 이후 이승만 정권의 유도회 분열 공작에 따른 침체에서 벗어나 다시 한 번 한국의 정치와 사회문화를 변화시킬 주역으로 자리 잡을 수 있다는 희망을 가졌다. 그리고 이러한 인식하에 유교인들은 다양한 방식으로 4·19 혁명 이후의 정치 과정에 참여했다. 이 절에서는 이 시기 유교 정치운동의 주체적 측면에 주목하여 그 전개 양상을 두 측면에서 검토할 것이다. 첫째, 4·25 교수단 데모 이후 1960년대 초반까지 그 핵심 참여자들 가운데 혁신운동 그룹의 동향을 살펴볼 것이다. 이는 일제하 독립운동 시기와 해방 정국의 반탁운동을 통해 공고해진 유교인과 아나키스트 사이의 동지적 연대감을 확인할 수 있다는 점에서도 중요하다. 둘째, 1960년대 이후 반독재 투쟁의 전선을 형성한 이른바 '재야' 세력의 형성을 주도하거나 참여했던 유교인들을 살펴볼 것이다. 근대화론이 위세를 발휘했던 이 시기의 정세에서 유교는 비난의 대상으로 몰락했지만, 여전히 도덕적 권위를 갖는 유교 지식인들은 개인적 차원에서 박정희 정권에 대한 비판과 저항에 참여했다.

유교 지식인의 혁신 정치 참여

이승만 대통령의 하야 이후 4·25 교수단 데모에 참여했던 유교 지식인들은 기본적으로 학문의 자리로 돌아가서 정국의 추이를 관망하는 입장을 보였다. 그런데 급작스럽게 펼쳐진 정치적 자유의 공간이 시민의 의사와 관계없이 옛 야당 정치 세력의 권력 다툼의 장으로 좁혀지게 되면서, 유교 지식인들 가운데에서도 현실 정치 참여를 둘러싼 분화가 일어났다. 이는 4·25 교수단 데모 참여자의 옛 경력과 일정 부분 관계가 있다. 당시 유교 지식인들은 유교의 비판적 정치 이상을 공유하고 있었고, 그에 따라 4·19 학생 희생 같은 충격적 사건에 대해서는 쉽게 정치적 실천 방식도 동의할 수 있었을 것이다. 하지만 시민혁명이 완수되고 다시 일상적 정치 과정으로 복귀한 후에는 더 이상 동일한 정치 참여 방식을 견지하기는 어려웠다.

4·25 당시 유교 지식인들 가운데 이상은, 이가원, 이희승 등은 상아탑의 학문 활동으로 일단 복귀했다. 하지만 그 밖의 참여자들은 본래의 혁신 정치 성향에 따라, 또는 원하지 않는 소용돌이에 휘말려, 각각 정치 현장으로 나아갔다. 전자는 권오돈, 조윤제, 이정규, 한태수 등이었고, 후자로는 임창순이 대표적이었다. 학문 복귀파와 능동적/수동적 정치 참여파를 모두 아우를 수 있는 이는 아나키스트 계열 독립운동가 출신의 한학자 권오돈이었다. 권오돈은 노구의 유림 지도자 김창숙과 함께 혁신계 유교 정치운동을 주도했고, 김창숙 사후에는 직접 유교계의 통합과 유교 지식인의 정치 활동을 이끌어 나갔다. 우선, 유교계의 혁신계 정치 참여의 실제를 검토해 보자.

4·19 혁명 직후 정치사회의 혁신 세력은 사회대중당옛 진보당 계열과 한국사회당의 양대 세력으로 나뉘어 세를 확장시켰다. 그런데, 두 당에 속하지 않았던 원로 혁신 세력들은 별도로 1960년 5

월 27일 '혁신동지총연맹'을 결성하여 혁신계의 외연 확대에 기여하고자 했다. 장건상, 류림, 정화암, 조경한, 김학규 등의 독립운동 및 아나키스트 계열의 원로 혁신 세력들이 참여했던 이 단체에 유교계 최고 원로 김창숙과 유도회 인사들도 함께 했다. 권오돈은 이때부터 본격적으로 현실 정치에 뛰어들었는데, 아나키스트 활동 경력을 통한 단주 류림과의 오랜 인연이 이를 가능하게 했다. 신채호와 이회영의 사례에서 보듯이, 유교계 독립운동가들은 아나키스트 청년들의 존경을 받았고 그들과 함께 의혈투쟁에 깊이 참여한 바 있었다.이덕일, 2009 김창숙은 파리장서 운동 주도 이후 상해에서 독립운동 중 아나키스트 계열과 협력했었고, 정인보鄭寅普는 국내에서 아나키스트들의 후원자 역할을 했었다. 이런 인연으로 해방 정국에서 김창숙과 정인보는 이정규·이을규李乙奎 형제를 비롯한 '자유사회건설자연맹' 계열의 열혈 아나키스트들을 유도회와 성균관대를 비롯한 유교 조직으로 흡수하여 투쟁성을 강화할 수 있었다.이정규, 1984; 이문창, 2008 그런데 6·25전쟁 기간 정인보가 납북되고 1956년 이후 자유당의 공작에 의해 김창숙의 유교계 지도력이 약화된 상태로 4·19를 맞았기 때문에, 유교 조직과 유교-아나키즘 연합은 혁신 정치계에 나아갈 준비가 덜 되어 있었다.

혁신동지총연맹은 혁신 계열이 분열 대신 단결을 통해 진보

정치의 발전과 민족통일을 이끌어내는 데 주력하고자 했다. 하지만 내부적으로는 조직의 성격에 대한 입장 차이 때문에 김창숙과 단주 류림이 이탈하고, 외부적으로는 사회대중당의 패권주의와 기타 정당의 급진주의 때문에 혁신 계열의 대동단결이라는 목적을 달성하기 어려웠다. 결국 사분오열된 채 1960년 7·29 총선에 임한 혁신동지총연맹은 분열된 다른 혁신 계열 정당들과 함께 보수 세력에게 참패했다. 이리하여 4·19 혁명 정신을 제도 정치권에서 실현하는 길이 봉쇄되고 말았다.

선거 패배 이후 혁신동지총연맹은 혁신 계열 정당과 유도회,[1] 천도교, 민족민주청년동맹, 4월혁명학생연합회 등의 사회 세력과 힘을 합쳐 1960년 12월 27일 민족자주통일중앙협의회'민자통' 결성 준비위를 주최하는 데 주역이 되었다. 민자통은 '자주·평화·민주'의 방식으로 '통일'을 실현하기 위한 국민운동을 전개하기 위해 결성되었다. 4·25 교수단의 한 축이었던 이종률, 박진, 조윤제 등의 민족건양회 세력은 7·29 총선거 이후 혁신 정치 세력과 각 종교 그리고 임창순 등 교육계 인사들을 규합하여 민자통중협준비위를 꾸렸고, 김창숙을 준비위원장으로 추대했다. 비록 연로했을지언정 김창숙은 독립운동 시기는 물론 해방 정국과 이승만 정권 기간 동안 가장 치열하게 반독재 투쟁을 전개했으면서도 그 과정에서 특유의 비당파성을 견지하여 모든 이들의 존경을 받았던 재야 지도자였다.

　위원장으로서 김창숙은 직접 민자통의 활동 방향을 제시했는데, 좌우연합을 위한 중간파 노선의 정립이 그 핵심이었다. 1961년 1월 6일, 김창숙은 성명을 통해 민주당 정부의 통일 방안을 비판하고, 서신 교환과 경제 교류부터 남북협상을 개시할 것을 촉구했다. 그런데 김창숙의 이러한 통일 환경 조성 방안은 민자통 내 통일지상주의자들의 요구를 충족시키기에는 온건한 편이었다. 결국, 민자통 정식 결성을 며칠 앞둔 2월 21일, 서상일, 이동화, 송남헌, 윤길중, 고정훈, 장건상, 신숙 등 핵심 인사들이 따로 '중립화조국통일총연맹' 결성 준비위 구성을 선언하기도 했다. 우여곡절 끝에 사회대중당, 혁신당, 사회당 등의 세력은 민자통에 남아 2월 25일 민자통중앙협의회가 정식 결성되었지만, 이훈구, 이동화, 김성숙 등의 통일사회당 계열은 민자통을 탈퇴하고 중립화조국통일총연맹으로 분립했다.[2] 실제 민자통의 행동력은 각 정당의 하부 조직에 있었으므로, 김창숙을 비롯한 명망가 중심의 공동위원장단보다는 사무총장 박진과 그 휘하 부서장과 위원들이 실세를 형성했다. 특히, 지방의 좌파 운동 계열 출신자들이 다수 포진하여 조직력과 활동력이 강했던 사회당 계열과 민주민족청년동맹의 청년 그룹이 민자통을 장악하기 시작했다. 1961년 봄 내내 지속된 대학가의 통일운동을 부추긴 것도 바로 그들이었다.

민자통의 활동 가운데서 두 번째 주목할 점은 '통일방안심의위원회'_{이하 '통심위'} 구성이다. 민자통의 정체성이 통일운동에 있었기 때문에 통심위의 활동은 그 핵심 영역이었다. 조윤제가 위원장을 맡은 민자통 통심위원에는 이희승, 임창순, 권오돈 등의 유교 계열 교수가 그 밖의 4·25 교수단 데모 참여 교수진과 함께 참여했다.³ 특히 권오돈은 위원장 조윤제의 부탁을 받아 민자통의 통일방안, 곧 민족자주의 입장에서 국제협조 하의 중립통일이라는 논리를 도출하는 데 핵심적으로 기여했다. 결국 이 일 때문에 권오돈은 5·16군사정변 후 민족일보 사건에 휘말려 7개월간 옥고를 겪어야 했다. 역시 민자통 통심위에 참여했던 임창순역시 2개월간 조사를 받고 풀려났지만 결국 성균관대 교수직에서 물러나야 했다.

이처럼 4·25 교수단 데모에 참여했던 유교 계열 지식인들은 비록 정도의 차이는 있을지언정 4·19 정신의 심화 발전을 위한 정치·사회운동에 직접 참여하고 있었다는 것을 알 수 있다. 이들은 혁명 이후에도 여전히 네트워크를 유지하며 자신의 지적 역량을 민주화와 통일운동에서 발휘하는 것을 꺼리지 않았다. 그들 가운데 상징적 구심점으로 여전히 김창숙이 자리했고, 실행 분야를 권오돈이 주도했다는 것은 특기할 만하다.

한일협정반대투쟁과 재경유림단 성명

둘째, 5·16 군사정변 이후의 급변한 정세에서 유교 계열 지식인들이 재야 세력의 형성에 기여한 내용을 살펴보자. 혁신 계열의 정치 세력화가 불가능해진 1960년대 초반, 유교 지식인들의 사정 역시 암울했다. 1962년 5월, 생의 마지막까지 매운 기운을 떨치던 심산 김창숙이 별세했다. 김창숙의 죽음은 구한말 의병전쟁과 파리장서운동 그리고 유교 혁신과 민주화운동으로 면면히 이어진 근현대 유교 정치운동사가 저물고 있다는 것을 보여 주는 상징적인 장면이었다. 이후 유교계에서 대유와 학자는 나왔을지언정 그 누구도 김창숙의 종교적 정치적 카리스마를 대체할 수는 없었다. 1950년대 후반 유도회 분규 이후 분열된 유교계의 조직력은 대표성의 부재까지 더해져 순식간에 쇠락하기 시작했다. 유교계와 독립운동 계열 그리고 아나키즘 계열까지 폭넓게 아우르던 네트워크의 중심인 김창숙의 별세와 더불어, 유교 지식인들은 이제 저마다의 방식으로 당대의 현실과 부딪혀 나가야 했다.

이정규는 옛 자유사회건설자연맹 조직을 중심으로 아나키스트 계열 운동을 실천하기 위한 사회단체로 국민문화연구소를 창설하고[1962], 아나키즘의 이상에 충실한 자유공동체 형성을 위해 노력했다. 1963년 4월 여전히 분규 중이던 성균관대의 제3차 관선이사로 선임된 이정규는 그해 6월 이사회에 의해 학교를 재정

비할 적임자로 지목되어 총장으로 복귀했다.[4] 하지만 이미 여러 파벌로 분열된 학내 갈등 치유는 쉽지 않았다. 옛 친일 유림 계열은 물론 이른바 정통파까지 성균관대 운영에 유교인을 배제한 것에 대해 반발했다. 결국 그해 12월 유도회 · 성균관수습위원회가 구성되어 문교부의 방침에 항의하기도 했다.[5] 학교 재단은 성균관과 대학의 분리와 함께 경영난 극복을 위해 학교 재단 운영권을 삼성문화재단에 넘겼다. 삼성그룹의 이병철 회장이 재단 이사장으로 취임하면서 이정규는 미련 없이 사임했다. 이것으로 이정규는 더 이상 유교계와의 연을 이어갈 수 없었다.

권오돈은 벗 정석해와 함께 학원민주화에 앞장서며 연세대 재단 및 백낙준 총장파와 갈등을 빚은 끝에 5 · 16군사정변 이후 교수직에서 물러났고 정치활동정화법의 심사 대상이 되는 굴욕까지 겪어야 했다. 그럼에도 불구하고 권오돈은 김창숙 사후 약화된 유교계의 비판적 정치 네트워크의 구심점 역할을 하면서 옛 4 · 25 교수단 데모의 동료들을 추슬러 1960년대 내내 박정희 정권에 맞선 투쟁을 전개했다.

민자통 · 민족일보 사건으로 성균관대에서 물러난 임창순의 상황은 더욱 가혹했다. 1963년부터 서당을 열어 생계를 잇던 임창순은 예전 민민청 관계로 알던 도예종과의 대화를 빌미로 불법 구금당한 채 취조를 받는데, 이 사건이 바로 '1차 인혁당사건'이다. 징역 1년집행유예 3년형을 받은 임창순은 이때부터 제도권과 결별하고 본격적으로 한학 후속 세대 양성에 뛰어들었다. 그 자신이 청년 시절 보은 관선정에서 홍치유에게서 배우며 한학의 맥을 이었듯이, 그가 설립한 태동고전연구소지곡서당는 훗날 한국 한학계의 지식인 양성에 큰 기여를 하게 된다. 한편 정치와 거리를 두었던 이희승은 정년퇴임 후 1963년 동아일보 사장으로 취임하여 박정희 정권과의 대결을 준비했다. 특히 1964년 박정희 정권과 공화당이 추진한 언론윤리위원회법 제정 반대 과정에서 기자들의 투쟁을 지원했다.

대학과 언론계 그리고 재야에서 개인적으로 활동하던 유교 지식인이 마지막으로 집단적 정치운동에 참여한 것은 1964년 이후 전개된 이른바 '한일협정반대투쟁'의 막바지 국면에서였다. 1965년 8월, '재경유림단 성명'은 다양한 성향을 가진 당대 최고의 유교 계열 지식인들이 뜻을 모아 유교적 가치를 바탕으로 현실 정치에 집단적으로 맞섰던 사실상 마지막 사건으로서, 정부에는 협정 중단을, 국회에는 비준 거부를 요구했다. 재경유림단 성명은 그 직전인 1965년 7월에 결성된 조국수호국민협의회 결성 준비위원으로 활약했던 권오돈의 주도로 성사된 것으로 보인다.[6] 이 성명에서 재경유림단은 "일본은 아직도 해적의 근성을 그대로 자행하고 있다. 왜적들이 성의는 조금도 보이지 않고 우리의 힘은 그들을 제어할 수 없는 이때 조약과 조문이 무슨 소용이 있 겠느냐" 하며 협정의 실효성을 비판하고, 정부에는 주체성 없는 협정 체결 시도를 중단하라고 꾸짖고 국회에는 조약 비준을 하 지 말라고 요구했으며 나아가 국민에게는 끝까지 항거해 달라고 요청했다.《경향신문》, 1965년 8월 7일 당시 재경유림단 성명에 참여한 인 물들은 다음과 같다.

권오돈, 김희산金熙山, 김관호金觀鎬, 김제선金濟璿, 김용로金龍魯, 김 중렬金重烈, 김철수金喆洙, 민경년閔庚年, 송정훈宋政勳, 송진옥宋鎭玉, 심 상천沈相天, 신동호申東皪, 신완식申完植, 양재경楊在景, 오양吳養, 이가원, 이경하李瓊夏, 이동은李東恩, 정승택鄭承澤, 정용진鄭龍鎭, 정규현丁奎鉉, 정우현鄭友鉉, 전문수田文秀, 조규철曺圭喆, 조진규趙鎭奎, 조리호趙理鎬, 진문섭秦文燮, 채희준蔡熙俊, 허진회許震會, 홍성초洪性初, 홍찬유洪贊裕.

재경유림단 성명 이후 권오돈은 중앙정보부에 연행되었다가 풀려났지만 정부에 의해 이른바 '정치교수'로 낙인찍혀 강사직 조차 더 이상 수행할 수 없게 되었다.[7] 권오돈에게 남은 길은 직 접 현실 정치에 나서 박정희 정권에 맞서는 것뿐이었다. 1965년 가을 이후 권오돈은 윤보선 중심의 군사정권반대 신당, 곧 재야 세력을 포함한 선명야당 구성 논의에 참여하여 조직준비위원회의 의장을 맡기도 했다.[8] 그러나 그가 익숙했던 학술 분야나 사회운동 영역과 달리, 현실 정치에는 권력 욕구로 뭉쳐진 위선자들이 많았다. 권오돈은 결국 신당 운동에서 발길을 돌리고 마지막으로 재야의 세계, 곧 조선시대 사림의 비판적 이상 정치의 행동 양식으로 나아갔다. 1969년 대통령 삼선 개헌 반대 투쟁에 나섰던 권오돈은 1971년 4월 민주수호국민협의회 결성에 참여했는데, 이때 민주수호선언에는 권오돈 외에 정석해, 이가원 등이 함께 서명했다. 이듬해 권오돈은 옛 독립운동 동료들이었던 유석현劉錫鉉,[9] 김재호金載浩, 안재환安載煥, 무창군사정치학교 동지, 조규택曺圭澤[10] 등과 민족통일촉진회를 결성하여 운영위원장과 최고위원으로 활동하며 통일을 향한 담론 조성에 디딤돌을 놓았다. 민족통일촉진회 활동과 함께 권오돈은 정치 활동을 정리하고 민족문화 중흥을 위한 고전번역 및 학술 활동에 전념했다.[11]

권오돈 이후 유교계의 재야 민주화운동은 역사학자와 언론인을 겸한 천관우千寬宇의 몫이었다. 충북 제천 출신의 천관우는 일제 말인 1944년 경성제대에 입학하여 1949년 서울대 사학과를 졸업했다.[12] 이때 학부 졸업논문이 「반계 류형원 연구」였는데, 이 논문은 해방 후 실학 연구의 출발을 알린 글이었다. 이후 전쟁 중이던 1951년 대한통신 기자를 시작으로 언론계에 들어서 한국일보, 조선일보, 세계일보, 동아일보 등에서 편집국장과 논설위원을 맡아 활동하며 이승만·박정희 정권하의 정치 비판에서 두각을 드러내다가 1968년 이른바 '신동아 필화 사건'으로 퇴직당하기도 했다. 강골의 지사로서 천관우는 이후 언론자유운동과 재야 민주화운동의 일선에 섰다. 1971년 4월 19일 민주수호국민협의회 창립시 김재준, 이병린과 함께 대표위원으로 선출되어 그해 중대 선거의 공정한 진행을 위한 국민운동을 전개했고,[13] 이를 모체로 1974년 결성된 민주회복국민회의에서도 공동대표를 맡아 유신반대 민주화운동을 이끌었다. 그 와중에도 천관우는 『한국사의 재발견』 등의 다수 한국사 저서를 간행했다. 장지연, 박은식, 신채호, 정인보 등으로 면면히 이어진 유교 지식인의 전통, 곧 문사일체文史一體의 길을 걸은 마지막 인물이라는 평가_{정진}_{석, 2011}처럼, 그는 올곧게 유교 지식인을 대표하여 정치와 학문을 겸했다.

2. 유교 정치의 내면화: 1970년대 전후의 유교

1960년대 후반을 기점으로 유교 지식인들이 비판적 정치운동에서 차지하던 비중은 급속히 줄어들었다. 장준하와 함석헌의 선명한 군정반대 선언에 기독교 지식인과 사회운동가들이 동참하면서 민주화운동의 종교적 주류는 기독교 계열이 장악하기 시작했다. 그런데, 김창숙의 사후 정치참여의 동력을 잃기 시작한 유교계에는 정치운동의 약화보다 더 큰 위기, 곧 유교 존속에 필요한 사회적 기반의 해체라는 심각한 상황에 직면하게 되었다.

본래 전통 유림의 사회적 기반은 농촌의 동족 집단이었다. 그런데 6·25 전쟁 직전의 토지개혁으로 양반 지주의 경제적 지배력이 약화될 조짐이 보였다. 이에 더해 전쟁 기간 동안의 좌우 갈등으로 동족 집단 내에서도 균열이 발생했다.김동춘 외, 2003; 박찬승, 2010 전쟁 이후 참전 경력의 제대 군인 청년들이 선진 지식을 활용하여 농촌 재건의 핵심층으로 자리 잡으면서 전통적인 유림의 지도력은 국지적인 조상 현창 사업 외에서는 사라지기 시작했다. 의식과 관행 수준에서 유지되었던 양반–상민 사이의 차별도 함께 사라질 것이라는 예측이 1950년대 후반 농촌 사회를 지배했다.이만갑, 1960: 5~6장, 10장

그리고 1960년대 이후 이러한 위기는 현실이 되었다. 출산 증가에 따른 농촌 압출력의 증가와 급속한 산업화에 따른 도시 흡인력의 증가가 맞물리며 1960년대 내내 향도이농 현상이 가속화되었고, 1967년에는 마침내 도시 인구가 농촌을 앞질렀다. 청년 세대를 중심으로 가부장제도에 대한 회의가 확산되면서,[14] 지역 내에서도 정통 유림은 동족 집단 내 시사時祀를 위한 상징적 존재

로만 남았다. 도시 개발 과정에서 막대한 토지 보상금을 받은 문중을 중심으로 중앙 화수회花樹會 조직이 상설화되는 것도 이 시점이다. 본래 동족 집단 내에서는 화수회 조직과 유림 조직이 긴밀하게 관련되어 유교적 가치와 이상을 공유하고 있었는데, 1960년대의 문중 중심의 중앙 화수회의 관심은 오직 문중 조상 현창과 후손에 대한 장학금 지급 등 철저하게 씨족의 내부로 좁혀져 있었다. 그 밖에 근대적 학교 교육 체제가 자리 잡으면서 정통 유림의 재생산의 핵심이었던 서당 중심의 한학 교육 체계가 붕괴된 것도 유교의 지도력 위축에 영향을 미쳤다.

이러한 상황에서 군사정변 직후 박정희가 추진한 반反전통주의에 기초한 근대화 정책은 겨우 도덕적 영역에서만 명맥을 유지하던 유교의 지배력 쇠퇴에 영향을 미쳤다. 박정희는 유교적 관습을 한국의 후진성의 근원으로 지적하고 공격하면서 자신의 근대화 노선의 정당성을 의욕적으로 설파했다.박정희, 1962: 특히 2장 김종필은 유교 전통을 극복해야 근대화가 가능하다는 주장을 미국에 가서까지 펼쳤다.《경향신문》, 1963년 9월 23일 이미 1950년대 후반 이후 내부 분규로 유명무실해진 유도회와 유교계는 전면적인 사회 변동에 대응할 준비조차 없었는데, 엎친 데 덮친 격으로 박정희 정권 초기의 서슬 퍼런 유교 비난 분위기가 조성되면서 더욱 침체에 빠지게 되었다. 1960년대 후반 유교 지식인들은 이러한 위기에 수세적으로 대응할 수밖에 없었는데, '유교에서 한학으로'의 변모가 그 핵심이었다.

민족문화추진회와 고전번역사업

1964~65년 사이 지식인과 학생들을 중심으로 전개된 한일협정반대투쟁은 철옹성 같았던 박정희 정권의 정당성에 큰 상처를 입혔다. 유교사에서 보자면, 1965년 8월 재경유림단의 한일협정반대 성명이 박정희 정권의 문화정책 변화에 미친 영향에 주목할 수 있다. 정당성의 약화 위기와 비판적 유교 지식인의 결집에 대응하기 위해, 이때부터 정부는 기존의 근대화 정책을 가치 측면에서 뒷받침할 문화적 자원으로 유교로 표상되는 전통문화에 대해 관심을 기울이기 시작했다.[15] 그런데 박정희 정권은 그 과정에서 유교의 다양한 흐름 가운데 안정적 통치를 뒷받침할 전통만을 선택적으로 강조하는 전략을 세웠다. 국가 안보 지상주의를 강조하기 위해 조선시대 율곡 이이의 십만양병설을 근거로 내세우는 작업이 대표적 보기이다. 사회 갈등을 개인 수신 위주의 관념론으로 대응하게 한 것도 같은 차원의 접근이었다.Duncan, 2007: 36 박정희 정권은 조선시대 이후 비판과 저항의 유교 정치사의 전통이 아니라, 중국 한대 이후 지배질서 유지 기능을 수행하던 보수 정치 이념으로서의 유교 전통을 선택적으로 강조했던

셈이다.

대내외적 위기 상황에서 유교 지식인들은 이러한 정세를 활용하여 정치 대신 '문화' 영역에서 유교 부흥의 진지를 마련하고자 했다. 다시 말해, 유교 특유의 비판적 정치성을 유보하고 대신 학문과 전통문화라는 영역에서 활동하며 훗날을 모색하는 방식을 선택한 것이다. 이미 그 시기에 한학漢學의 후속 세대가 끊길 위기가 도래했다는 점을 감안하면, 유교 지식인들의 이 전략도 나름 의미가 있고 또한 이 과정에서 당시 집권 세력의 반反전통주의적 태도를 변화시켜 나갈 수 있다는 고려도 했을 것이다. 민족문화추진회이하 '민추'의 결성은 그러한 배경과 상황 인식에 기초해서 가능했다.

민추는 1965년 10월 '한국의 집'에 모인 학예계의 명사 20여 명의 발의로 준비되어 그 한 달 후인 11월 6일 동숭동 서울대 의대 강당에서 창립총회를 열었다. 당시 참여 인사는 박종화초대 회장, 이병도, 최현배이상 부회장, 김동리, 손재형, 신석호, 이은상, 조연현, 홍이섭이상 이사, 그리고 김두종, 김윤경, 성낙훈, 이숭녕, 이희승, 한갑수 등이었다. 민추의 결성 목적은 경제 개발과 민족 주체성 확립의 기운의 점차 고조되는 그 시점에서 민족문화의 보존과 개발 그리고 연구를 위한 사업 시행에 있었다. 창립총회에서 참여자들은 '대정부건의서'를 채택하고 정부가 민족문화 진흥을 위한 문화정책을 강화해 달라고 촉구했다. 정부는 민추의 요구를 수용하여 1966년 추경예산까지 편성하여 고전국역사업을 지원했다.[16] 사회단체로 출발했던 민추는 1970년 정부가 고전국역사업을 지원하던 여타 단체·기관들의 해당 사업들과 중복 등의 문제를 해결하려는 목적으로 문화공보부 산하 '재단법인 민족문화추진회'로 전환되었다. 번역자의 부족 문제를 해결하기 위해 민추는 한국고전연구원을 개설하고 전문적인 한문 교육을 실시했다.

1970년 설립기의 교수진은 이병도李丙燾, 성낙훈成樂熏, 하성재河性在, 조규철曹圭喆, 신호열辛鎬烈, 임창순 등 6명이었다.《경향신문》, 1970년 8월 25일 조규철은 심재 조긍섭의 제자로서 일제하에 중국 유학 경험도 있는 한학자였고, 하성재 역시 조긍섭 문하에서 한학을 익힌 재야 유학자였다. 한국기원韓國棋院 초창기의 기사이자 서예가로도 유명했던 신호열은 잠시 정치에도 뜻을 두었다가 접고 제자 양성과 한시 번역에서 일가를 이뤘고, 한문학자 임형택, 정치학자 김홍명, 시인 정희성, 판소리 명창 성창순 등 다양한 분야에서 제자를 길러냈다. 일제하 진단학회에 참여했던 사학자 이병도는 민추 부회장을 맡아 고전번역 작업의 발전에 기여했다. 그런데 초기 교수진 가운데 임창순과 성낙훈은 다른 참여진과 기질적으로 달랐다.

성낙훈은 일제하 스무살의 나이에 신간회에 참여한 이후 민족
운동에 관심을 가졌다고 전하고,류풍연, 2008 해방 후 1946년에는 전
국청년문학가협회 결성에 참여하여 조지훈과 함께 고전문학부
를 맡았다. 1947년부터는 조소앙 계열에서 활동하며 순간지《한
보》의 이사로서 언론계에서 활동하며,《경향신문》, 1947년 8월 23일; 28일
조소앙 계열의 남북요인회의 추진을 준비하다가 모략을 당해 한
독당에서 탈당하기도 했다.《동아일보》, 1948년 1월 18일 정부 수립 후 조
소앙이 창당한 사회당의 식량 분과 위원장으로 정치 활동을 계
속했지만, 조소앙의 납북 이후 아나키스트 계열인 단주 류림과
관계를 맺고 학문과 정치 활동을 병행했다. 성낙훈과 권오돈이
1953년 연말부터 한 학기 정도 경북대학교 교수로 지낸 것은 단
주 류림의 지도 공작 때문이라는 유창훈2005: 177~185의 회고가 있
다.[17] 혁신정치와 민족통일에 대한 이루지 못한 꿈을 성낙훈은
번역과 저술 그리고 제자 양성으로 달랬다. 임창순의 경우는 민
추를 떠나 독자적으로 제자 양성에 나섰다. 민추의 국역사업과
한문교육의 초창기에 큰 기여를 했던 임창순은 조금 더 자유로
운 분위기에서 한학 발전을 위한 교육 사업을 추진했다. 1974년
임창순은 기존의 태동고전연구소를 확대하여 경기도 양평에 지
곡정사芝谷精舍, 훗날 지곡서당를 열어 기숙형 전문 교육을 실시했다.
지곡서당은 민추와 더불어 한학 후속세대 양성에 크게 기여했

다. 성낙훈과 임창순, 그리고 뒤이어 서술할 한국한학회의 구성원들을 보면, 민추가 단순히 정부의 기획에 포섭된 것이 아니라, 능동적으로 전통문화를 매개로 한 문화적 진지 구축에 나섰다는 것을 알 수 있다.[18]

이후 민추는 고전국역 및 국역요원 양성을 위한 교육 등의 사업을 통해 한국 전통문화 연구에 큰 공헌을 했다. 하지만 정부 산하단체로서 재정 지원을 받는 구조 때문에 민추는 국민사상계몽강연회를 주최하기도 하고 1972년 유신헌법 제정 때는 지지선언을 할 수밖에 없었다. 고전국역 중심의 민추 사업이 정부의 예산 지원에 기대면서 유교 지식인 본연의 비판적 공론 생성 역할이 약화된 것은 아쉬운 일이었다. 덧붙여, 국역사업의 결과물인 우리말 번역의 전문성이 떨어져 학계의 비판을 받았다는 점에도 유의해야 한다. 이런 상황에서 옛 4·25 교수단 데모의 주역들이 다시금 결집하여, 1969년 9월 14일 '한국한학회'를 결성했다. 권오돈, 성낙훈, 김경탁, 임창순, 오양, 홍찬유 등이 7월부터 조직준비에 착수해서 결실을 맺은 것이다. 대표는 이상은이 맡았고, 임창순이 총무, 이가원이 연구, 오양이 선전 담당을 각각 맡았으며, 상임위원으로 권오돈, 김경탁 등 13명이 참여했다. "우리는 이미 사문화된 한자로 한가롭게 시문을 창작하겠다는 것은 결코 아니다. 우리는 좋건 싫건 간에 과거의 우리 한자문화유산을

지금 정리해 두지 않을 수 없다는 긴급한 시점을 중시하는 것이다."《경향신문》, 1969년 6월 10일

언론에 미리 알린 발족 취지를 통해서, 한국한학회의 전통에 대한 인식을 이해할 수 있다. 첫째, 비판적 유교 지식인들은 한자 중심의 전통문화를 부흥시키려는 복고적 입장을 거부하고 이미 한자 문화로의 회귀가 불가능하다는 것을 인정했다. 둘째, 그럼에도 우리 민족문화의 대부분을 구성하고 있는 한문 기록 유산에 대한 정리 작업은 민족문화 발전을 위해 필수적이다. 셋째, 당시는 한자 문화유산을 제대로 정리할 수 있는 마지막 시기라고 인식했다. 해방 이후 한글전용 어문정책이 계속되면서 당시 청년 세대의 한문 독해 능력 저하를 이들은 크게 우려했고, 따라서 자신들의 세대에서 한자 유산을 정리하지 않을 수 없다는 책임감이 강했다고 볼 수 있다. 한국한학회의 비판적 유교 지식인들은 월례발표회와 강연회를 열어 의욕적인 활동에 나섰다. 종교로서의 유교 대신 민족문화로서 한학을 선택할 수밖에 없었던 당시 조건을 감안하면, 한국한학회의 학술 운동은 최선을 다한 것이었다. 이후 1960년대 초반 마지막으로 현현했던 유교 정치 이상은 사라지고, 그 이상의 실천자들과 후속 세대들은 그 이상을 내면화하며 어두운 시기를 견뎌내야 했다.

1970년대 유도회의 보수화 양상

1960년대 유도회총본부가 사실상 활동 정지 상태에 빠지게 되면서 이를 극복하기 위한 새로운 유교 조직 창설 움직임이 있었는데, 1968년 11월에 설립된 '사단법인 유도회'가 그것이다.[19] 1968년 10월 21일, 서울 및 각 지역 대표 32명이 모여 유도회 재건준비위원회를 개최했고, 다음 날 유도회 재건총회를 열었다. 이들은 11월 18일 창립총회를 열고 회장 성종호成宗鎬, 부회장 김세영金世榮, 정용재鄭容材 체제로 출범했다. 이 단체에서 유학 고전 강의는 홍찬유洪贊裕가 이끌었다. 1972년 홍찬유와 오양은 파리장서운동을 기념하는 비를 건립할 뜻을 세우고 권오돈과 논의한 후 준비위원회위원장 이은상를 꾸려 일을 추진하여 마침내 1973년 10월 3일 장충단공원에 비를 건립했다. 이들은 유도회의 정통파 세력을 자임했지만, 참여자들 가운데는 유도회 분규의 책임자도 여럿 있었다.

사단법인 유도회의 발족은 지리멸렬했던 옛 유도회총본부 측의 각성을 불러일으켰다. 마침 1970년 대법원 판결을 통해 10여 년을 끌어온 유도회 분규가 해결되고, 유림대회에서 유도회총본부가 결성되면서 새 출발을 하게 되었다. 이가원 위원장을 비롯한 새 임원진의 노력에도 불구하고, 유도회는 현실적 영향력을 발휘하지 못했다.금장태, 1999: 182 유도회 산하기구로 1975년 여성유도회'여성유림회'가 창립되어 활동을 시작했고, 1976년에는 최창규 당시 서울대 정치학과 교수, 면암 최익현의 현손 중심으로 청년유도회가 창립되어 현대인에게 유교의 가치를 전수하려는 노력이 시작되었다. 하지만 이미 유교의 종교성은 물론 전통문화의 핵심이었던 유교 가치와 습속이 약화되면서 유교 부흥의 목표를 달성하기는 쉽지 않았다.

이러한 상황에서 유교계는 현상을 능동적으로 타개하기보다는 수동적인 보수주의적 태도를 견지할 수밖에 없었다. 이는 정치와 사회문화 양면에서 발현되었다. 정치적으로 1970년대의 유교계는 과거 김창숙 유도회총본부 시기의 반독재 투쟁의 중심 역할을 더 이상 수행하지 못한 채 오히려 박정희의 유신 체제를 지지하는 친정부적 입장에 섰다. 1970년대 성균관 기관지인《유림월보》는 매호 1면에 박정희 대통령 사진을 게재하고 그 동정을 게재했다. 1972년 10월 유신 직후 성균관장 성낙서는《유림월보》1972년 11월 25일에 "유신헌법 통과의 의의"라는 글을 싣고 찬양했다.최영성, 1997(5권): 316 이런 친정부적 태도는 1980년대 전두환 정권 시기까지 지속되었다. 다만 유도회의 친정부적 성향은 기독교와 불교를 비롯한 여타 종교의 주류 세력에서도 똑같이 확인되는 경우였기 때문에 대중의 주목을 받지는 못했다.

유도회의 보수성은 정치보다 사회문화적 대응 양상에서 더 관심을 끌었는데, 이른바 '가족법 개정 반대 투쟁'이 대표적이었다. 1952년부터 준비되어 1957년 제정된 신新 민법의 제정 과정에서 당시 대법원장 김병로는 부계 중심의 가족제도를 옹호했다. 이에 당시 여성 국회의원들이 여성의 호주 상속을 내용으로 한 가족법민법의 4편(친족)과 5편(상속)을 통칭 원안 개정을 추진했지만, 김병로는 여성의원들을 비판하며 원안을 지켰다.김학준, 1988: 368~372 이후 여성계는 가족법 개정을 여러 차례 시도했는데, 그때마다 이에 맞서 유도회는 대규모의 개정 반대 집회를 열었다. 1973년 여성단체들이 연합하여 '범여성가족법개정촉진회'를 결성하고 가족법 개정안을 준비하자, 유도회는 이에 반대하여 강력한 반대 운동을 전개했다. 앞서 언급한 여성유림회의 창립은 이 사안과 연결된다.[20]

재야 형성과 유교: 저항의 개인화

1960년대 중반 이후 한국은 표면상 전통 사회에서 근대 사회로의 질적 변화를 달성했다. 박정희 정권의 산업화 정책이 차츰 성과를 축적해 가면서 한국 사회는 농업 사회에서 산업 사회로 구조적 전환을 이뤘다. 사상과 담론 수준에서는 근대화론이 한국 사회에서 주류 담론으로 자리 잡으면서 한동안 전통은 비판의 표적이 되었다. 이러한 경제와 문화 체계의 변동은 유교 정치의 성격 변화에도 영향을 미치기 시작했다. 아무래도 유교 정치 이상은 옛 전통 사회에 기능적이었던 까닭에 이른바 민본과 대동으로 표상되는 공동체적 문화에 친화적이었고, 자본주의 산업화에 적응적인 논리를 생성하기에는 충분한 시간적 여유가 없었다. 그런 까닭에 전통적인 유교 정치 이상은 근대화에 수반한 사회 갈등에 비판적 감수성을 공유했던 재야 정치 세력에 정신적 기반을 제공했다. 그런 여건에도 불구하고, 1970년대를 경유하면서 막상 비판적 유교 정치는 사실상 종언을 고하게 되는 역설적 상황을 낳았다. 이제 그 경과를 간단히 살펴보고, 그러한 유교 정치의 쇠퇴를 당대의 정치적 경제적 변화와 관련시켜 분석해 보자.

박정희 정권하의 한국 정치에서 야당보다 더 강력한 투쟁을 전개했던 집단은 학생 운동권과 이른바 재야在野 세력이었다. '재야 인사', '재야 지도자', '재야 운동권' 등의 익숙한 용례에서 확인되는 재야라는 용어는 본래 재조在朝, 곧 출사한 사람들에 대비되어 벼슬에서 물러났거나 벼슬과 무관한 이들을 통칭했다. 이들의 명분과 정당성은 정치적 야심과 편당성의 부재에 있다. 따라서 정치권 인사들은 비록 야당일지라도 원칙상 재야에 속할 수 없었다. 재야라는 용어를 통해 민주화운동 진영은 스스로를 정권 획득과 관련된 파당적 집단이 아니라 국가를 위한 도덕적 비판 세력으로서 옛 '재야 사림'의 전통을 계승한 세력으로 표상할 수 있었다. 하지만 재야의 전통적 또는 유교적 성격에 대해서 현대 정치학에서는 큰 관심을 두고 있지 않다.

박명림[2008]은 재야 1세대를 우파 민족주의 세력, 북한 출신의 월남 인사 세력, 기독교인 세력의 연합으로 규정하고 있다. 그가 재야 1세대라고 칭한 인물들 가운데 함석헌, 김재준 등을 제외하면 대부분 1920년대 이후 출생자들이라는 점에서 그 규정이 어색하기는 하지만, 1970년대 이후의 재야 세력 분석으로는 사실을 잘 반영한다고 볼 수 있다. 그리고 그 시기에는 이미 기독교 계열에서 민주화운동을 주도했다. 문제는 후대의 '승리'한 민주화운동 참여자들의 관점에서 이렇게 단순하게 처리될 만큼 재야의 기원이 단순하지는 않다는 점이다.

재야 세력의 기원을 이해하기 위해서는 왜 그들이 시민의 존경을 받았는가를 먼저 이해해야 한다. 곧 그들의 옛 행적과 인물됨이 그들의 주장 내용보다 대중에게는 더욱 중요했던 것이다. 그런 점에서 재야 세력은 독립운동의 전통에 이어져 있어야 했고, 그 이념도 민족주의와 직접적으로 관련이 있어야 한다. 이런 점은 특히 이승만 정권 시기 재야의 활동에서 두드러진다. 6·25전쟁 이후 1950년대 내내 공산주의 세력이 사라졌다고 해도 여전히 재야에는 일제하의 독립운동 경력을 공유하는 우파 민주주의자, 아나키스트, 사민주의자, 사회주의자 등이 활발하게 활동하고 있었다. 재야 세력이 이승만 정권과 맞서기에는 허약했던 야당과 연대하여 정략적 개헌 시도에 맞서거나 야당 후보 단일화 등을 주도할 수 있었던 것은 그들의 독립운동 경력과 도덕성에 대해 국민들이 신뢰했기 때문이었다. 1950년대에 그러한 자격 조건을 모두 갖춘 인물이 바로 심산 김창숙이었다.

1956년 대선을 앞두고 민주당과 진보당의 연대가 교착상태에 빠지자, 당시 야권의 제3 후보로까지 인정받았던 김창숙은 '개인 자격'으로 직접 신익희, 조봉암과 접촉하여 대선후보단일화를 거의 성사시켰다.《경향신문》, 1956년 4월 6일 김창숙이 개인 자격을 강조한 것은 그가 유도회총본부 명의의 정치 활동을 금한 것을 스스로 지킨 까닭이기도 하지만, 무엇보다도 정치에 자신의 조직을 개입시키지 않고 오직 원칙으로만 두 사람을 설득했을 때 국민의 지지가 커질 것을 알고 있었기 때문이었다. 이승만 정권의 유도회 분열 공작은 이러한 김창숙의 시도가 실질적 위협이 된다는 것을 깨달은 직후였다.[21]

1950년대에 이승만 정권의 장기 집권 시도에 가장 강력하게 저항했던 유교계는 유도회 분규를 통해 조직이 약화되면서 1960년대 중반 이후 더 이상 비판 정치 운동을 실행할 여력이 없었다. 앞서 검토했듯이, 김창숙의 사후에 권오돈을 중심으로 유교 지식인들의 개별적 정치 참여가 있었지만 유교의 종교성이 거의 사라진 그 시대에 유교 정치 이상이 발현되기는 쉽지 않았다. 이런 까닭에 1960년대 중반 이후의 재야 세력의 형성 과정에서 종교로서의 유교는 크게 기여하지 못했다.

하지만 주의해야 할 것은, 1960~70년대에 비록 유교가 종교적 위상이 추락했을지라도 당시 한국인의 민주주의 정치 관념은 여전히 전통적 유교의 언어와 습속에 의존하여 작동하고 있었다는 사실이다.[22] 따라서 운동 엘리트들은 의도적으로 또는 무의식적으로 유교적 언어를 활용하여 대중에게 민주화운동의 정당성을 납득시킬 수밖에 없었다. 더구나 운동 엘리트들 스스로도 유교 전통을 내면화하고 있었던 경우가 많았다. 류근일[1997]이 1960~70년대 주요 시국사건 주동자로서 지속적으로 운동가로 활동한 저명인사 100명을 대상으로 1993년도에 실시한 설문조사[75명 답변] 결과는 이러한 해석을 뒷받침한다. 전반적으로 이들은 서구문화와 산업화에 대해 부정적 견해를 갖고 있었고, 농촌 문화와 민중주의에 애착을 갖고 있었다. 이들은 진보 세력이되 비서구적 태도, 곧 '비서구적 진보'라는 기층정서를 공유했다.[134] 운동 참여 계기는 가족이나 동료들과의 일상적 접촉이었고, 시국사건에 대한 정부의 과도한 탄압 과정에서 생겨난 분노와 낙인 효과 등을 통해 운동 참여 의식이 강화되었다.[143] 이러한 참여와 강화 과정은 이들이 전통적 결속 방식인 집단주의적 사회의식을 가졌다는 응답 결과[132]를 충분히 설명한다. 이처럼 1960년대 후반 이후 재야 세력의 발전에는 유교적 습속을 실천하고 있는 다수의 대중과 유교 전통의 언어와 가치를 내면화하고 있던 운동 엘리트들이 의미 지평을 공유하는 '해석 공동체'를 형성하고 있었던 점이 작용했다.

그런데 유교적인 비판적 정치 관념에 의해 배태된 재야 세력이 조직화를 완료하는 1970년대 이후, 역설적으로 유교 정치는 완전히 소멸하게 되었다. 초창기 자연발생적이고 단속적이었던 재야의 반정부 투쟁은 기독교 학생운동의 발전과 개신교·천주교계의 진보적 인사 및 비판적 지식인들의 참여와 연대 과정을 통해 지속성을 갖는 반독재·민주화운동 전선으로 발전하게 되었다. 재야 세력의 통일체가 운동의 목적과 이념을 명료한 사회과학적 언어로 표현할 수 있게 되면서 이제 더 이상 낡은 유교적 언어를 사용할 필요가 없었던 것이다. 이 시기에도 명망가로서 유교인이 민주화운동에 참여하기는 했지만, 이는 유교 조직에 기반한 것이 아니라 개인적인 차원의 저항이었을 뿐이다. 유교인의 정치 참여가 개인화되면서 그 저항 과정에서 유교 정치 이상은 의미를 갖지 못했다.

재야 논리의 진보적 전환에 따라 효용성을 잃은 유교적 정치 관념은 이제 정치사회와 시민사회와의 접점을 완전히 상실한 채 오직 유교 전통을 묵수하는 개인의 내면 영역으로 침잠할 수밖에 없었다. 유교가 정치성을 상실하고 현실 정치에서 후퇴한 대가는 혹독했다. 유교 정치의 내면화는 수기修己와 치인治人의 역동적 일체성의 단절을 의미한다. 또한 이는 종교와 학문의 일체로서 유교가 그 구심력을 잃고 한학이라는 학문 영역에서 겨우 온존하는 것을 의미하기도 한다. 유교가 수기와 학문의 영역으로 후퇴하면서, 이제 세속 유교는 '효'라는 가족주의의 언어로 재편성되기 시작한다. 1919년 파리장서운동에서 시작되어 해방 정국과 4·19 혁명에서 절정에 이르렀던 찬란한 유교 정치운동의 역사는 1970년대의 시작과 함께 막을 내린 것이다.

3. 유교 보수화와 현대 유교의 위기

보수화의 징후: 가족주의와 유교자본주의

1960년대 후반 이후 유교 정치 이상의 쇠퇴는 1970년대 박정희 정권이 추진했던 산업화 정책의 성과와 맞물리면서 유교 보수주의가 재활성화하는 배경을 제공했다. 본래 유교에는 개혁적 정치 이상과 보수적 사회 관념이 함께 자리하고 있어서, 이 중 어느한 쪽이 쇠퇴하면 반드시 다른 한 쪽이 강해지게 된다. 전통 사회에서는 유교의 보수적 관념이 지배 이데올로기 역할을 했었고, 독립운동과 건국운동의 시기에는 유교의 개혁적 정치 이상이 유교의 민족화와 근대화의 이념으로 작용했었다. 그런데 상반상성相反相成과 물극필반物極必反의 원리처럼, 유교가 근대 정치사에서 그 마지막 불꽃까지 태워 버린 다음에는 유교의 보수적 사회 관념이 다시 움터 나오게 되었다. 가족주의적 습속의 강화는 그러한 유교 보수주의의 재생 결과였다.

일찍이 유교인과 비유교인 모두에게서 비판의 표적이 되었던 유교의 고질이 바로 가족주의였다. 일반적으로 가족주의는 '한 개인의 행위가 가족의 유지와 확대라는 목표에 규제되고, 또한 그것을 사회 통합의 규범으로 발전시켜온 문화적 가치 체계'이황직, 2003로 정의할 수 있다. 어느 사회에서나 가족주의의 경향이 적 건 많건 존재하기는 하지만, 적어도 근대 서구 사회의 경우 개인의 행위 준거와 사회 통합의 규범은 가족 너머의 공동체, 곧 국가 또는 세계 시민사회로 확대되어 그 사회의 시민들을 특수적 가치 대신 보편적 가치에 충성하도록 이끌었다. 그런데 한국 사회는 1960년대 이후 본격적으로 근대화를 경험하면서 가족주의적 가치 지향성이 약화되기는커녕 더욱 강화되었다. 그리고 한국의 가족주의 강화의 배경에 유교적 습속이 자리 잡고 있던 것은 명백한 사실이다.

유교 가족주의는 의도하지 않게 한국의 산업화에 기여하기도 했다. 기업가들은 생산성 강화 수단으로 산업 현장의 통제에 가부장적 관념을 적용해서 성과를 거뒀고, 산업화를 주도한 국가는 국가적 동원 체계를 수립하며 국가를 가족의 확대된 단위로 상징화했다. 특히 해방 이후 정부는 의무교육 과정에 사용되는 교과서를 통해 서구의 개인주의를 비판하고 대신 전통적인 가족 관념이 현대 사회의 갈등을 해소하는 방안이라고 교육했다.최재석, 1982 가족주의적 통제는 산업 현장의 노동자들에게도 마찬가지로 적용되었다. 1960~70년대 노동자들은 오직 가족의 생존과 번영을 위해 힘든 노동 현장을 지킬 수 있었는데, 심지어 어린 소녀들이 오직 '우리 집안'을 위해 열악한 근로 조건을 견뎌낼 수 있었던 데에는 유교에 기반한 가족주의적 습속이 가장 큰 기반이 되었다. "한국 사회에서 일어난 최근의 산업화 과정은 조선시대에 이미 제도화되어 있던 가족 중심의 가치 지향성에 의하여 저해된 것이 아니라 촉진되었다는 데 그 특수성이 있었다"박영신, 1986: 277는 평가는 유교 전통과 가족주의가 역설적으로 근대 산업화에 기여한 상황에 대한 탁월한 언명이다.[23]

산업화 이후 유교적 가족주의는 이제 가족을 넘어 가문家門, 곧 혈연 중심의 친족집단을 중시하게 하여 사회 전체의 보수화에도 기여했다. 산업화에 따라 대도시 인근의 문중 토지가 개발되면서 각 문중들은 화수회 조직을 강화하는 데 필요한 자산을 확보할 수 있었다. 당시 정부의 전통문화보존사업과 맞물려 각 문중은 경쟁적으로 재실齋室과 사당 그리고 묘소를 정비하는 조상 현양 사업을 추진하면서 조직을 강화할 수 있었다.이광규, 1980 이 과정에서 친족집단은 본래의 친족간 통합과 통제라는 전통적인 기능 대신에 타 집단과의 관계에서 사회적 위세를 과시하는 기능을 수행하게 되었다.이창기, 1977 이러한 기능 변화가 갖는 사회적의미에서 분명한 것은 친족집단 중심의 가족주의가 국가 주도의근대화 과정과 교섭하면서 오히려 강화되었다는 점이다. 정부의시책에 순응하고 때로는 정부의 자원을 적극 이용하면서 친족집단들은 사회 전체가 전통적 통제의 원리에 의해 지배되는 데 기여했다. 가족주의의 또 다른 표현인 연고주의, 지역주의, 공공성의 사사화 등은 21세기에 이르기까지 지속되면서, 현대 사회에서 '공자가 죽어야 나라가 산다'김경일, 1999는 식의 극단적 유교 비판이 시중의 관심을 받게끔 만드는 원인으로 작용해 왔다.

쇠퇴하는 유교, 미래는 없는가

유교의 보수화는 유교의 존립 근거를 내부로부터 붕괴시켜 1980년대 이후 유교 자체의 몰락을 낳았다. 유교의 현재에 대해서 모든 연구자들이 그 쇠퇴의 추세에 동의하고 있다. 제도종교로서의 유교는 근대화 과정에서 현저하게 위축되어 현재는 명맥만 이어지고 있을 뿐이다. 이는 유교계 내부와 외부에서 공통적으로 지적하고 있는 것으로, 특히 통계 자료로서 확실히 뒷받침된다. 1985년 시점의 조사에서, 전체 종교 인구 중 유교 인구 비율은 2.8퍼센트였지만, 1995년의 조사 결과에서 유교 인구는 0.93퍼센트로 급감하였고, 2003년에는 0.7퍼센트에 불과했다. 2005년 인구총조사 결과 유교인은 총 10만 4,575명으로 전체 종교 인구의 0.41퍼센트로 하락하며 원불교에도 뒤처졌고, 2015년에는 0.35퍼센트까지 하락했다. 더욱 심각한 문제는 유교인의 연령별 구성 비율이다. 2003년 사회조사 결과를 보면, 유교인 가운데 60세 이상이 절반이 넘고, 특히 5~39세의 비율은 20퍼센트 대에 머물러 있었다. 이런 추세가 지속된다면 한 세대 후 유교인의 비율은 전체 종교 인구의 0.2퍼센트 이하로 사실상 소멸하게 될 것이다. 아래 〈표〉들은 이러한 유교의 몰락상을 잘 보여 준다.

그런데 이렇게 유교가 몰락한 상황에서도 여전히 많은 이들이 한국 사회의 문제점이 유교에서 기인한다고 비판하고 있는 모순적인 상황은 다음과 같은 사실에 있다. 곧 제도종교로서의 유교의 쇠퇴에도 불구하고, 유교적 가치와 습속은 여전히 한국인의 사회의식에 깊은 영향을 드리우고 있다는 인식이다. 1984년 한국갤럽의 '한국인의 종교과 종교의식' 조사에 따르면, 종교인과 비

〈표 10-1〉 2003년도 통계청 사회조사 '종교활동 참여인구'(단위: %)

	15세 이상 인구	종교 인구	불교	개신교	천주교	유교	원불교	기타	종교 없음
계	100.0	53.9	47.0	36.8	13.7	0.7	0.4	1.4	46.1
남자	100.0	46.4	47.4	36.4	13.3	1.3	0.4	1.2	53.6
여자	100.0	61.0	46.8	37.0	14.0	0.3	0.4	1.5	39.0
15~19세	100.0	46.2	31.5	50.2	15.8	0.2	0.5	1.7	53.8
20~29세	100.0	44.7	37.7	44.7	15.5	0.2	0.3	1.5	55.3
30~39세	100.0	49.3	43.6	40.9	13.8	0.3	0.3	1.2	50.7
40~49세	100.0	58.2	50.5	33.5	13.7	0.6	0.5	1.2	41.8
50~59세	100.0	62.4	55.1	29.0	13.0	0.9	0.3	1.6	37.6
60~65세	100.0	63.1	54.4	30.2	11.7	1.8	0.4	1.5	36.9
65세 이상	100.0	63.2	52.3	31.4	12.2	2.0	0.4	1.6	36.8

〈표 10-2〉 1985~2015년 종교인구의 변화(통계청 인구총조사 자료를 재구성, 단위: %)

조사년도	종교인 비율	종교인 중 종교별 비율						
		불교	개신교	천주교	유교	원불교	천도교	대종교
1985	42.56	46.8	37.7	10.8	2.8	0.53	0.15	0.06
1995	50.72	45.7	38.8	13.1	0.93	0.38	0.12	0.03
2005	53.08	42.9	34.5	20.6	0.41	0.52	0.18	0.01
2015	43.94	35.3	44.8	18.0	0.35	0.39	0.31	0.01

종교인을 모두 포함한 전체 인구의 무려 91.7퍼센트가 유교의 기본등급 성원에 속했다. 다시 말해, 거의 대부분의 한국인이 자기가 유교인이라고 생각하지 않으면서도 실제로는 유교적인 생활

방식을 따르고 있다는 것이다. 외부의 관찰 결과도 이와 다르지 않았다. 하와이 대학교 동서센터가 서울, 센다이, 홍콩, 타이페이, 상하이 5개 도시를 대상으로 '유교 윤리에 대한 친밀도'를 조사한 결과에서 서울은 가장 유교적인 도시로 분석되었다.뚜웨이밍, 2006; 특히 7장 그리고 이러한 유교적 가치와 습속은 반드시 사회 근대화에 부정적인 기능을 제공한 것만은 아니었다. 특히, 이러한 유교 윤리는 1980년대까지 지식인과 대학생의 비판적 정치 참여를 뒷받침하는 기반이 되었다. 종교성이 약화되었을지라도 유교에 내재한 비판적 정치 이상은 가치의 습속의 차원에서 여전히 작동했음을 우리는 1987년 민주화운동에 참여했던 대학생 집단의 의식에서 확인할 수 있다.[24]

그런데 한국인의 유교적 가치와 습속조차 1990년대 이후에는 급속하게 약화되기 시작했는데, 이는 한국갤럽의 연속 조사1984, 1998, 2004에서 확인된다. 특히 1984년과 2004년 조사 결과를 비교할 때 유교적 성향의 감소폭이 무척 큰데, 가족관계 내에서 유교적 습속이 급속도로 약화되어 이미 서구적인 가치와 생활방식으로 변화했다는 것을 알 수 있다. 다만 가족관계 내의 변화가 실제 사회 행위의 규범의 변화에까지 이어졌는지는 쉽게 결론내리기 어렵다. 아래 〈표 10-3〉은 2004년의 조사 결과를 1984년과 비교한 것이다.

〈표 10-3〉 유교적 성향 답변 결과의 변화 추이[25](단위: %)

조사 항목	'그렇다' 응답 비율		감소율
	1984년	2004년	
① 가장의 주도권	69.7	51.6	18.1
② 남편과 아내의 역할 구분	72.9	39.4	33.5
③ 부모에 대한 자식의 절대적 순종	47.8	35.9	11.9

우리 국민의 유교적 성향은 조사 관심과 방식에 따라서 조금씩 편차를 보일 수 있다. 그럼에도 불구하고, 유교가 쇠퇴해 감에 따라 한국 사회의 유교적 성향 또한 쇠퇴해 가고 있는 추세라는 점은 확실하다. 여기에 2005년의 가족법 개정의 사례에서 보듯이, 유교적 관습이 남아 있던 법률과 제도 등이 근대적 원리에 따라 폐기 또는 개정되면서, 이제 우리 사회에서 유교적 가치와 습속은 사라져 갈 것이 분명하다.

이 책의 서두에서 유교를 '종교, 습속, 교양'이라는 세 가지 분석적 차원으로 구별했는데, 지금까지 현재 한국 사회에서 유교가 종교와 습속 차원에서 몰락했다는 것을 확인했다. 그런데 흥미롭게도, 학계를 넘어 일반인들에게도 유교의 경전인 『논어』, 『맹자』 등의 고전에 대한 관심은 여전히 높다. 아울러 한국의 전통문화의 근간을 이루는 유교 문화유산에 대한 지적 관심도 여전하다. 자신이 어떤 종교를 믿는지 여부와 관계없이 고급 지식으로서 유교에 대한 관심이 높은 현상을 설명하기 위해, 이 책은 유교를 종교와 습속이 아니라 '교양'의 차원에서 분석할 것을 제안했다. 특히, 현 시점에서 유교의 존재 양상을 분석할 때 그 필요성은 더욱 높아진다. 현재 한국인들은 유교적 지식을 갖고 있거나 갖기를 희망하고 있고, 동시에 유교적 생활방식의 정수에 대해 동경하고 있거나 존중하고 있다. 이런 측면을 포괄할 수 있는 용어로 이 책은 '교양'을 선택했다. 서구 근대의 한 계기를 이뤘던 르네상스가 그리스 · 로마 고전의 재발견에서 출발했다면, 우리 근대의 질적 도약을 위해 유교 교양의 유효성은 언제나 최우선의 고려 대상이 될 수 있다.

유교 쇠퇴의 종교적 차원

유교의 쇠퇴는 단일 요인으로 설명할 수 없다. 외부적으로는 유교가 다른 종교와의 경쟁에서 밀린 것을 그 요인으로 들 수 있겠고, 내부적으로는 유교가 근대 사회에 적응하지 못한 것이 쇠퇴 요인이 될 것이다. 해방 이후 유도회 중심의 유교계는 원하지 않게 정치적 소용돌이에 휘말리면서 유교 근대화에 필수적인 교리상의 개혁 논쟁 기회를 놓쳤고, 이후 유도회 분규 과정에서 도덕성의 상처를 입었다. 근대적 사상 논쟁 없이 유교계는 유교의 해석에서 여전히 전통과 혁신이라는 양극의 스펙트럼 사이를 오가며 진전과 합의 없는 정체停滯 상태에 있다. 이제 유교 교리와 역사를 통해 유교의 종교적 실패 이유를 살펴보자.

첫째, 유교의 기본 성격을 통해 유교 쇠퇴의 원인을 분석해 보자. 유교의 핵심 교의이자 실천 원리는 인仁이다. 구체적인 실행 원칙에서 이는 충서忠恕로 나타나고, 이것이 체계화된 것이 오상五常이다. 구체적인 관계에서 실천적 덕을 표시한 것이 바로 삼강과 오륜이다. 이를 바탕으로 구현된 유교적 인간상이 군자君子이다. 군자는 수기치인修己治人을 추구하는데, 이를 좀 더 종교적으로 표현하면 내성외왕內聖外王이다.[26] '내성'은 자기완성을 통해 성인의 경지에 이르려는 종교성의 표현이고, '외왕'은 유교적 이상 사회를 구현한다는 사회적 종교성의 표현이다. 사회 교화에 관심을 가지고 있다는 점에서 유교의 실천적 관심을 찾아볼 수 있지만, 유교의 핵심이 개인의 내면적 완성 근거로 초월적 천天을 제시하고 있다는 점에서 유교 역시 다른 종교와 같은 초월성의 영역을 갖고 있다는 것은 분명하다.[27]

문제는 내성과 외왕 사이의 긴장에서 발생한다. 유교에서 내성은 불변적인 원칙이다. 시대 상황에 무관하게 유교인이라면 인仁을 일상에서 실천해야 한다. 인을 인간다움의 완성으로 이해하든 생명력의 발현으로 이해하든, 인은 언제나 구체적이고 경험적인 차원에서 인간이라면 누구나 가지는 선함에 기초한 실행을 요구한다. 반면에, 외왕도 불변적인 원칙이기는 하나 그것은 두 측면에서 내성과는 다르다. 우선, 외왕의 '적용' 여부는 상황에 따라 달라지는 가변적 원칙이라는 점에서 차이가 있다.[28] 유교 문헌에는 그러한 딜레마를 다룬 실전 연습용 질문과 답변들이 많다. 대표적으로 『맹자』에는 제자 도응桃應의 질문에 대한 맹자의 답변이 있고, 고려 말 이곡李穀, 목은(牧隱) 이색(李穡)의 부의 「조포충효론趙苞忠孝論」도 같은 맥락의 보기가 제시되어 있다.이곡, 2006 이들에 따르면, 유교인은 가족과 국가 사이의 딜레마에서 과감히 공직을 버리고 대신 부모 구하기를 선택해야 한다. 물론 유교인들이 국가적 사변에서 기꺼이 거의하거나 순절을 택하는 경우도 많았다. 이를 뒷받침하기 위한 논리적 표현도 적지 않다. 외왕 없이 내성을 이룰 수 없다는 것이 그 대표적인 논리이다. 그러나 이경우는 인보다는 의를 강조한다. 또한 외왕의 '내용' 자체가 시대에 따라 달라진다는 점을 고려해야 한다. 농경시대와 산업화시대의 외왕의 성격이 다르고, 왕정과 공화정이라는 정체의 차이에 따라 외왕의 내용이 달라진다. 왕조가 있을 때와 왕조가 멸망했을 때의 내용도 달라진다.

1910년 이후 유교는 외왕의 '적용'과 '내용' 양 측면 모두에서 위기에 빠지게 된다. 1914년경 잔존하던 의병 투쟁이 사라지고 1919년 고종의 죽음 이후 유교 전통 내부의 대표적 외왕론이었던 복벽론이 소멸했다. 또한 갑작스런 사회 변화에 따라 외왕의 내용 구성도 혼란에 빠지게 되었다. 대부분 전통주의자였던 유교인들의 정치 이론은 아무에게도 설득력을 발휘할 수 없었다. 이러한 외왕의 불확실성은 오히려 확실한 내성 측면에 치중하게 만들었다.

1919년의 파리장서운동 이후로 친일 유림을 제외한 정통 유림은 공적 활동에서 완전히 물러나 이른바 '궁즉독선기신窮則獨善其身'의 자세로 일제강점기를 견뎌내고자 했다. 오래된 성리학 논쟁을 계속하는 학자 집단, 섬이나 고향에서 은둔하면서 세상이 바뀌기를 기다리는 집단, 대한제국 말기 고종의 명에 의해 신학문과 결합한 교육기관 설립을 통해 인재양성을 하는 집단 등 다양한 방식으로 내성에 철저했던 이들도 있었지만, 전반적으로 소지주라는 경제적 기반을 가졌던 유림 구성원들은 가문과 문중 영역으로 관심을 좁힌 채 일제하를 견뎌냈을 뿐이다. 1930년대 초반 일제의 만주 침략으로 얻어진 잠깐 동안의 경제적 활황기에 '족보'가 최다 출판물이었다는 사실은 유림들의 소극적 적응 양식을 잘 보여 준다.

둘째, 유교는 조선왕조의 국가종교 지위에 익숙했기 때문에, 출사出仕 또는 재야에서의 상소 등을 통한 국정 참여의 길이 사라진 일제강점기와 해방 이후에 새로운 실천 방식을 모색하는 데 실패했다. 유교인들은 조선왕조 기간을 통틀어 서구적인 종교성을 가질 필요를 느끼지 못했다. 이미 세상이 유교적 가치에 따라 구현되었기 때문이다. 초월 가치와 세속 원리가 용해된 조선 사회가 오랜 기간 안정적으로 유지되면서, 유교인들은 조선 후기 이후 사회 변화에도 불구하고 오히려 소중화주의라는 문화적 책임에 복무했을 뿐 유교를 내부적으로 변화시키려는 노력을 하지 못했다. 실학이라는 문제의식 또한 성리학 대신 원시유교로의 복귀에 중심점이 있었다. 결국 변화의 계기는 청의 몰락, 일본의 양이화洋夷化, 조선의 위기와 대한제국의 멸망에 모두 관련된 '서구의 영향'에 있었던 것이다. 처음부터 사회와의 창조적 긴장 관계를 갖지 못했던 유교인들은 변화하는 세계에 적용 가능한 교리상의 개혁을 이루지 못했다.

국망 이후 개혁적 유교인들 가운데 일부는 유교의 '종교화'를 시도했는데, 공교회 운동이 그것이다. 하지만 앞서 서술했듯이 일제하의 유교 종교화 시도는 한계가 많았다. 우선, 공교회 운동은 정통 유림의 호응을 얻지 못했다. 이는 당시 유림의 보수성 때문이 아니라 공교회 방식의 유교 종교화 작업의 한계 때문이었다. 사실 유교의 종교화 문제는 현재까지도 그 구상과 실행을 두고 유교인들 사이에 합의가 이루어지지 않은, 매우 어렵고 복잡한 문제이다. 그런데 그러한 논의를 생략한 채 기독교를 모방한 유교 조직을 만들고자 했기 때문에 그 실패는 처음부터 예정된 것이었다. 따라서 대부분의 유교인들은 공교회 방식이 아니라 다른 종교화 방식을 구상해야 했고, 해방 이후 유도회총본부의 결성을 통해 근대적 종교 조직화에 착수했던 것이다. 그런데 앞서 언급했듯이, 중앙 조직을 경험해 보지 못했던 유교인들은 유도회 결성 이후 임시정부봉대운동으로 나아갔고 이 과정에서 유교계가 분열되며 좌파 유교인들이 이탈하는 진통을 겪었다. 무엇보다도, 1956년 이후 유도회의 분규는 곧 유교계 전체의 위기로 전이되어 이후 유교계의 근대적 전환 등을 비롯한 과제를 수행하는 데 어려움을 겪었다. 이러한 위기 상황에서 유교계는 사회 변동에 적응하지도 선도하지도 못한 채 사회와 유리되었다. 유교가 옛 국가종교의 지위를 향수하고만 있는 한, 유교 내부에서 개혁 운동이 전개될 가능성은 없다.

유교 쇠퇴의 사회적 차원

유교 쇠퇴의 두 번째 원인으로 유교인들과 국가/사회와의 관계 변화를 제시할 수 있다. 유교사에서 유교 개혁주의의 실패는 실학과 개화론에서 전개되었던 바로 그 개혁 지향성의 상실에서 비롯되었다. 아쉽게도 현대의 유교 담론은 이러한 통사적 문제틀에 대한 관심이 부족했다. 이제 이 문제를 크게 두 개의 시기로 나눠 검토해 보자.

첫 번째 시기는 1910년 국망 전후로 볼 수 있다. 사실 유교 내의 개혁주의의 흐름은 18세기 이후 실학이라는 진지한 관점과 이를 실행하고자 했던 독자적 세력까지 갖추고 있었다. 18세기 말부터 19세기까지 개혁과 개화의 중심에는 유교인들이 있었다. 이들 중 일부는 서학西學, 천주교으로도 분기했지만, 대다수는 유교 경전의 재해석을 통한 정치사회적 개혁의 원리 제시와 이용후생에 초점을 맞춘 경제 개혁 정책 제시에 주력했다. 박지원의 손자인 박규수 문하에서 1870년대 이후 김옥균의 급진 개화파가 결집한 것은 적어도 19세기까지 유교가 개화의 주도권을 확보하고 있었다는 것을 잘 보여 준다. 이들은 유교 내의 보수파인 위정척사파와 대결하며 개혁을 이끌었다. 그러나 개화정책 추진을 위해 섣불리 외세를 끌어들였던 까닭에 이들은 민중의 지지를 얻지 못한 채, 결국 국망과 함께 개혁의 논리와 세력도 소멸될 수밖에 없었다. 문제는 그다음이었다. 다수의 옛 개화 세력들은 국권 상실의 과정에서 친일파가 되었거나 의도하지 않게 친일의 혐의를 받게 되면서 정통 유림의 비판을 받은 채 유교계 주류에서 배척되었다. 국망의 책임은 손쉽게 개화파 일당의 잘못으로 매도되었다. 실제 1899년 이후 보수화를 이끈 고종은 아무런 책임도 추궁당하지 않은 채 '비운의 황제'로 그려졌다. 반면에 과거 정치적 · 문화적 보수파였던 위정척사파의 후예들은 의병전쟁으로 거의하여 민족적 지지를 받으며 유교계의 중핵으로 역사에 재등 장하였다. 그 결과 유교에서 근대적 사회 이론을 발전시킬 기회 는 나중으로 미뤄질 수밖에 없었다.

둘째, 해방 이후 독자적인 건국 구상을 가졌던 김창숙과 유도 회의 노력이 실패로 돌아간 이후, 개혁의 구심점을 잃은 유교인 들은 옛 조선시대의 국가종교에 대한 환상 때문에 시민사회 대 신 국가의 후원에만 관심을 쏟았다. 사회와의 접촉을 유지하는 데 실패한 유교는 쇠퇴의 길을 걸을 수밖에 없었다. 대한민국 정 부 수립 이후 역대 집권 정치 세력은 정도의 차이는 있을지언정, 그가 독재자이든 민주적 지도자이든 관계없이, 유교적 가치를 따르는 다수 국민들을 국가적으로 동원하기 위해 유교를 이용했 다. 이승만 대통령의 일민주의나 국부로서의 자리매김은 유교의 향수를 자극했다. 박정희 대통령은 경제성장을 뒷받침할 문화적 가치로 유교적 전통을 채택했다. 이들에 대해서는 이미 많은 연 구가 이루어졌으므로안외순 외, 2002 서술은 생략한다. 민주화 이후 에도 유교를 통치에 활용하려는 시도는 계속되었다. 이 경우에 는 대체로 국민에게 관습화된 유교의 대의명분론을 수사적으로 강조해서 활용했다. 김대중 대통령은 기독교인이면서도 유교 사 상을 민주주의적으로 해석하는 데 탁월했지만 중요한 국정과제 수행을 정당화하기 위해 유교적 명분론을 편의적으로 활용하기도 했다. 노무현 대통령은 집권 이전과 이후 모두 유교의 혁명론에 기반한 정치 리더십을 활용했다. 지지자 집단은 노무현 대통령에게 개혁군주 정조의 이미지를 투사했고, 대통령 또한 유교적 명분론에 기초하여 선악을 구분하는 수사를 활용하여 불필요한 정치 갈등을 유발시키기도 했다.

이처럼 유교와 국가는 시민사회를 경유하지 않고 직접 만나기를 원했다. 상호이용의 관계라고는 할지라도, 국가 쪽에서 유교는 사회 지배를 위한 문화적 자원으로만 인식되었다. 산업화 시기에는 주로 유교의 통합적 측면이 활용되었고, 민주화 국면에서는 유교의 대의론, 혁명론, 대동론 등이 선택적으로 활용되었다. 반면 유교 쪽에서는 자체 조직 보존을 위해 국가와 협력하면서 유교 고유의 비판적 종교성을 상실해 갔다. 유교의 '군자' 이상에서 비판적 정치 지향은 사라지고 체제에 우호적인 유학자상像이 그 자리를 채웠다. 유교 전통 의례의 가치도 훼손되었는데, 유교 의례는 '가정의례'로 규정되어 국가의 규제 대상이 되었다. 일제의 의례 간소화 조치에도 별다른 저항 없이 협력했던 경험을 가졌던 유교인들은 정부의 시책이 근대화라는 시의에 올바른 것이라며 협력했다. 유도회가 추진했던 유교 근대화 시도가 실패로 돌아가자 결국 국가라는 외부의 힘에 의해 강제적으로 개혁 당한 셈이다. 이후에도 유교는 정부의 전통문화보존사업에 의존하면서 주체적인 갱신의 힘을 잃은 채 오늘에 이르고 있다.

현재 유교의 사회적 쇠퇴의 직접적인 요인은 유교가 사회와 접점을 마련하지 못하고 스스로 사회 내에서 종교적 기반을 확립하지 못한 데에서 찾을 수 있다. 기독교의 성공에 자극 받은 불교가 적극적인 포교 활동과 함께 재가자_{시민} 활동을 강화해서 사회 내의 영향력을 키워 간 데 반해, 분규에 휘말렸던 유교 교단은 시민사회로 침투하는 데 실패했다. 종중 재산은 많았지만 문중 숭조사업과 종중원의 복리에만 관심을 쏟았다. 타 종교에는 흔한 종교 대학이나 종교 방송·신문 하나 세우지 못했을 만큼 공공적 관심이 부족했다. 심지어 유학 분야의 학술 활동조차 문중별 대표 학자 숭조사업과 연결되는 경우가 많았다. 유교 인재 양성은 소홀히 한 채, 소종중 단위에서는 이른바 '사士'자 돌림의 인력 생산 경쟁에만 매달렸다. 이러한 타락의 확산에는 유도회와 성균관의 책임도 있다. 앞서 살펴본 것처럼, 김창숙과 정인보 등 독립운동가 출신 유림들이 유도회와 성균관을 장악했을 때 유교계는 그 어떤 종교보다 투철하게 종교적 정치적 역할을 훌륭하게 수행했지만, 이들이 이런저런 사정으로 물러난 이후 유도회와 성균관의 유교계 대표성은 약화된 채 표류하고 말았다. 1970년대 이후 수습된 유도회가 여성, 청년 단체를 결성해서 의욕적인 사회 활동을 전개했으나,_{금장태, 1999: 183} 사회 변화를 따라잡기에는 너무 늦은 움직임이었고 그 반향은 유교 내부로만 한정되었을 뿐이었다.

5

반성과 전망

11

군자의 정치학과
한국 민주주의

1. 근현대 유교 정치운동사 요약

지금까지 1919년 파리장서운동 이후 한국 근현대의 유교 정치
운동사 연구 결과를 요약하면 다음과 같다. 파리장서운동은 정
통 유림 계열이 국망 전후의 침체에서 벗어나 개신 유림과 결합
하여 한국 독립운동의 본류로 등장하는 계기를 마련했다. 유교
사에서 파리장서운동은 향후 유교계의 정통성을 독립운동 계열
이 갖게 했다는 점에서 큰 의의가 있었는데, 특히 파리장서운동
의 참여자들과 그 후손들은 해방 이후 건국운동과 민주화운동에
주도적으로 참여하여 전통 유교와 근현대 유교 사이의 역사적
연속성을 확보했다.

이 책은 이를 입증하기 위해 해방 정국의 유교 단체 참여자 조사, 유교계 통합 단체인 유도회 임원 분석, 유교계의 좌파 조직의 참여자 분석 등을 수행했다. 해방 정국의 유교계는 파리장서운동의 기획·실행 그룹인 김창숙과 주변의 재경 유림, 파리장서운동의 주축이었던 영남·충청 유림의 후손들인 이기원, 이상린, 김명동 등의 독립운동가 출신 유림, 파리장서운동의 또 다른 계열인 혁신 유림 계열의 김응섭 등이 주도권을 두고 협력 또는 경쟁했다. 여기에 류해동柳濟春 등 류인석 의병전쟁 관련 세력과 해외 망명 독립운동가 세력도 힘을 합쳐 유교계 부흥과 유교 정치운동에 참여했다. 이처럼 구한말 의병전쟁부터 일제강점기의 파리장서운동까지 유교계 민족·독립운동에 관여한 최고 유학자 3인에 해당하는 류인석, 곽종석, 김복한의 후손·문인들이 모두 해방 정국에서 적극적으로 참여하고 활동했다는 점에서, 해방 정국의 유교는 역사적 '정통성'과 '연속성'을 갖는 종교였다.

이처럼 역사적 정통성을 갖는 인물들이 저마다 유교 단체를 결성하면서 유교계는 해방 정국에서 그 어떤 종교 세력보다 강력한 영향력을 지닌 채 건국운동과 통일국가수립운동에 참여할 수 있었다. 해방 정국을 주도했던 독립운동가 출신의 유교인들은 대중의 높은 신뢰를 바탕으로 당시 우익과 좌익으로 분화된 정치 지형에서 큰 정치적 영향력을 발휘했다. 통합 유도회총본부 위원장 김창숙과 부위원장 정인보는 망명 독립운동 유림과 무정부주의 계열 독립운동가들을 연합하여 김구의 반탁운동과 임시정부봉대운동에 적극적으로 참여했다. 특히 유도회는 김창숙의 지도하에 유교 복원과 부흥을 목표로 한 유교 근대화 작업에 착수하여, 유교 민족화의 상징적 작업이었던 성균관의 중국 유현 위패 매안, 유교 대학으로서 성균관대학 설립, 향교 재산 관리 합리화 등을 수행했다. 유도회가 민족주의와 아나키스트 계열의 정치운동에 참여하면서 이에 불만을 가진 좌파 유림들은 김응섭을 중심으로 전국유교연맹을 결성하여 민주주의민족전선에 참여하고 좌파의 통일운동에 적극적으로 참여했다. 그 밖에 대동회 계열의 김성규가 좌파 노선으로 변경하여 김규식의 민족자주연맹에서 활동하기도 했다. 이처럼 해방 정국에서 유교계는 우파에서 좌파에 이르는 다양한 정치 세력에 주도적으로 참여했다는 것을 이 책은 입증했다.

이러한 유교의 정치적 영향력은 1948년 정부 수립 이후에도 지속되었다. 특히 유교계 대표 김창숙은 전쟁 중에 중간파 정치인들이 대거 납북된 이후 우익 일색의 정치 구도가 전개된 1950년대 정세에서 비판적 정치 성향의 재야 세력을 대표하는 리더로 자리 잡았다. 이승만의 독재화에 강력히 저항하면서 김창숙은 야권 대통령 후보들의 단일화를 주도하기도 했다. 그런데 김창숙의 반독재 활동은 이승만 정권이 유교계 분열을 획책하게 되는 원인을 제공했고, 그에 따라 1956년 유도회 분규가 해결 불가능한 사태로 치닫게 되었다. 그럼에도 불구하고, 권오돈, 이상은, 임창순 등 비판적 유교 지식인들은 1960년 4·25 교수단 데모를 주도하여 마침내 시민의 힘으로 독재정권을 무너뜨리는 데 앞장섰다. 그리고 이들은 1961년 군사정변 이전까지 혁신 계열의 정치 활동에 적극 참여하여 통일과 민주주의를 향한 유교인의 지향을 공고히 했다.

이 과정에서 그동안 한학자 또는 고전번역자로만 알려졌던 인물들이 사실은 독립운동과 건국·통일운동 그리고 민주화운동에 참여했던 중요한 정치적 활동가였음을 이 책은 또한 밝혀냈다. 권오돈, 임창순, 조규택, 성낙훈, 이민수이석구 등이 그러했고, 어울릴 것 같지 않은 이가원과 이구영의 관계도 그것과 관련 있다. 이는 근대의 유교 지식인들에게 여전히 정치와 학문의 일체로서 유교 정치 이상이 작동되었다는 것을 뜻한다. 이처럼 유교인들이 1960년대까지 민주화 세력의 중추에서 앞장서서 활동했음을 이 책은 입증했다. 이러한 역사적 사실을 통해, 유교에 내장된 정치 이상은 단순한 가능성이 아니라 근대 민족국가의 민주 정치에 적용 가능한 원리라는 것이 실제적으로 입증되었다. 유교와 관련된 현대 사회과학의 다양한 논의들의 출발점으로서 이러한 역사적 성찰 작업이 의미가 있을 것이다.

하지만 유교 정치운동은 1960년대 중반 한일협정반대투쟁 시 유교 지식인들의 '재경 유림단 성명' 발표를 끝으로 종언을 고했다. 1962년 세상을 뜬 김창숙의 카리스마에 비교할 때, 그다음 세대인 권오돈, 이상은, 이가원, 홍찬유 등 유교 지식인들의 정치적 영향력은 제한적이었다. 명망가 유교 지식인들의 재야 정치 활동이 있었지만 이는 개인적인 차원에 그쳤고 유교 조직의 정치 활동을 수행하지는 못했다. 무엇보다도 1960년대 이후 유교 대표 조직인 유도회가 제 기능을 수행하지 못하고, 이 시기 산업화에 따른 급격한 사회 변동의 흐름에 유교계가 제대로 대응하지 못하면서, 유교 자체가 쇠퇴하는 상황에 이르렀다. 몰락의 위기에서 유교계는 비판적 종교성을 약화시켜 정부의 문화정책에 호응하며 고전번역과 한학 후속 세대 양성에 치중하게 되었다.

1970년대 이후 유교는 당시 정치와 경제에 각각 다른 방향으로 영향을 미쳤다. 정치 측면에서 유교는 당시 재야 세력의 반근대적·반산업화적 가치를 정당화하는 관념을 제공했지만, 이후 재야 세력이 기독교계와 진보 세력에 의해 주도되면서 영향력을 상실했다. 반면에 경제적 측면에서 유교는 자본주의 산업화에 기능적인 가족주의 관념의 기반을 제공하면서 본래의 비판적 정치 이상과의 연결성을 포기한 채 개인과 가족 중심의 관념으로

구한말에서 해방 정국까지 유교 민족운동과 정치운동의 계통

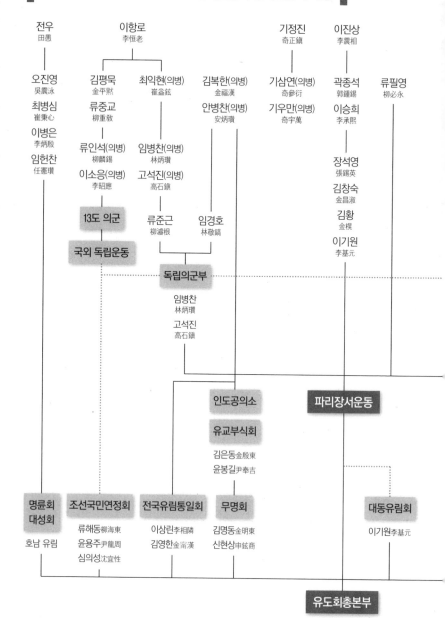

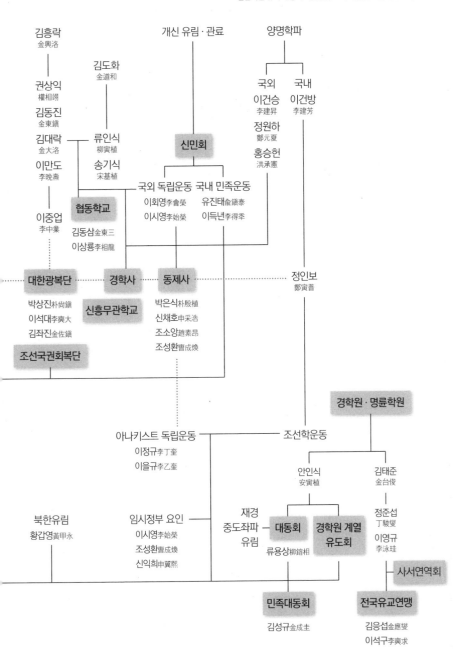

* ── 직접관련, ……간접관련   ** 파리장서운동과 유도회총본부를 중심으로한 계통도이므로,
일반적인 유학 계통과 독립운동 조직 계통을 포괄하지는 않음.

김흥락
金興洛

개신 유림·관료

양명학파

권상익
權相翊

김도화
金道和

국외   국내
이건승   이건방
李建昇   李建芳

김동진
金東鎭

정원하
鄭元夏

김대락
金大洛

류인식
柳寅植

신민회

홍승헌
洪承憲

이만도
李晩燾

송기식
宋基植

국외 독립운동   국내 민족운동

이회영李會榮   유진태兪鎭泰

이중업
李中業

협동학교

이시영李始榮   이득년李得秊

김동삼金東三
이상룡李相龍

정인보
鄭寅普

대한광복단

경학사 …… 동제사

박상진朴尙鎭
이석대李奭大
김좌진金佐鎭

신흥무관학교

박은식朴殷植
신채호申采浩
조소앙趙素昻
조성환曺成煥

조선국권회복단

경학원·명륜학원

아나키스트 독립운동

조선학운동

이정규李丁奎
이을규李乙奎

안인식
安寅植

김태준
金台俊

재경
중도좌파 ─ 대동회
유림

경학원 계열
유도회

정준섭
丁駿燮

북한유림

임시정부 요인

류용상柳鎔相

이영규
李泳珪

황갑영黃甲永

이시영李始榮
조성환曺成煥
신익희申翼熙

사서연역회

민족대동회

전국유교연맹

김성규金成圭

김응섭金應燮
이석구李奭求

자리 잡았다. 이러한 내면화와 보수화 과정은 이후 유교 정치운동의 쇠퇴, 나아가 종교로서의 유교 자체의 쇠락을 재촉했다. 유교가 종교로서의 명맥을 겨우 유지하는 와중에도 가족주의로 대표되는 유교적 습속은 오히려 한국의 산업화를 뒷받침하는 내적 동기로 작동하며 유지·강화되기도 했지만, 1980년대 이후 민주화와 서구적 생활 방식의 확산에 따라 유교적 가치와 습속의 지배력도 약화되었다. 1990년대 이후 유교는 종교와 습속의 차원이 약화된 채 교양의 차원에서 존재하며 오늘에 이르고 있다는 과정을 서술하며, 이 책은 유교 쇠퇴의 종교적·사회적 차원을 분석했다.

2. 논쟁: 유교와 민주주의

근현대 유교 정치운동사 분석을 통해 이 책은 현대 유교에 대한 일반적인 상식이 실제 역사적 사실과는 다르다는 것을 입증했다. 그동안 서구 학계의 근대화론에 세례를 받은 한국의 사회과학계에서는 현재 침체한 유교의 현실에 대한 강한 인상 때문에 유교가 해방 이후 한국의 근대적 사회 변동 과정에 거의 영향을 미치지 않았다는 편견을 재생산해 왔다. 이런 관념에 따르면,

유교와 한국의 민주화운동 사이의 관계는 진지한 연구의 대상이 될 수 없다. 이러한 경향에는 유교계 자체의 책임도 있는데, 유교에 대한 사회과학적 연구에 필수적인 현대 유교사 서술도 없을뿐더러 그것을 시도할 노력조차 하지 않았다. 따라서 유교와 한국의 근대성의 관계에 대해 연구하기 위해서는 먼저 한국의 근현대 유교사에 대한 실증적 역사 연구가 필수적이다. 이 책은 일제강점기, 해방 정국, 정부 수립 이후 제3공화국까지의 유교사와 유교 정치운동사 연구를 통해, 통념과 달리, 유교인들이 독립운동과 건국운동 그리고 민주화운동에 적극적으로 참여했다는 것을 밝혔다. 유교계의 독립운동과 건국운동은 유교의 민족화와 근대화라는 유교 내부의 개혁론과 관련된 것으로 그 가치에 대한 평가는 두말 할 나위가 없다. 여기서는 유교와 민주주의의 관계에 대한 최근의 학술 논쟁과 관련하여, 유교계의 민주화운동 참여에 대한 역사적 탐구 결과를 바탕으로 개입하고자 한다.

아시아적 가치 논쟁의 경우

1970년대 이후 한국을 비롯한 유교 문화권 경제체의 급속한 경제성장에 대한 연구 과정에서 그 문화적 요인의 중요성이 강조되면서, 유교와 자본주의의 친화성을 강조하는 하나의 설명 논리로서 '유교자본주의론'이 등장했다. 초창기 유교-자본주의 논의를 주도한 것은 서구 학자들로서, 처음에는 일본 경제성장의 주역인 경제 관료들의 행태에 미친 유교적 가치에 소극적으로 주목했었다. 엄밀히 말하면, 초기 유교 연구는 유교자본주의론이기보다는 자본주의 체제 발전에 대한 '국가 주도성' 연구의 일환이었다고 볼 수 있다. 발전국가론은 일본과 동아시아 후발 산업국의 경제 발전을 국가주도 산업화를 통해 설명한다. 찰머스 존슨1984의 일본 경제 기적에 대한 연구가 대표적으로서, 시장이 미발달한 후발 국가는 산업화를 위한 자본 형성 문제를 부르주아 계급이 아니라 국가가 주도하면서 시장을 제도화하고 수출주도형 경제계획을 추진해 나갔다. 그런데 이러한 '강한 국가'의 정당성은 두 가지 요소에 달려 있다. 하나는 시장보다 국가가 경제성장에 효율적이라는 것을 입증하는 것이고, 다른 하나는 산업화를 위해 동원되는 국민들이 국가의 목적 달성에 동의 · 협력했다는 것을 입증하는 것이다. 유교자본주의론은 바로 이 지점에서 유교가 근대적 산업화에 필요한 가치와 태도 형성에 기능적이라는 점을 논증하면서 출발했다. 피터 버거는 그러한 논의에서 가장 정교한 논리를 제공했다. 버거는 베버의 중국사회론을 적극적으로 재해석하는 방식으로 근대와 유교라는 더 넓은 지적 맥락에서 유교자본주의를 옹호했다. 버거는 실제 역사적 유효성을 갖는 것은 한 종교의 숭고한 이상적 형태가 아니라 일상의 통속화된 형태라는 점을 강조한 베버의 언급에 착안하여 '세속 유교'를 구별해내고, 일상에서 유교의 가치와 태도가 행위자들에게 실용적 활동을 중시하게 하고 만족을 유예하는 자기규율을 발전시켰기 때문에 근대화에 기여할 것이라고 주장했다.Berger, 1986

동아시아 경제 분석이라는 초기의 연구 범위를 확장하여, 이후 유교자본주의론은 정치와 문화 전반을 아우르는 담론 체계로 발전했다. 유교자본주의론이 하나의 담론으로 자리 잡으면서 동아시아인들은 서구의 관점이 아니라 자신들의 시각으로 유교 문화를 긍정하게 되는 심리적 효과를 얻었다. 하지만 유교자본주의론은 권위주의적 정치 행태를 견지했던 동아시아 엘리트 세력을 사후적으로 정당화한다는 비판에 노출되기도 했다. 다시 말해, 유교자본주의론의 뒷면은 유교권위주의론, 곧 유교가 민주주의보다는 권위주의를 정당화하는 종교적 가치라는 논리와 연결되었다.

1990년대 초중반의 '아시아적 가치' 논쟁은 바로 유교자본주의론의 정치 담론 효과라는 배경하에서 진행되어, 논쟁 참여자들은 유교 전통과 민주주의의 관계에 대해 솔직한 생각을 드러내지 않을 수 없었다. 잘 알려진 것처럼, 아시아적 가치 논쟁은 1994년 《포린 어페어》지에 실린 싱가포르 지도자 리콴유李光耀의 도전적인 대담문「문화는 숙명이다」에 대해 당시 한국 정계에서 잠시 은퇴해 있었던 김대중이 반론 기고문「문화는 숙명인가?」을 실으면서 시작되었다.김대중·이광요 외, 1999 논쟁 당사자들은 당시 '네 마리의 작은 용'으로 세계적 주목을 받은 NIES에 속했던 한국과 싱가포르의 정치 지도자로서, 이미 세계적 지명도를 가지고 있었다. 리콴유는 국가 주도 산업화를 성공적으로 이끈 사실상의 '국부'였고, 김대중은 반독재·민주화 투쟁을 이끈 정치인으로서 유명했다. 그런데 이들의 생각은 문화와 민주주의의 관계에서 대립했다.

40년 가까이 싱가포르를 이끈 경험을 토대로, 리콴유는 미국 주도의 자유민주주의 헤게모니에서 벗어나야만 아시아의 발전이 가능하다고 과감하게 주장했다. 대담자의 표현을 옮기면, 서구의 민주주의는 "민주적 제국주의"로서, 서구 국가들이 자신들의 제국주의적 질서를 비서구 국가에 강요하기 위해 사용하는 정치적 이데올로기일 뿐이다. 반면에 김대중은 아시아 역시 자유민주주의를 충분히 수용할 수 있다는 것을 한국을 비롯한 동아시아 민주화의 경험을 들어 논증했다.

필자가 굳이 20년도 더 지난 오래된 논쟁에 주목하는 이유는 단 하나, 곧 이 논쟁이 유교와 민주주의의 관계와 관련된 동아시아인의 대표적인 두 가지 관점의 차이를 확연히 드러내고 있기 때문이다. 특히, 이 논쟁은 기존의 '유교-자본주의' 중심의 유교 논의의 방향을 바꾸어 유교에 대한 연구 방향을 정치 제도이자 이념인 민주주의의 문제로 이동시켰다는 점에서 주목할 필요가 있다. 이런 관점에서 이 책은 아시아적 가치 논쟁을 크게 두 가지 방향에서 살펴보고자 한다. 하나는 논쟁 구도의 정확한 논점에 대한 것이고, 다른 하나는 민주주의에 대한 관점 차이에 대한 것이다.

먼저, 아시아적 가치 논쟁의 쟁점이 무엇이었는지에 대해 살펴보자. 상식과 달리, 논쟁 참가자인 리콴유와 김대중은 모두 유교에 대해 호의적이었다. 이들은 유교 문화가 근대화 '이후' 사회에서 기능적일 수 있다는 것에 대해서도 별 이견이 없었다. 이들에게 유교는 역사적 현실이었다. 이들 사이에 대립이 있었던 것은 그들이 말하는 유교가 서로 다른 데에 있다. 리콴유에게 유교는 윤리학이었고, 김대중에게 유교는 정치학이었다.

리콴유에게 동아시아는 지역적 구분 이전에 문명사적 실체였다. 이슬람교와 천주교가 주축인 동남아시아 국가와 달리, 동아시아중국, 한국, 일본, 베트남는 유교가 일상의 도덕관념을 지배한 문화라는 점을 지적하면서 리콴유는 논의를 시작한다. 리콴유를 인터뷰한 편집장 자카리아가 대담 제목을 '문화는 숙명이다'라고 단 까닭에, 리콴유는 동아시아의 유교 문화가 숙명처럼 변치 않을 것이라고 주장했다는 오해에 시달리기도 했다. 하지만 리콴유는 유교 문화를 역사적 조건으로 받아들였을 뿐이다. 과거는 변경시킬 수 없다. 모든 종교적 문명처럼 동아시아 문화에도 단점이 있다는 것을 부정하지 않았다. 리콴유는 근대화 이후의 정치 체계가 도덕성 없이 과연 제대로 작동할 수 있는지에 대해 의문을 제기하면서, 동아시아의 유교적 도덕 전통이 근대 정치의 문제적 양상을 해결하는 데 필수적이라고 주장했다. 개인의 도덕관념이 생성되는 사회 단위가 가족이라고 믿는 리콴유에게 '수신'과 '제가'에서부터 시작하여 국가와 세계로 확장되어 가는 유교의 전형적인 확충擴充의 도덕 논리는 매우 중요한 윤리학적 지침이었다. 이와 반대로, 개인의 권리만을 강조했던 미국은 결국 마약과 같은 사회악을 예방하지 못한 채 공권력의 사후적 행사로 대응할 뿐이다. 요컨대 리콴유는 현대 사회에서 유교가 도덕성의 기초를 형성시키는 데 기능적이라는 점을 강조했다.[1]

　김대중의 비판은 리콴유와는 다른 현실 진단에서 나왔다. 김대중은 근대화 이후의 동아시아 사회에서 이미 전통적 가족 질서가 해체되고 개인주의화가 급속히 진행되었다고 진단했다. 가족의 중요성이 상실된 상태에서 가족을 복원하여 도덕 교육의 장으로 삼겠다는 리콴유의 주장은 복고적 대안으로서 그 현실성이 떨어진다는 것이다. 또한 김대중은 동아시아 국가가 가족을 비롯한 일상에 대해 개입하지 않는다는 리콴유의 주장도 사실과 다르다고 비판한다. 동아시아 정부들은 서구 국가보다 훨씬 더 깊숙이 개인과 가족의 일상에 개입하고 있는데, 리콴유가 이를 사실과 다르게 인식하는 이유는 가족을 사회 통제의 수단으로 삼아 경찰국가를 유지하려는 데 그 목적이 있다는 것이다. 흥미 있는 것은, 김대중도 리콴유처럼 유교 문화권에서 상식적인 '수신제가치국평천하'라는 『대학』의 구절을 긍정적으로 인용하고 있다는 점이다. 그런데 리콴유가 이 문구를 개인과 가족 중심으로 이해한 데 반해, 김대중은 이를 국가와 세계 중심으로 읽어냈다. 요컨대 김대중은 유교적 가치와 관습을 거부한 것이 아니라 유교 문화를 가족 중심으로 잘못 해석하는 것을 거부하고 대신 유교의 정치성을 강조했다.

리콴유와 김대중은 유교 문화 전통이 근대화 이후 동아시아에서 여전히 유효한 자산이라고 본 데에서는 일치된 견해를 보였다. 그럼에도 이들이 전혀 다른 주장을 하는 것처럼 보이는 것은 그들이 선호하는 정치 이념과 체제에 대한 차이 때문이었다. 바꿔 말하면, 이들은 유교 자체에 대한 판단의 차이가 아니라 민주주의에 대해 다른 관점을 가졌기 때문에 대립하게 된 것이다. 리콴유는 민주주의 이념과 제도가 불완전하기 때문에 유교적 도덕 관념에 기반한 '다른' 정치학이 필요하다고 주장했다. 반면에, 김대중은 민주주의가 인권을 보장할 수 있는 가장 우수한 체제라는 전제하에 유교 전통의 정치 관념에 내재한 민주적 요소를 활용할 수 있다고 주장했다. 따라서 아시아적 가치 논쟁은 서구-비서구 사이의 문화 논쟁이 아니라 비서구 국가 내에서의 정치적 논쟁으로 읽을 수밖에 없다. 물론 그 핵심은 전前근대의 유산인 유교 문명과 근대의 표상인 민주주의 사이의 관계를 어떻게 연결시키는가에 있다.

현실주의적 지도자답게, 리콴유는 유교와 민주주의의 관계는 어떠해야 한다는 당위를 설정하는 작업을 회피했다. 다만 유교가 동아시아 민주주의의 장애물이라는 바츨라프 하벨의 생각을 에둘러 비판하면서 자신의 관점을 분명히 한 바 있다.[2] 리콴유는 유교 문화권에서 개인과 사회가 상호의존적이라는 인식을 자명하게 갖고 있기 때문에, 그러한 개인들의 생각에 따라 민주주의의 내용도 달라질 수 있다고 주장한다. 또한 그 관점에서, 개인의 권리란 결국 사회 속에서 발현되는 것이므로 서구의 개인주의적 인권 관념이 불완전하다는 기존의 시각을 재확인했다. 리콴유에게 민주주의는 서구의 인권 관념에 의해 선택된 결과, 곧 서구적 근대화가 만들어낸 정치 체제였다. 국가가 개인의 인권을 보장해야 한다고 명시한 프랑스 인권선언과 미국 독립선언서가 그 대표 사례이다. 반면에, 그런 논리의 인권 관념을 갖지 않았던 동아시아에서는 얼마든지 '다른' 형태의 민주주의를 발전시킬 수 있다. 리콴유는 국제적 관점에서 서구의 민주주의 논리가 비서구 지역에 대한 정치·경제적 압박 수단이라는 점을 알리면서, 1인1표제에 기초한 자유민주주의와는 또 다른 대안적 형식의 민주주의가 가능할 수 있다고 주장했다. 인권 관념이 보편적인 것이 아니라 국가의 발전 과정에 따라 달라지는 특수한 관념이라면, 서구 민주주의는 단순히 참고할 대상에 불과한 것이다.

리콴유가 서구 민주주의의 대안 모색을 위해 유교를 참고했다면, 김대중은 유교에서 민주화와 민주 정치를 가능하게 하는 시민적 역량의 원천을 보았다. 김대중은 기본적으로 유교의 민본 사상이 민주주의 정치 이념과 다르지 않다고 본다. 그 전거로 든 것은 동아시아인들은 물론 서구의 동양학자들에게도 매우 익숙한 『맹자』의 사상이다. 맹자가 전개한 왕도정치론과 폭군방벌론은 민본 사상과 개혁 정치를 연결하는 가장 중요한 이론적 자원이다. 불교와 동학의 인간 존중 사상도 마찬가지로 민주주의의 근본과 관련되어 있다. 덧붙여, 김대중은 동아시아의 정치 제도에서도 민주주의 운영에 필수적인 중요한 요소들이 발전되어 왔다는 사례를 제시한다. 능력 위주의 공평한 시험제도와 언론의 자유 등이 그것이다. 민주적 이상과 제도 모두에서 민주적 역량을 축적한 동아시아 국가가 1980년대 이후 대부분 민주화에 성공했다는 것은 동아시아 문화와 서구 민주주의 사이에 높은 상관성이 있다는 것을 잘 보여 준다. 특히, 리콴유가 인권 개념을 상대화시킨 데 반해, 김대중은 동아시아 민주주의의 질적 발전을 위해서는 인권을 보편적 가치로 인식해야 한다고 주장했다. 김대중은 리콴유의 주장이 권위주의적 통치자의 변명이라는 식으로 은근히 비판하고, 아시아의 민주화를 촉진하여 세계적인 민주주의의 흐름으로 나아가자는 보편주의적 입장을 견지했다. 이를 위해 "아시아 사회의 전통적 장점을 찾아내어 그것이 어떻게 더 나은 민주주의를 만들어낼 수 있는가를 고찰"하자고 제안했다.

리콴유와 김대중의 정치적 입장 차이를 감안할 때, 그들의 민주주의론이 각각 어떻게 전개될지에 대해서 굳이 관심을 가질 필요는 없다. 리콴유가 '서구 중심주의'를 넘어서고자 한다는 점에서 언뜻 설득력이 있어 보이지만, 그는 정치 체제로서의 민주주의에 대해서 신뢰하지 않는 '민주주의 유보론'에 서 있다. 민주주의 체제는 무지한 대중에게 국가의 운명을 맡긴다는 점에서 신뢰할 수 없다.[3] 리콴유는 민주주의 체제에서 흔히 경험할 수 있는 아주 오래된 문제를 마치 그것이 서구 문화의 산물이기 때문에 그러한 것처럼 지적하는 방식으로 교묘하게 '서구 대 아시아'의 대립 구도로 환원시켰다. 그렇기 때문에 그의 주장은 유교민주주의론에 기여할 것이 별로 없다. 김대중은 리콴유가 제시한 대립 구도가 갖는 허구성을 강하게 비판하고, 민주주의자의 관점에서 유교 문화에 대해 초점을 맞췄다는 점에서 탁월하다. 이러한 김대중의 관점은 유교민주주의론과 관련할 때 특히 중요하다. 유교민주주의 역시 민주주의 이론이기 위해서는 민주주의의 보편 원리에 이어져 있어야만 한다는 것을 김대중은 정확히 포착했다.

다만 이들의 '유교-민주주의' 관계에 대한 인식이 어디에서 차이가 나는지에 대해서는 추가적으로 분석할 필요가 있다. 차이의 핵심은 유교 문화가 '인권'을 어떻게 인식해야 하는가에 있었다. 만약 유교가 서구의 인권 관념과 같은 사회적 가치를 내장하고 있다면, 리콴유의 논의는 자가당착에 불과할 것이다. 반면에, 유교 문화가 본질적으로 개인 중심의 인권에 적대적이라면, 김대중의 논의는 공담에 불과할 것이다. 그럼에도 리콴유와 김대중의 논의는 유교민주주의론의 전개에 필요한 전제를 잘 드러냈다는 데에서 의의를 부여할 수 있다. 유교민주주의론의 확실한 기초는 유교가 민주적 인권 관념을 갖고 있거나 최소한 그것에 친화적인 요소를 발전시켰다는 것을 입증하는 것이다. 이런 까닭에, 동아시아의 문화에 이미 민주주의적인 요소가 존재했다는 김대중의 논거는 더 정교하게 가다듬어져야 한다.

비록 짧은 논평으로 제시된 글이라는 점을 감안하더라도, 김대중의 논의는 핵심 주제인 유교를 정의하고 구성 요소를 범주화하는 방식에서 편의적이었다는 한계를 갖고 있다. 그가 제시한 맹자의 왕도정치론과 폭군방벌론은 유교 정치의 이상적·진보적 측면에 해당한다. 하지만 그것만으로 유교 일반이 민주주의에 친화력이 있다고 주장하기는 어렵다. 실재했던 역사적 유교 대신에 유교 교리 가운데 특정 요소만 추출하여 '유교에도 민주적 요소가 많다'고 외치는 것은 설득력이 없다. 공자 이후 2,500여 년의 유교 역사는 군주제를 옹호해 왔다. 아니, 베버 방식으로 말하자면, 중국의 역대 전제왕조가 유교를 '선택'한 것이다. 가산제적 국가에 통치 이데올로기를 제공하면서 유교는 군주제 바깥의 체제에 대해 상상력을 거의 발휘할 수 없었다. 민본적 요소는 그 자체로 민주주의 정치의 몇몇 요소와 다르지 않지만, 비행기와 로케트가 너트와 볼트 같은 요소를 공유하고 또 하늘을 나는 유사한 기능을 수행한다고 해서 그것의 원리가 같지는 않다. 유교적 이념에 기초해서 변혁의 기치를 내걸기도 했지만 그것이 성공할 경우에도 왕조의 교체에 만족했을 뿐 체제 자체를 변화시키지는 않았다. 명약관화한 사실史實에 기초해 볼 때, 유교의 정치사상은 가장 이상적일 때조차 민주주의에 적대적이었다고 봐야 합당하다.

'아시아적 가치' 논쟁 자체는 동아시아를 대표하는 두 정치인의 논쟁이라는 점에서 학계보다는 저널리즘의 소란스러운 관심을 받았다. 그리고 1997년 후반기 동아시아에 불어 닥친 외환위기와 함께 논쟁의 의미가 퇴색하는 듯이 보였다. 하지만 아시아적 가치 논쟁의 초점은 경제가 아니라 정치에 있었다. 쇠퇴한 것은 유교자본주의론이지 유교민주주의론이 아니었다. 아시아적 가치 논쟁은 소멸한 것이 아니라 유교와 관련된 쟁점의 성격을 변화시키며 살아남았다. 이런 점에서 아시아적 가치 논쟁은 유교민주주의론을 향한 디딤돌을 놓았다고 평가할 수 있다.

유교자본주의론이 주로 1990년대 이전의 역사적 경험에 기초한 사회과학적 설명 논리와 관련되었고 그 때문에 발전사회학과 문화론 분야에 국한된 담론이었던 데 반해, 유교민주주의론은 대개의 민주주의론이 그러하듯이 가치지향적인 이상적 사회 이론 구성의 문제와 관련되어 있기 때문에 정치학과 사회학 그리고 인문학을 아우르는 거의 모든 학술 분과에서 관심을 가질 수 있는 담론이었다. 이제 본격적으로 유교민주주의론의 전개 과정을 살펴보자. 먼저 서구 연구자들의 유교와 민주주의의 관계에 대해 전개한 담론을 살펴보고, 그것이 유교민주주의론이라는 완결된 형태의 논리로 형성되는 과정과 그 논리의 성격을 분석할 것이다. 이어서 한국에서 그 담론이 어떻게 전개되었는지에 대해 살펴보겠다.

유교와 민주주의: 서구 학계의 태도 변화

예수회 선교사들이 유럽에 중국의 유교 경전과 문화를 소개한 이후 유교가 계몽주의 사조의 형성에 상당한 영향을 미쳤다는 것은 분명하다.줄리앙, 2004; 조혜인, 2013; 황태연, 2016 그러나 같은 시기에 네덜란드, 영국, 프랑스 등 유럽 국가의 중국 그리고 유교에 대한 관심은 경제적 탐욕에 부응하기 위한 수단에 불과했다는 것이 좀 더 사실적인 표현이 될 것이다. 아편전쟁을 통해 청淸 제국의 약세가 뚜렷이 드러나게 되면서 유교 전통은 더 이상 서구인의 문명적 대화의 상대로 간주되지 않았다. 기독교를 핵심으로 한 서구 문명은 미개한 중국을 변화시킬 책무를 가진 '구원자'로 등장하게 되었다. 여기서 한 걸음 더 나아가, 19세기 말에 제국주의를 노골적으로 승인하는 사회진화론이 서구는 물론 중국의 지식계에까지 소개되면서 유교는 동아시아 문명 전체의 몰락에 대해 책임을 져야 했다.

서구 문명의 관점에서 볼 때 이런 상황은 어느 정도 '합리적'이다. 392년 테오도시우스 황제에 의해 기독교가 국교로 선포되면서 이후 1,000여 년 동안 로마가톨릭교회는 서구 중세 문명을 실질적으로 지배했다. 교황 중심의 교권주의가 강화되면서 세속 지배 세력조차 교회에 종속되었는데, '카노사의 굴욕'은 그 대표적 보기이다. 그런데 16세기 이후 루터와 캘빈이라는 인물로 대표되는 거대한 교회 개혁의 흐름인 '기독교개혁운동'을 통해 기독교 문명은 새롭게 태어났다.⁴ 개신교로 통칭되는 새 기독교는 기존의 로마가톨릭교회 중심으로 구조화되어 있던 유럽의 정치체제와 갈등을 일으켰고, 100여 년의 혼란 끝에 마침내 '합리화' 된 새로운 문명을 탄생시키는 믿음의 체계로 성립했다. 과거 가톨릭이 일상의 세밀한 영역까지 규정하는 절대적 교리를 통해 지배해 왔던 교회-국가 일치의 사슬을 깨뜨리면서, 개신교는 '종교와 사회의 긴장'을 해소할 책임을 한 개인의 종교적 내면에 맡길 수 있게 되었다. 막스 베버1988는 『프로테스탄티즘의 윤리와 자본주의의 정신』에서 초역사적으로 존재하던 이윤 추구 동기와 구별하여 근대인의 자본주의 정신을 금욕적인 프로테스탄티즘의 윤리와 관련지어 설명하고자 했는데, 이는 구원에의 열망이 초래한 내적 '긴장'이 의도하지 않게 불러일으킨 합리화라는 거대한 사회 변동의 한 측면을 성공적으로 보여 주었다. 한 걸음 더 나아가, 베버1990는 중국의 종교를 분석하면서, 2,000여 년간 중국인의 행위에 의미와 질서를 부여했던 유교의 경우 세속에의 현세적 적응을 강조한 결과, 변화를 추진할 내적 긴장을 불어넣는 데 실패했다고 결론 내렸다.

베버의 생각을 계승한 서구의 학자들은 서구의 종교적 합리화 과정으로서 기독교개혁에 상응할 만한 종교적 개혁의 움직임이 유교에는 없었다고 간주했다. 다시 말해, 유교의 종교개혁이 없었으므로 유교는 근대적 사회 변동을 선도할 수도 또 수동적으로 적응할 능력도 없다는 것이다. 적어도 1950년대까지의 중국사를 중심으로 연구했던 조지프 레빈슨의 관찰과 분석은 정확했지만,Levenson, 1958: 1964: 1965 그 역시 동양사회에 대한 서구의 일반적 관점에서 벗어날 수 없었다. 그가 그때까지 지켜본 동아시아 역사는 실제로 그렇게 움직였다. 유교 문화권을 대표하는 중국의 공산화를 지켜보면서 레빈슨은 유교권의 정치에서 자유화에 필적할 만한 변화가 일어나기는 쉽지 않았을 것이라고 생각했을 것이다. 그러나 중국을 비롯한 동아시아의 역사는 레빈슨의 예측과 다르게 진행되었다. 공산주의 중국이 퇴보하는 사이, 나머지 유교 문명권 국가들에서는 1970년대 이후 급속한 경제성장을 바탕으로 1980년대 이후 정치적 민주화의 요구가 확산되기 시작했다. 서구에서 관찰되었던 민주화와 경제성장 사이의 상관관계는 동아시아 정치에서도 예외가 아니었다. 그럼에도 불구하고, 서구 주류 사회과학자들의 시각은 쉽게 교정되지 않았다.

유교와 민주주의의 관계에 대한 서구 학계의 초기 입장은 두 개념이 조화를 이룰 수 없다는 생각, 곧 유교와 민주주의는 '갈등'을 불러일으킬 것이라는 주장이 주류를 이뤘다. 비교정치학의 대가인 루시앙 파이는 유교 정치학이 사회적 갈등을 용인하지 않기 때문에 갈등을 유발하는 민주적 제도를 수용할 수 없다고 보았다.Pye, 1981 훗날 약간 생각을 누그러뜨리기는 했지만 헌팅턴은 '유교와 민주주의'가 전적으로 모순되는 개념이라고 주장하기도 했다.Huntington, 1993: 307 얼마 전 작고한 정치학계의 최고 원로였던 로버트 달은 소수의 지혜를 가진 사람이 통치한다는 유교의 생각은 일종의 수호자주의이기 때문에 민주주의에 위배될 것이라고 생각했다.달, 1999: 114 유교민주주의론에 대한 서구 학자들의 비판의 핵심은 대체로 다음의 두 가지로 정리할 수 있다.Nuyen, 2000 하나는 이론적인 수준으로 것으로, 유교의 핵심 논리가 개인보다 집단에 우선하기 때문에 궁극적으로 개인의 자유와 권리를 인정하지 않고, 유교에는 평등 관념이 없어서 위계적 역할만 강조하며, 유교는 전체의 조화를 강조한 까닭에 다양성을 인정하지 못하고 선택의 가치를 발전시키지 못했다는 것이다. 다른 하나는 현실 적용 수준의 것으로 유교 문화권 국가에서 유교가 권위주의적 체제를 뒷받침하는 이데올로기로 기능해 왔다는 점을 들어 유교가 민주화에 기여할 수 없다고 바라보는 입장이다. 이러한 비판은 1980년대 중반까지 동아시아의 정치적 경험에 비추어 볼 때 합당하고 볼 수 있다. 그런데 이런 비판이 서구 중심주의적 편견에 기초한 것이라는 점 역시 분명하다. 20세기 초반 이후에 비로소 완성된 보통투표제에서 보듯이, 서구 역사를 통틀어 오늘날의 민주주의 제도가 완성된 것은 한 세기도 채 되지 않았다. 그럼에도 본격적인 근대화를 수행한 지 반 세기도 되지 않은 동아시아 사회에 엄격한 민주주의의 잣대를 들이대어 비판하는 것은 문제가 많다.

하지만 유교 입장에서 이러한 비판에 대응하는 새로운 담론을 내놓기는 쉽지 않았다. 한국뿐만 아니라 동아시아의 역사에서 그러한 비판은 사실을 정확히 지적한 것이었기 때문이다. 따라서 유교민주주의 담론은 먼저 이러한 편향에 대해 항목별로 조목조목 경험적 자료를 들어 반박하거나 합리적 논리로서 비판하는 방식으로 대응해야 했다.

유교민주주의론에서는 먼저 개념적으로 유교와 민주주의가 양립 가능하다는 것을 논증해야 했다. 이 역할은 대체로 중국 출신의 유학자들이 주류를 이룬 현대 신유가 학파에서 수행했다. 이들은 서구 자유민주주의가 봉착한 한계를 지적하고 그러한 문제 양상을 해결하는 데 유교의 자산이 도움이 된다고 설득하는 방식으로 온건하게 대응했다. 사실 이러한 방식은 이미 역사적 유교가 아니라 공자라는 인물 자체에 온정적이었던 서구 학자들 사이에서 이미 시도되었던 것으로서,Creel, 1951: 특히 15장 공자를 민주주의적 투사이자 선구자로서 재인식하고 그의 교화敎化 관념이 민주 정치의 주체로서 시민의 덕성을 계발하는 데 기여할 수 있다고 주장해 왔다. 하지만 현실의 동아시아가 권위적 정치 체제에 머물렀으므로 그런 주장은 호소에 불과했다. 그런데 1980년대 중반 이후 동아시아의 민주화가 진행되면서, 유교민주주의론에서는 더 적극적으로 유교가 민주주의에 접합 가능하다는 주장을 펼칠 수 있게 되었다. 그 대표적인 주창자는 프란시스 후쿠야마Fukuyama, 1995였다. 후쿠야마는, 후술할 뚜웨이밍의 구분을 따라, 유교를 국가와 제왕에 복종하는 것을 강조하는 '정치적 유교'와 일상에서의 도덕적 헌신을 강조하는 '개인 윤리로서의 유교'로 구별하고, 특히 후자가 우월했던 중국 유교 전통은 전체주의적 국가를 거부해 왔다고 논증했다. 아울러 유교 전통에 내재한 요소들, 곧 능력 중심의 공직 임용과거제, 높은 교육열과 교화를 통한 통치, 공정한 평등에의 지향과 관용의 정치, 상소를 비롯한 정치적 항의 등을 들어 유교가 자유민주주의를 촉진할 수 있다고 주장했다.

후쿠야마의 유교민주주의론은 당시 서구 지성계가 '자유주의 대 공동체주의'라는 거대한 논쟁에 휩싸이고 여기에 서구에서 활동 중인 유교 지식인들이 참여하면서 그 영향력이 증폭되었다. 하버드 대학의 뚜웨이밍을 비롯한 새로운 세대의 유교 연구자들은 유교의 공동체주의가 서구의 자유민주주의의 한계를 극복하는 정신적 자산이 될 수 있다고 주장했다. 뚜웨이밍 외에도 시어도어 드 배리Wm. Theodore de Bary, 데이비드 홀David Hall, 로저 에임스Roger Ames, 다니엘 벨Daniel Bell 등이 이 관점에 동조하면서 학계의 관심을 집중시켰는데, 서구의 공동체주의 전통과 유교 전통 사이의 밀접한 관계를 가장 설득력 있게 주장한 학자들은 씨어도어 드 배리1998와 뚜웨이밍2006: 2007이었다.

유교를 서구 공동체주의와 이어 보기 위해서는 선결 문제들이 있다. 서구 공동체주의는 기본적으로 개인주의 혁명이라는 사회적 산출을 전제로 하고 있다. 다시 말해, 개인의 권리와 자유를 존중하는 계약론적 국가의 출현이라는 역사적 전개 이후에 빚어진 개인주의와 자유주의의 문제점을 극복하는 과정에서 공동체를 강조한다. 따라서 유교적 공동체주의가 가능하기 위해서는 먼저 유교 내에 개인의 자유를 강조하는 전통이 있었음을 논증해야 한다. 드 배리가 『유교의 자유 전통』을 저술한 것은 그런 목적 때문이었다. 드 배리는 유교 경전에서 자유의 도덕적 전통을 찾아 '도덕적 개인주의'라는 새로운 관점을 제기하는 데 성공했다. 이미 1980년대부터 유교 부흥을 위해 노력했던 뚜웨이밍은 여기서 한 걸음 더 나아가 유교가 서구처럼 자유주의적 공동체를 형성할 수 있는 종교임을 논증했다. 이를 위해 뚜웨이밍이 활용한 유교 자원은 주로 맹자의 전통이었는데, 특히 이를 급진화시킨 육상산-왕양명의 흐름에 그가 충실했다는 점에서 그 지향점을 어느 정도 예상할 수 있다. 뚜웨이밍 역시 유교의 전통이 개인 너머의 사회적 관계를 중시하고 있다는 것을 인정했지만, 이는 사회관계를 통해 현실을 옹호하고 전통을 보존하기 위한 것이 아니라, 맹자 전통의 도덕적 자아에 대한 믿음을 확인하고 도덕성이 사회 전체로 확산될 수 있는 계기가 거기 있음을 강조하기 위함이다. 그렇다고 해서 뚜웨이밍이 유교 전통을 그대로 보존하자고 외치는 보수주의자는 아니다. 뚜웨이밍은 자신의 유교 공동체주의 구성을 위해 먼저 유교 전통에 대해 '타파'할 것과 '계승'할 것을 구분하고 나아가 여기서 사회 변화를 향한 능동적 요소를 찾아내서 그것을 중심으로 유교를 재구성하는 작업을 수행한 것이다. 드 배리와 뚜웨이밍의 작업은 유교를 적극적으로 재해석하여 현대 민주주의에 적용 가능한 사회 이론으로 구성해내는 방식을 제공했다는 점에서 큰 의의가 있다.[5]

　이러한 개념적 · 이론적 성공에도 불구하고, 유교민주주의론은 아직 경험적으로 유교와 민주주의 사이의 관계를 논증하지 못했다. 유교민주주의론이 내세우는 유교의 모습은 이상적이기는 하지만 현실적이지 않다. 1980년대 이후 동아시아 유교 국가들의 민주화되었다는 것이 유교민주주의론에 힘을 싣기는 했지만, 여전히 유교가 민주화를 이끈 핵심적인 정치적 가치인지는 분명하지 않다. 왕정쉬王正緒가 한국, 중국, 일본, 타이완, 싱가포르, 베트남 등 6개국의 가치 변동과 민주주의의 관계를 분석한 결과를 보면, 동아시아의 민주화는 유교적 가치가 아니라 자기 표현적 가치self-expression values의 확산에 의해 설명되었다.Wang, 2008 비교사회학적 연구를 통해 유교가 민주주의에 우호적인 정치적 가치를 생산해 냈다고 주장하기는 쉽지 않다. 그런 조사 결과가 나온다고 할지라도, 학자들은 민주주의 친화적 가치 변동의 핵심 요인이 유교가 아니라 경제 등의 다른 요소에 의한 것이라고 쉽게 반박할 것이다. 결국 유교민주주의론은 실제로 유교가 동아시아 국가의 민주화에 기여했다는 것을 각 국가의 사례들을 통해서 경험적으로 논증해야만 설득력을 얻을 수 있다.

한국의 유교민주주의론

동아시아의 비약적 경제성장이 1980년대 유교자본주의론 성립의 배경이 되었다면, 1980년대 후반 이후 한국의 민주화 성공과 대만의 자유화 요구 시위 그리고 중국과 베트남의 개혁개방과 이어진 '천안문 사태' 등의 일련의 흐름은 유교민주주의론 성립의 배경 요인이 되었다. 한국에서 유교민주주의론은 이러한 서구 학계의 흐름에 대응하여 전개되었다.

사실 1980년대까지 한국 학계에서 유교는 동양철학, 동양정치사상, 한국사상사학 등의 분야에서 국지적으로만 논의되었기 때문에 사회적 파급력이 크지 않았다. 특히 민주주의론과 관련해서 유교는 주로 비판의 과녁이 되어 왔는데, 박정희 정권하에서 이른바 정신문화로서 강조했던 것이 전통 유교의 관념이었다는 것을 감안하면 이해할 만한 일이다. 더구나 한국 사회과학의 주류를 미국 유학파 출신 학자들이 점하게 되면서 비교사회론이나 비교정치학 분야에서 유교에 대한 연구 역시 서구 주류 학계의 견해를 재생산하는 수준에서 머물렀다. 이들의 기준에 따르면 유교의 민본사상을 서구의 민주주의 이념과 비교하는 것은 시대착오였다. 유교의 평등론을 대표하는 대동사상 역시 주로 중국의 공산화를 정당화하는 이데올로기로 연구되거나 진보 진영에서 민중운동을 전개하기 위한 전통 자원으로서 동원되었을 뿐이었다.

그런데 1990년대 후반 들어 이러한 기류에 변화가 생겼다. 이는 다음의 두 가지 요인에 기인한다. 첫째, 1980년대 들어 서구 학계에서 유교 연구의 중점이 변화했고 이것이 한국의 학계에도 영향을 미쳤다. 서구 및 중국계 학자들은 유교의 자유주의적 측면을 철학과 정치학의 수준에서 각각 검토하기 시작했다. 1990년대 들어 이들의 연구 저술이 번역되기 시작하면서, 한국의 사회과학계에서도 이에 대해 반응하지 않을 수 없었다. 둘째, 역설적으로, 한국에서 IMF 구제금융 사태 이후 유교자본주의론이 주춤

해진 결과로 유교 자체를 순수하게 인식할 수 있는 기회가 열렸다. 1998년 이후 한때 동아시아 경제성장의 원동력이었던 유교는 이제 경제위기의 원흉으로, 곧 '정실 자본주의crony capitalism'로 나아가게 만든 문화적 원인으로 지적 받았다. 이때, 학자들 사이에서 유교와 자본주의의 관계에 대한 태도가 분기되기 시작했다는 점이 중요하다. 당시 대부분의 사회과학자들은 경제 위기 타개를 위해 이른바 '글로벌스탠더드'를 강조하며 한국 사회도 이제 국가 주도 산업화에서 벗어나 '자유 시장 질서'를 향해 나아가야 한다고 주장했다. 일찍이 유교자본주의론을 비판했던 이들은 신자유주의적 개혁을 향해 나아가는 걸림돌이 바로 정경유착과 국가 주도 경제에 문화적 자원을 제공한 유교 문화였음을 지적하고 비판하는데, 이는 의도하지 않게 신자유주의적 질서를 옹호하는 역할을 수행하기도 했다. 실제로 국제통화기금IMF이 요구한 신자유주의적 경제 개혁은 과거 국가 주도 산업화 시기에 사회 갈등 해소에 기여했던 전통적인 사회 단위들을 해체시켰고, 결국 극심한 빈부격차와 공동체 붕괴 같은 사회 문제를 야기했다. 바로 이때, 비주류의 학자들 가운데 일부가 신자유주의적 개혁 프로그램의 한계를 지적하기 시작했다. 함재봉을 대표로 하는 소수의 학자들은 유교의 문화론적 자원이 신자유주의적 질서가 낳게 될 문제점을 극복하는 데 기여할 것이라고 주장했다. 서구 사회사상 전반에 걸친 해박한 이해를 바탕으로, 함재봉은 유교가 신자유주의의 한 연원인 자유주의 경제학과 정치학의 해독을 치유하는 데에 실질적인 기여를 할 수 있다고 생각했다. 이런 점에서 유교민주주의론은 일종의 비판이론적 측면도 가졌다고 볼 수 있다.[6]

하지만 서구의 유교민주주의론자들과 달리, 한국의 학자들에게는 유교와 민주주의를 연결시켜 고찰하기 위해서 반드시 넘어야 할 산이 있었다. 한국에서 유교는 과거가 아니라 현재였기 때문이다. 비록 종교로서의 유교는 쇠퇴했지만 습속으로서 유교 가치와 관행이 아직 사회문화 전반에 용해되어 있던 한국에서 유교민주주의 담론은 구체적이고 현실적인 의미, 곧 정치적 성격을 갖지 않을 수 없었다. 한국에서 유교는 예전의 국가종교적 지위나 주도적 시민종교로서의 지위를 상실했음에도 불구하고 여전히 한국 사회를 설명하는 중심 요인으로 분석되고 있었다. 확실히, 권위주의 정치체제와 민주화 세력이 격렬하게 충돌하던 1980년대까지 한국인의 일상은 대체로 유교적 습속에 의해 영향을 받고 있었다. 더구나 1970~80년대 유교는 민주주의보다는 권위주의적 정치 체제와 친화성이 높았다. 잘 알려진 것처럼, 1970년대와 1980년대 초반까지 민주적 사회운동을 개신교와 천주교 계열에서 주도하고 있었고 반면에 유교 계열의 조직적 움직임은 전무했다. 민주화 이후인 1992년과 1997년의 대통령 선거에서 각각 당선된 김영삼, 김대중 대통령을 지지한 대표적인 집단은 기독교와 천주교에 기반한 진보적 사회운동 계열이었다. 유교가 한국의 정치민주화에 '전혀' 기여하지 못했다는 자조적 인식은 1990년대 내내 지속되어 있었다. 이미 정치적 영향력이 소멸된 상태에서 겨우 교양 수준의 고담준론으로만 남은 유교를 당대 최고의 과제였던 민주주의의 공고화라는 주제와 관련지어 논의를 한다는 것은 시대착오이거나 관념 유희로 보일 수도 있었다.

그런데 민주화 이후 한국 정치는 제대로 작동되지 않았다.최장집, 2002 1970년대 이후 민주화 투쟁을 이끌었던 종교계는 제도적 민주화 이후에도 여전히 예전의 방식으로 정치에 '개입'하면서 정파적으로 오염되었다. 기독교계는 좌우로 분열되어 각각의 이념에 따라 파당화되었고, 불교계는 정치권력의 향배에 집착하면서 기독교계와 같은 길을 걸었다. 성철 스님, 김수환 추기경, 김재준·한경직 목사 등 카리스마적 리더가 사라진 양대 종교계는 현대 사회에서 '세속과의 창조적 긴장'을 유지하지 못한 채 좌우 정치 세력 안으로 포섭되었다. 이런 상황 전개가 유교에 대한 마지막 기대를 걸어보게 만들었다. 한국의 유교민주주의론은 1980년대 국내 민주화에 전혀 기여를 하지 못했던 유교 계열 지식인들이 1990년대 이후 자기반성을 통해 새로운 정세에 적극적으로

개입할 수 있는 사유 틀을 만들기 위한 실험적인 시도였다고 볼수 있다.[7]

하지만 한국의 유교민주주의론은 더 이상 발전하지 못한 채과거 논쟁의 유산으로서만 오늘에 전하고 있다. 사회 이론 측면에서 유교민주주의론의 전망이 탁월하기는 했지만, 아쉽게도 그것을 현실의 정치·사회적 이슈에 적용·실천하기에는 물질적기반이 너무나 취약했다. 무엇보다도, 서구 유교민주주의론이갖는 취약성, 곧 유교와 민주주의에 대한 경험적 논증을 하지 못했다는 한계를 한국의 유교민주주의론도 똑같이 공유했다.

이러한 반성을 통해 학술 이론이자 사회사상으로서 유교민주주의론이 갖춰야 할 구성 요소를 다음과 같이 제시하겠다. 첫째, 유교를 단순히 교리 체계로 이해하는 데에서 벗어나 '살아 있는' 전통으로 인식할 수 있는 새로운 정의 방식을 받아들여야 한다. 이를 통해 비로소 실제 작동하는 유교의 다양한 차원을 제대로인식할 수 있다. 둘째, 유교민주주의론은 곧 유교 개혁론과 하나라는 점을 인식해야 한다. 유교민주주의론이 지식인의 고급 담론에 머물지 않기 위해서는 반드시 현실 유교계에 대한 창조적비판 작업을 수행하고 유교 재건의 길로 나아가야 한다. 이를 위해 기존 유교에서 제거할 부분과 계승할 부분을 구분하는 작업부터 시작해야 한다. 유교에 가해졌던 비난에 대해 반성하고 대신 유교의 비판적 정치 이상이 현대 민주주의에서 작동할 수 있음을 논증해야 한다. 이를 통해서 비로소 유교와 민주주의의 관계가 적대적이라는 상식을 넘어서서 유교가 민주주의 공고화에 기여하고, 나아가 서구 중심의 자유민주주의에 내재한 문제점을 극복하는 대안적 이념을 제시할 수 있다는 것을 설득시킬 수 있다. 이미 지난 100여 년간 강력한 외부의 비판과 자기비판 그리고 실제로 쇠퇴와 몰락을 경험했던 한국 유교가 나아갈 길은 자기갱신 외에는 없다. 이때 유교민주주의론은 거기에 필요한 냉철한 인식 방법과 개혁의 방향을 설정하여 유교 부흥을 선도할 수 있을 것이다.

이러한 요소들을 충족시킨다고 하더라도 유교민주주의론에는 여전히 남은 과제가 하나 있는데, 한국 사회에서 실제로 유교가 민주화에 기여했다는 것을 경험적으로 입증하는 작업이 그것이다. 이 책의 의의는 바로 거기에 있었다.

3. 유교민주주의에서 '유교 시민사회'로

이 책은 파리장서운동에서 1960년 4·25 교수단 데모에 이르는 근현대 유교인의 정치운동사를 '군자들의 행진'으로 설명했다. 유교인들이 엄혹했던 식민지 시기와 혼란으로 점철되었던 해방 정국 그리고 부정으로 얼룩졌던 독재정권 기간을 견뎌내고 저항했던 힘은 유교의 정치 이상을 실천하고자 하는 의무감, 곧 세속의 고난을 초월하여 천명으로서 정치적 올바름을 추구해야 한다는 '군자'의 이상에서 연원했다. 역사에서 망각되었던 이들 군자들의 행적을 복원한 이 책의 서술 내용은 유교가 어떻게 근대 정치 이념에 적응해 갔는가에 대한 해명이면서 동시에 유교 정치 이상과 유교인의 행위가 한국의 민주화에 기여했다는 주장에 대한 역사적 논증이었다. 이제 이상의 서술을 바탕으로, 근대 한국 유교인의 정치 참여 양상을 서구 개신교의 경우와 비교하여 그 특성을 검토해 보자.

'성자들의 혁명'과 군자들의 행진

청교도로 불리는 17세기 영국의 캘빈주의자들은 실제로 중세에서 근대로의 사회적 변혁에 사상적 · 실천적으로 직접적인 기여를 했다. 앞서 언급했듯이, 베버₁₉₈₈는 특유의 개념 '선택적 친화력'으로 캘빈의 금욕주의가 의도하지 않게 근대 자본주의 윤리의 형성에 기여했음을 밝혔다. 이 친화력 개념의 사회 이론적 우수성은 종교_{청교도주의}와 경제_{자본주의} 사이의 관계를 넘어 종교와 근대 과학, 또는 종교와 정치_{공화적 민주주의}의 관계 등으로 적용 범위를 넓힐 수 있다는 데 있다.박영신, 2009: 113 예컨대 청교도주의는 영국의 청교도 혁명의 이념적 자원이 되어 근대 민주적 공화정의 출발을 알리는 데 기여했다. 크롬웰은 청교도 전쟁을 하느님의 적인 국왕 군대에 맞선 '성전聖戰'이라 칭하고 혁명군 병사들이 스스로를 하느님의 부름을 받은 성자saints로 인식하게끔 했다. 크롬웰의 병사들은 언제나 성경을 읽고 전쟁 전후에는 기도회를 거행했으며 행군 중에는 스스로를 '신의 명예를 따르는 성자'로 칭하는 노래를 불렀다. 이런 정신적 무장 덕분에 크롬웰의 철기군은 전쟁의 승기를 잡을 수 있었다.임영태, 2014

　　마이클 왈쩌의 『성자들의 혁명』은 혁명 전후의 교회사 연구를 통해 청교도들의 금욕적 종교 윤리가 어떻게 사회 변혁의 정치 윤리로 발전해 나갔는지를 설명했다. 그에 따르면, 중세의 권위주의적 사회 구조를 지탱했던 죄 의식에서 해방된 청교도들, 곧 성자들이 기성의 정치 체제에 도전하는 근대 시민혁명을 주도했다는 것이다. 특히 청교도의 신앙 고백에 등장하는 자유와 평등의 가치가 민주적 공동체의 형성과 사회관계상의 민주화를 불러일으켰다는 점에 주목한다면, 청교도주의라는 종교상의 변화가 근대적 시민 계층의 출현과 민주주의 이념과 제도의 발전에 영향을 미쳤음을 확인할 수 있다.Walzer, 1965 서구의 민주화와 자본주의의 성장을 청교도주의 같은 개신교의 기여만으로 설명할 수 없다는 것은 분명하지만, 적어도 공화정의 출현 같은 거대한 정치적 변화를 이끌어낸 주역들의 행위에 끼친 청교도주의의 영향력은 분명한 사실이다.

이 책은, 영국의 근대 정치 변동을 '성자들의 혁명'으로 이름 붙인 왈쩌의 작업에 대응하여, 한국의 근현대 유교 정치운동사를 '군자들의 행진'으로 개념화했다. '혁명' 대신 '행진'이라 한 것은 물론 사실을 반영한 것이다. 식민지 시기와 해방 정국 그리고 4·19 혁명까지의 50년간을 통틀어 유교인들은 영국의 청교도 혁명에 필적할 만한 이념과 조직 그리고 실천상의 움직임을 보여 주지 못했다. 이념과 실천상의 영향력으로 보자면 구한말의 위정척사운동과 의병전쟁이 영국의 경우에 대응할 수 있겠지만, 아쉽게도 의병전쟁의 지향은 한국의 근대적 전환에 기여를 하지 못했다. 더 과거로 거슬러 올라가서 실학이라는 유교 개혁주의의 흐름을 내세울 수도 있지만, 이를 계승했던 문명개화파의 근대화 노선의 좌절로 명맥을 잇지 못했다.

그렇다고 해서 근현대 유교 정치운동사의 가치를 폄훼할 수는 없는데, 지난 100여 년간 한국에 미친 외세의 강한 영향력을 부인할 수 없기 때문이다. 이런 상황 때문에, 한국의 유교인들은 서구와 일본이라는 외세의 도전에 맞서는 데 치중하느라 내부적 개혁 과제에 집중할 여유를 갖지 못했다. 하지만 그런 와중에도 유교인들은 느리지만 한 걸음 한 걸음 근대의 과제에 부딪혀 갔다. 위정척사론과 의병전쟁의 복고적 문명 인식은 파리장서운동 과정에서 근대적 민족 개념을 수용하며 극복되었다. 조선의 국가종교로서 지배 이데올로기로 기능하고 양반 중심의 위계적 사회관계를 정당화했던 유교의 사회 관념은 망명 유림들의 독립운동 참여와 혁신 유림의 사회운동 참여 과정에서 근대적 전환의 계기를 마련했다. 이러한 역량들이 결집한 해방 정국에서 유교인들은 자주독립국가 건설을 향한 투쟁을 전개할 수 있었고, 분단 이후 반독재 · 민주화 투쟁에 당당히 참여하게 되었다. 1960년 4 · 25 교수단 데모는 유교 정치운동사의 오랜 저력이 발휘된 상징적 사건으로서, 현대 민주주의 정치에 유교의 민본 정치 이상과 인의의 사회윤리가 기여할 수 있다는 것을 보여 준 '군자들의 행진'이었다.

유교 시민사회의 모색

1960년대 초반까지 한국의 유교 정치운동사를 이 책은 군자 정치 이상의 전개 측면에서 검토했다. 그런데 우리는 한국 현대사를 정치사만으로 접근하기에는 한계가 있다는 것을 알고 있다. 보기를 들어, 1960년대 후반 이후 한국의 산업화는 그 어떤 정치변동보다도 한국 사회를 크게 변화시킨 요인이었다. 그런데 바로 이 지점에서 다음과 같은 의문이 제기된다. 1960년대 후반 이후 산업화에 기능적이었던 유교와 그 이전 반독재 · 민주화운동을 이끌었던 유교는 과연 같은 것인가?

이 질문에 대해 이 책의 답변은 부정적이다. 유교를 기독교, 불교 등 다른 종교와 구별하는 개념으로 본다면 이때 유교는 산업화에도 반독재 투쟁에도 모두 기여한 가치 관념이라 할 수 있다. 하지만 이 책은 산업화에 기여한 관념과 민주화에 기여한 관념은 이질적이라는 것을 보여 주고자 했다. 두 관념들은 유교의 다양한 요소들 가운데 각 사회 세력들이 선택적으로 전유한 것이다. 산업화에 기능적이었던 유교는 가족주의 전통을 강화시킨 '습속'의 유교였다. 유교의 가족 윤리가 절대적이 될 때 행위자들은 가족 단위의 생존과 적응을 위해 체계 내에 포섭되는데, 경제 중심주의와 결합하여 산업화에 기능적인 관념이 되었고 국가중심주의와 결합하여 권위주의적 정치 체제를 옹호하는 관념이 되기도 했다. 1970~80년대까지 대부분의 국민들에게 작용한 가족주의적 가치의 원천이 오랜 유교 전통에서 연원한 것이 아니라고 할 수는 없다. 다만 이 책은 그러한 경제 · 정치 윤리를 생산한 유교를 옹호하지는 않는다.

반면에 1960년대 초반까지 작동되었던 정치 영역의 유교 관념은 가족 단위를 넘어선 것으로서, 유교의 비판적 정치 이상과 근대 정치학이 불완전하게나마 융합한 결과로 형성된 것이었다. 유교 정치운동에 참여했던 이들은 민본의 이상을 민주의 관념으로, 도덕적 자율성의 원리를 자유의 이념으로, 대동의 이상을 평등 사회의 열망으로, 소중화론을 민족주의로 각각 전유하고 또 극복했다. 비록 사회 전체를 혁신시키는 운동의 이념이 되지는 못했지만, 이러한 유교 정치운동 참여자들에게는 근대적으로 전환된 유교 이상이 저항의 강력한 동기가 되었다. 이 책은 주로 비판적 정치 이상으로서의 유교에 주목했던 것이다.

두 개의 유교, 곧 산업화 시대의 통속적 유교 존재 형태를 보여 주는 '소인의 유교'와 비판 정치학의 이념으로 작용한 '군자의 유교'를 각각 의리지분義利之分이라는 유구한 분류에 따라 구별할 수 있다. 연구자들은 자신의 지향에 따라서 두 유교 가운데 하나를 선택할 수 있을 것이다. 하지만 그런 편의적 분류는 결국 유교의 본질에 대한 유예된 논쟁을 해결할 수 없다.

결국 우리는 유교가 수신과 제가의 윤리이면서 동시에 그것을 국가와 천하로 확충해 나가는 윤리를 제공하는 종교라는 점을 재확인하는 방식으로 접근할 수밖에 없다. 유교에 내재한 가족 윤리와 국가 윤리 사이의 연속성은 저절로 확보되는 것이 아니라 윤리적 결단과 실천에 의해서 비로소 현실화된다. 그런 점에서, 종교로서의 유교의 지향점은 가족의 안녕이 아니라 가족 너머의 국가 공동체에 있어야 한다. 독립운동과 민주화운동에 나선 유교인들이 바로 그러한 유교의 종교적 지향을 실천했던 인물들이었다. 하지만 유교인이라면 그 종교성의 출발점이자 훈련의 장으로 가족과 지역 공동체라는 일상에서의 의례적 실천을 소홀히 할 수는 없다. 형식주의적 허례가 아니라면, 인의의 인간적 본성에서 기원하는 효의 관념은 유교의 도덕성과 종교성을 매개하는 데 영원히 중요한 요소이다. 이 책의 중심인물인 김창숙과 정인보는 부모와 스승에 대한 공경 같은 일상에서의 종교적 실천과 독립운동 참여라는 국가 단위의 종교적 실천이 둘이 아닌 하나라는 점을 잘 보여 주었다.

유교에 대한 이러한 종교적 접근은 현재 유교의 몰락상을 극복하기 위해 유교인들이 어떤 노력을 전개할지에 대해서도 착안점을 줄 수 있다. 수신 윤리로서의 유교와 도덕 정치학으로서의 유교는 각각 가족과 국가를 실천의 단위로 설정해 왔다. 그런데 근대 사회의 핵심은 자율적 개인들의 결사로서 시민사회에 있다. 근대 민주주의론 역시 시민사회의 자율성과 시민들의 덕성을 강조하고 있다. 이 책에서 살펴본 유교인들의 독립운동과 민주화운동은 도덕적 명령으로서, 국가를 바로잡기 위한 지난한 종교적 실천이었다. 그런데 19세기 말 독립협회 운동을 시초로 특히 1990년대 이후 급성장한 시민사회에 유교인들은 교리상으로도 실천적으로도 개입하지 못했다. 가족과 국가 사이의 간극을 메울 유교 전통이 없는 것도 아니었지만, 유교인들은 가족에 매몰되거나 국가 수준의 정치에 침윤된 채 사회 속으로 나아가지 못했다. 유교인의 정치 운동은 양 극단, 곧 저항 아니면 순응 사이에서 맴돌았다. 이처럼 유교 정치운동의 쇠퇴는 적극적으로 시민과 접촉하는 활동에 나서지 못한 데에서 그 원인을 찾을 수 있다. 유교의 몰락 역시 가족에만 치중하여 시민사회에 뿌리를 내리지 못한 데 기인했다는 진단이 가능하다.

그러므로 유교 부흥의 길은 종교성을 인식하는 유교인들이 시민사회로 나아가 시민과 결합하는 데에서 찾아야 한다. 이러한 시도는 유도회를 비롯한 기존 유교 단체의 하부 조직에서 수행하기가 곤란하다. 대신, 유교 개혁과 부흥을 목적으로 하는 자율적인 청년 유교인들의 모임이 활성화되어야 한다. 이들이 유학자이거나 한학 전공자일 필요는 없다. 문중이나 학통의 차이를 넘어서, 오직 '유교 시민'의 지향만 공유하면 된다. 이 모임들이 공론장과 시민사회에서 중요한 사회적 쟁점들에 대해 유교에 기반하여 비판적으로 개입하여 그 문제를 해결하는 데 기여하게 된다면, 유교가 죽은 전통이 아니라 살아 있는 종교라는 점이 대중들에게 자연스럽게 인식될 것이다. 유교 종교성을 가진 사람들이 자유롭게 결성한 단체들의 연대체로서 유교 시민 연합체

구성도 시도해 봄직하다. 어떤 이들에게는 이러한 '유교 시민사
회론'은 달갑지 않을 수 있다. 그런 생각에도 귀를 기울여 대화하
고 토론하는 것이 유교 시민의 덕목이다. 이들 유교 시민들에게
서 군자들의 행진은 새로운 가능성을 찾을 수 있을 것이다.

후기

감사의 글

박사 과정을 이수할 때까지 서구 사회과학 이론을 주로 공부했던 필자는 학위 논문 소항목의 하나로 위당 정인보 선생의 사상을 연구하게 되면서 비로소 유가 경전을 본격적으로 읽기 시작했는데, 가친께서 가장 기뻐하셨다. 가친께서는 당신의 선친과 종숙들이 보은 관선정에서 임창순 선생과 함께 수학하셨고, 소년 시절 당신이 선조고의 명으로 홍치유 선생 댁에 심부름을 다니셨던 경험을 말씀해 주셨다. 고향집에서 펴 본 『退湖遺稿』종고조부 李貞烈의 문집, 종증조부 李用泰의 서문에 실린 만사에는 임창순 선생과 함께 조부와 종조부들의 글이 실려 있었다. 인물성동론을 주창한 외암巍巖 이간李柬의 종가로 출계한 종고조부 퇴호거사는 구한말 유신으로 을사늑약에 반대하는 소를 올린 후 낙향·은거했

602

는데, 복벽을 염원하는 인사들과 칠은사七隱士 계를 꾸려 일제의 감시 대상이 되었고, 간재 문하로 나아간 경석 임헌찬과 반평생을 학문의 벗으로 보내셨다. 이 책을 서술하며 기호 낙론 계열에 대해 소극적으로 서술했지만 필자 가문에서 보듯 이들은 외세에 맞서 도학을 수호하는 데는 한 치의 타협도 없었다. 이 어른들의 매운 기상을 가친께서도 물려받았다. 선조들의 예학 전통에서 벗어난 적 없는 단정하신 당신이지만 불의에 맞서 일어설 때는 거인과도 같았다. 무엇이 당신의 삶을 이끌어 갔는지에 대해서 알기 위해서는 선대 인물들에 대해서 먼저 알아야 했기에 언젠가는 이 분들의 삶과 생각에 대해 연구하겠다고 다짐했다. 몇 년 전 이 책 저술에 대해 말씀드리자 당신께선 "사실만을 쓰라"고 명하셨다.

필자는 행정학과 학부 재학중 사회학계의 큰 스승이신 박영신 선생님의 '사회학이론' 강좌를 수강하면서 한국 사회를 변동과 운동의 관점에서 설명하는 방법에 눈을 뜨기 시작했다. 그때 당신께서는 진덕규, 정인재, 김학수, 고 윤여덕 선생님들과 함께 '작은대학'을 창립하셨고 필자를 1기생으로 추천하여 동서양의 고전을 체계적으로 읽고 토론할 수 있는 기회를 주셨다. 전공을 바꿔 대학원에 진학하여 20여 년간 사회학자의 길을 걸은 필자에게 선생님의 가르침은 필설로는 다할 수 없이 큰 은혜였다. 개

신교 전통만으로는 설명하기 힘든 선생님의 기품과 인격은 제자
들을 진리의 길에 나선 동료로 대하시고 그들의 생각을 존중하
여 제자 스스로 발전시켜 나가도록 이끄신 데서 특히 남달랐다.
유교인인 제자에게 당신이 더욱 각별한 애정을 나눠 주신 덕분
에 필자는 겨우 고루함을 벗어나 시민과 시민운동의 가치에 눈
을 뜰 수 있었다. 필자가 유교 중심으로 한국의 근현대를 분석하
는 책을 쓰겠다고 말씀드렸을 때 선생님께서는 언뜻 필자의 논
지가 당신이 수립하신 한국 사회변동 이론 틀에서 벗어날 수 있
음에도 불구하고 오히려 가르침과 격려를 아끼지 않으셨다. 선
생님은 1950년대 후반의 대학 상황과 이 책의 주인공이기도 한
당신 스승들에 대한 기억들을 들려주시면서 필자가 역사적 현실
감을 놓치지 않도록 이끌어 주셨다. 이후 지난한 저술 기간 내내
선생님께서는 필자에게 이 책이 갖는 중요성을 환기시켜 주셨
고, 특히 이 책이 역사 자료 발굴에만 그치지 않고 종교사회학과
사회변동론의 그윽한 이론 틀에 잇고 견주어 그 함의를 생산하
도록 이끌어 주셨다.

군자와 시민, 곧 가친과 스승에게서 연원하는 이 두 가지 관
심이 융합한 결과가 바로 이 책이다. 처음 연구 목적은 '한국 민
주화의 유교적 기원'을 밝히는 것이었다. 4·19혁명의 성공에 결
정적 기여를 했던 4·25 교수단 데모 핵심 참여자의 대다수가 유

교 네트워크로 연결되고 그 참여 동기가 유교적 가치에 연원했다는 것을 밝히는 것으로 출발하여, 그 이후 한국의 재야 정치에 미친 유교의 영향력을 입증하고자 했던 것이다. 그런데 이 정도로 연구를 종결짓게 되면, 그것보다 한두 세대 전인 의병전쟁 및 독립운동 참여자들과 민주화운동 참여자 사이의 역사적·세대적 연속성을 결여하게 되고 그만큼 서술상의 공백이 불가피해진다. 그런 점에서 해방 정국의 유교 정치운동은 '잃어버린 고리'였다. 곧 독립운동 참여 유교인들과 그 후손 세대가 건국운동과 통일국가수립운동에 적극 참여했고 유교적 가치를 바탕으로 근대적 개혁에 동참했다는 것을 입증하게 된다면, 체계적인 근현대 유교 정치운동사 서술이 가능해진다. 숙고 끝에 이 책의 연구 목적은 자연스럽게 '유교인의 건국운동과 민주화운동 연구'로 확대되었다.

확대된 연구 목적을 달성하기 위해서는 역사학적 탐구가 필수적이다. 필자는 관련 사료 조사에 착수하여 해방 직후 유교 단체 참여자들과 그 활동의 윤곽을 파악할 수 있었다. 국사학계가 수십 년간 구축해 온 광범위한 데이터베이스가 없었다면 이 작업은 불가능했을 것이다. 자료와 해석 사이의 차이를 줄이기 위한 서술 작업을 수없이 반복한 끝에 마침내 이 책은 의병전쟁 시기부터 1960년대까지 유교인들의 운동사적 연속성을 논증할 수 있었다. 그런데 이 연속성 논증을 독자 대중에게 전달하려면 불가 피하게 통사적 서술 방식을 선택해야만 한다. 이 책의 핵심이 해방 이후 유교인의 정치운동사 서술3부와 4부에 있음에도 불구하고 굳이 그 앞에 선배 학자들에 의해 체계화된 일제하의 유교 민족 운동사2부를 제시한 것은 바로 그 때문이다. 여전히 많이 부족하지만 이 책이 통사적 형태를 갖추게 된 것은 선배 학자들이 구한 말에서 일제강점기에 이르는 유교인의 민족운동사에 대해 쌓아 올린 튼튼한 토대 덕분이다. 미주와 참고문헌에 밝힌 것 외에도 많은 연구서들의 도움을 받았음을 밝히고 감사한다.

'군자들의 행진'이라는 제목을 정한 것은 대학원 수학 시기로 거슬러 올라가는데, 박영신 선생님 연구실에서 비공식적으로 행해진 선후배들과의 종교 간 토론 과정에서 마이클 왈쩌의 『성자들의 혁명』에 대해 소개 받고 그것에 대응하는 개념으로 구상되었다. 하홍규, 정재영, 이승훈, 김세훈, 김은홍 등 독실한 기독교인들과의 대화가 없었다면, 필자는 유교 종교성을 발전시키지 못했을 것이고 더불어 이 책을 구상할 수도 없었을 것이다. 이 구상은 여러 학술 모임에서 만난 선생님들과의 대화를 통해 조금씩 무르익었다. 김중섭, 조성윤, 정갑영, 정수복, 이준식, 송재룡, 김광기, 박선웅, 최종렬, 최우영 등 선배 학자들의 선행 업적과 방법론적 도움이 없었다면 필자는 구상을 정교하게 구체화하지 못했을 것이다. 한국사회이론학회의 원로이신 최대권, 김철 선생님과 한국인문사회과학회의 박정신 선생님께서는 이 구상에 대해 자주 격려해 주셨다. 예전에 박사 논문 준비 과정에서 필자는 국학연구원 연구생으로 탁월한 유학자의 강의를 들을 수 있었다. 최창규 선생님의 성리학 강의, 정양완 선생님의 정인보 선생 문집 강의를 그때나 지금이나 제대로 이해할 능력은 없지만 그런 필자를 격려해 주신 선생님들 덕분에 유학에 겨우 눈을 뜰 수 있었다. 구직 활동과 교직 적응 기간 동안 잠시 근현대 유교 정치운동사 서술 계획이 늦춰졌는데, 2011년 한국연구재단 저술 지원사업에 선정되어 비로소 체계적인 연구 · 저술의 기회를 얻게 되었다. 약속된 기일보다 한참 늦어졌음에도 기다려 준 재단의 인내심이 없었으면 이 연구는 활자화될 기회를 얻지 못했을 것이다. 연구의 구상과 과정에 도움을 준 여러 분들께 감사한다.

연구와 저술 과정은 필자의 능력 부족을 절감하는 시간이었다. 그럼에도 마무리할 수 있었던 것은 필자의 뜻에 공감하고 지식을 나눠주며 격려해 준 몇몇 분들 덕분이었다. 고교 시절 담임 선생님이셨던 문학평론가 김영호 선생님께서는 이 책의 구상을 들으시고 대전에서 친히 많은 자료를 보내 주시고 격려해 주셨다. 당신의 가르침과 기대에 부응하기 위해 늘 노력했지만, 여전히 그 은혜를 갚지 못하고 있다. 탁월한 한학자인 이현일 교수는 필자가 한문 자료 번역의 벽에 부딪힐 때마다 기꺼이 도와주었을 뿐만 아니라 자료 수집과 관련자 면담에도 도움을 주었다. 그에게 특별히 감사한다. 연구 과정에서 필자는 아무런 연고도 없는 동료 학자들과 학문의 장에서 만나 사귀게 되는 행운을 누렸다. 동양정치사학자 윤대식 선생, 한문학자 김진균 박사, 한국사학자 노관범 박사가 그들이다. 출신 학교도 다르고 전공 분야도 다른 이 분들과 대화하고 토론하면서 필자는 많은 도움을 받았을 뿐만 아니라 더 이상 학문의 길이 외롭지 않다는 것을 알게 되었다. 재작년 말부터 근현대 인물 평전 작업팀에서 함께 하게 된 이희주, 박민영 선생님은 해박한 지식과 유교에 대한 관심으로 필자의 작업에 도움을 주셨다. 더 일찍 가까이 뵙지 못했던 것이 아쉽다. 독립운동가의 후손으로서 직장 동료인 김병길 교수는 근대 한국 문학 관련 자료 수집에 도움을 주었을 뿐만 아니라 저술 핑계로 두문불출하던 필자의 벗이 되어 주었다. 교내 유일한 유학 연구자인 홍성민 교수와는 공자의 삶과 왕양명의 사상마련의 뜻을 자주 논했다. 얼마 전 관서의 명문교로 옮겨 간 그와 가족이 모두 평안하기를 기원한다. 필자와 연구 공간을 함께 쓰며 현대사상의 흐름을 일러 주신 박영욱 교수님과 저술에 전념할 수 있게끔 배려해 주신 최시한 선생님 이래 역대 학부장님, 그리고 동고동락하며 격려해 주신 기초교양학부 선생님들 모두에게 감사한다.

'일과 나날' 동인들은 언제나처럼 이번 책 저술 기간에도 필자를 응원했는데, 특히 차익종 선배는 이 책이 아카넷에서 간행될 수 있도록 주선해 주셨다. 이 책의 가치를 믿고 선뜻 출간을 약속해 주신 출판사 아카넷의 주간 및 관계자 분들께 감사한다.

필자는 3녀 2남의 장남이면서도 그 역할을 제대로 하지 못했다. 대신 누님들과 매형들 그리고 남동생 내외가 부모님을 정성껏 모셨다. 동기간의 한없는 사랑으로 필자는 학업에만 전념할 수 있었다. 5년 전 가친께서 선영을 수호하기 위해 고향 주민들을 이끌고 분연히 떨쳐 일어나셨을 때 동생은 곁에서 묵묵히 시종했다. 끝으로, 한없이 연장된 저술 기간 내내 필자 대신 집안의 대소사를 꼼꼼히 완수하고 아이들을 보듬으면서도 늘 해맑은 미소로 맞아 준 아내에게 감사한다.

순헌관 연구실에서
저자 삼가 씀.

도움 받은 글

기초 자료

『시경(詩經)』, 『주역(周易)』, 『예기(禮記)』, 『논어(論語)』, 『맹자(孟子)』, 『대학(大學)』, 『중용(中庸)』.

국사편찬위원회, 『한국민주화운동 자료목록집』 1~2권(과천: 국사편찬위원회, 2005).

김창숙(金昌淑), 『심산유고(心山遺稿)』(과천: 국사편찬위원회, 1973).

김창숙, 『국역 심산유고』(국역심산유고간행위원회 엮음)(서울: 성균관대학교 대동문화연구원, 1979).

대검찰청 수사국, 『좌익사건실록』(서울: 대검찰청 공안부, 1973).

문일평, 『호암전집』(경성: 조선일보사 출판부, 1939).

박은식, 『박은식 전서』(서울: 단국대학교 출판부, 1975).

박종홍, 『박종홍 전집』(서울: 형설출판사, 1982).

서울경찰국 사찰과, 『사찰요람』(1955), 서울대학교 한국교육사고, 『한국정당사·사찰요람』(서울: 도서출판 하우, 1994 영인본).

서울시임시인민위원회(엮음), 『정당사회단체 등록철』(서울: 서울시임시인민위원회, 1950).

안인식, 『미산문고(嵋山文稿)』(미산선생기념사업회 엮음)(서울: 문조사, 1973).

안재홍, 『민세 안재홍 선집』 1~6권(서울: 지식산업사, 1981~1999).

안창호, 『도산안창호전집』(서울: 도산안창호전집편찬위원회, 2000).

류인석, 『국역 소의신편』(춘천: 의암학회, 2006).

류인석, 『국역 의암집』 4권(춘천: 의암학회, 2006).

류인석, 『우주문답』(서준섭 외 옮김)(춘천: 의암류인석선생기념사업회, 2002).

정용욱(엮음), 『해방직후 정치사회사 자료집』 4권·5권(서울: 다락방, 1994).

정인보, 『담원 정인보 전집』 1~6권(서울: 연세대학교 출판부, 1983).

정인보, 『담원문록』 상권·하권(정양완 옮김)(서울: 태학사, 2006).

정인보, 『조선사연구』 상권(문성주 역주)(서울: 우리역사연구재단, 2012).

최익현, 『면암집(勉菴集)』(서울: 면암선생기념사업회, 1970).

최찬익, 『송서유고(松西遺稿)』(1969).

한국학문헌연구소(엮음), 『한국개화기교과서총서』(서울: 아세아문화사, 1977).

현상윤, 『기당 현상윤 문집』(서울: 경희대학교 출판국, 2000).

홍치유, 『겸산집(兼山集)』(임창순 엮음)(대전: 회상사, 1986).

경학원(經學院), 《경학원잡지(經學院雜誌)》, 36~48호.(1933~1944).

신문 · 잡지 및 데이터베이스

《동아일보》, 《경향신문》 (네이버 뉴스라이브러리 검색).

《자유신문》, 《서울신문》, 《국민보》, 《민보》, 《독립신보》, 《독립신문》, 《대조선독립협
　　　　회회보》, 《매일신보》, 《민주신보》, 《삼천리》(한국사데이터베이스 검색).

《동광신문》, 《중앙신문》, 《민중일보》, 《대중일보》, 《문화일보》, 《부산신문》(국립중앙도
　　　　서관 고신문 데이터베이스).

《중앙일보》, 《전북도민일보》, 《한겨레》(인터넷 검색).

《조선일보》(조선일보 DB).

《일월시보》(국립중앙도서관 DB)

국가보훈처, 공훈전자사료관 DB.

국사편찬위원회, 한국사데이터베이스.

통계청 사회통계국, 국가통계포털.

한국국학진흥원, 유교넷 DB.

한국학자료센터, 한국학자료DB.

도서 및 논문, 기타 문서 자료

가다머, 한스-게오르크, 『진리와 방법』 I (이길우 외 옮김)(서울: 문학동네, 2000).

가지 노부유키, 『침묵의 종교, 유교』(이근우 옮김)(서울: 경당, 2002).

강영심, 「조선국권회복단의 결성과 활동」, 《한국독립운동사연구》, 4집(1990).

강인철, 『종속과 자율―대한민국의 형성과 종교정치』(오산: 한신대학교출판부, 2013).

고정휴, 「세칭 한성정부의 조직주체와 선포경위에 대한 검토」, 《한국사연구》, 97호
　　　　(1997).

국가보훈처(엮음), 『3 · 1운동 독립선언서와 격문』(서울: 국가보훈처, 2002).

국립문화재연구소, 『석전대제』(서울: 국립문화재연구소, 1998).

국민호, 『동아시아의 국가주도 산업화와 유교』(광주: 전남대학교출판부, 1999).

국사편찬위원회, 『일제침략하한국삼십육년사』 4권(서울: 국사편찬위원회, 1969).

권기훈, 「해방 후 김창숙의 정치활동」, 《한국민족운동사연구》, 26권(2000).

권기훈, 『김창숙—혁신유림계의 독립운동을 주도한 선각자』(서울: 역사공간, 2010).

권인한, 「출토 문자자료로 본 신라의 유교 경전 문화」, 《구결연구》, 35집(2015).

권혁범, 『민족주의와 발전의 환상』(서울: 솔, 2000).

금장태, 『한국현대의 유교문화』(서울: 서울대학교출판부, 1999).

금장태, 『화서학파의 철학과 시대의식』(서울: 태학사, 2001).

기어츠, 클리포드, 『문화의 해석』(문옥표 옮김)(서울: 까치, 1998).

김경일, 『공자가 죽어야 나라가 산다』(서울: 바다출판사, 1999).

김광회, 『뜨거운 노래는 땅에 묻고』(서울: 지문사, 1984).

김귀옥 · 윤충로, 『1980년대 민주화운동 참여자의 경험과 기억』(서울: 민주화운동기념사
업회, 2007).

김기승, 「백암 박은식의 사상적 변천과정: 대동사상을 중심으로」, 《역사학보》, 114권
(1987).

김대중 · 이광요 외, 『아시아적 가치』(고양: 전통과현대, 1999).

김덕영, 『막스 베버』(서울: 길, 2012).

김도형, 「한말 경북지역의 근대교육과 유교」, 《계명사학》, 10(1999).

김도형, 「한주학파의 형성과 현실 인식」, 『한주학파의 학맥과 민족운동』(성균관대 대동
문화연구원 동아시아유교문화권교육연구단, 제40회 동양학 학술회의 자료집, 2000).

김도형, 「1910년대 박은식의 사상 변화와 역사인식」, 《동방학지》, 114집(2001).

김동춘 · 김경학 · 김봉중 · 김용의 · 박정석 · 염미경 · 윤형숙 · 표인주, 『전쟁과 사
람들—아래로부터의 한국전쟁 연구』(서울: 한울아카데미, 2003).

김삼웅(엮음), 『민족 민주 민중 선언』(서울: 일월서각, 1984).

김상구, 『유림운동오십년사』(서울: 광림북하우스, 2008).

김상기, 「김복한의 홍주의병과 파리장서운동」, 《대동문화연구》, 39집(2001).

김상준, 『맹자의 땀, 성왕의 피』(서울: 아카넷, 2012 보정판).

김석원, 『유도회 성균관 수난 약사』(서울: 성균관임시사무소, 1987).

김선미, 「이종률의 민족운동과 정치사상」, 부산대학교 사학과 박사학위논문(2008).

김성건, 『종교와 이데올로기』(서울: 민영사, 1991).

김영 · 정하영 · 진재교, 「학문을 찾아서: 원로 학자와의 대담—연민 이가원 선생」, 《민족문학사연구》, 15권 1호(1999).

김영작, 『한말 내셔널리즘 연구: 사상과 현실』(서울: 청계연구소, 1989).

김영호, 「개화사상의 형성과 그 성격」, 『한국사』 16권(국사편찬위원회, 1981).

김용달, 「한족노동당의 조직과 활동」, 《한국독립운동사연구》, 17집(2001).

김용직, 「해방 첫해 겨울과 새해의 일들—나의 시대, 나의 이야기 7」, 《서정시학》, 21권 3호(2011).

김우종, 「김우종의 대학비사(10)—'반탁학련'과 '학통' 그리고 귀국선」, 《한국대학신문》, 2000년 4월 28일(2000ㄱ): http://news.unn.net/news/articleView.html?idxno=15907.

김우종, 「김우종의 대학비사(26)—박정희 흉상 철거와 홍익대 설립 논란」, 《한국대학신문》, 2000년 11월 13일(2000ㄴ): http://news.unn.net/news/articleView.html?idxno=42361.

김 원, 『잊혀진 것들에 대한 기억—1980년대 대학의 하위문화와 대중정치』(서울: 이매진, 2011).

김주현, 「《사상계》 동양담론 분석」, 《현대문학의 연구》, 46권(2012).

김중섭, 『평등 사회를 향하여』(서울: 지식산업사, 2015).

김지형, 「민족자주통일협의회 연구」, 경기대학교 대학원 사학과 석사학위논문(1994).

김진균, 「한학과 한국한문학의 사이, 근대한문학」, 《국제어문》, 51호(2011).

김진균, 『모던한문학』(서울: 학지원, 2015).

김택호, 「김정한 소설의 저항의식과 유교적 세계관」, 《현대소설연구》, 35호(2007).

김학준, 『가인 김병로 평전』(서울: 민음사, 1988).

김학준, 『고하 송진우 평전』(서울: 동아일보사, 1990).

김학철 외, 『우정 반세기』(서울: 창작과비평사, 1991).

김현식 · 정선태(엮음), 『삐라로 듣는 해방 직후의 목소리』(서울: 소명출판, 2011).

김희곤, 「동제사의 결성과 활동」, 《한국사연구》, 48권(한국사연구회, 1985).

김희곤, 『안동의 독립운동가 700인』(안동: 안동시, 2001).

남부희, 『유림의 독립운동사 연구』(서울: 범조사, 1994).

남재희, 『정치인을 위한 변명』(서울: 행림출판, 1984).

노관범, 「김택영과 개성 문인」, 《민족문화》, 43집(2014).

노관범, 「근대 초기 개성 문인의 지역운동」, 《한국사상사학》, 49호(2015ㄱ).

노관범, 「근대 개성 문인 공성학의 지역 활동과 춘포시집」, 《비교어문연구》, 40집 (2015ㄴ).

노사광, 『중국철학사』 송 · 명 편(정인재 옮김)(서울: 탐구당, 1987).

다카하시 도오루(高橋亨), 『조선의 유학』(조남호 옮김)(서울: 소나무, 1999).

달, 로버트, 『민주주의와 그 비판자들』(서울: 문학과지성사, 1999).

도현철, 『고려말 사대부의 정치사상 연구』(서울: 일조각, 1999).

동암서상일선생기념사업회(편), 『멀고 먼 영광의 길―동암 서상일 선생 유고를 중심 으로』(대구: 동암서상일선생기념사업회, 2004).

뒤르케임, 에밀, 『종교생활의 원초적 형태』(노치준 · 민혜숙 옮김)(서울: 민영사, 1992).

드 배리, Wm. 씨어도어, 『중국의 '자유' 전통』(표정훈 옮김)(서울: 이산, 1998).

뚜웨이밍, 『문명들의 대화』(김태성 옮김)(서울: 휴머니스트, 2006).

뚜웨이밍, 『유학 제3기 발전에 관한 전망』(성균관대학교 학이회 옮김)(서울: 아세아문화사, 2007).

류근일, 『권위주의 체제하의 민주화운동 연구』(서울: 나남출판, 1997).

류시종 · 박병원 · 김희곤 역주, 『국역 고등경찰요사』(서울: 선인, 2010).

류풍연, 「방은 성낙훈 선생을 되돌아보며」, 《전통문화》, 22호(2008).

린쯔, J · A. 스테판, 『민주화의 이론과 사례』(김유남 외 옮김)(서울: 삼영사, 1999).

마루야마 마사오, 『일본정치사상사연구』(김석근 옮김)(서울: 통나무, 1995).

매켄지, F. A., 『대한제국의 비극』(신복룡 옮김)(서울: 집문당, 1999).

모종삼(牟宗三), 『중국철학특강』(정인재 · 정병석 옮김)(서울: 형설출판사, 1985).

몽테스키외, 『법의 정신』(박원석 옮김)(서울: 성창출판사, 1988[1748]).

무라야마 지준(村山智順), 『조선의 점복과 예언』(김희경 옮김)(서울: 동문선, 1990).

민영규, 『강화학 최후의 광경: 서여문존 기일』(서울: 우반, 1994).

박 광(엮음), 『진통의 기록―전조선제정당사회단체대표자연석회의문헌집』(서울: 평화 도서주식회사, 1948).

박걸순, 「동산 류인식의 역사인식」, 《한국사학사학보》, 2권(2000).

박걸순, 『류인식―시대의 선각자 혁신 유림』(파주: 지식산업사, 2009).

박걸순, 「1910년대 비밀결사의 투쟁방략과 의의」, 《한국독립운동사연구》, 46집(2013).

박명림, 「박정희 시대의 민중운동과 민주주의—재야의 기원, 제도관계, 이념을 중심으로」, 《한국과 국제정치》, 24권 2호(2008).

박민희, 「해방 후 위패매안과 전주향교의 대응」, 전주대학교 사학과 석사학위논문(2013).

박영신, 『역사와 사회 변동』(서울: 민영사, 1986).

박영신, 「'위로부터의 개혁'에서 '아래로부터의 개혁'으로」, 《현상과인식》, 68호(1996).

박영신, 「칼뱅주의 해석의 '오류 지점'」, 《현상과인식》, 33권 3호(2009).

박영효, 「박영효의 건백서: 내정개혁에 대한 1888년의 상소문」(김갑천 옮김), 《한국정치연구》, 2권 1호(1990).

박영효, 「갑신정변」, 『갑신정변 회고록』(조일문·신복룡 엮고옮김)(서울: 건국대학교출판부, 2006). 원문은 《신민》 1926년 6월('因山奉悼號—純宗實記').

박원재, 「동산 유인식의 계몽운동과 유교개혁론」, 《동양철학》, 26집(2006).

박은식, 『박은식』(이만열 엮음)(서울: 한길사, 1980).

박정희, 『우리 민족의 나갈 길』(서울: 동아출판사, 1962).

박찬승, 『마을로 간 한국전쟁』(파주: 돌베개, 2010).

박충석, 『한국정치사상사』(서울: 삼영사, 1982).

박충석, 「유교의 정치학: 원리적 고찰」, 《사회과학논집》, 15집(1995).

배원용(/안병걸), 「박람강기의 고전학자 심재 조국원」, 《전통문화》, 25호(2009).

버거, 피터, 『종교와 사회』(서울: 종로서적, 1981).

베버, 막스, 『프로테스탄티즘의 윤리와 자본주의의 정신』(박성수 옮김)(서울: 문예출판사, 1988).

베버, 막스, 『유교와 도교』(이상률 옮김)(서울: 문예출판사, 1990).

벨라, 로버트 N., 『사회 변동의 상징구조』(박영신 옮김)(서울: 삼영사, 1982).

삿사 미츠아키(佐佐充昭), 「한말·일제시대 단군신앙운동의 전개—대종교·단군교의 활동을 중심으로」, 서울대학교 종교학과 박사학위논문(2003).

서동일, 「조선총독부의 파리장서운동 참가자에 대한 사법처리와 관련 수감자의 대응」, 《한국민족운동사연구》, 68호(2011).

서산정석해간행위원회, 『서산 정석해: 그 인간과 사상』(서울: 연세대학교출판부, 1989).

서중석, 「정치지도자의 의식과 유교문화: 이승만을 중심으로」, 《대동문화연구》, 36호(2000).

서중석, 「해방 후 김창숙의 정치적 활동」, 《대동문화연구》, 43권(2003).

성균관대학교 교사편찬위원회, 『성균관대학교육백년사—천』(서울: 성균관대학교출판부, 1998).

성균관유도회, 『성균관유도회육십년사』(서울: 성균관유도회, 2007).

손태욱, 「백제의 태학과 박사제도」, 서울여자대학교 사학과 석사학위논문(2016).

송남헌, 『해방 3년사, 1945~1948』 I · II권(서울: 도서출판 까치, 1985).

송준호, 「다시 뵈올 수 없는 강개지사의 풍모—포명 권오돈 선생」, 《전통문화》, 36호(2013).

수송양대연선생팔질기념논총간행위원회, 『전통과 현실: 수송 양대연 선생 팔질기념 논총』(서울: 아문연, 1990).

신규수, 「일제하 독립운동의 일사례 연구—독립의군부 「관견」 내용분석을 중심으로」, 《사학연구》, 58 · 59호(1999).

신용하, 『박은식의 사회사상 연구』(서울: 서울대 출판부, 1982).

신용하, 『한국근대사회사상사연구』(서울: 일지사, 1987).

신용하 · 이광린(엮음), 『사료로 본 한국문화사: 근대편』(서울: 일지사, 1984).

심경호, 「강화학과 담원 정인보」, 《어문연구》, 28권 3호(2000).

심상훈, 「1920년대 경북 북부지역 유학적 지식인들의 사회주의운동과 성격」, 《국학연구》, 4집(2004).

아와마 카즈오(岩間一雄,), 『중국정치사상사연구』(김동기 · 민혜진 옮김)(서울: 동녘, 1993).

안외순 · 이상익 · 양동안 · 정윤재 · 박병련, 『유교 리더십과 한국정치』(서울: 백산서당, 2002).

앨퍼드, C. 프레드, 『한국인의 심리에 관한 보고서』(남경태 옮김)(서울: 그린비, 2000).

양대연, 「한여름밤의 사향한」, 《북한》, 45호(1975).

오석원, 「춘추의 화이사상과 한국의 민족의식」, 《유교사상연구》, 8집(1996).

오영섭, 『화서학파의 사상과 민족운동』(서울: 국학자료원, 1999).

오영섭, 「개항 후 만국공법 인식의 추이」, 《동방학지》, 124권(2004ㄱ).

오영섭, 「의암 류인석의 동양문화 보존책」, 《강원문화사연구》, 9집(2004ㄴ).

유근호, 「사회사상사적 측면에서 본 민족의식의 성장」, 《인문과학연구》, 1집(1981).

유도회총본부(엮음), 『대통령 이승만 박사 유교 담화집』(서울: 유도회총본부, 1958).

유명종, 『성리학과 양명학』(서울: 연세대학교출판부, 1994).

유명종, 「맹자의 왕도적 민주사상」, 《맹자연구》, 1집(1997).

유봉학, 『연암일파 북학사상 연구』(서울: 일지사, 1995).

유영옥, 「백암과 단재의 연개소문 인식」, 《역사와 경계》, 71집(2009).

류용상, 「이념보다 민족을 우선했던 고뇌의 시절」, 《신동아》, 1990년 8월호(1990).

유정렬, 「상해임시정부' 봉대운동의 경위—초창기 시대를 회고한다」, 국민문화연구소(엮음), 『국민국민문화연구소오십년사』(서울: 국민문화연구소, 1998).

유준기, 『한국근대유교개혁운동사』(서울: 삼문, 1994).

유준기, 「1910년대 전후 일제의 유림 친일화정책과 유림계의 대응」, 《한국사연구》, 114호(2001).

유창훈, 「단주 류림 선생의 회억」, 『아나키즘 학술대회 '단주 류림의 사상과 독립노농당' 자료집』(2005년 11월 17일), 단주유림기념사업회(2005).

윤대식, 「의암 류인석의 척사와 실천—『소의신편』과 『우주문답』에 나타난 사상적 변화」, 《동양정치사상사》, 1권 2호(2002).

윤대식, 「독립협회에 대한 유교 관료와 지식인들의 인식: 상소문을 중심으로」, 《사회이론》, 50호(2016).

윤사순, 『한국유학사상론』(서울: 열음사, 1986).

윤사순, 「경로 선생의 생애와 업적」, 《공자학》, 12권(2005).

윤학준, 『나의 양반문화 탐방기 I—온돌야화』(서울: 길안사, 1995).

윤혁동, 「초창기의 유림운동」, 《유림회보》, 173호(1983년 8월 25일).

이 곡, 『가정집』(이상현 옮김)(서울: 민족문화추진회, 2006).

이계황, 「고전국역사업의 회고와 전망」, 《민족문화》, 6호(1980).

이광규, 「도시 친족 조직의 연구」, 《학술원논문집》, 19집(1980).

이광수, 「박영효 씨를 만난 이야기: 갑신정변 회고록」, 『갑신정변 회고록』(조일문·신복룡 엮고옮김)(서울: 건국대학교출판부, 2006). 원문은 《동광》, 19호(1931년 3월호).

이구영(/심지연 기록), 『역사는 남북을 묻지 않는다』(서울: 소나무, 2001). 『산정에 배를 매고』의 개정증보판.

이극로, 「방랑 20년 수난반생기」, 『간도 유랑 40년』(소재영 엮음)(서울: 조선일보사, 1989). 원문은 《조광》, 1936년 3월~4월호.

이기영, 『이기영 단편집』(서울: 커뮤니케이션북스, 2012).

이기화, 「우국지사 류제필 류용상 부자」, 《고창문화》, 19집(2006).

이만갑, 『한국 농촌의 사회구조』(서울: 재단법인 한국연구도서관, 1960).

이만열, 『한국기독교와 역사의식』(서울: 지식산업사, 1981).

이명동(회고), 「해방공간과 한국전쟁기 사진계의 형성과 전개」, 『한국사진사 구술프로젝트: 1945~60년대 사진계의 활동과 동향』(자료집 제2호)(한국사진문화연구소, 2010).

이명화, 「조선총독부의 유교정책—1910~1920년대」, 《한국독립운동사연구》, 9집 (1993).

이문창, 『해방공간의 아나키스트』(서울: 이학사, 2008).

이상은, 「대학교수단 의거에 이르기까지」(1960), 홍영우(엮음), 『4월혁명통사』 9권(서울: 천지창조, 2010).

이상화, 「근대 중국의 계몽, 그 의미와 한계—예교를 대체한 민주, 유교를 해체한 과학에 관하여」, 《대동문화연구》, 74집(2011).

이성시 · 윤용구 · 김경호, 「평양 정백동364호분 출토 죽간 『논어』에 대하여」, 《목간과 문자》, 4호(2009).

이성우, 『공주충의열전—한말 이후』(공주: 공주문화원, 2004).

이성우, 「광복회 명칭과 성격에 대한 검토」, 《한국근현대사연구》, 41집(2007).

이성우, 「1910년대 독립의군부의 조직과 활동」, 《역사학보》, 224집(2014).

이승훈, 「한국 사회의 '시민됨' 형성 과정—자발결사체 참여 경험을 중심으로」, 연세대학교 대학원 사회학과 박사학위논문(2002).

이영찬, 『유교사회학』(서울: 예문서원, 2001).

이영호, 「심산과 간재 문인들의 출처시비논쟁을 통해 본 일제하 유교지식인의 초상」, 《대동한문학》, 42집(2015).

이영훈, 「성리학 전통에 비친 대한민국의 건국」, 《정신문화연구》, 32권 2호(2009).

이완재, 「정인보의 한국사 인식」, 《한국사상사학》, 4 · 5호(1993).

이우성, 「심산의 유학사상과 행동주의」, 심산사상연구회 엮음, 『심산 김창숙의 사상과 행동』(서울: 성균관대학교 대동문화연구원, 1986).

이우성(이이화 대담), 「문 · 사 · 철을 겸비한 실천적 선비 이우성」, 《역사비평》, 11호 (1990).

이원규, 『종교의 세속화』(서울: 대한기독교출판사, 1987).

이정규, 『우관문존』(서울: 국민문화연구소, 1984 증보판).

이정식, 『한국 민족주의의 정치학』(서울: 한밭출판사, 1982).

이종률, 『산수 이종률 저작 자료집』(부산: 산수이종률선생기념사회업회/들샘, 2001).

이종률, 『조국사의 분열과 통일의 주조: 유학·사화·당쟁은 반민특권층의 것』(서울: 민교사, 1971).

이종립, 「수춘의 생애와 행적」, 《여주문화》, 8호(2000).

이지원, 「일제하 민족문화 인식의 전개와 민족문화운동―민족주의 계열을 중심으로」(서울대 대학원 사회교육과 역사전공 박사학위논문, 2004).

이창기, 「동족 집단의 기능변화에 관한 연구」, 《한국사회학》, 11집(1977).

이태준, 「해방전후」, 『이태준문학전집』 3권(서울: 깊은샘, 1995).

이태진, 『조선유교사회사론』(서울: 지식산업사, 1989).

이태진, 『고종시대의 재조명』(서울: 지식산업사, 2000).

이태호, 『압록강변의 겨울: 납북 요인들의 삶과 통일의 한』(서울: 다섯수레, 1991).

이형성, 「다카하시 도루의 조선 유학사 연구의 영향과 그 극복」, 『다카하시 도루의 조선유학사』(이형성 엮고 옮김)(서울: 예문서원, 2001).

이호룡, 『한국의 아나키즘―운동편』(파주: 지식산업사, 2015).

이황직, 「근대 한국의 윤리적 개인주의 사상과 문학에 관한 연구」, 연세대학교 대학원 사회학과 박사학위논문(2001).

이황직, 「한국 사회의 가족주의: 개념 설정 및 개념사 연구」, 《사회이론》, 22호(2003).

이황직, 「한국 사회운동 참여자의 문화적 습속」, 《현상과인식》, 28권 4호(2004).

이황직, 「초기 근대 유교 계열의 민족주의 서사에 대한 연구: 류인석의 『우주문답』을 중심으로」, 《문화와 사회》, 11호(2011).

이황직, 「해방정국의 좌익 유교단체 '전국유교연맹' 연구」, 《현상과인식》, 40권 1호(2016).

이희환, 「검여 유희강의 생애」, 『검여 유희강 서거 30주년 기념 특별전 학술심포지엄' 자료집』(인천문화재단, 2006).

임경석, 「유교 지식인의 독립운동―1919년 파리장서의 작성 경위와 문안 변동」, 《대동문화연구》, 37집(2000).

임영태, 『돋보기 근현대사 4―영국 혁명』(e-Book)(서울: 21세기북스, 2014).

임옥균, 「고재 이병은의 학문과 사상」, 《간재학논총》, 10호(2010).

장동표, 「8·15 이후 이종률의 민족건양회 활동과 민족혁명운동」, 《한국민족운동사

연구》, 47호(2006).

장백위(張伯偉), 「화서의 『맹자』 '호연장' 주석과 그 의의」(지준호 옮김), 《한국철학논집》, 15집(2004).

장병길, 『한국종교와 종교학』(한국종교문화연구소 엮음)(파주: 청년사, 2003).

장승순, 「일제하 충남 서산군의 지역사회운동」, 공주대학교 교육대학원 역사교육전공 석사학위논문(1994).

장우성, 「화맥인맥—3」, 《중앙일보》, 1981년 12월 9일.

정 교, 『대한계년사』 9권(조광 엮음, 변주승 외 역주)(서울: 소명출판, 2004).

정내수, 「일제강점기 홍성 지방의 민족운동과 사회운동」, 《호서사학》, 40집(2005).

정병준, 「조선건국동맹의 조직과 활동」, 《한국사연구》, 80호(1993).

정병호, 「20세기 초기 일본의 제국주의와 한국내 '일본어문학'의 형성 연구—잡지 『조선』의 문예란을 중심으로」, 《일본어문학》, 37호(2008).

정약용, 『다산 맹자요의』(이지형 옮김)(서울: 현대실학사, 1994).

정양완, 「그리운 아버지에 대한 편모와 문집에 나타난 몇몇 화제에 대하여」, 《어문연구》, 28권 3호(2000).

정옥자, 『조선후기 조선중화사상 연구』(서울: 일지사, 1998).

정욱재, 「조선유도연합회의 결성과 '황도유학'」, 《한국독립운동사연구》, 33집(2009).

정인재 · 황경식, 「군자와 시민」, 《철학연구》, 37권 1호(1995).

정일균, 『다산 사서경학 연구』(서울: 일지사, 2000).

정재식, 「유교문화전통의 보수의 이론」, 『한국사회와 사상』(성남: 한국정신문화연구원, 1984).

정재식, 『의식과 역사—한국의 문화전통과 사회변동』(서울: 일조각, 1991).

정진석, 「언론인, 사학자, 민주화 투쟁의 거목」, 천관우선생추모문집간행위원회(엮음), 『거인 천관우—우리 시대의 언관 사관』(서울: 일조각, 2011).

정화암, 『몸으로 쓴 근세사』(서울: 자유문고, 1992).

정후수(2014), 「청음록으로 본 (사)유도회 약사」, 《동양고전연구》, 55집(2014).

조경달, 『민중과 유토피아—한국근대민중운동사』(허영란 옮김)(서울: 역사비평사, 2009).

조광수, 「중국 근대 한 아나키스트의 이상과 좌절: 劉師培의 경우」, 《정치사상연구》, 7호(2002).

조동걸, 『한말 의병전쟁』(천안: 독립기념관 한국독립운동사연구소, 1989).

조동걸, 「정인보와 백남운」, 『한국 현대사의 라이벌』(역사문제연구소 엮음)(서울: 역사비평사, 1992).

조윤제, 『도남잡지』(서울: 을유문화사, 1964).

조지훈, 『조지훈 전집』 1권, 5권(서울: 나남출판, 1996).

조한성, 「1950년대 중후반기 유도회사건 연구」(성균관대학교 대학원 사학과 석사학위논문, 2002).

조현범, 「현대 한국의 국가의례에 대한 시론적 연구」, 《종교연구》, 19호(2000).

조혜인, 『동에서 서로 퍼진 근대 공민사회—유교 예치 및 자유 관념의 발전과 서구에의 전파』(파주: 집문당, 2013).

존슨, 찰머스, 『일본의 기적: 통산성과 발전지향형 정책의 전개』(장달중 옮김)(서울: 박영사, 1984).

쥴리앙, 프랑수아, 『맹자와 계몽철학자의 대화』(허경 옮김)(서울: 한울아카데미, 2004).

진덕규, 『현대 민족주의의 이론 구조』(서울: 지식산업사, 1983).

진정염(陳正炎) · 임기담(林其錟), 『중국대동사상연구』(이성규 옮김)(서울: 지식산업사, 1990).

차성환, 『1970년대 민중운동 연구』(서울: 민주화운동기념사업회, 2005).

천관우, 「육십자서」, 천관우선생추모문집간행위원회(엮음), 『거인 천관우—우리 시대의 언관 사관』(서울: 일조각, 2011).

천정환, 「교양의 재구성, 대중성의 재구성—박정희 군사독재시대의 '교양'과 자유교양운동」, 《한국현대문학연구》, 35호(2011).

청명임창순선생추모사업추진위원회, 『학의 몸짓으로 높이 멀리—청명 임창순 선생 추모집』(서울: 한길사, 2000).

최서면, 「위당의 교훈적 일생: 정인보 선생의 부보를 확인 받고」, 《세대》, 138호(1975).

최영성, 『한국유학사상사』 4권, 5권(서울: 아세아문화사, 1997).

최영철, 「영주 지역의 3 · 1운동」, 《안동사학》, 8집(2003).

최우석, 「3.1운동기 김윤식, 이용직의 독립청원서 연구」, 《사림》, 38호(2011).

최우영, 「긴장과 갈등의 유교—유교적 갈등의 역사적 존재론적 기원」, 《동양사회사상》, 7집(2003).

최일범, 「심산 김창숙의 도학정신」, 《유교문화연구》, 16집(2010).

최장집, 『민주화 이후의 민주주의』(서울: 후마니타스, 2002).

최재석, 『한국 가족 연구』(서울: 일지사, 1982 개정판).

최종렬, 『사회학의 문화적 전환』(파주: 살림, 2009).

최창규, 『근대한국정치사상사』(서울: 일조각, 1991 중판).

최창규, 『한국의 사상』(서울: 서문당, 1996 개정판).

케너다인, 데이비드, 「의례의 역사적 맥락과 의미: 영국 군주정과 '전통의 발명'」, 에
릭 홉스봄 외, 『만들어진 전통』(서울: 휴머니스트, 2004).

킨더만, 고트프리트-칼, 「4 · 19 민주혁명의 정신과 외국의 인식」, 『제50주년 4 · 19민
주혁명 기념 국제학술회의 자료집』(제50주년4 · 19혁명기념사업회, 2010).

토크빌, 알렉시스, 『미국의 민주주의』(박지동 옮김)(서울: 한길사, 1983).

펑여우란(馮友蘭), 『중국철학사』(정인재 옮김)(서울: 형설출판사, 1989).

풍우(馮寓), 『천인관계론』(김갑수 옮김)(서울: 신지서원, 1993).

하버마스, 위르겐, 『공론장의 구조변동』(한승완 옮김)(서울: 나남출판, 2001).

한국갤럽조사연구소, 『한국인의 종교와 종교의식』(서울: 한국갤럽조사연구소, 1984;
1990).

한국갤럽, 『한국인의 종교와 종교의식: 제3차 비교조사』(서울: 한국갤럽, 1998).

한국갤럽, 「2004 한국인의 종교와 종교의식」, Special Release(2005. 6. 8.)

한국공자학회(엮음), 『김경탁 선생의 생성철학』(서울: 한울, 2007).

한국기독교역사학회(엮음), 『한국기독교의 역사』 3권(서울: 한국기독교역사연구소, 2009).

한태수, 『한국정당사』(서울: 신태양사출판국, 1961).

함재봉 · 함재학 · 데이빗 홀(엮음), 『유교민주주의, 왜 & 어떻게』(고양: 전통과현대,
2000).

함재봉, 『탈근대와 유교』(서울: 나남출판, 1998).

허권수, 『연민 이가원 평전』(진주: 도서출판 술이, 2016).

허선도, 「3 · 1운동과 유교계」, 『3 · 1운동 50주년 기념 논집』(서울: 동아일보사, 1969).

허정균, 「아나키스트 백정기」, 『부안 이야기』 2011년 겨울호(2011).

허태용, 「17세기 말~18세기 초 중화계승의식의 형성과 정통론의 강화」, 《진단학보》,
103호(2007).

헤겔, G. W. F., 『법철학』(임석진 옮김)(서울: 지식산업사, 1989).

황태연, 『패치워크 문명의 이론—동아시아 관점의 새로운 문명관』(파주: 청계, 2016).

황 현, 『동학란』(이민수 옮김)(서울: 을유문화사, 1985).

徐玄九,「『大高麗國』建國構想の歷史的意味」,『朝鮮獎學會 學術論文集』27(2009),
　　　99~114쪽.
鄭仁在,「韓國現代新儒學之形成及其展開」,『儒家思想在現代東亞: 韓國與東南亞篇』
　　　(臺北: 中央研究員中國文哲研究所籌備處, 2001).

Alexander, Jeffrey C., *Theoretical Logic in Sociology vol. 1: Positivism,
　　　presuppositions, and current controversies*(Berkeley: University of California
　　　Press, 1982).

Bellah, Robert N. · Richard Madsen · William M. Sullivan · Ann Swidler · Steve M.
　　　Tipton, *Habits of the Heart*(Berkeley: University of California Press, 1996 고침판).

Berger, Peter L, *The Capitalist Revolution*(New York: Basic Books, 1986).

Connerton, Paul, *How Societies Remember*(Cambridge: Cambridge University Press, 1989).

Duncan, John, "The Problematic Modernity of Confucianism: the Question of 'Civil
　　　Society' in Chosŏn Dynasty," Charles K. Armstrong(ed.), *Korean society: civil
　　　society, democracy and the state*(London and New York: Routledge, 2007).

Fukuyama, Francis, "Confucianism and Democracy," *Journal of Democracy*, 6:2(1995).

Habermas, Jürgen, *The Philosophical Discourse of Modernity: Twelve
　　　Lectures*(Cambridge: MIT Press, 1987).

Halbwachs, Maurice, *On Collective Memory*(Chicago: The University of Chicago Press,
　　　1992[1952]).

Hall, David · Roger Ames, *Thinking Through Confucius*(New York: State University of
　　　New York Press, 1987).

Hall, David · Roger Ames, *The Democracy of the Dead: Dewey, Confucius, and
　　　the Hope for Democracy in China*(Chicago, Ill: Open Court Publishing Company,
　　　1999).

Huntington, Samuel P., *The Third Wave: Democratization in the Late Twentieth
　　　Century*(Norman, OK: University of Oklahoma Press, 1993).

Kim, Sunhyuk, "State and Civil Society in South Korea's Democratic Consolidation:
　　　Is the Battle Really over?," *Asian Survey*, 37:12(1997).

Levenson, Joseph R., *Confucian China and its Modern Fate vol. 1~3*(Berkeley:

University of California Press, 1958; 1964; 1965).

Manin, Bernard, *The Principles of Representative Government*(Cambridge: Cambridge
University Press, 1997).

Marx, Karl, "On the Jewish Question," *Early Writings*(T. B. Bottomore 엮음)
(Harmondsworth: Penguin, 1975).

Marx, Karl · Engels, Friedrich, *German Ideology*(Moscow: Progress Publishers, 1976).

McGuire, Meredith B., *Religion: the Social Context*(Belmont: Wadsworth, 1992).

Nuyen, A. T., "Confucianism, the Idea of Min-pen, and Democracy," *Copenhagen
Journal of Asian Studies*, 14(2000).

Parsons, Talcott, *The System of Modern Societies*(Englewood Cliffs, N.J: Prentice-Hall,
1971).

Pye, Lucian W., *The Dynamics of Chinese Politics*(Cambridge, MA: Oelgeschlager, Gunn,
and Hain, 1981).

Stark, R. · C. Y. Glock, "Dimensions of Religious Commitment," Roland Robertson
(엮음), *Sociology of Religion: Selected Readings*(New York: Penguin Education,
1969). abridges from Rodney Stark · C. Y. Glock, *American Piety: The
Nature of Religious Commitment*(Univ. of California Press, 1968).

von der Gablentz, Otto Heinrich, *Einführung in die Politische Wissenschaft*(Köln und
Opladen: Westdeutscher Verlag, 1965).

Walzer, Michael, *The Revolution of the Saints: A Study in the Origins of Radical
Politics*(Cambridge: Harvard University Press, 1965).

Wang, Zhengxu, *Democratization in Confucian East Asia: Citizen Politics in China,
Japan, Singapore, South Korea and Taiwan*(Youngstown: Cambria Press, 2008).

Weber, Max, *The Sociology of Religion*(Ephraim Fischoff 옮김)(Boston: Beacon Press,
1963).

Yang, C. K.(楊慶堃), *Religion in Chinese Society*(Berkeley: University of California Press,
1961).

주석

1장

1 여기까지의 묘사는 '4 · 25 교수단 데모'의 경과를 상세하게 기록한 1960년 4월 26일 자《동아일보》석간판의 리포트를 토대로 작성되었다.

2 교수단 선언문 작성에 관여했던 조윤제(趙潤濟, 1964: 330)의 회고는 다음과 같다. "4 · 19의 의거를 자연 발생적이라 하는 것은 거기에 참다운 민의가 발동하여 있다는 것을 의미하는 것도 된다. 이때의 민의라는 것은 (……) 옛글에 민심이 즉 천심이라는 그 민심을 말하는 것이 되겠다. 그리고 그 민의는 천심의 발현이고 보니 누구의 힘으로도 그를 꺾을 수는 없는 것이다."

3 이 두 가지 비판 방식 외에 더 근원적인 수준의 비판, 곧 '근대라는 기준의 보편성에 내재한 폭력성'(오향녕, 2010)을 들어 그러한 담론 구조 자체를 거부하는 논의도 가능하다. 다만 그러한 인문학적 비판 담론이 엄밀한 사회과학의 현실 분석을 대체할 수는 없다.

4 이런 관계가 낯설지 않는 것이, 전통적인 지식 집단이 대체로 그러했기 때문이다. 조선시대, 출사하면 관원이고[在朝] 물러나면 선비[在野]였다. 선비 가운데 학문이 탁월한 자[山林]는 재야 · 재조의 구분 없이 정치를 주도하기도 했다. 산림은 물론 초야의 선비도 열린 언로(言路)를 따라 의견을 제시했다. 선비들의 세계에서 중요한 것은 직업적 구분이 아니라 사람됨과 믿음 그리고 학식의 수준이었다.

5 '민심천심론'은 앞서 조윤제(1964)의 회고뿐만 아니라 수많은 회고에 등장했다. 흥미로운 것은 이 민심천심론이 근대를 넘어 탈근대로 넘어선 21세기까지도 정치권과 일상의 화법에 남아 있다는 점이다. 이는 담론의 탈구조적 속성으로 볼 수 있는데, 담론이 그 탄생 배경을 제공한 물질적 조건이 소멸하고 나서도 오랫동안 살아남아 영향을 미칠 수 있다는 뜻이다.

6 여담이지만, 그다음 날 이 대통령이 경무대에서 사저 이화장으로 걸어서 가겠

다는 뜻을 밝히자 국회가 동요하고 야당 의원조차 '노인을 겁게 둘 수는 없다'
며 경무대로 뛰어가 만류하는 소동이 벌어지기도 했다. 이틀 후인 4월 28일, 이
화장행 이사 차량이 지나갈 때 연도의 시민들이 '이 대통령 만세'를 부르는 모
습에서, 4·19 혁명을 이해하기 위해서는 전통적 가치에 대한 선 이해가 필수
적임을 알 수 있다.

7 구한말에서 일제하에 이르는 유교계의 민족운동과 혁신 시도에 대해서는 허
선도(1969), 남부희(1994), 유준기(1994), 금장태(1999), 김희곤(2001), 오영섭(1999;
2007) 등의 연구서에서 더 정확한 정보를 얻을 수 있다.

2장

1 자로가 정치에서 가장 먼저 할 것을 질문했을 때 공자는 "반드시 명을 바로잡
겠다(必也正名乎)"(『논어』, 「자로」)고 했고, 계강자가 정치에 대해 물었을 때 공자는
"정치란 바로잡는 것이다(政者正也)"(『논어』, 「안연」)라고 답했다. 유교의 이런 정
치 관념은 맹자의 폭군방벌론처럼 급진성 성격으로 전개될 수도 있지만, 대개
는 사회 질서를 과거의 틀에 맞춰 해석하거나 정당화하는 보수적 현실 정치론
이 되기도 했다.

2 마루야마 마사오(1995)가 '정치의 발견'을 일본사상사에서 근대의 계기로 강조
한 이유도 유교가 갖는 규범적 종교성의 제약에 대한 비판적 인식에 있었다.

3 집합행위 그리고 의례에서의 열광은 집합의식상의 변화를 이끌어내는 데 유리
하다. 전통적 문명론에 갇혀 있던 사람들 하나하나의 의식을 한두 편의 글이나
몇 차례의 토론으로 바꿀 수는 없다. 그런데 3·1 운동 초기의 열광을 통해서
유교인들의 의식은 순식간에 변모해서 파리장서운동을 조직화하고 지역 단위
만세 시위의 참여를 이끌어냈던 것이다.

4 해방 이후 민주 국가 성립 과정에서 옛 대한제국의 유교적 상징과 의례가 거의
대부분 채택되었던 사정을 감안하면,(조현범, 2000) 유교적 사유와 언어의 영향
력에는 제도적 성격도 담겨 있다고 볼 수 있다.

5 "君子矜而不爭 群而不黨."(『논어』, 「위령공」 21)

6 개화론적 시각으로 근대 서구사상을 체계적으로 소개한 첫 저작인 유길준의
『서유견문』(1895)에서 이런 변용의 초기 사례를 짐작할 수 있다. 유길준은 국가
(3장)와 정부(5장)를 구별하여 사용하는데, 국가는 대내외적 주권의 소재이자 능

력으로 상정하고 정부는 오늘날의 정체(군주정, 귀족정, 민주정) 개념으로 사용했다.

7 사실 이러한 용법은 민주화 이행 단계 이후에는 사라져야 했음에도 불구하고, 1987년 이후 옛 재야 인사들과 학생운동권 출신 청년들이 정치권에 진입하게 될 때도 편의적으로 적용되었다. 왕조시대 '출사(出仕)'하여 개혁정치를 이끌어 간 정도전, 조광조, 이이 등의 인물들을 근거로, 이들은 자신들이 '재조(在朝)'에 위치하게 된 것을 정당화하려 했다. 대통령(또는 후보)급 정치인들이 성왕으로서 세종이나 개혁군주로서의 정조 임금을 모델로 삼았던 것도 사실상 같은 맥락의 사태로 이해할 수 있다.

8 이는 1987년 민주화 이행 이후에 기독교 사회운동의 정체와 운동권의 약화라는 사실을 통해 간접적으로 입증 가능하다. 예컨대 1970년대부터 1980년대 초반까지 민주화 담론을 주도적으로 전개했던 한국기독학생회총연맹(KSCF) 계열의 운동(차성환, 2005)이 1987년 이후 급격히 정체되었다는 것은 기독교와 한국 정치 운동의 관계에 대한 재성찰을 요구하는 증례이다.

9 기독교 중심의 종교관이 지배했던 중세와 근대까지도 유교의 종교성에 대한 의문은 거의 없었다. 가톨릭 교회의 수뇌부(이른바 교황청)는 유교인을 '이교도(異敎徒)'로 인식했는데, 이는 중국에 파견된 신부들이 중국인의 제사 의례를 두고 벌인 논란을 통해 알 수 있다. 20세기에도 베버, 야스퍼스 등은 유교 전통을 각각 비교사회학과 문명사의 관점에서 객관적 범주로 다룬 바 있다.

10 스타크와 글록은 해당 글 이전에 이 다섯 항목을 제시했었는데, 여러 학자들의 지지와 비판을 종합하여 해당 글에서는 검증하기 쉽지 않은 다섯 번째 범주('효력', consequences)를 제외하고도 종교성의 차원을 제시할 수 있다고 밝혔다. 한편 종교사회학자들마다 종교의 구성 요소에 대해서는 조금씩 차이가 있는데, 대체로 '믿음의 체계', '의례', '공동체' 등이 필수 요소로 제시된다.

11 계시종교는 이와 다르다. 신의 계시는 절대적이다. 계시는 그 종교가 터한 세속 세계의 안온한 일상에 균열을 일으키고 나아가 수행자를 세계 자체와 대립하게 강제한다. 따라서 베버의 이론에 따르면, 계시종교는 사회 통합보다는 '변동'을 불러일으킨다. 기독교의 구약 경전에 등장하여 유대인의 회개를 촉구하는 예언자들의 울부짖음에서 착안하여, 종교가 세속의 변화를 이끌어내는 특성을 '예언자'적 성격이라고 부른다. 어찌됐든, 세속 세계에서 신의 명령을 수

행해야 한다는 강한 의무감은 수행자의 내면에 긴장을 불러일으키고, 이들은 세속 사회의 기존 관습을 넘어서고 그것을 돌파해 나갈 힘을 얻게 된다.(신약 경전 단계에 이르면, 심지어 제도종교로서의 유대교의 관습조차 부정할 정도에 이른다.)

그런데 베버의 이런 구분은 일종의 이념형(ideal-type)일 뿐, 실제 모든 종교를 관찰해서 얻은 경험적 결론은 아니다. 대체로 종교는 범례적 성격과 계시적 성격을 모두 갖고 있다. 대체로 한 종교의 성립기와 위기 시에는 카리스마적 예언자가 필수적이지만, 그 종교가 제도화의 길을 걷게 되면 그 시스템을 안정적으로 운영할 사제와 조직도 필요하다. 계시종교로서의 기독교 역시 로마에 의해 박해를 당하던 초대 교회와 16~17세기 개혁(Reformation) 단계의 급진적 노선(이른바 '성자들의 혁명')을 제외하면 대체로 세속 사회의 질서와 갈등 없는 관계를 유지했다. 계시종교의 제도 교회화는 불가피한 과정이다. 제도화 없는 종교는 세속사회의 존립을 위험에 빠뜨려, 결국 종교 존속의 사회적 토대를 붕괴시킬 수밖에 없다. 보수화한 제도 교회는 출몰하는 신흥 종파(sect)에 의해 정당성의 도전에 처하게 되는데, 이 과정이 제도 교회의 붕괴를 낳는 것은 아니다. 기성 교회가 신흥 세력의 문제 제기를 부분 수용하면서 새로운 활력을 얻게 되기 때문이다. 다만 이 활력은 교회 내부에 국한되는 것일 뿐, 사회 변동을 이끌어내는 것은 아니다. 본질적으로 교회와 종파 사회의 갈등은 종교 내부에 한정된 것으로, 사회 자체와 갈등하는 것이 아니기 때문이다. 거꾸로, 사회적 갈등이 폭발하는 시점에서 그것이 교회내의 교리 해석이나 운영과 관련되면서 교단의 개혁을 이끌어내는 것이 일반적이다.

12 토크빌이 내린 습속 정의에 따르면, '마음의 습관'은 습속의 하위 범주로서 현대 사회과학의 문화 분석 분야에서 핵심적인 개념이다. 토크빌은 평생 동안 파스칼에 대해 연구했다. 이를 감안했을 때, 마음(heart)은 데카르트의 이성(reason)과의 대척점에서 인간의 근원 수준의 지식 형성의 일상적인 가능성을 강조하기 위해 사용된 용어로 볼 수 있다. 이런 뜻에서 마음은 단순히 감정 상태를 말하는 것이 아니다. 성서의 용례를 감안할 때 당시 마음이란 지성, 의지, 의향 등의 의미를 포괄하는 폭넓은 개념이다. 따라서 '마음의 습관'은 얼마 전 타계한 로버트 벨라의 언급대로 「로마서」 2장 15절의 '마음에 새겨진 율법'의 의미로 해석하는 것이 타당하다.(Bellah 외, 1996: 312) 이 해석을 따른다면 '마음의 습관'은 사실상 습속과 같은 개념으로 볼 수 있고, 굳이 구분하자면 습속의 형이상학적

인 차원을 대표한다고 볼 수 있다.

13 이 책의 10장에서 제시할 2004년 한국갤럽 조사에서 드러난 한국 사회 구성원들의 유교적 성향의 극적인 감소가 이를 뒷받침한다.

14 영국 왕실이 정치에서 영향력을 상실하면서부터 거꾸로 왕실의례 전통에 대한 대중의 관심이 높아진 것도 비슷한 경우라고 하겠다.(케너다인, 2004)

15 현재 각종 문화센터, 지역 도서관, 문화관련 시민단체, 민간 교양교육 기관 등에서 일반인을 대상으로 하는 유교 관련 교양강좌가 개설되어 유교 경전에 대한 강독이 행해지고 있다. 이 강좌 참가자 가운데 유교인은 거의 없다. 한편 지역 향교에서는 유교 경전 교육과 함께 예의범절에 대한 교육이 진행되고 있다.

16 독일에서 교양종교는 합리적 근대에 대한 대안으로서 성격을 가졌는데, 이는 민족주의와 맑스주의의 경우와 비슷하다. 하지만 두 이념이 정치종교로서 해방을 운위했던 것과는 달리, 교양종교는 지성적 구원론의 성격을 가졌다는 점에서 차이가 있다.(Von der Gablentz, 1965: 75)

17 가다머(Hans-Georg Gadamer)에 따르면, 일찍이 중세 신비주의에 연원하는 이 교양 개념은 헤르더에 의해 '인간성으로의 고차적 형성'이라는 규정을 얻었고, 클롭슈토크의 「메시아」를 통해서 종교적으로 영화(靈化)되어 19세기를 지배했다고 한다.(가다머, 2000: 42) 한편 「수업 시대」의 속편인 「빌헬름 마이스터의 편력 시대」는 근대적 전문화와 노동의 승리 앞에서 체념하는 인간, 곧 교양의 암울한 미래를 예고하고 있다.(「편력 시대」에 대한 평가로는 김덕영(2012: 698~708)을 볼 것) 베버는 '교양으로서의 유교'의 존재 양식을 이미 잘 알고 있었다. 베버는 유교가 문사(文士, Literaten) 계층의 종교로서, 중국 사회의 관료 충원이 유럽보다 빨리 재산이나 문벌이 아닌 교양에 기초해 있었기에 성립할 수 있었다고 분석했다. 베버가 유교에서 군자의 이상을 "개인은 자신을 모든 면에 걸쳐 조화 있게 균형을 이룬 인격으로 형성하는 것"(베버, 1990: 325)으로 지적했을 때 이는 바로 헤르더 이래의 교양 개념과 일치하는 것으로, "무교양이라는 야만 상태로부터의 구제"(326)야말로 유교인의 삶의 목적을 이룬다. 물론 베버는 문사 계층의 교양에서 19세기 독일의 교양종교와는 다른 측면이 있다는 것을 바로 알아차렸는데, 서양의 경우 르네상스 이후의 교양(교육 이상)이 귀족적 사교교양(Salonbildung)의 성격이 강해서 문헌과 전적을 고수하는 지식인과 대립했던 데 반해, 과거제가 실시된 당(唐) 이후 중국에서 교양은 관직과 봉록을 위한 도구

로서 문헌 지식을 강조하는 것으로 국한되기 시작했다고 지적했다.(181~193) 베
버가 유교를 현세 적응의 종교로 이해한 것은 당시 지리멸렬했던 중국의 상태
에 대한 결과론적 해석일 수밖에 없지만, 또한 19세기에 절정을 이뤘던 교양종
교의 이상이 이미 사라져 버린 독일의 상태에 대한 자신의 비관이 반영된 것으
로 볼 수도 있다.

18 교양으로서의 유교는 루크만(Thomas Luckmann)의 '보이지 않는 종교' 개념에 근
사하다. 루크만의 종교관에 대해서는 이원규(1987: 209~211)를 볼 것.

3장

1 1990년대 초 평양에서 낙랑군의 유적으로 추정되는 무덤에서 온전한 형태로 출
토된 『논어』 죽간은 그 제작연대가 기원전 45년인데,(이성시 외, 2009: 132) 이것이
국내에 현전하는 최고(最古)의 유교 문물이다.

2 조선 이전의 한국 유교 제도사에 대한 자세한 내용은 성균관대학교에서 펴낸
『성균관대학교육백년사─천』(1998)을 볼 것.

3 현재 우리 학계에서 실학파의 존재와 개념에 대해 비판적으로 접근하는 경향
이 있다. 그것이 일제강점기 일본의 식민사관의 핵심인 조선사의 정체성(停滯
性) 주장에 맞서기 위해 과도하게 조선의 주체적 발전 노력을 강조하려는 목적
으로 '구성된' 개념이고, 이러한 논리 틀이 일본사상사의 근대성을 설명하는 개
념인 '고쿠가쿠(國學)'에 상응한다는 것이다. 식민지 시기 '담론으로서 실학'에
그런 성격이 있을 수도 있지만, 그렇다고 해서 조선 후기 개혁적 학풍의 등장이
라는 사실을 부정할 수는 없다. 더구나 식민지 시기의 실학 담론이 일제와의 대
결을 위한 민족의식을 고취한 긍정성 역시 무시할 수 없다.

4 『맹자요의』(권1)에서 정약용은 주희의 성즉리(性卽理)론을 비판하고 대신 인간의
본성이 '좋아하는 것을 따르고 싫어하는 것을 멀리 하는 것'으로 보는 성기호(性
嗜好)설을 제시했다.(정일균, 2000: 161~163) 이러한 근대적 인간 이해는 자연스럽
게 근대적 사회관으로 이어지게 된다. 이 관점을 극단화하면, 정약용의 생각은
인간을 더 이상 형이상학적 관념으로 지배하지 말고 거꾸로 인간의 현실적 본
성에 맞춰 국가·사회 제도를 재설계하자는 함의를 생산한다.

5 아관파천 직후 개화파 대신들이 민중에 의해 척살된 데에서 민심을 알 수 있다.
한편 역사는 관습의 변화가 얼마나 어려운지에 대한 많은 사례를 갖고 있다. 몽

테스키외(1988[1748])는 『법의 정신』 19편 14장에서 "습속을 바꾸려 할 때는 폭력을 수반하는 법에 의해서가 아니라 다른 습속과 생활양식에 의해 바꾸는 편이 낫다"고 설명하면서, 그 예로 피오트르 대제의 관습 개혁 실패를 들고 있다. 피오트르 대제가 서유럽의 습속을 러시아에 심기 위해 러시아인의 수염과 긴 옷을 자르는 법을 시행한 것은 결국 폭정일 뿐이고 실패할 수밖에 없었다.

6   이 상소문은 『승정원일기(承政院日記)』(고종 18년 12월 22일)에 실려 있고, 신용하·이광린(1984: 90)에서 다시 따왔다.

7   〈건백서〉 제6조의 핵심은 주자의 격물치지(格物致知)론이 곧 구미(歐美)의 학문과 같다는 것을 변증하는 데 있다. 제6조의 후반부에는 박영효의 종교관이 제시되었는데, 그 대전제는 '한 나라의 국운은 종교에 달려 있다'는 것으로서, 조선의 국운이 융성해지려면 유교를 부흥시켜야 한다는 주장으로 이어진다. 박영효는 '종교의 자유' 원칙에 따라 개인의 신교의 자유를 보장하고 국가가 그 문제에 개입하지 않아야 한다는 근대적 원리도 언급해 두었는데, 교회 건축은 불허해야 한다고 따로 언급했다.

8   적어도 사상 수준만 보자면, 박영효의 개혁관은 조선 후기 실학사상의 한계를 돌파했다는 박충석(1982: 221~227)의 평가도 이를 뒷받침한다.

9   〈건백서〉에도 이와 같은 맥락의 글이 있다. "이웃에 한 나라가 있어서 (……) 그들은 이미 개명의 도를 취하여 문화와 기예를 닦고 무장을 갖추어, 다른 부강한 국가들과 거의 어깨를 나란히 하게 되었습니다."(박영효, 1990[1888]: 252)

10 맹자가 '1척을 구부려 10척을 바로 펴겠다(枉尺直尋)'는 논리를 비판한 것(『맹자』, 「滕文公 下」, 1)이 그 까닭에 있다.

11 1909년 12월 3일 일진회 대회를 마치고 이용구가 순종 황제에게 한일합방론을 주청한 상소문의 일부이다. 독립협회 후기 참가자였던 정교(鄭喬)는 일진회를 비판하기 위해 『대한계년사』에 원문을 수록했고, 필자는 그 번역문(정교, 2004: 71~72)을 인용했다.

12 당시 보수적 유교인들의 독립협회에 대한 태도는 일관되게 비판적이었는데, 이는 상소문 연구를 통해서 입증된다.(윤대식, 2016) 다만, 이 책의 관심은 독립협회운동의 일부 유교인 참여자와 관찰자의 변화에 미친 '영향'에 있다.

13 이들의 사상 변화는 여러 방식으로 다른 청년 유림들에게도 전파되었다. 경북 안동에서 혁신 유림의 출발을 알린 동산 류인식은 성균관 유학 시절인 1903년

무렵 신채호와 며칠을 토론한 다음 마침내 척사론을 버리고 유교 혁신 사상을 수용했다.(박걸순, 2009: 54)

14 이 점에서 성리학은 칸트의 윤리학과 닮은 점도 있지만 또한 구별되기도 한다. 칸트의 도덕적 개인주의의 경우 개인의 윤리가 공공선을 보장할 수 없다. 반면에, 유교의 윤리는 추상 도덕에 대한 탐구 대신 사회 관계의 윤리인 인륜에 초점을 맞추는 까닭에 수신의 원리인 개인 도덕과 사회 · 정치의 원리인 공동체의 질서가 분리되지 않는다. 이러한 미분리성은 공동체에 위기가 닥쳤을 때 전체주의적 반응으로 나타날 수도 있고 때로는 공동체에 대한 개인의 책임성을 강화시켜 저항 운동을 낳을 수도 있다.

15 최근 한국사학계에서는 '소중화' 대신 조선의 주체성을 강조하는 맥락에서 '조선중화' 또는 '중화계승' 개념을 사용하는 추세이다.(정옥자, 1998; 허태용, 2007) 하지만 소중화든 조선중화든 기본적으로 조선을 중화의 계승자로 생각한다는 점에서는 차이가 없고, 나아가 이항로와 류인석이 '소중화'로 사용했으므로, '소중화' 표현을 그대로 사용한다.

16 최익현은 그러한 믿음을 기초로 유교인의 저항을 다음과 같이 촉구했다. "만일 이 나라의 신민마저도 금수의 세력에 흡수되어 빛이라곤 없는 암흑의 상태[純坤無陽]가 된다면, 이를 군자가 이를 어찌 참겠는가?"(『면암집』, 3권 38항)

17 『주역』의 순환론은 근대 중국인들이 일본에 맞서 싸울 때에도 심리상의 무기가 되었다.(펑여우란, 1989)

18 황현은 『동비기략 초고(東匪紀略 草藁)』에서 농민군을 '동비(東匪)'로 표현했다. 다만 같은 표현을 쓰는 최익현은 일본군 타도를 위해 동학군의 2차 거병을 위해 애썼다.(오영섭, 1999: 305~307)

19 화서학파 바깥에서 이러한 흐름은 더욱 발전했는데, 특히 한주(寒洲) 이진상(李震相)의 학통을 이은 곽종석, 이승희 등의 경우에서 그 완성된 형태를 발견할 수 있다.(김도형, 2000: 31)

20 중국의 침략에 맞선 고대의 영웅들의 주체적 행적을 묘사하면서도 그것을 합리화하는 논리를 역시 유교적 규범에서 찾아 제시했다. 예를 들어, 박은식은 연개소문을 역적으로 폄훼했던 김부식 이래 유교적 서사에서 벗어나 그의 주체적 민족관을 재발견했는데, 연개소문의 국왕 시해를 비판할 때의 근거는 여전히 유교적이었다.(유영옥, 2009) 단군을 국조로 서술하면서 동시에 기자를 숭앙

하는 방식도 그와 같은 맥락이다.

21 그의 생애와 사상에 대해서는 박은식(1980), 신용하(1982), 김기승(1987) 등을 볼 것.

22 『학규신론』은 1900년에 저술되어 1904년 11월에 간행되었다. 이기(李沂)와 김택영(金澤榮)의 서문이 포함되어 당시 유교계의 개혁 분위기를 알 수 있다.

23 가상의 대화에 금 태조의 말을 통해 다음과 같이 비판된다. "朝鮮人民의 精神이 自國歷史는 無하고 他國歷史만 有하니 是는 自國을 愛치 않고 他國을 愛함이라."(「몽배금태조」, 『박은식 전서』 중권: 224)

24 해당 부분 원문은 다음과 같다. "夫子之道 大中至正, 若世運愈明人智愈開, 則彼以禍福 誘脅大衆者 將退聽一邊, 而吾夫子之道 大伸於世界."

25 "天下之人이 同歸于仁하야 太平의 福樂을 共享할지니 이는 大同敎의 宗旨로소이다."(『박은식 전서』 하권: 60) 원저 사항:「공부자탄신 기념회 강연」,《서북학회월보》1권 17호(1909). 자연과 인간의 감통 그리고 인간 사이의 차별이 없는 사회를 만들어 나가겠다는 박은식의 생각은 유교가 근대를 넘어 탈근대 사회에서도 여전히 의미를 갖는 종교라는 점을 착안케 한다.

26 "國體는 雖亡이나 國魂이 不滅하면 復活이 가능한데 지금 國魂인 國史冊마저 焚滅하니 痛嘆不已라."(「年譜」, 『박은식 전서』 하권: 299) 1910년 합방을 당하여 일본이 모든 국사책을 압수할 때 통탄하여 말했다고 한다.

27 실제로 『우주문답』은 신해혁명 이후 실권을 장악하고 있던 위안스카이(袁世凱)에게 향후 중국을 공화정 대신 왕정으로 이끌어 가도록 권려하려는 목적으로 저술되었다는 평가도 있다.(오영섭, 2004ㄴ: 90~92)

28 『우주문답』 저술 직전인 1911년에 쓴 「서고동반사우(書告同伴士友)」에 그런 인식이 잘 드러난다. 류인석은 제갈공명, 주자, 송시열을 언급하며 전통적인 대의의 관념을 중시하면서도, 백성의 평안한 삶이라는 우 임금의 의를 덧붙이고 나아가 현재의 의는 이 모두를 겸한다고 하여 춘추대의론의 규범주의적 성격에서 벗어나고 있다. 국망과 도망(道亡)의 이중 위기에서 망명객으로서 류인석은 사세의 변화를 수용할 수밖에 없었던 것이다.(『의암집』 4권: 434) 『의암집』 4권에서의 인용은 의암학회 간행본(2008)에 따랐고, 필자가 일부 내용을 수정했음.

29 "앞으로는 서로 반드시 상대방의 이익을 내 이익으로 여기고, 상대방을 얻음을 내가 얻은 것 같이 해야 한다. 상대방이 잘 되는 것은 내가 잘 되는 것으로 여기

며, 상대방이 강해지는 것은 내가 강해지는 것으로 알아서 전날과 같이 서로 해치는 일이 없어야 한다. 또 서로 서먹하게 생각하지 말고 친밀해져서 이해득실과 성쇠강약을 같이 해야 한다. 이와 같이 하면 마침내 이롭게 될 것이며, 강성해져서 모두 잘 될 것이다."(『우주문답』: 53)

30 "단군께서는 천지에 있는 원기(元氣)의 조화로 이 산에 강생(降生)하시어 드디어 천하의 동쪽에 나라를 열었으니 진실로 요(堯)와 나란히 서신 것입니다. (……) 오직 단군께서는 동방의 벽두에서 좋은 운세를 타고 교화를 연 신성(神聖)으로 만세의 소중화의 기틀을 세웠습니다. 이로 말미암아 은사(殷師)(곧 기자)의 성스러움과 같았고 구주(九疇)의 법을 밝히며 팔조(八條)의 가르침을 설치하여, 신라와 고려를 거쳐 조선에 이르기까지 열성(列聖)이 일어나고 여러 현인이 나오니, 치교가 밝아지고 예의가 갖추어지게 되었습니다."(『소의신편』: 453~454)

4장

1 독립의군부 참여자에 대한 일제의 분석은 『국역 고등경찰요사』(류시종·박병원·김희곤 역주), 335~337쪽을 볼 것. 그 밖에 독립의군부의 성격과 활동에 대한 상세 정보는 신규수(1999), 이성우(2014)를 볼 것.

2 그 밖에 파리장서에 서명했던 대한독립의군부 참여 인사로 서산 김흥락 학맥의 김동진(金東鎭, 경북 영주)이 있다.

3 이 소절의 중요 내용은 유교계 독립운동에 대한 선구적인 연구인 허선도(1969)와 남부희(1994)를 참조했다.

4 남부희에 따르면, 3·1 운동에 참여한 유교인은 '농업', '서당'을 직업으로 표기한 경우가 대부분이었다. 시기상으로는, 3·1 운동의 초기에는 '서당' 출신들이 주도했고, 중기 이후로 갈수록 '농업' 표기 인물들이 가세한 것으로 분석되었다.

5 경북 영주의 3·1 운동에는 평민층 유교인의 참여가 활발했고, 지역 유림은 사실상 같은 시기에 진행된 파리장서운동에 동참했다가 고초를 겪었다. 서명자 가운데 김동진은 독립의군부 출신으로 소수서원 원장을 지낸 지역 최고 유림이었다고 한다.(최영철, 2003)

6 상소에 서명한 유림은 총 15명(高石鎭, 高舜鎭, 高禮鎭, 高濟萬, 金陽洙, 金智貞, 朴殷容, 朴埈, 白觀亨, 宋柱憲, 柳潚根, 李來修, 李源七, 鄭在鎬, 曺在學)이었다.(국가보훈처, 2002: 56~57) 한편 3월 2일 밤에 김창숙과 회동한 류준근은 파리장서 계획에 동

참하여 계화도에 은거하며 강학중인 간재 전우의 참여를 끌어내고자 했으나 실패했다. 해방 후 김창숙과 간재학파 문인들의 갈등 과정에서 당시 류준근이 전우를 만났는지의 여부가 쟁점이 되기도 했다.(이영호, 2015)

7 그날 밤 김창숙의 심경은 다음과 같았다. "우리나라는 유교의 나라였다. 실로 나라가 망한 원인을 따져 보면 이 유교가 먼저 망하자 나라도 따라서 망한 것이다. 지금 광복 운동을 선도하는 데에 3교의 대표가 주동을 하고 소위 유교는 한 사람도 참여하지 않았으니 세상에서 유교를 꾸짖어 '오활한 선비, 썩은 선비와는 더불어 일할 수 없다' 할 것이다. 우리들이 이런 나쁜 이름을 뒤집어썼으니 이보다 더 부끄러운 일이 있겠는가."(『국역 심산유고』, 「벽옹칠십삼년회상기—상편」) 이 소절의 서술은 대체로 『국역 심산유고』에 따랐다.

8 이에 대해 간재학파의 문인들은 김창숙의 증언을 인정하지 않고 있다.(이영호, 2015)

9 파리장서운동과 관련하여 한 가지 덧붙일 사실이 있다. 김창숙과는 다른 길로 파리장서를 전달하려 했던 조직이 있었는데, 앞서 언급했던 대구의 조선국권회복단이다. 조선국권회복단은 별도로 조긍섭이 초안한 독립진정서를 작성했다가 장석영을 통해 곽종석이 작성한 영남본 장서를 얻고 나서, 김응섭이 그 영역본을 마련하여 상해로 가져갔다. 이때 비용을 댄 이는 서상일이다.(동암서상일선생기념사업회, 2004: 47. 원문은 《부산일보》, 1996년 8월 2일, 9일, 16일) 그런데 김응섭의 영역본과 별도로 김창숙이 자신이 휴대해 온 장서를 따로 번역시켜서 이를 파리강화회의에 보냈기 때문에(남부희, 1994), 조선국권회복단의 시도는 성과를 거두지 못했다. 훗날 김창숙과 김응섭은 해방 정국 유교계의 건국운동에서 각각 민족주의와 사회주의 진영의 대표가 되어 대립하게 된다. 반면에, 김창숙과 서상일은 1950년대 중반 이후 야권 통합과 혁신 계열의 정치운동의 동지가 되었다. 재야의 반(反)이승만 투쟁을 함께 했던 이들은 모두 1962년 세상을 떠났다.

10 파리장서 문안 변동의 시말에는 여러 이설들이 있다. 이 책은 남부희(1994)의 혁신적인 주장과 이를 체계화시킨 임경석(2000)의 견해를 따랐다.

11 김복한은 나중에 파리장서를 보고 장서에서 서구 제국을 높여 부른 것에 대해 아쉬움을 표현했다. 전우 문인의 파리장서 서명 불참은 양이와의 연합에 대한 거부감 때문이었다. 이를 통해 당시 유림의 다수가 여전히 화이론을 고수하고

있었다는 것을 알 수 있다.

12 남부희(1994: 222~223)의 옮김을 따왔다. 원문은 다음과 같다. "天之生物也 必有
是物之能力 小而鱗介昆蟲 皆有以自由活動 人之自爲人國之自爲國 固亦有自人
自國之治理能力 吾韓雖小 環三千里 二千萬人 歷四千年來 其能足當吾韓事者
自不乏人 初何待隣國之代治哉 千里不同風 百里不同俗 彼謂吾韓之不能獨立 而
欲以彼國之治理加諸吾韓之風俗 則風俗之猝不可變 而所謂治理者 適足爲成亂
之階 此其猝二不可行 明矣理之不可行 而韓民之自爲韓民 不惟其疆域風土之已
定 抑亦所得於天性者."

13 『담원 정인보 전집』 1권의 「연보」와 『담원문록』 번역본(2006) 하권에 정양완이 작
성한 세밀한 「연보」를 볼 것. 전집은 아래에서 『담원 전집』으로 줄여 쓴다. 한편
민영규(1994)에 실린 두 편의 글(「위당 정인보 선생의 행장에 나타난 몇 가지 문제: 실
학원시」, 「강화학 최후의 광경」)은 정인보의 삶과 사상을 이해하는 데 출발점이 된
다.

14 '선험적 전제', '이데올로기', '모델' 차원의 상호 불일치를 통해 여러 사회 이론
을 분석한 최초의 시도로 Alexander(1982)를 볼 것. 한편 박은식은 1910년대 이
후 사회진화론을 포기하고 대신 국가 간의 평등과 평화를 지향했다.(김도형,
2001)

15 정인보는 주체의 양심과 도덕을 무시하는 당시 사회주의자들이 "선악이 어디
있느냐, 환경이 있을 뿐이다"라고 생각한다며 비판했다.(『담원 전집』 2권: 282) 원
문은 "역사적 膏盲과 吾人의 一大事."(《청년》, 1928년 9~10월호)

16 정인보 사상에서 '의'의 의미 변화를 알 수 있는 것으로는 우당 이회영의 난초
그림에 부친 정인보의 시(「題友堂李公畫蘭」(1949, 『담원 전집』 5권, 144쪽)를 들 수 있
다. 여기서 정인보는 "不容已處義兼仁", 곧 '식민지 상황과 같은 어쩔 수 없는
상황에서는 의가 인을 겸한다'고 하여, 이회영의 투쟁을 유교 윤리의 승화로 해
석했다.

17 베버는 신정론을 "운명과 공적 사이의 모순이 생기는 까닭에 대해 종교가 해답
을 주는 방식"으로 정의하면서, 이를 통해 특히 신분집단의 행위 속에서 각 종
교의 실천 윤리가 지니는 특징을 발견할 수 있다고 보았다. 특정 계층의 생활
태도가 특정 종교 윤리에 주도 역할을 하기 때문이다.(Weber, 1963: 138~150)

18 종교의 신정론은 초월적 원리에 기반하여 세속 인간에게 윤리적 실천을 요

구한다는 점에서 여타의 이데올로기와는 구별되어야 한다. 특히 피지배 계급은 현실과 절대 원리 사이의 '긴장'을 인식하여 사회 변혁을 시도하기도 하는데, 이때 신정론은 사회 변혁에 필요한 고양된 윤리 원칙을 제공할 수도 있다.(McGuire, 1992: 45)

19 잘 알려진 것으로 문일평(1939: 598)의 증언을 볼 것. 한편 정인보가 복벽주의를 극복하지 못했다는 근거로 그가 1926년 순종 황제의 죽음 이후 쓴 일련의 글(「大行哀辭」,「山陵問題」,「梓宮마저 가시다」)을 들고 있는 논문이 있는데,(이완재, 1993) 정인보의 해당 글은 1919년 3·1 운동이 고종 황제의 죽음에 의해 촉발된 민족 감정의 승화였다는 데에서 착안하여 1926년에 이를 재생시키려 했던 고하 송진우의 부탁에 의해 작성되었다는 것(김학준, 1990: 200)을 감안해야 한다.

20 "立敎의 宗旨가 이미 上古에 始하고 科條의 分列이 또한 民紀를 이루어 언제나 그 法이 人間을 基臺로 하고 있고, 佛家의 淨土나 道敎의 紫府 같은 人外의 歆羨이 없었으며, 그러하되 그 淵源을 天緖에 溯하므로 天人合一의 굳은 信念을 가져 日用의 常行에 族類에 대한 自效念을 놓지 못하는 同時에 方寸 사이에 宇宙가 連하여지는 眞理가 固然함을 自恃하던 것도 또한 그때 그네의 心期다." (『담원 전집』 4권: 184) 굵은 글씨는 정인보의 강조.

21 모종삼(1985: 89)은 주체와 하늘이 하나로 통할 수 있다는 것이야말로 동양 문화의 가장 특수한 성격임을 강조하고 있다. 박충석(1995)은 이러한 천인합일 관념이 유교 정치에서 도덕국가의 실현을 강조한 것과 이어진다고 보았다.

22 정인보의 예술비평에 해당하는 「이인침룡도기(異人鍼龍圖記)」(『담원 전집』 5권: 165)에 그러한 비유가 나온다. '이인침룡도'는 18세기의 평민 출신 화가 최북(崔北)의 그림인데, 정인보는 용에게 침을 놓아 고름을 짜내는 그림의 내용에서 당시 신분 사회의 높은 벽에 부딪혀 불우한 삶을 보낸 최북의 사회 비판의식을 읽어내고 있다. 이에 대해서는 정양완(2000: 236~238)을 볼 것.

5장

1 이는 구한말 의병전쟁 참여자 가운데 몇 안 되는 생존자로서 충북 보은의 관선정(觀善亭)에서 유교의 맥을 이을 제자를 양성하던 홍치유(洪致裕)[호는 겸산(兼山), 1879~1946]가 해방 이후 지은 「永言」의 한 구절이다. 경북 봉화 출신의 홍치유는 이강년 의병부대에 좌종사부(座從事部)로 병참지원에 참여했던(독립운동

사편찬위원회, 1971: 303) 명문가 출신의 유학자였는데, 전남 보성 출신의 선정훈(宣政薰)이 유교 부흥의 뜻으로 충북 보은에 설립한 관선정에서 가르치면서 임창순을 비롯한 200여 명의 제자를 양성했다.(『겸산집』, 부록: 555) 그의 문집인 『겸산집』을 보면, 존왕양이에 기초한 화서학파의 논리에 원형적 민족의식이 체계적으로 융합되어 있음을 알 수 있다. 그가 보은으로 이거하기 전에, 혁신 유림인 동산 류인식과 교유하면서 『대동사』 교정을 부탁받은 것(박걸순, 2000: 66)에서 그의 명망과 지향을 확인할 수 있다. 한편 『겸산집』에 수록된 류인식에게 보낸 편지에서 둘의 차이를 엿볼 수 있는데, 양명학과 신학문을 비판하고 성리학 정통론을 주장하는 것으로 보아 철저한 도덕론을 수호하고 있다는 것을 알 수 있다.(156~159) 민족주의와 도덕정치의 결합이야말로 이 계열의 사회의식의 표징이다. 그에게서 배운 이 가운데 임창순이 이를 계승했음은 물론이다. 임창순 외에 중요 제자로는, 유도회 부위원장을 역임하고 해방 이후 최대의 문헌 편찬 작업인 『문원(文苑)』을 완성시킨 호남의 마지막 거유 변시연(邊時淵), 사학자 신석호 등이 있다. 홍치유의 교유 관계를 보면, 관선정 교수로 초빙되어 보은으로 이주하기 전까지 류인식, 권상규(權相圭, 1874~1961. 을미의병 참가, 해방 후 전국유교연맹) 등 영남 유림과 각별한 관계를 유지했고, 보은 거주시에는 선정훈, 이용태(李用泰), 송운회(宋運會) 등과 뜻을 나눴다. 『겸산집』은 그의 제자인 임창순이 엮어 냈다.

2   장흥 유생 김주현(金胄現)의 『정강일기(定岡日記)』는 친일 유림의 노력에도 불구하고 정통 유림이 친일 유림의 저열한 유학 수준을 조소하며 비판하고 있었다는 사실을 잘 보여 준다.(정욱재, 2009: 238~239) 심지어 향교 관계자조차 일제의 협력 요구를 거절하기도 했다. 소설가 이태준의 단편 「해방전후」(1946)에 묘사된 철원향교 직원(直員) 김 노인이 해방 직전 옥고를 치른 것이 이에 해당하는데, 이는 후술한다.

3   정용욱(엮음), 『해방직후 정치사회사 자료집』 5권(서울: 다락방, 1994), 313쪽. 이 자료는 이후 『자료집』으로 약칭함. 한편 해당 인용 자료의 명칭은 〈Lists of Korean Political Parties and Social Organizations〉(1947년 5월 12일)에 첨부된 〈Appendix Ⅶ: Major Rightist Organizations (South Korea)/Explanations〉이다. 상위 문서는 미소공위에 나갈 남북 정당 사회단체 목록 작성을 위해 성격별로 나눠 논평한 것들이고, 하위 해당 부록은 우파 단체들에 대한 목록과 논평 모음이

다. 이 자료에서 미군정이 교세를 파악한 방식은 종교마다 다르다. 기독교의 경우는 남한의 모든 교파의 교인 수를 합친 것이고, 유교는 유도회에 가입한 회원 수이고, 불교·천도교·대종교의 경우는 해당 교계의 주장으로서 그 숫자가 매우 불확실하다고 평가했다.

4   김창숙은 독립운동 과정에서 여운형이 일본과 친화적이었던 점에 대해 의문을 갖고 있었고 그 때문에 해방 전후 건국동맹과 '건준' 활동에도 회의적이었다. 반면에 조동호와 김창숙은 독립운동상의 막역한 지우였다. 조동호는 유교-대종교 계열의 상해 동제사 활동에도 참여했던 인물이다. 제2차 유림단 사건으로 체포되어 일제의 고문 후유증으로 불구가 된 채 은거하던 김창숙을 여운형과 연결한 것은 건국동맹의 핵심 인물인 일주 김진우였다. 김진우는 류인석 의진의 의병 활동과 상해 독립운동에 참여했던 수묵화가로 당시 상당한 명망을 가졌던 인물이다. 한편 김창숙은 이후 건국동맹에 대해 자신이 남한 책임자였음을 밝히고 있는데(『국역 심산유고』, 782~783), 역사학계에서는 김창숙이 건국동맹 남부 책임자였다는 회고를 부분적으로만 인정하고 있다.(정병준, 1993: 115) 김진우가 접촉했던 인물로, 경기 용인 출신의 유학자로 훗날 민족문화추진회에서 고전번역사업에 힘을 쏟은 심재(心齋) 조국원(趙國元)이 있다.[배원용-(안병길), 2009] 김진우와 함께 건국동맹 중앙의 재무부(자금조달과 관리) 책임을 맡았던 이수목(李秀穆, 본명은 李壽穆)은 1915년 조선국권회복단에 참여했던 인물로서 경북 칠곡의 대지주였다. 해방 후 이수목은 건국동맹의 핵심이었던 조동호의 유정정치학교(榴亭政治學校) 설립을 후원하기도 했다. 하지만 1947년 좌파 유교 단체인 전국유교연맹이 자신을 선전부장으로 발표하자 곧바로 자신은 유교연맹과 관련 없다는 성명을 발표했다.

5   물론 일제 말기에 명륜전문학교의 강사진은 이미 친일파로 전락해 있었다. 특히 강사전임과 간사 역을 동시에 맡고 있던 안인식(安寅植)은 일제 말 유교계의 친일화를 이끈 조선유도연합회에 주도적으로 참여하면서 다카하시 도루의 이른바 '황도유학'을 체계화했던 인물이었다. 다만 1930년대까지 명륜전문학교의 교수진은 다양한 배경의 인물들이 참여했음을 기억해 둘 필요가 있다. 1936년 11월 기준으로 명륜전문의 한국인 교직원은 다음과 같다. 강사: 이대영(李大榮), 김성진(金誠鎭), 류희진(柳熙晋), 정인서(鄭寅書), 이승규(李昇圭), 함병업(咸秉業). 강사전임: 안인식(安寅植), 김태준(金台俊), 김승렬(金承烈), 김영의(金永毅). 간

사: 김완진(金完鎭), 나일봉(羅一鳳). 서기: 정철영(鄭喆永), 박초양(朴初陽), 유하준(兪夏濬), 김황진(金璜鎭), 이중헌(李重憲).

6 후술하겠지만, 성균관 접수 세력의 과거 친일행적에 대한 복합적 감정은 이들이 정치 활동에서 좌경화로 나아가는 한 원인이 되었다.

7 최영성의 서술을 정리하면 다음과 같다. ① 대동회—명륜전문 출신 중심, ② 대동유림회(大同儒林會)—상경한 영남유림 중심(위원장: 李基元, 주요 인물: 李基仁, 宋友用, 權重哲, 李佑世, 李豊九), ③ 유림회(儒林會)—재경 유림 중심(위원장: 李載億), ④ 공맹학회(孔孟學會)—황해 · 평안도 일부 유림, ⑤ 대성회—경학원 시절의 유림 중심(위원장: 曹國鉉, 주요 인물: 高光七, 鄭鳳采). 최영성의 서술은 대동회 핵심 참가자였던 윤혁동의 회고와 김창숙의 회고를 종합한 것이다.

8 조사에 활용한 주요 자료의 출처와 약식표기 방법은 다음과 같다. ① 미군정청 문서: 정용욱(엮음), 『해방직후 정치사회사 자료집』 4권 · 5권(서울: 다락방, 1994) → 『자료집』 ② 북한 문서: 서울시임시인민위원회(엮음), 『정당사회단체 등록철』(서울: 서울시임시인민위원회, 1950) → 『등록철』 ③ 검찰 자료: 대검찰청 수사국, 『좌익사건실록』(서울: 대검찰청 공안부, 1973) → 『좌익사건실록』 ④ 경찰 자료: 서울경찰국 사찰과, 『사찰요람』(1955), 서울대학교 한국교육사고, 『한국정당사 · 사찰요람』(서울: 도서출판 하우, 1994 영인본) → 『사찰요람』. ⑤ 일제하 경학원 자료: 《경학원잡지》 36~48호(1933~1944) → '《경학원잡지》 해당 호(연도)'. 그 밖의 자료들은 그때그때 제시한다.

9 해당 자료에는 '安晚洙'로 기록되었는데, 안만수는 안인식의 이명이다.

10 공성학과 개성 문인들의 동향에 대해서는 최근 노관범의 일련의 연구(2014; 2015ㄱ; 2015ㄴ)를 볼 것.

11 노촌 이구영의 회고에 따르면, 공성학은 해방 직전 좌익계 청년들의 비밀결사인 포천 협동단에 "아주 많은" 자금을 후원했다.(이구영, 2001: 86) 포천 협동단은 여운형의 건국동맹과 관련된다.

12 안인식의 일제강점기 행적 외에도, 그의 문집 『미산문고』(嵋山文稿, 1973)에 실린 그의 『자서전』과 여러 단편에 그의 교유관계가 친일 유림에 치우쳐 있음이 잘 드러난다. 문집에 보이는 인물로, 정만조(鄭萬朝), 정봉시(鄭鳳時), 공성학, 이범승(李範昇) 등이 대표적인데, 이 가운데 당시 생존 인물들은 모두 경학원 계열 유도회에 참여했다. 예외적으로, 그의 교유 인물인 조순원(趙洵元)은 좌파 단체

인 전국유교연맹에 관계했다.

13 사승관계로 보면, 한주 이진상 문하의 곽종석에게서 김창숙이 배웠고, 이승희에게서 이기원이 배웠으므로, 김창숙과 이기원은 한 스승에게서 배운 셈이다. 따라서 김창숙은 이승희의 시신을 수습한 이기원이 울며 묘지명을 부탁했을 때 기꺼이 수락했고,(『국역 심산유고』: 554~565) 이기원·이기인 형제와 시를 주고받으며 각별히 지냈다.(115~117) 하지만 1956년 이후 유도회 분규 과정에서 이기원은 김창숙의 반대편에 섰다.

14 이우세는 1946년 조봉암·이극로 등이 주도했던 민주주의민족전선에 참여했지만, 1948년 초대 정부 수립 이후 이승만의 일민주의를 지향하는 대한국민당의 창당에 관여하여 당 재정부장을 맡았다.(한태수, 1961: 244) 1956년 유도회 분규 때에 농은파의 핵심이 되어 김창숙의 반대편에 섰다.

15 이종영(이명은 李鍾馨)은 강원도 정선 출신의 독립운동가였지만 변절하여 관동군 밀정이 되어 수많은 독립운동가를 체포·처형했다. 1949년 반민특위 체포 서열 2등에 해당하는 민족반역자였지만 반민특위가 해체된 이후 풀려나 2대 국회의원으로 당선된다. 김창숙은 이기원이 이종영의 실체를 모른 채 그 꾐에 넘어가 민중당을 조직하고 자신을 당수로 청했지만 단호히 거절했던 일을 기록해 두었다.(『국역 심산유고』: 175) 해방 직전인 1944년부터 이종영은 일제 패망에 대비해 여운형의 건국동맹에도 선을 대고자 했을 정도로 용의주도했는데, 물론 그 시도는 여운형의 거리 두기로 실패했다.(정병준, 1993)

16 1946년 4월 26일 개최된 조선독립촉성종교연합회에는 유교 대표로 이재억과 김성규가 참석했는데,(《조선일보》, 1946년 4월 26일) 이 시기는 통합 유도회총본부 출범 이후이므로 둘 다 유도회 부위원장 자격으로 참석했을 것이다.

17 윤혁동(1983)은 유림회가 재경 유림을 중심으로 이재억을 위원장으로 활동하는 단체였다고 회고했고, 이후 유교사 서술에서 이를 재생산했다. 하지만 동아일보 보도와 김창숙의 회고에 등장하는 '유교회'가 곧 이재억의 단체명일 가능성이 더 크다.

18 한편 반탁운동 지지를 선언한 단체로 '유교회 대전 총본부'가 있는데,(《자유신문》, 1946년 1월 2일) 이것이 이재억의 유교회 지방 조직인지는 확인할 수 없다.

19 미군정 자료에는 'Park Chun Oh'로 되어 있으나, 박종오가 맞다. 박종오는 1904년생으로 함경남도 함흥 출신으로서, 함흥외국어전문학원 원장, 조선물산장려

회 이사 등을 역임했고, 1934년에는 삼생구락부(三生俱樂部)를 조직했으며, 7년간 약종상을 경영했다. 1950년에는 성정회 부회장과 대종교 상무참의를 지냈다. 1946년 12월 입법의원 재선거에 출마했을 때 '실업가'로 표시된 것과 이전 경력을 볼 때 주로 경제계에서 활약한 인물임을 알 수 있다. 한편 회장 강현에 대해서는 더 이상의 자료를 찾지 못했다.

20 《동아일보》에는 이 유림대회에 관련하여 2건의 기사를 보도했다. 1946년 1월 20일 자에는, 북으로는 회령에서 남으로는 경남 지역까지 백발을 휘날리며 참석한 전국 유림들이 19일에 모여 ① 교토(校土, 성균관 터)의 제기와 재정 회수, ② 유림들의 애국심으로 신탁통치반대투쟁 등을 결의했다고 보도했다. 동년 1월 24일 자 기사에는 전국유림통일대회(19일)에서 미·소·영·중 4개국에 원조는 감사하나 독립을 승인할 것을 건의했다고 기록되어 있다. 다만 《동아일보》 보도에는 주동 인물에 대한 소개가 없다.

21 이상린 관련 서술은 이성우(2004), 정내수(2005), 김상기(2001)의 연구에 도움을 받았다.

22 유교부식회는 이후 신간회 홍성지부로 이어지면서 호서 지방의 민족운동을 대표했다. 한편 이 움직임은 김복한이 신뢰했던 그의 자제들(김은동, 김노동, 김명동)과 이상린이 주도했다. 김좌진은 김복한의 종숙 항렬이나 김복한에게서 한학을 배웠고, 윤봉길은 유교부식회에 참여하며 상해 임정의 소식을 듣고 임정에 참여하게 되었다.

23 현대 한국의 대표적 서예가인 김충현, 김응현이 김영한의 손자이다.

24 정안립(1873~1948)의 본명은 정영택(鄭永澤)으로서 기호흥학회 총무를 맡아 당시 애국계몽운동의 최전선에 섰던 인물이다. 병탄 후 동삼성 지역에서 공교회를 이끌며 독립운동을 주도했지만, 1920년경 대고려국 건설 구상 과정에서 일제와 협력했던 혐의로 독립운동 계열에서 의심을 받았다. 김창숙은 「정안립 만사」(『국역 심산유고』: 171)에서 정안립의 조상인 송강 정철 이후 10대에 걸친 당파 간 갈등에도 불구하고 직접 만난 후에 화해했다고 적고 있다. 한편 조선고사연구회는 대고려국 건설을 위한 역사 연구 단체였다.(《동아일보》, 1958년 5월 10일. 박계주의 기록 참조) 대고려국 관련 연구로는 徐玄九(2009)를 볼 것.

25 전남 대성회는 1947년경 '호남 대성회'라는 명칭을 사용한 것으로도 보인다. 《동아일보》 1947년 6월 5일 자 기사를 보면, 50만여 명의 회원을 가진 호남 대

성회(본부는 광주향교)는 미소공위 참가 여부를 두고 토론한 결과 탁치 조항이 삭제되지 않는 한 참가하지 않기로 결의했다.

26 대성대학관은 전남 유림이 향교 재산을 기본으로 설립했는데 학교 건물이 없어서 광주향교에서 수업을 진행하다가 광천동의 옛 병사구사령부 건물을 인계받고 정상호(鄭尙好) 등 도내 유지의 기부를 통해 정식 대학 재단으로 확립되었다.(《동광신문》, 1950년 5월 12일)

27 류직양의 아들인 류청(柳靑)의 부고 관련 기사에서 류직양의 행적을 찾을 수 있다.(《중앙일보》, 2002년 7월 2일) 류청은 1960~70년대 민주당 국회의원으로 활동했다. 전북대학교설립기적비에는 해당 대학의 설립 주체로 전북향교재단을 적시하여 유도회 전북본부가 주도하여 설립되었음을 밝히고 있고,(《전북도민일보》, 2010년 5월 16일) 전주향교 홈페이지(www.jjhyanggyo.or.kr)에는 좀더 상세하게 명륜대학 설립 과정이 소개되어 있다.

28 미군정 자료(『자료집』 4권: 61; 549)를 검토하면 대구 대성회와 유교회는 같은 단체임을 알 수 있다. 4권 61쪽에는 김우식의 한자 표기가 佑植으로 되어 있으나, 김우식 관련 모든 기록에 일관되게 禹植으로 표기되어 있으므로, 후자를 택했다. 출생 연도 역시 미군정자료에는 1889년으로 기록되었지만, 정부 공식기록인 1888년을 따랐다. 한편 제헌국회의원선거 때 달성군에서는 박노익이 유도회 소속으로 출마해서 경쟁했는데, 1950년에 김우식이 유도회 중앙위원이 되면서 박노익이 유도회 경북대표 직임을 이어받은 것으로 보인다.

29 《동아일보》에는 '大東鄕約北志會'로 표시되었는데, '支會'가 맞을 것이다. 한편 일제하 만주 지역의 항일민족단체로 1917년 창립된 '대동향약'과 해방 정국의 대동향약이 같은 계열일 가능성도 배제할 수 없다. 만주의 대동향약에는 류인석 의진 출신의 복벽적 문인들이 많이 참여했다.

30 미군정 자료에는 부회장을 'Yu, Ha Dong'으로 기록하고 있다. 류해동의 본명은 류제춘(柳濟春)으로, '대동회'의 '참여' 명단에 그 이름이 올라 있고, 특히 유도회 1차 통합 시 도서관 위원으로 참여했다.(《중앙신문》, 1945년 12월 11일) 이를 통해 류해동이 해방 정국에서 서울에서 활동했고 또한 정치 참여에 관심이 있었던 것을 알 수 있다. 통합 유도회총본부 출범 이후인 1950년 시점에서 김성수, 이기원, 이풍구와 함께 재단법인 성균관 이사로 활동했으며, 1956년 유도회 분규 시에는 농은파에 의해 유도회 감찰위원회 부위원장에 추대되었다. 한편 미

군정 자료에 실린 이 단체의 영문명은 'Association for National Administrative Study'이다.

31 《연정》지의 편집진을 보면, 홍영의 · 김달진 등 중앙불교전문학교 출신의 불교계 중견 문인 · 학자들이 실무를 맡았던 것으로 보인다.

32 류우석은 3 · 1 운동 시 공주 영명학교 학생으로 운동을 주도했고, 함남 원산에서 아나키스트 계열 청년운동을 주도하던 중 사회주의와 대립했다.(이때 상해치사로 기소됨) 해방 후에는 단주(旦洲) 류림(柳林)의 독립노농당에 참여하기도 했다. 1959년에는 독립노농당을 탈당하고 조병옥의 선거운동에 참여했다. 유도회 청년회 총본부장을 맡았다는 기록(한국향토문화전자대전)이 있고, 1962년 성균관 상무전의에 선출되었다는 전언(인터넷 '서울스토리')이 있다.

33 윤용주 관련 서술은 고정휴(1997: 190)를 참조했고, 이어지는 박형남 관련 서술은 공훈전자사료관(국가보훈처)의 윤용주 항목에서 참조했다.

34 대중당 정강은 다음과 같다. ① 우리는 배달정신의 총력을 집결하야 자주독립의 완성을 기함. ② 우리는 민주주의를 실천하야 국민생활의 향상을 기함. ③ 우리는 고유문화를 앙양하야 인류평화에 공헌함을 기함.(《자유신문》, 1946년 8월 18일)

35 무명회 발기인이 작성한 「취지와 선언」은 김현식 · 정선태가 엮은 자료집(2011: 91)에 실려 있다. 「취지와 선언」에 실린 무명회 발기인이 총 29명인 것으로 보아, 인쇄 직후 4명이 추가 합류했던 것으로 보인다. 한편, 무명회 출범과 관련한 서술은 유정렬(1998), 《매일신보》(1945년 10월 7일), 『국역 심산유고』 등을 참조했음.

36 김명동은 1 · 2대 국회의원, 구을회는 2대 국회의원으로 활동했다. 성낙서는 국학대학 교수와 충남지사를 역임했고 충남 향교재단 이사장(1955)과 성균관장(1970~1976)을 역임했다. 김명동은 특히 초대 국회의 반민특위에서 위원으로서 직접 친일경력자를 체포하는 데 나설 정도로 강경파였다. 구연걸은 반민특위 조사관(제2조사부 부장)을 역임했지만 이후 자유당의 유도회 장악 시도 시, 이성주와 함께 김창숙 제거 공작을 주도했다. 한편, 무명회 창립 시 발기인으로 참여했던 충남 예산 출신의 명륜학원 졸업생 이영규는 전국유교연맹 결성을 주도했다.

37 한국혁명위원회에 대해서는 6장에서 자세히 서술한다.

38 유교계의 반탁운동에 대해서는 다음 절에서 자세히 서술한다. 한편 이정규와 이회영, 김창숙, 정인보와의 깊은 관계는 이정규(1984)와 정화암(1992)의 회고에서 도움 받았다.

39 파슨스의 유형변수 가운데 '규정적 제한성/분산성(specificity versus diffuseness)' 범주와 유아힘 바흐의 종교 집단 유형 구분(규정적 집단/자연적 집단) 범주를 종합하여 중국의 종교를 분석했던 양경곤(楊慶堃, C. K. Yang)의 연구에서 유교는 전형적인 '분산종교'의 성격이 강하다. 서구의 유일신 종교들에 비해 동양의 종교들은 애초부터 제도화의 성격이 낮았지만 그래도 불교와 도교의 경우는 교리와 의례 공동체가 나름 확립되어 있는 편이다. 하지만 초자연적 존재를 숭배하지 않는 유교의 경우는 제도화된 조직적 구심점 없이 중국 사회 전체로 그 교리(가치)와 의례가 확산된 형태로 존재하게 되었다. 이는 곧 유교가 특별하게 독자적으로 한정된 제도를 발전시키지 않고 전체 사회를 뒷받침하는 문화의 형태로 재생산되는 이유이기도 하다. 이상의 논의는 Yang(1961: 294~295; 304~305)의 논의를 참조했다.

40 윤혁동의 회고(1983)에는 조금 다른 내용이 있으므로 비교 검토를 위해 관련 부분을 전재한다. "유림 사회가 이와 같이 분열되어서는 장래가 암담하게 되었으므로 각 단체에서는 암암리에 통합하자는 기운이 농후하여지며, 이 통합운동의 주동은 청년유림 측인 대동회에서 표면화하여 대동유림회를 제휴하였고, 다음 유림회, 공맹학회, 대성회, 유림 등과도 합의가 되어 각 단체에서 파견된 통합추진위원이 명륜당에서 누차 회합하여 위원장으로는 유림단 사건의 주동 인물이며 임시정부의 요원이었던 김창숙을 추대키로 하고 규약의 제정, 대회일자, 회순 등을 합의한 끝에 같은 해 11월 말 전국유림대회를 소집하게 되었다. 장소는 승선당 앞 광장이었고 의장으로는 대동회 위원장 김성규가 결정되었다. 이때 결정된 사항은 다음과 같았다. ① 규약 통과: 이때 회명으로는 여러 가지가 제시되었으나 유도회로 결정됨. ② 임원 선정: 위원장—김창숙, 부위원장—김성규·이기원, 감찰위원장—이재억. ③ 중앙위원 선정: 전형위원과 위원장단에 일임하고, 3일 후에는 중앙위원회를 소집할 것을 결정하고 폐회했다. 이상과 같이 전국대회를 치른 후에 몇 개 단체로 분열되었던 유림 단체는 완전히 통합됐다. 대회 후 3일 만에 개최된 중앙위원대회에서는 고문으로 이승만 박사와 감구 주석을 추대하고 각 부서의 위원장 및 위원을 선정하였고, 결의사항으로

는, ① 성균관대학의 설립. ② 성균관장 및 부관장은 유도회위원장으로 겸임시키고 성균관직제는 관장단에 일임하기로 할 것. ③ 전국 향교 재산을 접수하여 자율적인 재단을 형성할 것. ④ 대성전에 오성(五聖)을 중심으로 공문십철(孔門十哲) 송조육현(宋朝六賢)과 우리나라 18유현(儒賢)들을 봉안할 것 등이었다."

41 권중철과 이우세는 모두 영남 출신으로서, 이기원의 대동유림회 계열이었다. 서성달(徐成達)은 서울 출신의 일본 유학파 독립운동가로서, 경기도 고양에서 제헌국회의원으로 당선되었고 반민특위에서 활동했다.

42 《자유신문》(1945년 12월 10일), 《중앙신문》(1945년 12월 11일), 《민중일보》(1945년 12월 11일)를 교차검증하여 구성함. 책임상무서기 '윤력'의 경우, 한국사데이타베이스에는 '윤찬(尹燦)'으로 표기되었으나, 원자료인 《자유신문》을 보면 '燦'이 아닌 것은 확실하다. 《중앙신문》과 《민중일보》 기사에는 '櫟'으로 실려 있으므로, '윤력'으로 확증했다.

43 김성규의 행적에 대해서는 7장에서 자세히 설명할 것이다.

44 그렇다면 왜 윤혁동은 1차 통합만으로 유교계가 모두 통합된 것처럼 잘못된 회고를 남겼을까? 이는 물론 《유림회보》 지면의 제약 때문이기도 했지만, 무엇보다도 그 자신이 대동회 회원으로서 그 입장을 대변하여, 1차 유림대회의 한계를 드러내고 싶지 않았던 까닭으로 볼 수 있다.

45 실제로 대동회 총무인 류용상은 1946년 3월 유교계의 대통합 이후인 4월에 사사로이 변영만을 2대 교장으로 추대하는 무리수를 둔다. 김창숙의 관련 회고에는 학생들의 월권에 대한 비난의 뜻이 담겨 있다.(『국역 심산유고』: 820)

46 이태준의 단편소설 「해방전후」(1946)에 묘사된 철원향교 직원(直員) 김 씨 할아버지가 상경한 시기도 바로 이즈음일 것이다. 그 시기를 1946년 1월 19일경으로 특정할 수 있는 근거는 두 가지이다. 첫째, 이태준이 처음 반탁 강연에 나선 것을 후회하고 공산당의 찬탁 지지로 돌아서 《자유신문》에 "먼저 진상을 알자"는 글을 발표한 것이 1월 19일이었다. 둘째, 김 직원이 귀향한 직후 '전국문학자대회' 준비에 착수했는데 문학자대회가 열린 것이 2월 8일이었다. 따라서 김 직원이 참석했을 것으로 추정되는 유림대회는 전국유림통일대회밖에 없다.

47 반탁운동에 항의하는 공산당 핵심들과의 면담 전후이므로 1946년 1월경이어야 하지만 『심산유고』가 일지 형식이 아닌 사안별 회고로 이루어진 것을 감안하면, "이때"는 1945년 11월의 1차 통합 시기를 지칭하는 것으로 보는 것이 옳다.

48 김창숙의 회고를 통해 1차 통합 이후에도 대동회 등 단체들이 각자의 세력 확대에 열중했다는 것을 간접적으로 확인할 수 있다. 유교회의 이재억은 임시정부 계열의 각종 단체에서 유교계 대표로 활동하며 정치적 영향력을 확대해 가고 있었고, 대동회의 김성규 역시 미소공위에 유도회 부위원장 자격으로 참여했다.

49 이상린은 위촉 직후인 3월 23일에 사망했다. 《조선일보》 보도 날짜인 3월 30일 이전에 이미 유도회총본부가 결성되었다고 추측할 수 있는 이유이다.

50 일설에는 성균관 안팎에 2개의 유도회가 있었고 이들이 합쳐서 유도회총본부를 구성했다고 했는데, 이는 사실에 근거하지 않는 주장이다. 유도회총본부 외에 '유도회' 간판을 사용했던 단체와 관련된 기록은 모두 2개이다. 하나는 류용상의 회고(1990)로서 대동회가 1945년 9월 13일 창립되면서 유림대회를 열고 스스로 '대한 유도회'로 칭했다는 것이고, 다른 하나는 『사찰요람』(1955)에 기록된 '경학원 계열 유도회'이다. 이들은 모두 김창숙과 대립하는 분파이므로, 이들을 중심으로 유도회총본부가 구성됐다고 보는 것은 오류이다. 경학원 계열 유도회는 비(非)김창숙 계열의 유림들의 유림통일대회에 결합하여 모습을 드러낸 틈을 파고들어 통합을 명분 삼아 자연스럽게 유도회총본부에 똬리를 튼 것이다.

51 해당 구절은 『효경』 「卿大夫」장의 "非先王之法服, 不敢服. 非先王之法言, 不敢道"를 인용한 것으로, '不敢言'으로 '不敢道'를 대체해서 쉽게 쓴 것이다.

52 김창숙의 유학 사상과 관련된 논의는 최일범(2010), 이우성(1986), 금장태(1999)의 연구를 참조했다.

53 왕국유의 「이화원사(頤和園詞)」의 구절로서 본래 대구(對句)는 아니다. "녹수청산은 그대로인데, 석수상의 이끼는 비에 씻기는구나"의 뜻으로 해석할 수 있다.

54 작품 속에서 정광조는 근대적 합리성을 대변하고 면서기 원준은 전통의 위선을 대표한다. 농촌의 세태를 그려내며 위선적 도덕을 풍자하는 데는 성공했지만, 이 작품의 젊은 등장인물 가운데 어느 누구도 도덕과 진지하게 대면하지 않는다. 근대의 편에서 선 카프 계열의 작가들은 전통적 사회의식을 깨치는 것이 사회 변동의 기초라고 생각했다. 전통 의식의 핵심에는 유교가 있다. 그런데 이들은 유교에 대한 치밀한 비판 작업을 그냥 건너뛰고 구습의 표피를 과장하는 방식에만 몰두했다. 참고로, 월북 소설가 이기영의 아들 이평은 성혜림과 결혼했다.

55 홍명희의 민주통일당은 1946년 8월 발기준비회가 결성됐으나 창당에 이르지는 못한 채 중도과 세력과 결합하여 1947년 10월 민주독립당으로 창당되었다. 이후 홍명희는 김규식의 민족자주연맹에 참여하여 통일독립운동을 주도했고, 1948년 4월 남북협상 기간에 북행한 후 잔류하여 북한 건국에 참여했다.

56 이정규의 회고(1984: 287~290)에 따르면, 독촉국민회 결성에 정인보가 막후 역할을 맡았다고 하는데, 이는 1946년 2월 결성 당시인지 아니면 김구의 임시정부 계열이 조직을 장악했던 같은 해 4월 이후인지는 확실치 않다. 이승만의 독촉국민회 장악 시도에 불구하고 1946년 9월 독촉국민회 전국대표자대회에서는 위원장 조성환, 부위원장 정인보가 선출되었다.

6장

1 6·25 전쟁 이후 지방 유림들의 불만을 수용하여, 1953년에 성균관은 공문 10철과 송조 4현을 복위했다.(국립문화재연구소, 1998: 19)

2 유도교도원 제1기 입학식(1949년 3월 8일)과 졸업식(1949년 6월 4일) 사진이 전하는데, 입학식 사진에는 김창숙, 김구, 정인보가 보이고, 졸업식 사진에는 김창숙, 김구는 보이지만 정인보는 보이지 않는다. 입학·졸업 당시 정인보는 감찰위원장 재직 중이어서 유도회 부위원장직을 사퇴했을 것이지만 유교계의 큰 행사에는 자주 참여한 것을 알 수 있다.(입학식 사진의 출처는 『담원문록』 상권: 42)

3 류용상의 회고(1990: 270)는 다음과 같다. "명륜전문학교의 재건을 위해 기성회를 조직했는데 회장을 내가 맡았다. 대동회가 실권을 쥐기 위해서는 재정 분야를 장악할 필요가 있었기 때문이다."

4 김현준은 귀국 후 보성전문에 출강하며 해방 전까지 활발한 학술 활동을 폈고, 명륜전문학교 교장에서 물러난 이후에는 전주사범학교 교장과 조선대학 문리부장을 역임했으나 좌익계의 저격으로 사망했다. 1950년에 저술한 『사회학개론』(대성출판사)은 사회철학이론 정립에 기여한 저서라는 평가이다.(『민족문화대백과사전』, http://encykorea.aks.ac.kr)

5 윤혁동(1982)은 변영만의 2대 명륜전문학교 교장 취임 시기를 1946년 4월로 회고하고 있다.

6 김익환은 1945년 신입생으로, 1946년 1월 18일 명륜전문학교 학생 대표로 '반탁학련'에 참여했고, 이후 김명동의 무명회 세력이 주도했던 독촉중협의 선전총

본부에서 활동했다. 졸업 후 성균관대 동양철학과 교수로 재임하며 성균관 전의를 지냈다.

7 《성균웹진》(2011년 8월 17일), "명륜회" 기사.(http://www.skkuzine.com/Culture/view/763)

8 『성균관대학교교육백년사』에는 1945년 철학정치과로 입교한 70여 명의 신입생 가운데 이강재·이병일·주석일 3명의 이름을 언급하고 있다.(310) 그런데 유일하게 '주석일'만 한자로 '朱錫日'로 적었는데, 실제 운동 참여 시에는 '朱錫一'로 일관되게 활동했다. 주석일은 민주주의민족전선 산하 '학통' 대표로 2차 미소공위에 참석하기로 예정될 정도로 좌파 학생운동의 핵심 요원이었다.(《경향신문》, 1947년 6월 21~22일)

9 학통 조직은 철저하게 박헌영의 노선에 따른 대중조직이었다. 1946년 하반기 국대안반대투쟁 과정에서 '학원민주화'와 '자주독립전취'를 외치며 1946년 남로당 폭동 정국에서 주요 행동 단위로 활동했다. 국대안반대투쟁의 최고조기이면서 동시에 종결기였던 1947년 2월에는 "각 대학의 맹휴는 민주학원 건설을 위하여 당연한 것이다. 우리 學統으로서는 처음부터 국대안의 부당성을 지적하고 당국의 맹성을 요청하였으나 당국은 위협과 탄압으로 대하여 왔다. 우리는 모든 장애를 물리치고 싸울 것을 맹서한다"는 성명을 발표하고 미군정과 우익청년단체에 맞서 유혈투쟁을 전개했다. 관련 자료는 다음과 같다. 《자유신문》, 1946년 8월 8일; 《경향신문》, 1947년 2월 5일. 아울러 김우종(2000ㄱ)의 회고에도 학통 회장이 명륜전문의 주석일으로 명시되어 있다.

10 명륜전문 45학번 동기 모임인 '명륜회'에 대한 기사를 보면, 학생회가 직접 군정청 문교부장 사택을 방문하여 대학 설립 인가를 요청한 후 곧바로 김창숙을 "인력거"에 태워 경교장의 김구에게 모셔갔고, 이에 김구가 문교부장에 직접 전화를 걸어 이 문제에 대해 확답을 받았다고 한다.[《성균웹진》(2011년 8월 17일), "명륜회" 기사(http://www.skkuzine.com/Culture/view/763)]

11 서광설은 일제하 법관과 변호사로 활동하다가 일제 말 친일 행적이 있다. 해방 후 미군정시기 조선대법원 법관으로 법조계 중요 인물이었는데, 전쟁 중 납북되었다.

12 양근영은 충남 서산군 운산면 출신으로 중앙학교 재학 중 경성청년회 활동과 방학 중 고향 계몽운동을 수행했고, 명륜전문학원 6회 졸업생이다. 1945년 11

월 전국인민대표자대회 서산지역 대의원이었고, 1946년 10월 성균관대 교수로
임용되었다. 1950년 전쟁 중에 처형당했다.(장승순, 1994: 67)

13 이영규는 충남 예산 출신으로 1933년 명륜학원 보습과를 우등생으로 수료했
고,(《경학원잡지》 36호(1933): 55; 69) 총독부 하급 관리로 지내다가 해방 후 상기
성균관대학기성회 집행위원으로 활동했으며, 1948년경에 월북하여 이인규(李
寅奎)로 개명하여 1948년 조선최고인민회의 대의원에 선출되었다. 1950년 전쟁
직전인 6월 10일 북한의 위장평화공세 일환으로 조국통일민주주의전선 3인 대
표로 유엔한국위원단 상대의 '여현회담'을 마치고 북한 지령문을 휴대하고 몰
래 남하하다가 체포되었다. 이후 국군 정보국 조사를 마치고 귀순을 선언하여
북한 선전의 기만성을 폭로하는 기자회견을 열었다.(《자유신문》, 《동아일보》 해당
시기 기사) 이인규가 이영규의 개명임은 이구영의 회고(2001: 109)에서 알아냈다.
다만 당시 북한에 있던 이구영은 이인규가 국군 조사중 수원에서 사망했다는
소문을 들었다고 했는데, 이인규는 수사에 적극 협조하여 진심으로 전향했고,
전쟁 발발 때까지는 생존했음이 당시 신문 기사에서 확인된다.

14 성균관대학의 출범에 이석구의 학린사 재단의 토지 기부가 큰 기여를 한 것은
맞지만, 유교계의 동향에서 볼 때 더욱 의미가 깊은 것은 이민응의 선린회 재
단의 재산 기부이다. 다만 선린회 재단의 재산 기부가 '성균관대학'에 관계된
것인지 '성균관'에 관계된 것인지는 불분명하다. 『성균관대학교육백년사—천』
(1998)와 『유림운동오십년사』(김상구)의 서술 그리고 이민응 관련 자료들을 종합
해 볼 때, 이민응의 기부는 주로 '재단법인 성균관'에 관련된 것으로 보인다. 춘
천 출신의 경기도 여주의 대지주 이민응은 대한제국기 개신 관료 출신 유림으
로서 일제강점기 내내 독립운동 자금 지원과 민생 안정 활동에 주력했던 인물
이다. 위당 정인보와 평생 친밀한 관계를 유지했고, 해방 후 환국한 성재 이시
영(재단법인 성균관 산하 '성균관'의 총재)의 부탁으로 '재단법인 성균관' 설립에 필
요한 재산을 기부했다.(이종립, 2000) 이민응은 '재단법인 성균관'의 부이사장을
맡았다.

15 월북한 류용상은 1차 월북 후 평남 공산당 학교에서 교육을 받고 다시 남하하
여 1947년 민족자주연맹에서 활동하며 대동회 김성규를 비롯한 기타 중도파 인
사들이 이에 참여하는 공작을 진행한 것으로 보인다.

16 『성균관대학교육백년사』에는 "전국유교연맹과 대동청년단 등 좌우의 충돌은

심지어 1947년 2월에는 성균관대학 강의실로 번져 교수테러사건이 일어났고, 이 불상사로 인하여 3분의 2가 넘는 교수들이 사퇴하는 사태에까지 가게 되었다"고 서술했으나 이 역시 사실과 다르다. 전국유교연맹이 발족한 것은 1947년 3월 24일이므로, 당시 충돌의 주체는 유교연맹이 아니라, '학통' 계열의 좌익계 학생들이다. 또한 해당 사건을 보도한 언론 자료도 성균관대 측 서술이 사실이 아니라는 점을 보여준다. 《동아일보》에 따르면, 1947년 2월 10일부터 좌파 학생들이 국대안반대 투쟁의 일환으로 동맹휴학에 들어갔고 이를 계기로 교수측에서도 총사직에 들어갔다.(1947년 2월 22일) 사직한 교수들이 좌파였던 서울대의 사례를 참조하면, 당시 사직한 교수들은 학생들의 맹휴를 지지했던 측으로 보인다.

17 이하의 논의는 『국역 심산유고』(818~824)의 내용을 주로 하여 서술하되, 각종 회고와 언론 자료를 통해 보충했다.

18 '향교재산관리에 관한 법령'에는 향교 재산을 임의로 매매・양도 등을 금지하고, 향교 재산에서 얻은 수익의 용처를 성균관대학 유지, 문묘 유지, 교육 및 기타 교화사업 경영으로 엄격히 제한했다.(《경향신문》 1948년 5월 20일) 더구나 향교 재산의 대부분이었던 농지가 1949년 토지개혁으로 상당 부분 수용되어 각 향교 재단의 수익은 큰 타격을 입었다고 한다.(《매일경제신문》, 1969년 10월 14일)

19 북한군이 서울을 점령하고 나서 정당사회단체를 등록한 자료인 이 『등록철』의 명단이 김상구의 『유림운동오십년사』에 출처 없이 수록된 1950년경 유도회 임원 명단 자료의 원출처인 듯하다. 이 밖에 보조적으로 정용욱(1994)의 자료집도 참고했음.

20 황갑영은 유교계와 아나키스트 독립운동세력이 주축이 된 한국혁명위원회에 적극 참여했는데, 김창숙은 이 평안도의 원로 유림의 기개를 높이 평가하는 추모시를 남긴 바 있다.(『국역 심산유고』)

21 대한제국 학부 관리 시절 이민응은 구한말 주시경 등과 국문연구회에 참여했고, 일제하에 직접 『논어원리언해』를 저술・발행하기도 했다. 개성 유림 및 각지 유림의 문집 발간을 후원하며 일제하의 양심적 유림의 네트워크의 중심에 있었다. 이시영과는 구한말 관료 시의 친분과 임시정부의 독립운동 자금 후원 등과 관련하여 신교를 맺은 듯하고, 그 까닭에 재경 개신 유림의 가르침을 받은 위당 정인보의 예방을 받은 듯하다. 이민응과 정인보의 관계에 대해서는 월전

장우성 화백의 회고(1981)를 통해 짐작 가능하다.

22 김창국 관련 사항은 역사관련 데이터베이스 및 원로 사진가 이명동의 회고 (2010)를 참조했음.

23 지방 본부 위원장이 중앙위원회에 당연 참여한 것은 아닌 것으로 보인다. 전남 본부 위원장 이광수(李光秀), 경남 본부 위원장 정영조(鄭泳朝), 경기 본부 위원 장 이필훈(李弼薰)은 중앙위원에 포함되지 않았다.

24 이 〈표 6-5〉의 명단은 김상구(2008)에 근거했고, 행적은 필자가 조사한 것이다.

25 성균관 총재는 명예직으로서, 이시영의 사임 이후 조성환, 신익희 등이 계승했 다.

26 근대 동아시아 역사에서 유교와 아나키즘은 자주 연합하거나 영향을 주고받 았다. 중국의 저명한 근대 유학자인 장병린(장태염), 장계, 유사배 등이 아나키 즘에 심취했었고, 차이위안페이(蔡元培)와 량치차오도 아나키즘에 우호적이었 다.(조광수, 2002)

27 백정기는 청소년기에 임헌회의 문하에서 간재 전우와 함께 수학했던 박만환이 설립한 영주정사(瀛洲精舍)에서 한학을 수학하던 중 국망의 소식을 듣고, 학감 고인주 및 학생 백관수, 김성수 등 12명과 함께 망국제를 지냈다. 백정기의 생 애 및 활동에 대해서는 허정균(2011)을 볼 것.

28 김창숙·정인보와 이정규의 신뢰 관계는 절대적이었다. 1947년 정인보는 국학 대학 학장을 맡고나서 곧바로 이정규를 교수로 초빙해서 대학의 실무를 모두 맡겼다. 얼마 후 유도회가 설립한 성균관대학이 학내 분규에 휩쓸려 진통을 겪 자 김창숙은 정인보를 설득하여 이정규를 성균관대학에 초빙해서 수습에 성공 했다. 이정규와 형 이을규는 유도회총본부에서 간부를 맡아 유교 조직화에도 큰 기여를 했다.

29 제3기 독촉의 새 진용은 다음과 같다. 위원장 조성환, 부위원장 정인보, 총무부 장 방응모, 재정부장 류기동, 선전부장 김일, 산업경제부장 이종현, 문교부장 이득년, 조사부장 김호엽, 청년부장 변성옥, 조직부장 이태영, 농민부장 이운, 후생부장 김시학, 부인부장 황기성. 그 밖에 무소속 상무원으로 신백우, 김규 영, 박찬응, 이규갑, 홍원국, 김관식.(《대한독립신문》, 1946년 9월 19일)

30 이문창(2008: 273~274)과 이호룡(2015: 416~417)의 서술에 따랐다.

31 변영만과 김범부(金凡父)는 저명한 한학자로서 유교 계열로 포함시킬 수 있다.

손우성(孫宇聲)과 한태수(韓太壽)는 각각 성균관대학의 교수와 전임강사로 임용된 인물로서,(이들의 임용 사실은 『성균관대학교육백년사—천』: 342) 역시 유교계 인물로 볼 수 있다. 손우성은 이정규 계열의 해방 후 아나키즘 운동에 참여했고, 한태수는 4·19 혁명기 교수단시위의 핵심 인물이 된다.

7장

1 『해방 3년사』와 기타 유림 측의 자료 모두 '대동회'로 기록하고 있고, 1947년 미군정의 기록에도 'Taedong Society(Great Mutual Society)'로 등록되어 있는 것을 볼 때, 적어도 1947년까지는 '대동회'라는 명칭을 사용했던 것으로 해석할 수 있다. 그런데 1948년 이후의 당시 신문 자료를 검토하면 '민족대동회' 또는 '조선민족대동회'로 단체명이 변화했다는 것을 알 수 있다. 1948년 남북협상 시기에도 '민족대동회'라는 이름으로 대표자를 파견하기도 했다. 한편 서울경찰국 사찰과 작성의 『사찰요람』(1955)에는 '조선대동회'로 기록했다. 이를 종합해 볼 때, 대동회는 초창기 성균관 접수를 위한 청년유림 조직으로 결성되었다가 유도회 총본부 출범 이후 유교계에서 이탈하여 정치 단체로 성격을 바꿔 '민족대동회'로 공식 활동했음을 알 수 있다.

2 물론, 유교계 통합 이후 대동회가 순수한 유교 단체가 아니라 정치 단체로 활동했기 때문에 유교사 서술 과정에서 그 중요성이 간과될 수도 있다. 하지만 유교계열 인사들이 참여했던 정치 단체로서 해방 정국의 현실 정치에 영향력을 발휘했던 것은 대동회가 유일하다는 점에서 대동회에 대한 치밀한 연구 없이는 해방 이후 유교사를 제대로 서술할 수 없다.

3 장기식(張驥植)의 오기이다. 장현식은 김성수와 동향으로서 중앙고보를 설립한 민족주의 우파의 대표적인 인물로서 대한민국 정부 수립에 힘썼고 국회의원을 역임한 인물로 전쟁 기간 중 납북되었으므로 1948년 남북협상 시기에 월북한 인물과 동일인일 수 없다.

4 양대연(梁大淵)의 오기이다.(〈표 7-2〉 『사찰요람』 기록도 오기) 유림 측의 기록에 등장하는 몇 안 되는 대동회 회원 이름 가운데 '양대연'을 찾을 수 있고,(김상구, 2008: 8) 류용상의 회고(1990)와 이기화의 연구(2006: 50)에서 양대연이 류용상, 서홍옥, 윤재구, 박영신 등과 함께 활동했음을 알 수 있다.

5 서홍옥(徐弘鈺)의 오기이다.

6 윤혁동(尹爀東)의 오기이다.

7 백관수(白寬洙)의 오기로 추정된다. 백관수는 기독교청년회에 관계된 인물이지만 유교 계열인 김성수, 송진우 등과의 인연으로 비슷한 성향을 지녔다. 실제로 1940년 조선유도연합회 평의원으로 참여한 기록이 있다.[《경학원잡지》 45호 (1940)] 이 밖에 '고문' 직에 등장하는 인물 가운데에는 타 종교의 원로가 한 명 더 있다. 동학혁명 때 남북접 단결을 이끌어냈고 이후 대표적인 천도교 혁신계 인사로 활동했던 오지영(吳知泳)이 그다.

8 류용환은 류용상(柳鎔相)의 이명이다. 류용상은 전쟁 중 동음의 한자 이름(柳龍相)을 사용하기도 했다.

9 『자료집』 5권, 13쪽. 해당 자료는 1945년 9월 하지 중장이 각 정당·사회 단체 대표 면담에 스케줄을 잡기 위한 목적으로, 각 단체들이 미군정에 직접 등록한 조사표를 바탕으로 작성된 것이다. 해당 자료는 영문으로 적었으나 편의상 필자가 우리말로 옮겼다.

10 『자료집』 4권, 192~193쪽. 해당 자료는 1947년 6월 미소공동위원회에 참여하기 위해 남한 내 정당·사회 단체들이 직접 제출한 자료와 미군정 측의 분석 자료를 모은 것이다. 역시 원문은 영문이다.

11 이하의 내용은 타자기 양식 옆의 수기 메모로서, 담당자의 면담 평가 내용으로 보인다. 이 자료를 통해 대동회의 당시 정치적 주장의 내용을 알 수 있기 때문에 매우 중요하다.

12 대동회 핵심인 류용상도 창립일을 "9월경"으로 회고하고 있다.(류용상, 1990: 270)

13 류용상의 회고에는 1945년 9월경에 "전국유림대회를 소집, 유도회를 결성하고 회장에 김성규 선생을 추대했다"고 되어 있으나, 이는 사실과 다르다. 김성규를 추대한 집회는 명륜전문 출신들의 소규모 회합이었다. 앞서 검토했듯이, 전국 단위의 첫 유림대회가 열린 것은 1945년 11월 20일이었는데, 이때 김성규는 '임시의장'으로 사회를 맡았고 이 1차 통합 유도회에서 김성규는 '부위원장'을 맡았다.

14 이런 복합성을 이해하지 못한 기존 유교사 서술에서는 대동회가 훗날 유도회로 통합되었다고 판단한 나머지 대동회의 성격을 '우익'으로 잘못 판단하기도 했다. 이런 평가를 신뢰한 한국종교사 서술(강인철, 2013)도 오류를 답습할 수밖에 없었다.

15 미군정 자료에서 대동회를 수기로 'moderate leftist'로 평가했던 것이 이를 뒷받침한다.

16 이는 성균관대학교 교사의 기록인데,(『성균관대학교육백년사』: 311) 이를 확증할 자료는 아직 없다. (일부 자료에는 김성규와 변영만을 처남·매부 관계로도 기록하고 있다.) 다만 이 서술을 통해 김성규와 변영만이 밀접한 관계였을 것이라는 점을 짐작할 수 있다. 한편 최근 발간된 『성균관유도회육십년사』(2007: 23)에서는 엉뚱하게도 한자 이름조차 다른 친일파 김성규(金星圭)를 대동회 김성규로 기록하는 오류까지 범했다. 이처럼 김성규에 대한 유교 측의 기록이 여러 사정으로 불확실했기 때문에 관련 연구 착수에 큰 혼란을 초래해 왔다. 김성규는 김구 계열의 한독당과 전혀 관련이 없다. 다만 김성규는 김규식 주도의 민족자주연맹에서 '정치위원'으로 활동했을 뿐이다. 아울러 필자의 조사 결과, 김성규는 우파가 아니라 일제강점기부터 사회주의운동에 헌신했던 '좌파'였다.

17 이는 류용상의 회고(1990: 266)와도 일치한다. 류용상은 김성규를 "일제시대 때 독립운동과 노동운동을 한 분"으로 적고 있다.

18 「사상요시찰인연명부 추가의 건」(문서철: 검찰사무에 관한 기록③, 국사편찬위원회 한국사데이터베이스)에 김성규가 "明治21년생"(곧 1888년)임을 확인할 수 있다.

19 《동아일보》 기록에는 체포 인물 '김성규'가 1926년 당시 39세로 되어 있으니, 곧 '1888년생 김성규'와 같다.

20 《동아일보》(1932년 7월 26일)에 따르면, 당시 '동산학원'의 소재지가 '신설리'였는데, 1947년 대동회의 주소지가 "신설동 153-373번지"였다는 점에서 역시 동산학원 설립자 김성규가 바로 대동회 김성규와 같은 인물이라고 추론 가능하다. 동산학원에 함께 참여한 이병의는 경기 파주 출신으로 서울파 공산주의 계열의 유력 인물이었다 김성규와 이병의는 1920년대 '노동대회총본부'에서 함께 활동하면서 친분을 쌓았을 것이다.[「노동대회 주최 단체총회에 관한 건」(京鍾警高祕 제906호의 4, 국사편찬위원회 한국사데이터베이스)]

21 『좌익사건실록』 10권(580~583)에 실린 류용상 수사기록에 따르면, 류용상이 "사상적으로 결합성 있는" 김성규를 끌어들인 것으로 볼 수 있다.

22 김성규의 친북 발언은 다음과 같다. "남조선에서 미제국주의자가 실시하려고 하는 단독선거 단독정부를 반대하는 투쟁에 있어서 우리들은 북조선인민의 절대적 원조와 협조가 없이는 도저히 승리할 수 없을 것이다."(박광, 1948: 46) 이 자

료의 원 출처는 《조선중앙일보》(1948년 4월 30일)임을 확인했다. 다만 이러한 북한 측의 선전과 달리, 김성규는 연석회의의 일방적 진행 방식에 이의를 제기하다가 끌려 나갔다고 한다. 이는 여운홍의 증언이다[이정식, 『대한민국의 기원』(서울: 일조각, 2006), 419~420].

23 『해방 3년사』의 '장현식(張顯植)'은 '장기식'의 한자를 옮겨 적는 과정에 비롯된 단순 오식인 것으로 보인다.

24 대동회 임원 '신석호'로 추정할 수 있는 인물은 2명이다. 우선 사학자 신석호를 들 수 있는데, 그는 경북 봉화생으로 겸산 홍치유에게서 한학을 익힌 후 경성제대 사학과를 졸업하고 조선사편수회에 근무했었다. 다음, 명륜학원 출신의 신석호를 들 수 있는데, 그는 충북 청주생으로 1939년 19세의 어린 나이로 명륜학원 본과 10회에 입학했다.[《경학원잡지》 44호(1939): 91] 그런데 사학자 신석호는 경학원과 명륜학원에 관계하지 않았고, 연배도 대동회 회원들보다 한 세대 윗길이므로 그가 대동회 회원일 수는 없다. 따라서 필자는 명륜학원 졸업생 신석호가 해방 후 대동회 임원을 맡은 이라고 판단한다.

25 명륜학원(명륜전문학교) 졸업생 가운데 그동안 알려지지 않았던 인물들('보습과', '연구과' 수료생)들의 명단은 일제강점기에 발간된 《경학원잡지》에서 직접 확인했다. 《경학원잡지》를 통해서 당시 학생들이 졸업 후에도 연구생으로 거재하면서 숙식을 해결하고 연구를 계속했음을 확인했다. 대신 이들은 스승들인 친일 유림 주도의 석전 행사는 물론이거니와 나아가 각종 친일 관제 행사에 동원되었다.

26 『성균관대학교육백년사』에는 이홍림을 1기 졸업생 명단과 3회(신규 1회) 명단에 동시 기입했으나, 《경학원잡지》 35호(1932)를 확인해 보면 1기 졸업생 명단에 없고 대신 3회 입학허가생 명단에만 기록되어 있고,(76) 1935년 졸업생 명단에 기록되어 있다.[《경학원잡지》 39호(1935), 56].

27 송남헌의 기록에는 조태식(趙泰植)으로 되어 있으나, 조춘식의 오식일 것이다.

28 주병건은 명륜전문학원 교수 재식시 《매일신보》(1940년 7월 18일)에 근로보국 칼럼을 게재하여, 청년·학생이 시류에 흔들리지 말고 노동을 통해 보국하자는 취지의 친일 논설을 게재했다.

29 류희진 관련된 서술은 그의 10촌 종제 류희강의 삶을 발굴한 이희환(2006: 12~13)의 논문을 참조했다.

30 박현식은 중동학교 일어 교사로 근무하며 조선어학회 회원으로 활약했다.

31 　서상천은 경북 달성 출신으로, 휘문고보 교사로 활동하며 한국체육운동 발전에 큰 기여를 했다. 해방 후 반탁운동에 나서 대한청년당을 결성하고 우익계 청년운동을 수행했다. 전쟁 기간 중 납북되었다.

32 　류제춘은 의암 류인석의 차남으로, 해방 후에는 류해동(柳海東)으로 활동하며 유도회 통합(1차 통합시 도서관 위원)이후 유도회 발전에 기여했다.

33 　전남 출신 민치환은 임시정부 수립 이후 기산도, 황병학, 이인행 등의 독립운동 자금 모금 사건으로 옥고를 치렀다.

34 　정기섭은 명륜전문 출신 유교계 좌파의 핵심 인물인 정준섭(丁駿燮, 1947년 결성된 전국유교연맹 주동자)의 동생으로서, 해방 후 '상민(常民)'이란 필명으로 활동한 대표적인 좌파 청년 시인이었다. 조선문학가동맹에 참여했고, 남로당의 문화공작대로 지리산 빨치산 지원 활동 중 체포되어 사형선고를 받았다가 무기 감형으로 전주형무소 수감중 6·25 때 처형된 것으로 보인다. 정준섭·정기섭 형제에 대한 서술은 이구영(/심지연, 2001)과 이가원의 회고(김영 외, 1999)를 바탕으로 작성되었다.

35 　안인식은 공자의 대동론을 황도유학의 본령이라고 역설했는데, 이는 황도유학의 주창자 다카하시 도루의 체계적인 조선 유교사 왜곡과 궤를 같이 한다. 다카하시의 조선 유교사에 대한 비판으로는 최영성(2001)을 볼 것.

36 　김태준의 영향을 강조했던 류용상의 회고(1990)를 그대로 수용할 수 없는 이유이다. 류용상이 자신의 회고에 김태준을 끌어들이는 것은 자신의 해방 후 좌익 활동에 대한 사후적 '합리화'를 위한 것으로 보인다. 해방 후 평양을 거쳐 귀국한 김태준이 영향을 발휘한 것은 초기 명륜학원 제자들(정준섭, 이영규)이었다. 이들은 1947년 민전 산하 좌파단체인 전국유교연맹을 결성하여 적극적으로 단선단정반대운동과 통일운동에 나섰다.

37 　1984년 간행된 스승 정홍채의 문집(逸齋遺稿)를 편찬하고 쓴 류용상의 발문에는 또다른 한자명(柳龍翊)으로 되어 있다. 한편 발문에는 자신을 "前成均館典學同大學校敎授"로 표시했는데, 이를 통해 1945년 하반기 임의 개설된 명륜전문학교 교수진에 류용상이 포함되었음을 알 수 있다.

38 　그러나 류용상의 회고는 사실과 다르다. 김태준은 류용상이 입학하기 직전인 1941년 4월 16일에 명륜학원 강사진을 사임한다.[《경학원잡지》 46호(1941), 33] 이는 김태준이 경성콤그룹 사건으로 체포되었기 때문이다. 이 시기에 명륜학원

강사진 중 김영의 등 일제에 비협력적이던 인물들은 경학원의 적극 친일화에 실망하여 대부분 함께 사임했던 것으로 보인다. 류용상이 자신의 회고에 김태준을 끌어들이는 것은 자신의 이후 활동에 대한 '합리화'를 위한 것으로 보인다. 류용상이 김태준의 명륜학원 출신 제자들을 통해 '간접적'으로 김태준과 접촉했을 가능성은 물론 충분하다.

39 류용상 관련 자료 ②와 ③ 모두 대동회와 유도회를 같은 것으로 통칭했는데, 만약 이 회고를 따른다면 대동회는 정치사회 단체로, 유도회는 종교단체로 이원화하는 것이 류용상 그룹의 초기 구상일 것으로 추측할 수 있다. 하지만 여타 자료를 종합해 볼 때, 류용상의 기억 착오로 보인다.

40 류용상은 함께 수감 중이던 조선의용대 출신 활동가 왕극강(王克剛, 곧 김창규(金昌奎)임)의 밀지를 출감 후 백남운에게 넘겨주었다고 회고한다. 당시 왕극강은 조선독립동맹 연락부장을 맡았었는데(김학철 외, 1991), 1946년 이후 백남운의 수차례 비밀 월북과 류용상의 월북 사이의 관련성을 추론할 수 있는 증언이다. 한편 이는 두 가지 점에서 매우 신빙성이 높다. 첫째, 백남운과 류용상이 모두 고창 출신이었다. 둘째, 명륜전문 출신으로 연희전문으로 가서 백남운과 함께 좌익 활동을 했던 정준섭은 류용상과 명륜학원 동창이었다.

41 당 법정에서 징역 15년을 구형받고 10년형을 선고받은 류용상은 1957년 출옥했지만 5 · 16군사정변 과정에서 잠시 재구금되었고, 1980년대까지 사회안전보호법에 의한 감찰대상으로 지내며 고흥류씨종친회(총무, 부회장, 고문)에서 활동하고 동시에 청구서예한문학원을 운영하며 제자를 양성했다. 민주화 이후 자주통일운동의 원로로 지속적으로 활동했다.

42 이는 마치 유럽에서 기독교인으로서 사회주의자가 되는 것이 낯설지 않은 것과 같다. 이에 대해서는 따로 후술한다.

43 민주화 이후에도 류용상은 자신의 회고에서 1차 월북 사실을 숨겼는데, 이는 민족자주연맹 실제 조직을 남로당 계열이 장악했다는 것을 숨긴 채 자신의 삶을 '민족주의'로 포장하기 위한 것으로 보인다.

44 『사찰요람』의 '민족자주연맹' 편에는 박근실에 대해 '정치보위부 대남첩자'로 기술하고 있다.(『사찰요람』: 31)

45 신진당은 신한민족당(유동열, 김붕준)과 고려혁명당, 청우당, 재미한족연합회 등의 군소정당의 결합체로서 미소공위의 협의대상에 오르고자 결성되었다. 이

가운데 부위원장 이용(李鏞) 계는 대거 월북했다.

46 《자유신문》(1948년 12월 11일)에서도 확인된다.

47 그 시기의 각종 공산당 비밀조직 활동에 대해 '조작'이라는 견해가 많았지만, 당사자들의 회고를 보면 분명한 역사적 사실이다. 조선의용대 마지막 분대 장으로 잘 알려진 김학철은 성시백이 중국 팔로군에서 띵샹밍이라는 이름으로 잘 알려진 정보전문가였다고 증언하고 있고,(김학철 외, 1991) 이구영(/심지연, 2001: 151)은 성시백이 중국에서 주계동(朱啓東)으로 활동했던 인물로, 남로당 비선과는 별도의 북한 직접 비선으로 활동했다고 증언했다. 한편 《동아일보》(1993년 12월 14일) 인터뷰에서는 이구영 자신이 정준섭을 통해 성시백 선과 연결되었다고 밝히기도 했다. 한편 북한의 《로동신문》(1998년 5월 26일 자)도 성시백이 김일성의 직접 지시로 남한 중도파에 접근했던 최고 공작원으로 칭송하며 사실을 인정했다.(인터넷 〈통일뉴스〉 검색)

48 1948년 봄에 이러한 박근실의 수상한 행적에 대해 민족자주연맹의 일부 임원은 이미 눈치를 채고 좌익 암약 사실을 비판하고 있고,(《경향신문》, 1948년 3월 25일) 신진당 내부에서도 좌경화 움직임에 반발이 있었다.(《경향신문》, 1948년 4월 6일)

49 『자료대한민국사』 제17권(1950-05-27) 자료로서, 한국사데이터베이스(http://db.history.go.kr) 검색 자료임.

50 유엔한국임시위원단 관계 문서("Request from Joint Conference of Representives of Political Parties and Social Organization of North and North Korea")로서, 한국사데이터 베이스(http://db.history.go.kr) 검색 자료임.

51 《동아일보》, 1949년 5월 9일.

52 이구영의 회고(2001: 163~165)에 따르면, 당시 남로당의 프락치 공작은 집요하게 계속되었고, 실제로 국회 소장파 의원들 가운데 황윤호는 성시백 선, 노일환은 남로계 선에 이어져 있었다고 한다. 그 밖에도 이구영 등 남로당 세포들은 소장파 의원에게 정보 수집 및 공작 활동을 수행했다.

53 장탁립은 곧 장세정(張世瀞)으로서 평안도 의병을 이끌고 의암 류인석 의진에 참여했던 명유였다. 대동회 부회장 장기식이 바로 탁립재 장세정의 아들로서 『탁립재문고』를 간행했음을 서술한 바 있다.

54 김우종(2000ㄴ)에 실린 양대연의 회고를 재요약했다. 양대연의 이 회고가 어디에 실렸는지는 확인하지 못했다.

55 이홍수는 국학대학장 정열모를 홍익대학 학장으로 초빙하여 '홍익인간 재세이화'의 대종교 이념으로 학교를 발전시켰지만, 재정난에 처해 1956년 학교 발전을 약속한 이도영에게 이사장직을 넘겼다. 이후 홍익대의 진통은 잘 알려진 것과 같다.

56 조선국민건의회는 1946년 10월 9일에 옛 전국완전통일자주독립연맹이 해소하며 설립되었고 주목적은 건국을 준비하는 연구조사를 통한 정책 건의에 있었다. 특히 김구의 남북협상에 비판적이었다.

57 《동아일보》, 1949년 9월 3일.

58 최찬익은 일제하 강릉 신리면(현 주문진읍) 면장을 맡았던 인물로, 그의 아들은 강원도 강릉 제헌국회의원이자 1956년 당시 경기도지사였다. 최찬익의 면장 경력은 《매일신보》(1933년 5월 11일)의 면장 임명 기사 중 그가 옛 면장 최형식(崔馨植)의 아들이라는 내용과 최찬익의 문집[『송서유고(松西遺稿)』, 1969]에 실린 선친 묘표문을 대조해서 확인했다. 최헌길이 최찬익의 아들이라는 사실은 김창숙 계열 유도회 부위원장이었던 국회의원 양일동의 발언에서 확인했다.(《동아일보》, 1957년 7월 16일)

59 이 점은 대동회 강령을 통해서 실제로 확인 가능하다. 대동회 강령은 다음과 같다. ① 우리는 동포애로써 대동단결하자. ② 우리 정신으로 신문화를 건설하자. ③ 우리는 국가 대사업에 매진하자.(『해방 3년사』: 217) 1조의 '대동'은 유교의 대동 관념의 색채를 약화시켜 '단결'의 수식어로만 쓰였다. 대신 '동포애'를 강조한 데에서 이들의 감성적 민족주의 성향을 확인할 수 있다. 2조가 주목할 만한데, 여기서 '우리 정신'은 옛 사대주의와 현재의 외세 추종주의를 배격한다는 것이고, '신문화'를 건설하자는 것은 유교인이 봉건 유습에서 벗어나 근대적 사회 건설에 나아가자는 것을 뜻한다. 이를 종합해 볼 때, 이 강령 채택 시점의 대동회의 현실 정치적 성격은 진보적 중도좌파에 친화적이리라고 추론할 수 있다.

60 미군정에 영문으로 제출한 강령을 번역해 보면, 내용은 대동소이하지만 그 뜻은 더욱 선명해진다. 우리말로 옮기면 다음과 같다. ① 애국심으로 단결하자. ② 새로운 문화를 건설하자. ③ 민족적 책무를 향해 나아가자.

61 《조선일보》, 《서울신문》의 기사를 보면, 전국유교연맹은 "전국 유교인을 결속 계몽하여 사대 의타사상을 배제하고 조국의 자주독립달성에 매진"하려는 목적

으로 결성되었다고 한다. 《독립신보》 4월 20일 자에는 전국유교연맹의 '결의문'이 실려 있는데, 민전 가입 이유가 반동 세력에 맞서기 위함이라고 주장하고 있다. 당시 사회는 이승규가 맡았고 개회사는 김응섭이 맡았다. 이들에 대해서는 후술한다. 한편 《경향신문》 보도는 결성식장의 모습을 잘 보여 주고 있는데, 이 역시 후술한다.

62 한국사데이터베이스에는 '安勳(趙擎韓)'으로 되어 있는데, 유교연맹 측에서 직접 제출한 자료인 『등록철』의 자료에는 '壎'으로 나온다. 조경한은 임시정부에서 김구의 비서장을 맡았던 인물로서 해방 정국에서 뚜렷하게 우익 활동을 했으며, 1948년 김구의 북행에도 동행하지 않았다. 따라서 필자는 안훈을 조경한으로 보지 않는다. 한편 安壎은 『분암문집(憤庵文集)』의 저자로서 곽종석 문하의 유학자였는데, 전국유교연맹 참여자가 그였는지는 확증할 수 없다. 다만 안훈역시 파리장서운동과 관련이 있는 인물이고(단, 서명자 명단 137명에는 없음) 또 전남 곡성에서 후학 양성에 힘 쓴 명망가이므로, 이런 연고와 지역 안배 차원에서 김응섭이 접촉했을 가능성이 있다.

63 류인식의 동생이자 류면희(柳冕熙)의 부친. 류면희는 안동 출신 사회주의자 권오설과 함께 조선학생과학연구회에 참여하여 6·10학생운동을 주도했던 인물이다. 류만식의 전국유교연맹 참여는 가족사적으로 자연스럽다. 이규호와 최준의 참여도 자연스러운데, 이들에 대해서는 후술한다. 그런데 류만식은 파리장서운동 초기 동참을 거절하여 김창숙 등의 분노를 샀다.(『국역 심산유고』, 319, 623)

64 일부 신문에서 강윤원을 강봉원(姜鳳元)으로 잘못 표기했는데, '강윤원'이 맞다. 전국유교연맹 직접 제출한 자료와 전국유교연맹 공고문에 '강윤원'으로 나온다.

65 그 밖의 초창기 유교연맹 참여자로서 확인되는 인물로 권상규가 있다.(《민보》, 1947년 3월 30일) 권상규에 대해서는 5장 1절의 각주에서 설명했다.

66 원제는 Handbook of the Democratic People's Front and Associate Organization(『민주주의민족전선과 휘하 단체에 대한 소책자』). 『자료집』 5권: 346.

67 『자료집』 5권: 420.

68 다른 지역에서 결성에 어려움을 겪었던 데 반해 충청북도에서 활발했던 이유는 당시 남로당 비밀 세포였던 이구영의 지역 기반 때문이었을 것이다. 당시 남

로당원이던 이구영의 공개적인 직함으로는 '전국유교연맹 충북지회장'이 유일했다.[이구영(/심지연), 2001: 126]

69 이 주소지는 위 『등록철』에 실린 '유도회'의 것과 같다(전화번호도 같음). 따라서 출범 시 회현동에 있던 전국유교연맹이 북한의 서울 점령 기간 동안 성균관을 접수하여 사무실로 사용했다는 것을 확증할 수 있다.

70 이 가운데 조선최고인민회의 1기 대의원선거에서 대의원으로 선출된 자는 다음과 같다: 류진영, 이원일, 강윤원. 한편 이 인물들 외에 전국유교연맹의 핵심 인물로 이구영, 이영규(이인규로 개명 후 당선)가 대의원으로 선출되었다.[이구영(/심지연), 2001]

71 목차 하단에 별도 기재 내용임.

72 명륜학원 입학자 이태등(李泰登)이 이가원의 이명이라는 이구영의 회고(/심지연, 2001)에서 나오는데, 필자가 《경학원잡지》 44호(1939), 92쪽에 실린 1939년 입학자 명단을 조사한 결과, 연구과 2기 입학생 이태등(23세)의 주소가 '안동군 도산면 온혜동'으로서 곧 이가원임이 확인된다. 최근 간행된 『연민 이가원 평전』(허권수, 2016)도 참고할 수 있다.

73 이가원이 말한 그 '다른 사람'이 이영규였을 것으로 추측한다. 명륜학원 졸업생으로 영향력을 발휘할 수 있고 또 얼마 안 가 죽었다는 조건을 충족할 만한 인물은 이영규밖에 없기 때문이다. 이영규가 1950년 간첩으로 남파되어 체포되자마자 아주 쉽게 전향한 데에는 이미 김태준이 사형 당해 더는 스승의 눈치를 볼 필요가 없었던 까닭이 작용했으리라 본다. 이영규가 전국유교연맹 결성식의 사회를 맡았다는 점도 또한 추론의 주요 근거이다.

74 김창숙의 「躄翁 七十三年 回想記」에는 김응섭에 대한 평가가 실려 있다. 이에 따르면, 김응섭은 국내에서부터 김창숙과 사귀던 친구였는데 독립운동 기간 경제적 고통을 견디지 못해 탈선하는 일이 잦았다. 김창숙은 김응섭과 남형우(南亨祐)가 '제2의 손영직(孫永稷)'이 될까 우려했는데 결국 몇 년 후 적에게 귀순했다는 것이다.(『심산유고』: 335) 손영직의 사례를 참조하면, 김응섭과 남형우는 경제적 고통을 이기지 못해 운동을 포기하고 귀국한 것이 된다. 김창숙의 이러한 회고는 해방 정국에서 김응섭과의 대립을 겪고 난 이후에 기록된 것임을 감안해야 한다. 사료를 통해 확인되는 사실만 볼 때, 김응섭의 귀국은 1931년 체포 이후 사경을 헤매던 상황에서 장남 김헌재(金憲在)의 간청에 의한 것이었

다.(《동아일보》, 1931년 5월 28일) 일제는 그의 귀국 직후 곧바로 서류상으로만 남아 있던 그의 변호사 자격까지 취소했는데,(《조선총독부 관보》, 1931년 8월 27일) 이를 보면 김응섭의 귀국이 적에의 귀부가 아니라는 점이 방증된다. 남형우의 경우도 마찬가지인데, 남형우는 1930년 중국군에 의해 체포되었다가 1931년 병을 이유로 귀국했는데 처벌 받지는 않았다. 김응섭과 남형우가 일제에 의해 투옥되지 않았다는 점을 근거로 김창숙은 그러한 판단을 한 듯하다.

75 김응섭의 한문 유고 「七十七年回顧錄」이 한국국학진흥원에 의해 발굴되었는데,(《한겨레》, 2007년 8월 14일) 아직 공간되지 않았다.

76 「등록철」의 기재 순서를 보면, 상위 5인(김응섭, 홍승국, 류진영, 이영호, 이원일) 가운데 '이영호'를 제외한 4인은 전국유교연맹 대표로 월북하여 유교연맹 몫의 대의원으로 선출된 이들이다. 그런데 실제 5인에는 '이영규'가 포함된다. 따라서 '이영호'는 '이영규'임이 확실하다. 이영규(李泳珪)가 전쟁 직전 전향한 것을 알고 있던 작성자가 조직 보호를 위해 이름을 바꿔 기재한 것으로 보인다.

77 대구대학은 출발부터 유교계 대학이었다. 처음 재단 결성 시 경북 향교재단을 중심으로 대학 설립이 논의되었고 최준이 거액의 자금을 기부했기 때문이다. 물론, 친일 경력의 대부호 정해붕(鄭海鵬, 1949년 반민특위 체포)의 초기 기부 재산은 최준의 그것에 비할 바 없이 많았지만, 1956년 재단이사장에 취임한 최준이 추가로 최부잣집 전 재산을 대학에 기부하면서 재정적으로도 유교계 대학의 성격이 명확해졌다. 하지만 1964년 학교 발전 약속을 한 삼성 이병철 회장에게 이사장직을 넘긴 후, 1967년 박정희 대통령을 학교 교주로 내세운 청구대에 합병되어 영남대학교가 되면서 역사에서 사라졌다. 이때 이병철 회장이 학교를 포기한 이유에 대해서는 이설이 분분하지만, 어찌됐든 이병철이 학교 설립자인 최준과의 약속을 저버린 것은 명확한 사실이다. 대구대학 외에 영남권의 유교 대학으로 마산대학도 있었다고 전한다.(《매일경제신문》, 1969년 10월 14일)

78 이 가운데, 이수목은 처음부터 자신들이 유교연맹과 무관함을 알렸다.(《동아일보》, 1947년 4월 29일) 이수목은 경북 달성 출생으로 1915년 조선국권회복단 중앙총부에서 활동했고, 1944년 여운형의 건국동맹에 가입하여 자금 관리를 담당했던 독립운동가였다.(국가보훈처 공훈전자사료관 인터넷 검색) 그 밖에 일제하 협력 유림이었던 이승규와 조순원도 유교연맹 초창기 임원에만 등장하고, 나중에는 활동을 하지 않았다.

79 이구영(2001)의 증언과 여러 단편적 자료를 종합해 볼 때, 해방 직후인 1945년 9월 18일에 출범한 사서연역회(史書衍譯會)는 홍기문이 회장을 맡았고, 이구영, 이석구, 이원일, 이원헌, 이가원, 신응식(신석초), 김춘동, 조풍연, 이병도 등이 참여했음이 확인된다. 사서연역회는 우리 전통문화의 계승과 올바른 역사관 수립을 목표로 옛 역사서를 국역 간행하는 사업을 벌였다.(《대중일보》, 1945년 10월 7일) 사서연역회는 1년 후 『삼국유사』(고려문화사)를 번역 간행하며 권말에 취지서를 남겼다. 사서연역회 회원 가운데 전국유교연맹에 가담하지 않은 이는 이가원, 신석초, 김춘동, 조풍연, 이병도 등에 불과하다. 훗날 북에 남은 홍기문, 이원일, 이원헌을 제외한 나머지 인물들은 한국 현대 한학 발전에 큰 기여를 하게 된다.

80 결성식장에서 소란을 피운 학생들이 누구였는지는 분명하지 않다. 아마도 민전 계열의 유교연맹 결성에 반대한 '학련' 계열의 학생들이 방해 목적으로 소란을 피운 것으로 보인다. 성균관대의 경우 1947년 2월경 '학통' 측의 좌파 학생들의 동맹휴학으로 정상적인 학교 운영이 불가능했다. 이에 맞서 우익 계열 '반탁학련'('학련') 학생들이 맞서는 과정에서, 교내에서 이른바 '교수테러사건'이 발생하게 되었는데, 이 와중에 교수의 3분의 2가량이 항의 사임하기도 했다.(《동아일보》, 1947년 2월 22일)

81 『양반전』(협동문고, 조선금융조합연합회, 1947). 이석구는 1960년대 이후 민족문화추진회에서 '이민수'라는 이름으로 열정적으로 고전 번역에 참여한 한학계의 대표적 인물이다.

82 《민주신보》 1947년 7월 13일 기사에 따르면, 경남유교회('유도회'의 오류) 부위원장 박문석(朴文錫), 선전부장 하응달(河應達), 산업부장 조○관(趙○觀), 감찰위원 강병관(姜炳觀) 등 4인이 유도회의 비민주성을 폭로함과 동시에 유교연맹에 가입하면서 성명서를 발표했다. 이는 전국유교연맹과 통합 유도회의 갈등과 관련한 유일한 언론 자료로서 중요하다. 참여자들의 인적사항은 확인하기 어려운데, 회봉(晦峰) 하겸진(河謙鎭)의 문인으로 보이는 강병관의 경우 그의 형제들인 강병창(姜炳昌)·강병도(姜炳度)가 일제하 유력한 사회주의 조직가였고 해방 이후에도 좌파 활동에 적극 참여한 사실을 미루어 볼 때 유교연맹 참여의 당위성이 있다. 다른 참여자들은 진주 지역의 유력자들로 보인다. '완고 가정 출신으로 한학의 교양이 있다'는 강병창에 대한 당대의 평가(《삼천리》 14호.(1931)를 볼

때, 6·25 전쟁 기간 북한군의 서울 점령기에 김창숙을 전향시키기 위해 파견된 강병창(姜柄昌, 「국역 심산유고」: 145)과 동일 인물일 가능성이 높다.

83 김용직이 이원헌의 방문 시기를 '1946년 봄'으로 기억하게 된 근거는 당시 이원헌이 귀향하면서 자신이 발행한 잡지 《적성(赤星)》과 사상서(「무산계급 이야기」)를 휴대했다는 데에 있다. 《적성》 창간호 간행이 1946년 3월이므로 그것에 따라 판단한 듯하다.

84 김명수와 이원헌 사이의 개인적 친분으로는 협력이 가능했을 수도 있다. 그런데 퇴계와 율곡으로 대별되는 조선 성리학 역사 전체를 놓고 보면, 김명수의 협력 거부는 개인적 차원이 아니라 문중 전체를 의식한 거부였다. 앞서 서술했듯이, 김남수는 1925년 도산서원철폐운동을 벌였는데, 이에 예안의 진성 이씨(퇴계 종가) 세력은 안동의 유교 세력 전체를 동원하여 김남수를 응징하고자 했다. 그런데 광산 김씨의 경우 안동 쪽의 일문은 남인 계열이었지만 기호 지역의 주류는 율곡 계통의 사계 김장생의 후손들이었다. 진성 이씨와 도산서원 측의 김남수 응징 요구에 맞서 오히려 광산 김씨 가문은 그를 옹호했다. 이러한 문중 간 대결 의식이 김명수의 이원헌 협력 거부에 영향을 미쳤을 수 있다는 해석은 윤학준(1995: 201~205)을 참고했음.

85 『退修齋日記』 17권, 丁亥年 六月 二十二日. 이 날짜는 '양력'이다. 원문은 다음과 같다: 日曜 壬申 (陰 五月 初四日, 天氣 朝, 雲霧籠山, 朝後, 霧消而雲不開. 向夕微雨, 入夜, 不止而終不能霈然.) 朝後, 發行入城, 至儒會事務所, 聖登·文郁·申子三在焉. 少頃, 在李希純藥房, 遇李達三, 少語, 文郁對子三有所傳, 是儒會教化部長辭任書云. 俄與聖登·子三至成甫家, 聖登言, 昨日安昌瑞發起儒教聯盟(원주: 京城有儒教聯盟本部, 已歸於左黨, 安亦是左黨, 故倡立此會), 來見朴時哉, 請爲其聯盟長, 時哉峻辭以却之, 被其脅迫而終不屈, 今須往時哉處, 開會, 商議其對策云. 因從叔姪同往時哉宅, 子三繼至, 時哉曰, 所謂儒教聯盟者, 本不是爲發明儒教而設立, 只是欲與儒道會作對敵者也. 彼輩將托以門戶開放, 驅邑中市井輩而入聯盟, 事事與吾會作對, 則當見無處不衝突而詬辱隨至矣. 爲吾會員者, 自會長以下, 若一遭其詬辱, 則必不肯再出而處理會務也. 夫如是, 則只余一人兀然獨立矣, 終何能有成乎. 聖登深以其言爲是. 且言, 吾儒道會當初主旨, 不欲干與於政治, 而今與儒教聯盟對立而衝突, 則將不免於終爲右也, 須先覺悟此一事可也. 余曰, 旣與聯盟對敵, 則不可不以戰術行之也. 古兵法有曰, 知彼知己, 百戰百勝, 吾會員

之一遭辱, 則不再出, 彼己深知之矣. 然則勝算, 豈不在彼乎. 且吾會方與勁敵相對, 須先整頓陣營, 而如余之旣老且病, 實不堪驅馳, 則必須先薦會中年少可堪者爲會長, 乃是急務也. 위 번역문은 필자의 논문(이황직, 2016)의 해당 부분을 일부 수정한 것이다. 번역의 잘못을 바로잡아 준 학문의 동료 이현일 교수(성균관대)에게 감사한다.

86 실제로 유교연맹 밀양지부 결성 움직임이 있기 얼마 전인 1947년 2월 남로당이 주도했던 전국적인 '2·7 폭동' 때 밀양은 가장 큰 피해를 입었던 지역 중 하나였다. 당시 밀양에서 검거된 자의 수만 1,900명에 달했는데, 폭동 참가자들은 두 개의 지서를 습격하고 경찰과 우익청년단원 3명을 살해했다.

87 원문은 다음과 같다. "先哲有訓人必自侮而後人侮之國必自伐而後人伐之. (……) 外軍不退無獨立統一不成無國家爲口號毅然決然擧義抗○照理開導粉碎單選單政之陰謀推進南北會談使外人無所施計."

8장

1 다만 그러한 사회운동에 참여했던 명문가 출신의 젊은 청년들은 사회주의에 휩쓸리면서 과도한 반(反)유교 활동으로 나아간 경우도 많았는데,(심상훈, 2004) 그들의 유교에 대한 태도가 옳았는가에 대해 논하는 것과는 별개로 그들의 사회주의운동 결과가 한국 현대사에서 비극으로 종결되었다는 점에서 넓은 의미의 유교계의 손실이라 하겠다.

2 1950년대 기독교에 대한 자기반성으로 이만열(1981), 한국기독교역사학회(2009) 등을 볼 것.

3 유교계의 중요 인물들은 모두 학맥·혼맥과 독립운동 경력 등으로 강하게 연결되어 있었는데, 뒤집어 보면 서로에 대한 믿음이 거꾸로 인맥 형성에 영향을 미친 것이다. 이시영의 여동생은 신익희의 형 재희와 결혼하여 사돈지간이 되었다. 신익희는 조선 양명학파인 강화학을 계승한 신대우, 신작 가문의 후손으로서, 또 다른 계승자인 이건창, 이건승, 이건방 등과 함께 양명학의 독립운동을 주도했다. 실질적인 첫 국회의장직을 수행했던 신익희는 유도회 총재로 추대되기도 했다.[이 사실은 '국회속기록'(1948년 11월 29일) 116차 회의 중 의장 신상발언을 통해 확인했다] 정인보는 이건방에게서 양명학의 종지를 계승하여 조선학운동을 주도했고, 해방 후에는 김창숙을 도와 유교 부흥에 매진했다. 한편

이시영의 형인 이회영의 아나키스트 운동에서는 이을규, 이정규 형제와 정화암(현섭) 등이 함께했는데, 김창숙은 이정규를 성균관대로 이끌었다. 이상의 이야기 가운데 일부는 정인보의 제자인 민영규(1994)의 저술에 가장 잘 정리되어 있다.

4   1909년 나철에 의해 중광된 대종교의 경우는 사실상 단군민족주의에 바탕한 정치종교로서의 성격이 강했다. 실제로 입교 과정에서 타 종교 가입 여부가 중시되지도 않았고, 마찬가지로 대종교인으로서 타 종교 활동을 수행하는 경우도 많았다. 임시정부 요인들이 대부분 대종교에 호의적이었던 것은 그것이 종교로서보다는 망명객 집단 사이의 각종 차이를 아우르는 민족의 열망을 표현하는 이념의 성격이 강했기 때문이다. 대종교 측의 기록(『대종교중광60년사』)만 본다면 독립운동가 거의 모두가 입교 교인인데, 필자는 그러한 해석에는 동의할 수 없다. 대종교의 주요 인물들은 민족주의자로서 대종교를 수용했지만 생활 방식과 사회적 규범에서는 유교를 따랐다. 해방과 정부 수립에 따라 대종교의 필요성이 사라지면서, 본래부터 개혁 유교(이를테면, 대동교)와 대종교 사이에 하등의 내적 갈등이 필요 없었던 인물들이 굳이 대종교를 고수할 필요는 없었다. 실제로 관련 연구자들이 유학을 신봉한 양반 유림이 많이 입교한 것을 들어 대종교를 '양반 종교'라고 부르면서 '조선 유교의 민족화된 형식'으로 대종교를 이해하는 것도 그 때문이다.(삿사, 2003: 149) 이 연구에서 유교적 교육 배경을 갖추고 대종교에 관계했던 인물들은 제2 유형의 유교 계열 인물로 분류했는데, 특히 개혁 유림 학자들과 임시정부·광복군 계열의 정치인들이 여기에 많이 포함되었다. 다만 이들 세력 가운데 정치인 집단은 단정과 전쟁으로 임정 세력이 붕괴되면서 약화되었다. 또한 이들은 현실 정치에 깊숙이 개입했던 까닭에 지식인으로서의 활동은 거의 없었으므로 실질적인 분석의 대상에는 거의 포함되지 않았다.

5   김창숙의 남북협상 참여 반대 이유에 대해, 권기훈(2000)은 북행 자체가 우익 진영의 분열로 인식될 수 있고 또 좌익단체가 다수 참여했다는 현실적 이유 때문으로 보고 있고, 최영성(1997(5권))은 유교계에서 좌파(김응섭, 전국유교연맹)와 우파(김성규, 대동회)가 나뉘어 참여하는 것을 우려했기 때문으로 보았다. 최영성의 견해는, 앞서 검토했듯이, 대동회 김성규가 이미 좌경화된 인물이었다는 점에서 기각된다. 권기훈의 견해 역시 김창숙이 1948년 이전이나 이후 모두 일관

되게 통일독립국가 건설 노선을 걸었다는 점에서 적절치 않다.

6   제헌의원 선거에서 '유도회'로 출마해 당선한 이는 조국현이 유일하지만, 선대
가 유림의 독립운동에 참여했던 이들의 후손들 다수가 국회의원으로 당선되었
다. 이에 대해서는 뒤에서 상세히 서술한다.

7   독재정권에 이용 당한 것이 유교계뿐만은 아니었다. 1950년대는 한국 종교계
전체가 정치적인 갈등으로 분열되기 시작한 시점이었다. 개신교단의 분열, 불
교계 내분 등은 직간접적으로 이승만 정권의 지지 기반 확립 과정에서 빚어진
불미스런 사태였다. 종교계를 선거에 이용하려는 정권의 움직임에 언론까지
우려를 표명했을 정도이다.(《동아일보》, 1956년 4월 18일)

9장

1   이종률(1971)은 전통 성리학에 대해 강한 반감을 평생 표출해 왔는데, 이는 구습
을 타파해야 한다는 혁명가로서 소신 때문이었다. 하지만 그 저술에서도 그는
역사적 책임감을 발휘한 유교인을 높게 평가했고, 실제 영남 혁신 유림의 상징
인 김창숙과 이시영과 정치적 운명을 같이했다. 이종률은 1950년대 부산대 교
수 재직 시기에 김정한, 이주홍, 최종식 등과 함께 민족문화협회를 설립하여 이
후 부산 문화계의 저항의식을 일깨웠는데,(김선미, 2008: 133~134) 특히 부산 문화
계를 이끌던 소설가 김정한의 사유와 이종률의 생각 사이의 공통성에 주목할
수 있다. 김정한의 작품 세계에서는 유교적 절의를 지킨 인물들이 긍정적으로
묘사되었는데,(김택호, 2007) 이는 유교의 핵심이 높은 도덕적 저항에 있다는 것
을 알리려는 뜻이다. 참고로, 훗날 '민족문학'으로 체계화되는 흐름에서 유교와
전통에 대한 태도는, 1920~30년대 작가들의 부정적인 태도에서 벗어나, 서서히
긍정적으로 변화했다는 점을 간단히 언급해 둔다.

2   이종률은 김창숙, 김성숙 등과 함께 1955년 1월 백범 김구 묘소를 참배했다.(《한
겨레신문》, 1991년 3월 15일) 이시영의 서거 3년 후 추모사업의 일환으로 조직된
성재학계(省齋學稧)에서 김창숙이 대표 격인 도유사(都有司)를 맡았고 이종률은
유사(有司)로 참여했다.(《동아일보》, 1956년 2월 2일) 『산수이종률저작자료집』 2집
에는 이종률의 회고로 자신의 모든 활동이 서술되어 있다.

3   김규식이 의장으로 추대된 '민강'의 주요 참여 인물 가운데, 김창숙, 조소앙, 안
재홍, 김성수, 최동오, 신익희, 윤기섭 등이 유교적 배경의 인물이었다. '민강'에

는 그 밖에 기독교계 인사 다수와 불교계의 김법린, 대종교계의 김희균 등이 두루 참여했다.

4   유교 네트워크의 전통적 언어는 '정신의 사귐'으로 번역할 수 있는 '신교(神交)'이다. 퇴계와 남명의 관계에서 보듯이, 굳이 얼굴을 마주하지 않고도 선비들은 천리를 격한 채 편지로 자신과 의기가 통하는 이들과 정신적으로 사귈 수 있었다. 오직 학문적 엄밀성과 도의의 추구만이 신교의 근거였을 뿐, 사적 연고와 현실적 고려는 사귐의 조건이 되지 않았다. 이런 점에서 신교는 상소, 붕당, 계 등과 구별되는 유교적 공론장의 한 존재 방식으로서 추후 적극적 연구 주제로 설정될 필요가 있다.

5   1956년 3대 대통령 선거에서도 유교의 네트워크가 크게 작동했다. 김창숙은 선거 승리를 위해서 통합야당 민주당의 대통령 후보인 신익희와 진보당의 조봉암 사이의 후보 단일화를 촉구했고 실제 담판 과정에 가장 깊게 개입했다. 다만 유교 계열의 마지막 핵심 정치인이었던 신익희가 그 전에 민주당 후보가 되는 것까지 유교 네트워크로 설명할 수 없음은 물론이다.

6   이들은 일제강점 말기에 동아일보 등 민족지의 강제폐간에 무력할 수밖에 없었던 아픈 과거를 공유하고 있었는데, 경향신문의 강제 폐간 사건은 이들의 저항을 결집시키는 계기가 되었다. 항의서명자의 숫자가 '33'이라는 점은 기미독립선언서 민족대표 숫자와 같다는 것을 상기해 두자.

7   참여자 명단은 《경향신문》(1960년 5월 10일)의 자체 회고 또는 《동아일보》(1959년 5월 8일) 보도를 볼 것.

8   이가원은 전통 교육을 이수한 후 중국 유학을 꿈꿨지만 여비가 없어 포기하고 한학 실력만으로 신입생을 선발했던 명륜전문 연구과에 입학했다. 거기서 만난 스승 김태준은 해방 정국에서 이가원에게 '오백만 유림을 이끌고 사회주의 국가 건설에 협력하라'고 명령했지만, 그는 학문의 길을 걷겠다며 받아들이지 않았다. 이는 이가원의 사회관을 알 수 있는 사례이다. 본문과 각주의 내용은 모두 이가원의 회고(1999)와 이우성의 이가원 회고(1990: 2012)를 참조했다. 참고로, 이가원은 '유림 분규'가 종식된 후 유도회를 이끌게 된다. 이우성은 실학 연구를 통해 민족민주주의의 역사적 기초를 제공하고 1980년 '361 교수 성명'을 주도하게 된다.

9   이상은에 대해서는 윤사순(2005), 김경탁에 대해서는 한국공자학회(2007)를 참조

했다. 권오돈에 대해서는 언론 자료 및 제자 송준호(2013)의 회고 등을 종합했
다. 이상은과 김경탁이 학계 내에서 민주화운동에도 이후에 지속적 기여를 한
반면에, 권오돈은 박정희 정권에 의해 '정치교수'로 규정되어 강제해직 당할 만
큼 적극적으로 혁신 정치 활동에 참여했다.

10 이항녕은 부산 피난 시 당시 성균관대 부학장 이정규의 후의로 법학을 강의했
고 서울 귀환 시 성균관대에 자리를 잡았다고 한다.(『국민문화연구소오십년사』,
415) 역시 성균관대 정치학과장을 맡았던 한태수까지 포함하면, 교수단 데모에
미친 이정규의 영향력을 더 깊게 살펴볼 필요가 있다.

11 이상은(1960)의 회고에는 한태수 대신 권오돈이 포함되어 있는데, 당시 고대 학
생으로서 깊게 관여했던 홍영유의 증언과 정석해의 회고, 그리고 동아일보 보
도를 볼 때, 권오돈 대신 한태수가 포함되는 것이 옳다.

12 그 밖의 여러 회고담을 종합하면, 고려대의 경우 조지훈, 연세대의 경우 함병
춘, 김용현, 이종은, 김정수 등의 참여를 기억할 필요가 있다.

13 을유회의 멤버로는 두 사람 외에, 장자인, 서세충, 현동관 등이 있었다고 한다.

14 정석해와 권오돈의 관계는 마치 일제강점기 백낙준과 정인보의 그것을 보는
것 같다. 독실한 기독교인인 정석해는 문과대학장을 맡으면서 한학을 가르칠
사람으로 권오돈을 채용했는데, 예전 정인보와 백낙준이 그랬듯이 우정을 나
누며 학내 민주화와 비판적 정치 참여의 길에 함께했다. 정석해에게 종교적 차
이는 중요하지 않았다. 기독교계에서도 대표적 인물이었던 백낙준이 보인 기
회주의적 처신에 환멸을 느낀 정석해는 비슷한 독립운동 경험을 가진 권오돈
을 더 신뢰했고 행동을 같이했다.

15 권오돈은 해방 직전까지도 일제에 맞섰고, 해방 직후에는 같은 기호학파 반가
출신인 조소앙을 따라 정치 활동에도 나섰다. 그런 그가 연희대 교수가 된 데는
구한말 한성외국어학교 교관(한문 교수)이었던 부친 권녕우에게서 글을 배운 국
어학자 열운(洌雲) 장지영(張志暎)의 추천이 있었기 때문이다.

16 임창순의 회고에 보면, 이종률과 해방 이전부터 잘 알고 지냈고 해방 후 이종률
이 대중학술동맹을 만들 때 참여하기도 했지만 그 활동이 "유명무실"했다고 한
다.(청명임창순선생추모사업추진위원회, 2000: 39)

17 대학 재단과의 관계도 중요한 고려 사항일 것이다. 고려대의 경우, 이승만에게
대항했던 김성수의 영향력이 사후에도 유풍으로 남아 있었고, 총장 유진오를

비롯한 보직교수 일부는 학생들의 움직임에 동의하는 편이었다. 연세대의 경우, 정권에 협조적이었던 백낙준의 성향에 따라 주요 보직자가 아닌 일반 교수들의 참여가 더 눈에 띈다. 독실한 기독교인인 정석해와 김윤경이 백낙준에 반기를 들었는데, 결국 이들은 4·19 혁명 이후 재단에 맞서며 힘든 시기를 보내야 했다. 김창숙과 이정규를 축출했던 성균관대의 경우에 친이승만 세력이 장악한 재단에 맞섰던 교수들이 교수단 데모의 주도자가 된 것은 두말할 나위도 없다.

18 교수단 데모 참가 교수들 대부분이 자신들의 역할이 제한적이었다고 겸손하게 해석했던 데 반해, 조윤제는 유일하게 이승만 하야에 미친 교수단 데모의 결정적 역할을 강조하고 있다. 조윤제의 정치적 감각에서 볼 때 내각제 개헌 고려 등의 이승만의 타협책 때문에 학생이나 정치권의 행동이 부득불 저지되었을 것이라는 판단도 일리 있는데, 바로 그런 상황에서 지난 기간 학생들의 희생을 헛되게 할 수 없다는 목적하에 일어난 교수단 데모에 의해 결국 혁명을 승리로 이끌 수 있었다는 것이다.

10장

1 민자통의 유교계 인사로는 김창숙, 조문태(趙文台), 이흥로(李興魯)가 언급된다.(김지형, 1994) 조문태는 공동의장과 상임위 부의장, 이흥로는 외무위원장을 맡았다.

2 민자통의 분열 시점에서 김창숙은 주도권을 상실한 것으로 보인다. 한편, 1961년 초반 민자통과 중립화조국통일총연맹의 성격에 대해서는 신상초의 기고문(《경향신문》, 1961년 3월 13일)을 참조했다. 신상초는 반공주의의 측면에서 볼 때 이들의 통일방안이 모두 비현실적이라는 점을 강조하고 비판했다.

3 그 밖의 통심위원으로는 정석해, 장지영, 주홍모, 함석헌, 박진, 박희성, 박희범, 정재각, 김창선, 정순종, 이종률, 유병묵, 윤석식, 권대복 등이 활동했다.

4 당시 문교부장관은 이종우(고려대) 교수로서 이상은과 함께 4·25 교수단 데모를 기획했던 인물이다. 이종우 장관은 당시 학원분규가 가장 극심했던 숙명여대 총장에 정석해, 성균관대 총장에 이정규를 각각 선임시켰는데, 그만큼 그들의 양심과 능력을 신뢰했기 때문이다.

5 수습위원회는 다음의 인물로 구성되었다.(금장태, 1999: 219) 대표위원 권오돈, 총

무위원 오양(吳養), 조직위원 임창순, 선전위원 송정훈(宋政勳), 섭외위원 김중렬(金重烈). 성균관 전학 출신의 송정훈은 1970년대 후반 미국에서 종교법인 한국유교명륜당을 설립하여 미국인을 대상으로 유교 설교에 나서기도 했다.(《동아일보》, 1979년 7월 30일)

6 재경유림단 성명 이전인 7월 12일 재경대학교수단 역시 한일협정반대성명을 냈다. 당시 교수단 서명은 조윤제, 권오돈, 김윤경, 정석해, 이헌구, 김경탁 등이 주도했고 총 354명의 서명을 이끌어냈는데,(《동아일보》, 1965년 7월 12일) 이는 그 5년 전인 1960년 4·25 교수단 데모의 핵심 및 참여 세력과 거의 일치한다.

7 당시 정치교수로 대학에서 추방된 교수진에는 학계의 대표 인물들이 망라되었다. 양호민, 황성모(이상 서울대), 서석순, 양주동, 정석해, 권오돈(이상 연세대), 김성식, 이항녕, 조지훈, 김경탁, 조동필(이상 고려대), 김윤경(당시 한양대), 김삼수(숙명여대), 조윤제(청구대), 이헌구, 이태영(이상 이화여대). 그 밖에 황산덕, 김기선(이상 서울대), 박삼세(대구대) 교수가 파면되었고, 이극찬(연세대), 정범석(건국대), 김성준(이화여대), 전경연(한국신학대), 김경광(청구대) 등이 강제 퇴직 당했다.

8 당시 신당의 당명은 '새한당'으로 권오돈이 순우리말로 지었다. 우리말 명칭에 대한 구설 때문에 결국 '신한당'으로 개칭되었다.

9 유석현은 일제하 북경에서 김원봉의 의열단으로 활동했고 해방 정국에서는 김규식의 비서로 활동하며 민족자주연맹의 남북협상을 주도했다. 권오돈이 조직했던 문예운동사(1929) 사건에 함께 연루되었다.

10 조규택은 조성환의 아들이다. 1956년 조봉암의 진보당에 참여해서 재정부 책임을 맡았다가 진보당 사건으로 체포·고문 당하기도 했다. 1960년 4·19 혁명 후에 김창숙의 지명으로 유도회 수습대책위원회 위원으로 선임되어 이승만 계열의 최찬익 일파를 몰아내고 유도회 정상화에 기여했다.

11 민족통일촉진회는 1971년 유석현, 정화암, 송지영, 채기엽, 이인로, 이건호, 박진목 등 독립운동과 혁신정치 계열의 원로들이 결성한 '민족정기회'와 같은 해 권오돈, 정석해, 김재호 등이 결성한 '민족정기수호회'가 통합한 것이다. 애산 이인이 초대 대표최고위원을 맡았다. 권오돈 관련 서술은 당시 언론 보도 및 남재희의 대담록(1984: 302~308), 송준호의 회고(2013: 43~44) 등을 종합한 것이다.

12 천관우는 서울대 학부 재학중 홍기문의 집에서 대학원 수업인 『대전회통』 연습'을 선배들과 함께 수강했다. 이 시기는 이미 사서연역회가 발족된 시점인데,

수업 내용에는 정치 이데올로기가 전혀 개입되지 않았다는 천관우의 증언을 통해 사서연역회 역시 초창기에는 일제 식민사관을 극복하기 위한 민족적 학문(번역) 운동 단체였음을 짐작할 수 있다.(천관우, 2011: 666)

13 민주수호국민협의회 결성에 앞서 4월 8일에 '민주수호 선언식'이 있었는데, 총 47명의 서명자 가운데 권오돈과 이가원은 학계 대표로, 이인은 법조계 대표로, 천관우는 언론계 대표로 이름을 올렸다. 참고로 1980년 광주민주화운동 당시 수습대책위원으로 활동하여 옥고를 치른 홍남순 변호사는 민주수호국민협의회의 전남 대표로 활동했다.

14 1970년 12월 경향신문사의 청년 세대(20~35세) 사회의식 조사에 따르면, 사회 발전을 위해 가부장적 대가족제도의 해체가 필요하다는 질문에 81.3%가 동의했다.(《경향신문》, 1971년 1월 1일) 1980년대 이후 유교적 습속의 쇠퇴는 1970년대 청년 세대에게서 이미 감지된 것이다.

15 이 시기 정부의 전통문화에 대한 관심은 1968년 이후 '자유교양운동'이라는 더 넓은 틀에 포섭되었다. 자유교양운동은 본래 1966년 자유교양협회가 정부의 지원을 얻어 독서운동, 고전번역사업, 전 국민적 자유교양운동 등을 목표로 교육과정에서 고전 백 권을 독파하는 운동을 개시하면서 시작되었다.(천정환, 2011) 잠시 후 서술할 민족문화추진위의 사업은 이러한 박정희 정권의 자유교양운동과 밀접하게 관련된 작업이었다.

16 민추의 초창기와 고전국역사업에 대해서는 당시 언론 기사와 이계황(1980)의 회고를 참고했다.

17 유창훈은 1952년 독립노농당에 입당한 유교인으로서 안동향교 전의를 역임했다. 유창훈의 회고에는 권오돈, 성낙훈 외에 유명종(劉明鍾) 교수도 등장한다.

18 민추가 열어 놓은 중립적 한학공동체의 제도적 틀 덕분에 과거 해방 정국의 좌파 유교인들도 재야 학문 영역으로 복귀할 수 있었다. 전국유교연맹의 후반기 총책을 맡았던 이석구는 이때부터 이민수로 활동하며 본래의 꿈이었던 고전번역에 매진했다.

19 사단법인 유도회와 관련한 홍찬유의 활동을 그의 일기(『청음록(晴陰錄)』)를 중심으로 정리한 정후수(2014)의 글을 참고했음.

20 이후에도 여성단체의 가족법 개정 운동과 유교계의 반대 운동이 수차례 되풀이되었고, 그때마다 가족법의 많은 조항이 남녀평등 이상에 기초해 조금씩 개

정되었다. 끝까지 남아 있던 호주제는 2005년 가족법 개정을 통해 철폐되었다. 여성계의 호주제 철폐 주장은 이해할 만하지만, 폐지론자들이 그 근거로 호주제가 일제의 제도라고 내세운 것은 과도한 왜곡이었다.

21 1956년 4월 김창숙의 야권연합 활동을 방해하기 위해, 이승만 정권은 거짓으로 유도회 일부가 유도회 명의로 자유당 후보를 지지한다는 성명을 발표하게 했다. 김창숙은 사실무근임을 밝히고 이승만 정권을 규탄했다. 5월 5일 신익희의 급서로 김창숙의 노력은 수포로 돌아갔다.

22 한국의 민중운동사를 검토한 재일사학자의 평가를 통해 이를 재확인할 수 있다. 조경달 교수는 조선의 유교 민본주의의 이상이 선비 계층을 넘어 민중에게까지 확산된 결과로 민중의 정치적 저항을 설명했다. 그리고 그것이 근대 민족주의 정치학으로 전이되어 현대의 정치운동의 배경이 된다고 주장했다. "사(士)의식을 갖고 있든 아니든, '사'란 조선 민중에게 이상적인 인간상이며, 그런 의식이 강화되었을 때 민중운동은 고양되었다. 그런 의식이 침체되었을 때도 민중은 스스로가 '사'가 되어야 할 유토피아를 꿈꾸면서 해방에 대한 염원을 키우고, 면종복배하면서 무언의 저항을 했다. 그리고 그렇게 갇힌 '사' 의식은 어느때에 일거에 분출된다. 지금 한국의 민주주의적 양상은 그야말로 그러한 민중의식에 규정된 운동의 결과이다."(조경달, 2009: 390)

23 박영신이 한국 사회의 재구조화에 작동한 가족주의의 기제를 분석한 내용을 요약하여 시간 순서로 나열하면 다음과 같다. ① 가족 중심의 생활 양식이 특히 조선시대의 유교에 의하여 중핵적인 가치로 정형화되었다. ② 효의 가치는 사회의 모든 영역에 스며들어 종교 영역과 세속 영역이 용해(fusion)되었다. ③ 이러한 구조적 용해성의 결과 전통사회 변혁의 시도는 유교 이외의 새로운 종교적 정당성을 필요로 했다. ④ 일본의 식민 지배에 의하여 한국 전통 사회의 기본 원리는 근본적 비판을 거치지 않았다. ⑤ 60년대와 70년대의 경제적 근대화와 산업화는 가족주의 가치에 의해 강화된 것이다.(박영신, 1986: 275)

24 당시 학생운동 엘리트들인 이른바 '운동권' 대학생들은 주체사상, 맑스주의, 해방신학 등의 외부 이념에 종속되어 반(反)권위주의적 태도를 공공연히 드러냈다.(김원, 2011) 하지만 민주화운동을 성공시키는 데 실질적인 기여를 한 일반 대학생들은 유교적 가치와 습속의 핵심인 가족주의적 책임감에 의해 동료와 민중의 수난에 대한 분노를 바탕으로 시위에 참여했다. 물론, 이에 대해서는 별도

의 조사가 진행되어야 확증할 수 있지만, 1990년대 이후 유교적 가치의 쇠퇴와 대학 운동권의 쇠락이 함께 진행되었다는 점을 통해 방증할 수 있다.

25 〈표 10-3〉의 각 질문은 다음과 같다. ① '집안의 남자 어른이 주도권을 가져야 집안 질서가 선다.' ② '남편이 하는 일과 아내가 하는 일은 마땅히 구분되어야 한다.' ③ '자식은 자기 생각보다 부모의 뜻에 따르는 것이 온당하다.'

26 내성외왕은 『장자』 「천하」편에서 등장하는 말이다. 관습화된 유교 언어 가운데 유교 바깥에서의 규정도 많다는 것은 유교인에게 시사점이 크다. 곧 타자와의 관계에서 자신의 정체성을 더욱 분명하게 할 수 있다는 것이다.

27 유교에서 내재적 초월의 가능성은 시대에 따라 달라진다. 성리학의 단계에서 천은 형이상학으로 내재화된다. 이는 철학적 정당화를 위한 설명이다. 일상의 차원에서는 조상에 대한 제사를 통해 초월된다.

28 맹자의 "뜻을 펼칠 기회가 있으면 백성의 삶을 윤택하게 하고, 뜻을 펼칠 기회가 없으면 수신을 통해 세상에 드러나라"는 것은 단순히 은둔을 의미하지 않는다. 오히려 뜻을 얻지 못하는 것이 자신의 수양이 부족한 탓이므로 적극의 노력을 통해 뜻을 펼칠 기회를 스스로 만들어 가라는 것이다. 비록 세상이 의롭지 않다 할지라도 유교인은 맹목적으로 세상을 거부한다거나 거기에서 초월해 버리는 대안을 찾지 않는다. 수신하면서 자신의 주변에서부터 도를 실천해서 세상 전체로 확대시키고자 하는 것이다.(『맹자』, 「盡心 上」, "得志, 澤加於民, 不得志, 修身見於世, 窮則獨善其身, 達則兼善天下" 덧붙여 「滕文公 下」, 2) 그러나 '독선'에서 '겸선'으로의 이행이 의무론적인 것은 아니다.

11장

1 리콴유가 실제로 강조했던 내용은 다음의 두 가지로 요약된다. 하나는 싱가포르가 부유한 강소국이 되는 과정에서 국가가 가족의 가치를 적극적으로 활용했다는 것을 설명하는 내용이다. 리콴유는 가족을 도덕성 형성의 단위로 파악했을 뿐, 유교자본주의에서 강조하던 가족주의를 언급하지 않았다. 리콴유의 논리는 헤겔(1989) 『법철학』의 인륜성의 발전 단계(가족 → 시민사회 → 국가)와 비교하면 그 특성이 더 잘 드러난다. 리콴유는 헤겔의 논리에서 시민사회론을 제외하고 가족에서 국가로 곧바로 진행하는 것처럼 보인다. 다른 하나는 개인주의에 기반한 산업사회의 문제점을 극복하기 위해 인권을 제약하는 것이 궁극

적으로 인간을 존중하는 것이라는 주장이다. 이처럼 납득하기 어려운 두 가지 주장을 대담자(또는 독자)에게 설득시키기 위해 리콴유가 사용한 설명 전략은 동아시아의 유산인 유교의 가치와 서구 근대의 낙관적 청교도주의를 강렬하게 '대비'하는 것이었다.

2　유교와 민주주의의 관계에 대한 리콴유의 생각은《포린 어페어》지에 실린 대담 문(「문화는 숙명이다」)보다는 4년 후 아시아 금융위기 직후인 1998년 2월 23일의 중앙일보 면담을 통해 더 잘 들여다볼 수 있다. 이 면담록은 「아시아적 가치」에 함께 실려 있다.

3　이러한 리콴유의 생각이 언뜻 토크빌 이래 민주주의의 한계를 지적한 지적 전통과 유사해 보일 수도 있다. 하지만 토크빌과 밀 같은 사상가들은 고결한 귀족적 취향에도 불구하고 현대 사회에서 민주주의 외에는 국민의 의견을 정치에 반영하는 체제가 불가능함을 논증했고, 나아가 민주주의가 초래할 만성적인 정치 불안과 사회 갈등조차도 시민의 권리를 보장받기 위해 감수해야만 할 것으로 인식했다. 내용상으로 리콴유의 민주주의 유보론과 토크빌 전통의 민주주의 보완론은 엄연히 다르다.

4　흔히 세계사에서는 가톨릭의 교권주의에 맞서 출범한 개신교의 여러 종파의 출현을 일러 '종교개혁'이라고 일컫고 있지만, 이는 종교란 오직 기독교뿐이라는 시각을 배후에 깔고 있는 서구중심주의적 편향의 사례이다. 이제부터라도, '기독교개혁'이라고 정확히 불러야 할 것이다.

5　넓은 의미에서 유교 공동체주의에 포함되는 데이비드 홀과 로저 에임스는 유교에서 개인성을 찾기보다 차라리 유교의 현실적 전통으로서 '예를 통한 사회화'를 공동체의 이상으로 제시하는 방식을 선택했다. 이들은 유교 질서하에서 개인의 출현은 불가능했다는 것을 솔직하게 인정하고, 현대 사회에서 개인들이 공동체에서 의미를 찾을 수 있게끔 하는데 유교의 예 중심 공동체 구성 방식이 적절하다고 강조했다.(Hall · Ames, 1999) 다만 이러한 방식에서는 현존하는 세계를 돌파할 수 있는 논리가 존재하지 않는다. 따라서 홀과 에임스의 논점을 유지한다면, 현재 중국처럼 권위주의적 정치질서를 정당화하기 위해 유교를 정치적으로 이용하려는 움직임조차 '유교적'인 것으로 인정될 수밖에 없다. 유교는 홀과 에임스의 강조처럼 역할 윤리로서 작동하여 사회 내적 통합을 위한 질서를 제공하는 것이 사실이다. 하지만 유교의 윤리관은 통용되는 사회적 상

식 너머에서 개인의 도덕적 결단을 통해 현실을 넘어서는 비판적인 정치 이상을 제공할 수도 있다. 이런 점에서, 홀과 에임스의 생각은 유교민주주의론의 본류가 될 수는 없다.

6   유교자본주의론과 유교민주주의론의 차이는 분명하다. 유교자본주의론이 사후적 정당화의 논리로서 특히 동아시아 국가의 기성 질서를 옹호하는 정치 담론의 성격을 가진 데 반해, 유교민주주의론은 자유민주주의 체제에 대한 다양한 비판 논리의 하나로서 여전히 진행중인 동아시아 민주주의의 공고화에 개입하려 했던 정치 담론의 성격이 강했다. 2000년에 『유교민주주의: 왜 & 어떻게』(함재봉, 함재학, 데이비드 홀 공편)가 출간되면서 잠깐 동안이나마 유교민주주의론은 학술 영역의 주요 이슈가 되기도 했다.

7   1990년대 말의 시점에서 한국의 유교민주주의 담론은 1997년 IMF 구제금융 사태로 경제적 상처를 입은 한국인의 자존심을 치유하는 문화적 논리의 성격을 자연스럽게 갖게 되기도 했다는 점이 추가될 수 있다. 한국인들은 그동안 서구 지향적이었던 지적 편향에서 벗어나, 과거 국가 주도적인 전통부흥론과는 다른 차원에서 시민 스스로 '전통'에 대해 고민할 수 있는 의도하지 않은 기회를 갖게 되었다. 유교민주주의론은 이러한 시기의 지적 운동으로서 새롭게 고찰될 필요가 있다.

찾아보기(근현대 인물)

연구 과정에서 이 책 서술의 뼈대가 될 몇 편의 연구 논문을 작성했는데, 연구 성과를 공간할 기회를 준 여러 학술단체에 감사한다. 기존에 학술지에 발표한 논문 내용을 보완·첨삭하여 이 책에 부분적으로 활용했는데, 그 목록은 다음과 같다.

「초기 근대 유교 계열의 민족주의 서사에 대한 연구: 류인석의 『우주문답』을 중심으로」, 《문화와 사회》 11권(2011) – 본서 3장 4절.

「4·19혁명 전후 유교 계열 지식인의 동향」, 《동양사회사상》 27권(2013) – 본서 9장.

「해방 직후 유교단체들의 성격에 관한 연구」, 《현상과인식》 38권 1·2호(2014) – 본서 5장.

「해방 정국의 청년 유교단체 '대동회' 연구」, 《사회이론》 45호(2014) – 본서 7장 1절.

「해방 이후 유교 근대화 시도에 대한 분석과 평가: 1947~1950년 유도회의 활동을 중심으로」, 《사회이론》 50호(2016) – 본서 6장.

「해방 정국의 좌익 유교단체 '전국유교연맹' 연구」, 《현상과 인식》 40권 1호(2016) – 본서 7장 2절.

「유교에서 한학으로—1960년대 이후 한국 유교 정치운동의 쇠퇴 과정 연구」, 《사회사상과 문화》 20권 1호(2017) – 본서 10장.

군자들의 행진
유교인의 건국운동과 민주화운동

1판 1쇄 펴냄 | 2017년 4월 12일
1판 2쇄 펴냄 | 2019년 1월 4일

지은이 | 이황직
펴낸이 | 김정호
펴낸곳 | 아카넷

출판등록 | 2000년 1월 24일(제406-2000-000012호)
주소 | 10881 경기도 파주시 회동길 445-3
전화 | 031-955-9511(편집) · 031-955-9514(주문)
팩시밀리 | 031-955-9519
책임편집 | 박수용
www.acanet.co.kr

Printed in Seoul, Korea.

ISBN 978-89-5733-548-2 93300

* 책값은 뒤표지에 있습니다

이 도서의 국립중앙도서관 출판예정도서목록(CIP)은
서지정보유통지원시스템 홈페이지(http://seoji.nl.go.kr)와
국가자료공동목록시스템(http://www.nl.go.kr/kolisnet)에서
이용하실 수 있습니다.(CIP제어번호: CIP2017008519)